明遺民詩人姜埰评传

星瑶题

张宇声 著

中华书局

图书在版编目(CIP)数据

明遗民诗人姜埰评传/张宇声著. —北京:中华书局,2019.12
ISBN 978-7-101-14269-3

Ⅰ.明…　Ⅱ.张…　Ⅲ.姜埰(1607~1673)-评传　Ⅳ.K825.6

中国版本图书馆 CIP 数据核字(2019)第 265677 号

书　　名	明遗民诗人姜埰评传
著　　者	张宇声
责任编辑	孟庆媛
出版发行	中华书局 (北京市丰台区太平桥西里 38 号　100073) http://www.zhbc.com.cn E-mail:zhbc@zhbc.com.cn
印　　刷	北京瑞古冠中印刷厂
版　　次	2019 年 12 月北京第 1 版 2019 年 12 月北京第 1 次印刷
规　　格	开本/920×1250 毫米　1/32 印张 19¼　插页 2　字数 466 千字
国际书号	ISBN 978-7-101-14269-3
定　　价	128.00 元

目　录

序　一……………………………………………………… 王星琦 1
序　二 ……………………………………………………… 王洲明 6
第一章　莱阳书生……………………………………………………1
第二章　仪真十年…………………………………………………… 26
第三章　京城为官…………………………………………………… 51
第四章　午门杖刑（上）………………………………………… 81
第五章　午门杖刑（下）…………………………………………115
第六章　南明漂泊……………………………………………………141
第七章　遗民岁月（上）…………………………………………191
第八章　遗民岁月（中）…………………………………………235
第九章　遗民岁月（下）…………………………………………287
第十章　心系莱阳……………………………………………………349
第十一章　遗命宣州…………………………………………………404
第十二章　姜垓之殇（上）………………………………………437
第十三章　姜垓之殇（下）………………………………………491
第十四章　诗文评述…………………………………………………533
附录一　从《东莱行》看梅村与明末清初莱阳诗人之关系…575
附录二　王渔洋与明遗民诗人姜埰的交往……………………588
后　记…………………………………………………………………601

序　一

王星琦

宇声的这部书稿在我的案头放了有大半年的时间。我看得很慢，一是年纪大了，眼力与脑力日趋不济，往往是看了后面忘了前面，还要再回头去看；二是我被这部厚重而又扎实的著作所深深吸引，有些章节须反复寻绎，一再揣摩，读得心神凝聚，渐渐沉入明末清初那血与火的历史情景之中。

姜埰在明代诗人中的确非常特殊。他生逢乱世，仕途偃蹇，命运多舛。进士及第以后，他原本被授予离京城不远的密云知县，不料却被别人挤掉了，只能被改授仪真。北人南迁，自然有许多不便处。南下赴任后，他勤政爱民，廉洁公正，殚精竭虑，处处维护百姓利益。十年仪真任上，口碑民望俱佳。后返京面圣，授礼部主事。此时大明王朝已是日薄西山，气数将尽了。即使面对如此危局，姜埰仍是“赤心事上，忧国如家”。仅在崇祯十五年（1642）半年多的时间，他就竭尽言官之职能，秉直上疏30余通，所奏皆是针砭时弊、弹劾权贵的棱角分明之言论，其中不乏诘问诏旨，触及崇祯痛处，所谓批逆鳞之语。结果是龙颜大怒，招来大祸，不仅身陷刑狱，还被残酷地施以“廷杖”，差一点丢了性命。此后，于崇祯十七年（1644）二月，姜埰被遣戍宣州卫，然于将赴戍所之时都城陷落。明亡后，姜埰虽未曾如其座师倪元璐以及黄道周等义士那样以身殉国，但他的忧愁更多，苦难更甚。颠沛流离，朝不保夕，家人时聚时散，加之受过

"廷杖",身体羸弱多病。眼见得大势已去,心神俱焚,数不完的痛楚,流不尽的清泪。他清醒地面对现实,万般无奈中艰难度日。有道是"长木之毙,无不摽也"(《左传·哀公十二年》载子木语),"亡国之大夫,不可以图存"(《史记·淮阴侯列传》)。故南明弘光朝以原官召用,鲁王更授以兵部右侍郎,姜埰皆不就,而甘于与其弟姜垓流寓苏州,并在真州、苏州、莱阳间奔波。正是所谓"天下大乱,无由安国;一国尽乱,无由安家;一家皆乱,无由安身"(《吕氏春秋·谕大》)。姜埰可谓生不逢时,苦难尤多,作为明遗民,其经历堪称典型。

有两个问题须拈出来相与辨析。首先是姜埰后半生念念不忘自己是大明子民,明室臣子,他被崇祯贬戍宣州卫,实则并未曾到戍所,但他至死不忘君命,将宣州视为自己的最终归宿。家破国丧,至亲睽离,却不以盛衰改节,不以存亡易志,一灵咬住,心系宣州敬亭,其晚号"宣州老兵",诗文集名作《敬亭集》,即是明证。入清以后,又避地徽州,祝发黄山,晚节弥坚。临终时更再三嘱其二子:"吾奉先帝命戍宣州,死必葬敬亭之麓。"其子尊乃父之遗愿,葬其于敬亭山西麓之赵子冈。今天看来,不能不说姜埰之迂,纯属愚忠之辈。以遗民自居也就罢了,何苦要以一个亡国之君的贬斥之命来约束自己呢?详察细究,此正是姜埰坚持民族气节,誓不出仕清廷的一种精神寄托和思想基础。联系他拒不出仕福王与鲁王,那是看清了历史大势,头脑清醒的表现,否则如王觉斯、钱牧斋之流,是何下场呢?而不允许二子安节、实节去考清廷的科名,则充分体现出他忠信刚毅、浩然自守的节操。倘若如"江左三大家"般行事,姜埰何以为后人以"贞毅"相称颂?况且,我们不能以今人之是非观去苛求于古人,更不能以现代人的观念强加于遗民姜埰。作为一朝遗民,逢此罹难,愁病相加,孤臣泪尽,竟何以堪!这位贞毅公,初心不改,守正不阿,临危完节,其人格精神历来是为人称道的。宇声在其"评传”中对这一点分析得非常细致，也评论得相当中肯，结论也特别精到：

> 明遗民是衡量过忠孝关系的，但那是个忠孝不能两全的时代，忠于故国故君的选择是明遗民的清醒意识，是决定其身份的政治特质所在。若抛弃了忠而言孝，则明遗民就不成其遗民了，像吴梅村、侯方域等失节之人倒有了理由，他们正是迫于孝的压力而失去了对遗民使命的坚守，出仕的出仕，应举的应举。我们考察明遗民，时时感受到他们所受到的孝的压力，他们往往在痛苦中，将国置于家之上，将君置于父之上，坚守遗民之道，毅然有所不为。①

这是针对王渔洋在忠孝问题上对姜埰的指责而言，完全是一种历史的视角，知人论事的议论，所言甚是。王渔洋的微词纯属个别人的言论，不足为训。

其次，是或以为明亡后，姜埰因了岳父为盐商等原因，物质生活并不贫乏，他于仪真、苏州置屋造园，与一般生活困顿的遗民不可同日而语。这个问题其实不难廓清。显然，真正意义上的遗民，其痛苦主要不在物质生活层面上，精神上的摧折与煎熬才是他们深哀大痛的根源和关键。亡国之恨，故园之思，肝肠寸断，未有已时，所谓哀莫大于心死是也。心既已死，屋园不过是徒有而已。

姜埰的深哀大痛，明亡前后的不幸遭遇和颠踣困厄，都写在他的诗中了。读其诗，未尝不想见其人，而读宇声的“评传”，则姜埰其人，更是活生生地就在目前。不仅如此，因宇声的“评传”将传

① 见本书附录二《王渔洋与明遗民诗人姜埰的交往》。

主置于广阔的历史情境之中，诗、史交相印读，也令人清晰而真切地感受到明王朝覆灭前后那段悲惨的痛史。

说来姜埰写诗略晚，中年以后始渐趋成熟，这也恰恰说明其诗多是有感而发。他早期诗作显然受到“明七子”的影响，模古韵味浓重，特别是他仿陶的痕迹，一望而知。山河破碎之后，则是宗法杜陵，诚如朱彝尊所言：“公晚岁始自为诗，风格一本杜陵。”这是因为，杜甫在“安史之乱”前后，亦孤身飘零，疲惫不堪，心系江山社稷，忧心如焚，故其诗风“沉郁顿挫”。姜埰于明亡前后的心情意绪，与杜甫息息相通，引杜为宗，自然而然。故其诗即事生情，直抒胸臆，突出的是一个“真”字。关于姜埰诗作的写作背景，以及思想倾向、艺术特色，宇声在“评传”中均有详尽而精彩的分析评论，读者自可展读领略，无须我再赘言。

宇声是我数十年的朋友，与其他尊我为师，不若以好友相称为宜。二十世纪八十年代初，教育部委托南师大办一期高校青年学者进修班，当时系里命我任这个班的班主任，同时也上一点古代文学课。宇声山大毕业后成为这个班的学员。宇声为人谦和，朴实好学，文笔清畅，磊落不凡。我们常常互相切磋，同学共勉，也多有合作。这部著作，充分体现了宇声扎实的学术功底和博览强学的治学作风，史料既丰赡，诗评亦恳切，史、诗相映带，交互发明，将遗民诗人姜埰兄弟的人格精神揭示得鲜明生动。其文朴茂信达，对传主“夸而有节，饰而不诬”，允称公正。至于对传主诗作的缕析与评骘，则能以“诗品即人品”为基点，要言不烦，以简为当，辞尽而势余，非率而操笔者。

宇声长期担任山东理工大学副校长、副书记，行政工作的繁冗可想而知。然他能于工作之余，惜时如金，一心向学，始终笔耕不辍，十分难得。想他退休以后，问学研究将更有条件。我期待他有更多高质量的学术成果问世，也企望我们再有合作的机缘。

2018年10月于南京秦淮河西寓所

（作者为南京师范大学教授、古代文学博士生导师）

序　二

王洲明

先是接到了宇声教授的电话，说他从校领导岗位退休一年来，完成了《明遗民诗人姜埰评传》（后简称《评传》），希望我能看一看，并能写篇序言。我虽然对明清文学并不很熟悉，但还是很痛快地答应了，我与宇声教授曾有过愉快交往，盛情难却。接着，电子文本就发到了我的邮箱里。

我比较认真地阅读了全部书稿。我觉得，就《评传》全书看，视点高，见解深，考索信，体味细，描述真，结合明末清初“天崩地裂”般地易代之变的大背景，详细地写出了传主姜埰与其弟姜垓的生平事迹、思想境界、人格性情、文学成就、风格特点，以及在文学史上的地位，也旁及于与他们生活纠葛密不可分的君亲、师尊、僚属、同道、敌友等或个人或群体的生活轨迹，彰显出明末遗民忠介守志的亮节以及内心深深的苦痛；另一方面，正是通过这些详细的叙述和描写，从侧面真实地反映出明末清初那个大变动时代几乎所有的大事件，以及黎民百姓所遭遇的苦难，特别是知识阶层不可避免的政治分化。就这个意义说，《评传》既是一部关于姜埰兄弟生平的专著，也可视为具体、详细了解并认识那个大变动时代的很好的历史读本。

写明末清初姜埰兄弟的评传，无疑属于文学的研究，因为姜埰兄弟是那个时代颇为著名的作家；同时也毋宁说是属于历史的研究，因为姜垓兄弟同样是那个时代遗民士人群体颇具代表性的成员。要写好这个题目，对于写作者来说，从史料的掌握、史识的高下，乃至文学素养，都提出了相当高的要求。

《评传》在史料方面下的功夫首先值得称道。传主生活的时代距离现在，已经过去近四百年了，要尽可能地复原传主当年的生平轨迹，首先遇到的就是史料的问题。笼统地说，史料应该包括传主自己的著作以及后人对传主及其著作的研究；应该包括与传主生平相关联的历史人物的著作以及后人对这些历史人物及其著作的研究；应该包括记录这段历史的史书典籍，以及后人对这些典籍的研究；还应该包括与传主文学创作有关联的、在传主之前及与传主同时代的那些古代的文学典籍，如此等等。应该说《评传》作者对上述各个方面史料的搜集、整理，是相当充分、相当完备的。更难能可贵的是，举凡相关的墓志、碑铭、方志、野史、杂记中的资料，也都一一纳入视野，详细考辨，审慎抉择。学术研究的最基本也是最科学的方法，依然必须是论从史出。所有这一切功夫，都为《评传》写作奠定了基础，也为写作成功提供了最重要的保证。

评传是有各种不同写法的。比如，在基本尊重历史事实基础上，较多地合理想象，甚至虚构，就是其中的一种。而宇声教授的这部《评传》,不属于这一类。《评传》尽可能地展示出传主生平的真实性，因此是一部严格意义上的学术专著。《评传》的着眼点、着力点，是通过对传主的作品先做出真伪辨识、确定系年、字词训读、典故破解、文义解析，再与相关联的人与事相印证、相沟通，从而详细地、相对真实地勾画出传主的人生轨迹，以及思想感情、性情禀赋，乃至精神世界。这是这部《评传》的重要特点，也是其优长之处。伴随《评传》作者对传主作品的解析，使得我们眼前呈现出一桩桩具体的事件，一幅幅生动的场景，一个个鲜活的人物，它们纷至沓来，相互浸润濡染，最终展现出传主可触可感的丰满形象，同时也描摹出反映那个风雨飘摇时代的一幅真实画卷。我在读这些解析时，明显感受到了《评传》作者的追求，即追求细和深。所谓细，即对作品有细致入微的体味，景物如江河湖海，山山水水，日月星辰，春华秋实，塞上烟云，江南晨曦，人物如独酌微吟，癫狂放歌，踟蹰独行，慷慨击节，野游雅聚，生离死别……从某种意义上说，这应该是属于对传主作品的二次创作，正是这带有情感色彩的二次创作，将读者带入了已经消失的距今四百年左右的那些人们生活的具体场景。所谓深，则表现于两个方面，其一，在真正触摸到传主情感的前提下，同时也尽量感悟到、揭示出传主丰富的内心世界。《评传》作者与传主之间，达到、实现了“会心”的境界。其二，始终以自己的识见，对传主的处事为人、是非真假，乃至文情才思、为文高下，进行褒贬，作出属于自己的评价。比如对传主保持遗民节操、不事新朝的理解和肯定，对传主大部分作品高超写作艺术的啧啧赞赏；比如对传主某些作品所表现出的明末遗民作家普遍所有的“哭穷”的造作，对某些个别作品用典的不伦不类的批评，都具有鲜明的个人见解。凡此等等，都是《评传》作者理论思想水平以及文学素养的具体显现。

评传，作为文学研究方式中的一种，与其他文学研究的样式有着共同性，其中非常重要的一点就是通过研究，最终形成研究者自己的观点。这种观点，有着复杂的形成过程。这种观点，统率着学术成果的全部。而能形成这样的观点，“论从史出”固然是铁的定律，而研究者的理性认知是绝对不可或缺的。这或者可称为所谓的“史识”。就拿本《评传》来说，传主生活的明末清初，是中国历史上又一个朝代更替的时代，且又是一个少数民族入主中原，朝代更替与民族矛盾纠葛在一起的时代。如何用今人的观点评价那段历史，如何用今人的观点评价传主的作为，对写作者而言，实在是一个不小的考验。我认为，作者的认知是非常允当的、合理的，是以辩证唯物主义、历史唯物主义理论，历史地看待曾经发生过的那段历史。即历史地承认，民族融合的过程中充满着血与火的痛苦；历史地承认并肯定，面对“易服”“薙发”的屈辱，以传主为代表的长久经受儒家传统文化教育、熏染的明末士人们所秉持的正统观念和情结；同时，也历史地承认，伴随时间的淘洗，历史烟云逐渐散尽，遗民们的孤忠大节意识逐渐地淡化，且逐渐地失去其原有的意义，并最终抽象为全民族的优秀品德。正是基于这种理性认知，《评传》同情以传主为代表的明末遗民家国破亡的苦难遭际以及痛苦心迹；赞赏以传主为代表的明末遗民固穷守节的情操；同时对传主与所谓“贰臣”交往中的复杂心态，乃至对所谓的“贰臣”现象，都作出了合情合理的分析评论。

“文如其人”。我于《评传》中读出某些属于作者本人经历、性情中的东西。宇声教授77年入山东大学中文系，属于所谓“新三届”，毕业后分到本省一所高校任教，从普通教师到院系领导，到学校领导，到退休，人生阅历相对丰富；忙于公务，不废读书，耽学深思，执着于学术；重情性真，坚毅果行。于是，在行文中我们看到了，评骘人事，举重若轻，合情入理；解析词章，文采飞扬，尽兴挥洒；辨疑释难，引经据典，涵盖古今；烛幽探微，证讹拾缺，颇见功底；通篇情文氤氲，神完气足，文气畅达。仔细阅读，给人以满足感。

以姜埰的单传冠以书名，而内容又包含姜垓传而实际为合传，形式上似有失严谨。但仔细思忖，又理解了作者出于“量体裁衣”的苦衷，也算是可以接受的一种“便宜”的处理。因为这种结构方式，反倒有利于方便、灵活、充分地展示内容。

我为宇声教授的大作出版而感到由衷高兴，并表示祝贺！

是为序。

2018 年 4 月 27 日于山东大学寓所

（作者为山东大学教授、古代文学博士生导师）

第一章　莱阳书生

一

明末清初的莱阳，的确有一段文化精光，这里出了几个守道右文、以气节自重的文化家族，也出了一些嵚奇磊落、名垂青史的人物。《莱阳县志》云:“东海世多磊落倜傥之士，负气豪迈，行不诡于流俗，有大丈夫风，盖得山海浑浩之精，毓为人文。”[①] 我们浏览一下明末清初的莱阳文化史，感觉此言不虚。

我们就说说这时的文化家族。此时的莱阳，主要的文化家族是宋、左、董、姜，以宋氏家族最为突出。

宋氏家族分为两支。一是宋经一支，可以宋玫为代表人物。据《莱阳县志·宋孝廉继澄传》记载：宋氏“原籍长清，明永乐间始徙莱阳，为莱阳人。”宋经是宋玫的三世祖，至第六世即宋玫的祖父宋兆祥。宋兆祥是万历十三年（1585）乙酉科举人，历官河南开封府通判，汝宁府同知。有子三人，长继登，次继发，少子继澄。宋继登为万历三十二年（1604）甲辰科进士，任定兴县知县，后官至南京

① 民国版《莱阳县志》，台湾成文出版社 1968 年影印版，第 1429 页。

鸿胪寺正卿，有三子，即宋琮、宋琨、宋玫[①]。其中宋琨仅为恩贡生，未出仕即卒。宋琮与宋玫都成进士，“在海内文名岳岳”[②]，特别是宋玫，不但官高位显，而且是明末著名诗人，曾与吴梅村同典武昌乡试，两人交往甚好。宋玫死于崇祯十六年（1643）莱阳抗清的“癸未之难”，吴梅村在《莱阳行》一诗中曾对其深致怀念。宋玫的二叔父继发，中崇祯元年（1628）戊辰科进士，官长洲知县。宋玫的小叔父继澄，才气甚大，他“乙卯始荐贤书，文名满海内，与子琏同在复社，倡道海滨。”[③]当时在山东应和复社的是山左大社，列名近百人，继澄为之冠。但其生不逢时，遇上了明清易代之大乱，影响了仕途。明亡后他隐居不仕，曾受康熙五年（1666）的莱阳“黄培诗狱”所牵连，与顾炎武同入山东大狱三年。宋继澄的儿子宋瑚、宋琏都有文名，宋瑚与宋琏同中崇祯十二年（1639）己卯科举人，宋瑚中举后不久即病逝，“士知与不知，咸与流涕”。宋琏入清后隐居不仕，甘作遗民，多与姜埰、姜垓兄弟相来往，时常诗歌唱酬。以宋玫为代表的这一支派，三代之中，出了四个进士，三位举人，可谓文脉发扬，家业兴隆，在莱阳算是极为显赫的一个家族。而且这一家族中人，入清后多抱遗民气节，不与清廷合作，隐居不仕，此以宋继澄、宋琏父子为代表。

莱阳宋氏另有宋黻一支，可以宋琬为代表人物。宋黻为宋琬的高祖，字景章，明天顺四年（1460）进士，历官户部主事、监察御史、浙江按察副使等。他曾被认为是明代莱阳的第一个进士，“莱阳

---

① 关于宋玫之名，文献记载有两说，《明史》及《吴梅村全集》均为宋玫，而《莱阳县志》有时作宋玟。乾隆三十六年刊刻的《山左明诗钞》卷三十一引王与玟《鹅笼馆集》序，记载宋氏其名乃王象春所起，本名为宋玟。本文从《明史》，统一称为宋玫。参见王小舒《宋玫及莱阳宋氏作家佚诗考》一文，载《文献季刊》2004年第3期。

② 民国版《莱阳县志·宋继登传》，台湾成文出版社1968年影印版，第1348页。

③《莱阳县志·宋继澄传》。原文“乙卯”应为“丁卯”之误，丁卯为天启七年（1627）。

明初无登进士者，自公高祖浙江副使讳黻者始”[①]。宋琬的父亲宋应亨，明天启五年（1625）与宋玫同举进士，初官清丰县知县，后官至吏部稽选司郎中，因老母年逾九十，辞官归养。宋应亨退居莱阳后，“好贤喜士，食客满座，酒樽不空，真有孔北海遗风。”[②]宋应亨与宋玫同死于崇祯十六年的莱阳抗清之役。宋应亨有子三人，分别为宋璠、宋璜、宋琬，宋璜登崇祯十三年（1640）庚辰科进士第，授浙江杭州府推官。宋琬中顺治四年（1647）丁亥科进士，此是宋氏家族入清后才应试中举的人物，但其仕途极为坎坷，曾两次负冤入狱，后官至四川按察使。宋琬为清初诗坛第一流的诗人，与施闰章并称“南施北宋”，在明末清初的莱阳，他是文学成就最高的人物，其文学影响远在宋玫、姜埰、姜垓及董樵等人之上。宋琬这一支，父子两代四人，就出了三个进士，其功名显赫与文化成就丝毫不亚于宋玫一系。且两支关系相近，宋玫、宋琬兄弟均以“玉”字排行，这两宋共同形成了莱阳第一家族的无限风光。两宋家族文学成就甚高，以诗学著称，故后人称：“明清之际，诗学倡行于山左，莱阳宋氏尤冠曹部，远近风从，颇极一时之盛。”[③]

与宋氏家族的显赫兴隆相比，其他几家不免相形见绌一些，但其中也都有杰出的代表人物。其中左家以左懋第为代表。左懋第的父亲为左之龙，万历七年（1579）己卯科举人，曾官南京刑部郎中。左懋第与姜埰、沈迅同中崇祯四年（1631）辛未科进士，明亡后或尽节而死，或坚守遗民气节以终，被时人称为“辛未三仁”。左懋第

① 王熙《通议大夫四川按察使司按察使宋公琬墓志铭》，见王熙《王文靖公集》卷十九。据《莱阳县志》卷三十一上《人事志》记载，莱阳明代于懋中明天顺元年（1457）丁丑科进士，宋黻中天顺四年（1460）庚辰科进士，比于懋晚了一科，故宋黻为明代莱阳第一个进士的说法并不确。

② 民国版《莱阳县志·宋太仆应亨传》，台湾成文出版社 1968 年影印版，第 1327 页。

③ 李镗豫《万柳老人诗集残稿序》，民国十八年《卢乡丛书》本。

在南明弘光之时，奉命出使北京，坚守气节，不辱使命，弘光朝灭亡后严拒清廷的招降，被清人杀害于北京柴市口，其出使类汉代之苏武，尽节如宋代之文天祥，这位“身长不满五尺”的小个子男人，成了杀身成仁、铁骨铮铮的大英雄，在明末清初的历史上享有盛名。董氏家族以明遗民董樵为代表。董家为莱阳的土著大姓，“其先广川子之裔，宣和中有占籍于海上者至三公而姓始著”[①]。但这一家族后来科第并不显达，董樵的父亲董应雷，至崇祯时方以明经及第，曾担任地方学官。董应雷在当地颇有文名，即世所称“词赋大宗东皋子董先生者也。”董樵继承了乃父的才气与文采，身处明清易代之际，坚守气节，以明遗民自处，亦以气节鼓励姜埰兄弟等。他远离故乡莱阳，隐居海陬一隅（今荣成），十几年不入城市。董樵是山东明遗民的杰出代表之一，其诗歌创作当时也受到王渔洋、宋琬等著名诗人的称许。

姜氏家族就以本书的主人公姜埰、姜垓兄弟为代表了，这在下面我们还要细细说，二姜兄弟与上述家族诸人的交往我们也要尽可能地讲到。这几个家族体现了莱阳一地的文化分量，共同构筑了莱阳一地的文化土壤。[②]另外，在重视宗法关系的古代，很自然地，这几个家族之间相互联姻，如姜埰妻乃董应雷之女，董樵妻是左懋实之女等，这种联姻关系维系了莱阳的士绅群体。这些家族中人，有的又形成师友关系，或是少年时的同学，或是科举考试中的同年，相互之间有着密切的交往，也形成或隐或显、或大或小的精神之间的相互影响。要叙述姜埰、姜垓兄弟的生平事迹，甚或研究他们的文学创作成就，这一个明末清初莱阳的文化大背景，是首先应予注意的。

---

① 姜埰《敬亭集・董樵传》，华东师范大学出版社 2011 年版，第 261 页。

② 莱阳在明末清初尚有张氏、赵氏、周氏等文化家族，因与本书二姜联系较少，故不述及。

二

接下来就要讲到姜埰姜垓兄弟了。本书取二人合传的方式，以姜埰为主，姜垓为辅。这种结构形式，倒不全是因为兄弟之次序，主要是因为现存资料的关系。姜埰有比较完整的《敬亭集》存世，且有《自著年谱》可稽用，著作较全，资料较丰，易于叙述。而姜垓仅有《流览堂诗集残稿》存世，著作流传不完整，且无年谱可用，大量生平资料是依附于姜埰而保存下来的。故叙述姜垓，必借叙述姜埰方能成；叙述姜埰，也必然离不开他这位同根相生、共历患难的弟弟姜垓。故二人合传，乃为极自然的方式。

按照姜埰《自著年谱》的叙述，姜姓乃是齐国第一代国君太公姜尚的后裔，但年代荒远，其间的关系已不可考。姜埰的始祖名姜义，自宁海州（今牟平）徙居莱阳，世居在莱阳城南村。到姜埰的高祖姜淮时，已经是第七世了，大致推算起来，其始祖的迁徙年代大概是明初。姜淮曾因助饷有功被授予军职，任大嵩卫指挥同知，升怀远将军，对于这个家族有奠基之功。姜埰的曾祖姜珙仅是一个贡生，但可能是这个家族中由武转文的第一人。姜埰的祖父姜良士、父亲姜泻里都是廪生，算不上什么功名，仅维系着姜家数代的文脉于不坠。姜泻里后来因为姜埰做官，被封赠为征仕郎、礼科给事中，这只是古代“父因子贵”的荣誉称号而已。姜泻里娶妻同邑杨氏，生了四个儿子，依次是圻、埰、垓、坡，姜埰、姜垓考中了进士，入朝为官，这个家族方改变低微、困窘的状态，真正扬眉吐气，在莱阳士绅中才算是直起腰来。

姜埰，字如农，别字卿墅。明万历三十五年（1607）的十一月十四日，出生于莱阳。此时的明王朝，经过万历三十余年的惰政、窳败，已经是日薄西山，气息奄奄了，它的亡败只是时间问题。姜埰的青少年时期，正经历着这一王朝溃败的全过程，但莱阳僻处东隅，不是什么政治中心，此时还算相对平静。所以，青少年时期的姜埰还是能够作为一介书生，相对顺利地渡过他读书、求学的生涯，为他的科考中举作着充分的准备。虽然此期的明朝政治时时掀起滔天巨浪，但作为莱阳书生的姜埰，似乎大部分时间是“两耳不闻窗外事，一心只读圣贤书”，在严格的家教下，在良师的培养下，正走着古代青年学子那唯一的读书科举的路，而且路基本上还是顺遂的。

作为莱阳书生的姜埰，于二十五岁中进士之前，几乎没有多少可述的事情，他后来的诗文中也较少童年记述。他的年谱中仅有他幼年至青年读书的几个片段，我们据此略加叙述于下。

据其年谱自叙，姜埰出生的前一夜，他的祖母李氏曾做了一个异梦，等他诞生的时候，胎衣是白色的，这当然是大人们给他讲述的。但姜埰对这种事情似乎是半信半疑，所以他也没有具体讲祖母做的“异梦”究竟是什么，有什么奇异之处。他也没有进一步解释，这种白色胎衣到底意味着什么。一切都是传说，或许只是表明了他与别人略有不同而已。还有一件异事，即他三岁的时候，就没有奶吃了，他的母亲正好将水酒放在了床头。这个三岁的孩子，半夜起来，不知是因为口渴还是饥饿，竟然“一瓻立尽”，将一瓶酒一气喝干，这股生猛劲也真够把大人们吓一跳的。

姜埰的启蒙教育是七岁时在家中进行的，第一位老师是其祖父姜良士。这可能是家中并不富裕，办不起私塾，请不起专业塾师，也没有能力寄居别家的私塾课堂。再一个可能即是他的祖父有时间、亦有兴趣培养、教育诸孙。他的祖父姜良士，也只是个秀才（廪生），据姜埰说是“博学多闻”，在乡里颇有声望，死后被里人私谥为康惠先生。姜埰七岁时从祖父“入小学”，估计是以识字为主的蒙学教育，如学学《三字经》《千字文》等，但祖父让其比较早地进入了经学典籍的学习，这显示了姜埰的早慧，也显示了其祖父的教育眼光。姜埰八岁时，即能在祖父面前背诵《论语》，让其祖父感到惊奇。同年，祖父看到他这种颖悟程度，就开始为其讲授经学中较为深奥的《礼记》了。姜埰的教育从起始就比较端正与深厚，他后来成为明遗民中的端人正士，这种品格与早期的正宗儒学教育肯定有一些联系。姜埰的学习比较勤勉和刻苦，他九岁时，“是年山东大饥，盗贼蜂起。王父故山居，埰与长兄咿唔不绝，盗闻之去”[①]。这是姜埰记忆中难忘的一幕。这年山东荒歉，许多饥民起来造反，惊扰了他的家乡莱阳。但此时姜埰和哥哥姜圻正跟随祖父在山中读书，似乎对这种荒乱充耳不闻，仍然沉湎于朗朗读书声中，连路过的乱民都似乎为这种读书情景所打动而未加骚扰。十岁时，姜埰开始离开祖父，走出家庭教育的狭小圈子,改入同郡的私塾学习。他先是从王良辅学《诗经》，十一岁时又改从同郡的塾师孙良柱学习。这年，姜埰有一次偶然表露出了少年本色，一次志向颇大、头角峥嵘的狂态，这被人看作是他后来发迹的预兆。一天，他的塾师因事外出，姜埰和同学们趁机逃学出去游玩，他们爬上了一个高坡，姜埰大声呼叫：“这就是鳌头独占了”，这一情景恰好被他的老师回来时看到了。老师笑着责怪说：“违犯学规，本应责罚，但你的志向的确可嘉！”一个老师看到自己的学生有如此的志向，是会有欣喜之感的。姜埰后来考中进士，也的确表明了自己的志向不虚，未负老师所期，尽管路途并不平坦，而且也不是什么“鳌头独占”。

明万历四十七年（1619），姜埰十三岁，开始参加童子试，即考取秀才资格，进入公立的县学。但他的秀才考试似乎并不顺利，倒并不是因为其才华不足，文章不好，这里头除了有点时运不济的因

---

① 《姜贞毅先生自撰年谱》，见姜埰《敬亭集》，华东师范大学出版社 2010 年版，第 2 页。

素外，主要原因大概是他的文章常常立意高远，联系时事政治，这使主考官不好把握，难以轻易判断。他的首次童子科考试，试题是《大学》中的“桃之夭夭”三节，姜垛在前半幅阐述先家后国的立意，最后以三首诗作结。这里需要说明一点，“桃之夭夭”出自《诗经·桃夭》篇，何以说是试题出自《大学》？其实《大学》一书的主旨是论述儒家“格物、致知、诚意、正心、修身、齐家、治国、平天下”的人格修养层次，在论述每一层次时，常常引述《尚书》《诗经》等经典中的语句来加以申论。在论述“齐家”一段时，它就引了三处《诗经》中的诗句：

> 《诗》云：“桃之夭夭，其叶蓁蓁。之子于归，宜其家人。”宜其家人，而后可以教国人。《诗》云：“宜兄宜弟。”宜兄宜弟，而后可以教国人。《诗》云：“其仪不忒，正是四国。”其为父子兄弟足法，而后民法之也。此谓治国在齐其家。[1]

所以说试题出自《大学》，当论述“治国在齐其家”的大道理。按照《大学》所说的伦理层次，是先“齐家”再“治国”，姜垛的议论也是“先家后国”，说明这一立意是符合原文之义，文章是平正通达的，应该没有什么出格之处。大概是最后的三首诗违背了八股文的格式，才导致这次初应童子试的落榜。应该说姜垛开始作诗很晚，现存的诗歌创作开始于明亡的当年，姜垛已经三十九岁，他在早年并未显露出诗歌才华，诗歌写作在少年时期大概非其所长，何以在正规的童子科考试中贸然违格作诗？这似乎说明年幼的姜垛在这次考试中有故意出奇制胜的想法。这次考试他是失败了，但也引起了一些人

① 朱熹《四书集注·大学注》

的刮目相看。莱阳县令李建和曾对姜埰说："别人的卷子皆平铺直叙，唯有你的卷子别出手眼，你以后一定会出人头地。"老到的县令很能慧眼识才，给了少年姜埰以不同寻常的鼓励和期许，也给了姜埰到老不能泯没的记忆。另一个赏识者是他未来的岳父董应雷，此时姜埰已与董氏定亲，岳父大概也在关注着这位未来女婿的学业，对于姜埰的初次应试，也有特别的期许。作为"词赋大宗"的董应雷是深知文章三昧的，他对姜埰的落榜毫无责怪之意，而对其应试文章却"极为叹赏"，并很用心地把明代大家汤显祖、李若愚[①]的八股文选集授予姜埰，并指导阅读。很显然，岳丈董应雷是想让姜埰进一步磨砺八股文笔法，揣摩应试之道。后来，姜埰参加了几次秀才考试，都不顺利，迟迟未能取得进学资格。十六岁那年，他的哥哥姜圻中试入学，他仍被黜，一直精心培养他的祖父看了他的试文，很是欣赏，为他的坎坷而扼腕叹息。这位一直在姜埰身上倾注心血的祖父最终也未能看到姜埰过童子试这一关，这的确很令人遗憾。姜埰十七岁那年，其祖父因病去世，临终前，指着姜埰说："以后能振兴我家的人，一定就是你了。"祖父的眼光很准，对姜埰始终抱着一种执着的期望。这对姜埰自然是一种激励，他也始终难忘这一份嘱托，不忘这一份光大家族的沉甸甸的责任。

屡应童子试的不顺遂，除了归乎时运外，似乎也在证明着姜埰并非是一位早熟的才华过人的才子，他的长处在于勤勉、踏实，一直在不懈地努力。他十八岁那年，娶了董应雷的女儿，结婚了，意味着已经成年，这时他连秀才都不是，可他仍能沉下心来读书，揣摩时艺也就是八股文。他的父亲曾将他作的八股文章让他的表伯李

---

① 李若愚，汉阳人，为当时的八股文名家。但其中试甚晚，且出自自己的学生李绩溪门下。据记载：李若愚中试后，"初谒座师，(李绩溪）曰：向初入塾，蒙师以兄（李若愚）文见课，苦其不能习诵受笞，今得称师友，甚幸。"李若愚感慨万千，痛哭失声。

笃培看，是想让表伯诊断一下姜埰的文章到底怎么样。这个李笃培可不是一般人，他是姜埰祖母的侄子，也就是父亲姜泻里的表兄，故姜埰称之为表伯。此人是万历三十八年（1610）会试的会元，后官至工部主事。他精于算学，对机械制造、土木工程等颇有研究，曾著有《中西算学图说》一书，是明代一位有一定知名度的科学家。李笃培作为科举成功者，又是长辈，对姜埰的文章自然有资格判断。他认真看了姜埰的时艺文章后，有一个耐人寻味的评论，这个评论改变了姜埰的文风，对其制艺文的写作产生了很大的影响，故姜埰在其《自著年谱》中有一段着重的记载：

> 先忠肃公以埰课义示表伯李公笃培，李公曰："此学翁、宋乎？"先公曰："只恐画虎不成耳。"李公笑曰："即画虎成，宁讵是乎？"自是悉改手笔，学渐加进。①

李笃培审视姜埰的八股文，觉得他有一种学"翁、宋"的倾向。此"翁、宋"是谁？我们在王熙撰的《宋琬墓志铭》中找到了答案：

> 方明万历之际，士子皆习为软靡庸腐之文，以取科第。独公从兄五河琮、九青玫，能为幽峭奇险，拔地特起，与浙人翁鸿业齐名，相继取甲科，天下谓之翁、宋，莱阳文字遂为山东之冠。②

原来，"翁、宋"体是明末以浙江人翁鸿业和莱阳宋琮、宋玫所代表

---

①《姜贞毅先生自撰年谱》，姜埰《敬亭集》，华东师范大学出版社 2011 年版，第 4 页。
② 王熙《通议大夫四川按察司按察使宋公琬墓志铭》，王熙《王文靖公集》卷十九，《四库全书存目丛书 · 集部》第 214 册，齐鲁书社 1997 年版，第 660 页。

的八股文风，这种文风力避“软靡庸腐”，有“幽峭奇险、拔地而起”的超卓之处，因为翁、宋几人相继登第，所以影响很大，风靡一时，大家纷纷效仿。姜埰与宋氏兄弟乡谊甚好，文风受其影响本不足怪，而且这种文风也确有不俗之处。但长期的、不自觉的模仿会陷入一种套路，丧失自己的个性，成为另一种俗体。李笃培指出姜埰是学“翁、宋”后，其父姜泻里半信半疑地说：“恐怕是画虎不成吧？”意思是姜埰学的并不到家，恐怕只是皮毛，“画虎不成反类犬”，略具相似而已。李笃培笑着说：“即使模仿能成，难道停留在这一层次？”很显然，李笃培不大赞成姜埰八股文的路子，鼓励其脱离这种流行的模仿，着眼于更高层次，开辟新的境界。姜埰经此点拨，方有豁然开朗之感，顿悟写作门径，而且信心大增，“自是悉改手笔，学渐加进。”

姜埰是明天启六年（1626）才过了童子试这一关，成为秀才的，这一年他已二十岁。这一次的考试也颇曲折，在姜埰后来的回忆中，有一点奇异的、冥冥中注定的神秘色彩。童子试分为县试、府试、院试三级，县试这一关，姜埰是过了，但在府试中却被摈落了，他觉得灰心丧气，已无意进取，不想再考了。有天夜里，他忽然做了一个奇怪的梦，梦到去参加府试迟到了，不能进入考场。忽然又觉得进入考场了，监考的官员问他：“你有卷子吗？”姜埰回答说：“无。”监考官就将卷子给了他。又问他说：“你有名字吗？”姜埰又回答说：“无。”监考官就在卷子的顶端写上了“姜联芳”这一名字，而且还钤上了三颗印。对于梦这种迷离恍惚之事，古人是笃信的，现代人其实也解释不了，但不宜急于以封建迷信为由而一笔扫倒。这个梦其实是反映了姜埰对于科举考试之痴迷程度的，一个最为初级的秀才考试竟然让他如此焦心，对于府试的被斥落他是如此沮丧！但奇怪的事情在于，他后来竟参加院试了，他是怎么越级参加的考试，我们不得而知。而且参加院试的过程，“仿佛梦中”，一一如他梦中的情景。中间又有一个小曲折，参加童子试至少要有一个廪生作保，姜埰因为家贫，请不到保人，被院试主考官赶了出来。这又是一件沮丧的事情。但在路上，他遇到了同邑的廪生赵以铨，赵毅然作保，姜埰的考生资格又保住了。大概是为了迎合那个吉祥的梦兆，姜埰在参加院试时干脆就把名字改成了“姜联芳”。历经这么多周折，后来的考试就顺利多了，神使鬼差，姜埰竟以第一名的成绩被选为秀才，终于取得了入学资格，终于艰难地过了童子试这一关。这个梦中所得的“姜联芳”的名字真的帮助他否极泰来，经过一段时间，他才改回自己的本名。

这年主持考试的山东学使是项梦原，这个人也很有趣，参加科举考试也与做梦有关，值得在这里插叙一下。此人原名项德棻，浙江秀水（今嘉兴）人。他先是梦见自己要考中万历十九年（1591）辛卯科举人，因为曾经淫污过两个少女，被削去了功名。从此他发誓戒除邪恶，广行善事，以赎除罪恶，并大量刻印《金刚经》送人，着力传播佛学。后来他又做了一个梦，梦中到了一个地方，见黄纸上写着第八名为项姓，中间一字已模糊难辨，最后一字是“原”。梦醒后他索性改名为项梦原。到了万历四十年（1612）壬子年乡试，他中了第二十九名，己未年（1619）会试中的是第二名，他一直很困惑，怎么和梦中所见的次序不一样。一直殿试成绩出来，他是二甲第五名，才恍然大悟，领悟到恰与梦境相符。原来二甲第五名加上一甲前三名，正好是第八名。真是神明昭昭，丝毫不爽。项梦原这个故事，成了佛教界劝善惩淫的好素材，所以在佛教的书中广为流传。这就是姜埰应童子试的主考官，两人是师生关系，真是有其师必有其徒。两人都曾为科举做梦，而且都因梦改名而考中，师徒二人何其相似乃尔。科举考试这件事，把古代的士子搞得神魂颠倒，也由此可见一斑。

三

闯过童子科的考试，接下来姜埰的科举路途似乎要顺利得多了，虽然其间也小有挫折。

考取秀才的第二年，姜埰就通过考核，以一等第二名的身份，取得了“食饩”资格，转为廪生，成为一名吃国家供应粮的秀才了。姜埰遂参加了当年的乡试，往考取举人方向努力。首次参加举人考试，他顺利地作完了七篇八股文，据说已经被内定录取，但他又在最后的策论考试中联系时政，指斥当时的大太监魏忠贤及其阉党。当时正是阉党势焰熏天之际，主考官自然不敢录取，这次考试功亏一篑，他的第一次乡试就这样落榜了。这一年姜埰二十一岁，正值青年，多年的潜心学习，使他政治上愈益成熟，对时事有了自己的见解，再加上他是当时影响甚大的山左大社的成员，也有政治派别归属，所以能在乡试中敢于直言，指斥崔魏阉党，表现出一种义无反顾的忠勇之气。这可以说是姜埰的一次政治冒险，他明知乡试对他来之不易，也深知指斥阉党的这种结局，但都在所不惜，赌上自己的前途也要表达对于时政的看法，这种大无畏的政治勇气，实际上和他后来在朝的尽忠直言一脉相承。姜埰后来的政治路途，他的直言进谏因而遭祸、甚至对于遗民气节的坚守，都与这种政治品格有关，也都隐伏在这一次不成功的乡试之中了。

在乡试折翅的当年八月，那位宠信阉党并热心于木匠手艺的天启皇帝就驾崩了，由他的弟弟朱由检接班，这就是明朝末代皇帝崇祯了。第二年改元，即为崇祯元年。崇祯即位后，对魏忠贤等阉党进行了拨乱反正式的总清算，铲除逆党，正士扬眉，朝廷污浊之气得以涤荡，在一段时间内恢复了难得的政治清明状态，崇祯皇帝一时人望甚高，他也有一番重振乾纲、励精图治的大抱负。而此时的姜埰，虽经去年乡试的挫折，但阉党的覆灭、新朝的气象必定给他一种内在的激励，这位曾经在科场指斥崔魏的士子可能也获得了一定的声望。姜埰没有必要为去年乡试的摈落而沮丧了，他需要重整旗鼓，为下一次乡试做准备。这一年，姜埰开始拜宋继登为师。

前面曾经讲过，宋继登是莱阳宋氏家族中颇有声望的人物，他是宋琮、宋玫的父亲。据《莱阳县志》记载：宋继登（1579—1642），字先之，号渌溪，一号道岸。中万历三十二年（1604）进士，历任直隶定兴县知县、户部郎中、浙江布政使司参政、陕西右参议等职，官至南京鸿胪寺卿，有《松荫堂诗集》行世。姜埰早年的制艺文风曾深受这个家族的影响，所谓“翁、宋”体是也。但姜埰曾有一段入乎其内、出乎其外的历练，再加上年龄与见识的增长，此次投师宋继登，并不是对往昔文风的回归，而是在这位著名乡贤指导下的一次磨砺与提升。此时宋继登的学生很多，及门的有五十余人，姜埰于其间颇受宋公青睐。每当学生们集中“会课”，讨论科举文章时，姜埰总是首先受到老师的褒奖，宋继登常常说：“会见姜生为青云客矣。”对姜埰赋予特别的期许，对其中举充满信心，也给姜埰以极大的鼓舞。

就在姜埰跟随宋继登潜心读书、以应科举的时期，莱阳发生了“董大成之乱”，姜埰参与了守城之役，给他平静的书斋生活带来了波澜，也使他有了一段与左懋第共同守城的经历，两人一起为内忧外患的明代政局担忧。左懋第有一篇《姜烈士正芳传》，是记载“董大成之乱”的第一手材料，这篇文章入选了《莱阳县志》。民国版《莱阳县志》卷末附记“明代兵事”，也记载此事云：

而董大成者，又邑之刘家庄人也。本妖贼李盛明党，盛明不详其为何许人，潜居莱阳传白莲教，大成惑焉。约招远贼许汤以崇祯三年元旦为乱。适汤杀人事迫，乃先期于二年十一月据腰山以叛。大成仓卒应之。驱略百姓，得五千人，奉盛明为主，僭号灵宝，其渠率皆称公侯，将欲攻城。会姜烈士正芳诈降，以计缀之，事详传中。县丞张文光又搜杀城中奸细周二莽等，故攻十余日，城不得破。而登州总兵张可大遣将适至，焚其六砦，杀伪国公二人，大成败走至蒙阴，典史王某擒斩之，传首邑中。寻汤亦扑灭，盛明卒不知何往也。

"董大成之乱"是众多明末农民起义中的小事件，是明末全国遍地烽火中的一小部分，为时甚短，范围亦不出莱阳一县，但与姜埰与左懋第的生活发生了关系，故需略加叙述。此事起因，一是山东"白莲教"之影响，上文中的"妖贼李盛明"，即"白莲教"余党，他随徐鸿儒起事失败后逃到莱阳，以传教为名联络董大成、许汤等；二是当时的农民为困境所迫。山东当时连年灾荒，民不聊生之际，又有过多捐税之征，使许多农民走投无路，铤而走险，上文"适汤杀人事迫"，在左懋第《姜烈士正芳传》中为"有招远许汤者，杀催租吏"，可以看出许汤因抗租税而起事。事发于崇祯二年（1629）十一月，许汤、董大成相继起事，聚五千人。中间姜正芳用计分散其兵力，并图谋行刺董大成，为董识破被杀，故左懋第奉姜正芳为"烈士"，为之作传，赞扬他延缓了董大成部队的集结，为乡绅护城直到官兵赶来灭董争取到了时间。十一月二十四，董大成率兵攻打莱阳，遇到了莱阳士绅的顽强抵抗，其间就有姜埰与左懋第。董大成攻城不下，迁延数天。至十二月初一，被赶来救援的登州官兵击败，董大成逃到蒙阴后被杀，其事遂平。左懋第《姜烈士传》的赞语说："董贼之变，余时为诸生。闻有贼，士民皆登城。"是左懋第也参加了守城之役。姜埰《自著年谱》记载说："是年妖人董大成作乱，围城浃旬，埰分城婴守，中矢几殆。"是姜埰参加了守城之役，并且受了严重的箭伤。这是姜埰与左懋第一段共同作战的经历。两人经此事变，愈加对时局忧心忡忡，姜埰《自著年谱》又称："时畿辅多事，与左公懋第为同学友，平居相对，辄为流涕。"这两位莱阳的青年士子，于勤奋攻学之际，经过"董大成之乱"，开始为明朝政治的内忧外患而忧虑不已。

崇祯三年（1630），姜埰参加山东乡试，顺利考中第二十名，成了举人。这一年的主考官是济南推官刘承裳。这位刘公曾经细心阅读过他的试卷，佩服他的后场试卷学问"该博"，并亲自向姜埰询问：从何处读得这些奇书？姜埰的试卷没有保存下来，我们自然不知他掉了多少书袋，用了多少典故，无法领略其"该博"的程度，但主试官的称赞还是让姜埰自己很得意，也让我们印象深刻。姜埰的老师宋继登一直在关注着他，以他对姜埰的了解，对其登第充满信心。他估计着捷报到来的时刻，预先登上城头，急切地向送捷报的人问道：中试的就是姜埰吧？姜埰对于老师的这种热望，这种深刻的信任也十分感慨，认为："文章期许，相信如此，一时传为佳话云。"那位曾经在制艺写作中点拨过他的表伯李笃培，也一直关注着姜埰，为他的中举而高兴。姜埰中举后专门拜会了这位表伯，在莱阳乡里素有清誉的这位前辈对姜埰说：以你的才望，当个佩纡青紫的官员何足为奇？士大夫立身行事，关键是要为朝廷担当大事。姜埰将这位前辈的话当作座右铭，深契于心，成为激励他在政治上担当正义、有所作为的一种内在动力。这种乡贤的嘱托，来自故乡注视的目光，是姜埰始终不能忘怀的事情，是他身后一种默默支持的力量。

乡试中举后的第二年，姜埰到京城参加会试，再经过殿试，中了第一百三十六名，成为一名众人歆羡的进士，他的座师即后来为明朝尽忠的大名鼎鼎的倪元璐。姜埰获得了一个封建士子梦寐以求的功名，完成了其人生求学的第一阶段。他走出家乡莱阳，正式迈上仕途，开始为官为宦，为国效力，施展一番政治抱负了。

四

我们在这里可以补叙一下姜埰的弟弟姜垓了。因为有姜埰的《自著年谱》为据，我们可以讲出他作为莱阳书生求学科考的一些经历，对他的青少年时期有一些相对具体的了解。姜垓就缺乏这种材料，所以关于他中进士前的学习科考经历，实在讲不出多少东西。大概姜垓也和姜埰一样，也有一段相对专注、相对平静的莱阳书生时期。

关于姜垓的传记，有他的门人何天宠作的《姜考功传》、有友人魏禧的《莱阳姜贞文公偕继室傅孺人合葬墓表》、有友人徐枋的《姜如须传》。三传之中，以徐传文笔最好，何传最有情感亦材料翔实，魏表采用夫妻合传的方式，以简约的文笔补充了两传未有的夫妻之间的情节。后来《明史》中姜垓传附姜埰传后，乃撮取三传而成，内容不如三传精彩与丰富。关于姜垓早年莱阳读书的情形，三传叙述略同：

> 先生讳垓字如须，又字皇舆，别号篔筜，山东莱阳人也。少好吟咏，便以崆峒、沧溟自命，谓崆峒从山、沧溟从水，先生故从竹耳。祖康惠公良士，邑文学，博洽擅誉。隆庆丙子拟元，主司拟第七，房考不悦，忤主司意，遂见摈。至崇祯丙子，

先生领乡荐，仍第七，说者以谓康惠公之报云。[①]

何传一开始即突出传主的诗歌爱好。姜垓从小喜爱诗歌创作，并奉“前后七子”之李梦阳（号崆峒）、李攀龙（号沧溟）为榜样，索性取号为“筼筜”，因二李的号或从山，或从水，姜垓则从竹。姜垓与姜埰相比，从小就表现出了浓郁的诗歌爱好，这的确是两人的一大差别。姜埰青少年时期的读书，以练习制艺即八股文为主，下过相当刻苦的功夫，而诗歌创作虽然不能说完全没有，但绝对非其所长。姜埰的诗集保存相对完整，其诗歌创作是从甲申年明亡开始的，为时甚晚。而姜垓的诗歌创作则开始的较早，其《流览堂诗稿残编》虽非全帙，但已有相当数量的明亡前的作品。姜垓的诗歌作品风华流丽，艺术面貌与姜埰也大不相同，就诗歌创作成就而论，弟弟远远超过了乃兄。这种差别，大概来自天分，而且从小即已看得出来。

姜垓祖父科举的情况，在姜埰传记中也不见记载，而姜垓传记则往往重笔写到，原因即在于姜垓与其祖父的乡试有某种巧合关系，诸家传记都视为一种还债式的“福报”。原来姜良士曾参加过万历四年（1576）丙子科的乡试，当时房考提名第一，主考官却定为第七，引起了房考的不悦，两人产生龃龉，主考官一气之下，干脆将姜良士摈斥，让其落榜。而且这一次落榜极有可能导致了姜良士的终生蹉跎，此后他也一直没有乡试中举。到崇祯九年（1636）姜垓参加乡试时，时间已经过去了一个甲子，又逢“丙子”年，姜垓正好中试第七名，当时人们就认为这是将其祖父应得的功名还给了他。姜

① 何天庞《姜考功传》，见姜垓《流览堂诗稿残编》附录，《明清遗书五种》，北京图书馆出版社 2006 年版，第 61 页。

垓和姜埰一样，都受到祖父的影响，也都受教于祖父，魏禧所撰《墓表》中称“良士公好学,尝手抄古今书满数厨”。其祖父为饱学之士，这种勤苦好学的精神影响了二姜，在制艺文章写作方面也会影响二姜，但像姜垓这种诗歌创作天赋则很难来自祖父的教育甚或遗传。因此说，论及祖父的教育及影响，从姜埰那里要比从姜垓那里看得更明显。

> 先生生于万历甲寅春正月辛巳。诞降之夕，康惠公梦有朱衣人集于庭。八岁，《鲁论》《孝经》《毛诗》悉通。十岁属文立成，毫不加点。是时家中替，太夫人最怜爱，手织小儿头上巾，得钱买果饵茹之，辄泣曰:“母不食，儿不忍独饱。”率罢去，以为常。十六能诗赋，同邑宋司空玟（玫），一见称奇，谓莱无才，吾独乐与叔子游，且恨不早识也。两人唱酬杂赠，极为投分。胶州高侍郎宏图赠诗曰:“才子早怀青玉案，老人常愧白云心。”甚见器重。[①]

姜垓出生于万历四十二年（1614)，比姜埰小七岁，排行第三，故称叔子。他的降生，也与姜埰一样，有梦的异兆。这种荒诞不经之事，古人常有，后来成为进士的人，大概都被当时的人们认为是不凡的人，故常常附会一些奇异的东西，此固不足信，也不足为怪。但姜垓这种“朱衣人”的梦兆，似乎也有一种寓意，即暗喻姜垓后来成为大明忠臣，并坚守遗民气节。姜垓的自小聪颖，能予人以深刻印象。八岁通诸种经典，十岁即能写文章，而且才思敏捷，文不

① 何天庞《姜考功传》，见姜垓《流览堂诗稿残编》附录，《明清遗书五种》，北京图书馆出版社2006年版，第61页。

加点，确有才子气象。特别是十六岁能创作诗赋这类文学作品，受到文名甚盛的宋玫的赏识。宋玫视姜垓为莱阳少有的才子，并乐于与之交游，有相见恨晚之慨。宋玫也是以诗歌创作而著称的才子型人物，故对这位年龄小于他的同乡青睐有加，有惺惺相惜之态。这从另外一个角度反映了姜垓的早慧和天性中固有的文学特长。而姜埰长于姜垓七岁，也与宋氏家族交好，而且还是宋玫父亲宋继登的学生，见到宋玫的机会更多，却未见宋玫对姜埰有如此的称许，这主要是两人才性不相近的缘故。这个细节也很典型地反映了二姜兄弟在才性上的差异。对姜垓文学才能的赏识，还引出了一个大人物，这就是胶州人高弘图。高弘图（亦作宏图），号硁斋，万历三十八年（1610）进士，担任监察御史，巡按陕西。他是明末朝廷上的忠梗之臣，天启年间因抵制魏忠贤阉党，不得已以身体有病为由上疏辞官。崇祯时再入朝，历官至工部右侍郎，又因与太监张秉彝不合，他连上了八疏称病辞官。史称弘图"为人方正，重进易通，不好官爵，士之论名节必称之"[①]。直到明朝灭亡的崇祯十七年（1644），他才又起复为南京户部尚书。南明弘光时，拜东阁大学士，又与马士英不合，称病坚决辞官。南京陷落后，高弘图在绍兴绝食而死，成就了自己最后的忠义结局。高弘图崇祯年间辞官后，曾有十几年居家，往来莱阳，得以见到姜垓，因而对其文学才能极为赏识，故赠给他一首隽永的诗作，其中的两句是："才子早怀青玉案，老人常愧白云心。""青玉案"泛指古诗，典出杜甫《又示宗武》一诗："试吟青玉案，莫羡紫罗囊"。仇兆鳌注曰："青玉案，谓古诗"。上句誉姜垓为才子，早已会诗歌写作。高弘图用杜甫赠儿诗的典故，也有自占地位之义，姜垓毕竟是自己的晚辈。"白云心"乃指归隐之心，南

---

① 朱溶《忠义录・高弘图传》，见《明清遗书五种》，北京图书馆出版社 2006 年版，第 661 页。

朝梁陶弘景《诏问山中何所有赋诗以答》："山中何所有？岭上多白云。只可自怡悦，不堪持赠君。"唐钱起《蓝田溪与渔者宿》诗云："一论白云心，千里沧洲趣。"高弘图的下句是说自己年岁已老，常常惭愧归隐之意不坚定。高弘图对姜垓的"甚见器重"，自然加重人们对于姜垓少年才子的印象。

上节文字的另一重点是表彰姜垓少年时的体恤母情，早具孝心。其时他们家道中落，生活贫寒。母亲对姜垓又最加怜爱，于是就织点小孩帽子这样的手工活，换成钱，不时买些糕点给姜垓吃。姜垓心疼母亲的辛劳，更不愿意独自吃下母亲挣来的"果饵"，就哭着说：母亲不吃，我不忍心一个人吃饱。常常舍弃不吃。这种孝心，源自天性，发乎至情，成于家庭教养，与八岁即通《孝经》的早期教育也很有关系。具备孝心，这是姜埰与姜垓的共同之处，也是封建士大夫的普遍人格，这一点于士大夫的立朝行事关系甚大，士大夫之忠君报国、明遗民之忠于前朝，都从具有孝心这一点发端，并推而广之。这种孝的意义与价值，我们在后面的叙述中还会不断地看到。

姜埰与姜垓都在早年参加了山左大社，构成他们入仕前的政治思想基础。关于山左大社的情况，我们在这里也略作叙述。简而言之，山左大社后来汇入复社，成为复社在山东的一个分支，主盟者为莱阳宋继澄。"在复社之前，各地文社四起，为复社的形成奠定了基础。复社由众多文社统合而成。"[①] 朱彝尊《静志居诗话》卷二十一载："崇祯之初，嘉鱼熊开元宰吴江，进诸生而讲艺，于时孟朴（孙淳）里居，结吴翻扶九、吴允夏去盈、沈应瑞圣符等，肇举复社。于时云间有几社，浙西有闻社，江北有南社，江西有则社，又有历亭席

① 何宗美《明末清初文人结社研究》，南开大学出版社 2003 年版，第 169 页。

社，昆阳云簪社，而吴门别有羽朋社、匡社，武林有读书社，山左有大社，佥会于吴，统合于复社。”[①] 杜登春《复社纪略》也记载：“是时，江北匡社、中州端社、莱阳邑社、松江几社，浙东超社、浙西庄社、黄州质社与江南应社，各分坛坫，天如（张溥）乃合诸社为一，……因名曰复社。”明末，大江南北文人社团众多，至崇祯二年，统合在一起，奉张溥为领袖，山左大社也于此时归入了复社，成为其在山东的一个分支。山左大社起于何时，史无明确记载，从其主盟者宋继澄的经历，估计在明天启年间。民国版《莱阳县志》卷三之《宋孝廉继澄传》对山左大社有记载，为了解山左大社提供了极为珍贵的材料。文中记载：“山左大社九十一人。”并详列了占籍莱阳的六十余人名单，其中除了宋继澄父子外，姜圻、姜埰与姜垓兄弟三人都在其中，另有左懋泰、沈迅、宋琬、崔丹（即画家崔青蚓）等知名士人。朱彝尊《静志居诗话》卷二十一：“赵士喆倡山左大社，以应复社。”这里出现了两个问题，一是赵士喆与宋继澄谁是山左大社的主盟者？赵的活动主要是在明亡后，且山左大社近百人，莱阳人居多，恐是以宋继澄主盟为确，以《莱阳县志》的记载为准。二是山左大社外又有莱阳邑社之名，二者是什么关系。估计山左大社为其总名，莱阳邑社为其中一部分。山左大社为山东籍士人的社团组织，莱阳邑社则为莱阳一邑之士人组织，如此而已。明代士人结社，乃是以文会友，以切磋、交流文章为主，其中研摩制艺、以应科举的意味很浓，但也往往形成共同的政治倾向。复社自觉承袭东林传统，当时有“小东林”之称，复社之人以清流自居，常常批评时政，抨击权奸，可以想见山左大社之士子亦是如此。姜埰在初次应乡试时即因指斥崔魏阉党而被摈斥，担任礼科给事中时又

① 朱彝尊《静志居诗话》，人民文学出版社，1990年版，第649页。

上疏皇帝为复社鸣不平，姜垓在行人司任职时上疏请求铲除阮大铖、崔呈秀之名，都与复社的政治倾向完全一致，都与其身为山左大社成员的政治态度有关，这也看出山左大社与复社的桴鼓相应之处。山左大社多正人君子，多重政治气节，像姜埰姜垓兄弟在明朝是忠直之臣，入清后坚守气节，成了颇有骨气的遗民，山左大社多此类人物。左懋第出使清廷，不辱使命；沈迅入清后蓄发明志，最后抗清而死；赵士喆、董樵、宋继澄及其子宋琏都历尽艰辛、以遗民终老。唯宋琬政治上略为逊色，入清后应举，中了进士，成为新朝官员。但宋琬在明朝并无功名，并不享受俸禄，按照当时士人的政治道德，也并非变节之人，并非“贰臣”，时人也并无多少非议。山左大社是明末山东士子的一段荣耀，姜埰姜垓兄弟成为其中的杰出代表。

关于在莱阳度过的青少年时期的生活，姜埰姜垓在后来的诗歌与文章中，都没有太多的涉及，尽管两人侨居南方后，都有浓郁的思乡之情。对祖父的缅怀倒是姜埰诗歌中出现过的一个主题，他的《慕村四首用东坡游孤山韵》其一，即是对祖父的深情回忆。诗云：

> 山无木，水无湖，大父口授孙之无。落日牛羊下入阑，丹毛乌犍相喧呼。箔头作茧课家孥，绝少抑郁多欢娱。南村花鸟漱石庐（自注：堂名），有邻高李兴不孤。屋东沙田耕不得，高栽桑柘低菰蒲。隆万之间一潜夫，亦有薄酿堪朝晡。城中周宋张左过，颇怪不入香山图。身游华胥梦觉余，不尔亦可超几蘧。夜来短檠追诗逋，漆书竹简手所摹。

诗在开头回忆了祖父对自己进行启蒙教育、口授“之无”的情景，在“日之夕矣、羊牛下来”的乡村傍晚，在“箔头作茧”的农活之余，祖父在教育着自己的孙子们，那时的生活虽然贫窘，但充满了欢娱，弥漫着温情。全诗转笔记叙祖父的乡间生活，家住在南村的漱石庐，有高、李（大概是李培笃）二邻居相伴，祖父显得兴致很高。屋东的沙土地不宜耕种，就在高处栽着桑柘树，水中种着菰蒲。祖父居住乡间，算得上隆庆、万历年间的一个隐士，家中尚有薄酒可以佐饭，城中的“周宋张左”四姓士绅时相过从，那情景堪比白居易的“香山九老图”。祖父身处其间，如游“华胥国”中。祖父颇有文才，时常半夜醒来，在灯下写诗，或亲手摹写“漆书竹简”等古文字。在姜埰对祖父的回忆中，有对往昔家庭生活的追忆，更有对于逝去的明王朝的无尽缅怀。亡国破家之后，这一切都已经云烟茫茫，恍如隔世，成了一种伤感的、遥不可及的过去。

姜埰的《过友人故居》一诗，也有自己青少年生活时的依稀情形。诗有序言云：“吾友李礼居莱城西四十里，余年十七八过其家，见舍东老槐一株，婆娑可爱。礼文采擅吾党，其后以父故累死，予为收其骨。不图二十年再过其地，于驴背率成一律。”这是对故友李礼的怀念，诗中有“论文输汝下，把酒忆吾狂”之句，两人曾为同学，李礼颇有文采，似在己之上，自己则酒后时有狂态。后来李礼因受父亲的牵连而死，诗中称“黄巾累死亡”。用“黄巾”之典，则李可能死于农民起义之类的事件，说不定就是“于七之乱”。由于姜埰诗的编年不好确定，这桩二十年前的事件也就不好判断。

姜埰中进士后，离开莱阳，先到真州任县令，一干就是十年，方入京担任礼科给事中。姜垓后于姜埰九年也中了进士，随即离开莱阳，在京城任官。两人相对平静的故乡莱阳之读书生涯都结束了。此后不久的莱阳，经历了腥风血雨，惊涛骇浪，在清人攻陷莱阳的战争中，他们家有多人死难。亡国后，兄弟二人侨居南方，虽然也曾数次回到莱阳，但时过境迁，物是人非，故乡莱阳对于他们是那么沉痛、那么触目惊心。两人死后，一遗命宣城，一葬于苏州，也都未归葬莱阳。故乡莱阳，对于这两位明遗民来讲，真的是越来越遥远了。

第二章 仪真十年

一

崇祯四年（1631），姜埰中了进士。与其同年的进士尚有左懋第、沈迅以及后来创作长诗《莱阳行》的著名诗人太仓吴伟业（号梅村）等。当年的八月，姜埰被授予密云知县，但尚未上任，就被总督曹文衡调补了荆永祚，将其挤掉了。当时中进士者，最好的出路、也是最荣耀的职务是选入翰林院，在皇帝身边担任位置清要的官员。姜埰考中的是三甲第一百六十三名，位次靠后，难以入选翰林院，但简选到京城附近的密云县，大概是一个不错的安排，可惜节外生枝，也不能如愿。到了十月份，姜埰方被改任仪真（今江苏仪征）知县，姜埰收拾行装就去上任了。他的表兄刘起蛟听说他作令仪真，给他来信，勉励他“不要钱、不徇私”，做一个清廉的好官。姜埰对这种来自家乡至亲的叮嘱十分感叹，认为这是“真古人之言也！”

在仪真任上，姜埰一干就是十年。古代三年一个考核期，算是连任三届，在基层任上的时间不可谓不长，这在当时还真是一个不多见的情形。其间，姜埰也不是没有升迁的机会，但一则因为他的清廉正直、不能巴结逢迎上司；二则因为地方官之间的排击与倾轧，都被耽搁了下来。在其《自著年谱》中，姜埰也很有感慨地总结了自己任职仪真县令的一些经历。

崇祯七年（1634），已经任职三年的姜埰有了一次调任的机会，就因为官场中的争斗、贿赂，不但不能如愿，还使他受到了一次小小的处分。这一年，江都县令空缺，丹徒县令谋求这一位置，而扬州御史禹好善是丹徒县令的亲家，为他主谋此事。这时巡盐御史黄希宪批准调姜埰担任这一职务。禹好善非常生气，认为是姜埰出的主意，是姜埰不本分，在跑官要官，就执意要弹劾他。丹徒县令倒无意为难，曾劝禹好善不要使两人结怨。本来事情算是过去了，但不久禹好善怀恨在心，执意作对，还是找了个理由，上疏纠弹姜埰。后来搞得两败俱伤，丹徒和仪真两县令都不能调任此职，倒是让凤阳县令颜某钻了空子，用两千金贿赂了当朝宰相，到江都上任去了。对此，姜埰深感无能为力，自己本无争竞之心，不想陷入这种无谓的人事纠纷，但最终也难于置身事外。真可谓官场浑浊，好人也难以自清。按照惯例，县令遭到上司弹劾，应该降职，但禹好善的挟私纠弹，并不得人心，因为姜埰的公论甚好，威信较高，所以没有降职处分，只是剥夺了五个月的俸禄。

崇祯九年（1636）是乡试之年，按照惯例，应该在扬州府属下县令中选拔一人担任郡试考官，很多人视之为美差，不靠金钱贿赂、不靠攀附关系，谋不上这一差使。按任职资历，姜埰应该入选。但又是那位江都县令颜某，以金钱收买了上司，压抑了姜埰，谋取了考官职务，他也要靠这一位置营私谋利去了。此人性情歹毒，仗势欺人，不仅在考官选聘中压制姜埰，还要图谋进一步打击、陷害。他又教唆、挑拨上司，让上司以催租不力弹劾姜埰，结果使姜埰的俸禄下调一级，并不得入闱参阅乡试试卷。当时扬州的一些正直士大夫如吴甡、姚思孝、徐耀等都很为姜埰鸣不平，但似乎也没有什么办法。这年冬天，姜埰入京参加吏部的述职考核，吏部仍然恢复了姜埰的俸禄，算是为他争得了一点公平。

经历这两次事件，姜埰感到十分苦恼。他以忠厚待人，以清廉自持，想不到也在污浊的官场中趟了浑水，深受人事倾轧之苦。他对官场之中的上下其手、贿赂公行极为愤怒，但也无可奈何，只能做到在其中独善其身。长期接受的儒家教育使他以道德自律，将清廉爱民、维持法度视作为政大节，颇有正气凛然之风。其《自著年谱》中记录了一些他任仪真县令期间的例子，很好地展示了姜埰的这种政治情操。

姜埰上任之初，正逢地方上举行祭祀，有人假扮城隍神在祭祀中大呼县令姜埰的名字，意在装神扮鬼，愚弄百姓，同时想借鬼神之假面震慑地方官，给新县令一个下马威。这种假借鬼神的迷信办法，在古代社会很有市场，也很能迷惑人。这场闹剧当时也起到了一些作用，一些在场的地方官半信半疑，有些耸然。也有的官员、百姓大概正好借此看看这位新上任的县令如何处置此事。姜埰仗着一身正气，偏不信邪，他断定是奸民在其中图利作祟，就像是当年的巫婆在愚弄西门豹一样，于是将装扮城隍神的人抓了起来，一审问，果然是场骗局，真相大白，邪气敛息，当地官员和百姓也领略了这位新任县令的果断与威严。姜埰上任之始办的另一件大事是铲除地方黑社会头子董奇、董九功等。这种地方恶势力，结帮拉伙，称霸一方，为害百姓，扰乱法纪，是地方官社会治理的头号敌人，若不加铲除，地方上将永无宁日，久而久之，连地方官也会为之挟持。姜埰深知其弊，故上任伊始，就开展访察，掌握了“二董”作奸犯科的大量事实，将其断然绳之以法，为地方除了一害，让百姓拍手称快。这既打击了黑恶势力的气焰，端肃了地方风气，也为姜埰这一新任县令树立了执法严明、为政廉干的声威。

在爱民如子，视民如伤，甘冒政治风险，切实维护百姓利益方面，姜埰也以很大的政治勇气，毅然做了一些好事。《自著年谱》所记数事虽然都很简短，但仔细分析起来，诸事都很有分量，行之不易。如从江南通过大运河往京城运粮的船只，每次经过仪真的船闸，都要按照惯例，临时抽调大批民夫去拖曳船只，这真是一件劳民伤财、让老百姓深以为苦的事情。姜埰毅然地向上司痛陈利害，为民请命，结果罢除了这件差事，而且“永以为令”，以后永远不准如此调拨民夫。从此经过仪真船闸的运粮船，大概是或者径直不用船夫，或者用钱雇用民工了。姜埰干了一件有利于当地百姓的好事，百姓岂能不加拥戴。另外，仪真地处江北，上级官员有时驻扎在南京近郊办案，当地的奸诈之徒常常诬陷江北之人，特别是一些所谓的“奸情”案子，上司往往要隔江提拿百姓到案，每遇这种情况，江北之人特别是妇女都甚为恐慌。姜埰仍然要永绝此等陋习，秉告上司，罢除这种跨区域隔江提人的做法，从此，江北之民特别是妇女从无发生被隔江提拿到官府的事情。这两件事情，表现了姜埰洞悉地方情实，敢于为民请命，维护公平正义的大无畏政治情怀，其毅然与果敢都令当时民众以及后人生敬。还有一件不容易的事，当时管理水利的总河官要从仪真调拨五百名修河民工，如不派出民工，也可以折合成工钱来抵顶，当时的计算是“计费盈万”，这是一个不小的数字。姜埰看到了征调文书，就捐出自己的官俸来作为工钱，并亲自向总河官交付，以换取免征河夫。此事完结后，百姓受益，而姜埰并不声张，“百姓不知也”。姜埰自己总结任职仪真县令期间为民请命的情形说：“埰碌碌无他长，只视百姓事如己事，十年如一日，故百姓为之语曰：‘姜公为政，大事化为小事，小事化为无事。’埰不愧二语。量移时，有立祠勒碑者，埰拒之曰：‘吾知尽吾职而已，岂望此乎？’”[1] 姜埰

① 《姜贞毅先生自著年谱》，姜埰《敬亭集》，华东师范大学出版社 2011 年版，第 8 页。以下引《自著年谱》，不另出注。

自己的评价是把老百姓的事当作自己的事，尽心尽力去办，这既是一个地方官忠于职守的表现，也是一种博大的爱民情怀，是一个地方官难得的政治品格。老百姓对姜埰的评价是“大事化小，小事化了”，这是对姜埰为政风格的一种概括。这就是为政简要清静，顺乎民情，不烦苛扰民，不无事生非。特别是在地方官要处理的大量民事诉讼案件中，不严刑峻法，不威逼恐吓，不搞扩大化，力主晓之以理、动之以情的调解处理，将民事伤害降到最低限度，这也实在是过去地方官社会治理的一种较高境界。所以姜埰在仪真的十年作令，甚得人心，在他调任离职之际，仪真人建议给他建祠立碑，以作纪念，这在古代也是常事，但遭到了姜埰的拒绝。他认为在仪真任上，只是尽到了自己的职责而已，是一个地方官员应该干的事情，自己并无求名之想，也就不希望徒耗民财，在仪真留下这些可有可无的纪念物。应该说，姜埰的态度是很明智的。

除爱民如子这一政治品格外，姜埰在任职仪真令上的清廉之风也给人留下了深刻印象，为他赢得了不错的民望。他自称“十年不受干牍，客有以私请者，拒之”。任令十年，不受任何人的请托，不接受任何行贿的苞苴，光明磊落，行事端正。曾有一绍兴人是姜埰老师的亲家，找到姜埰，想把一案件中的死刑犯打捞出来，遭到了他的严词拒绝。姜埰表示：“杀人者抵法。”最后，不听干预，维持了判决。姜埰对这种请托人情很是憎恶，他不知拒绝了多少次类似的请托。有位请托他办事的客人，在离开仪真时，在县中的客馆壁上留下了八个大字：“爱民如子，嫉客如仇。”八字铮铮，掷地有声，这是对姜埰的一种高度评价。这一方面是对老百姓的满腔温情，一方面是对恶劣世风的冷峻批判，显示了姜埰孤傲不俗与清廉正直的人格。姜埰在仪真，“日用米薪，悉照时价，不取民间一物”。自己的生活日用品，都是按照市场价格出钱购买的，决不公物私用，决不私拿民间一件东西。公私分明，一丝不苟，如此地严于自律，放在古代，岂不难乎？放在现在，岂不令今人愧恧乎？即此一事，古人就有今人所不可及处！而且姜埰是在自奉清苦的情况下严守清廉品格的，他说："十年不取民间一物，家无环堵，官苦积薪，常奉二亲乏甘脆，二亲又能成子名，令勿取。"县令的住宅，连围墙都没有，也常常为柴火钱而苦恼，当时父母都跟随姜埰在仪真任上，也缺乏时鲜之物供养，但可贵的是父母深明大义，对姜埰的清廉做法极为理解和支持，也不允许他私拿民间一物。双亲的教育与支持，是姜埰的一种底气，也是其动力，同样难能可贵。当时来往的一些人士，每到官署，看到姜埰家中的清贫自甘，都极为叹服，常常说：姜埰家中食无重味，县令做到这个地步，真不容易啊！还有更为典型的事例，仪真属扬州府，当地商业繁盛，尤以盐业最为发达。盐的贩运买卖，都要经过官府的批准和检验，拿到许可证，这就是所谓的"掣摯盐斤及封引事"。盐商与官府打交道，都有所谓"陋例"，即有潜规则，要花钱疏通关系，来获取经营的方便与好处。其他官员都恨不得有这等好事，中饱私囊在半推半就之际，于半明半暗之间，何乐而不为？但唯独姜埰上任后公开拒绝潜规则，明示废止此类"陋例"。这已不只是保持自己的清廉，也明明是断了别的官员的财路，姜埰岂能没有压力和阻力，但他仍然一力禁绝，方便了商人，维护了市场公平与商业秩序。商人们也很感怀姜埰的这种行为，所以在姜埰遇到难事的时候，能够慷慨解囊，为其纾难解困，曾经为姜埰代赔修河银一万两，姜埰也由衷地感到了一种欣慰，慨叹"见公道犹在人心也"！

十年仪真任上，处理政务之间，与同僚相处之际，姜埰也表现出了鲜明的宽厚品格，为他赢得了人心。他自律甚严，但对人宽和，设身处地为人着想，既不欺凌百姓，也不为难下属，一种温润平和的君子气象。崇祯十年（1637），是地方官员的考核年份。这年扬州的总河官刘荣嗣因为新开掘的河道决口，被逮入狱中。姜埰是属下地方官，也被降级听候处理。但姜埰是主张疏浚旧河道的，并不主张开掘新河，与刘荣嗣的做法不一致，他曾向刘建议过，但不被采纳。到了这种时候，姜埰完全可以撇清干系。别人也劝告姜埰向上司说明一下，特别是在县令考核这种关键的时候，决定着姜埰升降留转的仕途命运。但姜埰表示，如果上书说明，自己虽然撇清了，但刘荣嗣的过错更大了，难以幸免，这无异于落井下石。姜埰甘愿保持沉默，听候处置。他错过这次考核优异的机会，也没有得到升迁，继续留任仪真县令。对于这件事情，当时的人们都称赞姜埰的厚道。仪真县有位王姓秀才，与别人殴斗，将人的牙齿打折了，而且在官府审理中出言不逊。姜埰念其秀才身份，未加惩处，把他送至本县学官那里接受责罚。本县学官要以品行恶劣的考评意见将其上报扬州府的学使，姜埰听说后赶紧阻止说：如果这样，王生会认为我是有意报复他。可惜阻止已晚，结论已报了上去，等到府学的意见下来后，姜埰又极力保全这位王生，又一次体现了姜埰的宽厚，这其中可能也有对当地秀才的一种护惜之情。此时仪真县的学官叫王焘，是名昆山的举人，此人品格很好，行事颇有古风，可就是性情偏狭，处事不灵活，而且常常冒犯姜埰，与县令相左。不听姜埰的阻止，执意将王秀才上报的大概也是此人。姜埰敬重他的人格，对他的冒犯也就时常容忍。这个人后来升迁到了随州知州，在明清易代中做了个死难的大明忠臣，证明了姜埰的识人不差。姜埰事后回忆说：假使别人遇到这种情况，一定忍受不了。姜埰的宽厚，又一次体现出来。

姜埰担任仪真县令的时候，大明王朝已处于内忧外患之中，内有李自成、张献忠的农民起义，外有清人的不断入侵蚕食，两面受敌，左支右绌，明朝的天下已经是岌岌可危，摇摇欲坠了。当时仪真僻处东隅，偏离战乱，相对还安定一些。但有一次，战火也切切实实地逼近仪真了。张献忠的部队遍布在安徽的凤阳、泗州之间，临近扬州的六合县已经失守，仪真已是非常危险，处于临战状态。姜埰身为县令，守城有责，他带领仪真兵民值守防御，曾经一连数月露宿城头。他出身文官，本来不习军旅之事，不谙军事之道，但守城期间的部署防御，常常井井有条，进退有据，这都是忠诚尽职的结果。守城数月，辛苦备至，张献忠的部队并未真正攻打仪真城。据从前方逃归回来的难民介绍，围城之际，发生了一件奇异的事。有一夜，仪真城西忽然火光冲天，张献忠的部队觉得奇怪，就派兵挖掘此处，结果挖出了数百担石子。张献忠部队笃于迷信，认为城外无端地火光显现，围城中挖出石子，是因为这里的官员好，有恩德留在百姓间，得到了天助，此城不宜攻，于是火烧营垒，撤兵而去。姜埰《自著年谱》如此记载，感觉有些自诩之意，实不足取。仪真城未受兵，实属侥幸。但姜埰的尽职尽责，辛苦守城，还是得到了上司的褒奖。扬州府道两院都认为，在张献忠部队兵临城下的危急时刻，淮扬半壁，最终保全，屹然无恙，与仪真的撄城固守、阻碍敌人有很大的关系，实有藩篱拱卫之功。当守城之时，仪真父老见情势危急，曾建议姜埰将年幼的儿子送到南京躲避一下，姜埰表示拒绝，特别是姜埰的妻子董氏更是毅然说：死就死在一起，为什么家人要先躲开，怎么能让姜埰做一个失职的大臣！她以实际行动支持姜埰守城，以同患难的大勇鼓励姜埰尽职，姜埰从这位贤内助身上肯定获得了巨大的为国牺牲的勇毅。

仪真十年，风风雨雨，历经艰辛，姜埰过得十分不易。他以勤政、爱民、清廉、宽厚的为政品格，在仪真士绅百姓之间赢得了声望。虽然中间也有罚俸、镌级这种小挫折，虽然有历经几次考选，未能提拔升迁，一干就是十年的漫长县令经历，但最终在上司官员甚至吏部考选中，姜埰还是获得了优等的评价，形成了姜埰不薄的政治积累。崇祯十三年（1640），袁继咸来到扬州，姜埰前去拜谒，袁对他大为称赞，亲自下堂拜揖迎接，礼貌有加。袁说：我在仪真暗访，听到你处断三案，非常佩服。姜埰对袁继咸的这种评价十分自豪，后来常常对人说：我在仪真当了十年县令，就得到了袁公这一知己。姜埰的铭感是有道理的，因为这位袁公可不是一般人物，此人在明末大名鼎鼎、忠节可风。袁继咸，字季通，号临侯。江西宜春人。其事迹见《明史》列传。袁为明天启五年（1625）进士。崇祯七年（1634）任山西提学佥事时，曾上疏抨击宦官张秉彝，被诬陷为贪赃枉法，解京治罪。山西生员百余人追随入京，散发传单，为之辩诬，轰动京城。崇祯十二年曾任督师杨嗣昌的参军，因故于次年“备兵”来到扬州，姜埰谒见即在此时。崇祯十五年出任兵部右侍郎兼右佥都御史，总督江西、湖广、安庆、应天等处军务，驻节九江，曾以忠义劝讽左良玉收复武昌。到了南明时，袁继咸屡上书激励福王，并抨击马士英。左良玉起兵东上，遭袁继咸激烈反对。左良玉病死前，曾大哭曰：“吾负临侯！”他又劝左良玉的儿子左梦庚撤兵，后被骗入军中软禁。左梦庚降清后，将他献给清人以邀功，被押解至北京囚禁。袁继咸拒降，曾作铭文以表志曰：“大官好做，大节难移。”顺治三年（1646）六月被清人杀害，其民族气节为后人敬仰。这样的大明忠烈曾经称赞过姜埰，当然值得自豪。

崇祯十四年（1641），姜埰调任礼部仪制司主事，到京城任官，他在崇祯皇帝那里也得到了一种终生难忘的好评，下面我们要讲到。在扬州、仪真待了这么长时间，姜埰终于要离开了。这十年，是姜埰最为重要的任职经历，与这个地区结下了深厚的感情，也留下了不同寻常的民望，在这里具有很好的交游基础。明朝灭亡后，姜埰携全家南迁，在这里又住了十年，就与他这十年任职有很大的关系。扬州以及仪真，在姜埰最为困难的时候，以博大及温暖的胸怀，再次接纳了这位口碑犹存的贤能县令。

二

姜埰来仪真上任的时候，他的父母亲与祖母也都随任来到了仪真，作为家庭中第一个出仕做官之人，姜埰一边出任公职，一边侍养双亲。他的祖母于第二年八月就在仪真官舍去世。他的父母宁愿过着简单、清贫的生活，也鼓励姜埰保持清廉。他的妻子董孺人也来仪真与其共同生活，并于崇祯六年在仪真生下了第一个儿子安节。在仪真，姜埰于繁忙的公务之余，尽享天伦之乐，尽享家庭生活的温馨。

但是，在仪真生活了八年之后，崇祯十二年（1639）二月，他挚爱的妻子董孺人病逝了。这位年仅三十岁的贤内助的离去，令姜埰十分悲伤，成为他在仪真最痛彻心扉的事情。他写了十余篇悼亡诗来怀念这位贤妻，但这些诗在现有《敬亭集》中一首也未见。姜埰甲申明亡前的诗作都没有存留，这些悼亡诗也未流传下来，殊为可惜。姜埰将妻子的灵柩在仪真暂厝两年，直到崇祯十四年末他离开仪真时，才将其安葬回了莱阳老家。他派人往京城请同乡好友宋玫撰写了墓志铭。又过了三十多年，姜埰死在苏州，遗命葬在安徽宣城，其长子姜安节移家宣城，为姜埰守墓。想到父母的墓分在两处，于心不安，才又回莱阳将其母迁到宣城敬亭山，葬在姜埰墓的左边，这已是董孺人去世四十七年以后的事情了。这次迁葬，安节又请著名遗民钱澄之撰写了新的墓志铭。我们略以宋玫、钱澄之两篇墓志铭，对董孺人加以简要评述。

应该说钱澄之所撰墓志铭很别致，它先是全文移录了宋玫的墓文，再补叙与姜埰的交往，后再系以铭文。钱文可以说是志中有志，铭中有铭。他这样写是有原因的：一是宋玫大名为钱所敬重，而宋玫死于莱阳癸未守城之难，文集亦毁于此难，这样做是为了保存宋玫之遗文。而且钱认为“其文雅饬有体，叙情事简而真，可传也”。二是宋文的重新发现也算奇特，它是在姜安节将迁葬宣城之时出土的，在地下埋了四十五年。迁葬时，“棺椁完好，志石文字，一一可辨”。其文出自姜埰向宋玫的请托。宋玫这篇文字能于劫后独存，实赖金石之功。钱澄之慨叹说：“宋公所为文亦散失不存，乃于四十五年前墓中得之，岂非有鬼神阴相之哉！”所以钱澄之撰文，“谨一仍旧文，前后略叙先生死葬宣城之由，与安节迁葬孺人始末，而更系之以铭”[①]。形成了这篇文中有文的特别之作，这在历代墓志铭中是很少见的。

宋玫的墓志铭作于崇祯十四年的年末。当时安葬董氏于莱阳，姜埰写了书信，派人去京城请宋玫作文，姜埰还将其十几首悼亡诗封寄宋玫。书中深情地说：“我的妻子董氏死了，我还有父母双亲需要她奉养，还有幼小的孩子需要她抚养，还有妹妹没出嫁也需要依靠她，而她竟然死了，请你为他做篇墓志铭吧。”宋玫与姜埰从小相识相欢，宋姜两家几代通婚姻，宋玫也见识过董氏的贤德，因此觉得无法推辞姜埰的深情相托，于是答应撰写铭文。

宋玫在文章中先是回忆了他在仪真见过董氏的情形。崇祯十年(1637)，宋玫与吴梅村一起主持武昌乡试，回来时路过仪真，姜埰

---

① 钱澄之《前礼科给事中姜贞毅先生元配董孺人墓志铭》，《敬亭集》附录，华东大学出版社2011年版，第327—331页。

在官舍接待了这位名满天下的家乡才子。当时董孺人身体尚好，看不出什么病状。她亲自下厨，做饭做菜，还用了很多莱阳的土特产来招待这位家乡的客人。奶妈把儿子安节也抱到前厅来与客人见面，当时安节已与宋玫同宗弟宋琬的女儿结亲。文中还记载宋玫见到了董孺人所生的小女儿，正是牙牙学语的时候，大约一岁多一点，“婉弱可爱”，姜埰教女儿呼宋玫为“舅”，并与宋玫的小儿子定亲，两家结为婚姻。但分手后一年余，姜埰的这位小女儿就夭折了，宋玫的儿子不久也病亡。董孺人经此丧女之打击，终于一病不起。这次与董孺人的见面，她的勤谨能干、热情好客，给宋玫留下了很好的印象。

接下来宋玫着重记载董氏的贤德。她是董应雷之女，董樵之姐，十五岁嫁给姜埰。当时姜家已家道中衰，家境并不好，董孺人在贫窘中操持家务，毫无怨言，常常纺织到深夜，也时常将嫁衣典当出去以支持丈夫的学业。等到姜埰作令仪真后，家境变好了，董氏陪伴来到官舍，身份虽为官夫人，但她仍然身着粗布衣服，亲自劳作家务，自己洗衣服。特别难能可贵的是，她一直支持、勉励丈夫的清廉。宋玫动情地总结说：“以故如农十年饮水于江干，称循吏，丈夫诚自爱，尤凛凛于闺箴矣。”认为姜埰的清廉除了其自爱的因素外，董孺人的“闺箴”内助起了不可忽视的作用。在这一点上，董氏是很了不起的。我们再联系到，当张献忠的部队围攻仪真时，董氏尝拒绝别人的劝告，不将自己的儿子送往南京避难，决不让姜埰做有违臣节的事情。董氏深明大义，颇有识大体、顾大局的眼界与胸襟，这个古代贤妻的高尚品格就更加令人钦敬。宋玫也着重记载了董氏的侍上之孝、居家之和等传统美德。她侍奉公婆很孝顺，对待姜埰的祖母如同对待婆婆一样。身处一大家庭中，自己不蓄私财，有尺帛寸缕的收入也都进奉给公婆。姜埰兄弟四人未曾分家，聚在一起生活，其母主管家务，诸儿媳都不敢过问，董氏也是奉行唯谨。妯娌四个在一起吃饭，穿衣也没有异样，最终没有片言只语的争执，无妇姑勃谿这类旧家族常有的事情发生。家中和和美美，所以姜家的堂号叫“一乐堂”。宋玫认为姜埰家庭的和乐门风，董氏在其中发挥了不小的作用。宋玫文章还记载了董氏待人温和宽厚，时常施惠于人。她每次回到莱阳故里，常常将一些布帛衣物分赠于家中人及亲戚，遇到家族有丧事，哭泣尽哀，她死后，家族中的妇女时常流泪思念，说：董孺人走了，那些旧衣物，我们更向何处去求啊！董孺人勤快、聪明，治家有方，自居俭约，保持着朴素的生活习惯。对于董氏这样一位贤德的女性，宋玫在最后的铭辞中将其比为“坂之兰”，以兰花喻其德，赞颂她是“君子之女，德音不远”。这样的一位德行如兰的女子本应长寿，却在三十岁时早早地逝去，令人觉得悲伤。铭辞最后表达了这种“伊胡不留我心忧”的哀婉情绪。

钱澄之的墓志铭，因“孺人妇德家世及生卒年月详载前志中”，故于董氏事迹未有任何补充、增饰，“一仍旧文”。他补充了姜埰临终时的“遗命宣城”一节，增叙了姜安节迁母于宣城，并遵父命“同丘而别兆”的情形。他为董氏重新撰写了铭辞，而且铭辞大好，我们引在下面，并稍作分析：

> 南有敬亭，其山幽幽。彼君子兮，于焉归休。岂无先陇，瞻望松楸。君命未改，曷敢首丘。嗟哉硕人，实惟好逑。盛年早殁，墓木已樛。南北永间，四十八秋。泉壤重聚，子心是求。母氏载迁，子无怨尤。乃遵遗命，乃营一抔。体魄异室，魂气同游。百世享祭，共此山陬。

铭辞前八句写姜埰临终，谆谆叮嘱儿子要将自己葬在宣城，因崇祯皇帝将他贬至宣城，崇祯已死，赦令未下，他不敢不遵圣命。他虽然也有首丘之思，也有心向故园、魂依先陇松楸之深念，但君命未改，他不敢将故园之情放在故国故君之上。姜埰的“遗命宣城”是其一生中的大关键，曾受到后人如王渔洋之非议，钱澄之是其最有力的辩护者，也是遗民中最能理解姜埰之人。铭辞的后半段全是写董氏，她与姜埰伉俪情深，共过患难，又盛年早殁，墓木已拱。两人已经南北相隔、死离之别已经四十八年[①]。这次迁葬到了宣城，重聚一起，是出于儿子的意愿，使儿子了无遗憾。姜埰与董氏死后重聚，虽然没有合葬一室，但精神可以朝夕相伴，永远在一起了。两人共处敬亭山，永远享受子孙们的祭祀。钱撰铭辞，是饱含感情的诗，朴实而隽永地赞颂着这对夫妻的高节大义，祝颂他们在敬亭山魂依神随。这里有遗民对遗民的深切理解，有“嘤其鸣矣”“同声相应”之同志般的共鸣，这种荡漾其中的情感今人仍然可以清晰地感受到，绝非泛泛之论，也绝非谀墓之辞！

三

就在姜埰仪真作令的时期，其弟姜垓也曾经来到仪真，并与江南士人开始交游，而且有诗歌作品流传了下来。在姜埰即将结束仪真任职之际，姜垓的命运也发生了变化，进入了其人生最为成功、最为荣耀的时期。他考中进士，开始在京城为官，而且是与其兄同时在朝为官。

何天宠撰《姜考功传》中说：

---

① 铭辞曰：“四十八秋”，正文中称迁葬时，“距孺人之殁四十七年”，前后所记不一致。

仲兄埰辛未进士，筮仕令真州，先生奉二亲客官署，因渡江石城，多与海内英彦交善。既游吴会，有虞山某孝廉，以乡鹜不法，直指疏劾奏之。某以金百镒图解，辞曰：吾岂代人受金卖法者！竟谢之。其廉介如此。

姜垓的来到仪真，一是陪伴父母，二是借真州良好的条件继续读书。他有机会渡江到了南京，与当地的文人开始交游。南京是明朝的陪都，也是明代文人的渊薮，特别是众多复社文人聚集于此。这里的文人，倡气节，尚清议，多结成文社以交友论文，特别是崇祯十一年（1638），南京曾发生过复社文人起草《留都防乱公檄》讨伐阮大铖一事。作为山左大社的成员，姜垓到此地，应是如鱼得水，与东南文人相处甚欢。但现有的史料，我们尚不能完全清楚地知道，姜垓与哪些文人有过交往，参加过哪些文人活动，姜垓现存的诗歌中也没有多少相关的记载。姜垓现存诗集为残卷，大量的诗歌亡佚了，可能此期江南交游的诗歌也散佚不存了。我们知道姜垓此际与方文、方以智、孙临、余怀等江南士人交往，这些著名文人大多后来成了明遗民，有的成了抗清殉国的烈士（如孙临）。这段交游在余怀所撰相关诗文中有些记载，这在以后我们讲两人交游时还要涉及。不管怎么样，姜垓的此次东南游历在他一生中是重要的，是他开眼界、广交游的时期，也是他在参加乡试、会试，中举人、进士之前最重要的游历，他在思想上、诗文写作上可能都受到东南知识分子的影响。

姜垓在这时到了苏州，发生了拒绝常熟士绅请托的事情。常熟的一个举人，居乡不法，遭到“直指”的弹劾。“直指”是朝廷派往地方处理问题的官员，也称直指使者。这位孝廉也是有病乱投医，想用千金收买姜垓，大 概是再转请时任地方官的姜埰为之向朝廷官员求情，以图斡旋。但姜垓风节一如其兄，当场严词拒绝，表示不能贪图钱财而出卖法律。姜垓小姜埰七岁，此时二十余，还只是个秀才，就能有如此风骨，可见其识见与气度的不凡，与其出仕居官之风节前后若合符契。这种风骨与气节也与其兄姜埰相互辉映。

在与东南士人的交往中，青年姜垓也受到时风的熏陶，沾染了较多的名士气，这主要是指在才华横溢的诗文创作的同时，喜好宴会、游冶，出入于秦淮风月场所。这时发生了有名的“三郎郎当”的佚事。据余怀《板桥杂记》记载：

> 莱阳姜如须，游于李十娘家。渔于色，匿不出户。方密之、孙克咸并能屏风上行。漏下三刻，星河皎然。连袂间行，经过赵、李，垂帘闭户，夜人定矣。两君一跃登临，直至卧房，排闼拍张，势如盗贼。如须下床跪称：“大王乞命，毋伤三娘！”两君掷刀大笑曰：“三郎郎当，三郎郎当！”复呼酒极饮，尽醉而散。盖如须行三，郎当者，畏辞也。如须高才旷代，偶效樊川，略同谢傅；秋风团扇，寄兴扫眉，非沉溺烟花之比。聊记一条，以存流风余韵云耳。[①]

这是姜垓流连烟花巷的情景，是好朋友方以智、孙临搞的一次恶作剧，把姜垓吓得够呛，直接趴在地上求饶。方、孙现出真身、哈哈大笑后，直呼“三郎郎当”。“郎当”余怀解释是“畏辞”，即害怕之辞，意为三郎怂货。实际上“三郎郎当”也是用典。王渔洋《香祖笔记》卷九记载这个典故：“蜀道有郎当驿，即明皇雨中闻铃声处。予丙子岁过之，题诗驿壁云：‘金鸡赐帐事披猖，河朔从兹不属唐。却使青

---

① 《余怀全集》，上海古籍出版社 2011 年版，第 433 页。

骡行万里，三郎当日太郎当！’‘三郎郎当’，黄旛绰对明皇语也。”[1]王渔洋诗虽是后来所作，但“三郎郎当”却是唐时典故，是黄幡绰对唐玄宗的讥讽语，意为三郎狼狈也。古人玩笑中亦用典，堪称雅谑。李十娘，名湘真，字雪衣，《板桥杂记》载其“能鼓琴清歌，略涉文墨，爱文人才士”。姜垓爱其貌，李十娘慕其才，正是才子佳人的遇合。这种事情可以说在明末士子中极为流行，复社的有名士人哪个没在板桥旧院混过，姜垓不过是这流行风尚中的一人而已，不足怪也。《板桥杂记》写于明亡以后，余怀在序言中认为这些秦淮旧事的记录：“此即一代之兴衰，千秋之感慨所系，而非徒狭邪之是述，艳冶之是传也。”是书有借秦淮风流凭吊明朝之义，是对明朝士人生活的一种缅怀，对于姜垓此事的记载也应作如是观。余怀在文中为姜垓作辩解，认为他是偶尔为之，非沉溺烟花者流。其实这种辩解大可不必，这可能是余怀后来的一种反省语。姜垓在明末有才子气，名士气，流连烟花，未必只是偶尔为之，越是“高才旷代”，越有资本干这种事，越会溺于流俗而不能自拔。好在姜垓这种生活为时甚短，他中进士后就赴北京任职，离开南京板桥旧院了。当明朝灭亡以后，这些风流跌宕的文人，大多转化成了志节坚定的志士，方以智、孙临、余怀、姜垓都是如此，这也是明末清初士风转变中一个值得注意的现象。看看《板桥杂记》记孙临与名妓葛嫩抵抗清兵的结局：孙临“甲申之变，移家云间，间道入闽，授监中丞杨文聪军事。兵败被执，并缚（葛）嫩。主将欲犯之。嫩大骂，嚼舌碎，含血噀其面。将手刃之。克咸见嫩抗节死，乃大笑曰：‘孙三今日登仙矣！’亦被杀”[2]。温柔乡中人，一变而为金刚怒目，成烈士碧血，真令今人感慨系之。

① 《王士禛全集》，齐鲁书社 2007 年版，第 4667 页。

② 余怀《板桥杂记》，《余怀全集》，上海古籍出版社 2011 年版，第 413 页。

姜垓此时在南京与名士交游，曾结班荆社并担任主盟。程邃《萧然吟》卷二有题为《班荆社姜如须主盟》一诗，方文《涂山集》卷六亦有《姜如须班荆社初集赋此》一诗，都记载了姜垓主盟此社的情况。方文诗系年为“庚辰”即崇祯十三年（1640），诗中有“楚江春水下连吴”之句，是写于春季。余怀《峄桐集序》也记载：“己、庚之际，人物聚于留都，……，其四方流寓之士，则有和州戴推官重，桐城方学士以智、孙职方临、山东姜司马埰、姜考功垓辈，麈扇过江，文酒跌宕。”[①]“己、庚之际”为崇祯十二年己卯和十三年庚辰之间，这也和方文诗编年相印证，可证姜垓主盟班荆社事在此年春。唯此年是会试之年，姜垓二月即赴京会试，可能社事是在姜垓参加会试之前发生。班荆社似乎是几位青年才子临时起意组织的诗社，社集活动大概也仅此一次，后来姜垓中进士在京任官，离开这一士人群体，班荆社也即不复存在。这种偶一为之的社集似乎没有多少影响，班荆社也就无需予以多么重视。今人何宗美先生研究明末清初文人结社甚为精深，唯将姜垓主盟班荆社的时间放在明亡之后，这是不对的。[②]

姜垓在仪真待了几年，现有能加以考辨的资料并不多，从下面所引的诗中约略能够推断，他大概在姜埰任职之初即随父母来到了真州，直到回山东参加乡试，总共待了八年左右的时间。这个时间不算短。在真州，除了出行交友外，姜垓主要的任务是闭门读书，充实学问，磨砺文笔，以应科举。他于崇祯十二年（1639）乡试中举，第二年参加会试殿试，又中了进士，其座师是著名的徐汧。这一年姜垓二十六岁，与姜埰中进士的年龄相仿，兄弟二人都可谓是青年

① 《余怀全集》，上海古籍出版社 2011 年版，第 323 页。
② 何宗美《明末清初文人结社研究》，南开大学出版社 2003 年版，第 310 页。

得志。姜垓中试的当年末，姜埰也结束了仪真县令的任职，第二年初入京，升任礼科给事中，兄弟二人开始了短暂的同在京城的官宦生涯。

现存姜垓的诗歌中已有在仪真时写的作品。姜垓的《流览堂诗稿残编》，所存诗不多，诗之编年有的不易确定，但下面这首确是作于此期。其《舟中留别真州家大令》诗云：

溶溶河中水，突突林外峦。归舟多踟蹰，上下出帆看。秋风飘一叶，轻暖复清寒。中怀总不得，何以遂所安。昔我十六七，相从在江干，抚兹旧游地，岁月如波澜。芳华无足计，八年滞一官。人生如行远，回首空蹒跚。出门天欲雪，归家露溥溥。父母自相别，泪眼不曾干。视我手若足，朝夕苟相欢。讵知当去日，甚如来时难。所思非所见，胸臆横百端。离情犹在目，展转未少宽。北地鸿雁至，因风作羽翰。道路畏相失，日暮苦身单。行行去且遥，登陟倍辛酸。握手宁言速，解帷如放弹。兹地两分散，前路月团圆。终夜不能寐，何复劝加餐。①

诗写从真州离开，与姜埰在江边分别的情形。“昔我十六七，相从在江干”二句，是写姜垓随父母来居仪真的时间，此时正是姜埰初任仪真之时。“芳华不足计，八年滞一官”，是写姜埰在仪真任职已经八年了，迟迟得不到升迁。这八年时间也正是姜垓在真州的时间。那么,这首诗的作期也极易确定,大约是崇祯十一年，时令是深秋，姜垓离开后，回到家乡，准备参加次年的乡试。所

① 姜垓《流览堂诗稿残编》，见《明清遗书五种》，北京图书馆出版社 2006 年版，第 10 页。以下出自此书者，不另注出。

谓“留别”者，正如李白之《梦游天姥吟留别》一样，乃是作者走，送者留，与送别之义正相反。全诗抒发离怀别绪，充满感伤怅惘之情。

全诗前四句点明送别地点是河边，出行方式是乘舟。河水溶溶，林木森然，既是写景，也是比兴，寄寓分别之不舍与无奈。“归舟踟蹰”是依依之情、流连之态，不忍心分手，故拖延再三，徘徊不已。秋风吹起，一叶飘零，正如人的居止不定，天气乍暖还寒，兄弟分别的悲凉也透露了出来。在时令描写中传达出浓浓的人生况味，真可谓一切景语皆情语也。心中总有挥之不去的忧伤，何处能是令自己心安的地方呢？姜垓对父母、对兄长充满了依恋，离别之际，无限惆怅。江干仪真之地，自己从十六七岁即来到这里，现在回首这几年的旧游，感觉岁月如流，心绪也波澜起伏。几年之间，正是兄弟两人的青春芳华时期，而仲兄在此任上已经八年了，官场也把人的青春耗尽了。此时此际，感觉人生真是一条漫长的远路，回首过去，徒然觉得走得并不平坦。这次出门，天阴欲雪，回到莱阳老家，大概会是秋露溥溥了。自从知道我要离开，父母的眼泪就不曾干过，仲兄视我如同手足，朝夕相处甚欢，现在要分手了，真令人难舍难分。有谁知道这个分别的时刻，比我离开家乡来到这里时还要艰难。分别后，所思之人再不能时常相见，自己胸中郁结，离情满眼，不能得到些许宽解。等回到家中，当北地的鸿雁南飞之时，我一定会多写书信过来，问候父母及兄长。一人在路上，害怕有什么闪失，日暮时节，害怕一人独处的孤单。行船越走越远了，兄长还在登高相望，这种情景令人辛酸。兄弟两人从此分别了，前方的路上，秋月团圆，正预示我们兄弟也有团圆的一天。离开之际，愁思萦怀，整夜未眠，还有什么心绪吃饭，也没有人再劝我努力加餐饭了。全诗愁肠百结，曲折回旋，欲吐还茹，诗意极为深厚，极为沉郁，显示了青年姜垓不凡的诗歌笔力，真无愧于当年宋玫、高弘图所称赏的诗才。

这首诗的可贵之处，一是从兄弟分别之忧伤，扩展至关于人生的思考与感受。姜垓切实地感觉到，人生聚少离别，欢会易逝，全诗在离情别绪这种个人情感之中，弥漫着一种浓浓的人生悲剧意识，表达出一种更广大的人生悲怀。这种感受，从深处来看，是来自姜垓所处的时代，这是一个风雨鸡鸣的时代，是一个大厦将倾的前夕，朝廷危机四伏，坏消息不断传来。诗中虽然没有关于时政的正面描写，但心灵深处的忧虑、感伤时时蔓延开来，诗歌内涵也被开拓到无限广阔的外在世界，让人觉得忧从中来，不可断绝。这首诗的另一可贵之处，在于本是回家应试的姜垓，对于自己的个人前程，对于能不能中试，毫无顾虑。中不中举并不担心，也并不重要，与亲人的离别是那么令人忧伤，人间亲情胜过一切浮名。这使全诗不沾俗情，不落俗套，内容厚重，情意真挚，有足够打动人的力量。

除了上诗外，姜垓此时的诗歌肯定还有一些，只是流传甚少。下面这首《忆长兄歌》，也应该是作于真州，为怀念在莱阳的长兄姜圻而作，而且作诗时间在上诗之前。诗云：

> 忆长兄，长兄远在蓬莱三岛间，百金新买嵯峨山。昨日老奴寄书来，但云奇花异草时时栽。大者拱游人，小者蔽黄埃。殷勤谢老奴，画作归山图。惟我少而远游，涉江泛湖，不知同里之人皆吾徒。每闻乡邻小儿语，若解不解空龃龉。弃亲戚，背坟墓，结客四方多布衣，安车驷马当来归。

姜垓与父母一起来仪真，随姜埰居住，长兄姜圻在故乡莱阳。所谓“远在蓬莱三岛间”，即指自己身处真州，兄在莱阳，两者相距甚远。以“蓬莱三岛”喻指莱阳，一是因为莱阳与蓬莱毗邻，二是以海上三山指代长兄姜圻所处的田园环境，表示对其心向往之。全诗由长兄来信引起。从老仆带来的书信中知道，长兄新近又买了一块山田，而且遍栽上各种奇花异草，花草树木，大者已经拱动游人，小的也已经遮蔽黄土了。这引起了姜垓对家乡的无尽思念，也引起了对长兄的深长怀想。他让老仆带话回去，告诉长兄，应该画成一幅归山图，等我们兄弟归隐其间，尽享田园之乐。姜垓在神往之余，也想到自己从小即离开家乡，远游仪真，渡长江，泛太湖，已经很长时间没有回去了，都淡忘了那些家乡的同学、同伴。连乡音也很少听到了，在记忆中变得模糊。如果现在听到里中小儿的语言，恐怕都在似懂非懂之间了，有些大概都听错了。乡音是联系故乡最亲切的纽带，乡音的失落与模糊是令人感慨的事情，这种若远若近的乡音似乎在召唤着他的归去。姜垓感叹这些年，自己离开了亲戚，离开了故乡的坟墓，在东南一带游历，结交了一些布衣朋友，什么时候才能回到故乡呢？“安车驷马当来归”，自己会有骑马乘车回到故乡的那一天，会有和长兄见面的时候，而且是和长兄长相聚、共享田园生活。“安车驷马”之中寓有一种人生的自信，自己并非等闲之辈，自己的回乡也应该是荣耀的，带着人生成功的得意，而不是失意而回、落魄而归。全诗在怀念长兄的同时，表达的是姜垓浓郁的故乡情结，而且其中透露着淡淡的田园情怀与隐逸意向，从“归山图”可以看出，从“结客布衣”也能隐约感觉到。此时的姜垓年轻有为，乐观上进，科举入仕是其人生目标，但思想深处的隐逸意识还是在不经意间流露出来。应该说，隐逸是古代中国文人普遍具有的意识，所谓“用之则行，舍之则藏，唯我与尔有是夫”[1]。所谓“羁鸟恋旧林，

① 《论语·述而》。

池鱼思故渊。开荒南野际，抱拙归园田”[①]。姜垓是熟谙此道的，这并不妨碍其早年人生的进取。姜垓中进士后，为官不久，即遭亡国巨变。在南明又短期参加了抗清斗争，无力回天，最后终于隐居吴门，以遗民身份英年殁世。归隐是最后做到了，但这种隐逸包含着时代的血泪，与早年所向往的田园生活大相径庭。

《忆长兄歌》这首诗诗艺也比较纯熟。诗为杂言体，散中寓整，写得自由，意到笔随，语调轻快。如以明朝亡国为其诗歌创作前后分界的话，这首诗与上诗一样，也应是前期的代表作品。

姜垓诗集中尚有《哀济南》二首，是写崇祯十一年的清兵入侵，并于翌年正月攻陷济南、俘虏德王事。此时姜垓尚在真州，故诗中有“北望神京”之语。这是青年姜垓关注时事的一组作品，他后来关注时事作品颇多，从现存诗集看，这类作品以这两首《哀济南》为最早。而且这两诗题为《哀济南》，但其重心并未放在济南之沦陷上，而是放眼当时形势，写出清人对明王朝的威胁，写出明王朝的危机所在。诗多用典，类似咏古，于济南的正面描写亦不多，咏叹之情多于纪实。其一为：“诸将衔书别鹳鹅，逍遥不肯渡滹沱。王恢甚为诸戎死，聂壹徒经马邑过。月照关山闻觱篥，风摇岛屿乱戚戈。流离满眼曾无计，北望神京雨泪多。”首联写崇祯十一年九月清人入侵，北京戒严，征召宣大、山西总兵杨国柱、王朴、虎大威入卫勤王，而诸将临阵畏缩，不肯北进。“鹳鹅”为军阵，“别鹳鹅”即未成军阵。姜垓后来诗中常用“滹沱”作为北方界限，不渡滹沱河即不欲北进。次联用汉代王恢、聂壹在马邑设计伏击匈奴事，最后计策失败，王恢自杀，聂壹亦不知所终。亦用王恢、聂壹代指诸将不能有所作为。“月照”一联，写天下乱象，“觱篥”为北方乐器，写关山都是

① 陶渊明《归园田居》。

北声,喻指关山为清人侵入。海边岛屿也是兵戈充斥,北方已无宁土。满眼都是流离之状，如此时刻北望京城，不禁泪如雨下，写出青年姜垓担忧国事的内心痛苦。其二为:“章邯西出咸阳关，三日上书司马门。不见赵高真可怪，迄今秦国更难论。谭兵岂信留中贵，飞檄何忘奉至尊。泪断鹰扬卢制使，身亡无地拱维藩。”此诗写卢象升抗击清军，最后于贾庄战死，本事可参观吴梅村《临江参军行》一诗。当时兵部尚书杨嗣昌与监军太监高起潜对清人主和，而卢象升主战，杨、高对卢象升形成掣肘，影响战事。前半段用秦章邯典故。章邯曾派长史司马欣到咸阳外门司马门请见赵高，三日不得见，不受赵高信任，此“三日上书司马门”之事。章邯代指卢象升，赵高代指高起潜。赵高不见，即杨廷麟奉卢象升命求援高起潜而被拒事。诗中说赵高不见，乃甚为可怪之事，即吃惊于高起潜近在咫尺而不施援手。章邯败而秦国大势已去，卢象升贾庄一败，明抵御北兵之形势亦无可为，此二联之大意。第三联上句指责不应由太监高起潜监督卢象升军，不应信任此辈人。下句写卢象升飞檄告急，始终不忘忠君。最后写卢象升这样的威武将帅如此结局令人痛心落泪，自卢死后，更无地可以拱卫京师，也无法抵御清兵之进攻了。卢象升战死在崇祯十一年末，次年初清兵即长驱直入，攻入济南。这两首诗尚未写到济南，我怀疑组诗尚有几首，正面写济南惨状，而这几首并未保存下来,故形成这二首题为《哀济南》而尚未写到济南的情况。这两诗不但是青年姜垓写时事的起始作品，也是反映清人入侵、表达对清人仇恨的起始作品，这与他明亡后的许多作品一脉相承，表达了青年诗人的政治眼光与无畏勇气。

在仪真这个扬州下属的小县，姜埰当了十年的县令，姜垓也待了八年，这里都留下他们的青春时光，也有一些难忘的记忆。他们从这里都进入了京城为官。但这个时代的变化是太诡谲了，京城为官让他们备尝凶险，家乡莱阳被清军蹂躏，亡国的风雨骤至，仪真最后又成了国难仓皇中收留他们的地方，这个蕞尔小县在等待他们的再次归来。

第三章　京城为官

一

崇祯十四年（1641），已经三十五岁的姜埰，升任礼部仪制司主事，终于结束了仪真县令的任期，来到京城任职。他在《自著年谱》中总结仪真十年的作令生涯，很有感慨地说："然计前后作令凡十年，盖宵旦彷徨，憔悴万状，似有自信处，故五十而齿危发秀者，令劳苦故也。"十年之中，早起晚睡，日夜操劳，辛苦备尝，把身体也搞坏了。他到了五十岁的时候，牙齿掉了，头发也稀少了，他认为与这十年当县令的劳苦很有关系。但姜埰认为自己的县令当得颇有自信处，这自信为何？就是自己不负百姓，不负国家，清廉勤政，为当地百姓做了不少好事，也赢得了一定的声望。

不过，这里要穿插一个小问题讨论一下，这就是关于"齿危发秀"一词应该如何理解，是不是姜埰用错了？姜埰用这个词，还有一处地方，即《敬亭集》卷四之七言律诗《与杨十表弟》的序："昔与长兄元封、表兄史占及表弟咏同受知于大鸿胪宋公，临文兴叹，每见许与，必曰姜杨四生。余滥叨一第，窃愧糠粃在前。二十年中，元封、史占相继不谷，余齿危发秀，下伍牧贩，其伏枥长鸣者独咏一人耳。”[①] 查《汉语大词典》，这个词的意思是年高眉秀，并引证：“《文选·任昉〈王文宪集序〉》：‘至若齿危发秀之老，含经味道之生，莫不北面人宗，自同资敬。’李善注：‘郑玄《礼记》注曰：危，年高也，然齿危谓高年也。发秀，犹秀眉也。’宋陈瞻《宣抚记》：‘零陵古郡，湘水通州，有齿危发秀之徒，凡四百人相与歌咏。’”[②]“齿危发秀”一词所有的年高眉秀之义，显然不符合姜埰在两处文字中所使用的意义。前一处姜埰说自己作令的辛苦，年才五十，称不上年高；作令劳苦更不会使其年高眉秀。后一处是说在二十年中，其长兄姜圻、表兄杨史占相继下世，慨叹自己虽存于世，但貌衰体惫，并同牧贩之人为伍。这里也不可能是年高眉秀之义。如果放在具体语言环境中，不以辞害志的话，姜埰的意思一定是牙齿动摇了，头发稀少了。再联系姜埰年谱记载其四十二岁时，“一日腮颊发肿，十日后齿皆动摇，相继脱落，说者谓痛心腐齿云。”姜埰的语意更可能论定。因此我们可以大胆地断定，“齿危发秀”这一词，从传统语源上来看，姜埰是用错了，我们不能为贤者讳。他大概是将“齿危”理解成“齿摇”，将“发秀”理解成了“发秃”。给古人挑错似乎很冒昧，也很冒险，这种分析对不对，深望高明者有以教我。

姜埰到了北京后，当时的漕抚朱大典专门上疏表彰他任地方官的贤劳，崇祯皇帝在奏章上批了一句：“廉循久任，准一体考选。”认为姜埰是个清廉守法的好官，担任县令时间也很长了，批准吏部将姜埰与其他官员一起考察、提拔。而且崇祯皇帝当着众人的面说了一句挺动情的话：“有这样的大臣不能任用，这是我的过错。”这来自当朝天子的一句批语，一番话语，对姜埰是一种至高无上的评

① 姜埰《敬亭集》，华东师范大学出版社 2011 年版，第 148 页。
② 罗竹风主编《汉语大词典》，汉语大词典出版社 1997 年版，第 7729 页。

价，是一种莫大的荣誉和激励，这令他感动莫名，终生不忘，十年作令的辛劳也因此一扫而光。这也让姜埰胸中激荡着忠君报国的豪情，足以令他肝脑涂地，万难不辞了。这年的三月，崇祯皇帝亲临弘政门，召见了姜埰，他第一次有了面圣的机会，这又是一次难得的际遇，可以想见其诚惶诚恐之状。这次接见中，姜埰的应对甚合皇帝的旨意，于是他又被提拔为礼科给事中，同时赏赐给他糕果汤饼，以示优宠。

礼部仪制司主事和礼科给事中是什么样的官？各有什么职责呢？讲清楚这个问题，对于理解姜埰在任时尽职尽责，以至于连篇累牍的上疏很有必要。据《明史·职官志》记载：礼部仪制司设主事一人，是正六品的官职。“仪制分掌诸礼文、宗封、贡举、学校之事。”[①]凡皇帝参加的重大典礼，则由仪制司列出仪式条例上报，朝廷大事如皇上的经筵、日讲、巡狩、亲征、献俘等，以及皇太子、诸王的活动等，都由仪制司颁布仪式。看来仪制司是个分管朝廷仪礼的部门。仪制司设郎中、员外郎、主事各一人。姜埰的这个主事，在礼部算是个小官。但不管怎样，也是个京官，与地方县令毕竟不同，再说由七品升为六品，在品秩上也是提拔。当时人们认为姜埰在地方任职，威望很高，担任仪制司主事这样的闲散职务，他可能不高兴，但姜埰似乎并不在意，任凭安排。好在不久，他就转任了礼科给事中。给事中为何？也据《明史·职官志》记载：“吏、户、礼、兵、刑、工六科。各都给事中一人，正七品。左、右给事中各一人，从七品。给事中，吏科四人，户科八人，礼科六人，兵科十人，刑科八人，工科四人，并从七品。”“六科掌侍从、规谏、补阙、拾遗、稽察六部百司之事。”六科给事中对给皇上起草的制敕，如有不当，有封还

---

① 《明史》卷七十二《职官一》。

权；对大臣的上疏，如有过失，有驳正权，这就是“封驳”。六科给事中各有分工，如礼科给事中，负责“监订礼部仪制，凡大臣曾经纠劾削夺、有玷士论纪录之，以核赠谥之典。”虽然如此，遇到“主德阙违、朝政失得，百官贤佞，各科或单疏专达，或公疏联署奏闻。虽分隶六科，其事属重大者，各科得通奏。但事属某科，则列某科为首”①。明代给事中是负责监察的官员，也就是谏官，负责监督朝廷包括皇上的政治举措，负责纠弹官员的行为不轨，在皇帝身边做“拾遗”“补阙”之类的事情。明代给事中，是一个位卑权重的官职。我们再引《历代职官表》一书《历代职官简释》中的两段文字，进一步强化这一认识。其一简释“六科给事中”，谓：“均为正、从七品官，其职务部分仍沿唐、宋之旧，而稽察六部百司之事则又与御史互为出入。给事中衙署即在午门外东、西朝房，章奏均必经其手，故权势尤重。”② 既然明代给事中是“沿唐宋之旧”，那么看看唐代的情况。《历代职官简释》云：

> 至唐而给事中为门下省之要职，秩正五品，员四人。据白居易称其职掌云：“凡制敕不便于时者得封奏之，刑狱有未合于理者得驳正之，天下冤滞无告者得与御史纠理之，有司选补不当者得与侍中裁退之。”其言较之六典、职官志尤为明切。《新唐书·百官志》复补之云：“凡百司奏钞，侍中既审，则给事中驳正违失，诏敕不便者涂窜而奏还，谓之涂归。”李藩为给事中，制有不便，就敕尾批却之，吏惊，请联他纸，藩曰：联纸是牒，岂得云批敕邪？唐代给事中是能行封驳之职的。封是封还诏书

① 《明史》卷七十四《职官三》。

② 《历代职官表·历代职官简释》，上海古籍出版社1980年版，第23页。

不行下，驳是驳正诏书之所失。[①]

由上可知，历代给事中，是谏官，是言官，负有监督、纠察之职能，而且介入范围非常广泛，特别是封驳诏敕、奏章，审理刑狱，弹劾官员，以及监督官员的选拔等。姜埰就是被崇祯皇帝提拔做了这样一个官职，看来是甚得倚重，委以大任的，或许是皇帝看重的即是姜埰的清廉守法，正直敢言。姜埰后来的表现也确实证明了他不负所托，忠于职守，是完全尽了言责的，只是他不幸却因此遭了大祸。此处有一点略有不解，姜埰的礼部仪制司主事是正六品的官，而礼科给事中则是正七品的官，姜埰何以认为这是"擢"，或许就是因为礼科给事中之位卑权重也，和那个闲散的主事相比，这个职位是重要得多了。他的得祸即从此始，真是祸福相倚，世事难以预料！

姜埰是个办事忠勤的人，任职可谓兢兢业业，任劳任怨，而且有点不计后果、不顾个人安危的意味。他三月份任给事中，在以后的五个月内，就给皇帝上了三十道奏疏，力陈国是，而且"皆蒙嘉纳"，颇受皇帝的赞许，他一时在京城很有名。每逢太监捧着装有奏章的案子出来，就对姜埰说：这些都是皇上一一看过的。每次将奏章送至会极门，交给太监收下，太监常常笑着说：这里又有姜埰的奏疏吧，打开一看，果然就是。姜埰对这些细节都很得意，他自认为是为国效忠竭力的，也自认为是得到皇帝信任和赞许的，有时候实际的情形也未必如此。在明代，言官的敢言敢谏是出了名的，但言官的不测也照样很有名，姜埰不幸也是其中的一位。

由于给事中有侍从之责，所以姜埰是很有一些机会见到崇祯皇帝的。《明史·职官志三》记载："凡日朝，六科轮一人立殿左右，

① 《历代职官表·历代职官简释》，上海古籍出版社 1980 年版，第 146–147 页。

珥笔记旨。”姜埰应该也承担过这样的工作，这就可以目睹天颜了。这一年的十月一日，崇祯上殿颁布历法，他就正逢值班，见识了这一盛典。还有一次，崇祯皇帝祭祀长陵，也命他陪祭。特别是这一次，他的弟弟姜垓中进士后，任行人司行人，也参加了这次长陵陪祭，兄弟二人共同陪伴皇上，这是多么荣耀的事情啊。当时京城中纷纷传说这件事，大家称他们兄弟二人为“天水二龙”。“天水”是姜姓的郡望，“天水二龙”如同后来吴梅村称其为“一门二妙”，都是对其兄弟同在京城为官的赞誉。姜埰在京城任官，值班见到崇祯皇帝，并几次得到赏赐，以及陪祭长陵等情形，在他后来的诗歌中都曾写到过。

崇祯十五年（1642）的明朝，已经完全是末日景象了。这一年的十一月，清人包围了北京，京城宣布戒严。清人的长驱直入，达于京畿，攻进腹心地带，这已经不是第一次了。崇祯二年（1629）那一次，崇祯皇帝中了清人的反间计，杀了袁崇焕，自毁长城，就很有名。这一次清人又来了，情势依然非常危急。于是调集京城各官分守诸城门，姜埰受命分守德胜门，监督各守门官员。他的给事中身份，特别是他的忠于职守、待人严厉，使守城官员都十分害怕，没有人敢懈怠，也没有人敢回去休假，姜埰自己也两个月未入家门。国家危难之际，他的忠勤又一次淋漓尽致地表现了出来。他后来在《追和刘宗宪归与诗》序中还追忆了刘宗周当时视察德胜门的情形：“一日，先生周视督察，埰以公谒都给事，而九门守官强半皆他往，先生甚薄之。”刘宗周和姜埰对九门值守官员的逃避、失职都很鄙薄，也很气愤。明朝灭亡前夕，崇祯一朝官员之面貌可窥一斑，而姜埰的尽心尽力、忠于职守就显得尤为可贵。

姜埰就在这亡国末世中很卖力地勉力支撑着，但为时甚短，在值守德胜门后约一月余，他的灾难也就来临了，他被逮入狱，然后受到了惨绝的杖刑，既是严酷的刑罚，也是莫大的污辱。这一切都源于他的尽忠直言，连篇累牍的上疏直谏。他自己视为忠勤、颇为骄傲的“五月之中条上三十疏，皆蒙嘉纳”，最终给他带来了大祸。

二

姜埰所任的给事中本是谏官，也称言官，其主要职责即是上书言事，劝谏皇帝，纠弹官吏，对国家大事提出意见。姜埰的接连上书是忠于职守的体现。明代的谏官忠直敢言是出了名的，其中受杖刑的也不少。姜埰上书及受祸，应该说完全继承了明代谏官的议政传统和悲剧命运。

姜埰的“五月之中条上三十疏”并没有全部保留下来，他的《敬亭集》卷七收录了二十一篇，反映了他的奏疏的基本面貌。下面我们挑选几篇奏疏择要做一些分析，借以窥见姜埰在任礼科给事中时的政治主张。

（一）《崇正黜邪疏》

这应是姜埰担任礼科给事中时上的第一篇奏疏，因疏末有“臣初入礼垣，职掌攸系，伏惟圣明矜宥无知，俯采狂瞽”的话。这篇奏疏是针对崇祯皇帝在宫中的“斋醮”之举而作的。何谓“斋醮”，即请道人设斋坛，向神仙祈祷，求其保佑。国事蜩螗之际，皇帝也是有病乱投医，转向神仙求助。这类事情在古代本不鲜见，明朝历代皇帝也多佞佛崇道，宫中“斋醮”之举也时常搞，本不自崇祯始。这种事本可不必当真，但初任给事中的姜埰却有点较真，为此而专门上疏劝谏。他先是在疏中表达担任给事中的感激之情：“臣以十年下吏，拔置今官，感激穹窿，顶踵何惜。”我当了十年的县令，今天提拔到这个位置，感激皇帝的天恩，要摩顶放踵，为国效力，在所不惜。这看起来是套话，但在姜埰是真情表白。接着称赞崇祯是有为之君，而且治国思想极为端正：“恭遇陛下锐意经术，崇正尊儒，申明孔孟之书，纲维人神之教。”皇上是以儒学治国的，儒学是正，佛道二教自然是邪。在对皇帝的恭维中，全疏的主旨已隐然若现。然后再切入劝谏“斋醮”的主题。显然奏疏的开头部分，姜埰极为用心。

关于“斋醮”之事，姜埰用了“迩者传闻纷纷”的说法，表明来自传闻，并未亲领旨意。这自然是委婉的措辞。姜埰也表示，自己起初并不相信此事，“岂有十五年忧勤惕励之天子，而出于秦皇汉武之为者乎？”崇祯忧劳国事，旰食宵衣，是出了名的，“忧勤惕励”既是抬高皇帝，让崇祯听起来受用，也算是姜埰发自内心的评价。他认为这样的皇帝，一定不会像秦皇、汉武那样，枉费精力求助神仙，做无用之事。他进一步分析皇上办“斋醮”的心理：“陛下或见人事之不效也，儒术之无功也，以为求之鬼神冥漠之中，庶几其一遇之，斯固万不得已之睿虑，臣下亦何言。”表达依然是很委婉，皇上是出于万不得已，求鬼神之助也是宁可信其有，不可信其无，俗语谓“有枣无枣打它一竿子”。在一番委婉的表达后，姜埰开始正言立论，指出这种希图侥幸的办法之不可靠：“然闻之治天下者，舍其正直当然之准，而别趋苟且侥幸之径，譬之适燕而南辕，纵复疾驰，心幽并而足吴越，必不至矣。”求鬼神并非正途，乃苟且侥幸之举，以此办法治天下，是南辕北辙，用力越多，离正途越远。表达虽然力求委婉，但语气已不可避免地激烈起来。

接下来，姜埰列举正德初年的宠信佛教之于事无补，认为以崇祯之“聪明绝出”，不应重蹈故辙。再次说明皇上之用意不过是“姑试之”而已。但转而即以严正的口气指出崇信佛道二教之“罔补于世”，只不过是“惑世诬民”罢了。他对当今形势的分析更趋尖锐：“方今天下水旱不平，干戈不戢，四海有风尘之警，百姓无陈因之积。陛下不察，而犹加优异，亦何取乎？即曰祈安，曰忏过，不过虚文，天下后世，谁复有谅陛下者？”这是这篇奏疏中分量最重的一段话，充满着激切的劝谏，甚至是激烈的批判，写出这些是需要点政治勇气的。他认为现在到处是水旱之灾，到处是战争，遍地传来风烟的警讯，老百姓贫困之极，家里没有粮食的积蓄。这种危难之时，再从事“斋醮”之类的无用之举，虽然有“祈安”“忏过”的话头，不过是徒有虚名，天下后世，谁人能体谅皇上的苦心，岂不受后人责难，在历史上留下非议，留下骂名？这是击中崇祯皇帝要害的话语，能具有打动他的力量。

这篇奏疏的最后，姜埰再次申论“正邪”之分，指出儒家为正，佛道二氏为邪，二氏之无益于国、无益于民。“原夫圣人之仁义，必非佛氏之慈悲；宗社之乂安，必非老氏之清静。如有谓符水可以却敌，梵呗可以杀贼者，陛下必不信，而乃役役焉以有用之精神供无益之劳攘，以九重之至尊崇勤二氏之邪忒，此臣徘徊流连而必不敢以为可者也。”儒家与佛道二氏貌合神离，不可混淆，儒家讲仁义，与佛家之慈悲并不相同；儒家讲天下太平，宗社安宁，也不同于道家之清静无为。儒家可以维系人心，于治国不可缺少；而佛道两家则无益于世。儒家是正，二氏是邪，所以应该“崇正黜邪”。皇上也知道佛道二家之“梵呗”“符咒”之类的伎俩不能用于上阵退敌，而偏偏要徒耗精神去从事这种无益之事，以皇上至高无上的地位去尊奉二氏这种邪说，姜埰表示这是自己反复考虑而万万不能认同的事情。在激烈的论争中，包含着诚恳的劝讽热情，力图使奏疏有打动人的力量。

这篇奏疏的价值在于，它集中反映了姜埰的思想特征。他是一位纯正的儒家，他的全部思想都植根于孔孟之道。这首先来源于姜埰自小所受系统的正宗儒家教育，他的少小读经巩固了这种信仰，他的科举应试，也全是以儒家思想为主导，所以姜埰在思想观念上入门端正，且从未动摇过。其次，十年作令，关注民生，同情民瘼，也使姜埰坚定儒家信仰可以治国理民。第三，生逢末世，国难蜂起，这种种残酷的现实，也促使姜埰坚信传统的儒家思想可以维系人心。总其一生，儒家之仁爱、忠君、孝悌、节义等观念深深地植根于姜埰的生命中，他的上疏致祸，他的甘作遗民，直至最后的“遗命宣城”，生命的每一个大关键，都可以从儒家思想中找到行动的内因。在这篇奏疏中，姜埰完全表达了这种价值观，尽管没有多少理论上的阐述，只是划分正邪，直言相劝，但信念的纯真与坚定是可以感受得到的。当然，给皇帝的奏疏也无须做多少理论阐发，毕竟不是韩愈《原道》之类的理论文章。但这篇奏疏，对于判别姜埰的思想特质，还是极有价值的。

姜埰的这篇奏疏，在文字的表达上，我们感觉是委婉中含激烈，谏诤中寓真情。由于劝谏的对象是皇帝，和其他奏疏多是为国事提建议略有不同，既要直言明辨，又要避免触逆鳞的风险，所以他极力抬高皇帝的地位，赞颂其为国辛劳，让皇帝听起来颇感受用，能够接受这种逆耳忠言。整篇疏正言谠论，气盛言宜，文字洗练而晓畅，应该是一篇优秀的古文，很能代表姜埰的文章水平。

《明史·姜埰传》提及此篇奏疏云：“时帝以寇氛未息，民罹锋镝，建斋南城。埰上疏谏，不报。”正史记载肯定了姜埰这篇奏疏，也似乎体谅崇祯帝的苦心，同时指出这篇奏疏的被漠视。其实这类劝谏确实不起什么作用。崇祯十七年亡国前夕，皇帝仍然大张旗鼓地请道教张天师从龙虎山到京城建醮祈祷，搞得动静很大，可见崇祯一则是确实迷信这类东西，另一则也是危亡之际病急乱投医，对姜埰这类理性的劝谏自然会置之不理了。所以，我们看这篇奏疏，与其着眼于它曾起过什么作用，不如着眼于分析姜埰本人的思想倾向。

（二）《探本自强疏》

这是姜埰所上第二篇奏疏，篇末仍然有“臣新进愚昧”一类的话头。这篇奏疏是为了两件事而发，一是为卢象升颁“恤典”，二是为杨嗣昌正“罪案”。姜埰将其上升到“探本自强”的高度，尽量将道理讲得很正大。他先是表达对国事的忧虑，认为“天下之患无过流寇”，“臣忧夫人心之溃散，而国势日毁也”。然后说：“臣闻天下之政，成于强而败于弱，成败之机，间不容发。故古之君臣，经营危难之间，初不遽图远大之略也，当先为自强之术。譬如弋鸟者矫其矢，钓鱼者理其纶，矢与纶之不利，而求获鱼鸟，不亦难乎？”姜埰的这篇疏，本为具体事而发，但为了阐明道理，讲清意义，先讲了这一通，显然议论稍偏了，不如上一疏之精悍透辟。而且为了论述在危难之际的求“自强”，而将“图远大之略”搁置一边，也有走偏的感觉，实际上“图略”即可以是求“自强”，两者并行不悖。用的两个比喻，无非是“工欲善其事，必先利其器”之义，也有故作铺陈之感。接下来姜埰集中到用兵问题继续申论：“夫兵将者，国家之纶矢也。盖卒不勤习，百不当一，况有不战之将以先之，行见两刃相接，有倒戈仆旗而走耳。此臣面奏时，谓当以燕赵齐秦之人为父子兄弟之兵也。”兵将是国家的利器，士卒如不经过良好的训练，一百个也不顶一个。何况领兵的将帅就不主战，这样的军队焉能不打败仗。这段说理的背后所指，是当时领兵围剿李自成并一味主和的杨嗣昌。姜埰是主战的，反对消极的议和，只是这不是本疏的主旨，此处略为一点，为下文“正罪案”张本。这段话中还透露了一个消息，即姜埰曾经面奏崇祯，当面向皇帝为国事进言，他的主张是任用燕赵齐秦之人为将为兵，主张启用主战派将领，这背后也必然有所指。姜埰本是品级不高的小官，有当面与皇帝议事的机会，也是得益于给事中这种职务的便利。在这些话中，侧面反映了姜埰对于当时战事的基本态度，即主战而不主和，主剿而不主抚。须知战与和、剿与抚是明末对待农民军的两种态度、两大阵营，当姜埰上书的时候，主和派的杨嗣昌已死、李自成与张献忠的农民军也蔓延得不可收拾，主和派宣告全面失败，战与剿成为不二选择，姜埰的这种态度也代表了当时朝廷的主流看法。

接下来就落实到这篇奏疏的具体意见，即应赏罚分明，彰显正义，以激励人臣。姜埰认为赏罚是朝廷的权柄，“将以赏一人而千百人劝，罚一人而千百人惩。”他提出应该颁发“恤典”，表彰卢象升为国牺牲之忠勇；应该严肃国法，追究杨嗣昌主和误国之大罪。卢象升于崇祯十一年（1638）在“贾庄之役”中与清人作战,英勇殉国，朝野上下，为之震动，也甚为惜之。但国家的表彰以及抚恤决定迟迟未发,未能激励忠勇之气,于社会舆论不孚。杨嗣昌主持对李自成、张献忠等农民军的作战，一味主和主抚，指挥不当，屡失良机，致使农民军在流动作战中不断壮大，将中原地区弄了个底朝天，洛阳襄阳相继失陷，明藩王被杀，连朱明王室老家凤阳的祖坟也被挖掘，杨嗣昌于惊恐中畏罪自杀。但朝廷并未给杨定罪以昭告天下，显得正义不彰，也于社会舆论不孚。而且就在姜埰起草这篇奏疏之际，还见到邸报，要给杨嗣昌“叙功”加“恩荫”。这让姜埰十分不平，认为如此赏罚颠倒，是非淆乱，更难以服天下人之心，愈发坚定了姜埰劝谏皇帝的决心。

平心而论，姜埰的这些主张是合理的、公正的，代表了当时朝野上下的一种普遍看法，虽然颁“恤典”与定“罪案”在当时都已经于事无补，或许也不是什么急需之务，在挽救明王朝急趋覆亡的命运方面几乎不起作用，但深乎人心的社会公道总还是有价值的。但我们也不得不指出一点，厚道的姜埰在主持公道的同时，也不免让我们感到了明显的党争意味，他身上的“党人”习气时时不经意间流露出来，他的这些主张与当时复社清流的主张是完全一致的，这与他早年作为山左大社成员的经历有关，也与他一贯的与复社人士相一致的政治立场有关，除了这篇以外，他的全部奏疏都或多或少地保留着这种政治痕迹。明代的党争是一种长期存在的政治现象，至明末更趋激烈，当清初明遗民在反思明朝灭亡的原因时，都不约而同地将党争作为导致社稷倾覆的原因之一。当然，复社清流多正人君子，也多是社会正义的代言者，姜埰也是这样，指出他不自觉的“党人”习气也并不意味着是一种严苛与责备。

（三）《言官互纠疏》

这是一篇弹劾原任兵科左给事中、时任刑科右给事中陈启新的奏疏，所谓“言官互纠”者，因陈启新与姜埰官职相同，都是进言直谏的官员。这位陈启新在崇祯朝出过一次风头。他本是一位武举，曾于崇祯八年（1635）末上过一次疏，痛陈“以科目取人”“以资格取人”“以推知行取科道”三大病根，[①] 洋洋洒洒五千余言，号称“极切时弊，上嘉异之”。而且他捧着这篇东西在大明门外跪了三天，才被太监送进去，大受崇祯皇帝的赏识，于次年正月被超擢晋升为吏科给事中，又迁兵科左给事中。这是破格用人的一次特例，在当时就引起一些争议。有人以为陈启新的上书是受到执政大臣的暗示，

① 计六奇《明季北略》，中华书局 1984 年版，第 193 页。

以讨皇帝的好。陈启新的任命一颁布，当时很有声望的大臣刘宗周、詹尔选等都表示反对。刘宗周上书崇祯，认为“武生新授吏科给事中陈启新，一言投契，立置清华，此诚盛事。臣愚谓宜先令以冠带办事黄门，稍如试御史例，俟数月后，果有忠言奇计，实授未晚。不然，如名器可惜何？”[①]认为对陈启新的破格安排，有点过分，有点不爱惜官职这种国家名器。但崇祯此际求治心急，用人心切，欲破除资历，广开用人之门，于是不听大臣劝谏，坚持对陈启新的任职。可惜这位陈启新实在是辜负了崇祯的信任，此后碌碌无为，无所建言，乏善可陈。过了五年，时任新安卫千户的杨光宪又上书皇帝，痛斥陈启新“乃鄙夫自得，患失心生，称量利害，口与言违，正世俗所谓‘说真方，卖假药’之小人也”[②]。另有“御史王聚奎劾其溺职，帝怒，谪聚奎”[③]。可怜这位陈启新，因为一篇奏疏，立得清要之官，貌是赚了便宜，实则倒霉透顶，一时成为众矢之的，屡屡受到攻击。姜埰这篇奏疏，是再隔五年之后的又一篇弹劾之文，同时弹劾陈启新的还有御史伦之楷。陈启新是淮安人，姜埰曾任真州令，两地相邻，于是姜埰就直接揭了他的老底：“臣作令仪真，密迩淮阴，熟悉其逢事攫金，习闻其怨声载道，即江北乡绅之见在班行者，可一一问也。”姜埰欲拉来现在朝班的江北乡绅一一作证，证明陈在其家乡行为不端，名声不好。主要讨伐的是两件事，一是陈启新曾经以“采访”之名，到南京去行险诈骗。所谓“采访”，即是考察官风民俗，但陈启新却借机陷害敲诈地方官员，索金受贿，大行其私。二是上年陈启新办丧事，大操大办，做出了一些违礼逾格之事，所谓“乘舆拜客，红纸大扇，署衔自恣，迟留道路，滥收赙奠”等等。姜埰痛斥为“视

① 计六奇《明季北略》，中华书局 1984 年版，第 195 页。

② 计六奇《明季北略》，中华书局 1984 年版，第 217 页。

③《明史·姜埰传》。

其亲死为快意之场"，"视其亲死为贿赂之资"。姜埰对陈启新的直斥颇为激切，要求崇祯皇帝"毅然乾断，显戮其罪"，"启新虽恨臣噬臣，亦不暇顾矣"。主张皇帝治陈启新的"不孝""无法"之大罪，即使得罪陈启新，也在所不惜。姜埰这篇奏疏与御史伦之楷的弹劾一起发挥了大作用，《明史·姜埰传》谓"御史伦之楷劾其请托受贿，还乡骄横，始诏行勘。未上而启新遭母忧，埰因劾其不忠不孝，大奸大诈。遂削启新籍，下抚按追赃拟罪。启新竟逃去，不知所之。国变后，为僧以卒"。这位陈启新见事不好，一逃了之，躲过了惩罚。他在明亡之后，出家做了和尚，还是保留了一些明遗民的气节，有值得称道之处的。

姜埰这篇奏疏，虽说是出于"法度伦理"，于纠弹同僚也不能说出于排击，于整顿官风也不能说完全无益，但这种堂堂正正之外，仍是比较明显地暴露了其"党人"习气。弹劾陈启新可以说是步刘宗周、詹尔选、杨光宪等人之后尘，对陈启新的破格提拔极为看不惯，对陈启新受到皇帝重用后无所作为极为看不惯，极欲除之而后快。崇祯皇帝当年极想破除党争意气，破格用人，但受到了制度与清议的两种阻力，以复社为背景的朝野是这两种阻力的具体体现，姜埰的这篇奏疏也是这两种阻力的具体体现。而数年之间，他们集中攻击被崇祯破格重用的陈启新，陈出了大名，也因之倒了大霉，"党人"找到了一个好靶子。当然也与陈启新个人的庸碌无为、很不争气不无关系。陈启新这事，似乎证明了崇祯皇帝破格用人的失败。直到明亡以后，归庄还在一篇文章中说到"（崇祯）患内外臣工多不称职，故用人多不拘资格"[1]，似乎对这类事还耿耿不忘呢。

清初编纂的《明史》记载姜埰为官上疏，独重此篇，记载详细，

---

① 归庄《澄城知县徐君墓碣》，《归庄集》，上海古籍出版社 2010 年版，第 462 页。

而且叙述篇幅几乎占了全部传记的近一半。这种安排极不合理。姜埰此疏并无过人之处，其价值并不在姜埰其他奏疏之上。击溃陈启新也非姜埰一人之力，乃多位大臣积年之功，姜埰只是压垮陈启新的最后一人而已。大概是因为陈启新事件，涉及多位大臣，一时耸动人目，故借姜埰传以集中记载此事。另外，《明史》将此疏放置在《崇正黜邪疏》和《探本自强疏》之前，于时间上也不合理。

（四）《因事陈言疏》

崇祯十五年，“寇孽未消，边尘益动”，农民军与清兵两边夹攻，搞得明王朝喘不过气来。崇祯皇帝下了《罪己诏》，名为“罪己”，实则切责大臣，同时号召广开言路，要求大臣各陈方略。姜埰在痛愤之际，且有感于皇上之号召，曾上书陈述八事，所谓“谬陈八议”。但这篇奏疏并没有留存下来。大概感觉偏长偏多，他作了整理简化，归纳为三件事上奏，就是这篇《因事陈言疏》。这篇奏疏的保留，可能也是原“八议”之疏未被保存在《敬亭集》中的原因。

姜埰所陈三事，一是廷杖，二是诏狱，三是旗校。他引儒家经典《尚书》中尧的话：“临下以简，御众以宽”，意在批评崇祯一朝刑罚太过，使大臣受辱，有失仁厚之本怀。关于廷杖，他说是始自隋文帝。又引唐玄宗接受劝谏，赦免大臣杖刑事，认为唐玄宗仅是位中等的皇上，犹能如此，何况崇祯是“比隆尧舜”，而为何不废杖刑？他又举明初皇帝不用杖刑之“仁圣”，反衬当今杖刑之当废。他又用崇祯十二年（1639）杖毙刑科给事中傅朝佑的近事切谏皇上，认为“一言出口，三木囊头，生不干应死之条，没不免杖头之鬼”，写出杖刑之残酷。这一小节语言简约，引证切实，写出姜埰对杖刑的极力反对，希望引起崇祯的重视。关于诏狱，姜埰认为其严重程度超过杖刑。诏狱是皇帝亲自下令查办官员的案子，往往避开国家正常的法制机构如刑部、都察院，由锦衣卫执行逮系迅问。诏狱之弊一在于罔顾事实，逢迎上意，罗织成案；二在于严刑逼供，“夹楔笞敲，五毒备至”，搞得犯事官员生不如死。姜埰认为“夫罪果莫赦，国法难逭，岂必归之诏狱乃成铁案乎”？主张废除诏狱，由法制机构审理官员案件。关于旗校，是指锦衣卫所属的“耳目爪牙”，也称之为“缇骑”，专管奉旨秘密逮人，手段凶悍歹毒，气势跋扈嚣张，令人闻之丧胆。姜埰提到其任仪真县令时，曾目睹余大成奉旨逮系的情景，了解缇骑之“鸱张狠戾”，对其深恶痛绝。姜埰认为这三件事“原相因而及”，是互相联系的，是明代政治的一大弊端，亟待革除。

姜埰的这件奏疏，应该直击明代政治弊政，也直击崇祯皇帝的政治要害与人格弊端。明代末期对官员的惩治确实到了极酷且滥的程度，正直有为的大臣鲜有作为且鲜有善终，黜免算是好的结局，诏狱滥使，缇骑横行，杖刑被屡屡使用，这在魏忠贤专权时期到了顶点，东林党人左光斗、魏大忠、周顺昌、黄尊素等均罹大难。到了崇祯一朝，逆案虽予平反，但这种恶政仍然保留下来，大臣遭难者亦不少，连素享盛望的黄道周也曾受到杖刑，令朝中士大夫极为痛惜。这种恶政依然实行，应该说与崇祯阴暗的人格心理直接有关。崇祯虽然忧勤国事，但其刚愎自用，而且猜忌多疑，总以为朝中大臣多贪贿误国，总以为大臣在结党营私，总觉得大臣在蒙蔽欺骗他，所以滥施淫威，动兴诏狱，缇骑四出，杖刑逞威，羞辱朝臣。姜埰的这篇奏疏呼吁宽政，主张“刑不上大夫”，是有极强的针对性的，也可以说是直接冲着崇祯去的，需要极大的政治勇气，承担很大的政治风险，可以看出他真是忠直愚憨的敢言之人。但这篇奏疏被置之不理，似乎没起什么作用，也暂时没惹来什么祸端。但极具讽刺意义的是，姜埰很快就陷入了自己直陈过的种种灾难，也是逮系，也是诏狱，也是杖刑。当崇祯皇帝对其施加这些惩处的时候，是不是会想起他这篇奏疏，还真说不定。当姜埰晚年编纂文集，着意保留这篇奏疏，那种慨乎其内的感受，也真是令现在的人很难揣测了。

（五）陈平乱三疏

崇祯十五年的形势，实在是坏透了，明朝的灭亡，已经是无可挽回了。崇祯帝也是心力交瘁，焦头烂额，朝中大臣也都有预感，只是勉力支撑而已。正如姜埰在奏疏中所说："未有土崩瓦解如今日之甚者也。"李自成的部队已经攻陷洛阳、南阳、襄城等地，势成燎原，锐不可当。高明的士子李岩加入农民军后，不断影响李自成，使其调整战略，结束"流寇"状态，稳扎稳打，准备夺取全国政权了。这年东线的清人也是蓄势待发，时时观望觊觎。此时的明王朝在聚集全力对付李自成的农民军，节节溃败中也时时在争执要不要撤回东线军队以应对西线危机。这个时候，担任给事中的姜埰不可能不关心西线战事，不可能不考虑如何平定李自成的叛乱，尽管他是文人，尽管他在后方，但职责攸关，加之其政治眼光也必然关注此事，于是就有了这"平乱三疏"。

这三篇上疏的题目分别是《始陈河南解围疏》《继陈河北兵屯疏》和《三陈削平祸乱疏》，这是连续的三篇，形同一篇。他在《三陈削平祸乱疏》的最后也说："臣目睹中原祸乱，不胜愤懑，故一事分为三疏，义取简明，便尘睿览。"在第一篇疏中，他着重讨论如何解河南开封之围。"汴梁佳丽甲中州，群盗心艳之，前后三攻汴，士马死者无算。"[①] 姜埰写此疏的时候，正是李自成第三次攻打开封、志在必得的时候。姜埰认为："今日之计，莫急于解汴城之围。"他

① 计六奇《明季北略》卷十八，中华书局1984年版，第318页。

了解开封之守卫旷日持久，开封的周王虽然倾力助饷，然无济于事，应该紧急敕令河北诸将飞速输送军饷，以解燃眉之急。另外他知道李自成的部队兵力强盛，“夫贼势披猖，号称数十万，其锋不可当”，明军“众寡不相敌”，主张守城勿战，“坚壁清野以待之”，拖住敌人，而另出奇兵断其归路，包抄迂回，相互策应，以破围城。第二封疏中他从胶着的河南战场移开，注目河北，认为“考河北形胜，实为拱卫神京、襟带二东之要害。”他深恐河北为河南之后续，主张早作打算。他也担心齐鲁之地蠢蠢欲动，变生不测，“所忧者正不在黄河南北间也。”姜埰认为“事之贵豫”，要未雨绸缪，建议赶紧研究，并委任干练官员分赴河北山东。他担心现在提出经营河北，会被人指责是放弃河南，于是预作辨解：“臣谓不言河北，是又与于弃河南之深者也。”这篇奏疏中，姜埰对于经营河北山东并无具体规划，只是从战略上指出应当关注此事。第三疏是在大家都在关注“平寇歼盗”之时，着眼于“安民”。他指出：“夫今日之盗，皆吾民也。民虽至愚，其畏死亡、忧亲戚之情则一。昔何以恬然耕凿？以为盗不如民故也。今何以揭竿竞起？以为民不如盗故也。”姜埰此论，的确有见，当然这也非其所独见，当时类似的言论也不少。李自成的造反部队，大部分为穷困农民，不为生活所迫，谁会走上铤而走险的道路？大凡有生活着落的人，没人愿意去造反。姜埰的长处是在朝廷全为战争所吸引的时候，能及时指出守土安民之必不可废。对此，姜埰提出的二策实则简单，一是勤民业，二是倡勇敢。勤民业是“按户口而问之”，让百姓各安于其所从事的主业，杜绝不勤快、不安分的“游惰之人”。倡勇敢是将那些贫困无业且好逞武斗狠之人，召募编入军队，才能出众者授以官，让他们从军御敌。姜埰认为如果施行此二法，“太平可庶几也”。不只是方法简单，无甚高明之处，想法也未免过于天真，几同幻想。秀才谈兵，往往貌似有理，实则无济于用，我们今天看姜埰这“平乱三疏”，除第二疏略有战略眼光外，其他都平平无奇。倒是“三疏”中流露出的焦灼忧愤、痛哭叹惋之情，予人以深刻印象。[①]

（六）《文风士气疏》

这也是一篇值得关注的文字，在当时的背景下，很能代表姜埰的个人立场。这是一篇为知识分子的自由言论权加以辩护的奏疏，延续了明末“党人”清流的一贯主张。而且写得简约、收敛。

姜埰起草这篇奏疏的近因是疏末所说的御史刘熙祚上疏请求表彰复社党魁张溥，而远因则还是他个人与复社的渊源。姜埰本是山左大社的成员，与复社本属一脉，与复社成员声息相通，观念一致。此次为复社上疏皇上，表达支持，实为发自内心之作。奏疏开头引《周易》“观乎人文，以化成天下”，强调知识分子对社会的引领、风化作用，强调复社文人之好学以及以天下为己任的情怀。“臣闻东南文学，蔚起一时，爰有复社之名，非曰人皆君子也，要之阐明经史，锐志讲诵，则诚有焉。即一二有心之士，怀古忧时，慷慨持论，亦规勉大义，匡翼明时，非分外也。宋臣不曰秀才以天下为己任乎？”话说得比较委婉，不作激烈过分之强调。用“臣闻”二字，似乎有意撇清自己非局中之人。主要突出复社文人之致力古学，潜心学术，使文学蔚起，繁荣一时。再转而说明复社中有少数人物关心时政，发为议论，亦是抱有强烈的忧患意识，为国家着想，况且所论皆合乎正义，辅佐国政，此是其分内之事，是担当精神，是以天下为己任的体现。不当压抑遏制，而应予鼓励提倡。这番意思，姜埰讲得

① 《明史 · 姜埰传》记此事为“已，陈荡寇二策，曰明农业，收勇敢。帝善其言。”姜埰所上实为三策，且明农、倡勇仅是第三疏所言。可见正史记载较为粗疏。

极为收敛，让人有小心翼翼之感。

接下来姜埰将压抑复社文人的责任完全归咎于“罪辅”温体仁。这位温体仁已经罢相四年有余了，但他是复社文人的死敌，复社在明末的政治坎坷也多与此人有关，姜埰势所必然地将矛头指向了温体仁。“自罪辅密承衣钵，事类坑儒，不曰诽谤，即曰结党，一人而株连无已，一事而毛疵必求。”温体仁的专横、独断挑起了党争，形成对复社的诬陷与株连，对复社进行了污名化，将复社的潜心治学一概抹杀，把复社的为国分忧、发为时论扭曲为诽谤与结党。温体仁这种压制复社文人的行为,类似秦朝的“坑儒”。在温和的辞气中，“坑儒”一词下语极重。姜埰认为温体仁于此极为不智，明明是自己有过,而不愿复社之人对其批评。复社文人与温体仁的斗争如同“触邪之兽”与“指佞之草”，有相当的正义性。姜埰就是这样在委婉地为复社文人辩护。

姜埰又引宋代太学生参与朝廷政事的前例来与复社作比，认为天下无道，朝臣专权，民生不安，朝中臣子不敢直言，有天下士子为之代言，发为文字，这是“世道之不幸”，也是“执政者之羞”。处此时际，执政者应该畏于清议，反躬自省，有所忌惮而不敢为所欲为。如果压制议论，杜绝人口，甚至嫁祸于文人，是极为错误的。姜埰接下来发为宏论，成为这篇奏疏中最具光彩的部分：

> 且天下之事，士子不留心，谁当留心者？布衣担簦之日，朱绂簪笔之时，总此人才，国家累世豢养，幸有经明行修之儒，考前代之治乱，核当世之得失，指陈切隐，裨益上理，此正当宁所宜侧席而求，辟门延揽而恐后者也。若慕仁义者讥为多事，忤权奸者斥为狂生，则当今之依阿取容反名哲士，萎靡不振反成善俗也邪？

就今天看来，这也是一段极有价值、极富现代内涵的议论。他强调关注社会现实始终是知识分子的责任，当仁不让，应该勇毅担当。文人是经国家培养的人才，有眼光的知识分子是国家的幸运。这样的知识分子考察历代治乱得失，分析现代社会利弊由来，提出建设性意见，加以改进，有益于国家与民生，这正是当政者求之不得的事情，对这样的人才应该争先恐后地着意延揽，惟恐失之，而不应该加以压制和排斥。如果不提倡文人讲话，不鼓励文人发表见解，则会误导风气。那些向慕仁义、正直敢言的人如果被人称之为多事，那些敢与权奸斗争的士人如果被目之为狂生，那么，那些缺乏主见、唯唯诺诺、苟合取容的人就成了名士，整个社会的万马齐喑、毫无生机、萎靡不振就成了一种风气，这是价值观的混乱颠倒。姜埰认为，“当今”的明朝廷正是这样“依阿取容”与“萎靡不振”。所以他向皇上大声呼吁，要允许像复社文人这样的知识分子讲话，要善于听取这些文人的意见，要鼓励这样的“文风士气”。

我们不知道这样通畅高明的议论能否入皇上之耳，能不能引起重视或予采纳。当时发为如此议论的，也不只仅有姜埰，还有像刘宗周这样声望卓著的大臣，但这往往不为崇祯帝喜欢，崇祯帝最厌恶的是大臣的“党争”，时时加以警惕与训斥，他认为这些议论都与“党争”有关。而且他对言官也很不信任，常常怀疑他们在因事“沽名”，即以劝谏皇上的名义换取他们在历史上正直敢谏的声誉。所以，这样的正言谠论是很难入崇祯之耳的。史书中关于姜埰此疏所起作用的记载很少，唯计六奇《明季北略》卷十三“陆文声讦奏复社”一条的末尾附记张溥，提到此疏，“后御史刘熙祚、给事姜埰交章讼冤，奉旨所著书承进，天下传而颂之”[1]。看来此疏对恢复张溥的声誉、

---

① 计六奇《明季北略》，第216页。刘熙祚之名，《敬亭集》为柞。

扩大张溥的影响是起到一些作用的，至于姜埰论述的知识分子自由言论权等命题未必引起重视。在明朝末年那种年代，这样的言论被漠视是正常的。而在今天，我们读到这段文字，却有怦然心动之感。

姜埰在崇祯十五年（1642）的上疏，限于篇幅，我们不可能一一详述。但综观这二十余篇奏疏，有一些特点还可以说一说：

其一是其忠勤的品格。姜埰在仪真县令任上，就已表现出这种品格，并因而受到地方百姓和上司官员的好评，这种好评甚至直达天庭。担任给事中之后他依然延续了这种政治品格。这种受儒家思想培育，受多年基层政事历练的政治品格沦肌浃髓，是很难加以改变的。忠成了其天性，忠于朝廷，忠于君主，为官当竭尽全力，不惜身顾命，不顾个人得失。由忠必然导致勤，为国尽力，忠于职守，殚精竭虑，夙夜在公。姜埰把这种古代士大夫的人格演绎到了一种相当高的程度，给后人留下极深刻的印象。他“五月之中条上三十疏，皆蒙嘉纳”，是其集中精力，关注时事，留心政务，努力思考的结果，是其忠勤品格的体现。严格地讲，言官的工作是没有指标的，视情况可多可少，其他官员对其监督不是没有，但也有限。正如姜埰在《戍臣可原疏》中为吏科给事中章正宸的辩护中所说：“使正宸而滥徇也，何事不周旋逢迎，坐致华膴？”像章正宸这样的给事中，如果是碍于情面，滥竽充数，遇事应付，逢迎人事，是很容易晋升到显要的官位的。但章正宸正直敢言，弹劾上峰，“毕竟正宸一片血诚，不可谓非正直之臣也”。其实姜埰也是如此。在《戍臣可原疏》这篇奏疏中，姜埰还特别引用了司马光论言官的品格：“臣闻司马光论言官，第一不爱富贵，次则惜名节，三则晓知国体。”姜埰与此三者，可谓身体力行，毅然行之。姜埰如此尽力，如此勇毅，应该是出诸自己忠勤品格的内在激励，也是“一片血诚，不可谓非正直之臣也”。

其二是其涉事范围之广。姜埰的职务是礼科给事中，其职责如前面所述，掌“监订礼部仪制，凡大臣曾经纠劾削夺、有玷士论都纪录之，以核赠谥之典”。但给事中往往不限于本科，“虽分隶六科，其事属重大者，各科得通奏”。因此所奏之事，分属“礼科”者反而不多，大量的奏疏涉及广泛的国家事务。现存的二十余篇奏疏，《探本自强疏》论卢象升之恤典和杨嗣昌之罪案，《罪枢保脱疏》论兵部尚书陈新甲之当诛、辽东生员薛征泰为陈新甲辩护之无理，《戍臣可原疏》为因进言而流放的吏科给事中章正宸辩护，《武闱大弊疏》揭发抨击刘余祐在主持武举考试中徇私作弊，这四篇奏疏大概与礼科事务有关,其他都应是“事属重大,各科通奏”的事情。对这些大事，姜埰并不想置身事外，漠视不管，而是毅然表达意见，甚至不惜甘冒风险。姜埰的政治眼光很开阔，总揽全局，其中有涉及重大政治事件，以及涉及军事战略，涉及税收等经济政策等，反映了他对当时国家形势的全面关注和深度思考。政治人物的这种眼界还是很为今人所佩服的。

其三是党人意气、切身经历与乡土情结。党人意气前面已讲，他的奏疏“触逆鳞”的地方，不为崇祯皇帝所喜的地方大概也在这里，后文还要讲一下，在此不再展开论述。我们说一说姜埰奏疏中多引切身经历和颇具乡土情结这两点。根据明朝的官职，给事中是可以“风闻”奏事的，即只要听说此事，不必详加确切的查考，即可以上疏批驳。但姜埰却很重视确有其据，增加奏疏的可信度。比如《言官互纠疏》中劾陈启新，因陈是淮阴人，他就引自己任仪真县令时所掌握的陈启新居乡时的非法之事作证，“臣作令仪真，密迩淮阴，熟悉其逢事攫金，习闻其怨声载道。”颇似掌握陈启新的老底，词锋甚厉。又揭陈启新在家违礼大办丧事，大收贿赂，所谓“悖本忘亲”之恶劣情节，成为击垮陈启新的最为有力的证据。据计六奇《明季北略》的记载，陈启新的因劾去职，与姜埰所揭发的“匿丧”

之事直接有关，可见姜埰引证此事所起的作用。另如《引事陈言疏》讲“旗校”之不法，即锦衣卫的跋扈横行，他引其任仪真令时所亲见：“即如臣初任仪真令，值山东寇乱，抚臣余大成舟次江干，奉旨逮系，饱大成多金，犹曰大成有罪，故胁之贿耳。”写出缇骑之“无端横用”“鸱张狼戾”，此类出诸亲闻亲见，真实不虚，当然增加不少说服力。再如《武闱大弊疏》劾主持武举考试的刘余祐，为说明此人品格之不堪，姜埰亦引用自己亲见亲为之事，“忆余祐曩赴南京兆任，道出仪真，所携家丁不下数百，或市上抢劫，或劈门强入，或暴淫妇女。尔时正凤泗震惊，风声鹤唳之日，臣作吏彼中，士民仓皇，奔诉于臣，旋赴公署，求救于余祐，余祐恬不为怪。且非独仪真也，自淮北而南，何地不然？臣以事在以往，或可听其改悟。”这简直是板上钉钉之事，其人品已昭然若揭，刘余祐百口莫辩。这种引证极大地增强了奏疏的真实性与说服力。这种写法，在姜埰奏疏中常见，极富杀伤性。至于姜埰奏疏中的乡土情结，我在阅读中会明显地感受到，不妨提出一说。他的《东方民命疏》专为崇祯十五年朝廷加派青州、莱州、登州三地赋税而作，认为赋税太重，搞得三地“百姓逃徙，抛地甚多，再为窘急，必至揭竿”，主张减免赋税，安抚百姓。所谓“东方民命”之东方，正是作者家乡所在，为家乡民命担忧，为家乡百姓鼓与呼矣。他的《戍臣可原疏》在解救章正宸的同时，为其同乡好友宋玫呼吁，“宋玫博学通古，为世所宗”，“既未堪心膂辅弼之寄，而布在列位，可以备黼黻，弘上理”。认为宋玫可堪大用。虽然也可以说是出于公允，但乡情乡谊在其中起了明显的作用。更典型的还有《陈言选将疏》，姜埰一方面推荐路云之，因为“以臣所闻，有偏将路云之者，当孔耿作逆之时，捍御臣乡，抗力一战，死且不避，而孤城卒得屹然”。路云之因抵御孔有德、耿仲明的叛乱，保卫莱阳有功，受到作者的推荐，此姜埰之乡土情结也。同篇又谓：

“臣坐守北门，目睹形胜，惟宜严申保甲之法也。”因自己守卫京城北门的经历，认识到保甲之法管理百姓的作用，乃其切身经历也。一篇之中，切身经历与乡土情结兼具，最为明显。指出乡土情结这一点，并非是指姜埰有假公济私之嫌，而是指出作者的个人经验在其政治见解中还是起一定作用的。切身经历与乡土情结都说明在奏疏这种直接给皇帝阅读的文本中，难以摆脱甚至也不回避个人经验。

其四是于有意无意中触及崇祯的不良政治个性，敢触逆鳞，颇有胆识。当时的言官大多是有这种政治勇气的，姜埰相对而言还算是比较委婉。上疏帝王，为了不“逢彼之怒”，也是为了便于意见被采纳，往往要着意写一些“颂圣”之语，如“躬尧舜禹汤之资，效唐虞三代之治”之类的谀辞不时出现，这都可以理解。但姜埰的有些奏疏似乎是有意针对崇祯的毛病，表明他对帝王的一些政治弊病有清醒的认识。如前所述《因事陈言疏》，陈廷杖、诏狱、旗校三事，都是批评崇祯用刑太过，不顾大臣体面，不分事理曲直，听不进别人进言，滥施惩罚，使大臣特别是言官，“一言出口，三木囊头，生不干应死之条，没不免杖头之鬼。”《文风士气疏》也涉及皇帝缺乏容人雅量，听不进不同意见，不为国家护惜人才。《戍臣可原疏》一开头称颂皇帝：“尊贤礼士，江海能容，慎狱则囹圄一空，起废而岩谷生色”，显然言不由衷，是写奏疏而不得不如此的谀辞，正文讲到章正宸的“十年之中，两置死所；一身之内，百极颠连。忧苦放流，空洒海南之泪；形容憔悴，徒销泽畔之魂”。则完全是批评皇帝的刻薄寡恩了。辞气的婉转难以掩饰批评的直接。《恒道图成疏》劝告皇帝“任贤勿二”，也是针对崇祯对待大臣疑心过重、用人不专的委婉批评。现在看来，姜埰的这些批评，是切中崇祯皇帝要害的。数百年后，人们对崇祯的非议也主要集中在多疑、刚愎、滥刑、刻薄等方面。当然，言官上疏劝谏，都不免对皇帝提出批评，甚至对皇帝的批评往往不留情面，比姜埰更激烈、更直接的不在少数。姜埰在这方面还是比较能把持方寸的。当他最后一疏，更加直接针对崇祯时，他的灾难也就来临了。

其五是措辞委婉与激切并存，语言优雅与浅显兼顾。奏疏是种特殊的文体，是直接送达皇帝御览的，和其他文章体裁不一样，不可逞才使意，做任意发挥。曹丕《典论·论文》谓“奏议欲雅，诗赋欲丽”，刘勰《文心雕龙·奏启》篇谓：“夫奏之为笔，固以明允笃诚为本，辨析疏通为务。”认为一些弹劾性的奏章，“术在纠恶，势必深峭”。姜埰的奏疏，大致符合这些特征。我们感受到他激烈的辞气，情绪激动，如《言官互纠疏》中怒斥陈启新：“乃博矫强之名于长安，肆贪纵之恶于乡里。”“人而病狂丧心，一至于此，反复思维，不得其解。或启新生不由父母，非天下之为人子者乎？抑以出身武举，但知武官之不守制，遂至于悖本忘亲邪？”连续诘问，词锋锐利，咄咄逼人，颇有深峭之风。其《罪枢保脱疏》亦是“纠恶”之作，指斥兵部尚书陈新甲：“更怪新甲以典兵大臣，不能捍患弭灾，裹尸马革，即今身名俱败之后，慷慨西市，甘就斧锧，犹不失引罪自裁之义。乃今日请死，明日请死，比及王法难逃，贿买劣衿，播弄机括，若新甲者，生则无耻之人，死亦丧心之鬼。”气携冰霜，语含利剑，令人望而生畏，读之悚然。当时弹劾陈新甲者并非姜埰一人，“言官劾新甲者，章至数十。新甲请罪章亦十余上”①。姜埰这次凛然一击，是不是起了很要命的作用，还真说不定。奏疏是给皇帝看的，要“明允笃诚”“辨析疏通”，要态度诚恳，要有充分畅达的说理，这方面姜埰当然是下了功夫的，如《崇正黜邪疏》劝戒皇帝勿迷信佛道二氏，应该崇正遵儒，就以极诚恳的态度，对之加以真切的劝告。道理娓娓，

---

①《明史·陈新甲传》。

吐嘱舒缓，力求打动人主。《文风士气疏》陈述文人建言之有益国家，为复社文人正名，亦是大义陈辞，正言发论，道理醒豁，表达委婉。所以辞气是分问题、看对象的，不能一味地激切，也不能一味地委婉，姜埰很好地把握了这种界限，从其奏疏也能看出其古文的功力。至于姜埰奏疏善用对句以增加气势，亦显示文采，善引经典如《尚书》《周易》以铺陈立论，增加典雅厚重之文风，还要善于“颂圣”来委婉地争取皇帝的接受，这些都是古人奏疏之常法，此不具论。我们要提出注意的是，姜埰的奏疏在优雅的同时，相对而言都比较通俗浅显，不故作高深，不过引典故，也不过分追求对偶句式和辞采华艳，行文不务艰涩，力求明白好懂，读来晓畅通达。在同时人的奏疏中，这一特点较为明显。明末最有名的奏章是杨廷麟上书弹劾兵部尚书杨嗣昌：“夫南仲在内，李纲无功；潜善秉成，宗泽殒命，乞陛下赫然一怒，明正向者言和之罪，俾将士畏法，无有二心。”当时传诵人口。“南仲”四句，对仗整齐，且全部用典，亦辞气逼人，严若冰霜。反观姜埰的奏疏，很少有这种修辞追求。这与文风有关，也与其个性有关。姜埰是个实在厚道人，有时锐利是其言官职责所在，其骨子里还是忠诚和宽容的。不知如此说法，是否得古人之心也。

还有一个问题，也挺有意思，觉得有必要说一下。就是姜埰二十余篇奏疏，涉及不少人物，有的是激烈弹劾，有的是直言表彰，有褒有贬。后来经过明亡清兴这种改朝换代的大变局，这些人物的大节如何？经过数十年以后，到康熙年间《明史》编修时，这些人物都已盖棺论定，历史评价如何？或者我们今天看到的有关历史评价是否与当年的姜埰褒贬相一致？应该说，忠则忠，佞则佞，大致不差，可证姜埰之议与历史之后评相差无几，可证姜埰当年的现实观大致不误。以后证前，以今论古，能达此境界，应该说是不容易的。也可证明历史也并非都是翻云覆雨，任人摆弄的，此点也真让人觉得踏实，颇感欣慰。姜埰褒卢象升、斥杨嗣昌，褒章正宸、斥陈新甲，都符合当时公议与历史定评。他评价早已离职的宰相王应熊“势焰薰灼”“庇党营私”“罪状昭昭”，此人虽然后来参与南明政务，极力抗清，但在历史上也并无多少好评。他有两疏劾刘余祐“武闱作弊”，此人明亡后先是投降李自成，后又降清，清朝官至工部尚书，但因受贿被革职，永不叙用，其政治大节极为不堪，其贪贿本性两朝未改。姜埰极力推崇其同乡宋玫，认为其“博学通古，为世所宗”，向皇上力行推荐。虽有出于乡谊的原因，但宋玫在于崇祯十六年春在莱阳抗击清兵入侵，壮烈殉国，大节凛然，实在不愧姜埰之佳评。在姜埰奏疏褒贬过的人物中，唯有一人算是例外，这即是陈子壮。姜埰在《亟辨忠佞疏》中极力反对起用陈子壮为礼部侍郎，主要原因陈子壮早年附合王应熊，曾上奏章推荐王应熊复职，这桩旧事激起姜埰的义愤，才上疏表示反对其起复。这篇奏疏中的一大段文字将陈子壮写得极为不堪：“窃见起升礼部侍郎陈子壮，其人附邪如由窦之犬，嫉正若含沙之蜮，通国共非，朝野不齿。当去辅王应熊恶焰熏灼之时，情联师友，宵旦攒谋，用一心腹之唐世济而擅翻逆案，用一心腹之王应章而败误封疆，应熊泼胆而为之，谁实入幕而赞之？此皆子壮爱利崇党、罔上蔽朝之罪也。”其实陈子壮当时并非“朝野不齿”，其起职也是诸大臣接连推荐的结果，而且陈子壮在天启朝就反对魏忠贤，政治态度等同于东林党人，颇受时论好评。明末起复，未等入职，明朝即灭亡，后参加了南明的抗清，做了一番轰轰烈烈的大事业，于永历元年（1647）兵败被俘，被清人以残酷的“锯刑”杀害于广州。后人将其与抗清就义的陈邦彦、张家玉一起称为“岭南三忠”，忠义大节，彪炳后世。历史定评与姜埰当时所议大相径庭，判若两人。姜埰应该是知道陈子壮之结局，了解其这一番大气节，后来姜埰将此文收入《敬亭集》时，不知做何感想？此姜埰当年弹章之唯一失误也，此点今人也不必为姜埰讳。

总观姜埰崇祯十五年的全部奏疏，其政治主张大致可总结为：在平定李自成、张献忠等农民军问题上，他主张“剿”，反对“抚”；在抗击清人方面，他主张抗战，反对议和；在三饷俱征、税赋如山的形势下，他主张减税轻赋以安民。在用人问题上，他主张任贤去邪，贤邪之标准也多持复社党人立场；他力矫崇祯之严刑苛酷，坚决主张取消杖刑、诏狱和锦衣卫等虐政，提倡轻刑宽政，用人不疑等。姜埰的这些政治主张，无疑是可贵的，体现了一个正直官员忠君爱国的政治良心。

姜埰的京城为官之经历，本章就写这些，下面就要进入他人生的一大关节“建言受杖”了。我们要看看他建的什么言能引来如此大的祸患？令人毛骨悚然的杖刑又是一种什么情形？

第四章　午门杖刑（上）

一

在前面分析了姜埰的一些奏疏后，我们要进而分析他的最后一篇为自己引来大祸的奏疏——《恭读圣谕因明言职疏》。

姜埰的这一桩人生大事，也成了明末的一桩有名的史事，牵动了当时不少的人和事，有其发生的前因后果，值得详细地叙述一下。我们先看看《明季北略》对此事的记载：

> （崇祯十五年）闰十一月，下礼科给事中姜埰于理。时有匿名书二十四气之说，隐抵朝士。埰上言，“诽语腾谤，必大奸巨憝恶言官而思中之，谓不重其罪，不能激皇上之怒，箝言官之口，后将争效寒蝉，壅塞天听，谁为皇上言之哉？”上怒，立置狱。[1]

此段记载太简要，过于疏略，也不甚得其要领，不能全面了解姜埰惹怒崇祯的经过与原因，好在姜埰的疏文具在，可以供全面详尽的分析。

---

① 计六奇《明季北略》，中华书局 1984 年版，第 313 页。

> 迩者小丑匪茹，逆天犯顺，百尔臣工，既不能奏绝幕之功，复不能效折冲之略，乃使至尊焦劳默告、修省罪己而外，又独于言官谆谆致诫者，陛下明目达聪，虚怀乐谏，此岂有厌薄之心哉。惟视言官至重，故望言官至切，惟望言官至切，故责言官至严。

这是第一段，已和姜埰此前上过的奏疏感觉不大一样，带着一种较明显的情绪意味。开头交代了这篇奏疏的现实背景和撰写缘由。熟悉此际情况的人都知道，崇祯十五年（1642）闰十一月前后的情况已经十分糟糕，明王朝处在两线作战的状态。李自成的部队已是今非昔比，人成气候，势不可挡。张献忠与之遥相响应，配合作战，出没于皖、鄂一带，也令明军焦头烂额，穷于应付。而另一战场清人也不闲着，时时入关侵扰。这年的十一月，“大清兵分道入塞，京城戒严”，京城风声鹤唳，朝廷紧急诏令各地军队速回“勤王”，同时又部署京城的防守。姜埰就在此时参加了防守城门的军事行动。就在这闰十一月，“大清兵南下，畿南郡邑多不守”①。清人的威胁比李自成还要迫在眉睫。那么，姜埰奏疏一开头所指的“小丑”是指谁？是李自成还是“大清兵”？还是合并言之？我觉得此处有辨析的必要。我们先看“匪茹”一典，出自《诗经·小雅·六月》“猃狁匪茹”一句，“匪茹”，郑玄笺曰：“匪、非，茹、度也”。“言猃狁之来侵非其所当度也”。也就是说猃狁的入侵是不自量力。这一典故的含义显然是指清人的入侵，是指清人在“逆天犯顺”，违背天命，倒行逆使。这个开头在当时肯定没什么，但后来作者将其收入《敬亭集》时还是有点冒险的，是有违碍的字句。即使如此，我总觉得这

① 《明史·庄烈帝纪》

篇奏疏的开头极有可能是经过了作者后来的修改，才用了婉曲的典故，将指斥清人暗含其中，破解典故方得其义，当时恐怕是有更为直接的表达。不过这一点不敢臆断，只有发现奏疏原件加以对勘方能确定。接下来，姜埰指责在朝大臣，既不能实现“绝幕之功”，也不能贡献“折冲之略”。“绝幕”之典用《史记·匈奴列传》：“大将军（卫青）出定襄，骠骑将军（霍去病）出代，咸约绝幕击匈奴。”[①]这一典故再次证明这开篇完全是指清人的入侵。“折冲之略”当然也是指击退清兵，以解京城之围的方略。姜埰这一对大臣的指责，完全是摸准了崇祯的心思，很对皇上的胃口。崇祯是一贯责备大臣的，认为无公忠体国之人，大臣遇事无用，一直到了煤山自缢的时候不是还在撇清自己非“亡国之君”，埋怨大臣都是“亡国之臣”吗？姜埰也只好这么说，都是大臣无能，使皇上宵旰焦劳，勤于国事；虔心默告，以求天佑，又在反省自己，以至于下了“罪己诏”。《明史》记载此时崇祯“下诏罪己，求直言”[②]。这也不是新鲜东西，崇祯的“罪己诏”也不是第一次下了。但这一次不同的是，在“罪己”的同时，崇祯对不断上书言事且攻讦不已的言官提出了训诫与警告。就是这一点引起了姜埰的激烈反应，导致这篇奏疏的形成。姜埰力求婉转地表达自己的不满，说皇上“明目达聪，虚怀乐谏”，这是场面话，是奏疏常见的恭维语，崇祯是不是“明目达聪”暂且不论，他又何时“虚怀乐谏”过？他的忮刻刚愎是出了名的，他的忌恨言官、厌恶进谏也是出了名的。但奏疏不得不这样说。先说恭维话暖暖场，让皇上受用点，再进上逆耳忠言，以求能听得进去，也降低进谏的风险。这都是言官的苦心，也是言官的难处，我们今人是不能苛责

① 《史记·匈奴列传》。
② 《明史·庄烈帝纪》。

古人讲违心话的。姜埰进一步讲，崇祯的这次“独责言官”，并不是对言官有了“厌薄之心”，不是对言官厌烦，不是对言官轻忽，而是认为言官的职责太重要了，所以寄予的希望就很高，因而要求就很严。现在看这篇东西，开头太迂曲了，太煞费苦心了，做了一些铺垫，力求把皇上讲得圣明，把皇上的用意讲得很正大，让皇上听起来不刺耳。同时，这也是为下文的进谏张本蓄势，就等待下面作一转折了。这个开头虽然用心良苦，比他其他的奏章下了更大的功夫，但还是有一种特定情绪跃跃浮动于字里行间，相信崇祯皇帝不会对此毫无察觉。

崇祯皇帝在这次诏书中针对言官讲了什么？这在姜垓的《被逮纪事》和刘宗周之子刘汋的《刘念台先生召对纪事》两文开头都有引述，两文都见姜埰《敬亭集》附录。《刘念台先生召对纪事》一文说：“崇祯壬午仲冬，边吏不戒，敌陷霸州，越通津，所过无坚城。朝廷震恐，下罪己求言之诏，期与大小臣工交相咨警，以图匡济，誓欲迅扫狂氛，以振国威。复申谕言官曰：‘言官以言为责，称职非易，缄默不言，及言而不当，俱属溺职。诸臣中有大奸大贪，自当直纠，其余往事细过，不应苛索。近来忠谠固多，挟私偏执，更端争胜，亦复不少。或代人规卸，或为人出缺，种种情弊，难以枚举。前颁宪纲，面谕已明，以后俱著祇遵奉行。有违玩者，降调斥革，必不姑贷。’”[1] 这就是崇祯诏书的“独责言官”，这就是姜埰此一奏疏的全部针对性。崇祯是肯定言官职责的，只是训谕言官不要纠缠过往事情与细枝末节，不要心怀成见而反复争执不已，“代人规卸、为人出缺”二句是在教训言官时作为例子顺便带出，似乎没有明显的所指，这也是引起姜埰激烈反弹的地方。为什么崇祯皇帝这次在

① 姜埰《敬亭集》，华东师范大学出版社本，第 322 页。

兵临城下的危急时刻下达的“罪己诏”中要“独责言官”呢？《明史·姜埰传》给出了一种解释：“初，温体仁及薛国观排异己及建言者。周延儒再相，尽反所为，广引清流，言路亦蜂起论事。忌者乃造二十四气之说，以指朝士二十四人，直达御前。帝适下诏戒谕百官，责言路尤至。”这段论述其实有些问题。所谓的“二十四气”之说在崇祯诏书中并未出现，先撇开此点不讲，将明末的“言路蜂起”归结于周延儒再相，广泛引用正人清流，并不符合明代历史，完全忽略了明代言官忠勇敢谏的政治传统。言官直谏，动辄纷纷上书言事，是明代中后期政治上的一大奇观，不自周延儒始。温体仁当国、薛国观执政时，虽然排斥、打击东林及复社党人，但并未挡住言官的激烈进谏与弹劾，甚至愈挫愈奋。再往前追溯，天启前后，以东林党人为代表的一批言官进行过无比悲壮的抗争。崇祯时期，此种政治情势毫无减弱之势。言官进谏的背后，是明朝政治的一大弊端——党争，形成宗派门户，朝官特别是言官泾渭分明、势成水火，相互攻讦不止。遇事可以不论是非，用人可以不管贤否，但宗派门户必须明辨。这种由宗派引起的党争，贯穿了明代中后期，直到流亡于残山剩水间的南明小朝廷。这已经成为明朝政治不振、国力衰微并进而导致亡国的一个重要原因。崇祯皇帝对此是深恶痛绝的，他用极度怀疑的眼光来打量朝官特别是言官，你们这帮人是不是在搞党争？结党就必然会营私；你们这帮言官是不是有所偏袒，各自有自己的小算盘？这是崇祯不时考虑的问题，是他的一个心病。因此，纵然没有所谓的“二十四气”的流言，崇祯对言官也是时时警惕的，是有几分“厌薄”之气的，只是有话憋在肚里，碍于政治体面，不便发作罢了。这次，国难危机，自己又高姿态地作了“罪己”，顺便严肃地、郑重地教育训诫一下言官，实在是顺理成章的事情。我分析此时崇祯的本意未必针对哪个人哪件事，只是告诫言官以国事为重，避免党争，团结一心，共同御敌，以纾解当前困厄。谁知被公忠耿直而又略显褊急的姜埰抓住大做文章，上疏抗争，激烈质问，使崇祯皇帝无法接受，大为光火。姜埰自己也真想不到，这次祸闯得有点大了。《诗》曰“薄言往愬，逢彼之怒”，皇上不高兴，后果很严重。

> 臣亦谬叨言秩，千虑无能，空言罔补，原不足以为有无，顾诸言官中宁无志怀忠谠，效贾生之流涕者乎？或持论太激，无当圣心，此言官之过也。即言而当矣，或庙堂之失算，官守之旷职，督抚之恇怯，将帅之悍虓，有一于此，虽诸臣之过，亦言官之过也。由此论之，方夙夜救过之不遑，而焉有如圣谕所云“代人规卸、为人出缺”之事者？即人臣肺腑不同，亦不敢谓尽无其事。臣独骇惑其故，陛下固何所见而云然乎？或于章奏知之邪？何不据疏诘问，果公论共弃，情形难掩，即雷霆谴责，罪亦何辞？抑出于圣心之悬揣邪？始而既加优容，今复不惜慈训，受绢甚于受刑，苟有心胸，敢不悔悟也？

这是第二段，其中的词锋意蕴也值得细细分析体味。姜埰说自己也是一个言官，平时自己虽然用心思考，但是没有能力，上疏言事，也是发为空言，于事无补，自己是个可有可无之人，于国家于皇上都是无足轻重。这表面上只是谦词，但读起来却觉得是牢骚，颇有不平之感。对皇上的这次斥责言官，姜埰主动认领，觉得是一竿子打了一船人，自己于其间也委屈不少。但姜埰认为自己虽然不足用，但言官整体不能否定，其间难道没有忠诚直言，为国分忧，像西汉贾谊那样为国痛哭流涕的人吗？这是第一层诘问。是为言官抱屈，指责皇上不公不明，不应该对言官整体不信任。接着姜埰又进一步说，言官有的言论可能过于激切，说得不一定对，不合皇上心意，这是言官的过错。即使言官说对了，所言也都是揭露、抨击朝廷的失算、官员的旷职、外臣督抚（地方军政长官）的胆怯、将帅的骄横跋扈等政治弊端和用人失误等。此等事情只要有一件，虽然是大臣的过错，同时也是言官的过错，因为言臣是负责监督、弹劾官员的，是维持风纪的。这里姜埰把言官的职责显然扩大化了，言官的职责边界被有意模糊了。官员失职甚至违法犯罪，言官固然负有纠弹之责，如不纠弹，失职在言官。如果言官发为弹章，直达皇上，由皇上发令施威，言官就尽到了责任，官员的罪责何劳言官亦分担一份。这里姜埰将言官的职责无限化，用意在国难之际，诸臣荒纵，言官责任至重，整天忙于监督，"方救过之不遑"，哪有时间再去干皇上教训的那些"代人规卸、为人出缺"这样的不法事？这是第二层诘问。这一层诘问是针对崇祯所讲的关于"言官以言为责"那段话来的，但为言官的辩护显得仓促而乏力，似乎天底下最忙的是言官，国难当头，最能为国尽力的也是言官，言官忙得没有做坏事、动坏心眼的时间，言官忙得也没有党争的精力了。这显然没有说服力，这样的说理不能让崇祯信服，也难于服朝中其他大臣之心，难以杜朝中其他大臣之口，姜埰身为言官，对自己所在的这个群体过于自信了。我总以为姜埰的这篇奏章写得过于匆忙，道理不够圆融，说法有些强词夺理，于这一节可以体会到。

这里就到了"代人规卸、为人出缺"这个有名的问题了。《明史·姜埰传》试图说明这个问题。"先是，给事中方士亮论密云巡抚王继谟不胜任，保定参政钱天锡因夤缘给事中杨枝起、廖国遴，以属延儒，及廷推，遂得俞旨。适帝有'为人出缺'谕，盖举廷臣积习告戒之，非为天锡发也。埰探之未审，仓卒拜疏。"这其间方士亮、杨枝起、廖国遴三人都是给事中，是和姜埰一样的言官。先是方士亮弹劾密云巡抚王继谟，钱天锡觉得有了机会，想谋这个缺，便通过杨、廖两位私通关节，做首辅周延儒的工作，这中间的贿买过程十分惊人，曾受到刘宗周的揭发，所谓“长安道上，辇金成市”即指此事。到了朝廷会议研究此事时，由于大家帮忙，钱天锡差点成了事。对于大臣的这种把戏，有些言官参与其中的翻云覆雨，崇祯也心知肚明，所以在诏书中点出此类事情，警告言官不要代人推卸责任，不要为人谋取官职，即“代人规卸、为人出缺”也。崇祯未必针对钱天锡事，但姜埰在奏疏中却着意落实为此事，所以发出了第二问，认为言官都忙得无暇于此，回护言官极为过分，甚至到了罔顾事实的程度。既然坐实此事，连杨、廖二位言官确定参与通关节的实情也不顾了。这又如何说服人，如何让皇上不怀疑言官有私心和护朋党？这些说不大通的言辞，不太像是姜埰的风格，在他别的奏章中都看不到。所以我以为此奏章写得匆忙，《明史》也说他是“仓卒拜疏”，就是没有想周全。

但要命的还不是这第二问，第三问则更加凶险。姜埰说，言官中各人心术不一，不敢说没有“规卸、出缺”这样的事。但我震惊、惶惑的是皇上从哪里知道的这种消息？凭什么要这样说？这很要命，语气过于咄咄逼人了，一改他先前奏疏委婉的词风，变得凌厉起来。他进一步推演说，皇上是从大臣奏章中得到的吗？那就应该根据奏章追问，果然属实，为公论所唾弃，那就应该发雷霆之怒，公然加罪。此处意思是若罪属实，谁有罪就惩处谁，不应该含糊其词，笼统地归罪于言官。他又做出第二种推演，皇上是出于自己的主观揣测吗？但已经对这些人加以优容了，又在圣谕中加以教训，这真是“受绢甚于受刑”，这样的言官如果还有人心，能不悔悟吗？什么叫“受绢甚于受刑”？这里用了唐太宗薄惩长孙顺德的典故，见《资治通鉴》：唐太宗谓长孙顺德，“彼有人性，得绢之辱，甚于受刑。

如不知愧，一禽兽耳，杀之何益？”这是说崇祯皇上对钱天锡事有关诸人的优容厚待，本身就是一种惩戒，他们还不知愧怍，还不知悔悟，还需要皇上再加训诫吗？皇上这次因此事而“独罪言官”还有何必要呢？这第三问的要害之处是质问皇上从何处得来的消息，这种咄咄逼人的质问令崇祯皇帝觉得简直难以忍受。整个第二段中的三层诘问，构成了姜埰这篇奏疏最为致命的地方。

> 方今廉节不修，士怀苟进，长安道上，辇金成市，微陛下言，臣亦闻之。然尝披览前代如所谓盙簋渝裂，治第除吏，致人主之责让者，往往而有，此其人必身托近密，故权足以移当宁。若言官，小臣也，即欲只手障天，而力有所不能。陛下睿鉴审矣。倘不幸而如二十四气之蜚语播腾清禁，陛下亦将听之乎？是皆大奸巨憝恶言官之不利于己也，而思以陷之。推其心，以为不重言官之罪，不能激陛下之怒；不能激陛下之怒，不能箝言官之口；不箝言官之口，不能遂诡邪之谋。臣恐人效寒蝉，壅闭主听，谁复为陛下言者？

这是第三段。姜埰抨击当时的官贪吏腐，谓“长安道上，辇金成市”，这都不过分，明末的政治腐败的确已经无可救药，这本是历代末世的通病，衰败的王朝不可能有清明的政风，不可能有整体清廉的官员群体，大家一同沦落而已。关键是姜埰接下来的论述是大为逆耳的，在道理上也讲不通，皇上依然不会接受。按姜埰的意思，那些在营造私宅、提拔官吏中大收贿赂而受到皇上谴责的人，往往而有，但这必然是那些假托亲信、权倾当朝之人，而不会是像言官这样的“小臣”。言官权力小，没有能力腐败，没有人会去请托，“即欲只手障天，而力有所不能”，想腐败而没有这种条件，想蒙蔽皇上也没有这份本事。姜埰向皇上力陈，言官不可能成为一个腐败群体，言官不应该受到皇上特殊的训斥。这种道理如何能够成立？这种不服教训的“强项”如何能让皇上满意？接下来就进入了比较有名的“二十四气”的蜚语了。这一传闻，并未进入此次崇祯皇帝的诏书，姜埰也只是听说。流言的传播是很吊诡的，虚虚实实，来无影，去无踪，信则有，疑则无，找不到源头和出处，是很难坐实的。姜埰疑心皇上是知道这一流言的，他很怀疑皇上这次的“独罪言官”是受了流言的影响，而且姜埰也知道自己就在这流言之内，所以他指责皇上听到这流言，难道也要相信吗？这也是这篇奏疏引来祸患的致命之处。姜埰认为，这种流言的出笼，都是针对言官，这就进一步将皇上的“独罪言官”与这一流言联系了起来。姜埰进一步申说，这种流言，都是一些与言官有仇的大奸大恶之人编造的，这些人怕言官对他们不利，就想构陷中伤言官。他们的心思，就是不加重言官的罪责，就不能激怒皇上；不激怒皇上，就不能堵住言官的弹劾利口；不堵住言官的嘴，就不能实现他们的奸邪阴谋。姜埰用了颇有气势的排比句，步步推进，语携冰霜，道出了奸邪贪官与正直言官的势不两立。他认为，如果听信这种阴谋得逞，人人都噤若寒蝉，皇上将被蒙蔽，以后没有人敢对皇上进言了。言官对于政治清明的作用，对于皇上执政的好处，同样的道理，他在以前的《文风士气疏》中已经阐述过了，这次再次申述，同时也是借机捍卫言官这一群体的政治尊严。

奏疏下面还有两节，不再全文具引。姜埰援引“祖训”对崇祯皇上加以劝谏。他引用明太祖朱元璋、明成祖朱棣都鼓励直言，不罪言官的事例，认为“煌煌祖训，无非培养人才”，希望崇祯皇帝向祖上学习，谨遵成例，重用言官，鼓励言官讲话，作育朝廷清风正气。最后一节，他以极为严厉的语言，痛斥涿州知州刘三骋对冯铨的推荐。冯铨是天启年间的首辅，名列魏阉一党，在崇祯初年被政治清算后，归家闲居。这一事情，涉及魏阉一案之大是大非，姜埰闻之极为愤怒，怒斥道："从来小人作奸，偏在国家有事之日，窃恐抱卷土之思者，不止一冯铨，而人情闪烁，是非眩乱，亦不止一刘三聘。"姜埰高度警惕魏阉逆党的翻案，高度警惕这帮人的卷土重来，所以态度极为严峻，正气凛然。这也又回到了前面已述的他的《亟辨忠佞疏》，再次体现了姜埰的党人意气。不过尽管有门户之见、党人之争，但这种意见堂堂正正，在当时似无可辩驳。因为不涉及姜埰此疏的主旨，也不涉及姜埰这次的获罪之由，这里就略而不论了。

这就是给姜埰带来大祸的《恭读圣谕因明言职疏》，是读了崇祯皇上的"独罪言官"的诏谕后，上疏辨明言官的职责。在做了以上的分析以后，我们还要归纳指出几点：

其一，姜埰"仓卒拜疏"，匆忙成文。这在前面已讲过。姜埰很有可能是在看到"罪己诏"的不久就愤而命笔，而且当时姜埰还在执行着防御城门的任务。公务繁巨之余，又匆忙成文，这使他不能很好地斟酌文字，考虑措辞；使他不能很好地思索逻辑，圆融说理，疏中留下了太多生硬之处、强词夺理之处。如果姜埰能够冷静下来，好好考虑一下，甚至是好好理解一下崇祯诏书的良苦用意，好好体谅一下崇祯皇帝的艰困处境，也不至于形成这篇惹得"龙颜大怒"的文字。然而，忠厚而又褊急，这正是姜埰的性格，犹疑再三，掂量不已，前思后想，揣摩圣意，不是姜埰的个性。身为言官，姜埰有一种神圣感，他要为正义发声，他要捍卫这一群体的尊严，有话直说，不计后果，殒身无悔。姜埰为这种自身所负职责的神圣性，也因为自己的鲁莽，付出了沉痛的代价。

其二，姜埰这篇奏疏带有明显的情绪化。大概也与"仓卒拜疏"有关，成于急就，无暇沉思，与前此所上奏章相比，这篇奏疏情绪显得比较激愤，比较急切，缺乏含蓄与内敛，多处有咄咄逼人之气势，完全不考虑皇上的阅读感受，不考虑这位一向猜忌多疑的帝王能否接受。看一些老臣如刘宗周、黄道周的奏章与当廷辩论，觉得其激烈程度更有过之，但姜垛资历不如刘宗周，学问及威望也不能与黄道周相比，崇祯皇帝对他们两位有无可奈何之感，但对姜垛这种冒犯却不能容忍。姜垛的火候显然把握得不好，因此崇祯皇帝的恼火显得也不是毫无道理。当时，姜垛很年轻，入朝时间又颇短，缺乏政治历练，再加上性格本身的因素，另外还有复社清流一贯的党争意气，这一切都使他大触霉头，造成了一种难以挽回的后果。

其三，姜垛这篇奏疏最令崇祯皇帝恼火、同时也让其抓住把柄的主要是两点，一是对皇上的直接诘问，一连三问，特别是第三问，针对圣谕中提到的“代人规卸、为人出缺”之事，他直接诘问皇上“何所见而云然”。质问皇上从哪里知道的这种不根之谈。而且还连续两次推论，指责皇上不应该将此事诿罪言官，指责皇上如此处理不恰当。这近乎直接的顶撞与冒犯，令崇祯皇帝下不来台，因而大为光火。第二处是将传闻中的“二十四气”引入奏疏，有点节外生枝。崇祯原诏书中并未及此，也无法坐实崇祯是否知悉或相信此类传闻，无法坐实崇祯责备言官与此传闻有关，姜垛借题发挥，抨击流言，给言官辩护，顺势给皇帝上了一堂大课，讲了一番大道理。这使崇祯顿感羞辱，简直按捺不住的无名火引爆，姜垛的灾难也就骤然降临。所以，当时一些大臣为姜垛说情、辩护时，崇祯能说得出口的就是这两条，最不可原谅的就是这两条，其他地方都还好说，这两条不可饶恕。

其四，关于“二十四气”的流言，当时应该是腾播人口，这是明末党争的特有产物，正邪两派人物都惯用此技。天启年间，阉党人物为打击东林党人，仿效《水浒传》一百零八将的排行榜，制造

《东林点将录》，借水浒人物绰号，编排东林党人顺序，企图将东林党人一网打尽。如将叶向高列为“及时雨”、赵南星列为“玉麒麟”、钱谦益列为“浪子燕青”、左光斗列为“豹子头”等等，用的就是这种伎俩。而这种伎俩又可追溯到北宋的党争产物——元祐党人碑。[①] 东林人物也不示弱，将附合魏忠贤的人物编排为“五虎”“五狗”“十孩子”等，方式如出一辙。虽然清浊异流，人品高下有别，斗争手段却无二致。这种手段是为了分党别派，划清队伍，阵线明晰，壁垒严整，这既是党争的产物，同时也加剧了党争的严酷性，使得当时的朝野诸人物相互对立，非此即彼，中间人物被迫站队，盖因中间人物很难立足。崇祯初年，清算魏忠贤一党，为东林党人平反昭雪，正气一时得以上升，士气得以保护，但这种党人习气并未得到清算，一直延续下来。崇祯朝的一些纷争大都与党争有关，姜埰的一些奏疏也与这种党争有关。崇祯皇帝对此深恶痛绝，但也无可奈何。此次“二十四气”之说，是故技重使，政治恶习之沿用。当时肯定有此传言，崇祯估计也会有所耳闻，但一直隐忍不发。这次姜埰在奏疏中直接挑明，等于给崇祯一个机会，怒火也就都冲着不谨慎的姜埰全部发泄出来。关于“二十四气”究属何指？是哪二十四位人物？审讯姜埰，用刑拷问，也没有问出个结果，终归不了了之。正史中也没有明确记载，大约是传闻不足据。清初李清的《三垣笔记》“附识”中有记载：“大僚及台谏以枚卜构竞不休，其不得与会推者，遂造为二十四气之目。”[②] 下面列出二十四人之名目，如金光宸为戾气，下注“金甲神”，章正宸为阴气，下注“灰地蛇”，吴昌时为妖气，下注“摩登伽女”等，竟然还有早已离开北京漩涡中心、

---

① 东汉党锢之争，也有三君、八顾、八厨等名目，但属清流之间自相标榜，而非对手的有意罗织。

② 李清《三垣笔记》，中华书局 1982 年版，第 200 页。

去南京赴任的吴梅村，号为望气，下注“啮人马”。李清的这部书正文三卷，附识三卷，《自序》说：正文是自己亲见，附识是得自传闻。可见二十四气是传闻中的东西。清人汪有典著《前明忠义列传》，于卷三十也列出二十四人姓名，该书见《四库未收书集刊》。这些都聊备一说而已，也不必十分当真。另外，民国学者李详著《药裹慵谈》一书，有“《玉峰志》校勘语”一节云：“《玉峰志》上中下三卷，凌万顷、边实同撰。边实《续志》于《人物》后，继以《自序》，仿史公、孟坚之例，序其先世独详。……《自序》云：‘其先世名肃者，为咸平、景德名臣，一时人才号为二十四气者，肃居其首。’此明二十四气所仿。”[①] 这也算是一个小掌故，原来“二十四气”之说也是来自北宋真宗时期，比元祐党人碑还要早一些。

其五、此次姜埰惹怒崇祯皇帝，固然于此奏疏直接有关，但与他此前的一些奏章有没有关系？我看是有。据姜埰《自著年谱》，虽说“五月之中条上三十疏，皆蒙嘉纳”。这个“皆蒙嘉纳”估计靠不住。不说别的，姜埰奏疏中流露出的党人意气就为崇祯皇帝素所不喜。如此高密度的连篇累牍，如此明显的党人情结，崇祯保不定会有警觉。崇祯的“罪己诏”中“独罪言官”就是对这种习气加以敲打。谢国桢先生曾明言：“姜埰、熊开元的廷杖，他们的背景，都脱不了两党的暗斗。”[②] 此说甚是。姜埰的噩运，虽然直接原因是这篇《恭读圣谕因明言职疏》，但与皇上一段时间对其积累起来的不满，大概也有联系。

先秦的韩非子最能洞悉这种政治的凶险，他在《说难》一篇中说：“故谏说谈论之士，不可不察爱憎之主而后说焉。夫龙之为虫也，柔

---

① 李详《药裹慵谈》，江苏古籍出版社 2000 年版，第 43 页。

② 谢国桢《明清之际党社运动考》，辽宁教育出版社 1998 年版，第 5 页。

可狎而骑也。然其喉下有逆鳞迳尺，若人有婴之者，则必杀人。人主亦有逆鳞，说者能无婴人主之逆鳞，则几矣。”姜埰作为给事中这样的言官，在明末这种不幸的时代，就不幸成了这样一位因言致祸的“婴逆鳞”者！

二

姜埰的这次上疏，惹了大祸，引出了以后的下狱、受刑、审问、被杖、流放等一系列灾难性的遭遇。这一事件也牵动了当时不少的朝中人物，一时耸人耳目。当时的行人司司副熊开元与姜埰同时上疏，同时被逮，灾难遭遇与姜埰相同，因此历史上多将其合称为“熊、姜之狱”。我们先把熊开元的上疏略为一叙，同时把刘宗周等人对其二人的营救也叙述出来。

《明史》把姜埰、熊开元列为一卷，前后相承，也是着眼于此次得罪时间相同，缘由有些相近。而且《明史》记载熊开元怀有私心，攻讦周延儒并不甚得人意，于其行为颇有微词，这与姜埰不同。《明史》关于熊开元这一桩大事的记载很是详尽，是作通俗演义的好材料。我们可依史书记载，将其当时的一些对话复原出来，看看也颇有趣。

据《明史》记载，熊开元崇祯四年（1631）从吴江县令任满后提拔为吏科给事中。这一经历与姜埰相同，且官阶也相同，只是熊开元比姜埰早了十几年。但后来因为追查到熊任县令时征交赋税数额不足，被贬官了。崇祯十三年（1640），熊被任命为行人司副。到了这崇祯十五年的年末，他看到当时贬官之人多受提拔，觉得自己耽误的时间太长了，有些不满。当时正值光禄寺丞一职空缺，便想找首辅周延儒寻求关照。他正在周延儒家里当面诉说着自己的困顿不得志，正好周要有事急忙外出，中断了熊的诉说，熊觉得受到怠慢，大为恼火。这就种下了对周延儒不满的种子，萌发了弹劾周的心思。熊的这一初衷就不大光明磊落，这也与姜埰的心地无私大不一样。到了清兵围城之际，崇祯皇帝广求直言，令官民陈事者，可以上廷召对，当面向皇帝陈述。熊开元想弹劾周延儒，就报了名，受到召见。熊开元以讨论军事为由，要求崇祯皇帝撤掉左右之人，秘密谈论，崇祯令左右之人退下，只留周延儒一人参与，这使熊开元仍不敢揭发周延儒，只能说一下所谓的军事，使熊不能尽其意。过了十几天，熊又请召见，但仍随周延儒入朝，熊开元这次直接向崇祯建议周回避，周延儒也一再要求回避，崇祯不允，熊开元无奈，只好硬着头皮说下去。熊说："陛下求治十五年了，而天下却一天一天乱下去，其中有缘故。"崇祯问："缘故在哪里？"熊说："现在大家所谋划的，就是征兵、征粮、平寇、讨贼四项。这是舍本逐末。虽然天天寝食难安，也于天下大治无有益处。陛下即位以来，首辅大臣已经换了数十个人，不过是陛下认为是贤人，左右也认为是贤人而已，未必是朝中诸大夫和国人都认为是贤人。天子的心腹大臣，而任用起来是如此轻易，平庸之人身在高位，相继为奸，导致天灾人祸，到现在也无有停止。等到言官揭发他们的罪状，或诛杀，或斥逐，都为时已晚，天下大事都已经败坏得不可挽救了。"

熊开元碍于周延儒在场，说话多有不便，绕着弯子还是引到了首辅身上，斥责崇祯用人不当，坏了军国大事。崇祯就此追问了熊开元一段时间，开始怀疑熊开元有私心了，就说："你是不是想推荐什么人？"熊辩解说没有。此时熊开元频频地看周延儒，周也见势不好，引过谢罪。崇祯倒是大度地对周延儒说："天下不能治理，是我的过错，与你们何干！"熊开元接着说："陛下令大小臣子可以当面陈述意见，可首辅大臣就在左右，谁敢说出不同意见引来祸端？过去的首辅，刑罚多，赋税重，排斥忠良，所以朝野正人多攻击他。现在的首辅做了很多好事，一些贤人君子都被他推荐引用。大家偶有不平，也只是私下议论而已。”这里过去的首辅是指温体仁等，今日的首辅当然是指周延儒。本来是想密奏弹劾，却说出来周延儒的一番好处，道理就显得讲不通了，熊开元的面奏有点难以自圆其说。崇祯就指责熊开元有私心，熊加以辩解，两人争执了半天，这时在一旁的周延儒反倒加以劝解，缓和场面了。

接着熊开元又要求皇上把大臣召集在一起，让大家当廷评议首辅到底是不是贤能，说实话，这有点胡闹了。熊说：“这样做首辅的心迹也能表明，大臣的人品也可以区分得出来。陛下如果对大臣不明察，那么文官武将都将顾情面，讨贿赂，失地丧师也就没有什么罪过了，谁还能为皇上捐躯报国呢？”周延儒也赶紧辩解，说情面之事不能说没有，但贿赂之事绝对没有。熊质问：“敌兵侵入已经四十余日，没听说逮治一位总督和巡抚追究责任。”崇祯说：“总督、巡抚刚推荐的时候，人人都说是贤能。数月后就都以为不贤能，都想去之而后快。边境之事与内地不同，如果这样不信任，让他们如何发挥才能。”熊开元说：“总督、巡抚的推荐都是来自担任军前监督职务的宦官，今日发来名单，明天就要朝廷研究，吏部拿出意见，大臣也只是唯唯听命。推举之后，言官再去调查探访，他们的一些伎俩也就暴露在数月当中，故言官们才得以揭发指责。并非是当初说贤能，接着就以为不贤能。”这时，崇祯皇帝命熊开元退下，周延儒建议让熊开元将今天的意见补写成奏疏呈上，崇祯同意了周的建议。

现在看这一场廷辩，还是好玩且有趣的。崇祯皇帝与熊开元当面讨论。熊开元碍于周延儒在场，不能畅所欲言，支支吾吾，迂回地想攻击周延儒，可就是抓不住要害，说不到点子上。崇祯本来就疑心很重，总以为熊开元怀有私心，是吞吞吐吐，不敢说出真心话。熊越支吾，崇祯就越怀疑。周延儒在场，也颇尴尬，不愿两人谈得过分激烈，就时时打圆场，明知熊意在攻击自己，也是隐忍不发。三人心事可以说在这场对话中表现得淋漓尽致，有活灵活现之感。以崇祯的性格，能耐心听熊开元讲这一番不得要领的言辞，实在是够大度的，这一场廷辩，还不足以惹怒崇祯，熊开元还不至于由此得罪。

《明史》记载："当是时，开元欲发延儒罪，以其在侧而不敢言。而延儒虑其补牍，谋沮之。"于是周延儒便调动了一些人际关系，来影响熊开元。当时的大理卿孙晋、兵部侍郎冯元飚都指责熊，说"首辅周延儒引用了很多贤人，首辅如果退位，这些贤能之人都得退位。"意在指责熊多事，带来的后果不好。说得熊开元也有点后悔了。大理丞吴履中也认为熊开元的进言太急太过。特别是礼部郎中吴昌时，这位当年积极运作周延儒入阁的官员，是熊开元任吴江县令主持考试时选拔的士子，也专门找熊老师劝解此事。这些人都是著名的复社党人，本来结为一党，他们也都得到过周延儒的援手，此时正维护周。在周的授意下，他们都加入了劝说、阻止熊开元的活动。熊在他们的影响下，变了想法，在补充上疏中，改变了和皇帝直接讨论时的说法，只把当时的奏辞整理一下报上，不再涉及周延儒的什么事。一些材料记载熊的补奏经过了吴昌时的删改。这一反复，让崇祯皇帝看了出来，勃然大怒，将熊开元下狱治罪。此正与姜埰上疏获罪同时，"熊、姜之狱"就这样合成了。

其实，今天看，熊、姜之间是有点相同之处，但也有许多不同。两人并称，除了时间相同，遭遇一样以外，或许还有一些相近的缘由。这一点相近，就是矛头都指向了当时的首辅周延儒。姜埰也对周延儒不满意，有弹劾之意。但姜埰的奏疏是把周延儒隐在背后，并未直接点出其名。据姜垓《被逮纪事》一文开头讲："崇祯十五年，首辅周延儒以贪墨著闻，总宪刘宗周有'长安金贵'之疏，首辅惧，欲脱己罪，乃具密揭进上，诬皆言官所为。上信之，申谕言官。"[①]崇祯皇帝"独罪言官"的那一番话是周延儒引出来的。再加上周延儒想起用冯铨，便授意涿州知州刘三聘加以推荐，才有了姜埰奏疏最后一段的痛斥。照姜垓的这一说法，姜埰奏疏的所言的"大奸巨憝"就是指周延儒。我们姑且相信此说，但姜与熊比，还是有明显的不同。熊怀私心，抱有个人恩怨，姜则堂堂正正，出诸自己认为的正义，毫无私心可言，是则熊不如姜。再则熊受别人影响，态度反复，其得罪也在于反复，姜则一任勇毅，坚持己见，二则熊不如姜。熊是对皇帝当面陈述，而自己陈述枝蔓，再加后来补疏，言辞不一，令皇上震怒，姜则是"仓卒拜疏"，写成书面文字，呈奏皇上，没有当面陈述的机会，而因文字刺耳，惹怒皇上，直接获罪。这种情由，就为国操劳、尽忠直言这种磊落程度来看，也是熊不如姜。后来的明遗民也有对熊、姜二人的品格作比较的，从当时情况来看，两人遭遇虽然相同，但个人品格确有差距。看看《明史》对熊、姜二人传记的写法，寓有的贬褒之义也是很明显的。

熊、姜下狱后，大臣极力营救。营救最力者为当时的骨鲠老臣监察御史刘宗周。其营救经过在计六奇《明季北略》以及后来的《明史》中都有记载，但都不及刘宗周之子刘汋所撰的《刘念台先生召对纪事》一文详尽生动。我们据此文作一下描述，以见当朝大臣营救情况。

熊开元与姜埰于闰十一月二十三日被逮。刘宗周听说后极为担

① 姜垓此文见《敬亭集》附录，华东师范大学出版社 2011 年版，第 314 页。

忧，他说，皇上下诏求直言，竟然一天之内逮捕了两位谏官，这怎么能行，在朝诸大臣应当联合上疏营救。他到了朝堂以后，公开讨论此事。当时的吏部尚书郑三俊等人都表示赞同，并嘱托吏部左侍郎王锡衮起草初稿，刘宗周随后再以特疏进言。但第二天，郑三俊要滑头请了假，王锡兖亦迟疑不敢起草，刘宗周加以督促也未成，便于二十八日自己上了奏疏。二十九日早朝毕，就忽然传出皇上有密旨，命锦衣卫置熊、姜二位于死地。刘宗周彷徨不安，对同事说："如果这样，真是连累皇上的德政。我们这些人身为大臣，岂能坐视不管。面见皇上时，各位大臣不可不救。如果皇上不准，就跪在地上不起来，直到皇上答应为止。再若不行，就请皇上将此狱由锦衣卫改到刑部大理寺来审理。"午时上朝，皇上面见，先是讨论总督、巡抚的去留，几位大臣依次奏事。皇上令言官进言，时任吏科都给事的吴麟征说："言官表达意见，或者言而不当，或者语有过激，都蒙皇上宽容，使言官能畅所欲言。现在姜埰冒犯了皇上，犯下不可饶恕之罪。但姜埰任县令时很清廉、很勤劳，再加身体很虚弱，受不了重刑，希望皇上能予以宽容恕罪。"吴麟征率先挑明了姜埰之事。但崇祯将话题岔开，谈到自己最忧心的御敌之事，他说："清人侵入内地将近四个月了，没有一人能御敌，任凭敌人焚劫淫掠，真是惨不忍言。"说完就流下了眼泪。又叹惜说："我有何面目见你们这些官员。"可以看出，皇上忧心不已的是退敌之事，并不把"熊、姜之狱"放在心上，也不希望大臣就此事发表意见。他又说："我何尝不采纳言官的意见。前几日训斥言官，是对你们加以警示，有则改之，无则加勉。姜埰倒反而诘问我'二十四气'，这种事情如同匿名告状，怎么能屡屡写到奏章中。我不得不重重惩罚姜埰一人，以儆效尤。现在听说敌人还要再来入侵，诸位大臣都在危险的漏舟之中，大家谁无忠义？谁无廉耻？如果大小诸臣都能各尽其职，消灭敌人有何难处？"崇祯再次将话题引到退敌方面，不想展开姜埰入狱的争执。吴麟征表示敌人入侵，封疆失守，责任在总督、巡抚。接着进言："熊开元上奏弹劾首辅周延儒，虽然是越级言事，说话狂妄，但谚语说：'家贫思贤妻，国乱思良相'，封疆失守，不能不责备首辅。恳请皇上宽宥熊开元。"崇祯表示熊开元暗中进谗言，诋毁首辅，以前的诏书已经讲明，无须再讲。吴麟征退下后，户部尚书傅淑训再次上奏："熊开元、姜埰狂妄无知，犯了大罪。我们大臣联合上疏，请求皇上饶恕。"崇祯摆摆手，说："已经讲清楚了，不必再申救了"。皇上再次拒绝讨论此事。

这时刘宗周出场了。他侃侃而谈，显示出其一贯的劲直倔强的姿态。他似乎全然不顾皇上的注意力所在，执拗地抓住"熊、姜之狱"这一焦点不放。他说："我是负责监察执纪的，官员的言论职责，我都可以知情。熊开元、姜埰两人，一个是假托机密奏事，形同告密；一个是出语不伦，对君无礼，两人不能说没有罪。但是皇上下诏求言，凡是有益的言论，无不采纳。现在两臣都是因言得罪，这对皇上圣明的政治是有伤害的。国朝从来没有言官因进言而下诏狱的，现在从熊、姜二人开始，对国体是一种伤害。我愿皇上考虑到时世的艰难，大度包容，从宽释放两人，我觉得非常幸运。"他进而以自身遭遇加以引申："像我这样的人，过去经常狂妄地上书批评皇上，都犯了不可饶恕之罪，皇上都不加惩处，把我放归田园，还又召回复官，提拔到今天监察御史这样的高位。我这样的人都能受到皇上的宽大，熊、姜二人却不幸受到皇上的谴责。再如黄道周，经常发表直言谠论，表达不同意见，在朋友之间都觉得难以忍受，而皇上偏偏能忍受他，对他虽示以惩罚，但终能宽宥，且能官复原职。黄道周能幸运地得到宽大，熊、姜二大臣为什么不能有此幸运。我所痛恨的正是熊、姜二臣没有黄道周那样的恳切忠直，皇上应当加以容忍。"

这番言论自然引起了崇祯皇帝的反弹，但也完全被带入了刘宗周设定的话题中。崇祯辩驳道:“黄道周有学问，有操守，熊、姜二人怎么比得上。”刘宗周进而说:“二人虽然比不上黄道周，但朝廷对待言官有法度。他们的言论能用则用，不能用则放置一边。即使犯了罪,也应该交由刑部法办,根据情节定案。怎么能突然发下诏狱，这是有伤国体的事情。”崇祯此时已经有点火气，说:“我处分几个言官，怎么就伤了国体？照你所说，如果有大臣贪赃枉法，欺君罔上，我还不能过问了？”刘宗周倔强地说:“我敢以我的衰朽残年作保，二臣绝无此事！”崇祯皇帝发怒说:“你这样的偏执，袒护同党，怎么能担任监察御史这样的重任，下去听候处分。”刘宗周伏地叩头说:“臣有罪。”

事情到了这一步，在朝诸大臣都放下熊、姜二人不论，赶紧申救刘宗周了。于是内阁大学士蒋德璟、礼部尚书林欲楫、刑部尚书徐石麒、兵部尚书张国维、左佥都御史金光宸各出列，脱掉帽子，向皇上进言。执拗的崇祯当众说:“熊开元上疏一定有人主使，这个主使人想必就是刘宗周。”大臣纷纷为之辩解。兵部左侍郎冯元飚上奏说:“刘宗周刚刚在等候上朝时就曾说过熊、姜二位有罪，但发生在皇上下诏求言之际，应该加以宽容。现在上朝进言过于激切劲直，惹怒皇上。刘的生平为人就是这样，无事不切直，往往当面指责人的过错，他就曾斥责过我这个兵部侍郎无能。其他吏部、户部都曾受过他的规劝和责难。刘宗周今天所言，都是因为公事，还请皇上宽大。如果刘宗周获罪去职，我们这些大臣却安然在位，我们还有什么脸面见士大夫。恳请皇上将我们处分，赦免刘宗周。”金光宸也出班上奏，着意辩解刘宗周非熊开元之主使，他说:“依刘宗周的为人，朝中官员没有人与他是知己之交，他与熊开元也素无往来。他在皇上面前，以忠爱之心，披露真诚想法，是为皇上的德政考虑，没有其他因素。我作为他的副手，见他平时在御史台，与大家一起维护法纪，督促落实各种事情。皇上颁发的宪令，都正在实行，刘宗周每天督促御史们加强监督监察。近日又和我一起督察京城防守事宜，天天不避风寒，露宿郊外。像刘宗周，可谓是进思尽忠，退思补过，恳请皇上宽宥。”崇祯马上要求金光宸退下等候处分。皇上对冯元飚的话不置可否，独对金光宸提出处理，可见还是对言官有积怨。下面几位大臣还要申救，崇祯很不耐烦地说：“你们不要说了，刘宗周、金光宸出去等候，其他大臣继续留下议事。”

不一会，退出朝班的刘宗周、金光宸就等到了圣旨：刘宗周交由刑部追究。金光宸降三级，调外任用。内阁大臣又赶紧申救，力图挽回。崇祯改为：“刘宗周过分执拗，我已经多次宽容，这次念其新任，望能改变。可偏偏徇私情而藐视皇上，辜负委任，本应重罚。念其年老，将其革职，令其回家。金光宸无视皇上多次谕旨，诈称不知姜埰等的罪状，明明是说谎，今天的奏对尤其猖狂无礼，从轻发落，仍降三级，调外任用。”然后令群臣退下，宣布退朝。此时已“漏下三鼓”，也就是到了三更天，晚上十一点以后了。

刘宗周在朝房，最早听说交刑部追究的消息，毫无忧戚之色，与金光宸谈话如故，自己认为，此次复任之时，早知就有这种遭遇。接着听说，革职回家，免予追究，也毫无喜色。回家改换朝服，深感负疚，对家人说：“我本来不愿复出，想到时世艰难，才入京复任。出山之后，就想报答皇上恩德。今日以进言获罪，辜负皇上信任了。”第三天，也就是十二月初一这天，刘宗周上疏谢恩。初七这天辞别朝廷，骑驴出国门而去。又过了几天，崇祯下令将熊、姜二人的案子改为由刑部审理，二人终于脱离了那个以残酷闻名的皇上亲设的“诏狱”，待遇稍稍好转一下，大臣们也暂时松了一口气，营救行动告一段落。大家以为刘宗周的劝谏还是起了一定的作用：“朝论咸谓先生（刘宗周）之身虽斥，而先生之言已用，上成主德于无瑕，下全谏臣于不死，厥功洵伟矣，谁谓空言无益于人国哉！”[1] 这就是刘宗周等诸大臣营救熊、姜二人的大致经过。

我们今人看这场朝廷辩论，还是留下深刻印象，也能引发一些感慨。其一，在森严的专制王朝殿堂，皇上与大臣能够展开争辩，甚至各执己见，各不相让。最后虽然以皇上的意见为准，大臣还是能充分地表达了想法。这是专制时代殿堂上尚有一点点民主的依稀光亮。钱穆先生有一个很著名的观点，认为中国的制度并非完全的君主专制，大臣还是有制约或改变君主的能力，君主也不能完全地为所欲为，大概就是指的这种情况。钱先生讲："明代虽说一切事权集中在皇帝，究竟还有历史旧传统，亦并不是全由皇帝独裁的。有许多事，是必经廷推、廷议、廷鞫的。""这一制度，本来汉代就有，朝廷集议大事，屡见正史记载。可见一切事，并不是全由皇帝独裁的。"[2] 我们看这场廷辩，崇祯虽然偏执倔强，刚愎自用，但刘宗周也不示弱。崇祯的决定还是要顾及大臣的情面，或者说要考虑他们所代表的公议。这种当场的争执、辩论，对于我们印象中严苛的君主专制来讲，还是有令人宽慰的地方。其二，明代大臣的忠勇风骨实在有一些前人不可及的地方。不光只是御史这样的言官，各部大臣也都敢讲话，尽管也有一些耍滑头的。但面对喜怒无常的君主，勇于表达，实在不易。刘宗周的侃侃而论，引证自己与黄道周为熊、姜二人开脱，是何等胸襟！可贵的是一些大臣甘冒风险，置自身进退得失于不顾，毅然进言担责。冯元飚那句刘宗周若被处罚，如果当朝大臣还在位都会感到羞愧，无法面对士大夫的话，让人实在印

---

① 刘汋《刘念台先生召对纪事》，《敬亭集》，华东师范大学 2011 年版，第 322—326 页。
② 钱穆《中国历代政治得失》，生活 · 读书 · 新知三联书店 2001 年版，第 104—105 页。

象深刻，有种面对正义、甘愿同进退、无意恋栈的勇迈情结流露出来。这种气节，在清代就不多见了。我们觉得明代帝王在历史上昏庸至极，而明代的士大夫在历史上却可爱至极，当然其受难程度也超过历代。其三、明代的士大夫官员面对官位那种洒脱程度令人佩服。金光宸甘愿自己去职，也劝皇上留下刘宗周。刘宗周面对皇上责罚喜怒不见于色。撤职令下达后，骑驴落寞出京，惟有感慨自己不能为国尽忠。我常以为古代的乡绅制度给官员留出了下野的生存空间。不能在朝为官，在家而有田产，可以生存，可以养家。孟子说：可以仕则仕，可以止则止。还说：穷则独善其身，达则兼济天下。进退的抉择，也取决于经济条件有无保障。何以如此洒脱？盖因尚有活路，不至于绝望，这一点也真可以慨乎言之了。最后，我们还要感叹一下历史的公正。明代的士大夫，为了坚持己见，坚守正义，往往吃尽了苦头，但也因此在历史上留下了很大的名声。明末的一桩桩大案均是如此，翻开《明史》的传记，触目可见的是明代官员的一封封奏疏。他们或因之受刑甚至殒命，或因之降谪贬官，但也因之收获了历史上的很多好评。在这桩案子中，熊、姜二人是收获名声的，刘宗周、金光宸等人也颇受好评。这里面是有一种历史的正义法则在起作用的，这一点会给坚持正义的士大夫官员一种无尽的鼓励。

刘汋撰《刘念台先生召对纪事》一文，在最后又补充讲了一种情况。说是钱天锡夤缘谋职，行贿周延儒，给事中廖国遴、杨枝起从中牵线，诸人分赃数额都清清楚楚。刘宗周一复出任监察御史，就上奏章揭发此弊，直指周延儒，即所谓“长安金贵”之疏。周害怕，方进密揭，影响皇上来“独罪言官”。廖国遴等人认为受到了周延儒的出卖，想找个人为言官辩护以脱罪。于是找到了姜埰。廖“知礼科给事中埰性亢直，乃激曰：‘圣谕往事不许言，近事恐蹈出缺规卸之嫌，又不敢言，然则言官终钳口结舌乎？’埰不察，堕其术中。遂曰：‘某力任之，即有斧锧，非所敢避。’遂草前疏以上，谓：‘为人出缺，代人规卸，皇上何所见而云然乎？’并追论旧事二十四气谣言皆大奸所为，又及涿州知州刘三聘荐逆辅冯铨事，‘逆案陛下所钦定，三聘何物幺魔，辄敢尔尔，亦彼大奸主使。’所指者乃延儒也。”又讲熊开元欲揭发周延儒，也是受到了廖国遴等人的蒙蔽与鼓动，刘宗周对此却毫不知情。文章最后慨叹廖国遴等是小人误国，“嗟乎，二臣不察而堕其术中，皇上不察而堕其术中，即先生亦不察而堕其术中，致非刑骤起，国论沸腾，正人退而佥邪进，几于空人之国而未艾。小人为祸，一至此夫！”[①] 此等说法，不见于姜埰本人的诗文，同时知情的姜垓也未有此类记述，也未见其他史料有如此记载，聊备一说而已，未必可信。

三

接下来就要叙述姜埰被逮、受刑的经过了，所倚材料以姜垓的《被逮纪略》一文为主，该文记载翔实，细节生动，颇堪依据。

姜、熊二人上疏后，闰十一月二十三日，皇帝来到紫禁城之皇极门召见群臣，呼姜埰与熊开元出班，并手持红本，亲自宣布说：“我于初九日颁有诏书，反省自己，戴罪视事，是希望大小文武各官，各尽所职，能够迅速赶走敌人，早日安定百姓。刚刚看到姜埰一疏，将我的诏书中单单提出两句，敢于诘问我是从哪里知道的。简直是大胆狂妄。我于言官一向优容，这次在诏书中加以申训，使他们能

① 姜埰《敬亭集》附录，华东师范大学出版社 2011 年版，第 327 页。

够警示改正。如果每次都受到这种诘问，就不是我求言乐谏的初心了。至于他说的‘二十四气’，我不知所指知事，所载何人。姜埰一定知道详细情况，把他革职，由锦衣卫拿下，送北镇抚司关押，好好打问，并将审讯结果报我。”当时崇祯很愤怒，“霆威震赫，百官皆失色。”

当时崇祯宣布此决定时，尽管呼熊、姜出列，但姜埰那天因为在德胜门防守值班，并未在朝，只有熊开元在场。熊北面跪下，崇祯又对他宣了一遍旨，叫锦衣卫捆绑住，就宣布退朝。几位大臣赶紧拉住崇祯的衣服进行劝告，崇祯表示："话已讲明，不必再说。"而且边走边说，拂袖而去。姜埰正在城门值班，忽然有两位差役传唤他到朝房，一同值班的同行都很错愕，姜埰神色坦然地说："你们是锦衣卫吧，我没有别的事，就是昨天上了一道奏章。"二位差役不说话，督促姜埰快回去，要进行抄家。姜埰严词回应说："我作为言官上书，是出自忠厚朴诚之心，一切自由皇上惩处，你们何必要这样？"当时，姜垓正因病请假，也不在朝班。他家的仆人偶尔外出，见官员衙役街上奔走，都在哄传熊、姜二人惹怒皇上而一同被逮，赶紧回家告诉了姜垓。姜垓带病徒步跑去。道上碰上了前来报信的方以智，告诉了他皇上宣布决定的情况，认为那种严切情形是皇上即位以来所未有的，两人相顾错愕，赶忙借旁边一座小磨坊站住谈话，被磨坊主人赶了出来，说不要连累我等小民。方以智告别而去，仆人扶着姜垓，一边走一边哭，急忙赶到北镇抚司衙门。此时看到几十个锦衣卫簇拥着姜埰过来，姜埰骑在驴背上，十分狼狈不堪。锦衣卫不准姜垓靠近，姜埰对锦衣卫说："我得罪皇上，虽死不怨，但我弟弟来见，说几句话就走，有什么不可。"说着从驴背上滚了下来，要徒步去北寺（即北镇抚司）衙门。姜埰对姜垓说了一番话，表明心迹："现在首辅贪婪纳贿，亲近冯铨，设下陷阱，蒙蔽皇上。我今天不讲，天下还有什么人能讲？纵是受刑拷问，不幸被打死，我心如此，没有什么可后悔的。只是痛恨‘二十四气’之说，牵涉到的多是知名人士，如果是以党锢钩连之法，让他们都牵连受祸，天下就大不幸了。”又说：“父母二老，年龄已大，还有一个孩子年纪小，都托付给弟弟了。”姜埰说得慷慨激烈，左右的人都觉得很悲壮。北寺规定，入狱不得带亲戚仆人。入狱之初，姜垓由其家老仆人赵登陪同，哭着要求进入，被看门的衙役打伤左胁倒在地上，赵登被抓。从此，姜垓每天早晚都徘徊北寺衙门外边等候消息，一连十几天，药物、饮水、衣被都送不进去。

姜埰就这样被打入北镇抚司。这个北镇抚司别称北寺，就是臭名昭著的诏狱所在地。姜埰前此曾上疏废除锦衣卫、诏狱、廷杖三项恶政，不但没被采纳，而且这次是一一经历了。姜埰入狱后，即受到了严刑审讯。“身婴三木，血流贯械”，身上带着刑具，鲜血流到刑具上。姜埰《自著年谱》记载：“埰初至诏狱，一狱卒掖至柙床所曰：‘此黄公道周到任处，君知之乎？’例诏狱每三日才得进水薪，埰三日无勺水入口，仅广陵囚某以陈粥半盂啖之，是时寒冰惨裂，僵仆土室，襆被莫具，肌骨欲碎。狱卒以皮兜一具裹埰足，夜闻柝声四起，益增罪臣系累之悲。”关押地点是曾经关押素享盛望的忠直大臣黄道周的地方，这给了姜埰以很大的激励，也视为一种荣耀。诏狱中三天喝不上一口水，只有一个扬州籍的囚犯给了他半盆米粥以救济。这个扬州囚犯据姜垓的《被逮纪事》一文记载，当时还对姜埰讲了一段话：“你当年在仪真作县令，谁都知道为政清廉，十年不受一文钱，竟落到今天这种地方，有谁可怜你能给提供一点食物呢。”写出这一扬州囚犯感念姜埰在其故籍为令清廉，故进献食物，进一步显出姜埰清廉勤能的声望。姜埰入狱时值天寒地冻，监狱中没有衣被，僵卧在一个土屋中，严寒难耐，感到肌骨碎裂。狱卒给了他一个皮兜裹住脚方能勉强维持，其中的苦况真是难以言述。每当夜间，打更的声音四面响起，更增加了悲凄之感。姜埰入北狱，在其记忆中，还不是他受刑之酷，首先痛彻于心的倒是寒冷加饥渴。正是隆冬天气，那寒冷确实难以忍受。姜垓《被逮纪事》一文也特记这种寒冷："时天寒冰冽，飞沙昼晦，牢屋有垣而无门，垒土以为障，再日无勺浆下唇。""飞沙昼晦"一句，使我们感觉那年的北京沙尘暴竟然也很厉害。

这时候外边的大臣还在努力营救，但都被置之不理。崇祯皇帝下了决心要杀熊、姜二人。一天，他紧急召见锦衣卫大臣骆养性和北镇抚司大臣梁清宏进宫，两位知道是为熊、姜一案，竟然带了刑具上宫，大概是请示皇帝如何用刑。崇祯对两人交代："熊开元、姜埰两人勾通串联，互上奏章，一个明显地指斥大臣，一个则隐晦地托于机密，你们要好好地拷问，问出实情，就是忠良，否则你们也有罪。"皇上的用意很清楚，而且给了两人很大的压力。第二天由梁清宏主审，这人就极为卖力，声色俱厉，用了很多刑罚，着力追问"二十四气"究竟指哪些人。姜埰受尽严刑，抵死不招。受刑最厉害之际，就在痛苦中大呼几声"高皇帝"。这也是很奇特的现象，就是在受难绝望中大呼几声"祖宗"，以鸣其冤屈，且缓解其痛苦。被打得气欲断绝之时，他就用手指醮着嘴上的血写下一个"死"字，表示自己一死而已。梁清宏审累了，退下休息，就把姜埰扔到台阶底下，半天才得苏醒过来，接着再审。梁清宏见姜埰已经昏迷，就让校尉给姜埰灌了一壶酒，让他醒来再供认。他拿出了一份在京官员的名册，喝令姜埰："诸部的官员姓名在此，你对着名册交代，不要遗漏。"姜埰当然不招。梁清宏就将审讯记录带去向崇祯汇报，崇祯尚嫌其审讯迟缓，指责他徇私。仍然认为"二十四气"系匿名文书，姜埰为何写入奏疏，进行诬谤，仅此一项，就应治以重罪。要求梁清宏严厉审问，快速定谳，不能拖延。

看来这“二十四气”是崇祯要将姜埰置之死地的一个口实，当然崇祯气恼的绝不仅此事，但只有此事最能说得出口，可以罗织成罪。崇祯当时是有置熊、姜二人于死地的想法的，《明史》记载他曾有密旨给锦衣卫主管骆养性，让他将二人在狱中偷偷弄死，也就是将其弄成他人不得与闻的“瘐毙”。骆养性这个特务头子接到密旨后竟然有点害怕，就告诉了同官，同官提醒他说：“你没有见过田尔耕、许显纯的事吗？”田尔耕、许显纯在天启年间奉魏忠贤命审讯东林党人杨涟、魏大中、左光斗等，以酷刑致其毙于狱中，最后在崇祯初年受到清算被杀。前车之鉴，真是可畏，骆养性害怕这种秋后算账，不敢下手。胆怯之余，他将此事偷偷告诉了同乡廖国遴，这位廖给事中前面已经说过，也真不是东西，在姜埰案件中多次不起好作用。他又告诉了同官曹良直，曹立马起草奏书密告崇祯，说骆“委过于君，自以为功。若皇上没有密旨，他不该诬谤；皇上如真有密旨，不该泄露”，请求连骆也一起杀掉。吓得骆差点尿了裤子。明朝的政治就这么凶险，官员得祸在呼吸之间。有些言官逢事告讦，以忠自命，甘为鹰犬，其实多同僚之间的倾轧，少有正义可言。好在崇祯这次不欲追究骆养性，将曹良直的奏章留中不发，把此事压了下去。这个时候，就发生了朝廷之上刘宗周等人的营救，崇祯有点回心转意，再加诏狱的多次审讯，姜埰供词并无异样，骆养性同时也将密旨封还，于是就将“熊、姜之狱”由诏狱移交到刑部审理定罪。

姜埰在诏狱所受的酷刑，其《自著年谱》有记载，其弟姜垓的《被逮纪事》也有较为详尽的记述。《被逮纪事》云：“典狱者夜警约十人为一队，各击柝扬铃，匝屋四面，凡经一门，呼囚名一过，群答之，伊复应声高喊乃去。”这是监狱巡查，到哪个监室，高呼犯人姓名，犯人逐一应答后才离开。又云：“越三日，始诣谳所，一拶一夹，上下敲擗各五十，揵三十，名曰一套。以拶之苦言之，自十指至两乳，攒击一震，万刃刺心；以夹之苦言之，足如刖，目如抉，脑如迸出，昏晕不复知人间事。次日再谳，敲擗各八十，揵三十，嘘吸气息，不相贯属，终赖广陵囚以汤糜活之。每至创摧痛烦，历呼高帝以下十五庙号以自解。因思杨、左诸公由此而死，可以死则死矣；黄、叶诸公由此而生，可以生则生矣。”如此刑罚，真是令人胆战心惊，毛骨悚然，觉得非人所能承受，但凡经过一套者，活着实为幸事。而姜埰起码经过了两套，如何不皮开肉绽，血肉腾飞。拶以夹指为主，竟然还有拶乳之法，闻所未闻，每拶一次，万刃刺心；夹法以双木夹足为主，痛及全身，故有足如砍掉、眼如挖出、脑浆如迸出之绝大痛苦。凡经此刑，无不“昏晕不复知人间事”，能挺过来就实属命大。姜埰每次就这么熬了过来。痛苦之中他只有依次呼喊“高帝以下十五庙号以自解”，犹同呼天抢地；他想到了前辈如杨涟、左光斗、黄道周、叶廷秀等也在此受刑，杨、左死在这里，黄、叶还能有幸活着出去。姜埰到此，也只有听天由命了。

姜埰在诏狱时，外面传闻纷纷，在外的姜垓也是一日三惊，坐卧不宁。一天他正在官邸中准备药品和食物要送往狱中，忽有军卒跑来报告皇帝下达严旨，不知是什么内容，这让他十分惊恐。这天傍晚，风霾大作，对面不能认人，他跑到长安左门，听到有御札发出，猜测皇上要“赐死”了。第二天，在朝官员都在传熊、姜二人不可能有活的希望。这时他们的一位广东朋友竟然拿着纸钱等物跑到姜垓家里要祭奠，两人瞪着眼睛相互看着，跟随的人一问，原来是外边的人都传说姜埰已经死于严刑之下了。这位朋友着实义气，也着实着急，这更增加了姜垓的惊惧之感，为狱中的二兄焦虑不已，担忧不已。

姜埰由诏狱转刑部时，姜垓带着仆人，弄了辆简陋的车子去接。

这时，看到姜埰头发披散，脸色发黄，身穿囚衣，满身是血，四肢羸瘦如柴，在诏狱仅十几天，就被折磨成这个样子。姜垓大声呼唤，他也不应，只是摇手而已。等了一会，姜埰方说："我罪该死，幸蒙宽宥，皇上大恩，不能不谢。"便趴在地上，向北叩头，还流下了几行清泪。这就是古代士人的忠君姿态，君要臣死，臣不敢不死；君要赦免，即是大恩。何况此时还不是赦免，只是转狱而已，姜埰已是感激涕零了。看来转为刑部，如同再生。这就是刘宗周等诸大臣为何极力将转交刑部作为营救之法的缘故。姜埰转到刑部，情况要好得多，外面营救的大臣也松了口气，姜埰兄弟二人觉得不至于死在狱中了，大概刑部不再严审，不再用刑，刑部是坚持"刑不上大夫"之原则的。剩下来的就是定罪处分了。姜埰十二月初四日转到刑部，十三日崇祯上朝，就传了一道圣旨，对申救的言官再度指责。刑部尚书徐石麒害怕再有严厉的旨意，赶紧拿出一个处分意见上报，将姜埰判为戍刑，熊开元判为徒刑。戍刑是服兵役，徒刑是服劳役。崇祯大为不满，认为是刑部徇私枉法，判得过轻，干脆将徐石麒也罢了官。然后宣布对熊、姜二人实施杖刑。看来崇祯的火一直发泄不出来，不能饶恕二人，最后只好把他的祖宗家法拿出来用了。

话说这杖刑，在明代实在骇人听闻，臭名昭著。日人小野和子著《明季党社考》一书，曾论及廷杖说：廷杖"也可以说是皇帝给臣下施加的一种私刑，没有任何法律的规定。皇帝如有不称心之事，任何时候都能加以廷杖。……廷杖和诏狱，可以说是皇权私用的象征"①。这东西的确如此，在法律上没有明文规定，但实际上却屡屡使用，完全成了皇帝的家法。杖刑虽起源甚早，东汉至唐都有记载，唯有明代变本加厉，花样翻新，完全被滥用了。《明史·刑法志三》

① 小野和子《明季党社考》，上海古籍出版社 2013 年版，第 20 页。

载："刑法有创自明，不衷古制"者，首先点出的就是杖刑。从朱元璋起就大施淫威，启用杖刑。吴晗先生《朱元璋传》说："平定天下后，唯恐廷臣对他不忠诚，便用廷杖来威吓镇压，折辱士气，剥丧廉耻。使当时的士大夫在血肉淋漓之中，一个个俯首帖耳，如犬马牛羊。"[①] 孟森先生也分析明代滥用杖刑："帝（嘉靖）又以坚僻怙过，拒谏立威，廷杖之事，习为故常，小小舛误，一申斥可了之事，亦用杖刑，摧辱言官，其忤意被杖者可想。"[②] 熊、姜之事，也可以说崇祯"坚僻怙过、拒谏立威"结果，本来也是"一申斥可了之事"，何必如此摧辱。孟森先生又论明代杖刑之悖谬怪诞，"廷杖亦明代特有之酷政，太祖明知其非待大臣礼，然卒犯之，为后世作则。……至明之廷杖虽酷，然正人被杖，天下以为至荣，终身被人倾慕，此犹太祖以来，与臣下争意气不与臣下争是非所养成之美俗"[③]。熊姜二人不幸罹此酷刑，在当时乃至后世也享了盛名，正是拜这"美俗"之所赐！

身受杖刑，后人倾慕是一回事，但在当时能不能逃过一劫、保住性命则是另一回事。明代，死于杖刑的不在少数，姜埰此前上疏中提到的傅朝佑就是被生生杖毙的，杖刑的残酷是令人望而生畏的。姜埰杖刑这一鬼门关，是丝毫不亚于在诏狱过酷刑那一关的。十二月二十一日，是杖刑的日子。这天，姜垓正在卧病，忽然听说其兄要绑赴西市问斩，他惊慌失措，丧魂落魄，由同乡同官黄道晋扶着，往刑部赶去。到了那里，看到架势，才知道是杖刑。姜埰此时被押出刑狱，先是锦衣卫开道，每人拿着红棍，排成几十行，后面是骑在马上的捧旨官，最后是熊、姜两位在押犯。姜垓观察到，路上黄童白叟，都唏嘘下泪，有的还带着酒，有的用柴木灰和上酒带着，

---

① 吴晗《朱元璋传》，人民出版社 1995 年版，第 208 页。

② 孟森《明史讲义》，上海古籍出版社 2002 年版，第 240 页。

③ 孟森《明史讲义》，上海古籍出版社 2002 年版，第 81—82 页。

这都是十分同情二位的。姜垓观察此情形，认为是爱护正直大臣之举动，犹感是非犹在人心。到了西长安门，看到熊、姜二人两两相对。姜垓预感此次杖刑必死无疑，心中不禁慨叹："不及黄泉，无相见也。"意为与兄长只有地下相见了。

按照惯例，廷杖由锦衣卫施行，由下等太监监视。这次崇祯震怒，破例派了东厂的两位大太监监刑。不一会，很多官员鱼贯而入，站满了午门的西台阶，前来观刑，想来也是接受警示教育。锦衣卫与太监各三十人，军士四十人，每人持棍，分站东西两排。熊、姜二人朝北跪着，捧旨官宣讲完毕，一个军士拿过麻袋，把他们从头到肩套住，捆住两手不能动弹，另一个军士又把双足捆住，只露出屁股与大腿，等待行杖。各由二十人行刑，每人五棍，旁边有人记数，记数者同时还要高喊"著实打"，行刑者则群声应诺。行刑到了一半，大太监王德化又过去督促从严打，后五十棍更加凶狠，棍子打折了三根。杖刑结束，由狱卒用布兜抬回刑部监狱。这时，姜埰早已昏迷过去，已经没有呼吸了。其弟姜垓早有准备，口含童子尿，硬灌到其嘴里。这个办法可能起了点作用。姜垓立即请到京城名医吕邦相前来诊治。这位吕医生，此前曾经为黄道周、叶廷秀疗治过杖刑，他的膏药非常有效。吕邦相看了伤情对姜垓说："受杖后青痕超过膝盖就没法治了。我用刀割去了打伤地方的腐肉，如果七天以后能感觉到疼痛，我就祝贺你了。"姜埰就这样，在其弟的精心料理下，在吕邦相的妙手救治下，大难不死，奇迹般地捡回了一条命。至于熊开元如何救治得活，如何挺过这一关，文献没有记载，不好揣测。

第五章　午门杖刑（下）

一

姜埰受廷杖后，又被抬回了刑部监狱，一方面疗伤，一方面等待下一步的处理意见。就在受杖与关押期间，他的家乡莱阳发生了惊天动地的大事。莱阳被清兵围困，姜埰父亲与当地士绅一起进行了英勇顽强的抵抗。最终清人攻陷莱阳，姜埰父亲死于此役，同死者还有其幼弟姜坡，以及大哥姜圻的妻子王氏，姜垓的妻子孙氏，姜坡的妻子左氏和已经出嫁左家的二姐等多人，当地士绅也有多人被难。此事一时震动甚大，直接上报朝廷，于姜埰兄弟的命运也都产生了至关重大的影响。

民国《莱阳县志》卷末附记“明代兵事”,记载此次莱阳保卫战，颇壮烈。

> 十五年，清兵由畿南下山东，连破各府县。闰十一月，邑绅宋应亨与知县陈显际议守。以城北庳薄，自出千金更筑瓮城，浃旬而毕。于是宋玫、赵士骥诸绅亦各出资治具。无何，清兵直薄城下。城上炮矢并发，遽解围去。而明年二月六日，阿巴泰等复至,围攻益急。时官绅分城固守,誓死抵御。据稽考所知，东城宋玫、姜坡，东南城张宏德、姜泻里，南城左懋芬、左懋章。

未几，城北门陷。致仕山西盐运司运副黄阁犹跨马巷战，贡监赵士骅冲杀于东马路，力竭皆死。于是，知县陈显际、教谕孙尔振、典史冯昕、邑绅工部侍郎宋玫、吏部郎中宋应亨、中书舍人赵士骥、赠光禄寺卿姜泻里、肃宁知县张宏德、广西参将李承胤等，亦皆不屈死之。事详《忠节传》中。当是时，清兵大肆焚掠，庐舍为墟。据故老传闻，绅民死于锋镝酷刑下者，不啻万人。

这是一次惨烈的守城战役。以区区一莱阳之孤城，抵御清朝军队，确有以弱敌强之势，但莱阳民众在地方官员和地方士绅的带领下，进行了誓死不屈的英勇抵抗。这是没有明朝军队参加的一次守城战役，代表了地方民众在清兵入侵时勇敢抗御的民族精神。姜埰的父亲姜泻里和幼弟姜坡都参加了守城之役，姜坡负责东城，姜泻里负责东南城。最后城破被杀，壮烈牺牲在了抗清战役的第一线。姜泻里与姜坡的死都很有气节，代表了一门忠烈的姜氏家风，值得一述。《明季北略》卷十八专门有“姜泻里死难”一条，有些记载颇具体：

姜泻里，字尔岷，别号汉洲，山东莱阳人，给谏埰、行人垓父也。关中文太青先生翔凤令莱阳，独奇其文，首置之，久之不售。天启末，逆珰建祠，趋者蚁附，泻里危言侃侃，以此得过，有司或且迹之，急携家入山，变姓名，为人佣耕。辛未，子埰成进士，令真州。庚辰，子垓亦举南宫。泻里尝与旧识云：“沧海横流，窃惧我辈欲长守邱垄亦不可得耳。”未几，北师入薄莱城下，泻里发炮，中北帅首，北兵为退舍。亡何，北兵夜袭城，泻里率亲丁巷战，刃中于臂，被絷，索金帛自赎。泻里曰：“吾儿为清官，闻天下，吾受国恩，死即死，安得俯仰乞命！”遂遇害，时年六十有一。季子坡从城东趋至，抱父尸大骂，被执去，夜举火爇北帐，北帅觉，脔杀之。诸姊妹俱死。讣至，给谏埰方以言事下狱，垓噀血上书，台省交疏请以释埰治丧，上乃诏褒嘉一门义烈，命冢臣议优典，而史官黄道周志其墓。①

姜埰的父亲姜泻里虽然只是一介秀才，一生未中科举，但他的文采受到当时著名文人、时任莱阳县令文翔凤的赏识，姜埰兄弟的家学渊源可想而知，父亲对他们的影响也可想而知。姜泻里很有政治眼光和政治气节，天启年间在乡里反对给魏忠贤建生祠，亲身参加了反对逆阉的政治斗争，差点得祸，逃到山里避难，并为人佣耕以度日。此时姜埰兄弟还年幼（姜埰约为十五六岁），但此事对其兄弟的影响也不可小觑，姜埰兄弟忠勇正直的政治品格毋宁说就遗传于乃父。姜埰兄弟中进士后，“一门二妙”，给这个门第增加了无上的光荣，姜泻里自然十分骄傲，并因姜埰任官受到了朝廷的封赠，被授与礼科给事中的虚衔，所谓“受国恩”即指此。他对明末混乱的世局早有预见，担心自己长守田野的愿望恐也难以保住。在这次莱阳守卫战中，他年届花甲，但表现得非常勇敢，亲自守城，还亲自发炮，击中清兵首领，清兵为之退却。城陷之后，他与清兵展开了巷战，终因受伤被捕。清兵劝其以金钱布帛赎身，他坚决拒绝，并表示自己儿子姜埰是清廉之官，天下闻名，没有家财，自己身受国恩，宁死也不能媚敌，最后不屈被杀，可谓壮烈！姜埰的幼弟姜坡，本来可以免于此难，因为父亲被杀，激于义愤，先是抱着父亲的尸体大哭，被执后又逃出，趁夜烧了敌人的帐营，也被清人以极为残忍的方式杀害。这次清人围城的闰十一月到次年二月陷城父子遇害，正是姜

① 计六奇《明季北略》，中华书局 1984 年版，第 333 页。

埰入狱，受杖刑和被刑部羁押的时间，姜泻里知道儿子在京中的遭遇，这也丝毫不妨碍其英勇守城的决心，在他的理念中，自己的英勇抗清和壮烈殉城是与儿子的气节相映生辉的。据姜垓《被逮纪事》的记载：

> 时北兵充斥青徐之间，又恐浪传失实，贻两亲忧，遣仆子徐早间道持疏草归。母太孺人痛且不已，父谓母曰："子官言职，子不言负职，子不职负君。负君负职，非吾子也。吾子若此，不喜而悲，何为也？"发使归报两儿曰："十日之前，流传如此，汝父素谓阳城七年后谏，千古讥之。子既秉父教，汝父何恨？上尧舜主，无扑杀谏官理，可努力加餐，以俟圣霁。在原之义，垓子勿忽。"及被杖之后，有自京师归者，吾莱扃户不通。二月初五日，吾父母知兄被杖事，明日城破矣。垓既得塘报，擗号仆地，知交相谓："城即破，岂独不生？"垓曰："忠孝节义，大人素志也。"于三月十二日得长兄圻讣报，知大人烈殉，季弟坡亦被杀，嫂王氏、妻孙氏、弟妇左氏、仲姊左氏同日尽节。[①]

当时北京与莱阳之间通消息不易。姜埰入狱的消息是姜垓让仆人送去的，而且直接拿着姜埰的上疏草稿向父亲禀报。这位深明大义的父亲再次表现其不凡的气概，他对此时痛哭不已的姜埰母亲说："儿子姜埰做的是言官，他如果不讲话，是不尽职，不尽职就是辜负君王，辜负职责和辜负君王的话，那就不是我的儿子了。有这样的儿子，应该高兴才是，为什么还要悲伤哭泣？"他深为儿子的尽忠尽责而自豪，当然这也是劝慰家人的一种姿态。他写了一封回信派人

① 姜埰《敬亭集》，华东师大出版社 2011 年版，第 321 页。

送到京城，对两位儿子说：十天以前，就得到消息。他以唐代谏官阳城为例，认为阳城任谏官七年后才提出谏章，匡正君主，贻羞千古。你们既然秉承父教，做父亲的没有什么遗憾。皇上是尧舜一样的圣明之主，没有杀害谏官的道理，他劝告儿子好好吃饭，等待皇上转怒为喜，赦宥你们。姜泻里极力肯定姜埰的行为，认为符合臣节，合乎正义，无须惧怕，同时告诉儿子，有子若此，自己也很宽慰。这自然给狱中的姜埰以极大的鼓励。到姜埰受了杖刑时，姜垓派人送信，但莱阳被围，已经消息难通了。后辗转送达，第二天就城破了。这时身在北京的姜垓从官方的报告中得知莱阳城破的消息，痛哭在地，他素悉父亲的志向，知道断无生理。四十余天后，才接到大哥姜圻的来信，知道父亲被杀与全家多人死难的情况。这在姜家真是多难迭至，雪上加霜，在北京的兄弟二人背负的苦难真是太多了！不过，写到这里，我们不得不对姜埰的父亲姜泻里表达由衷的敬意，他本身也代表了莱阳姜家一门的荣光。

明末莱阳这场惨烈的保卫战，不仅当时的政府官员如知县陈显际等壮烈殉难，当时曾在朝为官而因各种原因退职家居的莱阳籍士绅几乎经历了一场浩劫，少能有人幸免，当然他们也都表现出了无愧于世的忠勇大节，为莱阳一邑的历史增光不少。莱阳的这一场劫难，对后世的影响也很大，不仅是对姜埰一家，同时对宋氏、左氏、赵氏等文化世家都有较深远的影响。他们的子弟在清初的表现，应该说与这场劫难或多或少有一定的联系。在此，我们有必要提出两个人略加介绍，而这两人与姜埰兄弟都有关系，这就是宋应亨和宋玫。

宋应亨是清初著名诗人宋琬的父亲，字嘉甫，号长元。他是明天启五年（1625）年的进士。选官任直隶清丰（今属河南）知县，力主轻刑减赋，鼓励生产，加强地方守备，政声甚佳，三年后考核优异，所谓“阅三年而报最，冠冕乎畿甸之循良”[①]。后升任礼部主客司主事、吏部稽勋司郎中，并典试河南。崇祯七年（1634）因不满政局，便以祖母年高为由，辞官归养于家。这是一位见机而退的官员。已经辞官在家八年多了，这次参加了莱阳守卫战，而且捐出千金修筑瓮城。城破后被杀。著名文人钱谦益曾作《宋稽勋哀辞序》记述宋应亨事颇生动：“十五年闰十一月，奴陷临清，君率士民城守莱阳。城四隅，北面单弱，捐千金建瓮城，浃旬而毕。奴至，君独当一面。悬赏购死士，杀一奴予五十金。士奋跃，夜劫奴营，斩数级，相蹂死者无算。奴拔营遁去。二月初五日，奴大众奄至，避北城不敢攻。次日辰时，由城东北隅缘云梯上。君平巾箭衣，趋家僮巷战。家人劝令易帽，不可。战良久，家僮死者三十余人，杀奴亦过当。君项中一刀，被执。奴知为宋稽勋也，逼降之，令以金钱赎死。君厉声大骂：‘吾资产尽于城守，家无一钱，纵有之，天朝宋司勋，肯以金钱奉臊狗奴赎死乎？’奴不肯即杀，考掠穷日夜。君与其族子侍郎玫彭缚左右柱，嚼齿噀血，渍涌交迸，骂声达旦，交口如夜诵。次日皆遇害。”钱谦益这篇文章，是应宋应亨之子宋璜请求，于当年五月十一日写成的。文章辞气激愤，除表彰宋应亨志节外，于清人以奴称之，破口大骂，痛加诅咒。特别是对清人诛杀士大夫的罪恶行径表达极大的愤怒。文章说：“呜呼！戎狄之蹂躏中夏也，残害生民，掳掠子女玉帛，豨突豕食，以此为常。未有攻城略邑，所至必斩艾其贤才如逆奴者也。贤才之生也，天地光岳之气之所发育，祖宗数百年德泽所涵养，其难得也如珠玉，其有用也如谷帛，国家之倚而任之也，如柱屋之楹，如扶老之杖，一旦聚而歼于逆奴之手，如斩蓬藋，如入虀醢，不知当此时，三灵何若？鬼神安在？祖宗在

① 宋琬《清丰祭告先太仆祠堂文》，《宋琬全集》齐鲁书社 2003 年版，第 709 页。

天之灵何以为心也？”[1]钱谦益对这次莱阳之役中士绅的被杀极为痛心，认为是国家莫大的损失，是清人犯下的滔天罪恶。他还呼吁海内士大夫记住此类仇恨，“誓灭逆奴，以谢君父”，“缚奴之丑类，磔为脯腊”。应该说，莱阳之役中宋应亨等士绅的死亡，是激起了钱谦益极大的仇恨和愤怒的。这样的文章也只有在明末才可能写成，入清之后，不可能再出现这类怒火喷发的文字。这也看出当时宋应亨等士大夫在莱阳之战中壮烈殉难所产生的全国性影响。

宋应亨是姜埰的前辈，两人交往似不多，但宋应亨的两个儿子宋璜和宋琬与姜埰是至交，都保持了较好的关系。特别是宋琬，这位名满天下的诗人，尽管在清初应举出仕，似忘父仇，但明末莱阳这场劫难，仍似噩梦一般在其诗文中不断出现，有一种泣血般的文字流露笔端。入清任官后他两次入狱，特别是第二次涉“于七之案”，与他的这种家世背景不无关系。他与姜埰是儿女亲家，后其女早夭，联姻未成。姜埰和他多次见面，有诗歌唱酬，但姜埰在诗题中始终不标出其名字，仅以“同里友”呼之。他在杭州为官，欲招致姜埰到他幕下以图接济，生活困难的姜埰毅然拒绝。姜埰是既承认同乡友情，又力求与清初大臣宋琬保持相当的距离。这就是明遗民姜埰的政治立场，这一点后面还要讲到。

宋玫，字文玉，号九青。《明史》有传，这个传记实际上是他和宋应亨的合传，两人事一起叙说。他与宋应亨是同族而非一支，但到了宋玫这一辈都取名“玉”字旁，视若一家。宋玫父亲宋继登是万历三十二年（1604）的进士，宋玫同宋应亨同中天启五年（1625）进士。但宋玫翩翩青年，更有风华，后来文名也大盛于宋应亨。宋玫初任虞城知县，后历官至工部右侍郎，官位亦超过宋应亨。崇祯

① 《钱牧斋全集·初学集》，上海古籍出版社 2003 年版，第 1692—1693 页。

十五年夏，曾参与内阁人选的会推，几乎有成为内阁大学士的希望。但崇祯皇帝受流言影响，怀疑宋玫有私，将其罢官回家。甫半年，就遇上莱阳之役，宋玫参与抗清，不屈被杀。他与宋应亨同年中进士，同时任县令，又同时遇难，故《明史》将两人一传合写。宋应亨有钱谦益撰哀辞，而宋玫的文名大盛，却得益于吴梅村。他与吴梅村一同赴武昌主持考试，一时有“剖斗折衡为文章，天下娄东与莱阳”之称，名气很大。梅村后来为他撰写了几篇文章，在名诗《莱阳行》中也加以称颂。

姜埰视宋玫为兄，对其极为崇敬。他于崇祯十五年方入京师任职，而同年夏宋玫即被免官，此时交集并不多。但姜埰曾受教于宋玫的父亲宋继登和叔叔宋继澄，他与这一支的关系要比宋琬一支深厚得多。再加宋继登、宋继澄兄弟都是山左大社的发起人，姜埰入社应与他们有关；另外明亡后宋继澄及其子侄宋琏、宋瑚等人都因于清人深衔大恨，拒绝出仕，甘作遗民，政治气节要高于宋琬一支。因而姜埰兄弟与这一支宋家人交好无间，相处甚密，情谊至为真挚。

二

莱阳攻陷之初，从塘报得知情形，姜垓曾写了一篇《警闻臣邑已陷》的奏疏，上报崇祯皇帝，并断言父亲必死于此役。当姜泻里被杀的真切消息传到北京后，姜垓更是痛彻心扉。悲痛之余，他又起草了《请代兄系狱疏》，恳请皇上将姜埰放出，自己情愿代兄入狱，以换取姜埰回家葬父事母。这篇疏真是写得哀情沉挚，血泪交迸，将姜垓心中痛楚曲曲写尽。同时又不作过于激楚之声，写得有所节制，将分寸把控得极好。今天读来，这篇奏疏仍然极具打动人的力量。我们不避其长，全文引录在下面，并作一些分析。

> 行人司行人臣姜垓奏，臣前于本月初四日，拜有《警闻臣邑已陷》一疏，盖以臣父素矢忠贞，势在必死。未几讣音至，臣父果死而且烈矣。痛哉！臣恨不即从父地下游。独念臣兄已将垂毙圜扉，臣若即填沟壑，将臣父死难最烈最酷之情，谁复渎天听者，臣得不洒血为陛下陈之。

此节写出奏疏之由，突出父亲的忠贞，写出自己的两难处境，以力求打动皇上。“素矢忠贞”，是父亲的政治品格，是其在莱阳之役中必死的原因。姜垓既痛心于父亲之为国牺牲，心神飞驰，愿从父于地下，但又顾及二兄在押，且重刑之后，奄奄待毙。自己若从死殉父，则父亲之壮烈惨死一节则无法上诉于皇上，故有泣血上疏之举。“素矢忠贞”一句为下节张本。

> 臣父姜泻里，为诸生二十年，甘贫自守，虽衰晚落寞不得志，身在岩穴，未尝一日忘朝廷也。臣兄弟先后登籍，惟勖以忠君爱国之事。又赋性淡泊，不治赀产，乡党间群称臣父为长者。而臣兄弟砥砺之名，亦稍稍见白于四方。前敌逼臣邑，臣父故山居耳，无地方责，无寸赀可饷士待敌。闻变，首率亲丁老幼，入城死守，敌不能薄。两月后，敌突陷城，臣父被执，敌索金帛，臣父詈曰：“我儿为清白吏，岂有若物饱若腹，若速杀我，报国恩，予愿足矣。”敌恚愤甚，攒刃交刺，体无完骸。维时臣家闻难死者，臣弟、臣嫂、臣姊、臣妻、臣弟妇等，几以阖门殉。仅臣老母幸出锋镝中，身被重伤，生死尚未可知也。先是陷城前一日，

臣父母始闻罪兄蒙谴，相对洟涕。复北望稽首者三，谓主上不以罪臣既膏斧锧，高厚难报，庶几可望生还，提醒愚昧。臣亲之爱子，可谓至矣痛矣。一字家书，万点清泪。方以衰年危卵，泣贯索于青天；孰知隔夜覆巢，投身命于碧血。臣家门痛惨，一至于此。

此节集中写父亲之品行与此次壮烈殉难之经过，算是给皇上的详细报告。父亲是一名老秀才，未有功名，但甘于清贫，不慕荣利，性情淡泊，不营家产，不敛财富。但不忘朝廷，心系国家，在乡里素有威望，为乡人所爱戴。特别是在两个儿子先后中进士，入朝为官后，他不断以忠君爱国之大义教训鼓励。姜埰兄弟的政治品节深受父亲的影响。姜垓写到这些的时候，既是为父陈述，也对自己兄弟的为政生涯充满自信，觉得毫无愧怍之处，这种上达天听的陈述是发自内心，当然也希望打动皇上。清人围城之际，父亲本无守城之责，而且正在城外山居，完全是激于忠义之心，挺身而出，担当大任，主动入城抗敌。父亲也并无家产可以供应守城之人，唯有亲自上阵，以效全力。父亲亲率家人守城抗敌，发挥了重要作用。最后城陷被执，拒绝敌人索饷，不愿以财资敌，最终骂敌被杀，死得极为悲惨。而且经此一役，全家死难者甚众，几乎阖门殒身。唯老母幸存，无人可倚，消息难通，生死亦未卜。姜垓于此以吞咽之声徐徐道出，心中当忍多少剧痛。接着又补叙父母得知姜埰入狱、受杖刑之反应。得知姜埰入狱后，父母既为之流泪，又望阙叩拜谢恩，感念皇帝圣明，不会加严刑于大臣。表示即使被杀，也不忘皇上高天厚地之恩德，盼望儿子终有生还之日。孰料得知姜埰受杖刑之消息后第二天即被杀。“一字家书，万点清泪”数句，以创巨痛深之苦情，用对仗工整之骈句，将父亲苦心、一门惨状对皇上泣诉，以求打动皇上。如此真情文字，显示古人功力真不可及！

> 伏察往例，凡士绅殉难烈死者，合有恤典。臣父向叨一命，报国捐躯，骂敌幽魂，尤关风节。哀恳敕部察例，从优恩恤。阐孤忠而维壮义，庶臣父虽死犹生也。

此望皇上援引旧例，颁出恤典，表彰父亲之忠节。其父过去曾受过封赠，此次为国捐躯，而且是骂敌而死，正气凛然，风节尤高。如果国家予以表彰，既是表彰忠义，作为提倡，父亲也可以备享哀荣，虽死犹生了。应该说，在姜垓此疏的感召下，在当朝大臣的吁请下，这一点建议崇祯皇帝倒是采纳了。前述《明季北略》最后记载“上乃诏褒嘉一门义烈，命冢臣议优典”即指此事，《莱阳县志》记载姜泻里的“光禄寺丞”官衔，就是这次恤典的赠予。

> 臣罪兄埰，少习吏事，长膺家务，事亲教幼，苦备一身。是以臣母于诸子中尤怜之。不幸狂瞽，冒犯天威，身在犴狴之中，心惊焚戮之祸。负愆既重，含痛益深，其所以苟活旦夕，出万死一生者，徒以有臣在，相依为命。今臣闻讣奔归，则罪臣缧绁伶仃，势必速毙。欲兼顾鹡鸰，则父残杀而暴骨未收，母惊魂而衰龄无靠。臣际此时，肠一日而九回，人世之苦，无以复逾矣。重念臣罪兄叩阊扉而号天，藉草土以泣血，进不得尽忠于君，不可以为人臣；退不得致孝于父，不可以为人子。盖从来以言得罪者多矣，而未必家有不测之祸；即臣乡被惨杀不可言者众矣，然救死扶伤，犹得骨肉相保，未有身在幽囚，耳既不忍闻，而面曾不得一见者也。

此节进入“代兄系狱”的恳请，是此疏的主旨。前面所述父亲忠烈，既有表彰父亲忠义，恳请封恤之义，也是为“代兄系狱”这一主旨作铺垫。写姜埰“事亲教幼，苦备一身”，突出其孝悌，为吁请其归葬父弟张本。写其受母疼爱，是吁请其回家事母作铺垫，文心甚细。下写姜埰冒犯天威，身陷囹圄，又听到家族如此惨祸，其情何以堪。写姜埰之所以大难犹存，都是因为有自己能在京照料。一旦自己离京归家奔丧，狱中之人断难存活。而自己如果顾念狱中之兄，则父死不能葬，孤零之母亦无人养，真真是陷入人生两难之境地，人世之苦，真真是无以复加也。又写出狱中姜埰忠孝不能两全，进不得为臣，退不得为子，真是苦难集于一身。姜垓进一步从两边推论，从来因言得罪者多了，谁又碰上这种至悲至惨的家难；家乡莱阳这次遇难的家族也甚多，可总还有家人在旁，能够相互救助，谁又像姜埰这样陷于缧绁，幽囚高墙，阖门遇难既已惨不忍闻，而连死难亲人也不能见一面呢？疏文至此，痛且言之，道理周备，有感天动地之纯情，令人闻之动容。

> 臣是以日夜思维，哀痛迫切，泣恳陛下将臣付法司代兄，使得归里葬父事母。倘蒙陛下悯念，矜释臣兄，归命首丘，臣之愿也，死且不朽。即或以臣兄必不容逭，使暂还省视，仍复逮治以前日妄言之罪，并治臣以今日妄请之罪，亦死且不朽矣。夫法之难贷者，岂累臣之所敢邀，而情之最苦者，亦仁主之所深念也。伏惟舜日之下无寒鳞，汤网之中无滞羽。破格垂恩，伏允臣请。虽并及臣兄，实皆为臣亲也。世世生生，衔接无量。

最后一节提出代兄之请。应该说姜垓提出此法，发自内心，是救兄的一步高招，也是他真心认为能够让姜埰走出监狱的一个好办法，这也是赢得朝中大臣同情，甚至赢得天下人同情的一个良策。这样姜埰一方面能够回乡葬父事母，以尽孝心；另一方面更重要的是好好将养身体，避免以重刑之后的病弱之躯待毙狱中。姜垓恳请能够允许自己替兄入狱服刑，将姜埰放出来。如果皇上不同意，再退一步说，等姜埰完丧之后，仍然逮治回京服刑，也同时追究自己这次妄请之罪。他认为法律宽宥，不是自己所敢期望的，而兄弟的深悲剧痛，应该得到皇上的恻隐之心。他又精心运用了两个典故、提炼成工整的对句来颂圣陈情，可谓煞费苦心："舜日之下无寒鳞，汤网之中有滞羽"。大舜之时有"南风之歌"，天下人皆感温暖；商汤捕鸟能网开一面，放出生路一条。他是希望崇祯能像舜、汤这样的圣明仁主，加以"破格垂恩"的。可事情偏偏有不尽然者。

按说，事情已经到了这一步，崇祯皇帝即使铁石心肠，也应该有所动心。况且不只姜垓一人在陈情，朝中大臣也多人上书建议释放姜埰。崇祯于回心转意之际，不妨做个顺水人情，答应这一请求。而且，释放姜埰，一则顺应人情，显示天恩浩荡，二则确有奖励风节，激励天下人心的意义。但崇祯皇帝全然不顾这些，再一次显示出了他不可救药的偏拗固执，将自己的刻薄寡恩演绎到极致，暴露出专制帝王内心的极度阴暗。他不但不接受释放姜埰的建议，而且在朝廷当众宣布：姜埰并非独子，还有姜垓，言官们为何还要频繁上疏为之求情？不答应释放姜埰。姜垓经过精心设计的救兄良策不能实现，其良苦用心一下子归于幻灭，其失望之情可想而知。

无奈之下，姜垓只好一人回家料理丧事。临行之际，他又到监狱看望姜埰，兄弟二人抱头痛哭。二十天后他到达故园，又痛哭于父亲灵前。处理完丧事后，姜垓在家丁忧守制，陪伴母亲。

崇祯十六年的夏季，朝廷清理监狱犯人，姜埰得以暂时出狱，仍受监制。听到消息后，姜垓曾陪同母亲并带着姜埰十一岁的儿子来京城探望。当时战乱遍地，烽火当道，姜垓的母亲骑着驴子，在炎炎夏日中奔波，于七月十一日至京，但前一天姜埰又被关进了刑部监狱，母子不得见面。其母在京中待了二十多天，等不到机会，就于八月二十九坐船南归。在归途中，忽然听说皇上因为夏季传染病再次清理监狱，姜埰又要放出来了，其母赶紧半途返回。于是在经历了如许大灾大难后，姜埰终于与母亲相见。此番相见，劫后余生，恍若隔世。这种见面，其痛彻心扉之情状，我们只能是以想象得之了。此后，姜垓奉母坐船到扬州暂居，此后再无机会返回京城。

当时的明王朝气数已尽，完全是末日时光。北京城内的官员百姓都人心惶惶，京中到处流布着“只图今日，不过明朝”的传言。有很多人甚至公然说：“不管是清人还是流寇来了，就打开城门，放他们入城！”人心涣散到了这种程度。[①] 姜埰二次放出来后，仅过了十天，崇祯皇帝召见刑部尚书，指责像姜埰这样的罪行不宜保释，并用墨笔在熊开元、姜埰两人的名字上打了一个叉，说：“这是两大恶人。”真不知崇祯何以对二人积怨如此之深。于是姜埰第三次被关押。其间姜埰和熊开元所弹劾的首辅周延儒也被杀了，这两位还得不到饶恕。有的大臣仍在建议释放，崇祯皇帝当众表示：“我处分二人，难道是为了周延儒吗？”再次对大臣的申救置之不理。这年秋天，狱中的姜埰患了痢疾，病得厉害，其弟姜垓离开后，身边无有亲人照料，他倍感凄苦，而且常常吃不上饭。他在狱中曾作了一联：“地狱可怜为饿鬼，罪臣何况是孤儿。”这种情形一直延续到崇祯十七（1644）年。这年的元旦，崇祯照例上朝，但钟鼓不管怎么敲，一些官员已经迟迟不愿前来，勉强凑成的朝班一片混乱。李自成大兵此时向北京汹涌杀来，各地守关之将、守城之官都已无力抵御，以投

① 计六奇《明季北略》，中华书局 1984 年版，第 351 页。

降的居多，个别有气节的不是被杀就是自杀殉国。明王朝已经无人支撑大局。愚愎的崇祯皇帝还在征询何人能带兵出征，这时打着个人小算盘的内阁大臣李建泰愿意出征。崇祯大喜过望，表示愿意效法古代的“推毂礼”为其送行。就在部队出征、皇上送行之际，李建泰做了一件好事，建议皇上赦免熊开元、姜埰二人，崇祯当场答应。这年的二月一日，宣布将姜埰放出，遣戍宣州卫。也就是这位李建泰，出京后先是行事怯懦，拖延不进，后来遇上李自成的军队，就率先不战而降了。崇祯末年的大臣，很多人大言不惭，其实就是这么一路货色。

姜埰一出狱，即刻仓皇南奔。他先到家乡莱阳哭祭父亲，然后追赶已经随姜垓去南方避兵的母亲。此时，北京陷落，崇祯自缢于煤山，天崩地坼，山河变色，大明王朝这艘大船，在风雨飘摇中勉力支撑多年以后，终于沉没了。

三

关于姜垓的一些经历，前面已经随着叙出了。但还有一些没有讲到，我们在这一节再作一些补充。

姜垓于崇祯十三年中进士，时年二十六岁。当年三月，曾在皇极殿面见皇上，皇上亲赐茶饼等食物，享受了一种荣宠。第二年，他担任行人司行人之职，是个九品官员。行人司是皇帝特使机构，负责宣诏、出使、赈济、封藩、祭祀等众多事务，其职务行为都是“秉皇帝谕旨，受帝王钦派”，所以虽然官职低微，但有其清要简贵之处。这年，他曾经参与国子监的考试阅卷，号称得士十二人，其中就有为其作传的门人何天宠。这年，皇帝到皇陵祭祀，他作为陪祭官员随从，姜埰也参与此举，兄弟二人同时伴驾，一时在京城很有名。接下来就是姜垓一生中最有名的事，各家传记于此都大书特书。《明史》云：“初，垓为行人，见署中题名碑，崔呈秀、阮大铖与魏大中并列，立疏拜请去二人名。”题名碑是官署中记载历任官员的名录，是一种档案文本，也是一种荣誉榜。崔、阮与魏先后中进士，都授官行人。所以三人同列本是一种历史事实，无可非议。年轻的姜垓属于复社清流中人，青年得志，意气正盛，况且在崇祯清算魏阉之后，崔、阮二人身列阉党，已如过街老鼠，臭不可闻。所以这种记载在姜垓看来，是忠奸岂能并列，薰莸不可同器，简直不能容忍。于是向皇帝上疏，要求在题名碑上铲去二人姓名，免得使魏大中这样的正人蒙羞。崇祯皇帝认为这建议攸关气节，很有道理，予以采纳。现在看来，此事甚无谓，但当时还是符合主流意见，很得人心的，姜垓这种政治意气也一时得到人们的称赏。但因这事，姜垓也与阮大铖结下了仇怨，在南明弘光朝廷时，阮大铖入朝得志，大兴党狱，极欲捕杀姜垓兄弟，就与这件事情有关。除此以外，他还勇敢地上疏弹劾当时的监军大太监曹化极，但未被皇上采纳，被皇帝压下未批，所以此事也没有什么太大的影响。

姜垓为官时间不长，且官职低微，没有多少可述的为官经历。姜埰入狱后，他很多时间是在为兄奔走，悉心照护。这一同患难的经历，为他在京中赢得了很好的口碑。其门人何天宠撰《姜考功传》对此叙述尤详。“十一月，黄门公以言忤执政，下诏狱，先生周全患难，形容枯悴，长安公卿无不交叹。”当时，何天宠也随姜垓一起奔走，京中人都称姜垓像北宋苏轼的弟弟苏辙（苏轼曾有“乌台之狱”），将何天宠看作东汉太学生贾彪、何颙一类人物。莱阳失陷的消息传到京城，对姜垓加以劝慰，认为城陷亲人未必不存的人就是这位学生何天宠。直到姜垓国亡后流寓苏州，特别是临殁托孤，还是多依靠这位忠诚的学生。

姜垓入京为官后，诗歌创作未曾中断。虽然现存的太少，我们还是能从《流览堂诗稿残编》发现这一时期的一些有代表性的诗歌。

姜垓此时诗歌创作最显著的特征是对社会现实的强烈关注，这可谓是其诗歌创作的一个突破，是其诗歌创作成熟的一个表征。姜垓的早期诗歌创作受“明七子”影响，从学习汉魏诗歌入手，讲究词藻与格调，形式上的追求很明显。但这时的诗歌出现转向，开始关注国计民生，有强烈的现实忧患。如这首《黄河决》是崇祯十五年五月为李自成部队包围开封，决黄河水以灌城而作：

> 官军渡，雀蛤飞，贼众南奔方解围。启龙堂，遵鳞屋，贼不杀汝为水族。梁州围五月，城中茹羊毛。羊毛不当饥，水声何怒号。不见河洛千年有一清，贼下名城人心惊。古来治水著劳绩，诸臣安可不救贼，忍使皇帝心伤悲。京师大傺多不知，汉因河平，传诏改元，三十六日，谁漫中原。将军以下来负薪，白马玄貉从兹陈。

诗未见得多么好，似乎漫然兴笔，无深刻之构思，我们看重的是此种创作精神。李自成围开封，是此年的一桩大事，当时颇令朝中担忧，姜埰奏疏中也曾言及此事。诗是古乐府形式，杂言错出。首句写官军渡河解围，李自成部队弃城南奔。此时黄河水决，城中之人不为李自成部队所杀者大都沦为“水族”,似乎栖息于“龙堂”“鳞屋”之中。开封城被围五月以来，城中缺粮，人们只能以羊毛为食。正当饥困之时，黄河水呼啸而至。作者慨叹没有等到河洛千年的水清，等来的却是一场河水灌城的惨剧，贼人攻下这座历史名城令世人震惊。诗后半段转入如何挽救被黄河冲决的开封城。自古以来，黄河治水均为一件要事，也留下了一些前人的劳绩。这次城被贼人包围，被河水漫灌，岂能不救。他引用汉武帝《瓠子歌》的典故[①]，汉时命军中大将负薪填河，堵塞黄河瓠子口。现在水漫中原，京城大僚岂能不知此事。他认为现在是令将军以下诸人都负薪堵河，并像汉武帝那样将白马沉河，像周穆王以玄貉祭河，以解决开封解围之后的黄河水患的时候了。诗中对李自成之"寇乱"虽有抨击，但其主旨似不在此，笔墨集中在解围之后的水患，认为应该抓紧治理，并对京中大僚的无所作为作了委婉的讥讽。这种现实眼光当然是很独特的，表现了作者的忧患意识，但当时内忧外患的明王朝，左支右绌之际，岂能顾及于此。

也是作于此际的古乐府《度关山》是一首以旧题写时事的作品。诗云：

> 鸿雁飞，来蓟门，冰城霜塞天黄昏。边马御苜蓿，长嘶枥下为报恩。壮夫生本秦川人，秦中少年意气真。十四去乡邑，十五轻从军。无相识，谁为故乡亲。北风渡辽水，五更连营同时起。都护奇兵出天关，纵火城上兵复还。万人各屏息，军中不敢言。转思昔日征云中，获级独多成大功。度关山，关山明月色，尝恨闺中之人看不得。

从诗歌开头来看，似乎以比兴手法写出清人逼近京城，秦地之兵前来勤王解围。诗中前来的部队属于秦川，也即陕西军，边马嘶叫，急欲作战，以图为国效力，以报圣恩。诗歌突出描写了这位秦川壮士，年轻力壮，意气真率。十四离乡，十五从军，军中孤独而无相识者。

① 《史记 · 河渠书》。

后来从军渡过辽水，进击清人。五更之夜，拔营而起，跟随都护奇兵出击。城上火起，士兵战罢复归。当时军纪严明，万人屏息不敢喧哗。在艰难的战事中，这位壮士回忆起在山西作战时的情景，那时斩敌众多，成就大功。现在度过关山，来到北地，抗击清兵。关山月朗，映照四野，这种月色，令军士们思乡不已。诗末运用了自唐代以来边塞诗常用的将战场与思妇连接起来的手法。战士与家中妻子分隔两地，战场的月色是闺中所不得见的，但两地的相思是相同的。

这首诗所写的秦兵，我本以为是指卢象升的部队。卢象升有领兵勤王事，又有身任总督抗击清人的经历。但卢象升并非秦人，于崇祯十一年死于河北钜鹿贾庄，也未曾渡辽出关，所以疑不能定。当时另一元帅孙传庭领军陕西，与诗中所谓的秦人相合，也有勤王之事,但于渡辽出关事亦不相应。看来诗中所咏只是托喻,不能确指。但这并不妨碍对这种诗的欣赏。这是一首风华摇曳、格调遒劲的好诗。写出士兵报国豪情，也写出思乡情致，二者统一在一起，军中壮士的精神面貌十分突出。诗为杂言，语言参差错落，流利畅达，无一词艰涩滞碍，内在韵律跌宕起伏，全诗充溢昂扬之气，这是此际姜垓诗歌创作的一首上乘之作。

此时的姜垓诗歌写作除关注军情、歌咏兵事外，还特别注目百姓劳苦，对兵马战乱之际的百姓苦难作了记叙。他结合故乡的消息，写了一首《岁晏行》，就集中表达了这种现实忧患。诗云：

> 北风凛栗天气寒，五日十日雨不干。河北道涂多饿殍，山东大战兵马残。千钱买米不一饱，输租纳饷何艰难。昔日俱是耕田人，有子可鬻今喜欢。吾宗老幼寄书来，自称怕吏不怕官。有家如此归不得，日黄影瘦心辛酸。

这首诗写于岁末。从“山东大战兵马残”一句看，大概是崇祯十五年末，此际清人入侵河北、山东等地，四处杀戮。这年的冬天寒冷，又连日下雨。河北道上多是饥民，遍地饿殍。这主要原因是战乱，而这战乱又是因为清人的入侵引起的。清人入侵，明朝军队自然要组织抵抗，输租纳饷的任务就全部由衣食不继的平民来负担。本来就是灾年，米价腾贵，千金也难买一饱，忍饥挨饿的老百姓还要承担繁重的军饷，这是一种何等艰难的时日。诗人对此表示了深切的同情，也有一种深深的无奈。诗中最为精警的是这两句：“昔日俱是耕田人，有子可鬻今喜欢。”百姓本是耕田为业，终年劳累，可求一饱。现今饭也吃不上，还要承担繁重不堪的军饷，无奈之下，只能卖子换钱，以应其需。现在能有子可卖，就是让人高兴的事了。“今喜欢”两字，出于反语，触目惊心，极为沉痛。此所谓以乐语而写深悲之事也。诗后半段写其家庭在此年代的艰难苦况，家中寄书来，也怕吏人催租，也深受苛税之苦，大概也是一样的饔飧难继。在这个遍地苦难的时代，像姜垓这样的士绅之家也难以幸免。姜垓感叹，家中如此，归去无路，只能焦虑忧心，为之辛酸不已。

这首诗以白描手法，直书其事，不追求修饰，不涂抹词采，也不用典故，读来真切无隔，有一种朴实的语言冲击力。我以为类似这样的诗作，代表姜垓似乎已经略微摆脱了早期所受“明七子”的影响，突破形式上刻意模拟汉魏诗歌的藩篱，而深得汉魏乐府诗歌“缘事而发”的写实之真髓，已浸浸进入杜甫所开辟的现实主义诗歌轨道了。

还有一首《贫士行》，写不得志的士子之贫窘，而慨叹世态之炎凉，也疑作于此时，或者作于姜垓中进士之前也说不定。这首诗是代言体，不似歌咏自身经历，但作者对于贫士的体味是真切的，寄予的同情也是真切的，语不浮泛。诗云：

伤哉闲门白日长，凄风苦雨断人肠。破垣颓屋厌然足，山妻露肘惮衣裳。强欲操弦弦不韵，鸣琴在户空悲愤。富贵安可慕，高爵朊糈动嗔怒。贫贱不可为，室人交谪无已时。君不见朱买臣，落落四十一贫人；又不见百里奚，当其未相炊扊扅。

诗中所写是一位汲汲于功名的士人，当其未得志时，十分苦闷，情绪忧伤。在孤独中感到白天那么漫长，而且终日与凄风苦雨为伴，此情此景，令人肠断。居家是破墙所围，老屋摇摇欲坠，妻子衣不蔽体，露出两肘。这位士人在贫迫苦闷之中勉强操琴抒怀，悲愤之声响彻屋宇。这位士子似乎处在一种矛盾心理，他看到那些身居高位、吃着肥肉精米的高官动辄喜怒发作，性情无常，认为富贵如何可求？但身在贫贱之时，家中妻子也是不停地在责备，絮絮不已，又安能久处于此。大有苏季子自秦归来，父不以我为子，妻不以我为夫之境况。他感慨士人自古以来都有此一落魄之境，朱买臣年届四十，还是一落落贫人，受到妻子的嘲笑；百里奚身为奴隶，在成为“五羖大夫”之秦相以前，也是自己掩门做饭（扊扅：门闩也）。用这两个典故，还是寓有士人终不甘贫，自有飞黄腾达的一天，总有出人头地、发迹变泰的一日，写出贫士的自信与抱负。这种诗歌，考察姜垓的身世，绝非自己所经历。他那种家庭，包括他跟随姜埰在真州读书交友的一段时间，断无“破垣颓屋”之居，也不会有妻子“交谪无已”之事，他是写不得志士人的一种普遍处境与共同心理，有其特定意义。但诗中隐隐透露出的朱买臣、百里奚式的一朝得志、荣华及身的仕宦梦想，姜垓也肯定是感同身受的。

姜垓此时的创作，也一再延续了他此前的怀乡念亲的主题，这方面的诗不多，但有一首却写得极好，艺术上臻于高境。也带有此时诗歌创作模拟汉魏诗歌的痕迹，但能入能出，于乐府句法中，有一种类似李白诗歌中的奇气，超拔精警。这就是《中秋忆家漫然作歌》。篇幅虽长，为便于分析，还是全诗引录出来。何况这样的诗又极好读，流利可诵，绝无滞闷之感。

今我胡为乎长安久不归？长安八月无芳菲。日见黄叶落，夜闻鸿雁飞。他人被服纨与素，游子身着短布衣。朝亦苦饥，暮亦苦饥，中宵犹对月光辉。昨日鞍马出西城，谁知将行未得行。但愿前书终不达，前书误云归期成。上堂父与母，下堂弟与兄。妻孥立后庭，得书喜且惊。客中念此悲有余，新书又寄双鲤鱼。上言迩来加餐饭，安敢谓我不宁居。且思书到复徬徨，旅人转徙又一方。伤莫伤于别离，苦莫苦于他乡。天寒日落，草木萎黄。踪迹泛泛，不如朝霜。出门常恐昼短，空闺唯恨夜长。少妇不知贵与贱，以为见天子，奏明光，冠佩陆离，出入建章。退而理琴瑟，并坐君子堂。华屋只今巢燕雀，高梧无复栖凤凰。长兄能草玄，下笔思可传。时命何偃蹇，上书不第还。中兄作吏守清白，自笑十年官未迁。与其有志而未遂，不如东归且耕田。小弟方弱冠，赋诗弄柔翰。卓荦衡古人，自能生波澜。思我念我无还期，身绕膝下发长叹。惟我同气有八人，垂发相守何其真。大姊幼妹皆贫贱，各有心血系老亲。举头月团圆，低头不敢看。今日京洛客，登筵皆喜欢。西北寒林啼乌鸦，谁能见月不思家。

这种奇气纵横又真情贯注的诗我个人真是喜欢，玩味不已，所以一意要与读者分享。这首诗的作期不难确定，肯定是写于崇祯十四年的中秋。前一年姜垓方中第，在京任职，这年的中秋大概还不会有如此浓重的“长安久不归”的想法；后一年的中秋，其兄姜埰已经结束真州十年的任职，来到京城为官，兄弟相会，也不会有诗中所写“中兄作吏守清白，自笑十年久不迁”的情事。唯有崇祯十四年，与这两条都不相违。

诗开头九句为第一段。以强烈的慨叹引起全诗，也以同样强烈的思乡之情通贯全诗。这一开头突兀奇绝，起得浓挚深永。在长安城中待得很久了，为什么还不能归家呢？姜垓京中任职方一年余，何以嫌其长，这当然是因为浓郁的思乡之情所致，这里的归不是归隐之归，而是归家之归，不是写为官的倦怠，而是写想家的渴望。何况时值中秋，家家团圆之际，每逢佳节倍思亲，自己孑然京城，四顾无亲，自然引发了这种强烈的情绪，这是发自内心的真情流露，毫无矫情之处。姜垓诗中此际的京城，显得有几分萧索，没有花之芳菲，白天是黄叶飘零，夜闻鸿雁南飞，长空嘹呖，增人凄其之感。这是写景，也是抒情，同时也有寓意。这明末的北京，危机重重，生机不多，这诗句中也表达了姜垓此际的时代感受。在京城任一个低微的小官，日子亦清苦，不比别人的富贵豪华，早晚过着苦饥的生活。当然这是诗歌抒情的需要，不能完全当真，但也不能视为为文造情。此节以“中秋犹对月光辉”收束，又迤逦引起下段。今夜京城，月光朗照如水，正是李白诗所谓“举头望明月，低头思故乡”之时，此情此景，思乡之情联翩而至，自然引起下段。

从“昨日鞍马出西城”到“苦莫苦于他乡”这十六句是第二段。这段写出了两封书信的故事，既是写实，也是构思别致之处。昨日姜垓骑马出城，似欲归家省亲了，不料却又因事未得成行。“但愿前书终不达”两句平中出奇。大概作者已经写信告诉家里要回去探亲，谁想不能成行。所以盼望这封书信最终不要送达，因为书中所说的归期不能实现了。这种透过一层的写法，让我们想起唐代诗人贾岛的诗“无端更渡桑干水，却望并州是故乡”[①]。作者想到了家中的父母、兄弟、妻子孩子，他们看到第一封书信会多么高兴，会喜出望外、既惊且喜的。可是，误报的归期会让他们多么失望，作者是真切体会到家中亲人的这种失落之情的。正在忧伤之际，作者收到了家里人寄来的一封书信，信上劝姜垓在京珍重，好好吃饭，面对亲人的挂念叮嘱，姜垓觉得怎么能告诉家人自己在京城尚不安定的生活呢？怎么能让家人为自己挂念不已呢？唯有报平安而已。他感到真是悲莫悲于别离，苦莫苦于他乡，这里出色地化用了古代成句，表达了此际的悲苦心境。语句看似平常，实则写得极为用意。

从“天寒日落”到“高梧无复栖凤凰”十五句是第三段，这一段的诗意颇新亦颇深，极为超卓，不同凡响，极大地开掘了这首诗的思想境界。承接前述“无芳菲”“黄叶落”意象，作者徜徉其间，感到寒天日落，草木萎黄。千万不要将此看作简单的写景，这日固然是当天的落日，但也一定要将其作为明王朝这一没落的意象来看待才行，这是这段诗中不可忽视的一层意思。作者在京中明显地感到了一种日落景象。作者感到在这样的时刻，在这样的时代，泛泛的踪迹，令人兴起曹孟德那种“譬如朝露、去日苦多”的感慨。作者是出门之人，常恐白昼时短，家中的妻子独守空闺，也觉得黑夜之长，这是写出夫妻两地悬隔，长夜漫漫，思念不已。下面作者出人意料地写出了一段匪夷所思的诗句：妻子见识不多，分不出贵与贱，以为我在京城正享受富贵生活，能见到天子，能在明光殿上疏，穿着官服，出入于宫禁之中，那是多么荣光。退朝后能够弹琴理瑟，与众多君子交往，也该是多么惬意。妻子的想象何尝不是真实的，一般人想象中的京官生活都是如此令人羡慕，但姜垓的内心苦笑一

---

① 此诗作者另一说是刘叉。

声，禁不住要发出长叹，这是什么时代啊！“华屋只今巢燕雀，高梧无复栖凤凰。”这两句改造了李白《古风》诗中的两句：“梧桐巢燕雀，枳棘栖鸳鸾”，写出对时局的感受，以及对当朝官员庸碌的不满。如今的朝廷诸官，都如燕雀处堂，不知时世之危急，真正能够拯危救困的凤凰贤才都已经不在当朝了。明朝的“华屋”“梧桐”虽在，但人才多不堪大用。再联想提到的“天寒日落”一句，这“寒”还不是时代之寒？这日又岂是仅指夕阳之日？姜垓在这首思乡念亲的诗里注入强烈的时代忧患，极大地开拓了诗歌的意境，也体现了他的时代敏感，是这首诗的不同凡响之处。

从“长兄能草玄”到“各有心血系老亲”十八句是第四段，将自己的兄弟姐妹历数一遍，表达对亲人的思念。长兄姜圻颇有文才，但时运不济，科举未第，二兄姜埰在真州为官已十年，清白自守，可就是不能升迁。与其如此为官，还不如辞官归田，当然这是愤激不平的说法。小弟姜坡正是弱冠之年，读书用功，也颇有才华与志向，一定会大有前途。现在思兄心切，想起我归期无定，时时在父母身边发出感叹。还有大姐小妹，她们在清贫的家中，费尽心血照顾双亲。这些被姜垓时时牵挂的亲人，都在这中秋月下被他一一想到了。

最后六句为第五段，语句虽短，情思却深永，其间蕴含的内容也不可小觑。作者再一次化用改造了李白的诗句，举头望月，皎洁团圆，本为低头思乡，但却说是不敢看月，是不敢受这思乡之情所苦。此乃一层。现在的京中，大家都在设宴饮酒，其乐融融。作者徘徊月下，独有怀抱。遥望西北，寒林漠漠，惊乌乱飞，如此时代，如此月夜，又是如此佳节，谁能不思家，谁能不想念亲人？这“西北寒林啼乌鸦”一句比兴，承接了第三段的忧思，表达了对时局的特有感受，使这月下思乡显得很不单纯，在家国忧思弥漫中结束了全诗。

姜垓这首诗篇幅长大，一气呵成，气脉流贯，如云卷云舒。在写法上，仍然带有他早期诗歌创作的特征，即多受汉魏诗歌的影响。诗中多化用乐府诗句与句法，如“朝亦苦饥，暮亦苦饥”、“上堂父与母，下堂弟与兄”，还有“双鲤鱼”“加餐饭”等，“悲莫悲于别离”两句也是对楚辞成句的改造与化用。一些长短不一的参差句法也是来自汉魏乐府。这是姜垓早期诗作的一种常态。但这首诗最值得注意的是受李白诗歌的显著影响，不仅化用李白诗歌的语意，更重要的是全诗的气韵极像李白，奇情逸气，意象飚举，一种卓荦不凡之气洋溢字句间。这种气象，与其说是模仿，毋宁说是特有的天性和气质。姜垓不似姜埰那样朴厚或者说拘谨，他时时有旷达，有豪放。这在他以后的遗民生活中经常有所体现，在他以后的诗歌创作中也时时有所体现，此兄弟二人性格之差异也，后文还要论及。

姜垓的京中为官生活不足三年，还历尽了这如许的苦难。自从奉母南奔，国亡之后，他就再也没有机会回来。他与二兄姜埰一起，进入了南明的抗清时代，共同经历了在兵戈抢攘中的流亡岁月。

第六章　南明漂泊

一

崇祯十七年二月一日，姜埰被遣戍宣州卫，此时一些朝中官员既庆贺其能出狱，获得新生，同时也为他赋诗送行了。初十日这天，离开京城。先是奔赴莱阳，哭祭父亲。然后南奔，寻找母亲的下落。这时，李自成的兵马已经到达河北山东等地，一路之上，兵荒马乱，行走之中，甚是艰危。而且他还是戴罪之身，是个被遣戍的名分，受着不甚自由的押行。

其《自著年谱》记载此行经历为：

> 初十日出都，兵部差官陈于廷押行，埰以罪臣不敢用肩舆，青衣驴背，虽风雨甘之。兵部职方尹民兴亦被罪同行。次景州，戎马充斥，道路猜惧，埰昼伏夜行，抵故乡，躃踊于忠肃公殡庭。

姜埰贬戍宣州卫，是个在军队中服役的差使，属于兵部管理。所以兵部派了陈于廷一路押解。姜埰自知是罪人，不敢坐轿，也自然没有官服，穿了青衣，骑着驴子，在风雨中一路南行。即使这样，与在刑部监狱中坐以待毙相比，姜埰已经感到万分庆幸，所以不敢以为苦。到达景州（今河北衡水景县）住下，到处是兵马，纷纷扰扰，姜埰等人也不知是何方军队，在猜疑忧惧之中，不敢白天行走，只好夜间奔窜。这样才到达莱阳，匍匐痛哭于父亲的墓前。这是大难之后的一次悽恻回乡，这是父亲殉国后的一场号啕大哭，其情之悲，其哭之哀，我们是可以想象得见的。

姜埰到达莱阳之前，曾在兰村小住，此地一位姓匡的主人曾为其供饭。这见于他的《敬亭集》外一首佚诗的记载。现存一部《明清山左七家诗文钞九种九卷》，为清代抄本，不知何人所辑，其中《姜给谏诗》一卷，收录姜埰十六首诗，第一首诗为《过兰村有匡子者，不以余为不肖，而进漂母之食，口号酬之》：

> 木索琅珰不可闻，主人错认是朱云。王孙一饭成千古，且省青蚨三十文。①

细谙诗意，为姜埰甲申年二月出京回莱阳哭祭父亲，到达兰村时所作。兰村在今山东即墨，与莱阳邻县。首句写姜埰是被贬之人，身上带着刑具，被人押送。但他正言极谏的事迹已为当地人所知，故尊他为汉代的朱云。因尊崇其气节，匡姓主人不顾他是戴罪之身，为他做饭，而且不收钱。姜埰即兴作诗，以酬谢其一饭之恩。诗中尚无亡国意味，诗风比较轻快，末句还有谐趣，可能此时姜埰尚未闻知北京消息。他在《自著年谱》中明确记载他是在莱阳哭祭父亲后才知道北京沦陷之讯，故定此诗为到达莱阳之前的作品。如此看来，此诗的创作要早于《赴戍》，这应该是他现存的第一首诗歌。

姜埰回莱阳哭祭父亲的情景在不久后写成的五言古诗《赴戍》中，也有详尽的记载。我们前边讲过，姜埰写诗甚晚，其《敬亭集

---

①《山东文献集成》第四辑第 33 册，山东大学出版社 2010 年版，第 142 页。

自序》说："自甲申赴戍，始学诗。"这两首《赴戍》，是他收入《敬亭集》中的第一篇诗歌，全以纪实的笔法写他南奔路上的经历。其一就是记叙离京赴故乡莱阳的经过，可与《自著年谱》相印证。

鸡鸣叩圜扉，驴背出平则。借问将何之，木索赴南极。亲戚送我行，咸劝加餐食。天子重采薇，严程已孔亟。但念天地宽，不辞道路仄。回首拜我皇，百结满胸臆。生当填牢户，死当归异域。臣罪且不明，何以彰君德。中原盗如毛，干戈未衰息。公卿坐食肉，所赖主英特。大将百万众，十人九反侧。仆夫不敢前，相顾失颜色。朝窜景州城，暮走吴桥北。耳闻钲鼓声，目空鸟兽匿。四野无人民，那觅菽与稷。风沙白日黄，去来魂梦黑。行行至青齐，始觉众颠踣。一别司马郎（自注：尹职方洞庭），把手立顷刻。是时遘闵凶，徒跣转悽恻。先卿秉忠贞，仗剑杀国贼。此志既不成，须爪胡能抑。孤儿哭墓旁，泣下不可拭。老母领诸幼，万里投亲识。死者暴白骨，生者抱羸疾。虽有三男子，存殁不得力。挥泪辞乡县，中心但塞默。

姜埰入手写诗，固然效仿杜甫，但我总觉得起点并不高。不用说比肩古人，就是与其弟姜垓相比，也有不少差距，这一点似乎不必讳言。就这首诗而言，其纪实的精神是好的，但有些词句显得生涩，个别典故使用也觉得迂曲。我这里主要是指"平则"一词。"圜扉"一词指刑部监狱，"平则"一词，按诗意当指京城。但古来"平则"一词少有此用法，当是由《周礼·夏官·大司马》"均守平则，以安邦国"一句转来，用"平则"指"邦国"，再转而指京城。"木索"指刑具，姜埰戴罪出京时尚带刑具，这正可与《过兰村》诗"木索琅珰不可闻"相印证，并非只如《自著年谱》所记之"青衣驴背"而已。"亲戚”云云，当是同籍的在京之人如左懋泰、宋琬等，此时为其送行，劝其珍重。“天子重采薇”一句，其“采薇”一词，非是通常使用的采薇首阳山、甘作遗民，而是用《诗经·小雅·采薇》篇“岂不日戒，猃狁孔棘”之义，谓形势危急，自己路程亦紧迫。这一典故用得深切，是值得称道的。此诗值得注意的是对崇祯皇上的态度，“回首拜我皇，百结满胸臆。”姜埰此时毫无怨言，觉得皇上能够把自己放出来，加以贬戍，已是很大的恩德，所以回头拜恩。同时又为国势担忧，愁满胸臆。总觉得自己罪大，活着应该一辈子坐牢，死了也应该按照皇上的遣戍归于宣州。我之罪大，如果赏罚不明，就不能体现皇上的圣德。这种“拜恩”，这种自责，是姜埰作为忠臣良吏的一种态度，今人只能体谅其心，不能苛责其愚。姜埰至死不怨崇祯，后来也不断地追念先皇，体现了这一古代官员的宽厚与忠贞。此诗还要注意一点，即“死则归异域”，姜埰已经表明至死也不能违背皇上对自己的贬斥，终要归葬宣州了。这首诗虽然是写离京南奔的情景，但是写于得悉北京覆亡消息之后了（观第二首即知），此时知道崇祯已宾天，对自己的处置意见已无法由皇上更改，所以主意已定。姜埰的这一主意是至死不渝的，而且是最终实现了的，这是姜埰贯彻一生的大关节，其初意即定于此时。此诗值得注意的第三点是对“公卿”与“大将”的指责。此时“大盗”李自成的部队遍地都是，战火不息。公卿因循无为，只是坐食粮肉之辈，不能为国尽力，幸亏皇上英明杰出。领兵的大将更是庸懦无能，百万军队多数都怀有二心。姜埰认为皇上是好的，全是大臣误国，这倒和崇祯本人死前的论调一样。这也是出于忠君意识而得出的一种自然结论。此时的姜埰还无暇对于亡国进行深切的反思，只凭朴素的情感叙及于此。此诗的后半部分就是叙述路途兵戈，艰险备尝，想到父亲丧亡，悲伤满怀。讲到父亲素怀报国之志，欲为国杀贼，孰料壮志未成，但其精神却勃勃如生。直写到痛哭于墓旁，泪水涟涟擦不干了。此时老母已南去避难寻亲，父母死生两别，除了幼弟姜坡随父死之外，父母还有子三人，都于国亡家难中尽不上力，姜埰感到悲伤填臆，哽咽难言。于是，他在匆匆祭父后，就赶紧南去寻母，离开故乡莱阳，踏上了继续仓皇南奔的路程。

姜埰离乡南奔，到达胶西时，就听到了京城沦陷、崇祯皇帝自缢煤山的消息。《自著年谱》谓："旋闻京师陷、皇上殉社稷惨变。""埰随长兄携幼侄骞节，踉跄南渡。"姜埰和他的哥哥姜圻一起，带着小侄子一起往南走。这个时候，山东一带已被李自成的军队占领，到处是大顺政府派去的伪官，而且路上戒严，严查南逃的政府官员。姜埰只好改换姓名，从小路逃亡。这时从行的家仆在混乱中都不愿再南行，有些偷偷跑回去了。到达高邮后，夜里又遭遇抢劫，财物亦不知损失若何。抵达邵伯镇（今属扬州江都区），又遇到当地民众的围堵，而且持刀露刃相威胁。幸亏其中一位秀才认出了姜埰，对民众说："这是姜公，当年在真州为县令，是个好人。现在被贬赴戍，经过这里，大家不要怀疑。"这才解围。姜埰十年为令、建言被贬的良好声誉在这困厄之际起了作用，乱世之中竟有如此公道存焉，令人慨叹。姜埰对这位书生十分感激，觉得没有此人，几乎被杀。但也因此暴露了自己的官员身份，此时，正在严查北来逃官，也很令其忧心。坐船到了扬州邗关，又遇上江北四镇的乱兵，兵无纪律约束，四处抢掠杀人，姜埰所带的衣被等乱兵抢掠一空。当时高杰与黄得功相争扬州，高兵迫近扬州，杀人如草，这正是吴梅村诗所谓"高家兵马在扬州"时，形势岌岌可危。姜埰无奈之中，只好向兵帅写信申明身份，请求派官护行。到了三岔河一带，还是被叛兵劫持，而且受了伤，靠护送的李姓官员急忙告知本帅，缉拿肇事叛兵才得以获免。姜埰要拿出金钱向这位李姓官员致谢，但该人坚持不受，姜埰感激不已，叹为难得的“异人”。此后姜埰得友人郑元勋相助，送其至瓜洲。这时，刘泽清的部队驻扎瓜洲，不许人渡江，姜埰又得另一位故交张万钟相助，因张与刘泽清相熟，陪同姜埰一同过江。过江时遇到将卒的刁难，索要钱物，张万钟指着江水发誓：“我生平不负友人，今天如果使姜公半途而返，是为人不讲信义。我有何面目渡此江，我将投身江流而死！”这种坚决的态度、激昂的辞气打动了守江士兵，遂让他们渡江而去。一路凶险，屡遭危殆，终于过江。他先是在镇江住在一钱姓朋友家，友人蒋拱宸给予了一些资助，为他做了一袭新布袍。于是，他开始访求母亲和弟弟的消息。打听到母亲住在无锡的阳山村杨世御家，姜埰一行赶了过去，母子兄弟得以见面。这是历经千难万险后的相聚，这是国亡家破、离乡背井后的一次全家团圆。姜埰回顾一路走来，感慨为万死一生矣。大概在无锡住了不久，姜埰执意仍要遵崇祯旨意赴戍宣州，正值南明成立，弘光帝下了赦令，免了他的戍役，他才停留了下来。这年九月，他离开无锡，搬到苏州，暂时寄寓在一个吴姓友人的住宅里。

这一路上曾经帮助过姜埰的三位友人应该在这里补叙一下。第一位是郑元勋，字超宗，扬州江都人，中崇祯十六年进士。此人在当地士绅中很有影响，乐善好施，喜与文人交游，画亦有名。崇祯十七年五月，高杰兵围扬州，“杀人则积尸盈野，淫污则辱及幼女”，“进士郑元勋与杰善，亲诣高营解纷，遂入城劝家瑞（淮抚黄家瑞）放高兵入城，便可帖然，谓：‘杰有福王札，命驻扬州，宜善御之，毋撄其暴乱。’士民哗曰：‘城下杀人如是，元勋不见耶？’元勋强为杰辩。众怒，指为杰党，且曰：‘不杀元勋，城不可守。’遂寸斩之城楼”[①]。郑元勋本欲调解高杰与守城官民的关系，以解扬州之围。

① 计六奇《明季南略》，中华书局1984年版，第33页。

但因高杰兵杀人太多，民愤太大，城中民众不欲其进城，又怀疑郑与高杰的关系，对郑的苦心不能理解，遂将郑残杀于城楼。后人多为郑抱屈。郑之事，戴名世亦有记载。姜埰后来于《郑御史传》一文中亦曾补记这位郑元勋。郑元勋与姜埰相识，可能是在姜埰任真州令期间，郑中进士时，姜埰正在狱中，应无结交机会。第二位送姜埰渡江到镇江的友人张万钟，字扣之，山东邹平人。时任镇江府推官。此人即是后来任扬州推官的大名鼎鼎的王渔洋的岳父。王渔洋为亡妻写的《诰封宜人先室张氏行述》一文叙及说："父讳万钟，江南镇江府推官。母李孺人，生母景硕人。宜人生数岁，明慧娴母教，为镇江（张万钟）所奇爱。而先吏部兄（王士禄），镇江兄比部公子婿也，因复以宜人字予。甲申之乱，公兄弟携百口南渡，侨居金陵。"[①]此时，张万钟一家人因避乱侨居金陵，张既在镇江任职，又与刘泽清相熟，故能在渡江时帮助姜埰。张万钟与姜埰是老乡关系，至于两人何时相识，不能确定。后来王渔洋与姜埰相见，不知曾道及此层交谊与此次相助否？这是后话。第三位友人蒋拱宸是姜埰的同僚，官至御史，《明史》记载他曾弹劾吴昌时并牵连周延儒，与姜埰可谓是同道，这次也给姜埰提供了难得的帮助。

这就是崇祯十七年（1644）姜埰南奔的经历，从二月起，至九月暂居苏州，大半年的时间，大都形同逃难，颠簸流连，历险甚多。以上所述，乃据《自著年谱》概括而成。姜埰这段时间，漂泊艰危中不废写诗，写了一些纪实性诗歌，记载这段痛心的经历，可与《自著年谱》相印证。

前述《赴戍》其二，即记载离开莱阳后的南奔经历。诗云：

---

① 《王士禛全集》，齐鲁书社 2007 年版，第 1691 页。

行行至胶西，身病似伺偻。传闻洛阳焚，中原遘豹虎。欲泣不敢泣，寸心已先腐。往投张柏台，羁束家廊庑。青丝白马客，腰间插弓弩。妇女皆走藏，丁男编什伍。路逢所亲人，摇手不言苦。都城飞羽檄，贼官领簪组。日月为昏霾，州里办酒醽。首言按尺籍，仕宦有名数。十日不能食，脂垢头面土。张氏弟子行，中有一二贾。驱马并辔去，送我黄河浒。所恨狼子心，非复旧童竖。当面事主人，转背决一怒。须臾立马前，十人已去五。王臣丘与王，司隶幸再睹。挂席渡河来，始能通脏腑。时有亲手足，可免独行踽。怀中小儿啼，呱呱不得乳。眼中万事异，彷徨泪如雨。

此诗写自莱阳南奔路上的情形。出狱以来，身体病弱。此际闻听北京城陷的消息，既惊且痛，但不敢哭泣。仓皇中投到友人张姓御史家，寄居其廊庑下。路上皆兵，妇女躲避，男丁也被抓去充军伍。路上遇到亲人，都摆手不敢讲话。这时李自成的伪官到处都是，各州都得迎接，并核查乡籍官宦，一时乌烟瘴气，日月为之昏暗。明遗民的诗歌中，多以“日月”喻明，此处“日月为昏霾”，也即明亡。姜埰一家忍饥挨饿，尘土满面。张御史家有子弟经商，陪同他们一起南去，一直送到黄河边上。这时，姜埰随从的家奴出了问题，不愿跟着他南奔逃难，十人中跑掉了五人。姜埰感到愤怒。此类“奴变”，明末乱世中常有，江南士绅家为多，姜埰此数位家仆尚不是为祸之人，其因乱背主已经令姜埰大光其火了。姜埰慨叹，此时家人尚能一起，路上相依相伴。只是小儿饥肠辘辘，啼哭不已。遭逢如此事变，眼前怪异万端，令其四顾彷徨，泪下如雨。这首诗叙事历历，娓娓道来，貌似平淡，实含悲戚，无生涩之典，语句平实。两诗相比，前一首突出了祭父的悲怆，这一首突出了路上的恓惶。

姜埰后来写的《效行路难》五首其一也表达了此际逃难的痛切感受，这是摹仿南朝鲍照之《拟行路难》写的一组作品，《行路难》为乐府古题，但所叙也切合题旨。诗云：

> 君不见，失匹鸟，东西自飞飞。君不见，系槛猿，怒号且啼饥。千人万人皆如此，低头烦冤但唏嘘。古来穷达皆有命，那能眼见万事非。驱马辞家出门去，长路漫漫将安归。

诗纯以抒情为主，首二句用比兴。“失匹鸟”当是喻兄弟分散，东西奔走。“系槛猿”喻自己因建言陷狱，表达内心悲愤与所受饥寒。姜埰随之将一己苦难扩大化为人世的普遍遭遇，时世如此，无人幸免，只能于烦冤中唏嘘叹息，无可奈何。自古以来，虽说穷达皆是命，但眼前这种天翻地覆的时代巨变，实为人世所罕有。当离乡辞家时，自己感到长路漫漫，不知将归于何处。诗虽非如上二首叙述经历，但表达的时代悲愤与个人悲哀则是共同的。

最值得注意是姜埰此时写作的一首五律《赴戍》，题目与上述五言古诗相同，但律诗简短，以强烈的抒情方式，表达自己的志意。诗云：

> 垂死承恩谴，天威咫尺间。荷戈荒徼去，收骨瘴江还。衮职犹思补，龙髯竟绝攀。先皇千滴泪，独在敬亭山。

首联言自己本来是狱中垂毙之人，孰料皇上开恩，将自己贬斥。自己是殿中之臣，与皇上近在咫尺，其喜怒皆其亲承亲受。“天威”一句，于谢恩之中，亦存有凛慄之感。这种感恩与惊恐心理，也即同题五言古诗所说“回首拜我皇，百结满胸臆”之义。次联写贬谪，自己身赴兵役，荷戈奔赴荒远之地；断定此生不能生还，只能如唐代韩愈嘱咐侄孙那样“好收吾骨瘴江边”了。尽管宣州并非如韩愈所贬潮州那样荒远，但被贬的感情是一样的。三联写出自己尽职报国的心情。“衮职”句用《诗经·大雅·烝民》典：“衮职有阙，唯仲山甫补之”，写自己为君建言，也是想补帝王之阙的，可谁知不起什么作用；“龙髯”句用黄帝升天典故，也是化用并改造杜甫《洛阳》诗句“故老仍流涕，龙髯幸可攀”。言现在皇上已故去，自己想随死也不可能。最后一联，表明心志，先皇之命不可违，我只能在谪戍之地敬亭山，流洒思念故国先皇的千滴眼泪了。最末两句与同题古诗的“死当归异域”表达的意思一样，姜埰最后的“遗命宣州”之志，在此就已形成，而且最终得到了坚定的贯彻。这首律诗，运用典故老到，同时化用前人成句，也极为自然，辞约义丰，对仗工整，情感鲜明。我总以为姜埰的诗歌近体优于古体，从这两古体一近体的同题创作来看，他的创作一入手，就存在着这种差异。

二

姜埰到达江南的时候，南明弘光王朝已经建立，历时一年覆亡，接着是隆武一年，同时有鲁王监国，都为时甚短。这几个南明王朝对姜埰均有征召，但他都没有答应出仕。南明永历王朝远在西南边陲，相距遥远，姜埰更是未能远赴。这是一个激烈抗清的火热年代，姜埰没有以一个战斗者的姿态出现，而甘心做一个逸民（此时似尚不可称“遗民”）。

甲申（1644）五月十日，已经监国十余日的福王朱由崧，在诸大臣的再三劝进下，登基为帝。以明年为弘光元年。[①] 五月十三日，即召还被迁谪的官员如章正宸、熊开元、姜埰等“原官起用”[②]。这时候姜埰正在无锡与母亲兄弟相聚一起，诏书也不知是否送达，反正他没有出山，这一年的九月，他又转到了苏州。两地尽管都与南京相距不远，但他没有参加弘光朝政务。他的哥哥姜圻此时开始任象山县令，弟弟姜垓似乎也没有参加弘光朝政事。

没有出仕，并非安全，他们兄弟依然受到党争的牵连，被阮大铖加以政治迫害。其《自著年谱》云：“时陪京肇造，奸壬肆恶，阮大铖以弟垓往劾，故必欲得埰兄弟而甘心，人为埰危，埰夷然也。”当时阮胡子出山，引起朝中正人义愤。阮刻意报复，欲兴大狱，将与其为敌的复社文人一网打尽，首当其冲的是列名《南都防乱公揭》的诸士人。姜垓在行人司时曾建议将题名碑上阮大铖名字铲去，故也列名在案。再加姜埰兄弟本是复社同党，牵连在案势所必然。这事后来姜埰回忆起来，说自己很平静，“埰夷然也”，实际其时则甚为凶险，当时南京好多列名在案的士人都纷纷逃避。姜埰兄弟不在朝，不在南京，似乎没有受到甚为紧迫的追杀。好在弘光一朝不久覆亡，阮大铖的谋害未能得逞，这事也就不了了之。

姜埰写有《乙酉杂诗》四首记载此时的行迹与心情。其一云：

> 日出临清仗，龙江一线通。云垂天阙外，桥过苑城东。瑇瑁鱼皮冷，珊瑚殿角红。南阳新气象，珍重画图中。

此诗写福王登极，弘光朝初开之景象，写出姜埰对这一新王朝抱有

---

① 明遗民多不用清朝纪年，姜埰亦然。但为阅读便利，必要时改用清朝年号。

② 计六奇《明季南略》，中华书局 1984 年版，第 16 页。

的寄望。首联写日出时光，照耀着皇家仪仗。龙江当指南京的龙江驿，即《明史·成祖纪》中记朱棣“还驻龙江”之地，与宫苑一线相通。颔联以开阔意境写明皇宫气象，云垂天外，映带宫阙，桥通东西，连接宫苑。颈联续写仪仗与宫阙，“鱼皮”句指仪仗所穿服饰，装以玳瑁，显得典雅庄重；“珊瑚”句指宫殿一角露出珊瑚般的红色，亦威严壮丽。尾联点题，极为着意。“南阳”以东汉光武帝喻福王，如今朝廷重建，宫苑如画图般壮美。“画图”当为双关，既指宫苑之美，亦喻作者心目中弘光朝应有的宏图之猷。这种新气象令作者感到鼓舞，并表达珍重祝愿。

天子眷尧封，将军重保庸。荒烟浮地远，戍垒傍云重。羽箭连青海，铜牙障黑龙。传闻帷殿出，谁近翠华容。

第二首写史可法出京江北督师。“尧封”指版图或故国，杜甫《诸将》诗五首之三有“沧海未全归禹贡，蓟门何处尽尧封”一句，为姜埰所本。“保庸”一词出《周礼》，指酬赏有功之人。“荒烟”一联写景，写史可法要去的扬州一带，荒烟浮动，云霭重重，写出局势之紧张。“羽箭”一联，上句写战线之广大，下句写抵御清兵。“铜牙”是武器“铜牙弩”。“黑龙”见《淮南子·览冥训》“杀黑龙以济冀州”，指史可法所要面对的北上侵犯的清兵。最后两句最可注意，听说史可法离开南京，姜埰担忧皇帝身边缺乏正人维持朝局。这表明了姜埰对史可法的推重和对南明弘光朝中无人的深切忧虑。可以说，此时的姜埰对朝中形势有着极为清醒的认识。

吾友抡多士，黄金欲筑台。何年收板宇，此日仗人才。桴鼓三城急，军输十道来。须知天子诏，端为武功开。

这第三首“吾友”为谁，我以为是时任吏部给事中的章正宸。章与姜埰是同榜进士，又同在崇祯朝中任给事中，此时正负责选拔人才。姜埰认为此责甚重，应该有当年燕昭王黄金筑台的诚意。国家收复失地之时，正是用人之际，依仗人才发挥作用。姜埰特别强调，军情正急，战事为先，此时需要有文韬武略之人。应知道皇帝的诏书，是为开创武功而发的，此时要首先注重把能够建立武功的人才选拔出来，加以重用。这是姜埰对章正宸的期待，也是他提出的政治见解。

北使为先帝，伤心泪欲沱。黄花一径去，白草五陵过。露井金瓶冷，桥山铁马多。河源无处觅，汉节竟如何。

第四首写左懋第出使。这在南明弘光朝是很有名的事件，左懋第出使清廷尽节而死，时人多比之为汉之苏武和宋末文天祥。姜、左都是莱阳人，同为崇祯四年进士，交谊甚深。左出使前，曾给姜埰写信表达尽忠必死的决心，这封信还保留在《敬亭集》中。诗首联写出左此行目的之一是祭葬崇祯帝，承担这一使命令人悲伤得泪水滂沱。颔联写帝陵情景，以“五陵”代指明陵，黄花遮径，白草弥望，景象凄然。颈联继续写帝陵，带有强烈的情感色彩。化用唐人诗句如王昌龄《春宫曲》之“昨夜风开露井桃”，李白《寄远》之“金瓶落井无消息，令人行叹复坐思”等，写出崇祯帝之一去不返。“桥山”即黄帝陵，此处代指明陵，但突出了“铁马多”，此际明陵被清人兵马盘据，正受践踏，既写出内心的悲怆，亦写出左氏出使任务之凶险。最后合用了张骞出使和苏武持节之典，意为出使的地方在何处？凛然的气节保持得如何？姜埰写这首诗的时候，还是左懋第被清人囚禁关押的时候，左的最终尽节被杀是稍后的事情。姜埰对左懋第的气节是很自信的，他是第一个将左懋第比作苏武的人。全诗突出表达了祭葬先皇的悲伤，对左之忠节的称赏还在其次。姜埰对左懋第极为钦敬，除精心撰写《左侍郎传》外，还多次写诗表达缅怀，这在后边还要谈到。

姜埰这四首写于南明弘光元年的组诗，比较集中地反映了他对时局的看法，在关注中有期冀，在注视中有担忧。既希望新王朝能有中兴气象，又担心朝中无正人，皇上被佥壬宵小左右。他对史可法、章正宸等都在政治上充满期待，对友人左懋第的出使清廷表示了关切与担忧。此时的姜埰虽然身在苏州，没有在弘光政权中任职，但他的忧国之心仍然很强烈。

与《乙酉杂诗》相似的还有《乙酉元日怀两京》一题两首七律。其一云："珂佩锵锵宵烛通，玉皇香案傍瑶宫。新亭风景凋伤后，故国威仪想象中。白虎高楼悬蓟北，朱乌小殿起江东。千官依旧朝仙阙，图籍车书可尽同。"诗写元日大臣趋朝景象，同时作南北两宫对比，表达明朝北京覆亡之悲怆情绪。首联写大臣元日上朝，穿戴整齐，宵烛高张，皇上在瑶宫傍摆下玉案。此种情景亦今亦昔，两京皆同，属南北合写。次联南北分写，上句写南，下句写北。上句用新亭典，既写"风景不殊，正自有山河之异"，也写出自己作为"过江诸人"的一掬眼泪。下句写北京的故国威仪，当年的元日情景如今只在想象之中了。第三联亦是北南分写，"白虎"为西方之宿，为灾星，主杀伐，喻指李自成犯北京。上句写遭侵犯的故宫高楼尚悬于北方。"朱乌"即朱雀，也称朱鸟，方位指南方，也指宫殿名，见张衡《西京赋》。下句指南明王朝新起于江东。最后一联再南北合写，以作对比。"图籍"用刘邦入咸阳，萧何入秦宫先取图籍典，喻指故国文物；"车书"用秦始皇混同车书即"书同文、车同轨"典，唐太宗李世民《重幸武功》一诗有"垂衣天下治，端拱车书同"之句，即用此典。现在正值元日，千官朝班，似与当年无异，可是王朝的文物是否还在，国家是否还是统一的局面，言下有无限感慨，亦含不尽之悲伤。第二首诗云：“帝城冰井忆遐方，乳燕鸣鸠春日长。身近宫云常辨气，梦来埤竹尚闻香。御园柳拂朱门迴，上笏花飞紫陌忙。汉武金盘千载碧，可怜明月出咸阳。”此首全注目北京，写自己亲身感受到的北京元日气象。首联写冬末春初时景，“冰井”为京中储冰的冰窖，为冬；“乳燕”写春日。二联写自己在京中任职，能分辨宫中元日之气，如今梦中尚有宫墙竹子的清香。这首诗的词句多来自杜甫的《题省中壁》一首。杜诗：“掖垣竹埤梧十寻，洞门对霤常阴阴。落花游子白日静，鸣鸠乳燕青春深。”[①] 姜埰诗中“埤竹”“乳燕”皆本于杜诗。三联写京中御园之柳拂与飞花，亦是春景。最末一联作强有力转折，用汉武帝“金铜仙人”被移出京城之典，写出北京已失的哀伤。这两首诗情感浓挚，沉郁顿挫，颇有杜诗之风貌，看出姜埰近体诗写作是从学杜入手，这也是其入手不凡之处。此时同在苏州的姜垓曾有同题和作，我们放在论姜垓时再说。

《敬亭集》在《乙酉杂诗》四首后面还有三首五律，都是写于苏州，大概也作于此时。一首是《具区》，写太湖浩渺的景象。一首是《过吴江怀熊司副鱼山》，是怀念他的同难朋友熊开元的。再一首是《过吴门徐氏园》，徐氏园即苏州著名的留园，这次是与弟弟姜垓以及友人一起游览的，时令是春季，有“寻芳春欲早，选胜酒应频”之句，有寻芳、饮酒之雅兴，有兄弟友朋会聚之轻快，园中雀鸟喧鸣，游蜂逐人，这在乱世中都很难得。但尾联转笔写出悲感，“天涯今日聚，离乱各沾巾”。在这春日游园中感到了浓浓的伤怀，这是国破家亡后相聚，这是天涯离乱后的相逢，在这种时代苦难中，即使是名园美景的游赏，也是很难有多少喜悦心情的。

---

① 仇兆鳌《杜诗详注》，中华书局 1979 年版，第 441 页。

五言古诗《泊浒墅关投酒家王继山》大概也是作于此时。浒墅关在苏州城北，他有一夜投宿于卖酒的王继山家。这个王继山不仅仅是个酒家，在诗中描写得很不一般。诗中称其为“杵臼士”，是个有复仇之志的人物，是个具有豪士之风的民间异人。诗中写道：“路遇杵臼士，自云王继山。为我立斯须，称我美容颜。讶此泰岱人，胡为驻荆蛮。答云仆猥贱，迁引南北间。猎客谨罴虎，危邦防贤奸。西山倾余照，挥手但暝还。”这位王继山称赞姜埰的容颜之美，惊讶地询问一位山东人为何去了南方，姜埰答以乱世的南北播迁。王继山忠告姜埰，离家在外，居于危邦，要小心“罴虎”，谨防为奸人暗算。此时日落西山，他于暝色中与王挥手告别。这“西山”既是写晚景，也是用伯夷叔齐采薇的“西山”之典，是表达自己做遗民的心愿的。从这首诗的“美容颜”，以及苏州“酒家”的“讶问”来看，应该写于初到苏州的这一时期，而不是他十年后长居苏州时的作品。这首诗以问答成篇，既有汉乐府的味道，同时也受杜甫诗歌的明显影响。

从去年的九月到这个乙酉年的五月，姜埰一直居住在苏州，与母亲及兄弟家人相聚一起，还有一些为数不多的朋友相往来。尽管弘光皇帝对他的谪戍宣州予以赦免，但他没有参加南明的政治活动，没有在弘光小朝廷任职。尽管因姜垓过去得罪阮大铖而其兄弟受到政治牵连，但似乎鞭长莫及，危险也没有多么紧迫地到达苏州。他对时局是关注的，也充满了担忧，但他并没有贡献多少政治意见。他于乱世之中有一段难得的悠闲，与兄弟朋友们一起游园赏胜，也有饮酒相会。这一段时间，他似乎也在疗伤，包括受杖刑后身体需要恢复和保摄，精神上也需要一种维护与静养。这种难得的苏州闲居生活，很快又被打破了，苏州不得不离开，他们全家又开始了播迁流离的生活。

三

山东博物馆藏有一部清抄本《明清山左七家诗文钞九种九卷》，编辑者不知为何人，有莱阳张心钤的批校与跋语，现收入《山东文献集成》第四辑，其中有《姜给谏诗》一卷，存诗十六首，全为姜埰《敬亭集》之外的佚诗，弥足珍贵。[①]仔细研究这些诗歌，发现除第一首《过兰村》外，全写于苏州。每首诗的写作时间不易确定，或非写于一时。这些作品为何未收入《敬亭集》，其原因也不好悬揣，但作伪的可能性几乎没有。我们将写于苏州的十五首作品作为一组，放在此处一并介绍，借以了解姜埰在苏州的生活与心境。

这组诗中有几首诗的编年容易确定，一是《吴门晤鱼山熊给谏述怀》写其与熊鱼山见面，有“隔年生死泪，几月别离人”两句，上句下有自注：“狱中聚首，逾冬而春。”是他与熊开元受杖刑后同时关押刑部狱中，自冬至春有一年余的时间，此次在苏州见面，两人才分别数月。两人于甲申年二月谪戍出都，开元先到达杭州戍所，于国亡后到苏州于姜埰相会，此诗写于甲申年下半年，否则不会有“几月别离人”之说。二是《次韵答沈清泉》四诗其四写到弘光帝的所谓“大婚”，姜埰自注为：“时举聘国母大礼”，也为南明弘光时所写，时间也是在甲申年下半年。姜埰《自著年谱》记本年“九月，播迁苏州，寓上津桥吴氏宅”。这两首诗均为甲申年九月后在苏州作。如果将这组诗联系起来考察，其中大部分写于此期的可能性极高。

这组诗的《金阊晓泊》一诗写苏州景象，时令为秋，有可能是姜埰甲申年秋初到苏州时所写。此诗境界明丽，格调轻快，虽有愁怀，但未流露沉痛的亡国哀感，在这组诗中较为特殊。诗云：“隔岸沙明

① 这组诗见《山东文献集成》第四辑第33册，山东大学出版社2010年版，第142—149页。

水，维舟细路寻。人喧因近市，日出望平林。晨起同飞鸟，秋声杂捣砧。卷帆霜照影，寒色动愁深。”首联写沙明水净，乘舟寻路；次联写苏州拂晓景象，市中人喧，朝日初起，映照平林；三联写早起之状，听到秋声里夹杂的捣衣声。末联写停船解帆，寒意牵动愁怀，这愁怀也一定隐含着亡国之悲愁。《由夹浦入吴江》一诗意境与上诗类似。“夹浦”在浙江长兴县，位于太湖之西，而苏州位于太湖之东，若甲申年九月姜埰与全家由无锡至苏州，断无绕道夹浦之理。则此诗作年不可能与上诗同作于甲申，当为后来之作。或因两诗内容相近，而被编在一起。诗云：“两岸蒹葭老，霜风断水文。相看黄叶落，如在旧山闻。石塔穿林见，金庭细路分。晚舟邻古寺，僧出曳闲云。”诗也是写秋景，并写游山寻寺之行径。此时蒹葭已老，秋露成霜，风吹过水面，波纹似断。黄叶满山，如同往日山中所见。诗中“金庭”即苏州之西山，写穿林即见石塔，寺院即在附近。傍晚系舟，僧出迎接，并相偕闲游。诗境悠然，连上诗的愁怀也未曾抒发。

接下来的两题即《僧关愁病》和《赠声谷、衡天二上人》，可能是因上诗已提到寺院，遂编此二题与寺僧有关的诗歌相承接，此组诗编纂的相关逻辑亦隐约可见。《僧关愁病》一题两首五律，写自己住在寺院养疴情形。从写愁、病以及对时事的感喟来看，我以为是作于甲申年的秋季。我们看《僧关愁病》的第二首：“掩关非避客，时事病中违。遥忆乡音杳，多因故旧稀。全城经战徙，一剑负身威。危坐悲歌久，甘心学采薇。”写闭关只是养病，而与时事相违隔，而这时事即是此时南明弘光朝的政事，而这病或即与其受杖刑有关。此时回忆家乡，因故旧之人甚少来往，感觉乡音已久不可闻。“全城”乃写故乡莱阳，写莱阳经战后，人多迁徙，而自己也客居异地，只是还仗剑在身，隐隐尚存有壮志与声威。最后写危坐已久，悲歌之余，甘心做一个西山采薇之逸民。《赠声谷、衡天二上人》或是同时所作，写于寺中与名僧相处，共参佛义，末有“龛前谁独解，玄度可追寻”之句，表达愿相追随之意。

这组诗能明确系年的两首，写熊开元一诗我们放在后边叙姜、熊交往时再说，此重点叙述《次韵答沈清泉》四首五律，这是这组诗中最为重要的作品，最能见姜埰此时的精神与意绪。沈清泉是姜埰的友人，也是诗人，后同为遗民，姜埰《敬亭集》中常有此人出现，只是对其经历我们所知不多。卓尔堪《明遗民诗》中未收此人所作，可能是诗名不彰，查《苏州府志》亦未见此人，可能非苏州人，也与姜埰一样是乱后客居于此。第一首为：“乾坤戎马乱，飘散似飞蓬。家隔千山外，愁多两泪中。笳吹悲塞曲，容啸冷江风。阮籍栖林意，同侪路不穷。”写明亡战乱，戎马之中，只有飘散蓬转。“家隔”一联提炼甚工，思念家乡，因愁落泪，这都因战乱国亡而起，感情极为沉痛。“笳吹”句喻清人入侵，“容啸”句写江风中发出清冷长啸以抒发愁怀。末联写与沈为同侪，两人虽似阮籍之栖于山林，但尚未有穷途之感，于时事似抱有些微希望。第二首写时令是“历秋将已尽，何草不为黄”，用了《诗经·小雅·何黄不黄》一诗的成句。写此时生病与忧时有“病幻思庄梦，忧时吊屈狂”，以庄周梦蝶写出人生迷幻之感，以屈原哀郢写出国亡后之痴狂、悲愤之态。最后写“白莲思结社，高卧赖匡床。”用东晋高僧慧远在庐山东林寺结“白莲社”之典，实写出此际与僧人的来往，“高卧匡床”是慵懒之状，也是病体之像，我觉得这两句所写与《僧关愁病》有关，与此际在苏州姜埰与僧人的交往有关。这组诗第三首即表达强烈的亡国悲愤：

> 何时神州复，威仪见汉官。边烽连海国，泪眼满江干。别恨惊魂痛，生全间道宽。怀归不得去，惟有梦中看。

北方沦陷，明社已屋，神州何日可复，清人何时可驱除，何时才能再复见“汉官威仪”，这是姜埰萦绕于心、最感痛苦的问题。他仍然关注故乡，“海国”指莱阳，那里烽火一片，已为清人占领，而自己滞居江干，每每思之泪眼充盈。感觉离别故乡的惊魂犹在，而这惊魂是因故乡被清人摧残，多位亲人为清兵所杀，也是故国覆亡之惊魂，故言之极为痛心。而自己能够活着自“间道”来到南明之地，也实属侥幸。如今怀归不得，故乡只有在梦中才得以相见。这首诗的悲愤、沉痛心情在全部四首诗中最为突出，也为姜埰前后所作诗歌中极为罕见。其第四首诗为：

> 孤愤书生泪，忧心日转增。国危防未雨，霜薄惧坚冰。曙色千官影，燎光半夜灯。兴朝勤早政，数起辨鸡蝇。（自注：时举聘国母大礼。）

首联承接上诗，仍然写“孤愤”与“忧心”。但从次联开始，转入对南明国事的担忧，姜埰认为国危之际，要未雨绸缪，大敌当前，要着意防范，应充满忧患意识。应该说对于南明国事，他十分清醒，也十分关注。诗下半段写南明弘光一朝之气象，有盼望其忧勤之义，“数起辨鸡蝇”一句，用《诗经·齐风·鸡鸣》之典，朱熹《诗集传》注为：“言古之贤妃御于君所，至于将旦之时，必告君曰：鸡既鸣矣，会朝之臣既已盈矣，欲令君早起而视朝也。然其实非鸡之鸣也，乃苍蝇之声也。盖贤妃当夙兴之时，心常恐晚，故闻其似者而以为真，非其心存警畏，而不留于逸欲，何以能此？故诗人叙其事而美之也。”[1] 末句因帝选妃，而愿其效《鸡鸣》诗，勿耽逸乐，而忧勤

① 朱熹《诗集传》，上海古籍出版社 1979 年版，第 58 页。

于国事。这诗的自注："时举聘国母大典"，成为这组诗编年的重要依据。但此"大典"实未成事，《明季南略》《小腆纪年》诸书均无"大典"的记载。《小腆纪年附考》于甲申（1644）十一月初四日记载："明西宫成，赐名慈禧殿。"十一月十七日记载史可法上疏论恢复事，主张"振举朝之精神，萃四方之物力，以并于选将练兵之一事，庶乎人心可鼓，天意可回耳"。此时弘光帝批旨优答，其中说起国用匮乏，有"西宫大婚，日从省约"句，是弘光帝承认有"西宫大婚"之打算也。直到第二年二月十一日，尚有"明命于苏州织造大婚冠服"[①]之记载。可见这"大婚"虽有其意，始终未成。可能当时传说此类消息，姜埰信以为真，遂有此记载，并作诗咏之。这诗全是鼓励之辞，并无讽意，姜埰此时对南明弘光一朝寄希望如此，于此诗可以概见，可谓苦心孤诣，也说明他对弘光一朝的政治之浊乱，知之不多，实枉费此一番苦心也。

接下来一题诗为《喜表弟李庐山兵曹自广陵至吴门》二首五律，也值得注意。此表弟我以为或是第一章所讲的表伯李笃培之子，但在《莱阳县志》中查不到此人。"兵曹"为府州中管兵事的官员，即兵曹参军。此时李从扬州来到吴门，两人相见。第一首有"别后疑余死，相逢乍尔惊"之句，写两人乱后相见之惊心状。诗后半段为"书生空涕泪，将士不谈兵。铜马谁驱战，何时复汉京"。写两人为国事而忧心流涕，唯恨无人领兵出战，收复汉京。第二首为："吴地非堪避，胡为同卜居。行藏劳岁月，山水放樵渔。海雁迷归路，江城忆旧庐。新亭风景异，交泪满前除。"写苏州也非避兵之所，两人暂居于此亦非长久之计。如此岁月，要考虑"行藏"，只能采取隐居之法。此时莱阳无法归去，旧庐只能空忆。两人都怀"新亭之悲"，为故国之亡

① 徐鼒《小腆纪年附考》，中华书局1957年版，第282、295、323页。

同洒泪水。这两首写给亲友的诗，于国亡之悲愤，故乡之恨别，甚至国事之蜩螗，都表达得很充分，很能代表姜埰此际的心境。

这组佚诗中还有赠与友人的两题诗，一是《赠程穆倩》："十载知名久，相逢水一涯。故乡人尽别，流寓汝同家。北寺悬空磬，南鸿过泛槎。兵戈何日靖，极目望京华。"程邃，字穆倩，为一有名望之诗人、画家，徽州歙县人。我感觉此诗也是甲申年作于苏州。诗写对程闻名已十年，此次是初次相逢。两人都作别故乡，同时流寓苏州。"北寺"为苏州报恩寺，可能即两人相遇之处。此时征鸿飞过，也是秋令，两人都是乘舟而至。末联云云，写不知兵戈何日能安定，只能极目北望，遥看京华，以表达亡国之恨，言之极为痛切。另有《中秋偕同万年少、姚仙期诸友夜泛看月感怀》二首。万年少为万寿祺，姚仙期即姚佺，两人都为著名的明遗民诗人，都怀抗清志节，入清后也多居吴地，所以此题诗写于苏州的可能性极大。唯诗作于中秋，而据姜埰《自著年谱》，甲申年九月方由无锡迁至苏州，则本年中秋时尚在无锡。而至第二年即乙酉年中秋则姜埰已流转于浙东一带。则此诗非作于甲申、乙酉之际，作期尚不能明。诗全写乱世中的怀乡情绪。第一首为："兹夜中秋节，思归白发催。心同流水去，月自故乡来。别恨全家梦，生存两地猜。扁舟难远溯，无意酌金罍。"写思归心切，白发催人老。"心同"一联对仗自然，真情贯注，极有感染力。"别恨"一联，写出与家中亲人的两地怀想，生存状况让人担忧，唯有梦中相见而已。这也不像甲申年全家聚于苏州的情形。末联写故乡难回，自己忧思日甚，面对朋友，无意饮酒。第二首诗意近似："佳节偏增慨，他乡道路阻。客从江上望，月在海边孤。云暗哀鸿雁，林空唱鹧鸪。相看成浊泪，山外望之罘（自注：登郡山名）。"中间二联对仗颇工，显示姜埰五律于此等处功力较深。"云暗"一联暗点时令，此时也是秋季，鸿雁南来，却无家乡消息，空林望去，只闻鹧鸪声声，鹧鸪声类似“回不去也哥哥”，表达有家难回之悲慨，表达婉妙。最后是遥望故乡之罘山而一洒热泪。国难后的思乡情绪表达得淋漓酣畅。

《姜给谏诗》一卷除第一首《过兰村》为七言绝句外，其余全为五言律诗，这也是值得注意的一种现象。我们知道，姜埰《敬亭集》是分体编排成卷的，每卷之中诗歌顺序略有编年意味，但不甚严格。据姜埰《敬亭集自序》，诗集初编于康熙元年左右，曾经姜垓于顺治九年左右的“点定”。这“点定”之中既有修订，也有简汰。后来姜埰又将“点定”之外的诗作了编辑，但“梓成后而又剜之”，即刻板后又毁掉了，未曾保存下来。我怀疑这卷诗即是姜埰编成后又毁板的部分诗歌，被幸运地保存下来。这卷诗有莱阳人张心钤的批校，有几条批语较有价值。如《赠程穆倩》一首眉批为“痛切”，《由夹浦入吴江》一首眉批为“刺入肺腑”。另外卷末总批为：“如农先生诗文颇富，偶得此数首，不过忧国怀乡一义，未及他事。然射石没羽之技尽见，譬之龙在云中，一鳞片介，足觇全体矣。”又云：“江湖魏阙，一片精光，非名臣不办。”揭橥这些诗的主旨与价值，并由人观诗，从姜埰的名臣忠节入手作解，也是颇具评家眼光的。

四

这个乙酉年（1645）的五月，史可法驻扎的扬州失守，清人长驱直入攻下南京，为期一年的南明弘光王朝就覆灭了。弘光朝之短暂，曾引起那位因文字狱被杀的戴名世的慨叹：“呜呼！自古南渡灭亡之速，未有如明之弘光者也。”[1] 随着清人的继续南下，姜埰一家离开了苏州，开始渡过钱塘江，向浙东一带迁移。姜埰全家居无定所，他贫病交加，日子过得十分地艰难。其《自著年谱》云：

> 五月，陪京陷，奉母渡钱塘，客州山吴元素家，复迁偁山章开、章闿家，播离万状，饥寒逼体。再迁天台，客齐世钧家。时埰患肝疾危笃，自秋徂冬，养疴赤城、石梁间，友人雍熙日、韩岩、徐光业、光绶、王士科、张元声、陈剑化、朱存鲁，宗人姜云程、成名[2] 等，日相周旋。

为躲避清人的南侵，不断地播迁，数度的客居，除了躲避战火、保存全家性命外，还要在艰难的乱世中寻找一块属于明人的土地，不受民族入侵的统治，也不经历那“剃发”的民族屈辱。州山、偁山均在浙江绍兴，友人吴元素不易考，章开、章闿兄弟是章正宸的族人。两地居住时间应该不长，他又举家迁到了天台，此时他患了肝病，需要避地休养，从秋天到冬天，他都在天台的赤城山、石梁山间养病。和一帮知心的友人一起往来周旋，成了他生命中最重要的慰藉。

这段时间流离播迁的生活，在他的诗歌中也留下了记录。这其间最重要的作品是五言长诗《天台一百韵》，这是一篇效仿杜甫《北征》的作品。全诗回顾生平，从崇祯帝的忧劳国事说起：“维昔后显懿，多难启宣劳。氛厉既昏弥，逝川若滔滔。所赖经邦事，景属诞登昭。于时广咨谋，诏令出中朝。”崇祯帝的圣明，宵衣旰食，为国操劳，是姜埰诗文中不断表达的意思，他对崇祯皇帝的颂扬在其遗

① 《戴名世集》，中华书局 1986 年版，第 363 页。
② “宗人姜云程、成名”，《敬亭集》华东师范大学本标点为“宗人姜云、程成名”，疑误。

民生涯中一直没有改变，这是一种基本态度。皇上惩罚了自己，毫无怨言，在皇帝生前是如此，在崇祯死后，姜埰这种对故国故君的情感变得更加强烈和自觉。接下来是大段的回忆自己四年前的建言触怒、入诏狱、受酷刑、改刑部、受杖刑等，有许多纪实性的描述，也补充了很多入狱受刑的细节刻画，这些前面已讲，不再具引。再接着是写遇赦后的回乡祭父，南奔路上的仓皇经历，以及见到母亲及家人时的悲喜交加等，也是叙述历历，情感沉痛且细节可按。写到弘光王朝时有四句："回首思北极，尚冀来干旄。新君发宁家，中心转悽憀。"他还是期待弘光皇帝能有一番作为，但没想到如此短的时间就是这样一种凄凉的结局。下面我们着重引全诗的最后一大段，记叙当下在天台的生活情景：

怆哉宗守失，仓皇钱塘涛。百忙包裹累，既携还欲抛。夜栖藉草坐，朝餔糁不调。怀中小儿女，晨夕空嗷咷。稍得沾水浆，反无平时娇。章吴两大姓，寄食曾陪叨。更思到福庭，霞作赤城标。饭煮乌糯粉，鱼充枯木雕。红柿小如枣，白柏雪花撩。兔园[①]二三士，徐氏双龙豪。兼有雍与郝，鹣鹰称心交。朝过大樟树，田父屡相邀。转谓过江客，较胜枌榆嚣。慈亲年七十，不忘三眠缲。大兄绾青纶，小弟位三曹。诸孙安审寓，大小及肩腰。况有未亡妹，敕厨供床糟。成都买髯奴，粗莽堪采樵。居乱诚简易，盆盎百不操。一室恒相对，似已意陶陶。年来虽患病，尚觉身轻趫。未甘沟壑弃，嬉戏若垂髫。有酒须痛醉，榼担时肩挑。终当游五湖，烟波遥相招。

①"兔园"，《敬亭集》华东师范大学本误为"免园"，据光绪己丑山东书局重刊本改。

诗写南京失守后，他即渡过钱塘江仓皇东迁。一路上的包裹颇嫌累赘，几次想要抛掉。夜晚藉草而睡，早饭连米粥也难吃饱。此时拖儿带女，孩子忍受不住饥饿，常常嗷嗷哭泣。有时只能得到点水浆喝，孩子也失去了平时的娇巧可爱。这种叙事的细节，在这首诗里表现得很充分，这是具体而微地学习杜甫《北征》的体现，在姜埰其他的五七言古诗里也很少见，这增加了这首诗的感染力，读来生动如见。"章吴"两句是写来到天台之前寄居州山吴元素和偁山章开、章闿家的情形，他们提供了饮食，也陪同他絮话，这种患难中的友谊令他铭感于心。他要寻找更好的居处，于是来到天台的赤城山。李白《天台晓望》诗中有"门标赤城霞，楼栖沧岛月"之句、《早望海霞边》诗中有"四明三千里，朝起赤城霞"之句，是本诗"霞作赤城标"一句所本。在这里的生活要比以前好一些，能吃上糯米饭，还有形同枯木的小鱼。时值秋冬之际，尚有红柿可摘，但小仅如枣，柏树上已经沾附着雪花。这里有朋友来往，诗中写到了《自著年谱》中提到的几位友人，但称他们是"兔园二三士"，这些友人都是读书人，还尚未取得功名，故名"兔园士"，其中徐氏双龙即指徐光业、光绶兄弟，雍指雍熙日，郝指下文要讲的郝太极将军，他们都是自己的知心朋友。"鹣鹣"句指好朋友，语出韩愈的《送文畅师北游》诗"况逢旧亲识，无不比鹣鹣"。每天经过一棵大樟树，时时有田父相邀。这让人想起了杜甫《遭田父泥饮美严中丞》那首有名的诗，这里的田父大概也是邀请姜埰过去饮酒的。此时的姜埰感觉渡过钱塘江是不错的选择，这里似乎比故乡莱阳还要安宁，"枌榆"是故乡的代称，此时的故乡也处于兵荒马乱之中。这当然是战乱中聊以自慰的话，但也是一种发自内心的表达，写出暂时的安宁之可贵。接下来进入了自己家庭生活的细致描写，也是尽力模仿杜甫《北征》。母亲已经是古稀之年，还在一日三眠之后为家人缝制衣服。大哥姜圻此时正任象山县令，故曰“绾青纶”，“青纶”指佩带官印的青色丝带。弟弟姜垓此时正在监国鲁王的朝中任考功郎，官属吏部，故曰“位三曹”。儿子安节与侄儿审节、寓节等，大小及肩而随。还有一个寡居的妹妹也住在一起，在厨房操办饮食诸事务。从诗中可以看出此时姜埰一家人乱后离开故乡，南奔后从无锡、苏州直到天台依然一起相聚而居的情形，这在乱世中实属幸事，但这一大家人的维持生活也相当不易。诗中写到乱世中的生活实属简易，用不了很多的盆盆罐罐，他似乎着意略去了此时生活的艰辛，显得轻松不少。因此觉得一室之中，一家人能够每天相聚，这种生活是快意的，故有“意陶陶”之感。这是相对于东渡钱塘江一路避难时的“播离万状，饥寒逼体”而言的。此时姜埰患肝病，但身体尚觉轻便有力，他也不甘心这样死于乱世，弃于沟壑，每天还像小孩子一样的嬉戏，有酒即饮，及时行乐。他表示从此就过这种隐居的生活，已经感觉五湖的烟波在向自己招手相邀了，诗的结尾再次表达了此生要当遗民的生活愿望。

《天台一百韵》这首长诗的后半部分写出了此时的生活情景，也表达了亲人相聚、相对安宁的快慰，尽管这是一时的情感，同时也表达了自己终作遗民的心愿，而这种心愿则是长久的，也是姜埰反复表达过的。这首诗在姜埰全部的诗歌创作中是特殊的，也是重要的，这一时期创作的其他诗歌都难以和此诗相比。这一时期姜埰还创作了一些与当时政局相关的诗，有的涉及他的出处态度，我们将在下一节作解读分析。

天台时期的生活回忆不断地出现在他后来的诗歌中，表明此一段生活是难以忘怀的，这里既有颠沛流离之困苦，也有友朋相助之温情。他有《得天台徐王诸友书喜赋》二首五律，这徐即是徐光业兄弟，王即王士科。这些友人寄书加以问讯，姜埰喜悦之余作诗抒怀。其一为:“忽报檐头鹊，天台有寄书。不堪重把读，试问近如何。寓宿三牲杳，归家一鹤虚。昔时同隐者，唯有尔偕余。”诗不能确定写于何年，从“杳”字看，离天台生活已经有多年了。这些往年患难相助的友人来信，当然令他高兴。首联以喜鹊报喜写出见到来书时的兴奋心情。二联写来信问讯近况如何，让他感动，这种感动使他不忍心再三阅读。三联写当年寓居情景，此处“三牲”非指祭祀所用，而是指当年朋友对自己生活的帮助，而这已是很早的事情了，故用一“杳”字。“归家”之家应指莱阳，写自己乱后归家犹如丁令威化鹤归来，有“城郭如故人民非”之感，颇觉世事虚幻，往事成空。末联写当时同在天台隐居的友人，仍然和自己一样保持了遗民气节，寓有相互鼓励之义。其二为:“尺素方裁罢,春鸿哪可传。梦魂天姥月，风雪剡溪船。芝草浑忘世，桃花不记年。遥知兄弟辈，简点璧轮篇。”首联写自己写了回书，但不知如何可寄。“梦魂”一联又回到了天台时光。这一联诗合用了李白《梦游天姥吟留别》的诗句语意，天姥山与天台山相临，李诗的“天姥连天向天横，势拔五岳掩赤城”“湖月照我影，送我至剡溪”等句为这一联诗所本。天姥之月常在梦魂之中，当年也曾与友人在风雪之中行船剡溪，这些都还历历在目，难以忘怀。“芝草”一联写自己今如服食芝草的仙人已浑然忘世，如同桃花源中人“不知有汉，何论魏晋”，继续申述上篇的遗民情怀。末联写徐光业兄弟，“璧轮”指其诗文创作，写徐氏兄弟在隐居之中，当有许多美妙诗文，正可在闲逸中加以简点。这两首诗写出了姜埰与天台朋友之间的友情以及共同且相互激励的遗民志向。

姜埰又写有《杂感》十二首五言律诗，其第九首也是回忆天台生活，并感念徐、王等友人。诗云:“已识朝廷乱，艰难转石梁。竹箪轻似榜，蕨粉白如霜。即次妻孥乐，投闲山水长。干戈虽满眼，生死有徐王。”此时弘光朝倾覆不久，形势混乱不堪，他艰难地来到石梁一带。“竹箄”即竹筏，“榜”有木片、船桨二义，此指竹筏轻如木片，悠游水上。此时所吃的蕨根粉白色如霜。“即次”即随意、任意。姜埰谓在天台期间妻与孩子都很快乐，自己觉得投闲其间，山水可亲，情味悠长。虽然遍地兵马干戈，但有徐、王这些生死之交的朋友相伴，自己很满足。这与其《天台一百韵》中“一室恒相对，似已意陶陶”“未甘沟壑弃，嬉戏若垂髫”等诗句表达的情感完全一样。看来姜埰对短暂的天台生活的安宁和朋友的交往相助时时感念不已。

姜埰后来在苏州写了《偶成九首》，也是回顾平生坎坷之作，其中第二首写到天台生活，同样感谢徐、王这三位朋友。诗云：“三十九岁客瓯越，吁嗟岁晚日车没。东邻有犬夜伺人，搩创一掷钩爪突。苦辞东邻避石梁，草鞵透脚皮肉伤。徐王见之皆掩泪，（自注：徐无逸、印卿，王仲高皆天台友。[①]）大男小妇迎我至。”“吁嗟”一句中，“岁晚”指乙酉年的岁暮，“日车”指太阳，典故出《庄子·徐无鬼》篇，此处既指太阳落山，也是双关明朝的灭亡。“东邻”句写出了姜埰迁居石梁的原因。东邻侦伺，图谋陷害，随时会告讦，才导致他不能安居，故从赤城迁居到石梁。这种避开恶邻还稍费周折，所以他用了“苦辞”之句。迁居路上穿着草鞋，脚底磨破皮肉。最后两句写到徐氏兄弟与王士科一家的热情相迎，以及对姜埰路上艰难的同情。这首诗也写出对天台生活的深刻印象，多少年以后对朋友这种患难中的相助仍然感念不已。

在短暂的天台生活中，姜埰“患肝疾危笃”，此时发生了一件事，他结识了一位略带传奇色彩的友人，值得一述。其《自著年谱》云：

---

① 此自注《敬亭集》华东师范大学本标点为“徐无逸印卿、王仲高皆天台友”，疑不当。无逸应为徐光业字，印卿应为徐光绶字，仲高应为王士科字。

一日过八佛庵，有故帅朴其家人甚厉，埰为劝解。坐谈间，故帅谓埰曰:“先生何惫也？”埰告以病状，故帅曰:“此盖病肝，吾一匕奏效矣。”服药一剂，果瘳。故帅者，云南参戎郝太极也。

顾炎武有赠郝太极诗一首，颇可参看，以了解这位曾是前明将军并在明亡后行医、甘作遗民的奇人。顾诗题颇长，《郝将军太极，滇人也。天启中守霑益，余于叙功疏识其姓名。今为医，客于吴之上津桥，言及旧事，感而有赠》，诗云：“曾提一旅制黔中，水蔺诸酋指顾空。入楚廉颇犹未老，过秦扁鹊更能工。风高剑气岭川外，水沸茶声鹤涧东。桥畔相逢不相识，漫将方技试英雄。”王骥民先生《顾亭林诗笺释》一书功力甚深，于郝太极注为：生平无考。王先生也未引《敬亭集》有关郝之记载，可能未曾注意姜埰与郝太极有这些交往。顾炎武此诗是壬辰年（1652）写于苏州，距郝太极为姜埰治疗肝病已过去八年。从诗题看，郝太极为云南人，在明熹宗天启年间曾领兵驻守霑益州（今云南曲靖北），参与平定当年的土司奢崇明、安邦彦之乱有功。顾炎武在当年的记功疏上曾见过郝太极的名字。写此诗时是初识，郝太极正在苏州一带行医。郝当是明遗民身份，故与顾炎武投缘，两人一见，谈及旧事，令顾感而有作。这种“旧事”，或是当年郝在滇平叛之事，或是谈及明亡之事，故两人心有戚戚焉。顾诗写郝，突出其前明将军与今日医者两种身份，当年的英雄之气化为今天的医者仁心，言外有无限感慨。末联“桥畔相逢不相识，漫将方技试英雄”，王骥民先生注为：“疑二句实有其事，盖二人本不相识,先生或因问病而订交也。”王先生又于诗末笺释云：“先生阅叙功疏时，计年方入邑庠耳。二十余年闻名而不相识，况又经国变乎？‘言及旧事，感而有赠’，当知太极必非寻常武夫或庸医之流。诗题与前三联相应，已道尽太极一生大事，诗以存人，信乎不谬。”[1] 郝太极本来名声不彰，遇上顾炎武当然属于幸运，姓名得以流传。但这种“诗以存人”的作用，不只是顾诗，姜埰的诗歌也是如此。这次姜埰与郝太极在天台也是初次相遇，因劝解郝的杖打家仆而受到关注，而郝竟以一副药就治好了其肝病，可见郝的医术确有不平常之处。郝大概也是因为避乱来到天台，两人患难中相逢，又有治病之情，自然令姜埰十分感激，故在年谱中郑重加以记录。

从顾炎武诗知道，这位郝太极后来到了苏州，专以行医为生。姜埰后来也时常往来苏州，并最后定居苏州十四年，所以姜埰与郝太极继续有交往。其《自著年谱》于“丙申五十岁”时，记载自己患病时，还有“郝太极时客湖州，买舟就医”的记载。其《晚秋同雍辰生及儿安节访郝炼师于吴兴，舟中漫赋》一诗，即写其访郝并求药的情景。共同的遗民志向，再加天台的治病之情，使两人有坚实的友谊基础。姜埰后来写了几首怀念郝太极的诗，先有《怀郝炼师位中》七律三首，对郝极为推崇，诗涉及天台生活，从诗意推测，应该写于离开天台的几年后。其一云：

> 万里炎方边徼多，夜郎诸部起夷歌。本朝封建崇黔国，外镇飞扬拥兑戈。金马欲劳天北使，白狼不渡日南河。昆明池上旂常事，千载君同马伏波。

这第一首全是写郝太极云南为将参与平叛事，颂其武功。当年土司叛乱，金马（云南）告急，驻守的外镇兵徒事飞扬跋扈，无济于事，朝廷派兵征讨。郝太极本是滇人，身为将军，参与了这一战事。姜埰称颂其功绩如同汉代的马援。这一评价不可谓不高，而这完全是

---

① 王蘧民《顾亭林诗笺释》，中华书局 1989 年版，第 277—278 页。

为下一首作铺垫，第二首表达了这三首诗中最重要的主旨。

> 石梁桥上草萋萋，天外诸峰越望齐。腊月天寒生杜若，春风花满过楢溪。千军部伍钲声急，百粤珊瑚树色迷。只恐朝中思李牧，如今楼橹下江西。

第二首题旨鲜明，意义正大，作诗时间也约略可考。首联写石梁之地形与景色，是两人相识之地、相交之始。次联写时令，也是两人游历情景，时值冬季，天寒地冻，杜若尚生，这杜若是香草，也喻指两人气节。春风吹起，花满楢溪，两人曾徜徉春光。楢溪在天台东，杜甫《故著作郎贬台州司户荥阳郑公虔》诗有句为："履穿四明雪，饥拾楢溪橡。"此种词语，亦可见姜埰诗于杜甫之渊源关系。三联颇有意味，当时千军征发，军情甚急，从"百粤"一词看，这是南明永历的战事。末联写此时正是郝太极大显身手，再建武功的时候。以战国武将李牧代指郝太极，寄望永历王朝再征召郝太极，领军参战。"如今楼橹下江西"再度点明此际军事形势。从这句看，此时的"下江西"应是顺治四年的金声桓、姜瓖反正，清人大兵征讨事件。所以我以为此诗写于姜埰四十一岁的丁亥年（1647）[1]，距离郝太极为其治病二年余时间。这首诗不但写姜埰对郝的推崇与厚望，也表明了他此际关注南明、一意抗清的政治态度。

> 寂历千山策蹇行，见人欲避故侯名。不归河北汉光武，尝访天台司马祯。仙塚黄尘多磊磊，湖云白日自冥冥。莫言道士雕胡饭，失意难堪迟暮情。

---

① 《敬亭集》华东师范大学本《自著年谱》将此年"丁亥"误为"丁卯"。

第三首写郝太极无意出山，甘心学道求仙、隐居山中的迟暮之情。郝有医术，大概也有浓重的求仙意识，已经入道修行，故题目称其为“炼师”即道士。题目中“位中”当是其字。姜埰虽然寄望于郝发挥军事才能，参与抗清，但实际上郝却沉迷学道，已不能有所作为。首联写其山中骑马寂寥独行，逢人也不敢暴露自己前明将军的身份，深藏其名。次联以汉光武帝喻指南明永历皇帝，写郝未能归附南明；司马祯是唐代隐于天台的著名道士，李白曾经拜访过，此处喻指学道以后的郝，写姜埰当年对其的造访。三联承学道写出黄尘中仙塚累累，湖边白云悠悠，日色暗淡无光，景中含情，寓有明亡后的时代感受。末联“雕胡饭”一词虽是名物，但亦与李白、杜甫的诗句有关，李白《宿五松山荀媪家》诗有“跪进雕胡饭，月光明素餐”之句，杜甫《江阁卧病走笔》有“滑忆雕胡饭，香闻锦带羹”之句。此联写虽然道士的雕胡饭好吃，郝甘心学道，但与当年的英雄相比，总是失意之人，难掩迟暮之情。对郝的人生于尊重之中不免有些失望，表达了慨叹。

姜埰后来又写了《梦郝炼师位中》五律二首，这已是在郝去世以后，表达缅怀、凭吊之义。其一云：“书剑平生略，刀圭异地传。君臣戎马地，儿女乱离天。雪暗啼猿处，花残乳兔前。蓬莱已无吃，（自注：苏子由梦中句。）怪尔学神仙。”前四句仍是切合郝的将军与医者两种身份，表达今昔对比。后四句写郝学仙无益，最后不免一死，最后嗔怪其前半世英雄，为何后半生误入学道。姜埰对道士之流总无好感，其笃正的儒学信仰总在抵制这些东西，对好友郝太极亦不免惋惜。其二直接写到了郝的死亡：“死属周姜手，生嗟虞夏臣。玉棺书甲子，（自注：公自题其棺。）白马哭交亲。系剑今何处，从游昔几人。九泉雍大理，展谑莫相嗔。”郝死于何时不能考定，死时可能由在苏州的友人料理后事，此处的“周”大概是周茂兰兄弟，“姜”

即姜埰。“虞夏”代指明朝，叹惜郝曾为大明臣子。郝亲手在自己的棺材上题写了生卒年，入清后不用清代年号，只署甲子，这也是明遗民的基本姿态。“白马”即白马素车，写姜埰这些朋友为其送葬，痛哭这位交谊很深的朋友。现在郝已去世，朋友的挂剑之处在哪里？过去的从游还有几人？叹惜之情溢于言表。郝在九泉之下，与其故乡大理相雍隔，听到我的戏谑之语莫要责怪。这“展谑”之语可能就是上诗所说的“怪尔学神仙”。这首诗题为“梦”，全无梦中之景象，这是姜埰学杜甫《梦李白》诗而不到位的地方，但全诗表达的怀友感情还是很真挚的。这种挚情就不全是因为当年在天台的医病之故，而是包含了很深很久的遗民相处相交之情谊。

短暂的天台生活为姜埰提供了一种安宁与快慰，记忆也很深刻，但这并不是他天台生活的全部。此时鲁王监国，山外的抗清斗争如火如荼，姜埰似乎置身局外，但他的心与抗清斗争是相通的，何况他的哥哥姜圻与弟弟姜垓都亲身参加了鲁王的政权。

五

乙酉年（1645）五月，南京的弘光政权崩溃，极为不争气的福王不久被清人俘虏。同年闰六月初七日，唐王朱聿键在郑芝龙等人的拥戴下，正式就任监国。二十天以后，即皇帝位，从本年七月初一日起改称隆武元年，这就是第二个南明政权。这年的六月，杭州被清人占领，不少州县本已递上降表，归顺清朝。“闰六月初旬，颁开剃之令，人护其发，道路汹汹；又郡县奉檄发民除道开衢为驰马之地，人情益恇扰。”[①]“在这种情形下，亡国之痛以强迫剃头为引线迅速点燃了一场抗清的熊熊烈火。”在浙东下层官吏和当地士绅领导的抗清运动基础上，流亡到浙东的鲁王朱以海于七月十八日被拥戴就任监国，改明年为监国元年。监国是代行天子职位，与唐王朱聿键的正式即皇帝位不同，但也实际上形成了弘光之后的两个南明政权，互不归属，相互龃龉。姜埰自五月从苏州逃难进入浙东，就进入了鲁王监国的政治区域。其《自著年谱》于“丙戌年四十岁”记载：

> 江东再造，鲁王监国，擢右司马，遣行人林弘珪、弘琛先后敦趋，弟垓亦应考功诏，皆以母老辞，奉有更番养亲之命。既垓奉使册封，会经筵讲日，监国语垓曰：“归语尔兄，君臣大义无所逃，固不当以乡党之谊见我乎？”时长兄任象山县令，因省兄，旧疴陡发，暂寓奉化县之北寺。未几江东陷，避乱天台之潢水叶承禧家。

这是这一年姜埰的大致经历。鲁王曾提拔姜埰为右司马，这是兵部属下的一个职位。小朝廷接连派行人官林氏兄弟先后督促姜埰赶快到位，求贤之意甚殷。其时姜垓也接到了吏部考功员外郎的任命。兄弟二人都以母老养亲为由表示不应朝命，但鲁王的旨意是二人轮番侍母，先由一人出仕。于是姜垓出山，姜埰未出。不久，姜垓有奉命册封的任务，又适逢为鲁王开经筵讲论经史，鲁王就对姜垓说：“回去告诉你哥哥，君臣大义无所逃避，他有义务出来辅佐。即使不论君臣大义，他就不能以老乡的情谊见我吗？”鲁王朱以海封于

① 林时对《荷牐丛谈》卷四。与下句引语俱见顾诚《南明史》，中国青年出版社 1997 年版，第 256 页。

山东，姜埰为山东人，故以“乡党之谊”加以敦促。鲁王仍期盼姜埰尽快出仕为官，参与鲁王一朝的政治事务。但这也没有打动姜埰，姜埰依然没有应鲁王召而出山。直到第二年六月的鲁王离开浙东、入海进入舟山，其隐居不出的这一主意都没有改变。

在严峻的政治形势面前，姜埰为什么不应召出山，投入火热的抗清斗争？在后来的诗文中，他并没有作进一步解释，对此行为保持了一定的缄默。我们今天只能加以推测。其一，奉母养亲是姜埰自己的解释，这理由有一定的真实性，但又不是全部。应该说，姜埰确有养亲之志，此时姜母年逾古稀，又一家老少数十口聚集一起，需要一人侍奉母亲且主持家务。姜埰自入仕以来十余年，于父母聚少离多，于家庭本抱愧歉之心，再加父亲遇难时，自己正在刑部监狱，不能奔丧，不能祭葬，这种愧歉之意当更加深至。此时的侍母有一种弥补报偿的心态在其中。现在鲁王征召，哥哥姜圻已出任象山县令，弟弟姜垓已入朝为官，留下自己持家养母，其实是一个顾全之策,相信这一安排弟兄三人做过商计。其二,经过入狱杖刑之后，姜埰的身体此时大概问题不大，但精神的损伤一时难以平复，他于此时产生政治厌倦情绪。他不愿再出仕，于乱世之中，不再具有往日的报国激情。一旦激情不再，政治上打不起精神，不应召就是很容易理解的事。其三,姜埰此时还是“遣戍”的身份,仍是戴罪之身，而且这“遣戍”是先皇做出的，尽管弘光帝加以赦免，但从后来看，这赦免好像一直不为姜埰所认可。他对崇祯皇帝极为尊重，后来每每加以缅怀，对崇祯皇帝加于自己的贬谪也甘愿承受，终生谨遵，不敢私自更改。相信这一身份对他当时的不想出山会有一点影响。尽管这可能不是主要的原因，因为当时“遣戍”之臣有一些也参与了抗清斗争，如其好友章正宸即是。其四，更主要的原因，应当考虑姜埰此时对于抗清斗争的清醒认识。作为大明之臣，有义务抗清，但也要清醒地判断这抗清斗争能否成功，有几分把握。他曾经对弘光一朝寄予希望，但不久就看到奸人当朝，政治浊乱不堪，以至于很快倾覆。此时的鲁王偏居浙东，格局更小，势力更弱，再加与隆武帝相互掣肘，分散力量，难以成就大事。姜埰是不是觉得抗清难成，前途渺茫？他从北京倾亡一开始就具有的遗民意识是不是占了上风？隐居山中，静观事变，一旦不成，自己长作遗民、保全气节就是了。徐鼒《小腆纪传》记姜埰不应鲁监国诏云："埰知事不可为，故不起。"[①] 看来，这种对南明政治形势的判断，是姜埰不再入仕的很重要的原因。上述四条，虽然多属推测，但揆之当时形势与姜埰自己处境，也不能说没有道理。

姜埰此时创作的一些诗歌对于自己的心迹有或多或少、或隐或显的披露。其五古诗《杂感》三首，作期虽不能确定哪年，但大致为甲申以后的两三年间。前两首效阮籍《咏怀》，以比兴为之，辞旨隐约，归趣难求。第三首语义较为明爽，我们引在下面：

> 少小挟诗书，多喜寡所怜。横览尽一世，嵚崎凌陌阡。登高陟昆仑，封狼居其巅。左手挽威弧，右手张戈铤。河鼓振云衢，北落何连连。壮士失天时，一身且弗全。翅翅精卫鸟，衔石填海边。岂不奋羽翼，万里阻我前。海水犹可测，智愚苦不专[②]。谁能知我心，哀哉涕泗连。

这也是以比兴为之，写一壮士的心态，未必是写亲身经历。前半段写壮士少读诗书，满腹经纶，怀有壮志，报效国家。他登上昆仑山，

---

① 徐鼒《小腆纪传》，台湾学生书局 1977 年版，第 615 页。

② "智愚苦不专"一句，《敬亭集》华东师范大学本误为"智愚若不专"，据光绪己丑山东书局重刊本改。

看到“封狼”盘踞山顶。此处用张衡《思玄赋》“弯威弧之拨剌兮，射嶓冢之封狼”的句意，“封狼”代指强敌，此壮士有挽弓发矢、澄清天下之志，意欲击溃北方强敌。但天时不利，壮志成空，且自身也难保全。此后，这壮士如精卫填海，志在复仇，也想奋其羽翼，施展作为，但万里阻隔，不能到前线。他觉得海水犹可测，而世间的上智下愚之心不能共同一致，不能专一是最大的痛苦。这位壮士感觉自己的一腔忠心无人能够理解，只能独自伤心，泪流不止了。诗虽是比兴寄托，但后半段也能约略代表姜埰自己的心情。姜埰也有精卫填海之志，有反清之志与复明之望。除了“万里阻我前”（从此句推测，此组诗或可能写于永历时期）的客观原因外，“海水犹可测，智愚苦不专”的苦恼是主要的。他担心人心不齐，不能实现其志，唯有抱着一腔志愿，独自伤心而已，而这种心情又有谁能理解？从这首诗来看，姜埰对抗清前景的判断是比较悲观的，姜埰的忧虑时局、迟疑不肯出山的心态也可以想见。

姜埰此时作《乙酉冬至》七律五首，写出此际的所感所闻，悲喜交加，希望与幻灭同在。其一写“新朝天子”鲁王冬至日于郊外祭天，天子驾车出行，护卫众多，一时颇有气象，他感到春天即将来临。他想到自己当年也曾躬逢其盛，厕身朝班的情形，也感到鲁王有横戈跃马之姿态。末联为“当时传闻收京喜，春荐樱桃九庙歌”，当时姜埰隐居天台山中，消息真假难辨，可能传来明朝军队收复南京城的消息，他感到鼓舞，觉得明春可以到九庙献上樱桃、高奏凯歌了。杜甫有《收京》诗为：“汗马收宫阙，春城铲贼壕。赏应歌杕杜，归及荐樱桃。杂虏横戈数，功臣甲第高。万方频送喜，无乃圣躬劳。”此诗“荐樱桃”亦用杜甫语句，“传闻”的消息也与杜甫诗题同，可惜这“收京”的消息全不真确。其二写鲁王一朝的气象，颈联为“八表圭璋新气象，百年帷幄旧琅玕”，王室新开，帝子在位，“旧琅玕”，有喻鲁王为明裔嫡孙之义。尾联为“帝室飞灰吹不到，云旓仙管斗南看”，“飞灰”为律令，指冬至，此时这里感受不到冬天的气息，东南半天，只见云旗飘扬，只闻仙乐声声而已。其三写冬至时节，霜花遍布，“将军新筑受降城”，此将军或是鲁王所倚重的大将方国安，姜埰仍是寄予希望。下半段则顿入悲凉：“河北伤心秦日月，江东入目汉阴晴。可怜虎旅龙文地，玉帛菁茅几处行。”放眼河北，已尽成清人天下，明遗民喜用“秦”来喻清，以“汉”来喻明，[①]此处亦然。看看江东地区，虽残存汉家旗号，但是半阴半晴，形势很难预料，前景很不乐观。前面所述姜埰对于形势的忧虑，在这句诗里也得以呈现。鲁王的小朝廷，是“虎旅龙文”（虎旅指军队，龙文指宝马），可“玉帛菁茅”这样的祭祀还有几处可行？写出鲁王朝廷的局促、狭小，为之叹息。其第四首注目北方，凭吊覆亡的崇祯王朝，全引如下：

陵阙燕山野草斑，群峰锁钥自雄关。虎贲大内春犹在，龙驭黄花晚不还。银海香烟虚玉椀，白云弓剑冷桥山。明禋何处通宫阙，沙漠阴风未肯闲。

诗写北望燕山明朝陵阙，群峰锁钥，自属雄关，如今已是野草斑斑，几近荒芜。朝廷中的“虎贲”仪卫仿佛犹在，而天子则在这“黄花”季节一去不返。“玉椀”指帝王的殉葬之物，“桥山”为黄帝陵所在，指崇祯帝陵，杜甫《送覃二判官》诗有“先帝弓剑远，小臣余此生”之句，宋陈师道《古墨行》有“初闻桥山送弓剑，宁知玉盌人间现”之句，都可与姜埰此诗参看。两句谓崇祯帝陵无人祭祀，香烟已虚，

① 朱则杰《清代诗歌中的一组特殊意象——“秦”与“汉”》，《社会科学战线》2007 年第 3 期。

极为清冷。“明禋”指祭祀时的献享，指鲁王此时于何处能向崇祯帝陵献祭，这几乎是不可能的事，因为沙漠阴风阻隔，不肯放出空闲。这“沙漠阴风”自然指清人的占领。姜埰在这个冬至日，由衷地为崇祯帝也即是明王朝的倾覆而叹息，写出一种无可奈何的悲凉意绪，此刻他对鲁王朝的“新气象”并没有多少振作之感，感觉比对南明弘光王朝时还要意绪阑珊一些。尽管第五首下半段写道：“王子珊瑚尽龙种，材官风雨守鱼符。南征只为标铜柱，不取通犀翠羽珠。”鲁王也是龙种，材官也还尽职，南征也会像东汉马援那样只为标立铜柱，以定疆域，而不是为了猎取珍宝。这是寄望于鲁王朝廷上下要有所作为，但与上一诗那种悲凉意绪相比，这种寄望要渺茫得多。姜埰的这五首诗，于冬至祭祀之日，有感于鲁王一朝的气象，注目于北方崇祯帝陵的荒芜凄迷，有一种沉郁、悲慨之气盘结于心，从中可以感受到其低落的情绪。

姜埰有一首七律，题为《林大理奉诏至天台和韵答赠》，写的就是《自著年谱》中所记林氏兄弟奉鲁王诏到天台敦促其任职事。林先有诗，姜依韵和诗作答。林诗未见，姜埰诗为：“汉使星轺出上台，明光新草紫泥裁。冠裳快睹南阳制，词赋惊传邺下才。宫柳蚤从龙尾放，山花欲傍马蹄开。九重特降求贤诏，惭愧安车束帛来。”从“宫柳”一联看，这首诗应该写于鲁监国元年（1646）的春季。首联写林氏奉诏乘车而来，新起草的诏书紫泥封印。颔联写自己见到林氏的欣快之情，从林氏衣冠看到鲁王“南阳”龙兴之气，林氏的词赋之才也代表了鲁王朝中的人才水平之高。颈联写时令，亦表达心情。尾联写鲁王监国对自己情谊至重，特意降下求贤诏，并派人带着“安车束帛”前来相请，自己真是既感且愧。“惭愧”二字，既写自己愧不敢当，其不能应诏出山之意也在其中了。

姜埰此时有《和韵送弟垓之官》七律二首，就是在其不应诏出山后，鲁王有“更番养亲”之谕，其弟上任，姜埰与之唱和以作送行。姜垓原诗今已不存。第一首写姜垓入朝为考功员外郎，政事繁忙，尽心公务，最后两句：“郭公为上人伦表，拔尽骅骝冀北良”。用郭隗荐才之典，寄望姜垓为朝廷选拔人才。第二首写出自己婉辞鲁王诏书的心情：“新朝初诏尚书郎，十札丁宁选士方。月照虎贲云外辇，风飘鸡舌殿中香。南陔兄弟惭乌鸟，西瀼乾坤卜草堂。宣室夜来应诏问，为言畎亩负明良。”新朝初开，即命吏部尚书多征召人才，而且天语谆谆，一再丁宁嘱咐。月明之下，仪仗鲜明，拥卫着鲁王的车辇；微风吹过，群臣殿中奏事，飘来鸡舌香的味道。（《汉书》记载，汉代尚书郎含鸡舌香奏事。鸡舌香即丁香。）这是想象中的鲁王朝的情景，也表达一种向往之情。三联写兄弟惭愧于乌鸟，即不能好好侍奉母亲，而自己已经如杜甫隐居瀼西一样修了草堂，无意出山了。同时引出最后两句：弟弟入朝，会有汉文帝半夜于宣室召见贾谊那样的际遇，如果鲁王半夜与你论事，请你一定为我解释，我甘愿栖身田亩，无意出仕，实在是辜负了鲁王朝廷的明君良相了。这是希望弟弟能转达自己的惭愧之情、不能应诏出仕之意。姜埰虽然感到歉疚，觉得对不住鲁王，但自己主意已定，甘作逸民，不再从事政治，他要远离这火热的抗清斗争。

这时姜埰的哥哥姜圻正任象山（今宁波市辖县）县令。姜圻任知县还在鲁王监国前，是受南明弘光朝的任命。《莱阳县志》记姜圻“京城失守，走避江南。福王即位，授象山知县，抚民如子”。《钱肃乐年谱》记乙酉（1645）年钱肃乐在宁波被众人拥戴起事之初，即记载：“知象山县姜圻皆以兵饷会”。此后才叙“遣举人张煌言迎监国鲁王于天台。”[①] 这些都可证明姜圻的任职在弘光时。此时的县令

① 《钱肃乐集》，浙江古籍出版社 2014 年版，第 496 页。

除了地方治理外，其实大部分任务是招募义兵和提供军饷。姜圻是南明抗清斗争的实际参加者，他的抗清态度之积极丝毫不亚于他这两位知名度甚高的弟弟。姜圻因无功名，又屈居地方官，为时也不长，在文献记载上是吃了亏的，关于他的史料是少之又少，多赖两位弟弟的诗文略存一二。姜圻任象山县令期间，姜埰曾前往探兄，并写了几首诗歌。

《宿象山县陈隘村》四首五律，从诗中写"榴花""榕叶"看，应该是写于丙戌（1646）年之初夏。第一首为："今夜明州道，征车暮色中。榴花催日暖，榕叶拂云崇。宿鸟惊初雨，行人趁晓风。东家知礼数，早已化文翁。（自注：长兄时为象山令。）"首联叙事，乘车夜赴象山所在的明州（即宁波）。二三联写景，景中含情，表达即将与兄相见的喜悦、轻快心情。末联写夜宿，东家接待颇周，很有礼数，看出姜圻在此注重教化，当地风俗很好。"文翁"用西汉循吏文仲翁治蜀之典，与王维《送梓州李使君》一诗"文翁翻教授，不敢依前贤"，杜甫《将赴荆南寄别李剑州》一诗"但见文公能化俗"，所用同一典故，唐诗中多用，是对地方官的赞美之辞。第二首为："马首何曾稳，孤踪只自怜。故人新应诏，老将欲行边。市少东邻米，军兴北渡船。乘槎吾有意，不是羡张骞。"这首开始写时世艰难，写自己的人生抉择。自己独自探兄，马首未稳，行踪可怜。这时候一些老朋友都应召出山了，一些老将也要行边作战。但看看市上少米，百姓生活艰难；到处扰扰攘攘，都是军队北渡的船只。如此情势，能有何作为？姜埰想到的还是躲避，他引孔子"乘桴浮于海"表明己意，还特意声明，这种"乘槎"不是张骞出使西域的那种，而是"吾道不行"后的一种选择。姜埰的这次探兄，于蒿目时艰中，还是坚定自己的人生选择。第三首写时局的不利，鲁王朝的挫折："闻道桐江急，潸然泪满巾。拓边收旧域，强干任亲臣。淝水惭安石，函关借寇恂。朝廷新尺一，未敢滞车轮。”桐江被围，形势危急，自己悲伤焦灼；所谓拓边，只是勉强收复旧地，所委任精强干练的大臣都是鲁王亲近之人。此时姜埰已是微露批评之义了。这些亲臣，无谢安之谋与寇恂之智，不能打赢淝水，守护函关。现在朝廷下了新令，自己的车轮也不敢在象山停留了。第四首为：“边事凭谁报，苍生最可嗟。王裒徒有恸，杜甫竟无家。巡守汾阴远，从军太白斜。夜阑星斗直，几度问京华。”如此战事，苦难总属百姓。西晋王裒，因父为司马昭所杀，不臣西晋，三征七辟皆不就，只是徒抱亡国之痛，隐居教书。这典故最切合姜埰，清人也于姜埰有杀父之仇，他也自然会像王裒一样不去觍然事仇。只是此时自己已像安史之乱后的杜甫，漂泊无家了。这是浓重的国破家亡的隐痛。“巡守”指鲁王出巡，汾阴代指巡守之地，着一“远”字，寓有自己不能跟随之义。军队夜间扈从，太白星已斜挂天边。第三联写出自己与鲁王一朝的距离，也写出自己的牵挂。第四联写夜深了，星斗悬空，自己曾几次问起京城也即鲁王的消息，写出自己对鲁王政权的关切与担忧。这四首诗都是象山探兄时的所见所感，形势的糟糕寓于其中，鲁王的不遑启居也托于其中，且三诗关注时局、忧心时事的心情表达得很充分。此种情况下，姜埰再次表达要效法孔子“乘桴浮于海”，效法王裒抱亡国之痛而隐居了。

姜埰后来作七言古诗《偶成》九首，第三首即回忆此次象山探兄之所见。诗云：“四十访兄象山县，将军杀良动百万。城头尸血蝇蚋食，爷死儿死不相见。滋阳殿下朝请尊[①]，亦是高皇之子孙。殿下不言心自抑，但道将军能杀贼。”这里写的完全是另一幅现实画面。鲁王手下的大将方国安辈，御敌无方，却大肆杀戮百姓，其景象令

① “朝请尊”，《敬亭集》华东师范大学本误为“期请尊”，据光绪己丑山东书局重刊本改。

人怵目。城头上尸体横陈，蝇蚋嘬血，好多人家父子俱死。这样的大将到殿上朝见，鲁王作为高皇子孙亦无可奈何，虽然心中不满，但还是得压抑自己的真心，违心地称说将军这是在杀贼。姜埰听闻此事，当时或即悲愤填膺，这样的将军，这样的监国朝廷，究竟能成什么大事。他于鲁王一朝之作为，能不极度失望？多年以后，回忆及此，他依然愤愤不平溢于言表，成为他这次象山之行的一桩悲愤记忆。

姜埰之父抗清殉国后，其兄姜圻任象山县令，弘光朝为旌表其父，敕命于象山县建祠以便祭拜。他写有《谒象山先祠》一诗。诗云："先臣死叙扞城功，祠庙千秋海县中。幽蓟未平封豕窟，蓬莱有恨巨鱼风。紫泥赉板朝廷重，白马飞幢父老同。天际欃枪须敛耀，墓前宝剑挂长虹。"首联写其父保卫莱阳而死，朝廷专门旌表其父节烈，现在祠庙就建在象山这座滨海小城中，供人千秋祭拜。二联写北方尚未平定，敌人还在盘踞（封豕喻清人）；而此时的故乡莱阳，海中大鱼掀起的风浪似乎还携带仇恨（巨鱼用《战国策》靖郭君田婴"海大鱼"典，典故中有"荡而失水，则蝼蚁长得意焉"，亦可参味。）第三联写当年朝廷的旌表如此珍重，现在的象山父老同样珍重地祭拜父亲。末联"欃枪"，本指彗星，也喻指邪恶势力，此处指清人。杜甫《奉送郭中丞兼太仆卿充陇右节度使三十韵》诗中有"几时回节钺，戮力扫欃枪"之句，为此句所本；两句谓父亲墓前的宝剑发出如长虹一般的剑气，足以让天边的敌人感到畏惧丧胆。写父亲大节气贯长虹，千秋不磨，也寓有敌人必被扫灭之义。这首诗在祭拜父亲的同时，表达了对于故明王朝的感怀和对于清人的仇恨。此次象山祭祠，可能是姜埰此行除了探兄之外的另一个目的。关于象山祠，全祖望有《象山姜忠肃公祠堂碑文》一文，记象山祠为鲁王敕建，"而长公方令象山，故礼臣议权为忠肃公立祠于其境内，赐祭，特遣大理事右评事王家勤莅事，侍郎、考功皆来祠下，诸遗民多陪祭，北向恸哭，事在丙戌四月中”[①]。正可参看。

我们前文曾经笼统提过一句，南明的弘光、隆武和鲁王监国都曾征召过姜埰，弘光、鲁王已见上述，隆武征召于史有据乎？此处需要加以补叙一下。姜埰后来有一组七律诗名为《同吴孝廉修能、沈山人清泉访刘别驾旅皇于河口，饮燕弥旬，归而赋谢，孝廉先成，叠韵步和》，组诗共八首，其第二首透露个中消息。诗云：“谷转峰回见草庐，河干风景一楼虚。三千里外无家别，二十年前有客书。（自注：别驾出杨伯祥相国寄余手札。）雨过青山江漠漠，夏凉白日梦蘧蘧。屠苏匕首从君子，天末何人难索居。”这组诗约写于康熙三四年间，距南明隆武朝已经过去二十年。诗中自注颇堪注意。注中杨伯祥即杨廷麟，是明末得享大名的抗清烈士。他与姜埰同为崇祯四年进士，同在朝为官。崇祯时力主对清人用兵，反对讲和，受到主和的兵部尚书杨嗣昌的排挤，派其前往抗清前线任卢象升部队的参军。贾庄之役，卢象升战殁，杨廷麟因在外征粮而免于灾难。回朝后，报告卢象升战死之状，力主旌表，一时正直之声振动朝廷。吴梅村曾有《临江参军》一诗专记这位杨廷麟。南明弘光覆亡后，杨廷麟即被隆武帝任命为武英殿大学士，留守赣州，“专办江楚事”[②]。隆武二年（1646）十月，赣州沦陷，杨廷麟投清水塘自尽，壮烈殉国。就是这位杨伯祥，曾在隆武朝时寄手札给姜埰。这种手札我以为不是普通的朋友书信，而是当时隆武皇帝颁予的“空劄”即空白任命书，招募时填上名字即可。杨的手札可能即自赣州寄出，我以为就是代表隆武朝征召姜埰。可惜的是姜埰并未收到这封手札，二十年后方

① 《全祖望集汇校汇注》，上海古籍出版社 2000 年版，第 437 页。

② 顾诚《南明史》，中国青年出版社 1997 年版，第 301 页。

见，使其颇感怅惘。但当时即使接到此札，依姜埰的三思而后的主意，他既不应近在身边的鲁王诏命，也肯定不会接受远在福建的唐王发出的任命，杨廷麟的这份手札只是一厢情愿而已。

六

唐王于隆武二年（1646）八月在汀州遇难，隆武王朝宣告结束。清兵于当年五月，攻占杭州，进而攻下浙东诸府县，鲁王于五月底航海入舟山，所谓监国也名存实亡了。当年的十月，原封于广西的桂王朱由榔在大臣的拥戴下，先是监国，后于十一月正式即位，定明年为永历元年（1647）。这是南明的第四个也是最后一个小朝廷，抗清斗争的政治中心转到了西南一带，永历王朝在艰难困苦中勉力支撑了十五年，最后在吴三桂的围剿下归于覆灭。

当姜埰在象山看望姜圻时，因肝病复发，他暂时寄寓在浙江奉化的一个寺庙里。不久，浙东沦陷，他回到了天台，住在朋友叶承禧家避难。转眼就到了永历元年。《自著年谱》记载这一年（丁亥年四十一岁）为：

> 是年亡命徽州，变易姓名，水南汪国学曰植、溪南吴孝廉宇安下榻焉。时家人星散，埰隐遁吴氏昌堨山中，躬炊饭，儿为爇薪，孤村风雨，常不得一饱。樵子宋心老时以菜羹啖我，孝廉则从十里外饷以米酒。夏入黄山，祝发于丞相园。七月，自太平县取道东还，太平诸生周项、崔罗，萍踪相聚，一见甚欢，因送别于李太白之桃花潭。九月至真州，举次子实节，侧室王氏出。

这一年的漂泊更为艰难，更为崎岖，是因为在天台时，脚下还是南明一片土，所经之处，还是明代衣冠。这一年的情况完全不同了，清人已占领了东南一带，所到之处，照样还是推行剃发易服之令，这让以故国孤臣自命的姜埰几乎逃无可逃。姜埰“变易姓名”逃到了徽州,还是靠朋友的帮助才能存身。这时,与母亲及兄弟都已失散，只有妻儿为伴。吴梅村作于次年的《莱阳行》有句云:“只君兄弟天涯客,飘零尚是烟霜隔”,即是叙述他们兄弟此际分散之状。姜埰“隐遁”在山中，亲自做饭，与妻儿相依为命，风雨之中，过着饔飧不继的生活。热心的当地友人时时接济他，让他感念不已。几个月中，他就这样隐伏着，避居山中，不接触外人，小心地保护着自己，也小心地保留着明代衣冠,没有剃发。但这不是长久之计,他熬到夏天，终于在黄山毅然“祝发”，剃掉了全部头发，成了个头陀。当时明遗民以全部落发抵抗清人的“剃发令”，是常见的举动。这一种落发，也并不意味着出家当和尚，遁入空门（当然明遗民出家为僧者亦多，如其友人熊开元、章正宸都是)。从后来的诗文记述看，姜埰实际并未出家。且以他的思想信仰看，姜埰对释、道二家均无好感，故不选择出家之方式。而且此时妻儿在旁，妻子还有妊在身，故姜埰此际绝无出家之打算。所以这“祝发”只是逃避清人“剃发令”的一种方式，也便于他日后的出行和进一步的逃遁。徽州邻近宣城，离姜埰的遣戍之地不远，但生活尚未安顿，母亲兄弟尚不知何处，姜埰还来不及考虑赴宣州以终戍命。诸家记述姜埰事迹者，可能考虑到其初到徽州，离宣州至近，都说姜埰于此时始号“敬亭山人”，这种说法并不可靠。总之，姜埰在徽州为时甚短，他觉得此地不可久留，他还要急着去寻找母亲兄弟，于是匆匆离开。先到太平县，与几位友人短暂相聚，就离皖东归。离开时朋友送行，这送行之处正是当年汪沦送别李白的桃花潭，姜埰这时也深感这些友人送别的深情，所谓“桃花潭水深千尺，不及汪沦送我情”也。直到这年的九月，姜埰到了真州，这座他曾经任职十年的县城重新接纳了他，漂泊流离的南明三年多岁月才总算结束。

姜埰有七律组诗《黄山》七首，即写于栖迟徽州的这段时间。他登上黄山，既游览风光，又极目世事，心事浩茫，感慨百端。八诗前三联多写黄山景物，于景物多染哀情，含有凄戚之气，感慨寓于景中。八诗又常常于尾联见意，感慨时事，表明心志。第一首颈联“松柏黄昏声送雨，蛟龙白日气蒸雷”。有阴翳勃郁之气。末联写出“鼎湖一去沧洲远，荒草凄凄吊古台”，写出皇帝已逝，自己只能在这黄山古台上一洒凭吊之泪。这里的“鼎湖”就不只是崇祯，而是包括了已死的南明弘光、隆武二帝，写出姜埰对南明二帝的哀婉之情。第二首多用道家之典，站在玉女峰上，看到仙人驾鹤已去，颔联为“直看吴楚襟裾外，背倒江湖指顾间”，前面是吴楚大地，近在眼前，这片火热的抗清土地已归沉寂；背后是一片江湖，也仿佛在指顾之间，这稽天风波也不知何日能平定止息。尾联为“丹书石室吾何意，桂树秋风忆小山。”写自己无意于求仙学道，觅求丹书，只是在这秋风吹拂桂树之际，回忆淮南小山的辞赋《招隐士》。《招隐士》开篇有“桂树丛生兮山之幽，偃蹇连蜷兮枝相缭”之句，结尾又呼唤：“王孙兮归来，山中兮不可久留”。姜埰吟咏这些赋句，感叹此山不可久留，同时也否定了脱弃人世、入山求道的想法。第三首与第二诗近似，亦是否定神仙，尾联为“闻道神仙丹穴在，玉女何处驾青鸾”，他认为神仙之事，缥缈而不可寻。第五首景象清空，语词流利可诵，我们引在下面：

五月空山凉风凄，欲晴不晴松阴低。百花已向暮春尽，一鸟归来昏夜啼。朝看飞云白石落，日无行人青草迷。与我追寻二三子，坐待娟娟孤轮西。

五月的黄山，寂静无人，凉风凄凄，山中松阴低垂，天气阴晴不定，这既是眼前的景物，也是心中的情感，悲凉、孤独而又难以平静。暮春时节，百花凋尽，一鸟归来，于昏夜中啼鸣不已。这凋尽的百花，又何尝不是南明大势已去的象征，何尝不是“无可奈何花落去”之感；这一鸟独飞，何尝不是自己孤苦伶仃的写照，他也像这昏夜归来之鸟，为南明的败落而悲鸣不已，哀伤不止。独立山头，看到白云消散，白石显出，山中阒寂，连行人都看不到，满眼青草迷离。他与二三友人一起，坐在山头，看到一轮美好的太阳没于西方。这一轮红日西坠，正是比喻南明王朝的倾覆。这首诗情景交汇，词意浑融，哀伤、无奈的情感流贯于意象，时事隐于背后，感慨全在虚处。在姜埰的律诗中自属高格。

组诗的第六首写到游览寺院，或于其“祝发”有关，但诗中未予明写，“古瓦苍苔迷殿阁，御宫春锦剪袈裟”两句或是微露其意。庙中古瓦殿阁，苍苔覆路，身上穿的衣服是当年的御宫春锦所制，现在只能剪为袈裟式样。尾联云：“一自普门杯渡后，紫云寂寥冷三车”。此联中“普门”为佛教用语，出《法华经》，“杯渡”为晋宋间僧人。“紫云”为祥瑞之气，“三车”喻指佛教三乘。此联谓自从晋宋僧人杯渡以后，佛家祥瑞不多见，三乘之说已趋冷。观此联诗，可以看出姜埰对佛教的态度，愈加看出此次黄山“祝发”只是避世，并非真的遁入空门。第七首写徜徉峰顶，留连胜景，似无深意可求。唯第八首可注意。首联为“天都峰出万峰头，屏障东南百粤浮”，写黄山为东南屏障，于此处能远望“百粤”浮动。这“百粤”正是新成立的永历王朝所在地，含有寄意永历的内涵。尾联为：“极望苍山金阙冷，鼎湖尝使赤龙愁”。“苍山”与“百粤”相承，金阙谓宫殿，

“鼎湖”仍指南明二帝之殁世，“赤龙”一词，本指吴王孙权的龙船，但或与韩愈诗有关。韩愈有《和虞部卢四酬翰林钱七赤藤杖歌》一诗，夸大其词写赤藤之神奇，有“共传滇神出水献，赤龙拔须血淋漓”之句，写赤藤出自滇池之神所献，是拔自赤龙之须。这联诗隐约所指，或与永历帝有关，姜埰于黄山遥望百粤之地，觉得南明二帝的鼎湖升遐会使永历帝也感到忧愁满怀。如此解释，或许牵强，但诗无达诂，联系此时形势与姜埰处境，感觉虽不中亦不远。

姜埰后来的《偶成九首》其四是回忆黄山经历的，诗中写道：“四十一岁走天都，携儿狼狈心血枯。恣胸决臆只一饱，水南者汪溪南吴。大小百战井里苦，十人九人遭捕掳。鸟飞兽匿神已惊，兄弟三人谁死生。”回忆此时携儿奔窜，狼狈不堪，感觉心血已枯。当时想尽办法，只求一饱，朋友汪、吴于己帮助颇多。当时大小战争，百姓多被掳掠，村落为墟。自己全家已经如鸟兽失散，兄弟三人生死不明。多年以后，姜埰对于此际的逃难还是惊魂未定，于当时兄弟的离散耿耿于心。

黄山数月，姜埰的创作似乎并不多，颠连困苦之中，近在咫尺的宣州他虽短暂停留，也还无暇想到后来之事。但宣州之戍他始终未忘，这一萦绕于心的地方要等到他二十年后再郑重到访，这是后话。

第七章　遗民岁月（上）

一

从南明弘光到鲁王监国，姜埰辗转于苏州、浙东、徽州一带，于战乱中过着漂泊生活。他忍受了诸如贫穷、孤寂、惊恐等生存困境，坚忍地保持了遗民气节，也保持了自己至高的尊严。虽然没有出仕任职，不参加抗清斗争，但姜埰对南明时事并非漠然置之，而是极为关注，甚为倾心。终其一生，他对大明王朝的深切感情没有改变，他和众多遗民一样，也曾有过对明朝恢复中兴的期冀。直到清康熙元年，永历皇帝被杀，南明彻底结束，他知道天下底定，恢复无望，其生命在遗民岁月中慢慢老去，归于寂灭。

姜埰的明遗民岁月，由于文献资料的限制，我们很难再逐年进行钩稽描述。姜埰的诗歌有意模仿杜甫，纪实性很强，可资使用。但诗歌毕竟是言志抒情为主，概括性强，辞旨隐约，而且《敬亭集》非按年编排，有些诗歌的创作时间不易确定，甚至有关人物的考稽亦不易。依诗歌来叙述其经历，需要谨慎使用。尽管这样，还是要以诗歌评述为主，因为不得不如此。姜埰的古文以《正气集》为主，为忠烈尽节之士作传，叙述自己人生经历的不多。所以接下来的叙述，有些内容无法按年代安排。我们将遗民岁月作为整个大段落，分几个方面进行叙述，力图展现姜埰的人生履历与生命轨迹。其中他多次返回莱阳的乡关情结以及最后的“遗命宣州”，将作为专章来写。

丁亥年（1647，永历元年，清顺治四年）的九月，四十一岁的姜埰从徽州太平县来到真州，他的次子实节也于此时出生，他就在真州定居下来，真州，这座他任职十年的扬州属下的小县城，再次接纳了他，成为其遗民岁月的重要驿站。从四十一岁起，直到其五十四时移居苏州，他在真州僦居十四年之久。这段时间，他基本上是以真州为中心，或向北往来于故乡莱阳，或往南到苏州探望弟弟姜垓，和自己在苏州的友人交游。真州这座小城，于姜埰可谓厚哉。

姜埰于战乱流离后，为什么选择真州作为居留地？这首先是因为他曾在此“作令十年”，在当地颇有声望，于此积累了很好的社会基础。我们看他在南逃路上经过真州时，当地士人听说老县令经过，都乐于相助，即可看出姜埰在这里深孚众望，受到爱戴。这令姜埰对这座小县城也充满了感情，感受到这里的风土人情之淳厚，人际关系之善良，因此乐于安居。

其次，姜埰的原配董氏于崇祯十二年（1639）二月五日殁于真州，他的继配王氏为扬州人，扬州密迩真州，也是他选择真州的一个原因。据魏禧撰《姜贞毅先生副室王孺人墓志铭》记载，王氏“父讳永，徙广陵，业盐策，家室巨万”[1]。姜埰的岳父是扬州盐商，家道极为富裕，这一厚实的家庭背景不可低估，这很可能构成了姜埰作为遗民生存的一个经济基础。王氏于崇祯十四年（1641）十五岁时嫁于姜埰，时姜埰原配董氏已殁两年。王氏陪同姜埰在京城为官，一同经历了姜埰下狱、受杖的惊恐；崇祯十六年（1643）十月，姜埰母亲到京城探望狱中的儿子后，王氏即随婆婆南下扬州，此时其

① 《敬亭集·附录》，华东师范大学出版社 2011 年版，第 331 页。

娘家想必会有一些帮助。随后又与姜埰经历南明数年的漂泊，艰辛备尝，也几经离散。据魏禧《墓志》所述，王氏曾于丙戌年（1646）冬天先期从新安（即徽州）到达真州，或即依托其娘家安排置家事宜。她于第二年五月又返回新安与姜埰相聚，直到七月[①]才与姜埰一同返回真州，并生下儿子实节。姜埰的这位妻子家庭背景不可小觑，其乱世中的才干也令人刮目相看。姜埰之所以定居真州，不能不考虑其妻子家境这一因素，这是姜埰的一个极现实的选择。

姜埰的选择真州，还有一个原因，即他心中有一个极为遥远的政治典型存在，这即是南宋末的民族英雄文天祥。文天祥被元人俘虏押往北京时，囚于镇江，曾乘夜逃遁于真州。真州人至姜埰到来之时，还一直在祭祀文天祥，向这位末世忠臣奉献心香一瓣。这一先贤掌故，激发了姜埰的历史想象，在他眼中，真州曾是忠臣义士的居留之地，留有民族英雄的足迹，他表示“既居真州，舍丞相又谁取法耶？”这使他对于真州，在任职地、岳父家两重关系之外，又增加了一重历史渊源，效法文天祥，坚守民族气节，即使不能挥鲁阳之戈，效精卫填海，却起码可以做“不食周粟”的伯夷叔齐，可像文天祥那样“我心一片磁针石，不指南方不肯休”[②]。这重历史想象，未必是当时选择定居时的初始想法，但对他加深对真州的认识，安于启处却是有影响的，观下文对其《芦花草堂记》分析即可知道此义。

姜埰在结束南明的漂泊后，为什么不回故乡莱阳定居？姜埰的诗文中并没有给出答案，同时诸友人所撰《墓志》等有关传记文字也都隐约其词，如徐枋所撰《谥议》即称其“兵火之下，戍所不可

---

① 姜埰《自著年谱》记载返回真州的时间是“九月”，略有参差。

② 文天祥《扬子江》诗，见钱钟书《宋诗选注》，人民文学出版社 1958 年版，第 312 页。

居，公乃往来大江南北，义不敢还乡邑”[①]。我们现在分析姜埰的心意，虽多属揣测，也是有迹可寻。这主要是其终赴戍地的志愿。他从一出京城，即欲奉崇祯帝命赴戍宣城。听到崇祯帝殉国的消息后，即表示“先皇千滴泪，独在敬亭山”。此后志意坚定，自号“敬亭山人”“宣州老兵”，并由友人绘《敬亭荷戈图》以见志，直到临死的“遗命宣城”，此志终生不渝。所以不返居莱阳，甚至不归葬莱阳，与其终归宣州的一生志向有关。选择真州，也是临时居停，并非终老于斯。另外，此时其兄姜埰奉母已回莱阳，家中事可暂无牵挂；其弟姜垓居于苏州，真州正处南北之间，两边可以兼顾。再加前述“十年作令”之社会基础、岳父家之经济背景等，真州实为其深思熟虑后的极适宜之选择。谢正光先生对此曾有分析说：“凡此种种，皆足证明如农当时选择真州为居停地，实有涉及社会关系、经济实况等因素在内；此一决定，固非偶然，亦非妄然为之者。”[②]

定居真州，就要寻求定居之所，于是姜埰在门生的帮助下，租住了王姓一家的房屋，并着意将其营造为“芦花草堂”。其后来作《芦花草堂记》一文记其事。此文是姜埰文章中少有的妙作之一，既叙经历，又见精神，文约意长，感慨深至，不可不欣赏之。

> 丁亥之秋，余将还乡，而路出真州。是时边笳满地，輚辒相望，及门汪生留余甚款。会予举第二子，因就居而赁王氏之屋焉。屋后一楼，兵火残毁，豁其地，种竹数竿，桐一株，梅二株，移汪生园石者五，三齿立，一卧，一突然。于竹之左侧，庀其材木，作阁一亭二，初名乌兔阁，再名怀旧阁；一亭初名

① 《敬亭集·附录》，华东师范大学出版社 2011 年版，第 311 页。
② 谢正光《停云献疑录》，浙江大学出版社 2016 年版，第 133 页。

向日亭，再名一木亭；一亭初名此石亭，再名秋风破屋，而总之曰芦花草堂。

文章最后说明："堂成于己丑之十二月，而越癸巳八月二十九日记之。"己丑为清顺治六年（1649），是姜埰居停真州的第三年，可见草堂的营造经历有年。癸巳为清顺治十年（1653），是草堂落成四年以后方作此文。文章开头写居留真州颇随意，是欲回故乡莱阳的路上，临时决定。此说未可全信。如前所述，姜埰定居此处，当有许多考虑，绝非一时念头所致。"边笳满地、輴辒相望"，还是兵荒马乱、战车满地之时，姜埰受到真州门生汪氏的款待，深感意厚，遂有留居之念。于是租赁王姓家族的房屋而居，之后便开始了对于芦花草堂的经营。另外，其《自著年谱》于"己丑年四十三岁"记载："正月，长兄殁于家，东归治丧，抚其二孤。是年客真州，赁王生屋居之，署其庐曰'芦花草堂'，取'满地芦花和我老'之诗，文信公曾遁真州故也。"此处所述年份是此文开头所记的第三年，正是'芦花草堂'建成的那一年。实际的情况可能是，丁亥年姜埰即已打算居留真州，并租下房屋。但其后一年，四十二岁时，奉母回莱阳，居留时间可能不短，但后因莱阳县令要征召他出仕，他假装坠马受伤后逃回江南。在真州停留时间也不长。他四十三岁时，又因长兄姜圻的病故，他回莱阳料理后事，照顾两位侄子。家事完结后他才回到真州，安心居住并经营"芦花草堂"。两处记载的不一致，可以理解。四十三岁时，芦花草堂正式建成，他在真州也算正式安居，故在年谱中加以记载。

按文中所记，所租赁的王生屋后有一楼，兵火之后已经残毁，以此为基础，姜埰开始谋划建设。平整其地，种植竹梅桐等花木，并特别从门生汪氏的园林中移来五块石头，加以装点，以

“立”“卧”“突”三字形容石头之形态各异，颇简明生动。在竹林的左侧即东边，购置材木，新修了一座阁楼和两座亭子。阁名亭名都颇为用意，且用过一段时间后再加以改易。“乌兔”喻时光流逝，亦寓怀旧之义，阁两名义近。“向日”者，以葵藿倾日表示忠臣之心，“一木”来自杜甫《水槛》诗句：“既殊大厦倾，可以一木支”，寓乱世中忧国之义。“此石”名见姜埰《真州此石亭作》一诗：“此亭何谓号此石，此石曾经米老呼。”因为园中保留传说中当年大书法家米芾曾经拜过的石头。“秋风破屋”自然来自杜甫的名作《茅屋为秋风所破歌》，写出“此石亭”之简陋状。而屋、楼、阁、亭共同组成了一个院落，总名之为芦花草堂，其取名用意则甚深远。接下来即申述此意。

> “满地芦花和我老，旧家燕子傍谁飞”，此文丞相过金陵诗也。丞相囚京口，夜遁真州，至今真州岁时奉血食不替。既客真州，舍丞相又谁取法乎？

此节虽短，却是全文用力所在，最为警策。文天祥的两句诗见于其名作《金陵驿》，全诗写出亡国之深悲剧痛，历来为世传颂。姜埰借用此两句诗中的“芦花”来命名其真州居停地，当然是因为与文天祥亡国心情的异代契合，文天祥的精神在激励着他，真州一地似乎形成了他与文天祥的某种历史渊源，足以使他与民族英雄心意相通。[①] 文章下边转入了对历史兴衰的深长慨叹：

① 参看谢正光《清初忠君典范之塑造与合流——山东莱阳姜氏行谊考论》，载《亭云献疑录》，浙江大学出版社 2016 年版，第 121—172 页。

> 呜呼，盛衰之事大矣哉！王氏之居，本水南汪鸿胪故宅也。往在昌、启时，鸿胪富甲淮南北，征歌选伎，刻烛连宵。吴伶宋昭文妙色艳绝，以千金购之贮其中，后归帝戚田都督家。长安公卿侈禄处佚之徒，交轸结毂，冀一见而不可得。夫亦乌知十年之间，此地变为干戈烽火之墟，又变为佳花美木之区邪？今余买宅阊阖，旦夕将迁去。后乎此者，又乌知变为何景何物邪？呜呼，鸿胪死，都督又死，长安一炬，帝里不可见矣。此一地者，又乌足以系感慨哉！

这种深重的盛衰之感是明遗民郁结心中，极易引起抒发的一种感受。姜埰这一次的文中感慨，有多重感发的因素。一则是文天祥诗意的感发，文天祥原诗有“山河风景元无异”，“旧家燕子傍谁飞”，本是改造习见的“新亭之泪”典故中“风景不殊，正自有山河之异”的语词，又借用唐人刘禹锡《乌衣巷》“旧时王谢堂前燕”的语典融铸而成，再加上“满地芦花”，共同抒发亡国之恨与身世之悲，这与姜埰的心意完全相同。二则是姜埰的现实感受，姜埰也处于亡国之后，抱遗民忠节之志，同时日感衰迟，极易产生盛衰与兴亡之感。三则是文中所述“芦花草堂”一地之迁转变化、世事无常而引起。这一座园子，先是汪姓富豪所有，后败落归于一王姓人家，今又归于姜埰，且姜埰已经在苏州购房（时其弟姜垓殁于苏州），不久将迁去，此园又不知归于何人？一座小小的故宅园子，竟随时世之兴亡一并迁转无常，如何不令人兴感？姜埰将三重感慨打并在一起，遂引起一番绝大议论，发出语极沉痛的盛衰之感。他着意把真州这一园林的变迁与帝京联系起来，突出亡国悲感，文心独至。这座汪姓富豪的故宅园子，当时有一名伎宋昭文，后被崇祯帝田妃的父亲田弘遇买去京城（这差不多与陈圆圆的经历近似），在当时名噪一时，引得北京的公卿子弟不惜倾财争欲一见。现在明朝国亡，“长安一炬”，一切都归于乌有。姜埰的感慨由这座故宅小园引起，又不仅为此故宅小园发，瞩目兴亡，无边苍茫，只有设身处地，才能领略姜埰这份感慨的分量。

这里我们顺便介绍一下这位汪姓富豪，以及真州颇负盛名的“寤园”，它与姜埰当年作令真州的经历有关，同时又牵连及上年他在徽州避难时的友人，此话题饶有兴味，也较曲折。能考出这些内容，得益于研究中国园林史的王建文博士等人的考证。[①]

“王氏故居，本水南汪鸿胪故宅也。”这里的水南即休宁的水南村，休宁为徽州府属县，汪鸿胪为汪曰校，后避天启皇帝讳，更名为汪允修（或即以字为名）。此君在明泰昌、天启年间入籍扬州，为盐商，经营有方，积累财富钜万，崇祯元年捐钱买了个鸿胪序班的官职，故称“汪鸿胪”，此时大概已故去。据《休宁名族志》“汪姓”记载，汪姓七十九世汪道斌，“慷慨侠烈，久困章缝，遂弃儒，效计然策，以盐政起家。”这大概是汪姓从事盐业经营的开始。其子为八十世“汪良，字民望，号斗南，天性孝谨，沉毅有谋。……及父耄乃服贾，以信义自守，以忠恕交人，故人人乐与同游，一时声播远迩，骤起淮扬，视他贾若霄壤矣”。汪家的盐业在汪良手里更加兴盛。汪良之子为汪机。康熙三十七年《休宁县志》记载：“汪机，字士衡。水南人，笃孝友，好行其德，立义渡，拓宗枋。（崇祯）元年输三千金，授文华殿中书舍人。”汪机是汪氏在真州经营盐业的继承者，也是真州“寤园”的建造者。

汪机的兄弟辈有汪曰植、汪曰校。这汪曰校（允修）即是姜埰

① 王建文等《江苏省仪征市明代“寤园”主人考》，《北京林业大学学报》2014 年第 3 期。《江苏省仪征市明末清初“寤园”“西园”“荣园”“汪园”“容园”“闵园”考》，《北京林业大学学报》2014 年第 4 期。

此时租赁居住的“芦花草堂”的原主人，此故宅先是售于王生，现又转租于姜埰之手。而中间的介绍人当是汪曰植之子汪应昭（字我潜），即姜埰所称的门生。这个汪曰植就是姜埰《自著年谱》提到的在徽州曾经住于其家的友人。即记于“丁亥年四十一岁”时：“是年亡命徽州，变易姓名，水南汪国学曰植、溪南吴孝廉宇安下榻焉”。《康熙增修仪真县志》记载：“汪曰植，字仲培。慷慨抱大志，折节读书，弱冠试南雍，辄冠其同人。尤深古学，论列历代人品得失，有卓识。天启间，纂辑《光宗实录》，求异才，南宗伯大司成合词题荐，以明经应选。时逆珰煽焰，贾祸正士，累疏辞归。至赈饥瘗骨，修桥筑堤，凡关纲常，利死生者，尤多笃行。子应昭，字我潜，亦有父风。”[①]这位汪曰植也是徽州人而入籍真州，论年龄应该大于姜埰。他未从事家族的盐商事务，而专以读书为业，是明南京国子监的太学生，一时有文名。天启年间曾推荐至北京纂修《光宗实录》，因反对魏忠贤的“阉党”乱政，上疏辞职。他是一位颇有正义感的士人，与姜埰政治立场相同。后来在乡里多行义事，有良好的声誉。他与姜埰的相识，应是姜埰任真州县令的十年期间，因其政治立场与乡里美誉，受到姜埰的赏识，两人遂结下友谊。他于明亡后的数年中到达故乡徽州，应是避明末的战乱，这也与姜埰的行迹正相同。在徽州，姜埰就短暂地住在他家里，受到这位友人的难得的资助。他大概也是丙戌年左右又回到真州，这也与姜埰的行迹相同。汪曰植的儿子汪应昭，应是明末真州县学的学生，知县主持县学考试，故姜埰称之为“门生”。这次姜埰于乱后再来到真州，还是受益于汪氏父子，患难中汪氏父子对姜埰的帮助真是可贵而弥足称道。前面讲过，姜

① 马章玉《康熙增修仪真县志》，中国书店 1992 年版。转引自王建文等《江苏省仪征市明代“寤园”主人考》。

埰的妻子曾从徽州返回真州，又重返徽州与姜埰相聚，这其间也定然有汪氏父子的相助。这次介绍姜埰租赁王氏故居并营造“芦花草堂”，对姜埰之帮助也不算小。

这种帮助还体现在姜埰为营造“芦花草堂”，从“汪生园”移来五块石头布景点缀之事。这“汪生园”应该就是真州著名的“寤园”，也称“荣园”“西园”“汪园”，园主人即汪机（字士衡），这些都见于王建文博士等人的研究考证。姜埰在明末任真州县令时，曾与这园林发生过一段并不愉快的经历。据康熙五十七年陆师作《仪真县志》记载：“荣园，在新济桥西，崇祯间汪氏筑，取渊明‘木欣向荣’之句以名，构置天然，为江北绝胜，往来巨公大僚，多燕会于此。县令姜埰不胜周旋，恚曰：‘我且为汪家守门吏矣。’汪惧而毁焉。一石尚存，嵚崟玲珑，人号为‘小四明’云。”汪氏园林招来过往官僚之多，曾让县令姜埰疲于应付，很不耐烦，因而发出埋怨之声，其中大概也有对汪家富室显赫之气的看不惯。而汪家也颇知敛退，于是自毁其园。所谓“自毁”，也不可当真，可能是略作贬损，降低身价，以给县令姜埰面子。因为这园林直到清顺治年间风光犹在，只是已有衰飒气象。明末著名文人张岱于崇祯十年（1637）七月，曾游览真州汪园，他在其明亡后所作的《陶庵梦忆》中回忆说：“仪真汪园，葺石费至四五万。余其所最如意者，为‘飞来’一峰，阴翳泥泞，供人唾骂。见其弃地下一白石，高一丈，阔二丈而痴，痴妙；一黑石，阔八尺，高丈五而瘦，瘦妙。得此二石足矣，省下二三万收其子母，以世守此二石何如？”[①] 其“飞来”峰，当即“小四明”石。白黑二石“弃地下”或即“自毁”之后的景象，张岱慨叹汪家搬运“飞来”峰石花费巨大，运输艰难，遭人唾骂。也感叹汪家白黑二石之

① 张岱《陶庵梦忆》，中华书局2007年版，第59页。

佳妙，他为汪园打算，如果不花费巨资购买搬运“飞来”峰，省下二三万钱可放贷获利，这样就可以长期保有白黑二石，维持汪园绝美景观。观张岱的意思,汪园之败落不是因为姜埰的生气而“自毁”，很可能还有经济方面的原因。顺治八年（1651），著名诗人施闰章来到真州，曾写有《真州荣园》诗二首歌咏此园景象，第一首末联为：“向来歌舞地，长卧老藤萝”，园林气象已不如前。第二首专咏园林奇石，可能即是上述“四明石”。诗特意注明：“主人营此园数十年，尝以千金置一石。”诗云：“岁月为园尽，天然事事工。亭台八云表，户牖绝雷同。片石千金得，三江一涧通。平生丘壑意，浩荡对花丛。”可见此园以石见称，游园者必注意此石，此石花费之多，也常为人感慨。张岱和施闰章两位著名文人于明亡前后这两次来访，姜埰都适在真州，不知曾与其交往否？俟考。后来王渔洋任职扬州推官时，于顺治十七年（1660）也曾到真州游览过此园，并作有几首诗记述游历，时称“容园”。姜埰此年已移居苏州，他与王渔洋或未在汪园见面。姜埰营造“芦花草堂”，竟从汪园移来五块石头，可见汪园石头之多，而自己任职县令，于汪园的衰落亦有关系，不知此时作何感想，这也令他的盛衰之感又多出一层内涵。汪氏家人不计前嫌，以园中景石慨然相赠，亦可见汪曰植父子与姜埰交谊之厚，这与姜埰此前积累的政治声望和明亡后的政治气节有关，属患难相助，有惺惺相惜之感。

汪氏的这座名园，后来归汪机的侄孙汪士楚所有，汪氏家族在清康熙年间还一直保有此园，汪士楚属汪氏家族没而复振的人物。“汪士楚，字荆石，号菊人。汪桓孙。”“壬戌（康熙二十一年，1682）进士，任内阁中书舍人。笃于孝友，狷介，耻干谒。惟以诗酒自娱。著述甚富，士论高之。”后此园归于江都闵氏，故又称“闵园”。也是真州人的显宦同时又是大学者的阮元于清嘉庆四年(1799)

作的《广陵诗事》卷四记载："容园临江边，天启间汪氏所创，后归江都闵氏，即廉风之祖也。有巨石甚奇。园多芙蓉，驿骑过之，有走马看花之谚，今无片瓦矣。廉风泛舟过之，有诗志感云：'我今四顾风凄然，日落村边闻吠犬。'"[①]这里所说的"廉风"即诗人闵华（字玉井，号廉风），所引诗句出自他的《泛舟过容园，片石空存，有感而作》一诗。可见嘉庆年间此园易主后的败落之状，但大家仍然不约而同地注目于园中巨大的太湖石。后来阮元将此石易名为"湘灵峰"，并请真州籍的名画家尤荫（号水村）绘图纪念。这见于阮元的同年友人，著名书法家伊秉绶的《留春草堂诗钞》的记载，集中《湘灵峰歌》的诗序记载亦颇有趣："真州西郊有奇石，本明汪氏园林。康熙间陆中吉先生官此土，厌游客，自称守门长吏，毁园而石存。同年阮中丞物色得之，易名为'湘灵峰'，尤水村布衣绘图焉。"这个汪园在康熙年间竟然又因地方官的微嗔而毁过一次。伊秉绶的这种记载几乎不可信，恐怕是崇祯年间姜埰之事的一种误传，汪园的这种霉运或不至于重复两次吧。汪园的迁徙流传大致如此，可谓盛衰难料，何况规模、名气均不及汪园的汪曰校的故宅，这一故宅虽也有园林景致，当时可能不以园林称，它在明末动荡中播迁更有甚于汪园，先是售于王生，后又租给姜埰，被经营成饶有可观的"芦花草堂"，故姜埰称其"夫亦乌知十年之间，此地变为干戈烽火之墟，又变为佳花美木之区邪？"姜埰也不能久居，故其担心"后乎此者，又乌知变为何景何物邪？"但在明末清初这种山崩地裂的大悲剧中，这种小小的变迁又算得了什么，故姜埰在文末叹息："呜呼，鸿胪死，都督又死，长安一炬，帝里不可见矣。此一地者，又乌足以系感慨

① 转引自王建文等《江苏省仪征市明代"寤园"主人考》，载《北京林业大学学报》2014年第3期。

哉！”将一故宅放在时代悲剧中来审视，是姜埰的大视野；将一故宅的变迁提升到时代悲剧的高度来谛观，也是姜埰此文的意味深长之处。

姜埰就这样又在真州居住下来，从顺治四年（1647）丁亥一直住到顺治十七年（1660）庚子，从他四十一岁一直住到五十四岁，这一住就是十四年之久（如按己丑年他四十三岁算起，居住时间为十二年）。虽然其间他多次来往故乡莱阳和其弟所居的苏州，但都以真州为中心。他于真州的缘分也确实不浅。在这里，他坚守遗民气节，过着清贫的生活，谨慎地与友人相交往，真州形成了他遗民岁月的第一个阶段。姜埰此前的三年，虽未出仕南明，但践土食毛的还是南明一片地，严格地讲那时还不是遗民。但如今，他在清人的统治下，严守气节，过的是真正的遗民生活。五十四岁，其弟姜垓病殁苏州，他移家往彼，苏州构成了他遗民生活的第二个阶段。他移住苏州后，也多次回到真州，有时居住时间还挺长，在真州他仍有事情需料理，真州仍是他心目中的一方故土，令他牵肠挂肚。真州苏州，这两个地方在他的遗民岁月中相互贯通，彼此交叉，划分为两个阶段，只是我们叙述上的方便而已。

二

接下来我们叙述姜埰的移家苏州。

南明弘光时姜埰一家曾在苏州居停过，弘光朝一覆灭，他们一家到了浙东及徽州一带，这里是鲁王监国的政治区域。往这里的迁移，与躲避清人的入侵有关，也与弘光时其兄姜圻任象山知县有关。也正因为到了这里，鲁王才征召其弟姜垓出任考功郎。随着浙东的沦陷，鲁王入海，兄弟奔散，其兄姜圻奉母回到了故乡莱阳，其弟姜垓回到苏州，姜埰则在真州营造“芦花草堂”，安居十几年。埰最后迁居苏州，首要的原因是顺治十年其弟姜垓的病殁。这见于其《祭三弟文》的记述：

> “去冬奴子长干来江北，汝犹寄书曰：‘裴楷治第，即让兄居。杜甫奔峡，每期弟至。近弃梁溪之田，再买剡曲一宅。不烦兄手足之力，而翩翩来矣。’吾徒以食指之困，逡巡未果。使知汝死，吾虽行乞吴市，委妻子于沟壑，吾不一日而离汝行坐也。”

姜垓去世为顺治十年（1653）癸巳之二月二十四，时姜埰四十七岁，姜垓四十岁。“去冬”为清顺治九年壬辰。姜垓来信的主要意思是劝兄姜埰来苏州，且不必为住宅发愁，他都谋划好了。短札全是用典，“裴楷治第，即让兄居”，指姜垓苏州的住宅可以让给二兄住。“杜甫奔峡，每期弟至”，是指兄弟二人常相思念，每愿相聚一起。“梁溪之田”与“剡曲之宅”也是用典，即姜垓卖了一桩田产，又新购买了一座房屋。所以姜垓告诉其兄，若来苏州，不用兄长费力，他都会安排好。但这次姜埰因为家口在真州，对姜垓的极力邀请没有动心。但没有想到转过年来的春天，姜垓就病逝，姜埰极为痛心，他表示，早知这样，我就早来苏州居住，即使无房可住，“行乞吴市”，即使一家人留在真州，“委弃于沟壑”，我一天也不离开三弟。这是姜垓第一次相邀姜埰来苏州。姜垓病逝前再次恳请姜埰来苏州，且以妻、子相托，这是遗嘱，极为郑重，这见于《祭三弟文》的详尽记载。姜埰以“唯唯”作答，也是郑重答应了三弟的恳请，要来苏州帮助料理姜垓家事，照顾弟媳与侄子。但他并没有立即兑现承诺，仍然滞留真州，只是时时来苏州照看。上节所述《芦花草堂记》末尾，他也写到已“买宅阊阖”，有去苏州的打算，那正是姜垓去世的当年八月末，但还是迟迟没有去。其间的原因不好悬揣，或是真州一家安顿不易，或是苏州这边未必急需前来，甚或姜埰担心过早前来会被外人予以误解等。直到顺治十六年的夏天，郑成功攻打南京的“江上之役”爆发，于战火纷乱之际，他的江北住宅被毁，才毅然舍真州而来苏州，兑现对其弟的承诺。“已亥之夏，鼍鼓不靖，余踉跄适吴。”这已是姜垓去世六年以后的事情了。

到达苏州后，也要解决居住问题。他没有住在姜垓欲让给他的住宅，而是自己购买了艺圃。他有《颐圃记》一文专记此事，题下自注为：“后复改名艺圃”。这座住宅的来历也颇不寻常：

> 颐圃者，袁副宪公之故宅也。其地为姑苏城之西北偏，去阊门不数百武，阛阓之冲折而入杳冥之墟，地广十亩，屋宇绝少，荒烟废沼，疏柳杂木，不大可观。故吴中士大夫往往不乐居此，惟贩夫佣卒，编草为室，由其道以达于门，居之宜。不知宪副何取而有之？其后再归相国文公。相国自为孝廉，登巍科，陟翰苑，迄忤珰罢相归，忧乐歌哭于斯。两先生彪炳千秋，穷约不变，至今闻人墨士，览故老之遗文，对旧燕之巢幕，未尝不望衡宇而唏嘘，瞩井臼而忾息也。

这篇记与上节所述《芦花草堂记》有近似之处，即在写法上叙述住宅之迁转无常，并由屋思及其人，为自己寻找精神的依托。这座宅子涉及两人，一个是袁祖庚，字绳之，苏州吴县人。嘉靖二十年辛丑（1541）科进士，从绍兴府推官历任至浙江按察司副使，故姜埰文中称为“副宪公”。袁祖庚曾与戚继光一同抗倭，一时很有名望。

后受谗罢官家居，营建此宅。袁祖庚死后，此园归文震孟所有。文震孟在明末大名鼎鼎。他字文起，号湘南，别号湛持，苏州长洲人。为文徵明曾孙，出身文化世家，天启二年（1622）五十岁中进士，为头名状元，因反对魏忠贤而罢官，风节凛然，为一时人望。崇祯八年（1635）拜礼部左侍郎兼东阁大学士，任职三月即罢官而归，次年即卒。故姜埰文中称为“相国”。艺圃是其早年所购，是其罢官后所居，故姜埰称其“忧乐歌哭于斯”。现在故宅转为姜埰之手，这两位前辈的风操素为其仰慕。姜埰认为袁、文两先生功业彪炳，节操高尚，而且处穷约之中而不变其节，正是自己效法的榜样。而且袁、文二人一直为苏州人所爱戴，当今的文人墨客，阅读二人的文章，再对照艺圃这座前贤栖居之园，往往生出很多感慨，所谓“览故老之遗文，对旧燕之巢幕，未尝不望衡宇而唏嘘，瞩井臼而忾息也”。这种感情也为姜埰所有，不过此时表达的不只是对袁、文二位前贤的仰慕，而是在“故老遗文”和“旧燕巢幕”之中，增加了一重亡国的内涵。所“唏嘘”者不只是前贤的罢官遭际，还有前贤所未曾遭遇的亡国命运。同样是居于此地，姜埰的“忧乐歌哭”要远远地超过前人。

在姜埰的笔下，艺圃并不宜居。他所看到的艺圃，位置虽好，但地广屋稀，池塘已废，荒烟笼罩，树木也不精致，总之“不大可观”。其景象远不及真州的“芦花草堂”，这可能代表了姜埰初到苏州的一种心情，苏州之并不愿来，真州之不愿离去。他觉得苏州的士大夫都不愿住于此地，只有“贩夫佣卒”才适合居住。姜埰觉得这里不雅不韵，有一种俗气，他甚至觉得像袁祖庚这样的高官何以选择这里营建住宅。这固然无意中暴露了姜埰的一种士大夫的清高，但主要道出的还是选择苏州、选择此地的一种无奈。接下来，姜埰继续写道：

己亥之夏，鼙鼓不靖，余踉跄适吴。僦山塘之委巷，初不求承风访迹，窃芳躅于两先生之末席。吾友芸斋周子忽一旦操券而至，于我乎处处。余谓凡天下之无所求而为之者，必天地之气之相感以成其心志之合。宪副四十投簪，耽情禽鱼，此一地也，署曰“城市山林”，是非不独求仕宦也，亦不求必入山林。相国杜门扫轨，屏居树植，亦此一地也，署曰“药圃”，是非独不求三公之荣也，亦不求平泉之乐。余既无以谢周子，则更署之曰“颐圃”。在《易》之《颐》曰：“贞吉，自求口实。”夫求诸己而不求于人，庶几两先生之无所求而为之者欤？

此段开头写其移居苏州的时间颇可注意。“己亥之夏，鼙鼓不靖”，指顺治十六年的郑成功进攻南京之役，此役震动大江南北，姜埰之类遗民本对此役抱有极大政治期待，却未曾料到失败得如此之快。郑成功败退厦门后，大江南北只留下了遍地烽火的遗迹和清人办理“通海案”的严酷。现在还不好揣测姜埰在这场战役中有何秘密动作，密谋迎接郑成功的钱谦益、魏耕诸人多在江南苏州一带活动，据《自著年谱》记载，“五月，至吴视侄寓节。六月，京口兵阻，因同雍熙日、汪之灿避居灵岩山，僧弘储周旋最洽。时烽火弥天，九月始得妻子消息，寻间道入吴，而窠巢一炬，青毡荡然矣。”郑成功进兵之际，姜埰恰恰在苏州，有无秘密活动？很难说。即使有，姜埰也当讳莫如深。如果此时姜垓不死，以其平生态度以及与魏耕等人的关系，会参与此类活动。但姜埰与姜垓性格不同，友人交际亦有不同，以他深藏不露的行为方式，对此持观望态度的可能性极大。但这一战役却对他的生活带来了极大的影响。真州地处江北，又离南京不远，受战役波及难以避免。姜埰在真州的“芦花草堂”受到了损毁，所谓“窠巢一炬，青毡荡然”即指此。他在《敬亭集自序》中也说：“己亥兵燹之余，窠巢一炬，昔时图书，复半毁秦灰汉火中。”这里的“窠巢一炬”，也是指“芦花草堂”的被毁，同时其昔日图书也大多毁于此时。这直接导致了他的舍弃真州而移居苏州。

此节主要写初到苏州及购买艺圃之经过，仍紧承上节袁、文二人而来，突出写“不求”“无所求”，全力发挥此义，写出各自命名之寓意。姜埰初到苏州之时，本不与袁、文二人发生关系，购买艺圃，是友人周茂兰的介绍。所以姜埰认为这是“无所求而为之”，这种偶然的因缘之合，他归之以“必天地之气之相感而成其心志之合”，似乎偶然之中有必然，冥冥中有天意存在，使其与袁、文二人发生了联系，成就了他与前贤的心志之合。然后解释袁祖庚命名“城市山林”之义。袁四十罢官，以此地有池沼林木，故以此命名。“城市山林”者，城市中之山林也，是隐居于城市，不必求丰林茂草之乡野与山居也。他不仅不想再作官，也不想真正隐居于山林，只是隐居于城市，是皆“不求”而无意得之。文震孟也是如此，其署为“药圃”，当是以园中花草名木为药，以养身怡志之义。姜埰的解释是文震孟不但不求位居“三公”的荣耀，而且也不求像唐宰相李德裕那样修建平泉别墅，文氏的“药圃”也是“不求”而无意得之。现在，姜埰得到此园，更名为“颐圃”，对其命名用意也作了一番阐述。命名取自《周易·颐卦》：“贞吉，观颐，自求口实。”“《彖》曰：‘贞吉’，养正则吉也。‘观颐’，观其所养也。‘自求口实’，观其自养也。”高亨先生《周易大传今注》加以解释说：“《颐》卦辞云‘贞吉’者，谓养得其正则吉也。云‘观颐’者，观其人所养之人也。云‘自求口实’者，观其人之自养也。观其所养，观其自养。在观其正否，以断其吉凶。”①《颐卦》的意思是，人的养身，由其正路则吉利，反之则凶。养身正

① 高亨《周易大传今注》，清华大学出版社 2010 年版，第 194 页。

不正，要看其如何养人，如何养自己。有意思的是，姜埰此处引用《颐卦》，故意省略了“观颐”即观其养人一词，突出“自求口实”一句。大概姜埰的用意是，此时他没有养人之责与养人之力，只有自己养自己了。这种正道养身，“自求口实”，自己养自己，正是姜埰当时取名“颐圃”的用意所在。他认为自己居于“颐圃”，求之于自己而不求诸别人，自己以正道养自己，这与袁、文二前贤“无所求而为之”的用意近似。从“颐圃”的命名，既表示自己与之偶然相遇，又表明了自己独善其身、自食其力的人生态度。借园名而言志，这与上节所述的《芦花草堂记》写法相同，只是文笔缠绕，不如前文省净得多。《颐圃记》的最后一节是：

> 闻之形家言，八宅骊珠次于离，当有文昌坐位，居者多贵而贫。相国每语人曰：“吾生平命骨，地脉使然。”夫两先生之居其地也，无所求而为之。若夫处穷约，则两先生心志之所存也。余不敏，不逮两先生远甚，唯处穷约则一。凡余之无所求而为之者，岂亦命骨地脉叶天地感召之气？然附两先生之后尘，以自见其心志，则余之幸也夫。是为记。

文末从文震孟引入风水之说。文震孟中举人甚早，中进士颇晚，中间蹉跎二十余年，但一中进士即为榜头状元。他所居的“药圃”之地，是文昌帝君的坐位，所以主状元之命，“贵而贫”是写其消耗时间太长，且在朝为官时间较短。所以文震孟自己总结命运，认为地脉使然。是这个园子的地脉既有主贵之处，也有主贫之处。这种记述实际上照应了开头一段此地“不宜居”。文震孟这一些佚事，可能得之于文震孟的儿子文秉，文秉与姜埰是友人，姜埰曾为文秉所著《先拨志始》作序。姜埰实际上认为此地的风水与自己也甚相符合。他主要发挥

“处穷”之义。他认为袁、文二先生“无所求而为之”地选择此地，都是于此地“处穷约”，而非处富贵。而自己在前贤之后无意之中也选择了此地，也是为了“处穷约”，这也是自己的“命骨地脉叶天地感召之气”，这里再次承接上文，文脉甚细。姜埰认为此处地脉与自己“命骨”相合，来到这里是天地之气的感召，承接并效法前贤，是自己的一种幸运。最后仍以言志作结。遗民善于“处穷”，毅力也在于“固穷”，经受贫困的考验。姜埰以前贤为榜样，时时以此志向为自励、为警醒。这篇记也是借择居而对遗民心志的一种表白。

姜埰购买“颐圃”后，也仍然保留了袁祖庚“城市山林”的扁额，他请著名遗民诗人归庄题写了额名。归庄有《跋姜给谏扁额后》一文专记此事，此文所记，与姜埰《颐圃记》正可相互发明，且进一步阐发了姜埰的遗民心志，颇有参阅的必要，引述在下面：

> 给谏莱阳姜如农先生，流寓吴中，所居乃故文文肃公之药圃。公以天启壬戌状元及第，崇祯中入阁，二月而罢归。圃之名则始于万历末年，公未第之时，至今五十有余年矣。而药圃之先为袁宪副绳之之居，宪副中嘉靖辛丑进士，强仕之年，即弃官归，以其居有池台花竹之胜，颜其楣曰城市山林。与袁安节抑之、陈方伯子兼、冯抚州信伯辈，觞咏其中，自辛丑至今，盖百有三十余年矣。今先生之流寓于吴，虽陵谷变迁，而此地之池台花竹，犹夫昔也。先生有慕前辈风流，追仍其故额，而命庄复书之。夫城市山林之为药圃，此有明将衰之际也；药圃之复为城市山林，则鼎迁而社屋久矣！望文肃之世，已如隆古，况宪副之时乎？知先生居此，不能无所感矣！然吾闻昔年莱阳之破，杀戮甚惨，先生方以建言拜杖下狱，出狱之后，即避地江南，兵戈云扰，幸得无恙，而栖迟于数亩之园，尘事不闻，

俗客罕至，可以避世，可以娱老，何必桃源、商山哉！书额讫，聊志数语于后。①

归庄叙述园林历史，从袁祖庚到文震孟再到姜埰，同时历数岁月，将“鼎迁而社屋”隐于其中，其中包含了陵谷变迁的巨大历史感慨，这是让姜埰、归庄这类明遗民感到最为惊心动魄的地方。而姜埰着意保存袁祖庚“城市山林”的扁额，既是保存这一历史记忆，同时也是表达对先贤的追慕。而让归庄这样志意坚卓的遗民来书写，则不仅着眼于其书法造诣，也是体现了明遗民之间的同声相应、同气相求。归庄又结合姜埰的个人经历，寄望其在这样一个避世园林中，“可以避世，可以娱老”，能长保其遗民节操，则“颐圃”便可以胜过避秦之桃源，和同样避秦而隐居商山的“四皓”一样过着“贫贱而肆志”的隐居生活。就“城市山林”题扁这一事，表达了两位遗民之惺惺相惜与相互砥砺。

关于苏州“颐圃”，姜埰又有《疏柳亭记》一文，与《颐圃记》不同，此文专记园内景观，及草堂命名之义，最能见出姜埰心志，颇值得一读。文云：

余考功弟易箦吴门，以藐孤相托，余时寓真州。及己亥之变，踉跄渡江，因属老友为余卜居。老友奔折五六月，卜文相国故宅居余。宅与考功易箦地相近，余屡过之，不意遂为余宅。东西数椽临水，若齿，若都雉，若仓府，若鸟之翼，若丛草孤屿之舟。相国意本萧疏，兵燹之后，即世纶堂、石经阁皆荡然。惟古柳四五株，则数十年物。余作草堂三楹，颜之曰“疏柳”，

① 《归庄集》，上海古籍出版社 2010 年版，第 284 页，

志旧也；颜其堂曰“东莱草堂”，颜其房曰“敬亭山房”，余生死之义尽斯矣，岂独相国兴废感慨之故乎？其后若干年，竟居宛陵。

此文应是写于“颐圃”经营初具后，时间或是顺治十七年（1660）。记东西两椽之形态，连用五个比喻，生动之中，亦见园中之萧疏情形。姜埰重新营建草堂三楹，并分别命名，以“疏柳”名亭则是因为园中旧物“古柳四五株”，以“东莱草堂”和“敬亭山房”命名，则是表达自已终其一生的心志：一则怀念故乡，一则不忘戍所，姜埰以为此二则命名，“生死之义尽于斯矣”，即其生则莱阳，死则戍所也。“其后若干年，竟居宛陵”一句，则是悬想之辞，非写此文时已定居宣州（古称宛陵）。从此文可以看出，赴戍宣州，是姜埰念念在兹的一桩事，其生不能居，而死则必葬，是志意坚卓、不能改变的心愿。

这里有一件事需略加讨论，即姜埰何时起了“敬亭山人”和“宣州老兵”两个字号？魏禧撰《本传》，谓其“祝发黄山丞相园，而自号敬亭山人，盖不忘先帝不杀恩也”，此为丁亥年（1647）姜埰四十一岁时事，此为一说，后人多有从之者。应抃谦撰《墓表》，谓其“自是流寓吴门，自号敬亭山人，又号宣州老兵”，即将其取号定于苏州居住之后，此为又一说。第三说为其儿子姜安节著《年谱续编》，于“丁未年六十一岁”时记其到宣州访友考察，与沈寿民等诸友人“相得甚欢，自号宣州老兵，又号役叟”。衡量三种说法，我认为以定居苏州之后的说法为好，姜埰营建“颐圃”，命名草堂，可能即是取号之始。黄山之时，忙于逃乱，自顾不暇，恐不能有此从容思索之心志。如其子记载较确，或是“敬亭山人”取名在前，“宣州老兵”和“役叟”之号取名在后，也说不定。

从顺治十六年（1659）迁居苏州，直到康熙十二年（1673）去世，姜埰就一直居住在苏州的“颐圃”，这十四年的时间，构成了其遗民岁月的第二个阶段，也是其遗民精神得以坚持和完美展现的最后一个阶段。“颐圃”这座精致的园林，便带着姜埰深深的精神痕迹，一直被人缅怀。姜埰去世后，颐圃由其儿子姜实节继续居住与打理，后来的许多文人如汪琬、王渔洋等来到颐圃，也无不欣赏园林风光与仰慕姜埰的情怀，留下了一些诗文作品，继续为这座至今犹在的精致园林增添文化内涵。

三

作为遗民的精神世界，故国之思是其挥之不去的情结，卓尔堪汇编《明遗民诗》，在其序言中说：“予窃谓诸君子始迹虽不伦，要其归则心皆不二。”[1] 认为对明朝故国的忠贞是遗民共同特点，也是判定其是否为遗民的重要标志。姜埰亦是抱有强烈的故国之思者，这一点勿庸置疑。但我们仔细研读姜埰的诗歌，却发现姜埰在丁亥年以后、即成为真正的明遗民之后，这种表达故国之思情感的诗歌是极隐晦、极曲折的，作者有一种不欲人知的心思深藏其间，但又难以抑制表达的欲望。丁亥年之前，还是南明弘光朝及鲁王监国时，他有《乙酉元旦怀两京》《乙酉冬至五首》《黄山七首》《杂感十二首》等题旨显豁的作品，关注时事，伤悼亡国，怀念故君，极为沉痛。丁亥年之后，这类作品就明显减少了，相同主题的表达换了一种方式。这主要是在清人的政治统治之下，姜埰的着意回避，加意自我保护，这是姜埰身为遗民的不得已之处，这一点我们得予以理

① 卓尔堪《明遗民诗》，中华书局 1961 年版，第 1 页。

解。姜埰不似顾炎武、方文等明遗民诗人那样放言直抒，性格上也不似归庄、黄周星那样狂放不羁，在清人的政治统治下，他变得小心翼翼，所以对其难以抑制的故国之情作极为深隐的表达。即便如此，他后来在《杂咏五首》其四中写到家乡“黄培诗狱”这一桩文字狱案，有“闻道胶东郡，诗书起雉罗”句，他还特意加了一个自注：“余诗从未示人，盖慎之也。”可见其谨慎小心的态度。但是，我们还是要在其诗歌中寻求他的故国之思，寻求其作为遗民诗人的这一精神特征，如此方不负姜埰的一番苦心孤诣也。

姜埰有《无题》诗三十首，是一组非常重要的作品。这组诗显然是受唐人李商隐的影响，其题目学义山，其写法也是学义山，辞义隐约，多用比兴手法，多用典故隐喻，迷离惝恍，题旨很难窥测。前人评阮籍的《咏怀》诗“辞义隐约，难以情测”，姜埰的这三十首《无题》诗也颇类似，这组诗可以说既学义山，又学阮籍。但尽管如此，如果突破艰涩的诗句，我们还是可以把握到一些深隐的主旨。其一云：

> 太虚仙阙本崆峒，天上霓旌想像中。金殿暗尘侵踯躅，银瓶秋水冷梧桐。独眠已分成冰茧，纵死应拼似蠹虫。犹恨汉宫年十五，花颜原不比春红。

对于姜埰一些诗歌的解读，我有一个习惯的认识，就是一定要溯源至杜甫，盖姜埰在诗歌写作中有意学杜，词语典故多来自杜甫。解读像《无题》这样深隐的作品，也得使用这一方法。当然这组诗有意模仿李商隐，有时也有必要追溯到李义山的作品。这首诗的首联用道家意象，“太虚”为道家所谓的混一之境，实为时空广大之宇宙。崆峒山在今甘肃平凉，亦为道教名山，相传是黄帝向广成子问道之处。“崆峒”一词即为杜诗常用，其《寄高三十五书记适》一诗有句“主将收才子，崆峒足凯歌”；其《洗兵马》一诗有句“已喜皇威清海岱，常思仙仗过崆峒”；其《喜闻盗贼蕃寇总退口号五首》诗又有“崆峒西极过昆仑，驼马由来拥国门”之句，大多指凯歌高奏、帝王驻足之地。第一联是写帝王的宫阙在仙山之中，天上的五彩旌旗只能在想像之中才能得见。“霓旌”一词亦见杜诗，其著名的《哀江头》诗有“忆昔霓旌下南苑，苑中万物生颜色。昭阳殿里第一人，同辇随君侍君侧”，以“霓旌”代指唐明皇的旌仗。李商隐亦用此词，如《天平公座中呈令狐相公》一诗有“罢执霓旌上醮坛”之句，仍然是用道教的典故。姜埰此句是用杜诗，以“霓旌”这样的神仙仪仗代指帝王。此联诗写帝王升遐，乘彩旗神仙仪仗游于太虚之中，显然是喻指崇祯皇帝，写得虚无缥缈。第二联有点写实意味，金殿中的暗尘侵蚀着往日帝王的足迹，宫中梧桐树下，用银瓶汲取的井水透着寒冷。“银瓶”一句几乎全部化用唐人张籍的《楚宫怨》一诗，张诗为“梧桐叶下黄金井，横架辘轳牵素绠。美人初起天未明，手拂银瓶秋水冷”，全写宫中情景。这一联写亡国后想象中故宫的清冷，心情之悲凄可以想见。第三联写自己现实处境与心志。亡国之后，自己抱节独眠，如同冰茧自缚；此后余生，拼死也要做一个蠹虫。“蠹虫”为何，一般是指沉迷读书之蠹虫，但此诗不仅仅这一层意思，尚有照应上句“冰茧”，写至死都做魂萦故国之蠹虫。如若此解尚可，则写出姜埰亡国后执意归心故国故君的情思。最末一联题旨稍明朗，因为点出“汉宫”，“汉宫”是《无题》这组诗常用的意象与语辞，不可不注意之。“汉宫”唐诗中亦常用，寓意易解。这联诗的意思是，如今抱有遗恨的，是十五年来的明故宫，花开的颜色已不似当年的春红。“春红”一词，不免让人想起李煜的著名词句：“林花谢了春红，太匆匆，无奈朝来寒雨晚来风。”这一联的“犹恨”二字最为用力，情感奔迸，写出姜埰的最大痛楚。如果“年十五”的理解不误，这首诗当写于清顺治十五年左右（组诗可能并非写于一时，而是汇编在一起），是崇祯王朝覆亡已经十五年了，作者时时怀想，时时感觉痛苦，透过用典，已经作了很沉痛的表达。

解读《无题》这组诗很有挑战性，既要破解晦涩、隐喻的词句，也要时时警惕堕入望文生义、牵强附会的窠臼。按着这一思路，我们再解读一首《无题》。我们选第三首来讲，似乎要比上首容易些。诗云：

> 旧恨新愁欲满腔，萧萧暮雨对银缸。秋风露冷仙人掌，素练霞飘玉女窗。桂树不堪形作只，画屏还见绣成双。湘江夜月秋波转，心似车轮未肯降。

首联是直接抒情写景的句子，诗人胸中满是旧恨新愁，此旧恨新愁既可合而言之，也可分而言之。合着说，自然是明亡之恨与愁；分开说，旧恨指北京的明亡，新愁则南明永历王朝的临近末路之困境。在这种满腔的恨与愁中，作者独坐一室，愁对银灯，而屋外则是萧萧暮雨，淋漓一片。“萧萧”一词，让人极易想起杜甫《登高》诗中的“无边落木萧萧下，不尽长江滚滚来”，也极易想起宋人柳永《八声甘州》中的词句：“对萧萧暮雨洒江天，一番洗清秋。”“旧恨新愁”与“萧萧暮雨”等词，几近白描，感发能力却极强，令人生出无边苍茫之感，即使不知道语典，也不妨碍对诗句的理解。颔联我以为全从李商隐的诗句化出，义山之《和友人戏赠》诗中有“仙人掌冷三霄露，玉女窗虚五夜风”之句，但李诗是写男女情愫，姜埰只是化用词句，语义则与之完全不同。“仙人掌”是用汉武帝金铜仙人捧露盘之典，可参见唐人李贺的名作《金铜仙人辞汉歌》，李贺诗中“空将汉月出宫门，忆君清泪如铅水”这样的句子也有助于增加对姜埰诗歌的理解。秋风露冷之际，拆除金铜仙人，仙人为之流泪。玉女窗为嵩山古迹，据说汉武帝曾在此见到玉女，“素练霞飘”为玉女仙袂飘飘之状。若此上下两句用典都与汉武帝有关，寓意甚明。都以汉喻明，写明朝崇祯帝已在仙乡也。颈联上句写桂树形单孤零，则是仰望明月，作此悬想，但写到“桂”字，我总疑心与永历桂王有关；下句“画屏”句，我也疑心与李商隐《柳枝五首》之一有关，义山诗为：“画屏绣步障，物物自成双。如何湖上望，只是见鸳鸯。”但义山诗情辞单纯，姜埰诗隐喻为何，颇不易解。或是上句室外望月伤心，思及先帝；下句室内近见画屏，仍见绣成双鸳鸯，思及帝后同在仙乡乎？尾联辞意尚属明爽，“湘江”句承上句望月，月映江中，随波流转，无限关切之义尽在句中，“心似”一句，写牵挂忧伤之意如车轮翻转，不肯平息。末联点出湘江，与上句“桂”字相承，其意在南明永历桂王的意思似乎愈益明显，“心似车轮”一句亦承接首句“新愁”之意，似表达牵挂永历王朝之心潮不平也。总之，此首在表达帝王仙逝之亡国之悲中，似有关注永历王朝的意蕴在内。寄意永历的这种题旨在姜埰的其他诗中还曾表达过，下面还要讲到这一点。

解释姜埰的《无题》诗三十首是一件十分吃力而又冒险的活儿，但不如此，我们对姜埰的怀念故国之情就难以有真切深入的把握。所以不避困难，我们再大胆地解释一首，而且尽量选取觉得容易解说的作品。这就是第十八首：

上林春树色全消，惊看啼乌落柳条。碧草暗侵珠箔寂，浮丝深锁玉墀遥。终怜眉黛施轻手，肯与婵娟斗细腰。今日黄冠称入道，汉宫犹忆夜吹箫。

首联仍以汉代上林宫苑代指，春意已逝，树色的生机似消褪殆尽，只有啼鸣的乌鸦落在宫苑的柳条上，“惊看”是诗人看后之心惊，心惊于昔日繁华之宫苑春意竟去，日渐萧条。喑哑的乌鸦声以动衬静，更加烘托出荒芜之景象。次联即承接上联加以申写，并进一步与宫苑人事相衔接。昔日人声喧闹的宫苑现在阒寂无人，珠箔静静地悬挂，碧草蔓延，已经要侵入到珠箔阻隔的室内了。过去人迹频踏的玉台阶现在已被蛛网封锁，早已无人来往，玉墀之路因空寂显得遥远修长。前两联以写景为主，景中含情，景物凄清，情绪悲凉，极力烘托人去苑空之怅惋，这是亡国之人对过去熟悉宫苑的深情回忆，感叹极为浓至，这两联情景浑融的诗句，在艺术表达上构成意境，形成境界，传达神韵。正如王国维所说：“有境界自成高格”，我一直以为，难解的《无题》诗是姜埰七律诗的最高艺术境地，观这两联诗可以体会。另外，一些词汇如“上林”“啼乌”“珠箔”“玉墀”等都为唐诗所习用，特别是李义山《春雨》一诗中的名句“红楼隔雨相望冷，珠箔飘灯独自归”以及《宫妓》一诗中的名句“珠箔轻明拂玉墀，披香新殿斗腰支”都为人们所熟知，都既增加美感，也增强感发性，可以看出姜埰对唐诗、对义山诗寝馈之深。此诗颈联颇可玩味，以比兴手法，寄寓姜埰之遗民心志。此联以宫女画眉为喻，过去宫女曾经君王亲手轻描过，沐浴旧恩，现在时移世迁，岂肯再与时尚美人夸斗腰肢，争宠斗妍。宫女是姜埰作为往日朝臣的自喻，过去在皇上身边任职，受到皇上的恩遇，如同宫女亲经画眉一样，现在朝代变了，自己感念旧恩，不会再与新朝大臣相提并论，争取名分地位了，“婵娟”自然是降清大臣的托喻，这在姜埰既是自明心志，也是表达鄙夷不屑。末联“今日黄冠”云云，我们知道姜埰曾经在黄山剪发入道，也曾披过袈裟，我前面曾说过他未曾真正出家，只是避免满族“剃发易服”的衣冠之辱，此句即指此事，“称”者，依然是名义上的“黄冠入道”，表示不臣服异族而已，并非如熊开元、方以智等人真正出家。“汉宫”句表明自己仍然乃心明室，时时忆念在朝为官的岁月，“忆吹箫”者，缅怀过去在宫苑之可留恋的生活情景也。这首诗盛衰对比，抚今追昔，表达对故明的想念、感怀，也表达对故国忠贞不贰的情思，是典型的明遗民故国之思的主题，比上举两首《无题》诗主旨要醒豁一些。

姜埰的三十首《无题》诗内涵深邃丰富，表达亦曲折深幽，代表姜埰七律诗歌创作的最高成就，这组诗的其他一些作品我们后面还要涉及，这里不再多讲。下面要讲解的一首诗，与《无题》诗风格相近，也极有意蕴，亦是典型的遗民意识。这即《敬亭集》中紧接着《无题》组诗后的《有感》一诗。诗云：

> 旧日青山似也无，何人犹复采蘼芜。吴宫风起愁双燕，蜀帝春深泣老乌。自识花砖迎剑佩，谩言海树出珊瑚。分明十四楼前地，曾说君王诏赐酺。

我怀疑这首诗是写南京明故宫，有感于南明弘光王朝而发。首联写南明亡国后，青山可否还似过去，当然是“物是人非事事休”了，一种深情叹惋的语气传达出来；而现在国亡之后，往日大臣何在，谁还是古乐府中吟咏的弃妇与“故夫”。“采蘼芜”显而易见是用“上山采蘼芜，下山逢故夫”之典，喻指往日大臣谁还有恋旧之感，这里当然流露出失望情绪，但也有自己眷恋故国的自信。“蘼芜”是香草，自然也可如《离骚》之“香草美人”以喻臣节。第二联以“吴宫”代明宫，写“吴宫”之衰飒，风起之中，双燕归来，旧巢不复存在。我感觉这句诗是从李白的《双燕离》而来，李诗为：“双燕复双燕，双飞令人羡。玉楼珠阁不独栖，金窗绣户长相见。柏梁失火去，因入吴王宫。吴宫又焚荡，雏尽巢亦空。憔悴一身在，孀雌忆故雄。双飞难再得，伤我寸心中。”飞入吴宫的双燕因“吴宫焚荡”、人去楼空而愁怀，正表达姜埰面对明故宫的感触。“蜀帝”句自然是改造李商隐的《锦瑟》诗句“望帝春心托杜鹃”而来，只是因为谐韵的缘故，将“杜鹃”改为“老乌”。蜀帝亡国后，化为杜鹃鸟，啼血不止，也具有深刻的悲伤意绪，都合乎姜埰此时此地的感悟。这一联用典恰切，化用前人诗句也颇精当。第三联“自识花砖迎剑佩”，“花砖”者，宫中之地也，“剑佩”者，朝臣上朝佩带之物，此写帝王上朝之景象。“剑佩”一词，见于唐人《早朝大明宫》的唱和诸诗，如贾至之“剑佩声随玉墀步，衣冠身惹御炉香”，岑参之“花迎剑珮星初落，柳拂旌旗露未干”等，再者，唐贾至、岑参、杜甫、王维诸诗人唱和《早朝大明宫》诗，在乾元二年（759），安史之乱平定后，唐肃宗在大明宫上朝之时，此事典也颇切合南明弘光情形，是姜埰当时亦对弘光一朝寄予希望，此句“自识”就是写出当年也曾有此中兴期盼。本联下句即作转折，往日希望未成，中兴之望成为“谩言”，“谩言”者，徒成空言也。“海树”为神话传说中若木之类，是太阳升起行经之地，“珊瑚”为古人所认为的海中宝物，唐人钱起《玛瑙杯歌》有“世情贵耳不贵奇，谩说海底珊瑚枝”之句，即以海底珊瑚枝为宝贵之物也，且诗中又有“谩说”一词，似与姜埰此句诗甚有关系。姜埰此句即以人所盼望出现的海中宝物终未出现，成为徒然之空言，喻南明弘光朝辜负人们期望，一事无成也。两句一扬一抑，极为跌宕，很好地抒发了姜埰对于南明王朝的希望而至失望的心情，言外也颇为沉痛。末联又仍写宫中，现在宫中的十四楼分明还在，当年君王曾在这里赏赐大臣饮酒，即所谓“赐酺”，而现在空空荡荡，往事成虚，一切不复存在，姜埰诗中表达的凭吊之情、忧伤之感极为鲜明了。

姜埰这类写故国之思、亡国之恨的诗歌不再多引，我们意在说明姜埰这类主题传达的方式，多用典故，情辞深隐，如果敲碎语言的外壳，其中蕴涵的主题还是可以明显感受到的，而且饱满充实和深切感人。在这类主题的诗歌中，姜埰写得十分用力，达到了其诗歌创作的一种最高境界。

姜埰在诗歌中表达强烈的故国之思时，在上面分析的基础上，还有三个特点值得注意，需要进一步做些分析。第一即是他刻意表达对南明永历王朝的关切，二是他着意表达对崇祯先帝的缅怀，三是常常通过对自己当年任职经历的回顾，表达对故国的情感，这使他与其他明遗民的诗歌相比，有着自己鲜明而独到的意蕴。我们再对这几方面内容作一些剖析和介绍。

首先，是对南明永历王朝的关切。前面分析《无题》时，已经涉及这一内容，我们再进一步说明一下。南明弘光、隆武以及鲁王监国等几个政权相继覆亡后，僻处西南的永历王朝成了大明最后的希望所在，让明遗民牵挂不已。姜埰在他后期创作的一些诗歌中，不时表露对永历王朝的关切，如上面所说，尽管这种表达在当时的政治氛围中不能明言，只能托物寄兴，作相当隐晦的表达，但我们还是能透过诗句的有意无意的遮掩,感受到作者的思想情感。如《扬州诸子燕集限韵》一首云：

> 荷芰初凉夜纵谭，采菱歌罢酒将酣。客来画阁临阡陌，人在秋航受两三。极浦寒烟犹自往，故宫明月竟谁堪。江乡还见征鸿过，莫道人情已厌南。

诗写夏末秋初扬州一次遗民的集会，这是最容易表达遗民情怀的一种场合。此时荷芰犹存，天气转凉，深夜中遗民聚在一起纵谈。大家酒兴正酣，一起唱着采菱曲。客人聚在画阁，画阁正临路边；阁旁还有小船，小船正可容受三两人。这句化用了杜甫的《南邻》诗中的句子：“秋水才深四五尺，野航恰受两三人。”诗前半叙事，景在事中，写出“燕集”情景。后半段抒情，情在景中，点明“纵谭”的内容。极目水边，寒烟犹自笼罩；明月当头，这明月也正映照着故宫，这里大概写的也是南京的故宫。这种月映故宫的景象正是让大家忧思满怀，觉得难以忍受，一种故国之思顿时弥漫在人们的心头。这一晚上的“纵谭”大概都是围绕着故国而发。明月之中，此际正有鸿雁由北向南飞过，诗人觉得物候如此，人心也是如此，感到虽然亡国时日已久，但人心未变，人们还是思念南方。南明永历政权尚在，遗民们觉得复明的一线希望尚在，还没到完全绝望的时候。诗中借“征鸿”托物寄兴，表达对南明永历政权的向往，成为这首诗最引人注目的内容。诗中的情感深沉而不晦暗，对故国的感怀与对永历王朝的牵挂如同月光一般的明澈。

他的《园居杂咏》八首其七也传达这种情感，这组诗写于苏州的“艺圃”，此时永历王朝已临近覆亡，但坏消息可能尚未传到苏州，所以姜埰仍然表达对永历王朝的担忧。诗云：

> 五岳吾将往，殷勤别故林。家无洛下犬，子乏陆生金。东郡松楸梦，南天瘴疠心。此怀永不寐，洒泪每沾襟。

诗写作者有五岳游历之心，将要告别已经安居的园林。但徒有游历之心，实乏游历之资。自己没有陆机那种为家里传书报信的洛下之犬，也没有陆机诗中所写的黄金（陆机《答贾谧诗》中“惟南有金，万邦作咏”之句），所以不能成行。现在梦中常常回到莱阳，那是松楸之故国，心中常常想望南国，这是永历帝所在的瘴疠蛮荒之地，这种心情时时折磨得自己不能安眠，每每为之洒泪，沾湿襟袖。“南天瘴疠心”，只此一句，作者对永历王朝的担忧表露无遗。

其次，姜埰在怀念故明时，常常表达对先帝崇祯的怀想。这一点他和顾炎武、归庄等明遗民并无不同，但姜埰有不同于别人的特殊经历。他对崇祯皇帝的萦念时时与自己在明朝为官的经历结合在一起。姜埰故国之思体现为忠君之念，故同时人论姜埰，多称道其对崇祯皇帝毫无怨言的忠忱，一往情深，始终不变。一个被崇祯皇帝关入监狱、遭受杖刑又判予流放的“罪臣”，在亡国之后，对故国保持强烈的忠贞不贰的情感可以理解，但对施予自己不公惩罚的故君依然保持着强烈的情感，实在是有些超常。但这就是姜埰，这既是其个人性格的忠厚，也是亡国之际君国同构的传统伦理使然。姜埰表达这一主题的诗，有的写的隐晦，有的写的明显，隐晦的当然还是《无题》组诗，我们且看其第二十九首：

> 南楼还见月青檐，舞凤香销冷画帘。仙履衔花思燕燕，岩山落日失鹈鹕。终怜弦绝犹依轸，敢为丝成更织缣。独忆茂陵风雨日，金箱玉轴不曾拈。

诗以月景起兴，南楼之地，月光映照着青檐，浸入室内，画帘上绣着飞舞的凤凰，现在已失去了原有的香艳，变得冷清凄凉，此首联所写之景也。全诗的悲凉意绪也由此奠定。这一联创造了一个特定的时空，即南楼月夜、绣幕画帘，我断定此诗以怀念崇祯皇帝为主旨，那么这一时空即为崇祯皇帝而设，是代为先皇的视角而抒情。第二联即仍以此视角进一步展开，“仙履”一联上句写身着仙履，于花开时节，思念燕燕，这“燕燕”自然是用《诗经·邶风·燕燕》的典故，原诗之“瞻望弗及，泣涕如雨”“瞻望弗及，伫立以泣”“瞻望弗及，实劳我心”等句都加重了姜埰这句诗的内涵。下句言在山岩落日之际，思念失去的比翼鸟“鹣鹣”，“落日”喻亡国，“燕燕”与“鹣鹣”都是以鸟喻所爱之人，如果理解不误，姜埰代崇祯所抒发的是怀念皇后之意乎？悲凄中的深长思念可以感知。颈联上句写琴弦断绝之后犹依轸不舍，轸为琴上之小柱，有人琴俱亡之悲；下句写蚕茧成丝后要织成细绢，“丝”者，思也，为谐音双关，“缣”为细绢，有成匹之暗喻。“终怜”“敢为”都寄寓先帝对先后之思念。最后一联转为作者语气，语意极为明显，不用多加猜度。“茂陵”仍是以汉代明，以汉武帝的茂陵代指崇祯帝的思陵，诗写在亡国巨变的风雨中，崇祯以身殉国之日，姜埰自己不能亲携“金箱玉轴”等图书宝物以身相随也。这是未能随先帝于地下的愧悔，也是经历亡国后感到的深悲剧痛。姜埰对崇祯皇帝的思念之情，在这首类似游仙一样的诗中表达的很充分，很浓挚，让今天的读者也很能感受特有的一种情致和分量。与这首诗相近、很费思量的还有《无题》诗第三十首，诗云：

> 东厢仿佛似镌劖，白垩朱扉意自衔。一夕那曾忘郢路，百年何处问巫咸。天回星月愁飞鸟，地入冰霜老古杉。欲把粉书凭寄去，几回泪落不能缄。

首联写自己所居东厢重新整修，白墙朱门，焕然一新，似有满足之感。第二联最为警策，也点明全诗主旨。虽有东厢可居，但是自己却从未有一夕忘却回到郢都的路；人生百年，去处为何，只可向巫咸占卜发问。这一联全用屈原诗句之典。“郢路”用屈原《哀郢》，屈原诗句有：“发郢都而去闾兮，怊荒忽之焉极”“羌灵魂之欲归兮，何须臾而忘反。背夏浦而西思兮，哀故都之日远”，都有助于理解姜埰的诗。“郢路”是回故都之路，作者时刻不能忘怀也。宋代诗人陆游有《郢路》二首借怀古以抒写爱国情思，也可以参看。“巫咸”用屈原《离骚》之“欲从灵氛之吉占兮，心犹豫而狐疑。巫咸将夕降兮，怀椒糈而要之。”此处大概也借用屈原《卜居》的诗意，欲占卜以决其去就也。其实姜埰志意已决，何须求巫咸来决定，此处既是诗歌宛转表达之需要，也是真有百年人生之疑惑。这种人生之疑惑未必影响志节之坚定。第三联紧承上联而来，上句写时光流转，星回月来，光阴迅捷，如飞鸟之逝，令人生愁。下句写恶劣环境，冰霜严酷，松杉已老，这“老古杉”正是自己坚贞志节的象喻，所谓“岁寒，然后知松柏之后凋也”。时间是对遗民最艰难的考验，于这联诗中颇有体现。最后一联写自己欲把书信寄去，欲把心事寄去，寄予何处？寄予何人？当然是寄往故都、寄与故君，但有多少回自己控制不住泪水，始终缄封不了这一书信。这一结尾，将伤悼故国之意和盘托出，将思念故君之情写得浓挚奔迸，力透纸背。

和上面诸诗相比，他的《恭读先皇敕命哀痛而作》四首五律，表达对崇祯皇帝的感恩与悲悼则更直接些。古代官员做官后，朝廷有封赠父母及其妻等人的惯例，封赠按官阶分为诰命和敕命两种，都由皇帝签发，明朝惯例，一般父亲会被封赠为儿子相同的官职，母与妻则按品级被封为夫人、淑人、孺人等，姜埰的父亲即被封为礼科给事中，母亲与妻子则被封为孺人。这些敕命都被姜埰一家保留着。在亡国后，姜埰再次读到崇祯皇帝亲下的敕命，百感交集，既感恩先皇，又思念亲人，且感伤自己命运，写下这四首诗，一洒热泪。我们看看其中的两首。其一为《敕父》：“事业青箱重，贻封紫诏深。遂闻关辅乱，已见岛云沉。精卫填波志，苌弘化碧心。苍梧弓剑远，沾洒泪盈襟。”首联写父之事业与受封，“青箱”谓家传世学，姜埰之父姜泻里虽仅为邑庠生，但也是传承家学之人，如今父因子贵受到封赠，皇帝颁发的紫色敕封体现了一种深恩。次联写当时国事，关辅有流寇之乱，胶东有清兵入侵，“岛云沉”即写家乡形势之危迫也。三联赞颂父亲抗清殉国之壮烈，有精卫填海般之志向，如今已经苌弘化碧，忠烈之心可鉴。末联写出对崇祯帝的悲怀。“苍梧”是用舜帝南巡苍梧而死代指崇祯的为国而亡，使受恩的姜埰因见敕书而洒泪盈襟。其三为《敕臣》，全写自己受刑后而被赦的经历并充满感恩之情，诗云：“闻道天心转，朝廷赦谏臣。岂知垂死日，更作未亡人。龙驭追扳杳，鹃啼血泪频。空怜宣室诏，前席未遑陈。”“天心转”写崇祯由极恼怒欲杀其于诏狱而后转于刑部也，欲长期关押而听从人谏转而戍配宣州也，这在姜埰看来都是无上的恩德。臣罪当死，皇上圣明，使自己于濒临垂死之日，反做了未死之人，复息人间，是生死而肉骨，这是让自己终生感激之事。现在皇上已去，自己不能追随于地下，只能像杜鹃哀鸣那样不断迸发出血泪。回想当年，自己蒙诏入宫言事时，不能在皇上面前将国事陈说明白，是臣未尽职。“宣室诏”用西汉贾谊之典，写自己蒙皇上重用而能在朝廷言事，自责的是自己言事未明，反惹皇上震怒。这就是后人津津乐道的国难后姜埰于崇祯不但未有丝毫怨恨而且充满自责内疚，是其今人不甚理解的“愚忠”，也是古代大臣不可多得的纯忠。国家亡了，曾蒙恩遇的皇上死了，自己如何忍心责难皇上为自己开脱，唯有自责与悲怀而已，这就是古代大臣、士子的价值观，今人为之悲悯也可，予以理解也可，实在不宜嘲讽与指责。姜埰的这种忠君意识赢得了明遗民的一片好评，也是由于明遗民这种特殊的价值观所决定的。这组诗中还有《敕母》《敕妻》二首,限于篇幅，我们不再展开分析。

第三，姜埰作为明遗民，时时回忆在朝任职经历，以表达故国之思，同时表达对崇祯皇帝的感恩与缅怀，这方面的诗歌早已见于他丁亥年以前的《赴戍》二首和《天台一百韵》等篇，但最典型的还是《寓宣州马氏祠堂感旧追作》七律七首。这组诗写于丁未年六十一岁时（康熙六年，1667）。这年五月，姜埰携儿子姜实节来到宣州，明显是为自己“以终谪戍之命”作考察。他宿于马氏祠堂，回忆自己壬午（崇祯十五年，1642）年的朝廷任职经历，写下这一组诗。前四诗回忆当年侍奉朝班，接受崇祯皇帝赏赐事。其第一首诗序为：“壬午三月，便殿召对次，臣埰面奏，上注视，疾书所陈，御前手注‘北科’二字。是日，赐豆饭面饼等物。”这是姜埰结束仪真县令任职，进京后第一次面见圣上，向崇祯汇报，皇帝予以重视，既记下姜埰所奏之事，又亲授姜埰职务，同时加以赏赐。这在姜埰记忆深刻，于国亡后再加回忆，更是刻骨铭心，感激之情溢于言表，感恩缅怀之情亦充溢于诗中。诗云：

宣室承恩尺五天，小臣召对圣人前。炉烟细细龙楼绕，云锦丝丝凤藻悬。清列未堪丹陛侧，仙盘直下紫宸边。十年司牧曾无补，痛哭黎元乞主怜。

首联写皇上召对，亲睹天颜，“宣室”仍用贾谊典，“尺五天”谓皇上近在咫尺也。次联写殿中气象，渲染此次皇上接见之亲切温馨。炉中燃香，细细烟气缭绕；云锦帷幕，丝丝垂于四围。三联写朝见与赏赐，此次召对是在便殿，未是议事之正殿，故上句有“未堪丹陛侧”之记，下句即写赏赐“豆饭面饼”之事，用仙盘承托，分赐臣下，姜埰亦沾此皇恩。末联记载自己所陈之事，皆关民生。自己作了十年县令，于国无补，此次面圣奏陈，都是有关民生疾苦，乞求皇上怜恤民生。诗序中所说“上注视，疾书所陈”，可见姜埰此次所陈之事，受到了皇帝的重视，能听得进去。姜埰自然也认为尽到了责任，同时对皇帝也有知遇之感。崇祯手注“北科”者，即授姜埰礼科给事中之职。此是姜埰结束十年县令，入京为官之始。此事在《自著年谱》亦有记载。组诗第二首写“壬午五日，赐粽”，是端午节接受皇帝赏赐的粽子，诗有“捧去倾盘当殿早，携来满袖出朝迟”之句，亦记感恩戴德之情。第三首写“壬午五月，赐川扇”，诗末句为“捧持再拜存怀袖，欲播皇风遍迩遐”，写其珍重之意，并欲广加传播皇上恩德。第四首记“壬午九日，上幸午门，赐百官花糕”，重阳佳节，皇上赏赐百官，姜埰亦与其间，诗后四句为：“双阙乍传清跸警，千官遥向翠华看。君王岂为耽游赏，喜见臣邻动地欢。”写从宫门传出消息，皇上要驾到，朝官翘首以待，欢声雷动之状。姜埰亦在这欢呼的人群中。这些诗都写出了姜埰当年亲睹圣颜的荣幸，表达出记忆之深刻，诗意都沉浸于过往之盛况，无一笔表达亡国后的悲思，但对崇祯帝的感恩却以极饱满的笔触表达无遗。第五首稍特殊，诗序云：“壬午九月，上御皇极门，是日都宪刘宗周朝见。”此诗记大臣刘宗周还朝担任监察御史，受到崇祯帝的召见，此为姜埰在朝所见之事，故印象深刻，也因刘宗周曾于姜埰获罪后仗义相救，姜埰一直心怀感激，故特笔记之。诗云：

> 圣朝侧席重蒲轮，手敕铨衡召老臣。斧扆临轩虚碣石，皋比论道启阳春。銮旗影拂三辰近，宫漏声传五夜频。共讶班行天仗外，自安畎亩远清尘。（自注：都宪于班外北面立。）

刘宗周自万历年入朝，至此可以说是三朝元老，但他几经罢黜或主动乞休，却以忠直人格与学界大儒身份而深孚众望。他崇祯初曾入朝，不久即罢斥，此次重新起用，任命为左都御史这样主持风纪的高官，亲自受到皇上的召见。首联写皇上下令吏部（铨衡）“蒲轮征召”刘宗周至京，皇上于刘可谓极为器重。次联皇上临轩接见，并与之论道讲学。“碣石”为碣石宫之简称，为战国燕昭王为邹衍所筑之馆，常与燕之黄金台并称。唐人陈子昂《燕昭王》一诗有“南登碣石馆，遥望黄金台”之句。上句谓崇祯空出“碣石宫”以待刘宗周，并于皇极门接见；“皋比”指讲师座席，谓崇祯奉刘为师，与之论道，为朝廷带来阳春气象。这两句极力称道刘宗周，亦是极力赞颂崇祯之尊崇人才也。“銮旗”一联写上朝情景，旗帜飘动，此时天尚未明，星辰在天，指示上朝的宫漏声音从五更之时便频频传出。末联写出朝班行列，从自注中可以看出，姜埰有点吃惊地看到刘宗周自列于朝班之外，北面肃立，认为这体现了他自安田亩，不慕朝贵，远于清尘的高尚品格，姜埰认为这是刘宗周为人谦退冲抑的表现。这首诗写了姜埰亲自参加的上朝的情景，亲见了刘宗周在朝班的表现，既对崇祯重用老臣加以赞许，也对刘宗周表达了极大的敬意。这其中有自己对刘宗周感激之情，可与下文即将分析的《追和刘总宪归兴诗》四首七律相参看。

《追作》组诗第六首记“壬午十月朔，颁历，侍班”。是这年十月初一，朝廷颁布历法，是姜埰亲与朝班所见的情景。最末句为“此际天颜殊粹穆，几回瞻顾未还宫”。作者于此加了个自注：“上于诸臣朝退，注视良久。”写崇祯皇帝此时极为庄重、肃穆，在大臣们退朝之际，深情地看了许久。这一不寻常的动作在诗中专门记了下来，颇有意味。此时颁历，于一年之时或为特殊，而且此年国事蜩螗，皇上忧心不已，这一“注目”就寓有极复杂之意味，姜埰虽未明言，但崇祯的心事或不难把握。这组诗的第七首也值得一读，是记“壬午十月，奉祀山陵，臣弟行人臣垓受诏同事”，是其兄弟二人同在朝为官，此次共同陪皇上祭陵，一时为人盛称，甚为荣光。吴梅村《东莱行》一诗称其为“一门二妙”，并有“君家兄弟俱承恩，感时流涕长安门”的诗句，也是指此事。姜埰诗为：

> 圣造神都制形胜，松楸隧道郁青青。银床禁籞连千岭，铁马阴风走百灵。具礼趋跄神不隔，皇心对越泪频零。祠官荣遇恩偏重，兄弟班联御帝听。

诗前两联写明陵之地理形势，前圣所造，邻近京都，地形颇胜。墓道松楸连片，郁郁青青。“银床”为井栏，“禁籞”为帝王家之禁苑，此地四围是山，千岭相连，因为是帝王陵墓所在，故有“铁马阴风”之称，“铁马”为檐间风铃，阴风之下，叮当作响中，似有百神走过。颈联写崇祯帝具礼祭拜，与神明相通，对扬先祖，心神悲抑，为之零泪。全诗重在末联，写兄弟一同作为陪祭官，位列朝班，接近皇上，这真是一种少有的恩荣际遇。回忆此事，是对崇祯皇帝充满感恩，也是对故国的一往情深，其中或许也有对其弟姜垓的一种纪念。

全部七首诗，都是回忆崇祯十五年的在朝经历。这一年对于姜埰有特殊的意义，他于上年结束真州任，奉调进京，这年三月始任礼科给事中，同年十一月即因事下狱，他的朝官生涯即此数月。但数月之中，却多次亲见崇祯皇帝，并数次和朝中大臣一同蒙受赏赐，而且兄弟两人还曾一同陪祭山陵。这是他与明朝廷最为密迩的一种联系，也是他与崇祯皇帝最为接近的一种关系，对此，他有刻骨铭心的记忆。在诗与诗序中，他往往突出一些细节，表达对这段生活的难以忘怀，如第一首和第六首中皇上的两次“注视”，第五首刘宗周的列于班外等，这都表明这种记忆的深刻独到之处。全部七诗中，值得注意的是，虽然写于他做了明遗民之后，诗却全无悲伤之情，无一亡国之语，无一悲悼故君之语，惟有感恩之情充溢全诗，对崇祯皇帝的颂扬充溢全诗。姜埰对故国故君的一往情深表露无遗，宣州马氏祠的这一场纷繁回忆最能反映姜埰作为遗民对故国故君的怀想与忠贞。

上述组诗第五首写到刘宗周，我们在此即将姜埰的《追和刘宗宪归兴诗》四首一并加以介绍，以见姜埰对这位曾经赏识自己、并于患难中加以营救的明末老臣怀有的极为深长的感激之情。诗前有长序，写姜埰与刘的交往，并表达对刘宗周因营救自己而罢官的内疚与愧悔。诗序云：

> 越州王毓芝刻刘念台先生旅中诗，友人蔡启汶简寄，埰读而叹曰：昔先生之去国也以埰故，使朝廷不得收耆旧之用，而先生不得殚诚正之效者，埰之罪也。忆在长安，尝得侍先生左右，辱先生折节下交，每咨当时政事得失、人才可否之故。一日询某公，某公者官山左，百姓无誉言，埰引子民义，期期不能对。又尝奉命守德胜门，于时军书旁午，两月中未尝过私邸一步。一日，先生周视督察，埰以公谒都给事，而九门诸官强半皆他往，先生甚薄之。此两事者皆埰不职状，而先生独谅埰，最荷器重。既埰囚首北寺，先生唏嘘累日，至于陈危辞，援古义，上殿一争，几蹈斧锧而不顾。当决身田里，眷恋廷阙，犹形之诗歌，冀埰不死。先生能知人，顾何以误知埰有如此哉？今先生大节揭日月，埰且苟偷视息，深负知己，抚今追曩，不禁恸绝。敬步韵四律，而嘱同人和之，所以明先生之不竟其用也，埰之罪也。

刘宗周《旅中诗》于康熙初年编成，姜埰此组诗即写于此时。序言记叙刘宗周对自己的知遇之情，并一再对刘宗周因谏言“熊、姜之狱”而罢职还乡，作为自己的一桩罪过，引为内疚。刘宗周当年动员朝中大臣营救姜埰与熊开元事已见前述，姜埰认为，刘宗周因而去职，是朝廷失去一位正直忠悬的老臣，刘宗周“诚心正意”的一生学术也不能用于当朝，是国家的一大损失，而这一损失是因姜埰而起，故姜埰引以为罪。序言叙述了与刘宗周的两次交往，一次是咨询任职山东的官员是否贤良，姜埰明明知道此官在当地没有好的声誉，却以不宜议论父母官为由而不置可否。二是崇祯十五年姜埰防守德胜门，遇刘宗周视察。刘宗周对守城官吏的懈怠十分不满，但对姜埰评价颇高。此事已见前传。这两事姜埰认为都是自己的不称职，但刘宗周都无责怪之意，反而“最荷器重”，姜埰对此深感知遇并深表感激。姜埰因言入狱后，刘宗周同情言官，为“熊、姜之狱”主持正义，不避身危，当廷直谏，直到罢职被放归。这些都被姜埰铭感于心。刘宗周作为明末大儒，朝廷高官，深荷众望，能为姜埰仗义执言，确实令姜埰感到与有荣焉。特别是他离开京城之时，还写诗心系国事，以皇上不杀熊、姜二人为幸事，表现出忠义大臣的宽广胸怀。直到南明灭亡，清兵逼近绍兴，他自沉池水而死，更表现出忠烈殉国之节义，这都为姜埰感佩不已。对比之下，姜埰觉得自己如今偷生人间，不能追随先君崇祯于地下，真有负于刘宗周的知遇，不禁有种悲痛积于胸中。这次原韵步和刘宗周的诗歌，就是表达对刘宗周的感遇与负罪之心情。这是诗歌序文之大意。

收入刘宗周《旅中诗》的这一首《归兴》七律，有一个自注：“时杖姜埰、熊开元二谏官各百，边报益烈。”是诗在放归离京之时作，既因“熊、姜”而发，亦因国势危急而发，完全不计个人之升沉安危。诗云：“一出春明归便休，旅怀何事苦沉浮。云垂咫尺开阊阖，日近长安望冕旒。帝德无荒朝会早，天颜有喜谏臣留。直教南北风烟静，永击康衢谢杞忧。”全诗即如姜埰序言所称：“决身田里，眷恋城阙”，即在毅然归乡之际，仍然念念不忘国事。首联写自己离京归田的途中忧思。次联以写景之笔写时事之危。三联写崇祯还是有德，熊、姜二人能保住性命。末联祝祷国难解除，自己则能悠游田园，再无担忧之事。应该说，这首诗表现了刘宗周的胸襟，以国事为念，于个人进退去留了无牵挂。姜埰所原韵步和的就是这样一首诗歌。

姜埰的和诗共四首，每首大致结合国运，联系刘宗周事迹与品格，并自省自己的行为。第一首为：

> 圣朝乞得此身休，归去扁舟湖海浮。到处烽烟传羽箭，何年霜露拜宸旒。吾儒学力平生系，亡国君臣一死留。惭愧无能报知己，只今草野自幽忧。

首联写刘之辞官，“圣朝”者，已逝之明朝也。明朝在姜埰心目中自然是“圣朝”，崇祯皇帝也自然是圣明之君，这是他对故国故君的一贯的情感。刘宗周于“圣朝”得以免职，回家休息，所谓“乞得”只是婉辞，实际刘为营救熊、姜二人被免官，当时激起一些大臣的反弹。颔联上句写当时国事之危，下句为刘惋惜，不知何年才能再入朝拜君。颈联称颂刘之学问与志节，刘学问名满天下，其学术亦关乎世道人心，南明弘光国亡，刘宗周一死报国，亦为后世留下君臣名节。尾联写自己偷生人间之惭愧，即序言“苟偷视息，深负知己”之义，如今自己只能在草野之间，独抱亡国之恨而已。

和诗四首大略如此，为避繁冗，不必一一征引细说。唯第二首颈联云:“内府新传军政出，中华不使译言留”，姜埰加了个小注:“先生奏，仁义可为干橹，不应用西人治历。”当时刘宗周思想迂腐，对西方事物加以排斥，对西人汤若望主张驱逐，不仅是西方历法他表示反对，即使是西洋火器，他也与崇祯在朝辩论坚执不主张使用，一力主张仁义治国，仁义可以灭寇驱虏，以世道人心为挽回国运之大计。现在看来刘宗周这些不知新变、迂腐守旧之处，姜埰也都不加保留地全盘予以歌颂，当时的观念如此，属时代局限，今天的我们只好予以“同情之理解”了。第四首写到刘宗周的尽节，表达崇敬之余，也有表示惋惜之意，为天下惜人才，为世间惜学问也。诗云：

> 自许身同天步休，肯随浊世逐沉浮。中原祸乱惊鼙鼓，南渡兴亡仰缀旒。斯道正传伊洛远，平生苦节首阳留。门人还有王炎午，绝粒怀沙总国忧。（自注：及门王正义公闻变亦投水死。）

诗写刘宗周自许高迈，以身与国运休咎与共，不和污浊时世一同沉浮。“天步”出自《诗经·小雅·白华》篇：“天步艰难，之子不忧”，朱熹注：“天步，犹言时运也。”中原祸乱，鼙鼓惊传，清人南渡，国家危亡之际，也正仰赖刘宗周这样股肱大臣。“缀旒”此处指为人表率。刘为学术大儒，传的是渊源有自的伊洛正道，平生苦守节操，本可以效法伯夷、叔齐采首阳之薇，为天下传道。但他满怀亡国之忧，竟然绝食、沉水而死，他的门人和他一同殉国而死。“王炎午”是南宋文天祥的门人，此处代指刘之弟子。颈联谓若刘子不死，伊洛正道尚可传远，今刘子一死，正为天下学术大可惋惜也。组诗歌颂刘宗周，赞美其志节芬芳，也是为明末殉国忠烈荐一馨香也。

姜埰作为遗民，和其他明遗民一样，其诗歌创作中，反映故国之思的作品不少，表达方式亦多样，有其曲笔幽隐处，也有其直接显露处。这是经过那样一个海立山崩时代的每一位遗民，都无法掩饰的主题，我们翻阅每一位明遗民的集子，扑面而来的，首先就是这类氛围，这构成了清初（大概是至康熙十八年左右）明遗民创作的普遍主题。

第八章　遗民岁月（中）

一

在接下来的几节中，我们要专门分析明遗民姜埰的交游。

交游是朋友间的来往，这对明亡后遗民的生存是极其重要的。马克思曾经说过一句极有名的话：“人的本质不是单个人所固有的抽象物，在其现实性上，它是一切社会关系的总和。”对于明遗民也是一样。中国传统的社会关系主要是“五伦”，即君臣、父子、夫妇、兄弟、朋友，中国人的本质在这“五伦”中体现得最为典型。明遗民亡国之后，忠于故明，不承认清政权，所以“君臣”关系只存在于既往的历史中。父子、夫妇、兄弟这三伦存在于家庭中，属于个人内部关系，一般而言，不具备广泛的社会性。只有朋友关系，属于社会交往，最能反映遗民的社会本质，最能反映遗民的现实性。遗民的生活是相对孤寂的，交游可以带来很多慰藉；遗民的心灵相对而言都是寂寞的，心中常有很多难以告人之处，唯有在真朋友中才可以一吐心声；遗民的行动往往带有一些隐秘性，而这些行动也是在同志般的朋友互动中完成的；遗民的生活往往有一些现实困难，而朋友之间的互助是难能可贵的支持；物以类聚，人以群分，遗民的交游也常常有比较严格的选择性，既有朋友之间的主动交流，也有非我同类的有意隔绝，交游保存着一些底线；还有，从文学发生的角度看，遗民交游是文学创作特别是诗歌创作的最重要的触媒之一，大量的遗民诗歌是通过交游产生的，“嘤其鸣矣，求其友声”，通过诗歌唱酬，遗民互吐心声，在相互激励着，抵抗着时间的侵袭。所以，通过交游最可以看出遗民的真面目与真性情，也最可以看出遗民的生存状态。

如前所说，做了遗民后，姜埰主要在真州和苏州两地居住。前期居真州时，他时常往来苏州；后期居住苏州后，他也时常回到真州。前期不限于真州，而是扩大到扬州的一些属县；后期亦然，苏州的一些属县也同样留下了他的足迹。以真州——苏州为南北连接线，他的行迹辐射于两地之间的一些区域，如扬州、南京、镇江、无锡等地。我们这节叙述的姜埰交游主要以上述地区为主，而他回到故乡莱阳，与当地友人的交游；他六十一岁专程到宣州，和宣州士人的交往，我们都将放在下二章来讨论。[①]

相对于在苏州的交游，姜埰在真州时期的交游面是相对较窄的，特别是与著名遗民诗人的交游唱和比较少。这其中的原因，除了前期姜埰的深自韬晦外，主要是此地遗民诗人比较少，著名的遗民诗人更少，而苏州则是遗民诗人之渊薮，名遗民荟萃，名诗人众多，则必然产生较多的交往，发生较多的诗歌往来。特别是姜埰在苏州的交往，还受到了其弟姜垓的影响，与一些著名遗民诗人的关系是在其弟交往的基础上发生的，这是不得不加以注意的一个现象。

在真州期间，姜埰的友人、并且给予他许多可贵帮助的是汪曰植（字仲培）、汪应昭（字我潜）父子，这在上章讲述“寤园”的故事中已经提到。他有《赠汪仲培》二首七律，是写给从徽州一同陪

---

① 莱阳之亲朋以及宣州朋友的交往，并不限于莱阳与宣州，有些是发生在真州、苏州等地，为醒眉目，便于叙述，都放在下二章介绍。

伴他到真州的老友汪曰植的，诗中充满患难与共的深情。第一首写两人相偕隐居，往来无间，尾联“为道柴门君莫掩，招寻还待鹿皮翁”两句，写出对两人时相过往的期待，“鹿皮翁”乃作者自指。“鹿皮翁”一典出自《列仙传》，杜甫曾在《耳聋》和《遣兴》诗中都用过这一典故，仇兆鳌《杜诗详注》注《耳聋》一诗云：“鹿皮翁，淄川人，衣鹿皮，居岑山上，食芝草，饮神泉。百余年下，卖药于市。”[①]这一不食人间烟火的神仙形象最能适合明遗民自我形象的塑造，所以这一典故也为明遗民所喜用。此时汪曰植与姜埰同为遗民，志向相同，故能相交无间。第二首最能见出他们的知己，也还牵连过去的经历。诗云：

> 搔首相看叹二毛，春风几度醉醇醪。江间放浪追鸿渐，方外悲歌识谢翱。胜地山林容我辈，旧家环珥羡儿曹。武陵渡口如相问，满目桃花好泛舠。

姜埰与汪都年华老大，故有二毛之叹，再者叹老也是遗民的习惯，反映了他们的一种心态。但可贵的是两人经常在一起饮酒，相处甚好，“春风几度”渲染了饮酒的快意，这里暗用了黄庭坚“桃李春风一杯酒”的诗意。“江间”两句写出遗民生活，在江间浪游，追随唐人“茶圣”陆羽（字鸿渐）一类的生活。游于方外，悲歌之中，可以认识象南宋遗民谢翱一样的人物，这里的“方外”相当于世外，即在避世之人中寻找遗民朋友。“谢翱”是指汪氏这样的遗民。“胜地山林”一联，定是与真州之“寤园”和“芦花草堂”有关，此地园林可容二人游息，“旧家环珥”指两家儿女均令人可羡，足慰人心。

① 仇兆鳌《杜诗详注》，中华书局1979年版，第1784页。

末联“武陵”一句，是用“桃花源”之典故，正如杜甫《赤谷西崦人家》一诗之“如行武陵暮，欲问桃花宿”，杜甫另有《水宿遣兴奉呈群公》诗，也有“丹心老未折，时访武陵溪”之句，都用习见之典。姜埰此诗意思是，桃花源中人若问我之生活情景，就告诉他们，此地也是满目桃花，正好在春风之中泛舟游览。字面意思固然如此，但此一联还涉及姜埰当年在徽州与汪曰植的经历，即《自著年谱》“丁亥年四十一岁”所记：“是年亡命徽州，变易姓名，水南汪国学曰植、溪南吴孝廉宇安下榻焉。……七月，自太平县取道东还，太平诸生周项、崔罗，萍踪相聚，一见甚欢，因送别于李太白之桃花潭。”大概这年七月，姜埰与汪曰植一起从太平东还真州，太平的秀才周项、崔罗等与之交好，并送别于桃花潭。这桃花潭因李白的“桃花潭水深千尺，不及汪伦送我情”而知名。所以这首赠汪曰植的诗最后两句，实暗中牵连两人过去的经历，“武陵渡口”能够相问的人，大概就是当年在太平的好友们，“满目桃花”一词，实暗喻了当年桃花潭边的深情相送，特别是李白的诗中有“不及汪伦”一词，用在赠汪曰植的诗中，实在是非常恰切，在如今满目桃花的泛舟同游中，实在也有感激汪氏当年仗义相助的意思在内。与此诗可以参看的是姜埰的《杂感》十二首五律之第十一首，这首诗的自注为：“忆客太平”，正是回忆桃花潭送别这一幕，也表达对汪曰植的感激，诗云：“山悬芙蓉顶，回溪接碧津。衣冠桐井旧，花鸟驿楼新。渔浦通秦语，芝英送汉臣。踏歌潭水上，倾盖有汪伦。”首联写山、溪之景，次联由远及近，写溪边居住人家。三联仍用桃花源之典，渔浦人家类似当年避秦之桃花源中人，故今仍能“通秦语”，下句“芝英”喻指当地人才，“汉臣”为姜埰自指，是当地秀才于此地送别姜埰。末句点出桃花潭水送别，犹如当年汪伦之送别李白也。“汪伦”即指汪曰植。我颇疑此次汪曰植是与姜埰一起东归，太平秀才是送别其二人，非汪曰植也是在溪边送别姜埰，用李白之诗典也是活用，不可拘泥。这汪曰植可谓姜埰在真州的邻居与友人，两人的友谊历经患难，汪对姜埰颇有帮助，姜埰也是以知己相待。

姜埰有一组七律诗八首，题目颇长，很典型地反映了他在真州与友朋交游的情景。诗题为《同吴孝廉修能、沈山人清泉访刘别驾旅皇于河口，饮燕弥旬，归而赋谢，孝廉先成，叠韵步和》。从诗题看，这组诗是姜埰与吴修能、沈清泉两位友人一同访问住在河口的友人刘旅皇，四人相聚了十天，一起饮酒，相处甚欢。事后赋诗道谢，吴诗先成，姜埰这八首诗是原韵步和之作。河口位于真州运河边上，当时运河有河口闸。这是一次典型的遗民聚会，现在可惜的是对姜埰的这几位友人我们所知不多，当进而加以搜寻考证。这一次聚会议论所及，有往事的回忆，有时事的感喟，有友情的温慰，有生活处境的感叹，更有对遗民志节的相互激励等，内容比较丰富，这些也都在诗中流露出来。前面我们提到这组诗的第二首，记述姜埰此次在刘旅皇这里看到杨廷麟隆武年间给他的手札，并据此推断这是杨廷麟征召其加入隆武朝抗清的官札。这首诗颈联有“三千里外无家别，二十年间有客书”两句，上句写故乡莱阳在三千里外，下句写杨廷麟寄书在二十年前。若杨寄书是隆武元年（1645，顺治二年），那么二十年后，时当乙巳（1665，康熙四年），那么，这组诗的作期也可大致确定。[①] 时姜埰已迁居苏州，当是又返回真州与几位当地朋友相聚。诗第八首末联云：“乾坤且喜留吾党，别思难禁两地悬”，也写姜埰与几位朋友相处两地，盖一在真州，一在苏州也。这里我们再选取几首解读一下，来了解这组诗的内容，也可以看看姜埰于

---

① 这组诗的第三首三四句为“七子才名高白雪，十年放逐旧黄门”。“旧黄门”指姜埰，如按“放逐十年”计算，这组诗当写于顺治十年左右，与据第二首推断的时间不合。

真州和明遗民的交往情形。其第一首云：

> 濠濮悠然别墅间，小桥流水荻芦湾。西风摇落龙蛇动，北斗阑干车马闲。黄耳书来传洛邑，文身人去避荆蛮。江头东望关河杳，几见思乡庾子山。

诗开头写聚会地点即刘旅皇居处之环境悠然，有所谓“濠濮间想”，此用《世说新语·言语》篇之典：“简文帝入华林园，顾谓左右曰：会心处不必在远，翳然林木，便自有濠濮间想也，觉鸟兽禽鱼自来亲人。”写出此地山水与人相亲之状。刘之别墅位于江边，小桥流水，芦荻摇曳于水湾。第二联，明写时令与时间，实暗喻时事，西风者，秋风也，此聚会于秋季。西风也寓衰飒之义，是亡国后之景象，“龙蛇”，《左传·襄公二十一年》：“深山大泽，实生龙蛇。”杜预注：“言非常之地，各生非常之物。”“龙蛇”即指隐居、避匿的这几位朋友，是于西风之际，感念盛衰而有动于心。“北斗阑干”句点明夜间聚会，唐人刘方平《夜月》诗有“更深月色半人家，北斗阑干南斗斜”之句，此处实袭用之，“车马闲”者，时局已定，再无兵戈相扰之状。第三联颇可注意，“黄耳”乃用陆机之典，陆机入洛实为暗喻当时有出山入朝之人，“黄耳”传书者，即当时有出山入仕之人的消息，引发诸人议论。此际多有不能坚持遗民气节者，“一队夷齐下首阳”即为时人对此种现象的讥讽，姜埰的同年友人吴梅村不就是于顺治十年被征召入仕了吗？姜埰也曾为之同情过，惋惜过。此类事情肯定在遗民中广有议论，这句诗透露这一夕的聚会也有这类话题。“文身”句与上句对应，写吴越之人非尽陆机之辈，也有避世甘作遗民之人。此句实用《史记·吴太伯世家》之典：“太王欲立季历以及昌，于是太伯、仲雍二人乃奔荆蛮，文身断发，示不可用。”这两句以对比的手法写出士人的出处两局，出处选择是当时明遗民遇到的最为严重的问题，而明亡二十余年后，这种选择显得愈发严峻，遗民的坚守显得更为困难。相信这一次的聚会，这几位老友会较多地讨论到这一问题。末联逗漏姜埰的乡关之思，但又不限于此，诗意仍是较为广大，与士人群体有关。“关河”在姜埰个人来讲，固然是家乡莱阳，地理上也算遥远，但在当时士人眼里，这“关河”当是故国山河，国亡多年，关河杳杳了。现在还能见到几个像南朝庾信那样的思念故国的人呢？言外有无限惋惜，几多慨叹。庾信《拟咏怀》诗二十七首之七云：“榆关断音信，汉使绝经过。胡笳落泪曲，羌笛断肠歌。纤腰减束素，别泪损横波。恨心终不歇，红颜无复多。枯木期填海，青山望断河。”这“关河”二字相信与庾信此诗有关，引用庾诗于此，可有助于对姜埰此诗的理解。杜甫诗云：“庾信平生最萧瑟，暮年诗赋动江关。”姜埰作诗最能取材杜诗，这诗的最后一句相信也有杜诗的影子在内。姜埰于此慨叹，不管是“入洛”之出山者，还是“去荆蛮”之避世者，能看到几人能抱有庾信那样强烈的故国乡关之思呢？明亡二十余年，世事已定，姜埰这帮老遗民聚会江头，还在议论、思考着当世士人的出处行止，相信这番思索后，更能增强他们对于遗民志节的坚守。这是其一，我们再看其五：

> 群公高会竹林间，二顷良田水一湾。经术久推刘向秘，声歌应让谢安闲。梅花江上怀迁客，杨柳风前忆小蛮。满目烟波空怅望，吴宫返照指三山。

竹林间的群公高会，几位朋友的相得甚欢，而且良田二顷，绿水一湾，这是一个适合遗民隐居的惬意环境。这里有学问的“刘向”代指的自然是主人刘旅皇，“声歌”应是这位主人的平时世俗生活，隐居而不贫乏与枯槁，还能享声歌之乐，这在遗民社会中也不鲜见。以“谢安”喻指，是指刘旅皇本为官员出身，易代后隐居，类似谢安的“东山之志”。姜埰诗常以“别驾”称刘，“别驾”是古时州刺史的佐官，明清习称通判为别驾，刘在明朝曾任通判，故姜埰以别驾称之。东晋谢安曾受扬州刺史庾冰的征召，任其佐官，故用谢安喻刘，用典极为恰切。着一“闲”字，刘之悠游、闲逸的生活情态尽出。这一联写出刘的学术之精密，声歌之悠闲，刘是明遗民中生活富足者，故有招邀三五友人饮酒弥旬之能力，毫无明遗民常见的生活困窘之态。“梅花江上”一联再极力演漾，此处“梅花”“杨柳”等字样，当是虚想落笔，并非实写春景。上句写刘时时怀念被放逐的友人，此迁客为谁，不易落实，也不必落实，姜埰即为这样的迁客，明遗民中多有这样的迁客，都为刘别驾所怀想。下句用白居易“樱桃樊素口、杨柳小蛮腰”之典，写出刘回忆自己的小妾或声伎，渲染刘之风情不减。最末一联全诗最为着意，也提升全诗之境界。在这种与友人的欢聚中，不知不觉已是傍晚，夕阳西下，放眼江上，满目烟波之中，看到了落日邻近三山，吴宫也已笼罩在夕照之中，令人顿感惆怅。这“三山”即李白《登金陵凤凰台》“三山半落青天外，二水中分白鹭洲”中所咏之“三山”，位于南京西南的长江边上，“吴宫”指明朝的故宫。这夕阳下的南京故宫，激发了这几位明遗民的历史想象。这诗最末一联作有力的顿挫，将这首诗前面的高会悠闲带入了一种绵长的忧伤，这群兴致很高的友人，一下子又跌落到了亡国的深悲里面了。

这样的场景也许是明遗民最为典型的相聚场面了，遗民的同志之会，本来私密的场合因为无有外人的阑入而变得议论无所顾忌，忧喜任其引发，情感放胆直抒，但兴尽之后，往往有无法掩饰的悲伤。这种情感在姜埰的笔下还是含蓄的，点到即止，不作过多抒发。

这组诗中，除了时事的偶尔触发外，姜垓表达最多的是对遗民避世生活的流连，对选择作遗民的一种甘心和惬意。如第三首末联之“最爱沧江堪伏枕，满蹊桃李静无言”，第六首末联之“形容自恨江边老，每问王孙欲卜居”，第七首末联“更有高僧方外友，几回相忘到无言”等。最后一首的末联为“乾坤且喜留吾党，别思难禁两地悬”，以作遗民为喜，以有同志为喜，而且虽处两地（真州、苏州），也不能阻挡这种同志之间的相思之情，可以说，这组诗把遗民知交之情表达得很充分。

这组诗里的吴修能、刘旅皇可能是姜垓在真州最为交好的遗民朋友，他们既能诗，有学术，家境又较好；他们志同道合，志趣相投。姜垓另有《寄吴孝廉修能》三首七律，细味诗意，似是姜垓在家乡莱阳接到吴的寄书，写诗作答。第一首起句写“故人家在海云庐，欲著荷裳故水居”，是写吴在真州或扬州的住处。第三联“每来东使劳怀旧，试问南船好附书”，即写吴借东来之人写书问讯，而自己也想借南行之船好附书作答。诗末表达：“最爱河边小亭子，满塘秋色照红蕖。”写出对吴之住处的喜爱，也表明姜垓曾时常光顾吴之住处，两人素相往还。第二首诗为：“陈蕃家在竟荒芜，谁信乾坤旧腐儒。却为中原遭丧乱，遂令亡命出江湖。百年吊古三秋晚，五月还乡一叶孤。扬子湾头花正好，青丝白羽佐携壶。”诗中陈蕃当为自指，自己家虽在，已荒芜，天地之中，谁还知道有自己这样一个老书生。都是因为中原丧乱，才逃命流落江湖，写出自己因亡国而导致的离乡背井。后半段写与吴常常吟诗怀旧，此次自己暂回故乡不能相聚，而吴之所居扬子湾头，花正盛开，正可于大好环境中与友人一同饮酒欢会。此处“青丝白羽”亦用杜诗，杜甫《巳上人茅斋》诗，有“江莲摇白羽，天棘蔓青丝”之句，写茅斋之景，以白羽状江莲之摇曳，青丝状天棘（天门冬）之引蔓状。姜垓此处亦是写景，谓吴之住处可供友人相聚，携壶饮酒也。第三首最可注意，也全引在下面：

> 有友遗书水阁边，临封未启泪先涟。白麟赤雁吾安得，黄帽青鞋客自还。河北归田愁海屿，竹西买宅为湖莲。九江吹得阴风急，知道君心更可怜。

这首诗写吴之寄书，引发作者伤感。别的不讲，诗有两个难解处，一是“白麟赤雁”，一是“九江阴风”。“白麟赤雁”之典，出自《汉书·武帝纪》和《礼乐志》，是言其祥瑞。但这是原始出处，我怀疑有其第二次出处，这即是苏轼的《赵德麟字说》一文。此解释或者迂曲，可也颇有意思，这里还牵涉到姜埰的以汉“汲黯”自比，我们试来说说，看能说得通否。苏轼为朋友宋宗室赵令畤起了个字，叫德麟，写这篇文章解释命字之由，用的就是汉武帝获白麟这一典故。苏轼文中说：“昔汉武帝幸雍祠五畤，获白麟以荐上帝，作《白麟之歌》，而司马迁、班固书曰‘获一角兽，盖麟云’。‘盖’之为言，疑之也。夫兽而一角，固麟矣，二子何疑焉？岂求之武帝，而未见所以致麟者欤？汉有一汲黯，而武帝不能用，乃以白麟赤雁为祥，二子非疑之，盖陋之也。”[1]这段话要疏通一下，方能进一步与姜埰诗对应理解。汉武帝获麟之事，《史记》《汉书》均有记载，但用了一个“盖”作疑惑、推测之辞。苏轼认为，独角兽即是麟，何用疑惑，大概是没有见到武帝之时有获得麟这种瑞兽的原因。武帝时有一正直大臣汲黯而不能重用，只是以白麟赤雁这样的东西为吉祥，所以司马迁、班固二人记载此类事，不只是疑惑，大概是讥讽汉武帝的浅陋。苏轼认为，应以人才为宝，不应以白麟赤雁为祥瑞，像汲黯这样的忠

① 《苏东坡全集》，中国书店1986年版，第558页。

直之臣要胜过白麟赤雁。我怀疑吴修能给姜埰的书信中用了这一典故，称颂姜埰为汲黯一样的人物，是白麟赤雁，才引出姜埰的这句诗：白麟赤雁这样的赞誉我怎能得到？如若此说不误，则姜埰后来以汲黯自比[①]，就是始于吴修能的这一次书信了。“黄帽青鞋”句则指吴以散淡姿态返家，两句一自指，一指吴，下联亦然。“河北归田”句，是指姜埰归乡，而此地仍不得安宁，“竹西买宅”仍指吴在临水而居，羡慕吴之居处的静美。下边就是“九江阴风”了。九江地处江西，此时阴风为何？我以为即是顺治五年（1648）的江西金声垣、姜瓖的反正叛清，清兵派兵镇压之事。据姜埰《自著年谱》：“是年奉母归故县，探女兄弟焉”。这年姜埰正在莱阳，与诗中所写情景正相合。姜埰诗中写到，吴正为此事发愁，心情不好，令人可怜，吴或为江西人，为家乡事担忧也，姜埰对其劝慰，亦对此事表达了一定程度的关注，只是其政治态度，单凭这一句还难以判断。但姜与吴的关系实为知己，这一点无庸置疑。则这三首诗的写作时间也可大致确定。

与吴修能相比，姜埰与刘旅皇的交往可能更加密切，写给刘旅皇的诗歌也较多。这位刘旅皇我们所知不多，刘是前明官员，国亡后不仕，保持遗民姿态，这一点与姜埰相同，故两人极为谈得来。刘也能诗，寓居扬州的遗民诗人孙枝蔚有首《酬刘旅皇》诗，说他“黄山诗一卷，欲作画图看”[②]，但刘的诗我们没见过。姜埰有七言古诗《简别驾刘旅皇》一诗，历数两人的交往，写得真挚沉郁，而且此诗的寓意也很特别。我们全引在下面：

---

① 见姜埰《汉臣死戌墓记》一文，《敬亭集》，华东师范大学 2011 年版，第 193 页。
② 孙枝蔚《溉堂前集》卷六。

忆昔偕君花山游，邀我同宿江边楼。黄昏蛟龙窟匿动，猛雨潇潇风飕飕。主人贤达真无比，一饮十日且不休。酒肉狼藉蹁川坻，阿妻脍鱼儿卷韝。人生聚散风中絮，孝廉不谷画师去。尔也鸣镳走滹沱，我亦扬舲滞沮洳。羡尔制作青云客，屈宋扬马皆辟易。当时姜杨两贤相，倾情倒意为接席。何意播珰器，飘飘似转蓬。上书不得见天子，骑马那肯抠三公。折翮向天飞欲堕，低头穷饿尘埃中。昔为云间鹤，今为林下猿。七日尝不食，中心但烦冤。至亲骨肉不相知，生男生女欲奚为。天下名山五岳好，今我不去嗟何时。既知白发催人老，肯使红颜笑我痴。

诗似乎并不难懂，但因为我们对刘旅皇所知甚少，全诗读起来仍然觉得不明爽。诗首句写到“花山”，苏州有花山，姜埰其他诗中也写到，但从“江边楼”来看，我以为仍是写扬州或真州。诗前八句写在刘旅皇家中的聚会，从“一饮十日且不休”来看，似乎就是上面所分析的同吴修能、沈清泉一起到刘旅皇河口别墅的那次欢宴。用了“忆昔”两字开头，进入了对那次欢会的回忆。“黄昏”两句补充了当时聚会的环境，亦含有比兴之义。当时的江边楼旁，水中蛟龙在翻动，大雨如注，狂风飘洒，有一种强烈的不安定之感。贤达的主人刘旅皇邀请他们在这里住了十几天，天天酒肉招待，刘的妻子与儿子都参加了招待客人的劳作。“人生”两句转为感叹，人生聚散无定，如风中之絮漂泊不止，已往的欢会难以再现，事去人非了，这里寓有很深的慨叹，因为“孝廉不谷画师去”，联系上次聚会，“孝廉”自然是指吴修能，“画师”应当是指沈清泉，吴的“不谷”如何解？“不谷”即是不善，是吴不得善终而故去？还是吴未能坚守遗民气节而变易？疑不能明。沈的“去”是离开？还是故去，同样不能遽定，都因为我们对这两人没有多少资料可以证实。而接下来，刘旅皇也要走，去哪里？去京城。“走滹沱”即北去京城，而自己则乘小船仍然回到了低湿的沮洳之地。两人分手了，过去的友朋聚会散场了。接下来称颂刘旅皇当年在京师表现的才华，八股制艺高明，古文水平也不错,论才艺自当是平步青云之人,能令京师文人如“屈宋扬马”之人都要避让几分，当时的座师有姜曰广、杨廷麟等人，都很赏识刘旅皇,与之倾意相接。那么,现在刘旅皇来京城做什么？是求出仕，还是仅仅游历京城，结交文人，也疑不能明。他虽然抱着冲天而飞的欲望，却终会折断翅膀堕下地面，他会在京城的尘埃中低头向人，穷饿渡日。过去是飘逸、自由的云间之鹤，现在是落魄、跼蹐的林下之猿。七天也吃不上一顿饭，内心中充满了忧愁烦冤之感。自己的至亲骨肉也不知情，都帮不上忙，到了这种境地，生男生女都没什么用。看来,刘旅皇这次京城之行是颇为失意的,而且相当的困顿，姜埰对这位朋友是同情的，是惋惜的，可能也有对刘此次入京的不满，诗中有一种委婉的劝讽。最后四句，是对比刘的境遇，表明自己的志向，自己是不会像刘那样违背自己的志意而去清人的京城的，自己要像当年的李白那样“五岳寻仙不辞远，一生好入名山游”，天下的名山五岳风景甚好，趁着年纪尚可，正好游玩。这也是不求出山，保持遗民气节的体现，自己才不做刘旅皇那样的傻事。最后两句也颇可玩味：“既知白发催人老，肯使红颜笑我痴”。既然知道自己已经年华老大，就应该安于本分，守拙待命，不能再与那些年轻之人争长竞短，让那些春风得意的“红颜”之辈笑话我辈痴傻。“红颜”自然是指在清朝为官之人，对此自己是不屑的。姜埰自己的遗民志节是坚定的，在漫长的时间考验中，他毫无动摇的念头。

尽管对姜埰的这位友人刘旅皇我们所知不多，但从此诗的详细体味中，我以为是其在遗民生涯中有过犹豫，有过动摇，有了出仕的念头，才有了这次京城之行，姜埰在这首诗中表达出委婉的劝讽。

记得赵园女士曾说过，遗民是一种时间现象，时间对于遗民是一种严峻的考验。事实上，有好多遗民在时间中经受不住熬煎，且不说名重一时的吴梅村出山了，即使当年极力劝谏吴梅村不要出山的侯方域也经不住诱惑参加了清人的科考，而且还中了副榜。著名遗民诗人南昌的陈允衡也是一个例子，本来志节坚定的他，竟一时心动，在顺治十一年参加了秋试，既而后悔，以母命坚辞，幸而保住了遗民身份。侯方域是被屏除于遗民之外的，陈允衡的一时心动，没有造成很大的后果，他还作为明遗民受到当时及后人的尊重。在明遗民坚守气节的清初岁月里，其间的艰难困苦及心理折磨，都非后世之人所能轻易想象，我们实在应该对此抱有一种宽容与同情，不宜苛责。刘旅皇即使真是入京求仕，我们也应有几分理解，姜埰的诗中就没有多少苛责，反而体现出许多的关怀、温情与理解，尽管有发自内心的婉讽。再说刘旅皇这次的进京似乎并没有什么结果，很有可能是无功而返。我们看对清人官员避之唯恐不及的诗人董樵为他写诗，余怀也与之在苏州交往，遗民诗人许珌也有《答刘旅皇诗》，他还与刚刚讲过的南昌遗民诗人陈允衡（字伯玑）在秦淮酒楼饮酒，似乎都尊敬于他的遗民身份。特别是董樵的《刘旅皇半刺》一诗[①]，似乎与姜埰的《简别驾刘旅皇》一诗作于同时，有相互呼应之处，我们不避枝赘，引在下面分析一下，以见刘旅皇一事之首尾。诗云：

> 临江有节士，东南延名誉。黄金结客尽，始卧华山庐。四望蔼阡眠，川原何威纡。大雅既沦丧，吾子敦诗书。作者尽辟易，叹君扬马余。良怀陆沉志，北登九天衢。瞻彼吕梁壑，鱼鳖失其居。嗟尔青云器，徘徊将焉如。梅福逃吴市，屈平泣三闾。

① 半刺与别驾意同，都是指州府的副职。

愿比渤澥鸟，刷羽在河渠。子虽不得所，真想或无沮。[1]

董樵是姜垓的妻弟，他结识刘旅皇很可能是由于姜垓的关系。他的这首诗与姜垓的诗有一些相同之处，可能写于同时，用意也相近，极有可能是受姜垓诗的影响。如诗中“始卧华山庐”，也即姜垓的“忆昔与君花山游”，华山即是花山，都是指刘旅皇之所居。“吾子敦诗书”以及“作者尽辟易，叹君扬马余”，就是姜垓诗中所谓“羡尔制作青云客，屈宋扬马皆辟易”，也是赞扬刘的文采写作。“北登九天衢”也即姜诗之“尔也鸣镳走滹沱”，指刘旅皇之北走京师。“嗟尔青云器”与姜诗用词也相同。董樵这首诗，先是赞扬刘为东南有名誉的“节士”，既而称道其才华，再言其入京，又感叹其是“鱼鳖失其居”“徘徊将焉如”，对其入京之举与姜垓一样均不表赞同。最后以“梅福逃吴市、屈平泣三闾”激励刘旅皇，希望他像海边之鸟，自由自在地在河渠生活，“刷羽”有爱惜羽毛之意，希望其保持志节。诗末言：“子虽不得所，真想或无沮”，也是对其加以理解，并照应诗开头。虽有不得所居、生活困顿之苦衷，但自己的“真想”则必不会丧失。“真想”者，本心也，即为遗民之初志也。董樵大概也是担心刘旅皇此次京师之行，初志丧失，本心有所变化耶？董樵此诗与姜垓的以诗代简真无二致，都表达了对这位遗民朋友的谆谆嘱告，这种诤友般的交往，才代表了遗民之间的纯正友谊。

姜垓还有几首写给刘旅皇的诗，作期虽不易确定，但也看出二人之间的友谊深笃。他有《河口酬刘旅皇》二首七绝，此河口即刘旅皇招友人聚会之地，也即姜垓前诗中所称的“江边楼”。第一首为：“蓼花洲上白鸥群，长笛凄清卧冻云。寻过陇南又陇北，一村新柳雨

(1) 卓尔堪《明遗民诗》，华东师范大学出版社 2013 年版，第 195 页。

纷纷。”诗写刘所居之地白鸥成群，刘日与白鸥为伍，这自然是遗民生活的象喻。“白鸥”一词在唐诗中常见，杜甫有《江村》诗：“清江一曲抱村流，长夏江村事事幽。自去自来梁上燕，相亲相近水中鸥。”另有《奉赠韦左丞丈二十二韵》：“白鸥没浩荡，万里谁能驯！”这是“白鸥”之语典所在，也是其寓意所在。“长笛”句是写其遗民生活之冷清，心绪之积郁。“长笛”一词出处仍是杜诗。杜甫的《追酬故高蜀州人日见寄》一诗，是酬答并怀念已故友人高适的，诗的末句为：“长笛谁能乱愁思，昭州词翰与招魂”。“长笛”一典本出晋人向秀的《思旧赋序》：“邻人有吹笛者，发声寥亮，追思曩昔游宴之好，感音而叹，以作赋云”，有怀念已故友人之意。姜埰用此语典，除写心绪之恶外，或写刘旅皇时时有悼念故人之意，联系《简刘别驾旅皇》一诗之“孝廉不谷画师去”一句，或是吴修能与沈清泉两位故人皆离世，故寓有悼念之意也。古人语不泛设，句句有来处，姜埰此诗也有此种功力，故极耐寻味。此诗最后两句写刘之江村生活，于春雨新柳中，时过陇南陇北，刘的田园隐居生活可以想见。其二云：“仙坛玉洞鹤归来，只道桃花观里开。反费故人沽酒去，踏泥冲雨两三回。”“仙坛玉洞”为神仙境界，喻刘之河口江村，称道其隐居生活飘逸若仙。“鹤归来”颇可玩味，姜埰上诗称道刘是“昔为云间鹤”，董樵写诗期待其为“愿比渤澥鸟，刷羽在河渠”，这岂不是说刘在入京后，并未求官，完节归来吗？现在这位如仙如鹤的遗民，乘着春日桃花盛开，每每去道观里赏桃花，害得像姜埰这样的友人，要冒雨踏泥，来回两三次买酒送去，辛苦得很，但也快意得很。两首诗意深语浅，情兴悠然，两人的友情表达得很饱满，其遗民生活也宛然可见。总起来看，刘旅皇是姜埰此时一位相当知己的友人。

姜埰有《将之秦邮留别真州诸子》二首和《题秦邮寓楼》二首

七律，两题可能作于同时。秦邮即高邮，与仪真同为扬州府属县，相距并不远。《将之秦邮留别真州诸子》二首七律之前，有《寄秦邮友》一诗，姜埰的赴秦邮有可能是访问这位友人。而根据姜埰诗歌的命题习惯，这位友人不是遗民，很有可能是位“贰臣”。若是遗民友人，姜埰会在诗题中标出友名或字，这首诗我们放在姜埰结交仕清友人一节作些分析。姜埰的《将之秦邮留别真州诸子》二诗与《寄秦邮友》一诗作于同时，且有些关系。第一首似乎是为自己去秦邮访友作辩解，诗的上半说：“父老临江惊看予，一生偏爱水云居。人间流落渔樵惯，天下交游丧乱疏。”大意是真州父老很吃惊，你本来是个偏爱隐居之人，这次何以要出行？你已经习惯了流落于渔樵之中，在丧乱后于旧交关系疏远，这次为何要出门访友？诗的下半段似乎是一种表白：“归去王孙尝作客，近来犊子最怜渠。书签竹马皆安稳，北里吹笙总不如。”“归去王孙”反用《楚辞·招隐士》之典：“王孙游兮不归，芳草生兮萋萋”。写自己是甘于隐居之人，又常常离家作客，近来对于自己的儿子又特别怜爱。自己安于读书和与儿子竹马游戏，不会去追逐北里笙歌那种生活。这是表明自己出行秦邮是去访友，不是追求享乐，也别无他图。此诗大意如此，是与《寄秦邮友》一诗相联系后产生的理解。第二首除末二句外题旨亦明爽。诗云：“北斗凄凉汉腊春，旧时黄绮不为臣。五湖物态尝随我，八口生涯尚向人。别恨何当连岁甚，交情多在晚年亲。淮南宾客寒浆薄，德业神仙未苦辛。”首句“汉腊”为明遗民常用之辞，是指在入清后的凄凉时光中仍然觉得是明代的历日，自己像汉代的“商山四皓”黄绮公那样不向清人称臣，杜甫《送惠二过东溪》一诗有“黄绮未称臣”一句，为其出处。这是自己志节的明白表达。这两句如果仍和《寄秦邮友》一诗联系起来，似乎说自己与这位秦邮友人自有界限所在。但“五湖”一联写出自己的无奈，虽然自己早已习惯于五湖之隐，但八口之家的生计自是难事，不免要开口向人求助。这似乎是姜埰去秦邮访友的一个现实原因。“别恨”一联进一步解释，自己这几年来常有离别之恨，时时怀念友人，而且人到晚年，对于友朋交情尤其觉得亲切。这是他去访友的进一层解释。诗末两句颇难讲释，我以为一则用了汉乐府《淮南王篇》的典故与意象，“寒浆”一词即出于此。[①] 另外，仍于前面解释“长笛”一典时所称引的杜甫《追酬故高蜀州人日见寄》一诗有关，该诗中有一句“服食刘安德业尊”，仇兆鳌注此句引《古今注》：“淮南子服食求仙。遍礼方士。”[②] 这两句大意是讲“真州诸子”对自己也有帮助，虽然“寒浆微薄”，但自己已经甚感知足，不觉得生活有多么辛苦了。

姜埰以真州为中心的交游大致如上述，可能还有一些交游诗出自这一时期，但因为对一些姜埰友人的缺乏了解，我们不易作出进一步的解释。而且姜埰此时的交友状态、此际的内在情感与心理期许，前引诸诗已大致具有代表性，再多的具引，似乎必要性也不大了。

姜埰《自著年谱》于顺治六年曾有一段记载其在真州的交友：“与李大令时开，颜山人不疑、郑孝廉元志及僧见之、碧潭辈结方外社。天台徐光业来访，把手道故，勖以道义，真古人之交也。”这“方外社”的情况我们现在也所知不多，姜埰现有诗歌也未见有题为“方外社”者，姑录之以备考。

总观姜埰此一阶段的友人交往，我们还是有几点感想。一是姜埰在真州时期，交友面始终不广，似乎有故意封闭自己的迹象。他虽然不像一些明遗民如徐枋那样深闭固拒，但也缺乏易代之际许多遗民如方文那种广泛交友的热情。我们看到，即使处于真州一地的

---

① 见《乐府诗集》第五十四卷《歌舞曲辞》。

② 仇兆鳌《杜诗详注》，中华书局 1979 年版，第 2041 页。

知名遗民诗人如魏卫[1]，也不见姜埰与其交往的痕迹。著名的明遗民"新乐小侯"刘雪航，长期定居秦邮，许多大诗人如钱谦益、吴梅村与之交往，创作的一些诗歌曾轰动一时，姜埰往来秦邮，也未见与其交往。当时扬州是明遗民渊薮之一，当地与客居的著名明遗民诗人众多，如孙默、孙枝蔚、汪沨等，姜埰时常到扬州，也未见和他们交往的记载。顺治十七年王渔洋任扬州推官后，此地成为一诗学中心，聚集大批明遗民诗人，构成清代初期诗学活动的一大奇观。此时姜埰虽已移居苏州，但时常往来扬州，也未见其参与王渔洋的扬州诗学活动，未见其与扬州遗民群体有多少互动。我们不光要看诗人写了什么，也要注意一下诗人有什么没有写，姜埰的这种情况既说明了他此时的处事态度，也有表明其遗民志节的意义所在，这是姜埰的一个值得注意的特点。第二点就是姜埰此际的交游，尽管如刘旅皇、吴修能等都能写诗，但都不是有影响、有名气的诗人，所以我们能在《敬亭集》中读到姜埰为其写作的诗歌，形成一些叙述，但毕竟这些人没有诗集留存，一些有影响的选本中也未见这些人的作品，我们就无法读到这些人与姜埰同时创作的诗歌或者其与姜埰的唱和作品。这种仅从姜埰一方面的单向考察也很大程度上束缚了我们的认识，使我们不能有更丰富、更深入地考察。第三点，在此时的姜埰作品中也可以看出，此时的姜埰不只朋友交际面比较窄，似乎有意规避一些来往，而且此时期的姜埰几乎不乐游历，他大概只在真州、苏州两地奔走，最多辐射到两地邻近的州县。他似乎对真州以及扬州一带的山水景致也很少有兴趣，所以其诗歌中模山范水之作就很少，由于不乐游历，其登临怀古之作也不多见，这

① 魏卫，字廓功，江南仪征人，布衣，有《西陴诗稿》六卷。见钱仲联主编《清诗纪事》，江苏古籍出版社 1987 年版，第 781 页。

也是姜埰与许多明遗民诗人相异的地方。这位深沉的诗人自律甚严，摒弃了很多繁华与爱好，很严谨地守着自己的底线。这种性格、这种处事方式，在我们阅读并观察姜埰时，是应该加以注意的。

二

接下来我们要介绍姜埰在苏州的交游情况。姜埰在真州交游的上述特征，在苏州时期仍然延续着，但情况也发生了一些改变，其中最显著的变化就是，苏州时期，姜埰与著名遗民诗人的交往明显地多了起来，相应地，不只是姜埰写给对方的作品在《敬亭集》中保留着，而对方写给姜埰的作品，我们也可以在这些著名诗人的诗集中读到，交往的情况在双方皆有据可查。

姜埰于顺治十七年（1660）由真州迁至苏州，主要是两个原因。一是顺治十年其弟姜垓死后，其弟媳与侄子姜寓节在吴，需要他的照顾。姜垓的临终嘱托，就要求他到苏州来，而且房屋等都已为他考虑好。姜埰已经含泪应允，当不负承诺。但此后的六年期间，姜埰一直未曾搬迁。而是时时往来真州与苏州之间，照顾两地。这几年就这样两地奔波，劳瘁不堪，未能完成迁居苏州的夙愿。其迁居的第二个原因是顺治十六年（1659）的郑成功进攻南京，他先是因兵火阻隔，滞留于苏州；而其妻与长子安节还有刚刚三岁的孙子还留在江北真州，战火过后，妻与子等也来到苏州，而此时江北受到战火的波及，在真州辛苦经营的旧居“芦花草堂”则在战火中遭焚毁，所谓“窠巢一炬，青毡荡然矣”。这年的十月，他还有一件极伤心之事，即是三岁的孙子死了。其《自著年谱》记载：“善孙（其孙乳名）以惊风殇，盖因溽暑避乱，席草卧地，饮食失宜，虽死于病，实死于兵。”

这真是极为痛切的事情。年谱本年又记："埰触目凄其，情绪万结，寓居山塘委巷，贫病交困。"他在苏州的山塘过着极为困顿的生活，情绪也糟糕到了极点。这种情况下，既然全家已在苏州相聚，真州又是如此不可归去，他遂下了决心，毅然搬家，于第二年迁至苏州，实现其弟的临终嘱托，其生活圈子也由真州转移到苏州。

《自著年谱》于顺治十六年（1659）记载了其在烽火弥天之际在苏州的交友情况："六月，京口兵阻，因同雍熙日、汪之灿避居灵岩山，僧弘储周旋最洽。"这年十月汪之灿病死。同年末，"时妻弟董樵自故乡来，周茂兰伯仲、李模、蔡启汶朝夕与俱，愁叹之余，不觉形容憔悴矣"。《自著年谱》的记载至此年戛然而止。其《年谱续编》是长子安节补撰而成。于顺治十七年（1660）年记载云："是年，卜居苏州之专诸里，荒园数亩，旧属文相国湛持别业。兵燹之余，稍加修葺，署其庐曰东莱草堂，又曰敬亭山房。时偕雍耐广、郝印月、李灌溪、姚佺期、周子佩、余淡心、徐祯起诸公放怀山水间。"与这些友人的交往我们会在下面结合姜埰的诗歌择要作出叙述。

我们或许应该先说说周茂兰伯仲。周氏兄弟是著名的东林党人后裔，其父周顺昌天启年间被魏忠贤的"阉党"逮至北京惨死狱中。周顺昌的被捕曾在苏州激起了一场民变，五位挺身而出的仗义市民颜佩韦、杨念如等因此被杀，后葬于一处，即苏州著名的"五人墓"，有张溥的《五人墓碑记》记其事。苏州的剧作家李玉据此事件写成戏曲《清忠谱》，成为戏曲史上的名作。周茂兰，字子佩，号芸斋，为周顺昌长子。《皇明遗民传》记周茂兰："国变后，与弟茂藻、茂萼，皆守义执节，不愧顺昌子。"[1] 这就是周茂兰兄弟伯仲。周茂兰最有名的事，即崇祯初年刺血上书为父鸣冤复仇事，这与黄宗羲的入京

① 谢正光、范金民编《明遗民录汇辑》，南京大学出版社 1995 年版，第 380 页。

复仇事可称齐名。徐鼒《小腆纪传》记载为：

> 周茂兰，字子佩，吴县人，忠介顺昌长子也。顺昌死阉祸。崇祯帝即位，茂兰刺血书，诣阙讼冤，诏以所赠官推及其祖父。茂兰更请三世诰命，建祠赐额，悉报可，且命先后惨死诸臣咸视此例。茂兰好学砥行，不就荫叙。国变后隐居，以寿终。乡人私谥曰端孝先生。[①]

周茂兰是忠义之后，也是著名的明遗民，兄弟几人在苏州颇有影响力。姜埰在苏州的住宅，即是在周茂兰的帮助下购买的，这在前面已述。周茂兰兄弟与姜埰的关系甚笃，这见于姜埰《敬亭集》中的部分诗文。

《敬亭集》卷三有五言律诗《桐泾桥》一首，下注："周子佩伯仲家此"。是歌咏周氏兄弟所居之处。诗云："丧乱江东日，经过此地偏。平芜沙叠岸，孤树柳垂烟。水竹参禅地，春风醉酒天。桥边四公子，头白共余年。"首二句交代时地，写过去在江东丧乱时即已经过此地。中间二联写桐泾桥之景象，春景骀荡，地近寺院，可以参禅。末尾写出与周氏伯仲情投意合，可以在乱世中共同相处，实际上是共约作遗民。姜埰又有《周子佩伯仲数日不至，作绝句寄之》："采莲兼采的，采之将贻谁？池上双鸳鸯，何如并翼飞。"诗类南朝乐府，出之以比兴，简约有味。周氏兄弟数日不见，作者就寄短诗表达怀念，并愿与其兄弟并翼齐飞，可见双方之时相过从、亲密无间。姜埰还有两首五律，是写与周茂兰之弟茂萼同访友人的一段游历，题为《同周子辉过桃花庵访姚孝廉文初不值留题》。他同周子辉

---

① 徐鼒《小腆纪传》，台湾学生书局1977年版，第643页。

到桃花庵到访友人姚文初，没有遇到，写诗表达慰藉与怀想。姚文初是何人？此人名宗典，字文初，为明末大臣姚希孟之子，是崇祯十五年的举人，故称孝廉。这也是一位颇有气节的遗民，与周氏兄弟可称世交，与姜埰堪称同道。这一次探望，为明遗民之间的一次互动。诗写到姚寄居寺庙，食贫处困，“怜君不得意，白首卧招提”“饭罢僧犹待，斋头尚菜齑”都是写这种困窘生活。第一首第五六两句为：“赐书天府重，对策雁池迷”，可能约略写出姚在南明时曾参与抗清的一些往事。第二首写自己访友的感慨，“出门芳草遍，访友暮年稀”，时值春景，又是暮年，这种访友已经很少了，所以值得珍重，只是没遇到有些惋惜。末四句为：“白社人将老，沧洲意已违。何当风雨后，为尔启柴扉。”“白社”用东晋高僧慧远在庐山结白莲社的典故，当时陶渊明经常与之往来，此用典恰切，切合人物身份。唐诗中常用此典指隐居之人。“沧洲”亦唐诗中常用之语典，多指幽居之愿。杜甫《江涨》一诗末句云：“轻帆好去便，吾道付沧洲”，仇兆鳌注为：“沧洲，神仙境也。”[①] 杜甫又有《幽人》一诗，是写“想幽人而不可见”“有期约而不果”[②]，颇合乎姜埰此诗之情景，诗有“往与惠询辈，中年沧洲期”之句，也是“沧洲”语典的出处之一。姜埰诗这两句是说我们这些“白社”之人都老了，那些求仙入道的“沧洲”之愿也都远去了，只有珍重当下。末两句说希望在风雨天过后，你来访我，我的柴门为你而开。这两首诗写出了对姚文初这位同道的深厚友情与由衷挂念。此两诗内容几乎未涉及周子辉，但与之同游，三人都是友好，都是遗民同志，也有心心相印之感，诗里诗外，也反映了和周的良好友谊。

---

① 仇兆鳌《杜诗详注》，中华书局 1979 年版，第 813 页。

② 仇兆鳌《杜诗详注》，中华书局 1979 年版，第 2027 页。

以上诸诗相较而言还算是简单的，未足以见出姜埰与其之的深交，真正反映姜埰与周氏伯仲有深挚情感的是姜埰的两篇短文，一是《跋周子佩血疏》，另一篇是《书周忠介公石刻尺牍后》。前者是：

> 天启六年，吏部周公忤珰死之。毅宗即位，诛珰及珰党，录诸忠。公子茂兰刺指血上书鸣父冤，入见姚学士。学士曰："上初立，言鼎湖，得勿不可乎？易之血尽，岂有继哉？"茂兰曰："舌耳！"书上，上为动听，进秩易名，赠三世官，盖异数云。诸忠诸子姓闻其事，各得乞。时人歌之曰："孝哉周子，伏阙陈指，臣父忠死。先王之制，有则官祭诔。帝命曰可矣，再命曰尔杨左黄李，惟卿是视，俾尔子孙奉此。"诗曰："孝思不匮，永锡尔类"，此之谓也。

这即是崇祯初年周茂兰上血疏为父鸣冤复仇事，上引《小腆纪传》中周茂兰的传记已曾述及，这是其最为著名的事迹。这件血疏为周茂兰所精心收藏，此次姜埰看到，感激加痛切，写下了这篇短文，其中有对周顺昌等东林党人的崇敬，有对周茂兰决意上疏的感佩与赞扬，也有对崇祯皇帝的感怀，情感可谓丰富且饱满，文章虽短，分量却重。这篇短文的最大特点是记录了在周茂兰上血疏时姚学士的一段劝告语，这当得之于周茂兰的亲述。这位姚学士就是上文所说的姚文初的父亲姚希孟，当时他曾担心，崇祯皇帝刚即位，上疏中有说及先皇天启的语句（鼎湖指天启皇帝），恐怕不当。能不能改一下，但指血已尽，还能接着写吗？但周茂兰毅然说：用舌血写。周茂兰就刺破舌头，用血写了一份"贴黄"[①]，共计 144 字，上奏崇

① 贴黄是明代奏疏的格式要求，因原奏疏较长，不便省览，由上疏者写一份提要，用黄纸缮写，附在后面。

祯皇上。这份“贴黄”经誊抄后献上，原件得以保存在家中，姜埰见到的也应是这份“贴黄”。“舌耳”这一简短的对话写出周茂兰复仇意志的坚决，这是这篇短文中最为劲健且又传神的一笔。但也因为过于简短，情节不够明爽，只有借助其他记载才能清楚了解事情原委。周茂兰这件血疏非常有名，著名的明遗民如魏禧、黄周星、黄宗炎、王弘撰都有跋文记载此事，明遗民诗人也多有吟咏者。

姜埰的另一篇短文《书周忠介公石刻尺牍后》对周茂兰之父周顺昌表示了更大的敬意。文章说：

> 昔余为诸生时，即知吴门周忠介公名，以忤珰被祸，榜死最惨。尝潸然而涕，肃然而起敬矣。及国变，流寓吴门，慕公之风，拜其墓，谒其遗像，从其诸公子游，益悉公立身之梗概。至今武丘道旁，五人一抔土，侠骨生香，附骥尾而名益彰，不亦信乎？公生平著述二箧，公子惊心破卵，授所亲藏之。讹言日至，竟付一炬，良足惜矣！今存石刻六牍，乃槛车中报文、姚二公及公子书也。譬荆山之剩玉，合浦之遗珠，片言只字，直与日月争光，有非劫火所得而尽也者。天地鬼神所共呵护宝之者，岂独周氏之子孙哉！

文中姜埰表示从做秀才时就知道周顺昌的名声与风节，知道其被祸而惨死的情节，曾经为之流泪，也顿生肃然起敬之感。周顺昌为东林党人，姜埰年轻时即为山左大社成员，并由此列名复社，这两代知识分子的精神传统本来就是相衔接、相继承的，所以这种崇敬之情是由来已久，发自内心的。明朝灭亡后，流寓苏州，出于向慕，曾祭拜其墓，看过遗像，相信这很大程度上都是因为与“诸公子游”的结果。因为与周氏兄弟的往来，对周顺昌的一生品节就更加了解了。姜埰说“五人墓”犹在，这五位因周顺昌的缘故而名气更大，更为世人所知。这种写法固然突出了周顺昌，但“侠骨犹香”的五义士因“附骥尾而名益彰”，这种说法现在看来总令人感觉不爽，对社会底层人士带有一种不自觉的偏见与轻视，应视为这篇短文无伤大雅的一点小疵。又记述周顺昌的文稿都在遇祸时因家族担忧被烧掉了，殊为可惜；现在只剩下这六封书信因刻于石上而保存下来，弥足珍贵。这六封书信都是当年周顺昌被逮赴京时，在囚车中写给文震孟、姚希孟和长子周茂兰的。对于这种历经劫火之后硕果仅存的忠臣遗墨，姜埰誉为“荆山之玉”“合浦之珠”，可与日月争光。今后不只是周氏子孙独家珍视，还会受到天地鬼神的护佑。姜埰用了极意赞颂的笔墨来写周顺昌，用了极为庄重的比喻来强调其遗墨的价值，现在看并无过分之处，并非出诸与“诸公子游”的私情，而是出诸正义与公道,这是一篇情理兼至的好文。相信会得周氏“诸公子”的首肯和感激，会进一步增进与周氏“诸公子”的情感。

姜埰还有《宝纶篇》一诗写周茂兰事。诗颇长，前有序。序谓“故吏部周忠介公以击珰死，圣主践祚，其子茂兰啮血讼父冤，上褒其忠孝世继，予赠三代，盖异数云。中原难作，青毡略尽，茂兰仰天大痛。久之有武夫至，捧璧而归之，封识宛然，四方文章之士为作《宝纶篇》,余亦和焉”。序言将本事已交代清楚。周茂兰上血书后，崇祯皇帝封赠其三代，皇帝钤印的敕书茂兰一直保留在家，但在南明丧亡的兵乱中丢失了，周茂兰为之大痛。后来一位武士将其送至家中，而且原样未变，还是当年的封识。这件极有意味的事，当时很多明遗民都写《宝纶篇》诗加以记载，姜埰诗也是其中之一。诗为叙事之作，同时歌颂周顺昌的忠节，赞美周茂兰的孝心，更是赞颂崇祯帝对忠臣的褒恤。诗中特别叙述了那位送还“宝纶”的武士，写其不受酬谢，送还此物，只是有感于周茂兰的忠贞:“岂敢望答报，本感君忠贞。”此诗虽叙周家之物失而复得，但此物乃崇祯皇帝所颁赐，诗中也寄寓姜埰本人对崇祯皇帝的情感。

说完周茂兰伯仲，我们再来介绍一下与好友李模的交往。这位李模也不简单，在明遗民的诗集中多见其人，既可见其交游广泛，也可见其颇有志节与声望。顾炎武有《哭李侍御灌溪先生模》一诗，王蘧民先生注为："李模（1599 – 1680），字子木，吴县人。天启乙丑（1625）成进士，后举卓异，授河南道御史。福王立，知时事不可为，称病事父不出。明亡，里居三十余年，自号灌溪居士，人稀得见，年八十二卒。《苏州府志》有传。"[①]这位老资格的遗民有一个小问题。一部不太知名的清初著作《吴城日记》，作者不知何人，在乙酉年（1645）清兵攻陷苏州时正在城中，用日记体记载了亲见亲闻之事，其中有两则涉及李模家。一则云："（七月）十六日，抄李宦宅。李氏父子三人，父李吴滋，原任湖广按察司副。长子李模，监察御史，皆甲科。次子李楷，壬午乡科。因避乱寓居龙墩，地近昆山界。乡民之不顺者，迫胁昆宦翰林朱天麟及吾吴侍御李模作盟主。如不听从，恐先戕于乱民之党，故勉徇其意。"这是说在弘光元年清兵攻下昆山、苏州时，李模与朱天麟曾被当地百姓推戴作抗清的首领。《吴城日记》的作者完全是站在清人的立场，故视抗清的百姓为"不顺"之乱民。第二则云："（八月十七日）李宦吴滋及次子孝廉李楷已剃头归顺，进谒土、吴二公，独侍御李模未回，托言抱病，未几亦入城投见。后旨下，许其原官起用。"[②]这是说李模已经投降清朝，并被批准原官起用了。李模的这一污点从未被人提过，也不知《吴城日记》的记载是否属实，离乱中讹言纷纷，恐未必可靠。再说，即

① 王蘧民《顾亭林诗笺释》，中华书局 1997 年版，第 997 页。

② 佚名《吴城日记》，江苏古籍出版社 1999 年版，第 215 页、第 220 页。

使属实，这种乱世中的诡变从权未必有损于李模的遗民清节，也会得到人们的谅解。李模是最终未曾仕清，终身作遗民的，而且品格甚高。顾炎武在哭他的那首诗中说他“清操侔白璧，直道叶朱丝”，是很高的评价，其一时清望可见。姜埰与之交往颇多，写了一些诗，视为知己友人，也可以印证李模的人品。

姜埰有五首诗写与李模的交往。我们先看《桃花坞》一首五律，题下注为：“李灌溪家此”，排在上述写周茂兰伯仲的《桐泾桥》一诗之后,题下自注的方式也相同,可能写于同时。诗云:“西北高楼地，桃花满目芳。平桥开野圃，乱水出金阊。书画唐寅宅，香灯惠远场。乌台吾老友，相见每颠狂。”首句几乎是用《古诗十九首》的成句，写李之居住地，“桃花”一句既切题目，又写出景观与时令。“平桥”一联写景，开阔清幽。“书画”一联写家富收藏，邻近寺院，亦写出主人之情趣。明末李模曾任监察御史，姜埰曾任礼科给事中，都是监察官员，故称乌台老友，也说明两人在朝中即已相识。乱后隐居，时常见面，每每有开心之乐，颠狂之态。“颠狂”者，不外饮酒、游山等事，写出遗民之间情意相投之情态。我们感觉姜埰的性格是严谨的、内敛的，这种“颠狂”很大程度上既是受了李模的影响，也是遗民相处的一时忘情。诗的感情真挚，格调轻快，对李模的好感及相处的愉悦都充分表达出来。另一首五律《李灌溪过访，病不能肃，作诗答之》，写李到自己家来，因生病而不能拜揖，故写诗作答。诗写两人性情相近，有“两人俱性懒，一室自名逃”之句，也是遗民情怀的表达。“愿君秋月下，同为醉醇醪”，是相约下次聚会饮酒，可以看出两人关系之莫逆。《赠李侍御灌溪》两首五言古诗，分量较重，主要是写亡国悲怀与遗民志意。从诗意揣测，写诗时姜埰尚居真州，写作时间要早于上两首五律。我们先看第一首：

> 鸾觞酌醴酒，高会西北楼。良辰不可值，与子交劝酬。欲语不能语，默默泪双流。邂逅无几时，白日没不周。清川黄鹤鸣，华馆嘉树稠。对此顾叹息，不知为谁忧。念我金石友，关河长悠悠。一别二三年,相看各白头。季札居延陵,梁鸿寄异州。终当适吴会，神灵与子休。古人重比邻，所贵求其俦。愿为双鸳鸯，拊翼故遨游。

诗写两人饮酒相会，还是桃花坞那座西北高楼，都很珍惜这种离乱后的相会，相互劝酒，只是此际的心情都因亡国而悲伤，“欲语不能语，默默泪双流”，这是怀念故国的眼泪，彼此的心情都懂，但难以为外人道。两人在朝中相识，乱后重见不久，太阳就没于不周山——明朝就灭亡了。从“邂逅”两句看，两人是在南明弘光朝姜埰寄寓苏州时无意遇见，不到一年，南明也就沦陷，两人都陷入了彻底亡国的境地。清川当面，嘉树浓荫，黄鹤的鸣声带有一些悲凉，两人相顾叹息，不知忧从何来。此后两人分手，关河南北。从“一别二三年”来看，两人这次见面大概在顺治四五年左右，因避乱颠沛都已增添华发。“季札”两句，用吴公子季札代指其弟姜垓居吴，用梁鸿代指自己独居真州。并表示自己最终要迁至苏州，与李模比邻而居，精神上也真诚相通，成为同志。两人会像鸳鸯鸟一样，珍惜羽毛，寄情山林，一起遨游。将遗民同志比作同命鸳鸯，姜埰在写给周茂兰伯仲的七言绝句中也曾用过，即“池上双鸳鸯，何如并翼飞”，看来这是姜埰喜欢用的一种比喻。

这第一首应该说是偏于叙事为主，叙述两人遇合，其中包含浓浓的亡国悲情。第二首写法与之微异，以抒情寄意为主，表达遗民志节，相互鼓励，也作劝诫之语，倾吐心声，“欲语不能语”的内容都和盘托出。所以第二首也很值得全篇引出：

贵盛不易居，贫贱幸无他。君子崇明德，不辞身蹉跎。兰蕙摧为刍，根柢本山阿。燕麦生道旁，采之将奈何。白首自黾勉，忠信亮不磨。悠悠六合间，所当慎风波。出门逢少年，翻手忽挥戈。长揖谢之去，相知岂贵多。凤凰托昆仑，羽仪何光华。高高飞无极，尝恐罹网罗。与子共努力，隐璞养天和。

诗直接以议论开篇，写乱世中富贵不易，贫贱倒是幸事。不知这句是否隐含了《吴城日记》所记载的李家被抄的事实。国亡家破后，坠入贫贱，的确也就无所畏惧了，这是经过患难后发自内心的感悟，也是不得已的劝慰之语。君子推崇的是高尚的道德，身世蹉跎也是一种道德修为，这是纯正的儒家思想了，正是姜埰思想的底色。这种道德修为就如同兰蕙香草，即使被摧折为薪刍，但其根柢是扎在山脚，坚定不移的。不是道旁燕麦，随风摇摆，任人采摘。如今年华老大，应当互相勉励，忠贞之心当永不磨灭。接下来姜埰劝告要小心处世，警惕风波，不要与那些志气飞扬的少年相处，我们的朋友贵在相知，并不在于多少。这真是朋友之间的倾心之谈，反映了姜埰小心避世的人生态度，这对于遗民的生存是非常必要的，姜埰在明亡后一直有这种想法，由此也支配了他的人生态度，他处处韬晦避让，与世无争，谨慎地守着自己的清节。这一次他将此意告诉朋友，相信会得到赞同。姜埰的处世态度与其弟姜垓不同，两人有狂狷之别，姜埰属于狷者一类，这一点我们在后文讲姜垓时还要提到。借着与李模的倾谈，姜埰将这种处世态度作了显豁的表达，是这首诗值得注意的一个内容。诗最后仍用比兴表达此意，凤凰隐于昆仑，但其羽仪的光华还是引人注目，尽管高飞在天，还是会有落于网罗的担忧。我们应该一起内含精玉，外若浑璞，不轻易外露，勿引人注意，来保养自己的“天和”之性，实现自己的隐逸之志。“天和”一词来自《庄子》，指天地之和气，也指人的自然和顺之性，姜埰儒道互补的思想在这里算是灵光一现，也是很可贵的表达。姜埰遗民志意的坚定，遗民之间相互勖勉的态度，应该说在与友人的诗中经常表达，但这种隐璞养和的态度却很少说到，这是这首诗的特殊之处，也是他与李模关系的一种特殊之处。

除了以上四首诗以外，《敬亭集》补遗一卷还收有一首七律，题为《秋日偕李灌溪周子佩伯仲花山访檗庵禅师》，是写与李模、周茂兰兄弟一起去访问曾经和他一起经受杖刑的熊开元，这首诗的内容我们放在讲熊开元时再说。另外，此时的交游中，还有年谱中所述及的徐祯起，他写给徐的诗中末尾提到了李模，我们放在这里捎带讲一讲。孙静庵《明遗民录》记："徐晟，字祯起，一字损之，长洲诸生。以陶潜自比，题其诗为《陶庵诗删》。魏禧尝称为吴门隐君子，谓其诗顿挫沉郁，即辞未有工，必不稍有矫饰，以自害其性情。"[①]卓尔堪《明遗民诗》说其"平生文章气节兼尚"[②]。徐是颇有声望的遗民诗人。姜埰有《与徐秀才桢起用前韵》[③]一诗，"前韵"是指《己亥秋夜闻妻子来吴惊喜有作》，正是顺治十六年（1659）己亥避郑成功"江上之役"来苏州之际，两诗作于同时。赠徐诗为："天末逢人两不猜，花笺裁罢寄诗来。吴趋四姓才名大，故国孤臣涕泪哀。塞鸟远从芳草落，江梅寒带晚山开。何时与子闲寻访，共醉西园李柏台。"首联写两人相逢，情意相通而无猜忌，过后徐有诗惠寄。颔联上句写徐乃苏州大姓，才气与名声俱大；下句乃自指，自己是故国孤臣，时怀流涕悲哀之心。颈联写景寓意，"塞鸟"句喻自己来至苏州，此地芳草茵茵；此时江梅正于寒风中盛开，江梅亦是气节之喻。尾

① 谢正光、范金民编《明遗民录汇辑》，南京大学出版社 1995 年版，第 543 页。
② 卓尔堪《明遗民诗》，华东师范大学出版社 2013 年版，第 415 页。
③ 徐晟，字祯起，《敬亭集》作"桢起"。

联说何时与徐一起，去拜访李柏台，在他家的西园饮酒。“柏台”即《桃花坞》一诗中的“乌台”也就是御史台，李柏台正是曾经担任过御史的李模。诗约徐祯起同访李模，反映了苏州一地明遗民的经常互动，相互励志，他们有共同的话题，也有相同的志节，因之形成了深笃的友谊。

三

姜埰在苏州与遗民交往甚多，限于篇幅，我们不能逐一讲述。一些遗民的交往情形大致相近，诗的内容也大致相同，多讲也无益。再者对个别遗民，我们掌握的资料也有限，对其生平了解得不多，因而制约着我们的叙述。但姜埰与一些著名的明遗民的交往我们是不能略过的，下面要讲的徐枋和余怀，就是不能不说的两位。

姜埰《自著年谱》于“戊戌年五十二岁”（顺治十五年，1658）记载：“是年八月，赴吴为侄寓节毕姻。偕友人渡江，遭飓风几危。九月，访孝廉徐枋于墅区，枋题《荷戈敬亭图》见赠。归舟过五木，访薛寀，相与谈往事，唏嘘终日。”这是姜埰很郑重地记载他与徐枋的一次见面，是因为徐枋为《荷戈敬亭图》作了一篇赠序，深得姜埰喜欢，故而特笔记载。但这肯定不是他们的第一次见面。徐枋与姜垓是至好的友人，来往很多，这在后面我们要讲到。姜埰与之交往，是缘于姜垓与徐枋的亲密关系，是在姜垓与徐枋交往的基础上进行的。题赠《荷戈敬亭图》一事，发生在姜垓死后五年，在此之前，姜埰多次往来苏州，两人恐怕早就熟悉了。

关于徐枋，我们要先作一下介绍，这位得享大名的明遗民，其坚卓的隐逸态度，在当时没有几个人能比。罗振玉感佩其人，为作

《徐枋年谱》，在序中说：“明季节义之风，以吴中为最盛，而志弥贞、遇弥苦，学弥淳，予所尤景仰者，莫如徐俟斋、顾亭林二先生。”[1]这话实在不虚。徐枋，字昭法，号俟斋，晚号秦余山人，江南长洲（今苏州）人。崇祯十五年举人，未经会试而国亡。其父徐汧，字九一，号勿斋。徐汧作秀才时，就很有正义感，周顺昌等东林党人被逮，他与同乡人杨廷枢等人聚金送行，周顺昌曾说：“大明养士三百年，如徐生，真岁寒松柏也！”徐汧中崇祯元年进士，官至翰林院右庶子，充日讲官。居官正直，是明末党争中的重要人物之一，后也因党争自请去官。明末又复职，赴京路上，到达镇江，“闻京师陷，一恸几绝。汧雅好交游，蓄声伎，至是悉屏去，独居一室”[2]。南明弘光时，曾应召入朝，遭马士英、阮大铖排击去官。南明覆亡，苏州失守，徐汧于闰六月十一日，于虎丘之新塘桥投水而死。临死时曾嘱咐徐枋不必随死，但不许出仕清人，“长为农夫足矣”。徐枋在明亡后，国难家仇集于一身，他受到父亲精神的激励，也谨遵父亲的嘱托，避地“灵岩、支硎间”，“始终裹足不入城市”，“终其身以书画自给”[3]，表现出了极为坚决的意志，也忍受着极度贫困的生活，当时与宣城沈寿民、嘉兴巢鸣盛并称“海内三遗民”。对于这样的遗民，姜埰是极为敬佩的，再加其弟姜垓的关系，两人的来往应该是很自然的事情。

姜埰写徐枋的诗并不多，仅存一首，题为《墅区访徐孝廉昭法，时已移家去》。该诗写于顺治十五年徐枋题赠《荷戈敬亭图》之后，那时徐枋住在“墅区”即金墅一地，写此诗时已“移家去”。据罗振玉《徐枋年谱》记载，顺治十六年徐枋离开墅区，曾先后避地积

① 徐枋《居易堂集》附录，华东师范大学出版社 2009 年版，第 525 页。
② 徐鼒《小腆纪传》，台湾学生书局 1977 年版，第 187 页。
③ 钱仲联《清诗纪事》，江苏古籍出版社 1987 年版，第 720 页。

翠山“数阅月”，第二年又避地邓尉，直到康熙二年在灵岩高僧继起的帮助下，修建涧上草堂，才最后安居下来。四年期间，徐枋几乎每年换一个地方，过着不遑宁居的生活。这首诗应该写于姜埰顺治十七年定居苏州后不久，离与徐枋上次的见面两年左右，此时徐枋离开墅区一年余。诗云：“林塘幽窅草漫漫，势转湖天万水寒。满地烟萝春欲住，霎时风雨岁将阑。沙团鸿雁风初冷，花著枇杷雪乍干。闻道绿蓑双桨去，不知何处一枝安。”诗写姜埰来到墅区，欲访徐枋，才知徐已搬家离开，面对湖水茫茫，中心怅惘，对徐枋表达了深切思念与不尽牵挂。写诗的时令在冬末春初，枇杷树正在开花。开头写来到太湖边上的墅区，看到墅区幽深，草木漫漫，太湖水天相连，弥望满眼，透出一种寒冷。既切时令，又景中寓情，表达出一种斯人不见的惘然、凄清之感。第二联继续这种情景交融的写法，满地烟萝，绿意朦胧，预示着春天要来了。但突然一阵风雨，扫荡了春意，提醒人们一年将尽。我读这一联，总觉得这种动荡的景物描写中，有着对于时局的暗喻，也是对于像姜埰、徐枋这样的遗民生活命运的一种暗喻。写此诗时，正是郑成功进攻南京的“江上之役”过去年余时间，清政府正兴起“通海大狱”进行政治清算。郑成功的进攻是给明遗民带来短暂的欣喜与希望的，但谁也没想到失败得这么快，而之后的政治大清算更是令人觉得威严、肃杀，有一种透骨的寒气。第三联继续铺衍景物，进一步寄托情感，也是进一步烘托这种清冷的氛围。鸿雁飞临湖边，风越吹越冷；枇杷树头已著花，但雪压花头。中间这两联，把一种凄清、冰冷的气氛推到极致，把作者怀人不见的郁郁不快心情也推到极致。最后一联叙事，点出原委，墅区原有的主人已经打着双桨离开了，他去了哪里？他能在哪里栖身呢？正如曹操的《短歌行》所写：“月明星稀，乌鹊南飞；绕树三匝，何枝可依。”像徐枋这样的穷困遗民能在哪里安身呢？姜埰面对旧居，面对太湖，表达了对徐枋的怀想与牵挂，深情溢于词句之外，深厚无比，至诚感人。这首诗情感饱满鲜明，情景融汇无痕，而且前三联写景，末一联叙事，是其结构上的独特之处。应该说这是姜垺写得最好的诗歌之一，有此一首，已无愧于对徐枋的友谊。

姜垺诗歌仅此一首，而我们反观徐枋的《居易堂集》，发现徐枋并无有一篇诗歌写给姜垺，这种情况怎么理解？首先是徐枋的性格决定的，徐枋是个深藏固闭的遗民隐士，不乐交游，于诗文创作都极为珍重，不喜作应酬文字，此其一。徐枋与姜垺的关系远不及与姜垓的关系熟稔与深厚，凭姜垓与徐枋结交之程度，徐枋在姜垓生前仅有一篇诗歌写到两人同游，那么，未给姜垺写诗也就不足为奇。此其二。徐枋以文著称，诗歌创作并不见长，现存诗歌也不多。虽未有诗歌写姜垺，但却有不朽的文章写他，这也足够证明两人交情之好，友谊之笃。此其三。总之，要从徐枋反观姜垺，要看徐枋的文，而且徐枋是在姜垺身后对其表彰最力的作家，他的文字也同样无愧于和姜垺的友谊。

徐枋有一首题为《怀旧篇长句一千四百字》的七言诗，是缅怀他的数十位亡故的师友的，而且写到的每位人物都在诗句下注出，最为清晰。其中有一节写到姜垺兄弟，并且明确注明与姜垺的交往是因姜垓而起。我们看看这一节，诗及注为：

> 季江视我同雷陈，仲海因之亦孔称。同被恒矜孝友偏，联床常妒埙篪美。流连风景悼兴亡，寄托离骚同怨诽。两贤前后赴修文，敬亭竺坞垂青史。（莱阳姜如须行人垓与余为通家兄弟，交最善，如农给谏垺因亦莫逆。给谏以当年谪戍宣城，葬敬亭山。行人遗言以延陵为法，即葬吴门，墓在竺坞。）

这段开头用了《汉书·姜肱传》的典故，堪称精妙。一是切姜姓，二是写出兄弟情深。“肱与二弟仲海、季江，俱以孝行著闻。其友爱天至，常共卧起。”三是“海”“江”俱为水部字，亦切合埰、垓兄弟俱为土部名。四是姜肱兄弟有遇盗争死的情节，亦暗含明末姜垓曾上书代兄系狱事。一个典故，能隐括数义，恰切无比。“雷陈”指汉代雷义、陈重，喻知己朋友，“孔祢”指汉末孔融、祢衡，指忘年交。前二句季江代指姜垓，仲海代指姜埰，是说姜垓与徐枋是好友，姜埰也因此成了忘年交。姜埰比徐枋大十五岁，自然可以这么说。“同被”仍是姜肱兄弟友爱的典故，“孝友偏”一词出自杜甫的《九月一日过孟十二仓曹十四主簿兄弟》一诗，仇注云：“因其孝友，故偏与追随”，是说徐枋因姜埰兄弟孝友，常常为之夸耀，并乐于追随。“联床”是兄弟倾心交谈，“埙篪”出自《诗经·小雅》：“伯氏吹埙，仲氏吹篪”，喻兄弟和美，是说姜埰兄弟之好令人嫉妒，这当然也是赞美的话。（徐枋与其弟徐柯兄弟不睦，此“妒”中不知有此一层含义否？）“流连”两句说姜埰兄弟的诗文写作常常于描写风景中寓有兴亡之感，故国之思，如同屈原之《离骚》寄托情感，怨而不怒，所谓“小雅怨诽而不怒”。这两句是赞美兄弟二人的文才。最后两句是讲兄弟二人死去，兄葬宣州敬亭山，弟葬吴门竺坞。注文中讲到与姜埰的交往是因其弟而莫逆。写姜垓的所谓“延陵为法”，是用《礼记·檀弓》所载吴公子季札葬其长子于客死的嬴、博之地，而不归葬故乡的典故，指姜垓遗言葬于苏州，不归葬莱阳。徐枋的这段回忆诗句中，赞美了姜埰兄弟感情之深、文才之盛以及故国之思等，对其遗民大节给予了充分肯定，表达了缅怀甚或景仰之意。

徐枋写姜垓的诗文较多，生前有酬唱，殁后有悼怀，关于姜垓的文章亦多，有《传记》，有《哀辞》，徐枋且与姜垓之子姜寓节（字奉世）诗文来往较多，可谓两代交好。这些我们还是放在姜垓一章再叙述。徐枋为姜埰写的文章，在姜垓生前有《姜如农给谏画像序》一文，在姜埰殁后有《谥议》和《齿墓志铭》两文，下面我们择要作一些介绍，以见徐枋对姜埰之评价，足证两人关系之好。

在讲三文之前，先穿插讲一下徐枋在一篇书信中讲到姜埰兄弟的一段文字，也是颇见性情的一段话。这是徐枋在姜垓死后不久写给好友杨炤（字明远，杨补之子）的，信中对姜垓的去世极为痛惜，并言及姜埰要移家苏州。信云："如须毕竟不起，弟为之一哭而恸。嗟乎，当今之人，求如许才情、如此风华者，亦岂易得？即如眷眷于弟而极口奖许，亦岂他人可几？已矣，天下得少此人矣，吾党复少此人矣！故展转痛之甚也。盟兄亦曾去探其丧乎？亦抚棺一哭乎？卿墅父母在此，乔梓曾一晤言否？人生于死生之际，自是不容漠然，兄与如须气谊不薄，当亦同弟之伤悼也。今闻卿老将移家吴门，以抚如须之孤寡，此亦甚善，庶几吾辈友朋之责略宽耳。拙文一篇就正乔梓，其文颇淋漓凑泊，故笔不加点而成者，虽未知文生乎情，情生乎文，然差足以见吾胸中之怀也。"[①] 信中极为称道姜垓的才华，对其英年早逝至为悲痛，认为姜垓一去，天下少一人才，吾党中亦少此一人。且言及姜垓对徐枋评价亦极高，徐枋遂有知己之感。信中询问杨炤于姜垓殁后曾去凭吊否，是否曾去"抚棺一哭"。这里特意提到姜埰的"父母在此"，父母当是偏义复词，此时姜埰仅有母亲在苏州，问杨补、杨炤父子曾去探望否？（乔梓指杨氏父子），是否与其母亲一同说说话。姜垓去世时，徐枋因"越在数十里，屏居土室，不入城府，不得一视敛含理丧事，心戚戚若有所失"[②]，心有挂念不已，故向杨炤询问此事。又写到听说姜埰（别字卿墅）要移家苏州，

① 徐枋《居易堂集》，华东师范大学出版社 2009 年版，第 511 页，

② 徐枋《姜吏部如须哀辞》，《居易堂集》，华东师范大学出版社 2009 年版，第 459 页。

照顾姜垓的妻与子，认为“此意甚善”，这样姜垓在苏州的朋友如徐枋、杨炤等的责任就稍微宽松些了。此处的“拙文一篇”，我以为即是《姜吏部如须哀辞》一文。《哀辞》一文写于姜垓去世后的第十四天，与杨炤的书信大概就在《哀辞》写就后的几天内。徐枋自以为这篇文章颇“淋漓凑泊”，即情感聚焦、文气酣畅，一气呵成，文不加点，对其文颇为自负。我们今天读徐枋这篇文字，也深感其一往情深，悲慨淋漓，认为徐枋所言真实不虚。徐枋将此文随信寄与杨炤，请其父子指正，亦是请其分享这份痛悼姜垓的悲伤情怀。信中说姜埰要移居苏州，看出徐枋对姜氏兄弟的情况十分了解。但姜埰因各种原因，于其弟逝世七年后方移居苏州，这可能是徐枋未曾料及的。

下面我们看看《姜如农给谏画像序》一文，这是徐枋在姜埰生前为其撰写的唯一一篇文字，也即姜埰《自著年谱》所记顺治十五年的题赠《荷戈敬亭图》。今华东师大本《敬亭集》卷首附有一图，题《姜贞毅先生荷戈遗像》，下有“不孝次男实节泣血敬摹”的题记，或即是此图。此图不知作于何人？[①]姜埰有一首诗题为《曾波臣昔为余家画像，追思有作》，是写画家曾鲸（字波臣，莆田人）为其家画像，但从诗句中也看不出一定是此图。徐枋是遵姜埰嘱就图作序以赠。这篇文章可以说是手眼独到，立意特别，有几点值得注意。一是以东汉党锢人物比拟明末党争，姜埰就如汉末李膺、范滂等人，忠言直谏，因而被祸甚惨。这一点并不特别，可以说是一种惯常的思路。特别的是第二点，徐枋认为，那些在朝中敢言极谏的人物恰恰是在亡国后忠君爱国、坚守气节的人物，他们的行为在逻辑上是一致的。文中说：“士大夫平时能慷慨奋发，直言极谏，斯其遘急难，处幽忧，无有以易其常度矣。”东汉党人在朝“以言遘难”“身婴惨酷”，

① 有学者认为此图为徐枋所画，不当，读徐文便知。

最终能“为国分力”，即是如此。姜埰在朝敢言，国亡后能坚守气节，不忘君国，也是如此。前期的冒死敢言是一种忠忱，后期的不忘君国，更是一腔忠愤，其忠烈之气前后一贯，徐枋认为这是一种无法改变的“常度”。所以说姜埰“然先生今日之高节不于今日得之，而于抗疏直言时办之矣”。我们看看明末的历史，“东林”“复社”多正人君子，也多忠臣遗民，应该承认徐枋所说是有道理的，虽然说并非一无例外。第三，徐枋赞扬了姜埰能坚守气节，叹为不易，而当时因不堪忍受困苦转而出山者不乏其人，因而姜埰就愈加显得“卓然”。文中说：“天下之乱已十年矣，士之好气激、尚风义者，初未尝不北首扼腕、流涕伤心也，而与时沉浮，浸淫岁月，骨鲠销于妻子之情，志概变于菀枯之计，不三四年，而向之处者出已过半矣，欲如先生卓然不污时议，十年如一日者，岂易一二哉！”这是徐枋对于遗民处境的一种深切体验，也是对于当时遗民出处的一种现实观察。徐枋认为那些不坚定的遗民，有的是出于一时的“气激”“风义”的影响，并无“常度”，即并无一脉之忠与一贯之性，故而不能长久坚持。二是“浸淫岁月”，经受不了时间的消磨，其间有家人的劝说，有生活的困顿，都会使遗民发生改变，因而不到三四年，那些隐居之高士便成为出山之小草了，“一队夷齐下首阳”，成了当时受人“污议”的一种现象。对此徐枋是慨乎言之，感慨中也没有多少苛责，没有多少严厉的批判，似乎带有一种无可奈何的理解。这是徐枋借为姜埰题像而作出的很有深意的一篇当代“遗民论”，今天读来，我们也觉得宅心仁厚，对当时的历史情景能产生不少真切的理解。徐枋也因此愈发佩服姜埰保有遗民气节之不易。他又引西汉末王莽新朝时，其时虽非“仲尼‘微管’之痛”，但隐居、抵抗者大有人在。“仲尼‘微管’之痛”之语大有用意，是徐枋文字中不惧触犯时讳之处，也是徐枋特意不避枝赘，加写这一节的一个缘由。文首已写到东汉党人，此处何必再写西汉末志士，但徐枋执意如此，就是讲西汉末还不是异族入侵，能有那么多人保有节操，而现在是“披发左衽”之时，何以那么多人要变节出仕。进而称赞姜埰：“苟无先生其人者，立节砺行，经纬其间，不重叹古今人不相及而悲本朝之无人乎？”如果没有姜埰这样的坚守如一的遗民，不但是比不上古人，简直可以说是当朝无人。这是徐枋所认为的姜埰代表的人伦价值，这实际上包含了徐枋的自我认同、自我评价，既是评姜埰，也是自我评价，他们都是经纬天地、支撑其间的遗民伟人。前面这些文字，都是就姜埰遗民气节立论，文章最后，方回到画像，不如此则不切题。这最后一笔也发为惊人之论，徐枋看到的画像是姜埰身着“葛巾草衣”（这与《敬亭集》卷首所载画像相同），他说：“复旦有期，自有为先生著丹青者矣，奚以葛巾草衣者为？”[①]认为明兴有望，恢复有可能，那时会有人再为姜埰画像，就不会再是这种头带葛巾、身穿草衣的穿着了。在当时的语境中，这“复旦有期”真是大胆的预言，同前面“微管之痛”一样，都是徐枋的不畏惧之处，也是徐枋不泯没的希望。当时离郑成功进攻南京还有一年，南明永历王朝尚在，遗民中不乏抱有希望者。且徐枋一直抱有复明之愿，观他与其姐夫、抗清志士吴祖锡的交往即可知其志愿，我怀疑徐枋虽未参与实际的抗清行动，但于抗清诸人的活动是知情的，当他于顺治十五年说出这句“复旦有期”的话时，对一年后的郑成功之役亦可能得知消息，所以有意或无意地流露此意。而这一点，不知姜埰是否会有真切的领会？不管怎样，姜埰对这篇赠序是极为乐意接受的，故在《自著年谱》中郑重记载，这两位志意坚定的遗民，心意是完全相通的。

姜埰死后，徐枋有《谥议》和《姜如农给谏齿墓志铭》两文，

① 徐枋《居易堂集》，华东师范大学出版社 2009 年版，第 123 － 124 页。

极力表彰姜埰，并作盖棺论定之评价。前文写于姜埰去世后，时人为其定谥之时。一个受人尊敬的人，其死后根据其行事品格，为其确定一个谥号，这既是古之礼道，也是表达时人对其的尊崇。当时人对姜埰定的谥号为“贞毅”，所以后人多称之为姜贞毅公。由徐枋撰文阐发这一谥号的定名缘由与意义。“任天下之大事，立天下之大节，非贞无以守之，非毅无以成之。”他结合姜埰的事迹，即明亡前的“以进士起家为令，惠政及民”，在朝时的“讥切时事，上书极谏”，及下狱受杖刑等，特别突出姜埰“自安累囚，以待天心之悔悟”之态度，就是在下狱受刑时自己不争讼辨冤，只是耐心等待崇祯皇帝的回心转意。而这些都是“任天下之大事”。而国变后，姜埰“兵火之下，戍所不可居”，“乃往来大江南北，义不敢还乡邑”，这种不敢还乡的举动被徐枋解释为是避荐举。而清初的搜访遗老，推荐出仕，姜埰也是“深避之，之死靡二”。“三十年来，一言一动，不忘故君。疾既笃，犹遗命谆谆，必葬戍所。”这些都是“立天下之大节”。在此基础上，徐枋进一步阐发命谥之由。文说：

> 呜呼，公笃行于家，施于民，效于君，徇于国，生平伟行，简不胜书。而要之，人之所不能者有三焉。盖濡十年而不丧其守，濒九死而不失其度，迟三十载而不变其操也。夫确乎持之而不迁者贞也，卒焉临之而不夺者毅也。以公之才名，久纡墨绶，滞迹腴邑而不涴，此公守身之贞也，而断然有以成其不滓者非毅乎？以公之忠谏，黄门北寺，罹苦备毒，而坐待天心，不欲自理，此公蒙难之贞也，而断然有以成其不挠者非毅乎？以公之位望，而违坟墓，去亲戚，隐身避世，不遑宁处，历三十年，为晋征士，为宋遗民，而简书无闻，干旌不及，此公完节之贞也，

而断然有以成其不屈者非毅乎？[1]

这确实是一段真气贯注、淋漓尽致的文字，有诚意，无夸饰，极简括，又层次历历，前后照应，脉络极细。徐枋的文字之好，于此等处尽可以看出。而姜埰的“贞毅”命谥，在文完气足中，也就成为不可移易的定论。有这样的文字，足可为姜埰增光。徐枋这篇文字，成为姜埰殁后，时人表彰文字中最为有力、精光闪烁的一篇。

徐枋所撰《姜如农给谏齿墓志铭》一篇是墓志铭中的别调，也是能表彰姜埰气节并抉发其苦心孤诣的一篇文字，是应姜埰二子之请而作。姜埰死后，遗命葬于宣州，未能回归莱阳葬于父母墓旁，也是忠孝不能两全的痛心之事。“先生被祸既酷，而家国继变，万死余生，年未六十，齿皆脱落。先生有二十七齿，仅存三齿，落二十四齿。安节、实节平时袭而藏之。既葬宣州，而痛先生之临殁悲歌，思二亲之丘陇，于是复奉遗齿，归瘗莱阳赠公之墓侧，庶几先生之心乎？噫，为可悲矣。”[2] 这就是“齿墓”的来历，也是徐枋撰文的因由。徐枋在文中平实纪事，未作多少议论，但对姜埰的“遗命宣州”这一人生大节充满理解与敬佩，对其归葬之地不能两全的境地充满悲悯之情，对于其子“齿墓”之弥补办法也是持赞赏态度。文中一如既往地充满感情，徐枋文不苟作，短文也是极为用心，这固然是徐枋为文之态度，但又何尝不是为姜埰精神所感动，何尝不是两人同心同志之亲密关系的自然流露！

姜埰与徐枋的交往，我们依据两人的作品，作如上叙述。应该说，这是相映生辉的两位遗民。清代初年，这种明遗民之间的互动很多，

---

① 徐枋《居易堂集》，华东师范大学出版社 2009 年版，第 518 页。

② 该文徐枋《居易堂集》未收，见《敬亭集》附录，华东师范大学出版社 2009 年版，第 311 – 312 页。

姜埰于这种遗民交往中，遇到的都是真知己，真朋友，下面我们要讲的余怀，也是其中的一位。

在讲余怀之前，我们还要穿插讲一下姜埰在《自著年谱》中记顺治十五年见徐枋时提到的另一位著名遗民，即“归舟过五木，访薛宷，相与谈往事，唏嘘终日。”五木就是玄墓，在太湖之滨，为薛宷隐居之地。薛宷，字谐孟，南直隶武进（今常州）人。崇祯四年进士，是姜埰的同年。曾官南京刑部主事，出任开封府知府。明亡后为僧，号米堆山和尚。王应奎《柳南续笔》记其命名之由：“鼎革后为头陀，居玄墓，自以为名宷，吾今不冠，当去‘宀’；又削发，当去‘丿’，仅存‘米’字。玄墓有米堆山，因名米，号堆山。”[①]这是薛宷最有名的佚事，这样的命名，表达的是对清人“易服剃发”的反抗。姜埰与这位桀骜不驯的遗民头陀此次见面，谈起往事，唏嘘感叹不已，这种回忆故国经历，叹惜亡国遭遇，是明遗民见面的常态。可惜的是这次见面，姜埰未曾留下诗歌，此后也未见有两人交往的记载，对两人的过从，不能有更多的讲述。

接下来我们要讲的余怀，彼此的记载都有，可资叙述。余怀，字淡心，号无怀，别号曼持老人、寒铁道人等，福建莆田人。今有《余怀全集》存世。余怀与徐枋不同，徐枋固穷守节，不入城市，几乎过着与世隔绝的生活。而余怀则是声色中人，征歌选曲，耽于繁华，不甘寂寞。著名的《板桥杂记》即出自其手，成为记载明末秦淮歌妓风流旖旎的一代名作，其间寄托亡国意绪，写秦淮风流被雨打风吹去，不可寻觅，自比为南宋孟元老的《东京梦华录》。余怀有段时间常住苏州，是姜垓的好朋友，两人交往颇密，时有诗歌酬答，这我们也放在后面讲。姜埰与余怀，也是因姜垓才发生联系。两人有

---

① 转引自钱仲联《清诗纪事》，江苏古籍出版社 1987 年版，第 295 页。

诗歌往来，可据此作些叙述。

姜埰《敬亭集》中有《简余寒铁》一首七言诗写余怀，在姜埰诗歌中未见有多出色，但记述两人交往，实赖此篇。诗云：

> 自我不见余秀才，夏云徂矣秋风来。今我一到秀才宅，堂前堂后生蒿莱。丈夫肮脏只如此，誓欲破家去乡里。今日路旁一匹夫，当时万言干天子。低头俯眉心不辞，养鸡牧豕身应尔。君今读书停云馆，仰天狂歌何衎衎。有时野老扶杖过，烹葵摘果酒先暖。白公堤上波欲没，期君同看溪云满。

诗不知作于何年。姜埰与余怀的交往，从余怀写给姜埰的诗来判断，多在顺治八年，地点在苏州，此诗大概也是如此。诗写与余怀久不相见，已经自夏到秋了。表明姜埰与余怀早已相熟，时相过从，半年不见，即觉时日已长，诗写出思慕之意。现在来到余怀家中，看到住宅前后都是蒿莱，居处之荒疏可见，隐居之环境如此，主人之隐逸高节亦可看出。余怀不像徐枋那样苦节高隐，他时时游历，乐于交际，而且常常座有声妓，丝竹作乐。住处不至于如此荒僻。我以为姜埰如此写，只是借此衬托余怀之遗民品节，即下句所写的“肮脏”而已。“肮脏”者，胸怀磊落，刚正不屈之谓也。既有如此性格，住处自应如此避世，而且心存图谋，破家离乡。余怀是福建人，但国亡前常居南京，国亡后也多在南京、苏州、杭州一带游历，自然可以这么说。余怀与江南一带的抗清志士有联系，极有可能参加过一些秘密抗清行动，所以“破家”一词就颇有寓意。但点到为止，不作过多引申。这是姜埰对于余怀个性的评赏，从“破家”一词来看，这“肮脏”的评价是有着落的。但就余怀的性情来讲，要说他多么孤傲、不屈己干人等，并不算真切。这里写他的居处“蒿莱”，说他的性情“肮脏”，虽不能说完全虚夸，但总令人感到设语泛泛，缺乏真挚深刻之处，这或许是这首诗的不足。前六句写余怀，接下来写自己，路旁匹夫乃姜埰自指，当年曾经万言上书，劝谏皇上，现在如同路人一般，低头俯眉，与世无争，也无人能识，只应过着养鸡喂猪的寻常人生活。除了“当年万言干天子”一句算是真切写实外，这种自我塑造也未免浮泛，只是突出异代之后的落拓之感而已。“君今”四句继续写余怀，他于停云馆内读书，时时仰天狂歌，吐其抑塞不平之气，也时时与野老相往来，烹葵菜，食野果，饮酒度日。“衎衎”者，刚直从容之貌也。这“仰天狂歌”一句对余怀形象的刻画要真切一些，“野老扶杖”也可能是写实。总之，姜埰此时看到的余怀，是栖居僻野，与乡人为邻的；是甘于贫困，避世唯恐不及的，这与我们读余怀作品感受到的形象总觉不大一样。姜埰或一时目中所见，与余怀之平时行迹容有不同也。我们宁愿相信其一时目击之真，而不当疑其为有意摹写之虚。最后两句写与余怀相约游西湖，看西湖之白堤没波，溪云满眼。余怀于国变后是西湖的常客，姜埰于南明时也曾过西湖，乱后难见其游踪，也不知诗中这次相约，后来是否真的实现了。

我对姜埰这首诗或许持有偏见，总体评价不高，总觉得泛泛写来，缺乏沉挚之情感，这和姜埰写徐枋的诗歌无法相比，连带想起姜、余之间的关系是否像姜、徐之间那么契合投机。当然，这种猜测没有多少道理。我们反观余怀写姜埰的作品，能觉出余怀对姜埰的推崇与尊敬，能感觉到两人之心心相印，交往无间，其遗民之间的惺惺相惜流露于字里行间，两人之关系密契当于此等处观察。

余怀有《同姜如农雍辰生寓南宫清庆山房兼呈沈秋碉羽士》四首五律，收入其《五湖游稿·鸳湖》一集中。这一集中的诗歌作于顺治八年至十年，此诗当即作于顺治十年姜垓殁后不久，地点在浙江嘉兴。诗题中的雍辰生为姜埰在苏州的至交，时常出现在姜埰的诗中，只是我们对其传记不曾得悉，故未予述及。余怀的这几首诗，重在写姜埰，除表达其情感外，也有风华，重格调，意味悠长，是余怀诗风的代表。第一首云："聚首一时事，论交千载心。南宫明月下，北海酒杯深。竟入姜肱被，休弹子敬琴。熏风供啜茗，亭馆即山林。"首联写此时聚会，都为同志，知己相交，可谓千载同心。这"千载心"已将知己之感和盘托出，真切有味。第二联写此次于南宫书房的月下饮酒。第三联"姜肱被"之典，写与姜埰的友谊，有同被共眠之兄弟情深。"子敬琴"见《晋书·王徽之传》："取献之琴弹之，久而不调，叹曰：'呜呼子敬，人琴俱亡。'"是哥哥悼念弟弟之典，当然是指姜埰对姜垓的情感，一个"休"字，是劝慰姜埰勿沉溺于悼弟的悲伤之中。顺便说一句，唐人窦蒙有首写给弟弟的诗中有两句"季江留被在，子敬与琴亡"，正是用的这两个典故，余怀诗或受此影响。末联写熏风中饮茶，如此亭馆中聚会倾谈，饮酒啜茗，这也就是我们的避世生活，如同山林隐居一样。这"亭馆即山林"，确是很好地表达了余怀的生活态度。余怀乱后，多游历，多交游聚会，时时享受亭馆宴饮，但其遗民志节不改，即其隐居山林之兴不变也。此遗民处世之一法，当时也多有遗民如此，并非尽如徐枋那样深隐固闭，非其地不处，非其人不接的。姜埰虽不像徐枋，但也不似余怀那样自由洒脱，是既重交往，又自有其分寸在。其第二首诗云："旧作渔竿客，飘零已二年，如何千里梦，又上五湖船。避暑已无地，寻幽别有天。昼长兼懒慢，赤脚枕书眠。"是着重写余怀自己的意兴，甘于飘零，乐于游历，寻幽访友，性情懒慢，唯喜读书而已。第三首写夜聚情景，唯末联为"天台犹可望，缥缈赤城霞"可注意。"天台""赤城"是顺治三年姜埰避乱之地，大概此次聚会，聊起当年往事，故有天台尚可遥望，赤城之晚霞尚缥缈在眼之想象。这是关涉姜埰经历的一联诗句，也表明余怀对姜埰之一种深情关切。最后一首为："骥子何为者，吟诗学老翁。支颐天地外，著膝画图中。皂帽逢花醉，青衫顾曲工。孤帆带飞鸟，吴越任飘蓬。"此首"骥子"为谁，我以为是指姜埰的次子姜实节（实节能诗善画），从姜埰诗中看出，实节经常伴随其父出游，此次或也是如此。诗写儿子跟着父亲学诗，又能作画，又能识曲，随着父亲在吴越之间飘蓬般流转。从以上简要的分析看，这四首多着眼于姜埰来写，友人雍辰生也只是个陪衬，至于诗题中那位沈姓道士（羽士），仅是呈诗一观而已，他可能是南宫清庆山房的主人也说不定。

余怀还有一首七言古诗写姜埰，题为《折槛行》，题注："为姜如农题像"。这可能也是与徐枋一样，是题《荷戈敬亭图》的，只不过徐是文，余是诗。这首诗赞扬姜埰的政治品格，述其遗民志向，并兼及与姜垓的友谊。诗大好，值得全文引述在下面。

> 君不见朱云殿上争如虎，安昌碌碌何足数。又不见庆忌免冠回主怒，至今义节高千古。此身未从龙比游，又来折角轻公侯。丈夫血肉化元气，世上富贵徒悠悠。先生慷慨独请剑，青蒲白简开生面。雷霆日月若等闲，嶙峋嶒嶝人争羡。万里投荒老逐臣，麻鞋铁帽走风尘。怅望铜驼一洒泪，嗟尔东西南北人。几年憔悴成白首，扁舟漫系门前柳。蹈海焚山只自知，纷纷魏晋皆何有。君家季方与我交，忘形尔汝到老丑。那知中道忽弃捐，美人盈盈坐南斗。巍然灵光独君存，常挽雕弧射天狗。当时同辈各浮云，谁著麒麟阁上勋？幅巾杖履欲何往，应共西山鸾鹤群。

诗写于何年不能确定，大致是在姜垓死后的几年间，从诗意揣测，可能在郑成功"江上之役"发生之前，遗民抗清之志尚未冷却之时。

凡写姜埰的诗大都分两部分，明亡前之直谏与明亡后之守节，这首诗也是如此。起头两个“君不见”，领起全诗，似有风霜之气。以汉代的朱云折槛比拟姜埰，用典颇为贴切。据《汉书·朱云传》，朱云曾在汉元帝面前直斥安昌侯张禹，此与姜埰上疏崇祯指斥首辅周延儒同。元帝盛怒之下，欲杀朱云，多赖大臣辛庆忌劝谏相救，这也与大臣刘宗周等人救姜埰事同。“争如虎”者，写出姜埰上疏弹劾周延儒之无畏勇气和胆魄，“安昌”是以安昌侯张禹代指周延儒，写出姜埰直气震动朝廷，而周则碌碌不足道。“庆忌”是代指救姜埰的刘宗周等人，写出其凛凛高义留名千古。“龙比”“折角”仍用朱云典故。朱云当年曾高呼：“臣得从龙逢、比干游于地下足矣”；又曾与五鹿充宗辩论《周易》，使之词穷，时人云：“五鹿岳岳，朱云折其角。”都是写姜埰的忠勇与辩才。此处说姜埰未能像夏桀之关龙逢、商纣之比干那样因忠谏而死，又凭借其折角之才来轻视王侯。用“龙比”来拟姜埰，好像并无问题，但用严谨的遗民眼光看，这将置崇祯皇帝于何地？崇祯难道成了夏桀、殷纣不成？此是用典之难于延伸，也是余怀之率易处，若似徐枋之严谨，则断不会如此用典。“折角”者，若指辩才，也和姜埰行事不太符合。“丈夫血肉”自然是指姜埰受杖刑，血肉模糊，但化为天地元气，留名后世，使世上的富贵之人相形之下都变得悠悠不足道。“慷慨请剑”四句，也是申说此意，姜埰的冒死上疏，为历史上的大臣极谏别开一种生面，青蒲用《汉书》史丹典，白简指奏章。面对皇帝的雷霆之怒，他毫不畏惧，视若等闲。这样“嶙峋嶒嶝”般的孤忠之直、凛然大节，实为当朝及后代之人所钦敬，在历史上获取如许声名，也为人争相忻羡。这几句总起来是说杖刑使姜埰的声誉日隆，威望愈高。这是明代政治上的悖论，杖刑本想羞辱大臣，反而使之直声动朝野，名气愈发大。余怀这种说法并不过分，若将此论推向极端，便成不足为凭之错谬。这里顺便说到，如当今有学人撰文论说道："如果没有上述的廷杖，他的大名也许就入不了《明史》，我们也许就不会知道历史上有姜埰其人。多少壮士靠沙场拼搏一生，多少才士磨穿了几块铁砚，都得不到的东西，崇祯皇帝的一棍子就成全了他。"[①] 这种说法自然非常可笑。明代受杖刑者甚多，有几人能获得如姜埰一般的名声？姜埰历史地位的形成，有诸多因素在，断非仅杖刑一项所能论定，何不读读徐枋所撰的《谥议》一文，来理解一下当时人们眼中的姜埰。余怀所说的平实之论，必不能演变为今人之说那样的极端与荒唐。此因余怀此诗而不避枝赘，辩驳于上，以免其再误导后人也。余怀这首诗的后半段中写姜埰的遗民志节，也就是说姜埰不仅是明亡前的折槛朱云，还成明亡后之宁可蹈海也义不帝秦的鲁仲连，如此合观，方是其真面目。"万里投荒"以下八句，概括姜埰志节，颇为传神，笔力如椽。写其赴戍宣州而不能，于乱世中麻鞋奔走，此或暗用杜甫"麻鞋见天子，衣袖露两肘"之语典，但于姜埰事迹不合。或"麻鞋铁帽"是状其乱世奔走之情景而已。姜埰时时洒"铜驼之泪"，作怀念故国之想，这种东西南北的奔走令人嗟叹。在这样的流离中年华老大，门前柳树也系挽不住离别的扁舟。这种如鲁仲连蹈海、如介子推焚山的心情只有自己知道，难与为外人道。"蹈海"一典极贴切，"焚山"只是牵连之用，写其避世避名而已。姜埰的心中只有明朝存在，不承认清朝政权，可借用"桃花源中人，不知有秦，何论魏晋"来比拟之。这八句颇能抉发出姜埰的故国故君之忠忱，是余怀能真知姜埰的地方。"君家季方"四句是写姜垓，姜垓与余怀更为莫逆，彼此之间不拘形迹与礼仪，化用杜甫《醉酒歌》之"忘形到尔汝，痛饮真吾师"和《述怀》之"朝廷愍生还，亲故伤老丑"等

---

① 栾保群《廷杖三题——孟森〈明清史讲义〉读后》，载《书屋》，2005 年第 4 期。

句，自然浑成，不着痕迹。“中道弃捐”写姜垓去世，“美人”云云喻姜垓之高节令人缅怀,疑与杜甫“美人娟娟隔秋水”之句有关。“巍然灵光”四句最值得注意，或有深意存焉，不可轻忽读过。诗写姜垓去世，姜埰独存，以他的忠勇与志节，应是“常挽雕弧射天狗”，这是抗清行动的隐喻。“常”字或作“尝”解，写其于南明时参与抗清，但姜埰实未像姜垓那样参与行动。所以我以为“常”或是“当”字，是鼓励姜埰应当有抗清之志愿与行动。余怀是有此志向与行动的，姜埰虽不能说无有此志，但实无此种行动意愿，余怀此种激劝，姜埰只是听之而已。所以我以为这首诗写于郑成功“江上之役”之前,苏州遗民正在秘密策划之时,余怀或是邀请姜埰参与其间也。“当时同辈”两句进一步表明，当时姜埰的朝中同僚如浮云各分散，谁又能成为反清复明的麒麟阁上的功臣？这可能是用黄道周、杨廷麟这样的抗清志士来鼓励姜埰也成为这样的功臣。此两句暗含的意思是，姜埰的画像应该是凭其功业上麒麟阁的，而不应该仅仅是荷戈远戍的样子。但殊不知姜埰于抗清之事心存同情，但避世之意已坚，绝无从事行动之意愿。余怀的这番隐微劝说，我们不能忽视，也很少有遗民同道对姜埰作如此激励。前述徐枋题像序中曾对其说过“复旦有期”的话，但也未曾鼓励其付诸行动。这种鼓励，可能与当时秘密抗清正在积极策划的特定形势有关。这里“麒麟阁”三字已经将题像的意思点出，所谓曲终奏雅，如此方为切题。最后两句再加补充。“幅巾杖履”如同徐枋题像之“葛巾草衣”，是着眼于画图中形象，但也是写其遗民风姿，写姜埰是会保持气节，栖隐西山，与鸾鹤同群的。“西山”一词双关，既是用典，写首阳采薇；也是写实，指苏州洞庭西山。这首诗里的姜埰形象就这样隐没于烟波浩渺的太湖之畔了。我们花了不少篇幅，来仔细品味余怀这首诗，是因为其蕴义丰富，命意独特，又风华跌宕，流丽可诵，面对如此好诗，实在不愿轻轻放过。这首诗，足以证明余怀与姜埰的关系很不一般，非泛泛之交的朋友可比。

康熙五年（1666）的十一月，姜埰六十岁，他不愿家人为其祝寿，从城中的颐圃暂避于城外之江村。但其子侄仍赶来称觞相祝，一家人其乐融融。这时苏州一带的诸友人如熊开元、姚文初、归庄等都为其写诗文相祝。《年谱续编》记载此事，罗列了一些友人的名字，但恰恰遗落了余怀。其实余怀此时是写过一首祝寿词的，这即《水龙吟·寿姜如农黄门六十》。词云：

> 先生放逐归来，吴门山水从吾好。松筠气节，冰霜心性，潜身屠钓。谏草皆焚，离骚罢读，只伤怀抱。看幅巾杖屦，逍遥尘外，寻鸥鹭，为同调。　　阅尽兴亡今古，对斜阳，几番歌啸。柴桑老子，赋诗饮酒，不书年号。白发催人，青山傲世，不须烦恼。愿先生从此，年年强健，胜汾阳考。

写词的时期与上首写题像的诗歌时间已相隔多年，真可谓此一时彼一时也。词中只是突出姜埰的归隐生活，很明显余怀是将自己放情游历的生活状态附着在了姜埰身上，并对其表达劝慰与祝愿。他劝姜埰好好欣赏吴门山水，保持自己的松筠气节与冰霜心性，潜身于一般市井人群。过去的谏草不要去想，忧郁的《离骚》也不要去读，这些都是让人伤怀的东西。现在就是带着头巾，拄着手杖，在世外逍遥，与鸥鹭同群。这与上首诗末“幅巾杖履欲何往，应共西山鸾鹤群”两句意思相同。词中写姜埰经历世乱，阅尽兴亡，早已看透世情，现在只是面对斜阳，歌吟啸呼，像陶渊明那样，饮酒赋诗，同样不书异代年号。白发催人老去，纵游青山可足以傲世，自己切勿烦恼。最后以祝寿作结。这首词充满了理解，表达着劝慰，既符合祝寿的要求，又有遗民之间的同心相勉。同时，格调清朗，章句浏亮，是余怀词中的上乘之作。

姜埰与遗民余怀的交往大致叙述如上。除了本节主要叙述的徐枋与余怀外，姜埰至苏州后，还与许多著名遗民诗人相互往来，有诗歌互答，这些我们还要花一些篇幅作进一步的讲述。

第九章　遗民岁月（下）

一

除前所述以外，姜埰还有几位非常重要的遗民朋友，他们都是在遗民文学史上得享大名的，有些人的诗文创作成就或在徐枋、余怀之上，而且这种成就更是姜埰本人所不及。因此写姜埰，就不能不讲这几位，我这里讲的是钱澄之、魏禧、归庄等人，还要讲到“熊、姜之狱”的另一主角，那位与姜埰同受杖刑的熊开元。

钱澄之是桐城人，他可以称为后来“桐城派”的先驱。原名钱秉灯，号田间，明末仅是一秀才。这位阮大铖的同乡，年轻时就有才名，阮大铖曾一度想笼络他，在同乡好友方以智的指引下，他早早地与阮胡子划清了界限，与复社诸士子来往，因此在弘光时受到阮的迫害。南京覆亡后，他先是在浙江嘉兴起兵，未几失败，后到福建参与唐王隆武朝的抗清，以贡生考授漳州推官。唐王旋败，又奔赴广东桂王永历王朝，考授翰林院庶吉士，知制诰，颇受重用，也与朝内“党争”发生直接关系。顺治八年，见时事无望，方决意隐退。他曾和姜埰一样一度出家作头陀，后返初服。归家后改名澄之，字饮光。自后甘作遗民，时时出游，广交同道，声望颇高。卒于康熙三十二年，年八十二。钱澄之精于学问，著有《诗学》《易学》及《庄屈合诂》等专著，其“易学”曾得黄道周的传授。诗文创作有《田间集》《藏山阁集》等，创作颇受好评。姚文燮《无异堂集》有文评价说："饮光南渡时，遭党锢亡命，流滞岭峤，归去则皤然老头陀矣。好饮酒诙谐，放浪山水间，每酒后谈说生平，声泪俱下。时时吟诗，不拘一格，上自汉魏，下迄中晚，随兴所至即为之。古诗感慨多讽谕，婉而多讽，真得古三百篇之旨。"邓之诚评其创作："秉灯颇负文名，诗文有法，吐辞骏快可喜。尤善论事。四十以后与海内名流酬酢，辈行日尊，篇翰益富。"[①] 钱澄之的《所知录》记隆武元年至永历五年的史事，为其亲见亲闻，真实可据，是研究南明史必看的著作，我个人一直非常喜欢这部书。

姜埰与钱澄之的相识较早，但来往似乎并不多，其间的详情难以稽考。其晚年有一次见面，见于钱澄之儿子钱撝禄为其父所撰年谱的记载。年谱于康熙十一年壬午记载："过苏州，别姜如农父子，晤魏冰叔，谏其文宜慎重，不宜轻为人作志传。"[②] 这年两人都是六十一岁，而第二年姜埰就去世了。

姜埰有两题三首五言律诗写给钱澄之，大概都是这次见面时的写作。第一首为《晤钱饮光》，诗云：

> 乱后惊看汝，于今更几年。羁愁容我在，生死竟谁怜。城北邹枚叟，江东子弟篇。不知经宿处，犹是旧平泉。

诗后自注为："昔晤饮光于武塘相国之园，流连信宿，各有过江子弟诗。今饮光自武塘来，故及之。"考钱之年谱，钱澄之于乙酉年（1645）南京覆灭时，正在嘉善（今浙江嘉兴属县）之武塘，寄居内阁大学

① 转引自钱仲联《清诗纪事》，江苏古籍出版社 1987 年版，第 371、373 页。
② 钱撝禄《钱公饮光府君年谱》，《所知录》附，黄山书社 2006 年版，第 215 页。

士钱士升的南园。他在此参加了钱棅（字仲驭，钱士升之子）的反清起义，当年八月，钱棅遇难，义军溃散。自后，钱澄之离家参与闽、粤等地抗清，顺治八年归家后，也一直未再到嘉善之武塘。直到康熙十年六十岁时才又到此地，故年谱中说其“别武塘二十七年矣”。第二年，他从武塘到了苏州，才有这次与姜埰的见面。所以姜埰诗注中所说的“昔晤饮光于武塘相国之园，流连信宿”之事，必是乙酉年南明弘光之际的事。时姜埰兄弟也在嘉善，与钱在此晤面，并住了两夜。“相国之园”正是钱士升的南园。当时两人赋有过江子弟诗，当是激励诸人抗清，其诗今已不存。这次是钱澄之从武塘来到苏州，老友重逢，姜埰写下这首感慨颇深的诗篇。

诗首联写乱后重逢，慨叹已经多年未见。一个“惊”字，写出重见之激动感受，既是惊喜，也是惊讶也。杜甫《羌村》有“妻孥怪我在，惊定还拭泪。世乱遭飘荡，生还偶然遂”。姜埰的这个“惊”字，颇有杜诗“惊定还拭泪”的味道。第二联概括乱后二十余年两人之“羁愁”与“生死”，所有的经历都概括这两句之中了，极有分量，于乱后重逢的感喟包蕴其中。虽经如许患难，但我辈还在，又有何人能为之怜惜。第三、四两联回想当年的武塘情形，武塘正在嘉善“城北”，“邹枚叟”用汉代邹阳、枚乘游于梁孝王梁园中之典故，指钱士升南园中之文人，或是指姜埰与钱澄之二人，盖以汉梁园代指钱士升武塘之南园也，当时两人同赋诗，成“江东子弟篇”。从诗题看，当是杜牧“江东子弟多才俊，卷土重来未可知”之义，激励抗清斗志也。末联写钱澄之这次又从武塘过来，不知过去相国的南园还如从前否？对过去“流连信宿”的旧地充满挂念，亦是对那段生活充满缅怀。这首诗既有伤今，也有怀昔，貌似轻快的格调中表达沉郁的生活情感，是姜埰五律中颇有代表性的一篇佳作。

姜埰的另一题《鸡冠花和钱饮光》五律二首，大概也是写于此时，格调虽不如上首深沉，但非泛泛咏物之作，大有可说之处。该诗角度特别，寄寓了这两位老友见面时的异代感受。先引第一首如下：

> 鸡冠名百草，艳绝是秋畦。却为高奇服，宁知委浊泥。威仪犹见汉，风俗似闻齐。一物关兴象，诗人独品题。

钱澄之的《鸡冠花》诗五律二首，收入《田间诗集》第二卷《江上集》，这卷计古今体诗六十六首，都是癸巳年即顺治十年的作品。也就是说姜埰唱和的这两首诗，并非是钱澄之这次见面时的新作，而是其十八年前的旧作。可能姜埰对这首诗独有会心，故加以唱和。钱澄之原诗既写花，又从“鸡冠”之名发挥题义，如第一首“昂霄如觅斗，侵晓不成啼”，写出其姿态；第二首“长夜应难叫，危冠空自雄”颇有内涵，“对尔应秋尽，宁输报晓功”，也寓意鲜明。[①] 都有将鸡冠花作报晓雄鸡来对待的意味。姜埰诗也是沿着这个思路延伸，但立意微有不同。首联写鸡冠是花名，在秋天开得正好。“秋畦”一句对应钱原诗“秋光照圃畦”一句。第二联是说此花本来一身奇服，赋性高洁，却委于浊泥之中。此句实化用了屈原《涉江》的诗句：“余幼好此奇服兮，年既老而不衰。带长铗之陆离兮，冠切云之崔嵬”。这是就“冠”字落笔。第三联发挥“冠”字意更奇，上句用了“不图今日复见汉官威仪”[②] 的著名典故，是说这冠还是汉人之冠，非是今日清人之冠。下句“闻齐”者，因《诗经·齐风》有《鸡鸣》一篇，有“东方鸣矣，朝既昌矣”等语，此是就“鸡”字落笔，正与钱之原诗“报晓功”用意相同。最后两句是说这花关乎兴象，引人联想，

---

① 钱澄之《田间诗集》，黄山书社 2006 年版，第 39 页。

② 《后汉书·光武纪》。

故诗人加以描写、品题，这是说姜埰读出了钱诗的寓意，并加以呼应。

第二首思路略同，不再全部具引。颔联之“不同花鸭比，肯向楚猴闻”，“花鸭”来自杜甫的同名诗，是说此“鸡”虽比不上杜甫笔下的花鸭“羽毛知独立，黑白太分明”，但岂能似“楚人沐猴而冠”。下句用典中切冠字。颈联“怜我惟晞发，输君有切云”，仍发挥“冠”字义。“晞发”字面意思虽是晾干头发，但南宋遗民诗人谢翱号晞发子，其诗集即名《晞发集》，此句是指自己像谢翱那样保有遗民志节。“切云”是冠名，见前引屈原《涉江》诗句，喻人之高洁，此句是说不如钱之遗民志节之高峻也。这两首歌咏鸡冠花的和诗，较少写到物之形态，全从花之命名作为引申，发抒遗民情感，抨击时人衣冠，应该说是借物咏怀，是咏物诗的别调。姜埰此两首和诗，钱澄之看了，必定会相视而笑。

钱澄之与姜埰这次在苏州见面，没有留下直接唱酬的诗歌记载，依钱的作诗习惯，似乎令人不解。其实不然，他见到了姜垓的儿子姜寓节，曾写有五律二首，其中写到与姜埰的此次见面。而且在这次到达苏州时，遇雨未能进城，他先写了一首怀念姜埰的七律。或者有此三首，两人见面就没再有唱和之作。我们先看这首《望阊门，雨不得泊，有怀姜如农给谏》诗：

> 扁舟急橹过阊门，小巷深居望里存。开口众中无可语，缄关闹处不闻喧。书窗近夜应收卷，客坐何人共把樽。谁识晚来江上伴，孤篷独对雨昏昏。

到了苏州阊门，因下雨船不能停，进不了城，钱澄之已在怀念城中的姜埰了，可见在钱的心中，念念不已，此行是必定要见姜埰的。诗写来到阊门，遥望城中，姜埰就住在小巷深处。他在众人中无可与语，在闹市喧嚣中关门不闻，是姜埰的避世情景，也是独立不偶的高洁姿态。他在家读书至夜，有何人与之为侣，陪他饮酒呢？有谁知道，我这个“江上伴”的老朋友今晚来了，可坐在孤篷中，对着潇潇暮雨，进不了城呢！诗语意真挚，甚为怀念并急于见面的情感都溢于言外。

这次苏州之行，钱澄之见到了姜垓的儿子姜寓节，写了《吴门晤姜如须令嗣奉世有感》五律二首。[①] 据第二诗末尾所言，钱本不认识姜寓节，是姜埰介绍二人见面的。两首诗实际上都是以写姜埰兄弟为主。第一首云：“在昔同流寓，姜家兄弟贤。交深钩党日，客散过江年。梅福名难变，梁鸿噫不传。凄凉逢令子，话旧泪潸然。”前四句写钱与姜氏兄弟的相识，是在南明弘光的乙酉年，同是流寓苏州之时。深交于阮大铖兴起“钩党”狱迫害众人之时，分手于诸人避清兵进攻“过江”之际。“梅福”一联写姜氏兄弟于乱后避世隐居，其名虽闻，但其诗自己则读不到。末联写见到姜寓节，凄凉中话旧，不禁潸然落泪。这既是为故国流泪，同时也为姜垓的过早殁世而流泪。第二首诗为：“山东才辈起，视汝定何如？远害诗篇少，逃名故旧疏。楚狂空有泣，越绝竟无书。不是难兄语，遗孤岂识余。”这首诗主要是写姜垓，写其当年山东才人对其评价甚高，亡国后为避祸，诗歌也写得少；因避世逃名，与故旧来往亦疏。“楚狂”指钱澄之，写为姜垓空洒热泪；“越绝”当指姜垓当年在越参与鲁王政权抗清之事，竟然无书加以记载，至为遗憾。最后说因姜埰介绍与其子见面。“不是难兄语”一句下，有一自注：“卿墅席上细言往事”，是姜埰向钱澄之介绍了姜垓的往事，其中包括当年在越抗清之事。这是说没有姜埰的介绍，不但不能认识姜垓的遗孤，

---

① 钱澄之《田间诗集》，黄山书社 1998 年版，第 379 页。

也不能了解姜垓的经历也。这两首诗，借写认识姜垓遗孤，对姜氏兄弟二人表达了敬佩，对姜垓的经历尤表敬意，并对其早逝表达了悲伤，可以看出钱对于姜埰兄弟的一片真情，成为钱、姜交往中的一种深情表达。

钱澄之《田间文集》有三篇文章是写姜埰的，均写于其身后。他应姜埰儿子安节兄弟之约为姜埰的《敬亭集》作序，文中讲述与姜埰兄弟相识及交往经过甚详，正与上述诸诗相印证，我们将这一段引在下面，借以互相参阅：

> 余与先生论交，在先朝甲乙之际。当是时，先生方以抗疏拜杖，遣戍宣州，值国变，留滞吴下。南渡党祸起，余时在先生寓馆，灯火凄凉，相对唏嘘，都无人色。已余被征益急，亡匿武水家仲驭复壁中。先生与令弟如须时过武水问存，未尝不相向涕泣也。

这节叙钱与二姜的相识，是在南明弘光时的乙酉年，姜埰在苏州之际。“南渡党祸”即阮大铖兴大狱，二姜与钱均列名其中，钱在苏州二姜寄寓之所，于灯火之夜，论及时事，相对叹息，“都无人色”写出数人在国亡之时，大狱初兴之际的惊恐、忧心之状。这正是上诗所写的“在昔同流寓，姜家兄弟贤。交深钩党日，客散过江年”。接着写钱澄之因事急逃到武水（即嘉善武塘）钱棅家的夹壁墙中避难，姜埰兄弟时时去探望，而且相向流涕。正是姜埰《晤钱饮光》一诗自注:“昔晤饮光于武塘相国之园,流连信宿,各有过江子弟诗”之时。可见钱与二姜相识于患难之中，且为同难中人，同具亡国悲怀与抗清意志，同志之情既深，故交情逾久不变。其间近三十年，虽未能见面，甚或未通问讯，此次吴门相见，难掩激动之情。钱序下节即叙两人此次吴门见面之情景，细节颇为生动：

> 改革以后，亡命天南，回首旧游，彼此不知所在。历十七年，余哭仲驭于武水，道吴门，先生在焉。急往叩门，谒入久不出，闻余声，趋出曰："吾固疑是君也。"盖余时已变名矣。因讯闽粤遗事，复相持涕泣。是时如须已殁，先生饮我酒，安节、实节兄弟环坐，复招如须孤寓节，语之曰："钱先生吾故人，汝父老友也，故令汝识之。"先生年六十余，貌甚泽，但牙齿落且尽耳。①

钱澄之文颇平实，但记叙生动，读来极为感人。这毫无疑问是康熙十一年的吴门相见，就是上述诸诗写作的时候。但文中"历十七年"一句则时间记载大有问题。《田间文集》与姜埰《敬亭集》卷首所附此文均为"历十七年"。考之两人交往，自乙酉年分手，十七年后当为顺治十八年，与两人此次见面时间不合，也与姜埰"年六十余"的年龄不合。据上引钱澄之年谱"别武塘二十七年矣"的所载，此"十七年"应是二十七年，或诸家版本于"十七年"前脱一"二"字，故致此误。如此论来，年岁方合。这二十七年中，姜、钱二人从未见面，钱澄之改名也不为姜埰所知，故其通名叩门时，姜埰迟疑之中，久未露面，直到辨识出声音方与之惊喜相见。姜埰借机向钱问讯唐王隆武朝与桂王永历朝的往事，此时离桂王被吴三桂绞死已过十年，姜埰还为之流涕不已，可以想见其故国之痛有多么深切，可以想见姜、钱两位同龄老遗民此次见面在忆及国事时是何等心情。下面写与姜氏后人相见，介绍姜垓之子见面的话语充满感情，这正是钱澄

① 钱澄之《田间文集》，黄山书社 1998 年版，第 240 － 241 页。

之诗中所说的“不是难兄语，遗孤岂识余”。这节写到姜埰“貌甚泽”，气色尚好，但“牙齿落且尽”，正为下文写姜埰之“齿墓”张本。

序文接下来写姜埰的“遗命宣州”，并写其子在莱阳为其建“齿墓”：“复椟先生所落齿瘗于故乡先陇之侧，曰：‘此亦遗体也，身不违君，以此还诸亲。’呜呼，可谓仁至义尽矣。”赞扬了其子的所为，表彰了姜埰的忠孝两全。序文后又评述姜埰诗文创作，并抉发其以敬亭名集之义。

钱澄之写姜埰的另外两篇文章，一是为其妻董孺人迁葬写的墓志铭，这在第二章已讲过，不再引述。另一篇文章是《虎丘莱阳二姜先生祠记》。姜埰身后，苏州士人感其兄弟节操，在虎丘建祠，逢时祭祀，以表纪念。钱为此写了这篇记。记中历数二姜事迹，突出其忠孝大节：“两先生于君亲之际，可谓完人哉！”文中论述建祠意义所在及作文之微旨。这是一篇极意赞颂二姜志节的好文字，也是一篇论述忠孝有教育后人之大价值的好文字。我们仅引文章最后一节如下：

> 今登先生祠者，慨然如见其人，则给谏百折不回之气犹在也；僾乎如闻其声，则大行呼抢无从之泪犹滴也。不宁吴人，凡来虎丘游者，瞻仰之际，退而考其行事，庶几皆足以感发其志气，而生其忠孝之心。[①]

钱澄之此文开头对虎丘建祠之多颇为不满，但对二姜祠的修建则称赞有加。二姜在苏州只是流寓，并非苏州人，也未在苏州为官，虎丘建祠纯是苏州士人对二姜的崇敬。钱澄之认为二姜祠不但应该建，

---

① 钱澄之《田间文集》，黄山书社 1998 年版，第 202 页。

而且建后颇有益于世道人心，感发后人忠孝之志。这种极高评价，并非出自钱、姜交往的私谊，而是从社会公论出发而作出的。钱澄之为姜埰所作数文，使其成为和徐枋一样，为姜埰身后对其表彰最力的文人之一。姜埰巨大的身后声誉，也的确有赖于这些创作成就都远远高于姜埰本人的著名遗民作家的表彰。

二

讲完姜埰与钱澄之的交往后，我们要接着讲其与明遗民魏禧的交往。当姜、钱于康熙十一年在苏州见面时，魏禧也正在苏州，钱还曾当面对魏提出过劝诫，劝其为文要慎重，不要轻易为人写志传之类的文字，这已见前述钱澄之年谱的记载。

我们这里要讲的其实是姜埰与魏禧兄弟的来往。魏禧，字冰叔，号裕斋，江西宁都人，与其兄魏祥（后改名际瑞）、弟魏礼，世称“易堂三魏”，又与彭士望、林时益诸人结为“易堂九子”。宁都“易堂筑城西南山，四面壁立百仞，纡萦鸟道，宾友过访者，叹嗟奇绝”[①]。魏禧是江西遗民群体中最有影响的作家，以散文创作闻名于世，诗略逊于文，是清初散文写作的代表作家，在文学史上颇有地位，有《魏叔子文集》存世。其弟魏礼，字和公，明时诸生，国变后甘为遗民，其志与魏禧同。“易堂三魏”中，唯长兄魏祥入清后出仕，未作遗民。魏礼亦有文名，惟不及魏禧远甚，其文名为其兄所掩盖，但其名字也因魏禧而时常被人提起。

姜埰有三首诗写及魏氏兄弟。其一为《晤魏冰叔和公兄弟》五

---

① 谢正光、范金民编《明遗民汇辑》，南京大学出版社 1995 年版，第 1182 页。

律二首，这兄弟俩即是魏禧与魏礼，写诗时间即是与钱澄之见面之时。姜埰与魏氏兄弟大概此时方定交，从诗中看，似乎见面不多，相交并不深，第一首诗云："兄弟才名大，荒台落日逢。苍茫浮海意，憔悴过湘容。金石谐曹植，珊瑚盛李邕。织绨幸自得，坐久暮云重。"首联写魏氏兄弟才名，与其在荒台日暮时相逢，只字不提过去交往，或许此乃首次见面。次联写两人心事苍茫，形容憔悴，实寓两人遗民气节。"浮海"用孔子"乘桴浮于海"的习见典故，"过湘"用屈原《九章》典，都指兄弟二人的遗民情态，实表达赞许之义。第三联首句称赞兄弟二人诗歌声谐金石，堪比曹植，这评价是很高了。但第二句颇值得注意，是专指魏禧文章如唐代李邕，精美且价高如珊瑚，也是褒奖。但此句下有小注："邕鬻文最盛"，这就有点讥讽之义了，姜埰认为魏禧和唐代李邕一样，靠卖文赚钱不少，此不可取。这正是钱澄之劝诫魏禧为文要慎重之义，所以我以为这首诗写于康熙十一年姜、钱见面之时，当时魏也在苏州，数人可能同时谋面，姜埰的这句诗极有可能受到了钱澄之批评的影响。最后一联"织绨"一词是说自己自食其力，不曾似魏禧那样靠卖文为活，是进一步补足上句，并表明自己的为文态度。最后说此次见面待了很长时间，已是暮云重重，照应首联"荒台落日"，使全诗神完气足。应该说，对魏禧的语含讥讽，是这首诗的独特之处，也是姜埰对于朋友能够委婉相劝的一种诤言。第二诗也有可说之处，能反映与魏氏兄弟之关系，诗为："相知不在久，邂逅即通家。粔籹聊堪设，糟醨莫谩加。水边吴苑鸟，天上楚江槎。迟暮还同惜，羲和驻日车。"第一联即写与魏氏兄弟过去并不相熟，此次可能是初见，而且是未曾预约的"邂逅"。第二联是写对魏氏兄弟的招待，"粔籹"是似馓子一类的面点，"糟醨"是酒，这句下有自注："冰叔食糖不饮酒"，因为魏禧不喝酒，故酒就不予摆设了。第三联"吴苑"写他们在苏州，

“楚槎”句下有自注:“时和公将游楚”。大概此时魏禧或留吴，魏礼将往楚,故此联两地分说。最后说彼此都是迟暮之年,应该相互怜惜，盼望载日的羲和步伐停下来，时光不要那么快速。末句是祝愿语也。这两首合观，可以看出姜埰与魏氏兄弟这次见面的大致情境。

姜埰还有一首《魏冰叔归玄恭见过》的诗，是写魏禧与归庄一同拜访姜埰的情景，这大概是魏礼赴楚后的事情，故魏礼未能一同拜访。诗云:“留客蓬门僻，占星处士高。形踪皆异地，涕泪尚吾曹。上古探金版,中厨敕涧毛。谁能河朔饮,一盏尽酕醄。”诗写二人到访,住地偏僻，蓬门留客。姜埰此时不在苏州艺圃待客吗？何以写得住处如此简陋？或是诗人叹穷嗟贫之积习，未可尽信。“处士星”指三人皆为高隐之处士即遗民。“形踪异地”,三人皆非苏州人,故云。“涕泪”者,一洒故国故君之泪。此时距北京崇祯皇帝之亡已近三十年，桂王永历已死十年，这三位老遗民尚如此涕泗横流，可见亡国之悲到老不衰,这也是明遗民之共同情愫,正所谓说到故国泪先流也。“探金版”，探讨学问也，“金版”代指书籍。“涧毛”一典见《左传·隐公三年》:“涧溪沼沚之毛。”杜预注：毛,草也。“敕”为备义,是说中厨所备极为简单。“河朔饮”典出曹丕《典论》,指酣畅饮酒,“酕醄”指醉酒状。上诗曾说魏禧不饮酒，此句显然是指好酒之归庄。这首诗写三人相聚，心迹相同，把酒尽欢，显然上述诗中姜埰对魏禧为文的讥讽，并没有影响两人的关系，魏禧或许并未介意。

能反映魏禧毫不介意的，还在于魏禧写姜埰的文章。这次魏禧与归庄在同访姜埰之际，两人同写了一篇《敬亭山房记》，除了写山房命名之由，写姜埰忠谏受刑等外，两篇文章都共同讨论了一个问题，即大臣为君王迁谪后该不该怨恨君父的问题，并且都拿姜埰与熊开元对比，以说明姜埰的品格尤高。这两篇同题文章是相互影响的。与归庄文章相比，魏禧的议论要更长一些，涉及崇祯一朝的“党争”问题：

> 当崇祯季年，先帝焦劳，锐于为治，臣下不称任使，负上意。上寖疑群臣不可信，而言路是非贸乱，一二直言敢谏之臣，又多议论失平，或迂疏无裨实用。上数有贬斥，疾威之下，罚不当罪者有之。从古偏听生奸，诛斥谏臣者往往至亡国。先帝不幸国亡，人每追咎于斥谏臣之故。然其得失，要当分别论列，不可徒徇君子虚名，全归其过君父。先生同时有名臣，亦尝论时相，退而补牍，与面奏语前后不相蒙，上震怒以为欺罔，几抵极刑，是以持两端得罪，其事与先生不同，而国亡后犹悻悻然不能释其怼怨，先生盖不仅加人一等矣。①

崇祯末年的党争体现在大臣的进谏上，确实是乱纷纷的，令崇祯皇帝无所措手足，也造成崇祯对大臣的极不信任。在后来明遗民的话语里，这种“党争”，这种帝王的“猜忌”，造成政治的分崩离析，都是明朝亡国的历史教训。魏禧也是对此不满的，但他的思路则与众不同。他认为当时的“言路是非贸乱”，大家众说纷纭，即使是正直大臣所论，也有“议论失平”之处，或者是空谈高论而无实用之处，皇上对这些谏官的贬斥是自然的。但处置有不合理的地方，即“罚不当罪”，言外之意，像姜埰这种情况就属于“罚不当罪”了。从历史的教训来看，从古以来，偏听奸臣，诛斥谏官的结果往往是导致亡国，崇祯皇帝不幸就做了这样的亡国之君。但魏禧笔锋一转，认为崇祯的惩罚谏臣，要分别而论，若将亡国的原因归咎于其斥谏臣

---

① 魏禧《魏叔子文集》，中华书局 2003 年版，第 734 － 735 页

这一节，是不合理的，总而言之一句话，即不能将亡国责任推到皇帝身上。这段略嫌纡曲的议论，对明末“党争”作了评述，对姜埰一案也有评论，但真正的落脚点却是不能归咎于皇帝，不能归过于“君父”。我们不能说魏禧的议论有多高明，但放在明遗民时期的特定语境中，是可以理解的。接下来他拉来“熊、姜之狱”的另一主角熊开元来作对比，认为熊开元与姜埰的忠谏不能相提并论，他是“以持两端得罪，其事与先生不同。”另外，熊在亡国后，说起先帝崇祯，犹是“悻悻然不能释其怼怨”，仍然不能放下对崇祯皇帝的怨恨，这和姜埰的行为相比，高下立分，称赞姜埰不忘先帝，不忘戍所，真是加人一等了。他在文章后面又说：“善则归己，德则归他人，而过与怨则归君父，臣子之用心当若是耶？”仍然是谴责熊开元。魏禧与归庄的同题文章，同时集矢于熊开元，褒姜而贬熊，成为当时遗民话语的一个重要议题，这点我们放在论归庄文章时，一并来讲。

姜埰殁后，魏禧为其写了传记，详尽地记叙了姜埰的一生大节，并对其作了高度的评价。关于姜埰事迹的记载，这篇传记最为详尽，细节多且生动，对话亦多且鲜活传神，都为其他传记所不及。因姜埰事迹本书中都有述及，故魏文不再具引。我们只看文章最后的论：

> 论曰：公有赠禧序及见怀诸诗，皆未出，公死而公二子乃写寄禧山中也。禧客吴门，数信宿公，每阴雨，公股足骨发痛，步趾微跛踦。哀哉，北镇抚狱、廷杖诸制，岂为言官设哉？以先帝英明之主，为权奸所壅闭，尚不免用刑不中，况其他乎？宣州沈寿民曰：“谥法：秉德不回曰孝。经曰：事君不忠，非孝

也。公死不忘君，全而归之，可以为孝矣。宜谥曰贞孝。”①

姜埰曾为魏禧写过赠序，还有怀念之诗，这些都未示人，姜埰生前编辑的《敬亭集》也未收入，直到他死后，其二子将这些作品寄去，魏禧才看到，这也是蛮奇怪的一件事。赠序与诗，当不至于有太大的忌讳，何以不出？何以不寄给魏禧一看？何以不收入集中？这都令人不解。姜埰与魏禧之间，总有今人不能明了的一种隔膜存在。但魏禧依然不介于怀，依然应其二子之托为姜埰写传，而且记载翔实，评价颇高，在魏禧可谓不负亡友矣。这里也写到与姜埰在苏州的相会，曾数次住在姜埰家里，他亲眼看到了姜埰杖刑后留下的后遗症，就是每逢阴雨天气，他的大腿与足部还是隐隐作痛，走路还呈微跛状。这是姜埰其他传记未曾有过的一个细节。魏禧由此感叹姜埰的受刑之冤，他是言官，职责就是进言劝谏，怎么能受这样的刑罚。崇祯皇上是英明之主，但被奸臣蒙蔽了，才对姜埰滥用刑罚。这里对崇祯皇帝的批评，是归咎于权奸的蒙蔽，这是明遗民评价崇祯惯用的思路。最后，他引用了沈寿民的说法，认为应当为姜埰定谥为“贞孝”，实际上是不满意于徐枋等人所定的“贞毅”。魏禧大概是看过徐枋的《谥议》一文，也知道徐枋所论贞中已含有孝意，这是文人故作异同之论，不宜作过分解读。总之，总观姜埰与魏禧的交往，姜埰这里或许心存芥蒂，有不爽之意；而魏禧对之则始终礼敬有加，这是两人交往的一个特殊情形。

上面已经讲到归庄，我们接下来即叙两人的交往。归庄在明遗民中享有大名，似不用多作介绍。他字玄恭，号恒轩，昆山人，明

① 此据姜埰《敬亭集》附录，魏禧《魏叔子文集》也收此文，题为《明遗臣姜公传》，字句略有不同，见中华书局2003年版，第854页。

诸生。明代虽是一秀才，但明亡后遗民志节之坚，确乎有迥异时人之处。他与顾炎武是同乡同学兼同志，非常要好，性情孤傲狂怪也相同，时人有“归奇顾怪”之称。入清后，他改了名字，用了一连串奇奇怪怪的别号，就是其狂态的体现，关于他的狂怪轶事也颇多。他是明代著名文学家归有光的曾孙，一生为保护传刻曾祖文字不遗余力。有此文学家传，再加其才气颇大，诗文创作成就都很高。现在有完整的《归庄集》传世，是我最喜欢的明遗民著作之一，我曾撰文论其遗民文学思想。归庄的故里昆山，是苏州的属县，与苏州相距甚近。以人以地来看，姜埰移居苏州后，两人应该有密切的交往，但考察两人行迹，却似有不然。两人互相尊重，也有文字往来，但总觉得并非密契。其间的缘由，我以为与钱谦益或有关系。姜埰似鄙弃钱谦益的人格，与之绝不相通（这一点与其弟姜垓不同）。而归庄尊钱谦益为师，一生礼之甚恭，交往至为密切。或因此，姜埰与归庄交往密切不起来。当然这只是一种推测，未有文字记载可以佐证。

现存姜埰诗歌除上述写魏禧与归庄一同拜访的一诗外，仅有《长歌寿归玄恭》一首七言古诗。“长歌”是七言诗的别称，非指篇幅之长。姜埰这首祝寿诗不知作于何年，我怀疑是作于姜埰的晚期，此诗于《敬亭集》中编于七言古诗一卷之最末一篇，也可大致看出作期稍晚。这首诗多用僻词险韵，今天读来颇不通畅，有奇崛峭刻之感，这是否是应合归庄狂怪性格的缘故，也说不定。总之诗艺未臻上乘，但诗中意思可以一说。诗先写归庄居处之穷荒，竟至退而归耕，写出其“人生失志”状。又突出写其才大志远，“归生昔是金褭蹄，筋烦骨折仍纤骊。少年读书吃菜韲，文成破体生虹霓。”昔年是俊才，读书刻苦，文章不同凡俗。但就是不得志，科考不中，不觉心中有怨，搞得面色也不好看：“不知何事面微黧，欲言不言心怨凄。饮酒手把青玻璃，使气不受公卿挤。”写他饮酒负气，有桀骜不驯之态。中间也写到了归有光："太仆先生安亭西，昭代崛起追昌黎，后来龙种渥洼鸣，明辨三豕经枣梨。"称赞归有光是古文大家，是明代的韩愈，这是归庄最愿意听的话，凡是人们一称道归有光，归庄就极为高兴。写归庄为出版曾祖文集而努力。诗后半段极力铺叙归庄的穷困："紫薇山房草凄凄，深院无人鹁鸠啼。君如饥鹿守故溪，一身狼狈需刀圭。操作无有一跛奚，日午未曾蒸糁藜。有时画砂与印泥，换来白酒兼黄鸡。君更逍遥挈偏提，十一在家九绿溪。"这一节文字蛮生动，能刻画出归庄的形象。所居之处长满荒草，院中无人，唯有鸟啼，"君如饥鹿"的比喻比较别致，写出穷饿之状，身体又不好，有时需要服药。家里连个仆人也没有，日午时分尚不能蒸饭。有时用卖书画的钱换来白酒与黄鸡解渴，归庄好酒，尽管穷困得饔飧不继，还是提着酒壶在外逍遥游历，十天中有九天在外出游。应该说，这段诗句将归庄性格写得很传神，忍饥、好酒、乐游等，都是归庄的真面貌。诗极力铺排，写尽归庄好游后，方最后归于祝寿主题："今日与君醉罂瓶，上寿何独子与妻。吁嗟黄绮徂矣兮，灿灿紫芝为君携。"愿与其同醉，而怪其为何无人庆生，仅有妻与子相伴。如商山四皓之夏黄公、绮里季这样的老遗民都已成过往，好多老友都已不在，令人叹息，如今我携来益寿延年之紫芝为你祝寿，惟愿老友多加保重。诗是真挚的，以表现归庄性情为主，对其固穷而又达观的生活情境感同身受。诗每句用韵，是用古诗"柏梁体"。诗中未涉及两人平时往来之状，从一个侧面说明两人平时交往并不热络。

现存《归庄集》中，也没有写给姜埰的诗歌，说明两人几无唱酬。也未见归庄有和姜垓来往的作品，归庄对徐枋极为尊重且熟稔，以姜垓与徐枋的关系，与归庄定有来往，但也没有留下记载。归庄有一篇题《跋姜给谏扁额后》的短文，是姜埰移居苏州后，经营颐圃，邀请归庄为其书写"城市山林"的扁额，归庄题写后作跋以记。

这在前面我们已经引述过。这说明姜埰与归庄相识尚早，也相互欣赏，何以诗歌往来如此之少？也不太好解释。归庄还有一篇与魏禧同题的《敬亭山房记》，写于康熙十一年，就在与魏禧同访姜埰之际，是应姜埰的次子姜实节之请而作的，文中记敬亭山房命名缘由，抉发出姜埰一贯的心志，对之加以赞赏，是篇很不错的文字。这离姜埰去世还有一年，离"城市山林"题扁过去十余年，这是姜埰移居苏州后，归庄一首一尾写的两篇文字。这篇文字中，最令人注意的仍是与魏禧文章一样，把"熊、姜之狱"的两位主角作了一个对比，对姜埰极力称扬，对熊开元则颇有微词，他说熊、姜入狱受杖刑后，"已而辅臣自败，檠水加剑，既伏其辜，则劾者之言既验，宜亟加褒赏，而犹久锢之狱，烈皇帝毋乃成见未化而吝于改过欤？熊公每言及先朝，不能无恨；而先生绝无怨怼君父之心，国亡之后，犹不忘戍所，以敬亭为号，若曰：我宣州之老卒也。先生可谓厚矣。"熊、姜当时都因弹劾首辅周延儒而得罪，以后崇祯也发觉周延儒之纳贿弄权，欺上瞒下，一怒之下，勒令周延儒自尽，这即所谓"檠水加剑"。归庄认为，既然周延儒有罪，那么揭发其罪的熊、姜二人按理应该释放并予以褒奖，可还要长期关押，这是崇祯皇帝对于二人的成见未予改变而且又不愿意改正自己的过错。这是对于崇祯比较径直的批评，和上述魏禧所论大有不同。他说熊开元在国亡后，说起先朝时对崇祯时有怨恨，时有不满，而相比之下，姜埰则绝无怨怼君父之语，而且对先皇加予的贬谪也毫无怨言，谨遵不改，自号敬亭山人，名其居曰敬亭山房，将自己比作一个宣州老兵，一直不忘戍所，这是姜埰的忠厚。这段熊、姜优劣论是有关明遗民的一个比较有名的话题，一般都扬姜而抑熊。正如赵园先生所说，这反映了"时论的逻辑"。赵园先生讲："姜埰于明亡后，自称'宣州老兵'，嘱葬戍所，非但示人以'无怨'，且示以至死不渝的'忠'；

'敬亭山房''宣州老兵',即颇为人题咏。时论的逻辑是,崇祯愈苛酷不情,愈见出姜氏无条件的忠。”而熊开元对崇祯有所怨言,甚至根本谈不上恨,就遭到时论的非议,归庄、魏禧均加以微言批评,这也是时论的逻辑的另一方面,皇上圣明,臣子该死,臣子不能怨诽皇上,特别是在亡国之后。这固然有皇上殉国的时代因素,但毕竟如赵园先生所言:“向经历了那样的惨毒者要求无怨,不过证明了时论的不情而已。”“无宁说熊开元的反应,更合于人情之自然。”[①]这里还有一个悖论,即归庄在此文中等于直接批评了崇祯皇帝的,何以对熊开元如许微议,或许是归庄在崇祯朝仅是一诸生,未食俸禄,与崇祯未曾有君臣之情,使他的言论有了一定的自由空间,故而如此放言无忌。这里也顺便说一下,归庄虽与熊开元有不错的交往,但始终对其有些意见。其写给熊开元的《与檗庵禅师》一书,虽谓其“立朝大节,真成铁汉”“乱后弥坚岁寒之心,复具先几之识,不得已而逃禅,养其身而有为,敬服敬服”。但批评开元之逃禅为“游移迁就,随人脚跟”[②],并与之争辩,是其不喜开元已讲明于当面。他的《观梅日记》写至太湖华山观梅,“华山主人檗庵志禅师,故黄门熊鱼山也,与余旧相识,然远公竟不能破例为渊明沽酒,饱伊蒲供”[③]。对熊开元不能为其提供酒食亦写入文中表示不满。这次因论姜埰,又顺便作一比较,将熊开元之微讽一通,以反衬姜埰之忠厚。撇开熊开元不论,在姜埰的忠厚大节面前,归庄是颇为敬服的。以上即姜埰与归庄交往之大略。

回头再说一下魏禧。他在康熙十二年闻听姜埰与归庄去世后,曾写过一篇情真意切的好文章,即《哭莱阳姜公昆山归君文》,将两

① 赵园《明清之际士大夫研究》,北京大学出版社 1999 年版,第 530 – 531 页。
② 《归庄集》,上海古籍出版社 2001 年版,第 335 – 336 页。
③ 《归庄集》,上海古籍出版社 2001 年版,第 400 页。

人合并哭祭一番。这篇文章感情饱满，读来确有哭泣之感，他对这两位老友的去世悲伤不已，从中可以看出魏禧对姜埰与归庄的友情和态度。文章序言称：他在康熙十二年十二月，于病中接到姜埰儿子的讣告，“泪微下辄头痛，不敢哭”。既而又接到归庄的死讯。才于明年的三月，乃设二人灵位，身着白衣冠以哭。文中回忆与姜埰的相识：

> 公忠孝大节，山以东、大江南北衣裳之士人人能言。公侨吴趋，闭门不揖客。禧客吴越，先达高门亦不自通名纸，闻公贤，桐城方密之先生与禧笃，相别青原山曰：子之吴门，不可不见姜公也。出寸纸书坊屋，属毋忘。禧乃先到公门，公欣然跴履接之。每过，必具馔。予畏酒，好甜食，必设寒具滑糖。每酒具，必招元公。三人者谈竟日去。或便宿水楼，意志颠倒，歌哭杂有，故公与禧相结深。呜呼，世之能言公者，未必如禧之知公也。禧仆遬，元公不羁，胸中少世上人，公并与亲密。

文章写姜埰之忠孝大节，为世人所知，当然也为魏禧所知。但原来两人东西分隔，未有见面机会。直到魏禧来到苏州，两人方才相识。这也进一步证明，上文所说的康熙十一年的交往，是两人的初识。魏禧的结识姜埰，是得益于方以智的介绍。方为其详细写了姜埰的住址，魏才得以登门拜访。这里可以看出明遗民之间相互欣赏、相通互动的情形。魏禧在姜埰家受到招待，他害怕喝酒，姜埰便为他准备了一些甜食，每逢要喝酒的时候，必定会叫上归庄。这不就是上述诗中所写的“谁能河朔饮，一盏尽酕醄”吗？三人相见甚欢、言谈无忌的情形在文中又表现了出来。魏禧与归庄性格不同，姜埰和他们都相交亲密，说明姜埰的性格宽容和易。魏禧自认为与姜埰相交甚深，也最了解姜垓，这正是他为姜垓作传的原因。这段文字是写魏禧与姜垓相识的情形，是与姜垓、归庄三人相处的情形，是魏将他们二人合并哭祭的作文缘由。魏禧与姜垓、归庄的相识，就是这一次在苏州的相会，此后便已分手，而第二年姜垓、归庄就病逝了。文中叙及与姜、归的分手就极为动情，细节生动，言语宛然。写归庄的略去，单看写姜垓的一节：

> 而公闻禧归有日，数使仲子邀宿止。先是禧言束装行，公辄涕泣，或失声，气逆上。禧有扬州僮奴曰阿邗，甚忠慧，尝从禧之公食饮。公一日引前，抚其头曰：阿邗，汝主人归，吾亦不知何日得见汝也。又泣下，禧亦相与泣。呜呼，岂知禧遂果不再见公耶？……公之别禧也，棹小舟，独送禧于浒墅关上，握手再拜，痛哭久之。他日过禧寓门，有“高楼及春，长风千里”之诗。[1]

看看这种送别之情景，姜垓可谓深于情者，这种分别的场面很是悲怆，已是寓有死别的意味了。先是在家的饯行，姜垓接连流泪，又是浒墅关的孤舟送别，“握手再拜，痛哭久之”，姜垓颇有自知其年不永，与挚友难以再见的预感。写其“气逆上”，也是写姜垓的身体已是病状。果然，就在这次分手的第二年，姜垓就辞世了。我们就以魏禧这篇泣血文字，来结束关于姜垓与魏禧、归庄交往这一节的叙述。

① 魏禧《魏叔子文集》，中华书局 2003 年版，第 678 － 679 页。

三

我们就接着讲姜埰与熊开元这对明末最后一次杖刑的同难者的交往。

熊开元，字玄年，号鱼山，湖北嘉鱼人。在姜埰被贬到宣州的同时，他被贬戍杭州卫。南明弘光时，他以丁母艰为由，辞去吏科给事中之授职。唐王隆武时，出仕参与抗清。在参与抗清这一点上，他比姜埰要勇毅得多。隆武事败后，他出家作了和尚，名正志，号檗庵。当时，遗民逃禅者众，开元算是很有代表性的一位。开元入清后多数时间驻锡苏州灵岩山，姜埰遂与之有了较多的交往。熊开元今有《鱼山剩稿》存世。

上面说到熊开元对崇祯皇帝的怨诽，不妨在此再说几句。我读《鱼山剩稿》，未见其中有对崇祯皇帝明显表达不满的文字，既云“剩稿”，自非全部，或许有关文字已经刊落了。但我始终疑心熊开元的不满，只是流露于朋友话语之间，未曾正式形诸文字。除了下文所要讲的他对于自己所受刑狱的自叙文字所流露的情绪外，另外很大程度是来自一桩佚事的流传。陈垣的《清初僧诤记》，引述了时人所记如下一则轶事，曰熊氏“国变为僧，一日携侣游钟山，有楚僧石岩者独不往。及熊归，石岩问曰：若辈今日至孝陵，如何行礼？熊愕然，漫应曰：吾何须行礼！石岩大怒，叱骂不已。明日熊谒石岩谢过，岩又骂曰：汝不须向我拜，还向孝陵磕几个忏悔去！”此事在清初亦喧传一时。屈大均曾议论过熊开元为僧后过孝陵而不拜事，曰：“嗟夫！士大夫不幸而当君父之大变，僧其貌可也，而必不可僧其心若檗庵者。僧其心之至尽，而反得罪于君父者也。”[1]这件不拜

---

① 转引自赵园《明清之际士大夫研究》，北京大学出版社 1999 年版，第 530 页。

孝陵的事情，被视为熊因受杖刑而对先朝、对崇祯皇帝有所不满，引起时人的讨伐。在今人看来，即使熊有怨诽，亦可以理解，不算什么污点，但在当时的明遗民话语中，却是一件非同非常的事，这正可证明赵园先生所说的时论的严苛。依姜埰忠厚的性格，对于熊这位同难者的此类事情，肯定是不予置评的。

钱仲联先生主编的《清诗纪事》，在“熊开元”名下，引了一篇姜埰《黄檗庵禅师语录偈语跋》一文，未注明出处，此文也不见于《敬亭集》，乃为佚文。题目中这一“黄”字就不易解，不知是否有衍脱或讹误。文中记载了这样一件事：“崇祯中，师官行人时，有中人于东华门拾得黄袱，中有纸，题曰：天启七，崇祯十七，还有福王一。奏上，以为妖言，示阁臣而焚之。时师谓埰曰：此沮渠投书之祥也。埰漫应之。今岁谒师于山中，偶语及此，问师用何术推测？师曰：亦不外乎数而已。埰曰：师之术，亦黄公石斋之易术也。师曰：黄得其精，吾得其粗耳。他日弟子中有以胡运问者，乃作此以示之。”[①] 这里记载了一桩明前很奇怪的事，也是明亡后熊、姜见面一次颇有深意的讨论。崇祯年间太监拾的那张纸，简直是个可怕的谶语，预示了明王朝的气数。皇帝还是通达的，视为“妖语”，将其烧毁，也未曾穷究治罪。但熊开元对姜埰说，这是“沮渠投书”的征兆。“沮渠投书”典见《十六国春秋·沮渠蒙逊传》，是指预言，征兆之类的东西。当时姜埰对熊开元的话半信半疑，也未真当回事。但后来发生的一切都惊人地符合这句谶语，犹如宿命一般。这次两人山中见面，谈话之中偶然地提起了这件事，姜埰此次认真起来，询问熊以何法知道这是个预言，熊的回答是含糊的，无非是数而已。数者，天命也，气数也，当然也有术数之义。姜埰将其理解为术数，进一

① 钱仲联主编《清诗纪事》，江苏古籍出版社 1987 年版，第 212 － 213 页。

步追问，这种术数是不是黄道周那种《周易》术数。熊则不置可否，只说黄道周的易学是得其精，而自己是得其粗，无法与黄相比。应该说熊对此事，始终是模糊应之，但姜埰似乎相信熊能通微妙术数，将话题引向了一个重大的方面，即“胡运”有多长的问题。元代蒙古人的统治中国，未足百年而亡，于是就有了“胡人无百年之运”的老话，也有人认为这句话是朱元璋讲的，那来头就更大了。姜埰暗用此语，认为熊开元可以推算出清人的国运有多久，所以作了这篇跋语记载此事。此“胡运”一词，在清初是大触忌讳的，假若姜埰此文是真，其不敢收入《敬亭集》也是很自然的事。熊、姜这次山中见面，借旧事讨论清人的气数，认为“胡运”不长，灭亡有期，这是两人之间极为隐秘的、不敢示人的话题，若两人非知己，则断不敢触及此类话题。

姜埰有数首诗写到熊开元。最早的一首是《吴门晤鱼山熊给谏抒怀》一首五律。此诗不见于《敬亭集》。《明清山左七家诗文钞九种九卷》这一抄本，收姜埰诗十六首，全为《敬亭集》之外的佚诗，其中即有此诗。[①] 诗云：“烽火燕台尽，胡氛一片尘。隔年生死泪，几月别离人。覆载思仁主，江湖老罪臣。对廷流涕处，谏草化为磷。”细谙诗意，当是甲申年末姜埰在苏州见到熊开元时所作。时明亡不久，熊、姜分手亦仅几月，故有“几月别离人”之句。诗写明朝灭亡，清人入主。两人狱中聚首两年，才分别几月，国已至此，言下极为痛心。“隔年生死泪”句下有自注：“狱中聚首，逾冬而春”。至此思念仁主，更感到自己是个“罪臣”。国亡君死后，两人在朝廷的忠心谏疏，都化为碧血青磷。这是两人亡国后的首次相遇。姜埰七言古诗《忆昔行》是回忆自己建言被逮、受杖被谪的经历，但同样

① 《山东文献集成》第四辑第33册，山东大学出版社2010年版，第146页。

也是写熊。其中有四句诗是专写熊的："殿前辟易至尊疑，计给司副藏机擭。帝曰前后何不侔，口宣绑缚犹怒咤。"这里的"司副"即指熊，是说熊上了周延儒等人的当。"前后何不侔"也是指熊，谓其对上奏疏前后不一，引起了崇祯皇帝的怀疑。这"前后不侔"历来是评价熊开元的一个关键问题，也是后人认为其中心怀私的一个原因，不仅《明史》如此评价，上文所述魏禧也是这么说，乾隆时期的著名史学家全祖望写《熊鱼山给谏传后》一文也是这样认为。姜埰这里只叙事实，未作评价。诗后边所写的"三木囊头""刘公徐公上殿争"等事，都是熊、姜共同经历的。"当时誓死许朝廷，生填牢户甘如蔗。稍觉掩泪堪悟主，颇念累臣罪或贳。"论事论情，都合于熊、姜二人。两人上疏都抱有忠心，获罪后也觉得皇上可以赦免。直到押送出京，国亡后痛哭先帝，这都是两人共同经历的事情。"即今白首甘渔樵，几历阳春并炎夏。日久成家无人识，杏浆梨酒田父迓。"开始转而写姜埰自己，虽然都是作遗民，熊开元是真正出家做和尚了，"甘渔樵""田父迓"之类的词语就不大适合他。诗最后说："昔时杨柳奉丁年，今时松柏营丙舍。人生谁当老户牖，岂必敕断终婚嫁。"当时被贬还是壮年，现在已经在考虑墓地（丙舍）了，"松柏"一词当然也暗喻气节。人生终当老去，没有必要等到儿女婚嫁完成后才作裁断，这是指自己主意早定，不是临老才作决断的。这首诗可以说以回忆自己的人生经历为主，连带着提到了熊开元，因为两人经历相似，而且"熊、姜之狱"的确有可以有合并来说的理由。

姜埰有《过吴江怀熊司副鱼山》五律一首，看诗集的编排，应在早期；细谙诗意，也似乎是在南明弘光时期所作。熊开元曾任吴江县令，在士子中颇有威望，姜埰经过此地，作诗以怀念这位同受杖刑的同事。此时熊开元或是丁忧在家，尚未参加南明抗清行动。诗前半写景，后半写出题旨。"作客淹吴郡，怀人越楚湘。经过弦诵地，回首鹭鸳行。”是说自己作客久停吴江，而熊却在楚湘之地。在这个熊曾任职并为人称道的地方，回想我这位同朝为官的老朋友。这首诗的特异之处在于其风格的雍容平淡，全无亡国乱世气象，也未曾涉及两人受刑之苦难，只以“鹭鸳行”一语带过。写到熊开元这位同难者能有这种超脱、淡然的语气，使我们很佩服姜埰的胸怀。他的七律《喜闻檗庵禅师至吴门》，同是写熊开元，就完全不是这等气象。诗云：

> 万里湘灵鼓瑟随，姑苏麋鹿不胜悲。岁华绝域惊衰老，泽国芳洲忆别离。赤帝久传烧栈道，中书何意跃龙池。紫微兵气还相斗，钟鼎山林系所思。

首句用“湘灵鼓瑟”之典，且言“万里相随”，当是隐喻熊在唐王隆武时的抗清经历。“姑苏麋鹿”乃用吴国灭亡之典，写出南明之亡，亦切近熊开元于苏州灵岩山出家。如此经历，言来不胜其悲。“岁华绝域”既是写时间，也是写空间，隔绝之久之远，再见已是衰老之年，“泽国芳洲”是指此次相会的苏州。这次两人见面，回忆起当年的别离。诗上半篇虽然用典，还算好懂，下半篇就很隐晦了。“赤帝”是指汉高祖刘邦，“烧栈道”则是暂时韬晦、待后再出兵收复中原，此寓意应该是南明的桂王，“久传”写出消息已久。“中书”一句则不甚明爽，一时思索难通。“紫微兵气”者，“紫微垣”为帝王星座，这一句自然是指围绕帝王的战争未歇，也是指南明的桂王永历，“钟鼎山林”是写无论是在朝者或在野隐逸者都为之牵挂。如此理解，大致说得通。全诗写姜埰在苏州见到已经出家的熊开元的悲喜之情，但“悲”字意义充分，题目中的“喜”字则未见体现，或即在最末两句中，“紫微兵气还相斗，钟鼎山林系所思”，永历王朝仍有消息，仍在战斗，令大家牵挂不已，此间或有鼓舞人的东西所在，那么题目中着意加的“喜”字方有着落。熊、姜见面，必有关于国事之讨论，如此解释，或许虽不中亦不远。

姜埰还有一首《秋日偕李灌溪周子佩伯仲花山访檗禅师》的七律诗，是写在秋日同李模、周茂兰兄弟到苏州的花山去拜访熊开元的情形。与上首诗相比，这首作期较晚。上首如果理解不误，应是南明桂王永历尚存之时，时在顺治年间，姜埰移居苏州之前；此诗写于康熙年间，是移居苏州之后的作品。其子作《年谱续编》于康熙四年（1665）乙巳记载：“檗庵禅师住锡吴门之华山，府君偕二三老友时相过从，有纪游诗。师即熊公鱼山，名开元，与府君同杖谪者也。”所谓的“纪游诗”就是这首诗，所谓的“二三老友”即李模、周茂兰兄弟，则此诗的作期可以考定为本年。从“时相过从”来看，类似的拜访就不止一次，是时常往来，“纪游诗”或也不止一首，但存者就这一首，记述的就这一次。这首诗感慨全在虚处，意绪别有所指，只在结尾一联落在熊开元身上，思路独特，我们也须要赏析一下：

> 万象孤清未有涯，空山滴滴锁烟霞。画屏此地云为叶，斤斧何年石作花。玉盌荒丘人不见，琴台绝槛路应斜。回思白马驮经日，谁继支公说法赊。

全诗以写景起，境界萧森清幽，而且景中有情，禅意深远。“万象孤清”者，既是写实景，满山草木于秋季肃然，清幽的景象无边无际，空山无人，清露欲滴，烟霞笼罩。但这也是释氏万法空相的一种暗喻，是作者入山来体验到的佛家氛围，此一联写其天然气象，写其远景。“画屏”一联写其人为工夫，写其近景。这里的画屏以云为叶，这里的石头不知何年被斤斧雕刻为花。这里暗喻人在此地的修为。后两联开始转笔写人事，寄托伤感。“玉盌”一句下有自注：“亡弟如须葬竺坞”，是姜垓墓地就在旁边，路过不禁悲伤，“玉盌”谓坟墓，弟葬荒丘，人已不见。人事的悼亡与佛家的空相结合在一起，不免令人悲慨无端。“琴台”一句下有自注：“是日至灵岩访继公”。继起和尚所在的灵岩寺内有琴台，“绝槛”写其高耸山上，再加路斜且远，艰于攀登，亦寓有求法不易之义。最后一联是说，回想当年佛教初传入中国时，白马驮经，已历千年，又有谁能将此法传之悠远呢。“支公”用东晋高僧支道林典，此处当指继起和尚，这一联的意思是指熊开元能传承继起衣钵，将古老的佛法传之久远。全诗于峰回路转中，最后落脚熊开元，称道其定力，赞其能弘法，是对熊开元出家做和尚表达的一种敬意，也是以儒家立身的姜埰借机对佛教表达的一种难得一见的敬意。

姜埰写熊开元的诗歌大致如上，前后期都有，两人于国亡后的交往应该说一直未辍，是有始有终的一对挚友。我们再从《鱼山剩稿》中略看两人的交往，也有一些比较有趣的观察。

现存《熊鱼山先生剩稿》，据潘崇礼序，是开元临死时将文稿授予金敦澄兄弟，雕版于开元殁后十年。虽云“剩稿”，但非后人纂集而成，差不多是其文章的全部了。该书卷三《罪由》，收录当年锦衣卫和刑部审讯与断案的文档，其中有锦衣卫总管即所谓“大金吾”骆养性审讯后写给崇祯皇帝的上奏以及崇祯的批示，详细记录了用刑情况和口供，也有移交刑部后的审讯与定谳意见，还有开元受审后补记的供词等，记述客观完整，是考察此案的最佳资料。卷四《自序罪状本末》一长文，则是开元对于整个案件的回忆，写于其甲申年三月被贬到达杭州之际，时亡国消息尚未到达杭州。这篇文章从请求面见崇祯密奏开始，一直到迁戍杭州卫止，叙述历历，大部分与卷三《罪由》可以参观，但出诸个人叙述，情绪充溢，其客观性则远不及前者。现代人看此文，于帝王专制之淫威、国家法制之荒谬以及官吏命运之悲惨都感受极为强烈，真觉得不寒而栗。在这篇文字中，熊开元痛切地叙述了事件起因、得罪缘由、刑讯经过、杖刑体验、长期羁押的感受等，应该说写得血泪交迸。其中有陈述、有辩白、有情绪表达等，虽然没有直接怨恨皇上的文字，但种种怨气已流露于字里行间。我觉得明遗民认为熊开元对于先帝不恭，可能也是因为这些文字。现在看熊开元对于崇祯的态度，实在算不得什么事，但在明遗民的语境中，连这种正常的情绪表达都容不下，可见当时道德舆论的严苛。《自序罪状本末》一文中有几处涉及姜埰，可以一说。其一："埰发论匡弼至尊，犹幸无按剑；开元齿路马，遂惟恐其不速歼。宁获罪天，无失灶媚。感绎王孙贾事，不知涕泗何从矣。"开元对比自己与姜埰的遭遇，认为姜埰上疏忠谏，匡正辅佐皇上，而崇祯并未发怒；而自己则是类似"齿路马"一类的过错，则皇上唯恐其死得不快。"齿路马"一典，出自《礼记·曲礼》，与之相近的成语有"齿马之嫌""齿马之惧"，均是指议论宫廷事务，其罪尚轻。"宁获罪天，无失灶媚"典见《论语·八佾》篇中卫国王孙贾与孔子的对话，意为宁可获罪于皇上，也不可得罪皇上身边的小人。开元不敢怨崇祯，只好归咎于那些排击他的朝中大臣等。但他说姜埰不逢"按剑"，崇祯对之没有那么大的愤怒，则与实情不符。当时崇祯欲杀姜埰之心，姜埰狱中所受刑难，丝毫不亚于开元。开元此文中，时时将自己命运与他人作比，认为自己不幸多于别人，别人总比自己幸运，在本文中对比蒋藻德的入阁，认为两人当初都受皇上召见面奏，而一入狱，一入阁，相去天壤，甚为不平，就是一例。此处与姜埰的对比，既显示出自己的褊狭，颇不厚道，于姜埰也很不公道。其二、在杖刑后"长系图圄"之际，刑部判决未定，他与姜埰在狱中相邻，正“皇皇不知所措”。此时“幸一垣之内，与同事埰比屋居。埰初负盛气，既有身忧，复遭家难，根心之痛,几殒生。开元为语：斯道有大焉者。口未尝不然诺,终以为矫情，不大信赖。出而复入，计无复之，乃取古人语再三钻究，于十月初九日夜,梦觉时忽有省,向来百忧组织,遂有出身之路。开元十年来，所与士大夫共学而有会者，于埰为仅见，不可谓非得朋之庆也”。这是叙他们的狱中友谊及得道悟入。他们俩痛苦之中相互劝慰，开元以为苦难中有大道存焉，他已有所开悟。而姜埰嘴上虽不反对，但心里总以为这有点矫情，不大相信。后在狱中反复研讨古人语，遂于一夜顿悟。熊的悟道可能是真的，但他是从佛法悟入，这与他后来的出家有些联系。姜埰由不信而疑，研而后悟，这不见于姜埰自己的记述。他一生笃信儒学，一生信仰未离儒家一步，所以，他即使有悟，也与开元所悟之道迥不相同。这段有趣的记载，只是证明两人在狱中相互慰藉而已。文中第三处说到姜埰之处，是在案件办结、迁谪出京后，开元早走十几天，姜埰后行。他于路上得知姜埰消息后感叹说:“夫埰与开元，生南北海，如风马牛，而建言受祸同，丧家丧亲同,入道又同,今问罪得旨,亦止争旬日,诚事之大异者。”[①]他慨叹两人命运出奇地一致，真是一对同难兄弟。姜埰与熊开元于国亡后的交往也正是以这种共同的患难为基础的。

《鱼山剩稿》卷二还保留了熊开元写给姜埰的两封书信。第一封信，可能写于甲申末或乙酉初，即明亡之岁的下半年，或南明弘光朝的上半年，当时姜埰在苏州，熊或在杭州，时撰写《自序罪状本末》刚完，寄书姜埰，征求意见。信先从熊开元的同乡友人金声说起，认为朋友之间能够相互争论，最终取得一致意见的，唯有他

① 熊开元《熊鱼山先生剩稿》，尚友堂藏版，第90、93、96页。

们两人。但在患难中认识姜埰后，才有了第三人："自患难中得交老掌科，乃信以为三。故一闻驾在吴门，便如父母兄弟之至，恨不缩地而趋相见也。然所以能深信老掌科至与开数十年之交等，实以去年比屋而居之后，窃见真忠纯孝，至诚不欺。又向道以来，实有信得及处。故辄相倾纳，事非苟然，若徒以大疏与弟同忧，遂称莫逆，诚世俗人声好，非吾侪义交也。""去年比屋而居"一句，正是上引《自序罪状本末》一文所说的"比屋而居"，"向道以来"，也正如上文所说的十月九日的"梦觉有省"。开元说自己听到姜埰来苏州的消息，如同父母兄弟的到来，恨不得尽快相见。他之所以深为信赖，是因为在狱中姜埰的"真忠纯孝、至诚不欺"，更重要的是悟道以后的有"信得及处"。看来开元自己确实很重视去年狱中的"悟道"，认为两人有信仰基础，足可信任。他专门向姜埰解释，两人的友谊绝非像世人所理解的那样，是因为经过了同样的患难，是遭遇相同的缘故。接下来，他还与姜埰争辩"为人出缺，代人规卸"之事，确为其有，姜埰当时上疏与自己上疏用意相同，而所言之事或有差异，相同与不相同者各占一半。接着说自己的《自序罪状本末》"盖逐日与枕上口授书记者"，是"根性之言，不是文人著作"，"唯老掌科十月初九日夜梦觉以还，才堪语此。"开元总期待姜埰以悟道之眼来看此文，讲得始终含糊玄妙，不知姜埰作何感想？在熊开元写这封信前，姜埰曾有去信，今已不存，可能讲到自己的一些疑问或猜度，开元认为是其"信道未笃"，认为像姜埰这样的老友尚对自己有所不解，自己心中不安。最后请姜埰就《自序罪状本末》一文提出意见，以作改正，等姜埰审阅后才可以示人等等。这是第一封信的大致内容。

读第一封信，予人以最大的感觉是，此何时何日，开元尚有如此多的想法。写《自序罪状本末》的时间是"崇祯甲申三月"，当时或亡国消息未至杭州，开元详细写下以作备忘，很可以理解。而写这封信时，姜埰已到苏州，北京的大明亡了，崇祯皇帝吊死煤山，而开元在书信中，对于国亡君死未着一字，尚纠缠于个人恩怨，尚斤斤争辩“出缺、规卸”之事，实在令人不解。即使我们今天对古人持非常宽容的态度，但放在具体的时间背景中，也觉得开元毕竟太过分，格局不大，胸怀不广，于自己之事放不下，而于国家数百年之大变局漠然置之，这如何让人看得下去，难怪当时一些著名遗民对开元多有不敬之辞。估计姜埰当时也会对开元的这番说辞不以为然，也看不下去，这不是让人坠入五里雾中的“入道”之说能够掩饰过去的。姜埰给开元的几封书信，都不收入文集中，不知有没有这方面的原因。当然现存的《敬亭集》中，未有“书信”一体，刊落的书信，当不止开元一人而已。

第二封书信的大意是，姜埰写信向开元询问“悟道”之事，说自己近来“略知趋向”，开元回信开示。开元以为，姜埰“止可完得吾儒知止功夫,其于静定安虑,得搔不着痛痒”。然后为姜埰大讲“静胜”功夫，全是一片禅意，今人读来，略得皮毛，不敢置评。唯可注意其中一节：“来札所问老僧临死时，预知时至，为从话头中来？为从静胜中得？直须问取这僧始得，非愚之所知也。”我以为这“老僧”即是下文要说的灵岩继起和尚。姜埰向开元询问老僧自己是如何预知死期的，是从参禅的话头得来，还是自静胜中悟出。开元仍然来了一个禅宗的“话头”，颇具禅门机锋，说须问其本人，别人如何知道。这一回答自然是禅宗的“如人饮水，冷暖自知”的禅义，须自己参悟，别人代替不得。开元向姜埰进一步指明，“所贵学道，为了生死，故当不顾危亡，向无可巴鼻处进步。”总之，从第二封信可以看出，熊开元自姜埰在狱中“十月九日梦觉有省”后，一直很重视这种机缘，极力用佛法引导姜埰，想把他拉入佛教的思想学说中来。但姜埰对于那次“梦觉有省”似乎漫然不觉，没当成怎么回事，所以他自己留下的文字都对此没有记载。他也受到熊开元的一点影响，向他征询过佛法道义，但一直未入门，开元也看出他最多只是儒家“知止”的功夫，对禅宗奥义似乎无甚体会，对禅宗话头更加不在行。所以，姜埰当年虽然曾在黄山落发为僧，但那只是逃避清人“衣冠”的权宜之计，其思想上始终是以儒家忠孝仁爱思想立足，与佛家思想终是格格不入。这是我们研究熊、姜交往时，值得注意的一个重要问题。

熊开元还有一篇《寿姜如农给谏五十》文，写于顺治十三年，姜埰五十岁时，用佛家语作祝寿文，亦写得玄妙，但对姜埰的称颂是清晰的。他的另一篇关于姜埰的文字《书传志后》，见于姜埰《敬集亭》附录，是姜埰死后，应其二子之请，写的一篇短文。开元以为，诸人为姜埰所作传志等文，多详于熊、姜同患难事，但尚有“隐微”之处，未见诸人阐发。开元所谓的“隐微”，还是“代人规卸、为人出缺”二语。他认为这是当年周延儒指示言官造出来的，又转而嫁祸于言官。熊、姜入狱后，一些人对熊开元落井下石，却无人陷害姜埰；周延儒对熊开元的嫉恨要超过姜埰。姜埰当日疏文中指斥周延儒处甚多，但周延儒却把仇恨记在熊开元头上。所谓“隐微”之处，不过如此。还是把自己与姜埰比较，认为自己受过多于姜埰。开元是学佛出家之人，自诩悟道，却于此种情由，一再置辩不已，心中放却不下。今读此短文，亦觉开元于姜埰身后这种争辩，甚属无谓。

熊开元先是一名勇毅的抗清战士，失败后出家作了和尚，他的入道从思想到行动都是很彻底的，他的遗民志节也是极为完整而坚定的，这足以令人尊重。熊开元是拜灵岩继起和尚为师的，我们刚刚也说过姜埰给开元写信询问“老僧预知死期”的老僧即是继起老和尚，其实姜埰与继起是有交往的，所以我们就说说这位在明遗民中有极高道德威望的大和尚，也顺便对这位三百多年前的高僧表达我们无上的敬意。

大和尚名弘储，号继起，又号退翁。南通人，俗姓李。生于明万历三十三年（1605），卒于清康熙十一年（1672），年六十八。此也可证熊开元给姜埰的第二封信就写在此年，第二年即康熙十二年，姜埰就去世了，也足可证姜埰至死于佛法思想未有悟入，此非不能也，是不为也。继起和尚十七岁即出家，初从师高僧雪浪，参华严宗。后于崇祯二年即二十七岁时皈依临济宗，其师为三峰寺汉月，继起遂成临济宗第三十二世传人，一生住过十几个大寺，晚年住灵岩山崇报寺二十年。继起早岁即出家，明亡时已出家二十余年，按说不应算是明遗民。但他却是一个比明遗民还有过之的具有民族志节的爱国和尚，在遗民中享有极高的威望。他与东南众多文人来往，劝他们保持民族气节，不与清朝合作。他也凭借自己的方外身份掩护，竭尽全力保护、周济处于困厄中的明遗民。徐枋明亡后杜门深居，不与世往来，不入城市，常常穷得吃不上饭，但拒绝别人特别是官员的馈赠，唯独接受继起和尚的粮米周济，继起告诉他说：这是世外干净物也。继起是清初东南地区明遗民的精神领袖，是明遗民的世外“广大教主”，他的灵岩山也成为东南遗民聚集的中心，好多遗民甘心拜在他的法门之内，徐枋就是一个。看继起老和尚的事迹记载，最好的就是徐枋的《居易堂集》，其中有多篇文章写到继起，顶礼膜拜，无以复加，后人读之，肃然起敬。我们不看别的，就看其《退翁老人南岳和尚哀辞》中的一节：

> 惟吾师一以忠孝作佛事，使天下后世洞然明白，不特知佛道之无碍于忠孝，且以知忠孝实自佛性中来。……或曰：吾师之以忠孝作佛事，可得闻乎？沧桑以来二十八年，心之精微，口不能言。每临是讳，必素服焚香，北面挥涕，二十八年直如

一日。[1]

徐枋“一以忠孝作佛事”的说法，对继起和尚来说是最恰当不过的评价，最能抉出继起和尚的真面貌。他就是在明亡后，力主忠孝，影响广大士人心向故明，甚至从事反清复明的大事业。所谓“每临是讳”，是指每年的三月十九日，崇祯皇帝死的那一天，继起都要率领弟子，素服焚香，向北面而哭祭。一直到他死，这一行动整整坚持了二十八年，就这一点，就使东南遗民佩服得五体投地。我们相信，姜埰与继起的交往，也是以忠孝这一遗民思想核心为基础的。

继起和尚与姜氏兄弟都有交往，应该是姜垓在先，但即使没有姜垓的交往打底子，姜埰也会与继起和尚相交无碍。姜埰《自著年谱》于顺治十六年己亥五十三岁时记载：“五月，至吴视侄寓节。六月，京口兵阻，因同雍熙日、汪之灿等避居灵岩山，僧弘储周旋最洽。”这时姜埰还住在真州，姜垓已死六年，姜埰时常去苏州看望侄子一家。正遇上郑成功进攻南京，兵火阻道，就在灵岩山避乱，与继起老和尚相处了一段甚为融洽的时光。郑成功的入江，东南士人参与秘密策划，相信继起和尚也是其中之人，这次与姜埰的见面周旋，肯定也会谈到这类话题，欣悦、惋惜之情可想而知，但这些都不可能有明确记载。第二年，姜埰即移居苏州，地近方便，与老和尚的来往会更多，而且姜埰的众多苏州友人如前述徐枋、余怀、归庄、周茂兰、熊开元等都是继起的崇拜者或是入室弟子，交往焉能不多。前述姜埰的《秋日偕李灌溪周子佩伯仲花山访檗禅师》一诗写于康熙四年，在诗句下注了一笔：“是日至灵岩访继公。”算是留下了一点记载。现存《敬亭集》中再无与继起来往的诗文，资料阙如，使

① 徐枋《居易堂集》，华东师大出版社 2009 年版，第 463–464 页。

我们不能了解其中的详情，这真是件很无奈的事情。

姜埰在苏州与明遗民的交往尚多，恕不能一一详细介绍，以上所述，都是在遗民群体中享有大名、在文学史上颇有地位者。有些往来亲密者如雍辰生等，我们一时还难以考清，故也略去了。另外几个，我们简单罗列一下，有关诗歌也不再详细解读。

高世泰，字汇旃，无锡人，是东林党人高攀龙的侄子。崇祯中进士，曾官礼部郎中，出为湖广提学。晚号石室遗民。康熙八年(1669)，姜埰曾到无锡拜访过他，写有《己酉初夏，锡山访高学宪汇旃，偶用李西涯堕马诗韵》七言古诗一首。诗中写两人话旧，述及去年在苏州见面情景，对高之丧妻表示慰问，并写出高对姜埰儿子的赏识等。

戴苍，字葭湄，湖南常德人，清初著名画家，师从谢彬，善画人物肖像及山水。曾为王渔洋绘《抱琴洗桐图》、为方文作《四壬子图》,我怀疑姜埰的《荷戈敬亭图》即出自其手。姜埰有《赠传神戴生》一首七言古诗。诗写戴苍绘画师承源流,对其称赞有加。诗中有句云："老夫新作双叉手，对之莫辨弟与兄。"是说戴对他的画像，使人分不清是姜埰还是姜垓，大概是兄弟二人比较相像的缘故。另有曾鲸，字波臣，福建莆田人。擅画人物，从学者众。曾鲸弟子为谢彬，字文侯，号仙臞，浙江上虞人，即为戴苍之师。曾鲸为姜埰家人画像，姜埰有《曾波臣昔为余家画像，追思有作》一诗记其事。

汤来贺，字佐平，号惕庵，江西南丰人，世称南斗先生。崇祯中进士，官至广东巡抚。积极参与南明抗清，在广东支撑局面。后辞官回家隐居，亦暗中从事反清活动。晚年主讲白鹿洞书院。一时人望甚高。姜埰写有《与汤给谏佐平》一诗。诗写汤来访，与姜埰话旧，颇涉及其南明抗清经历，姜埰称其为西晋刘琨一类的人物。

林佳玑,字衡者,福建莆田人。吴伟业《梅村诗话》云:"林衡者,莆田人。少游黄忠烈之门。所著诗文词数十卷。诗苍深秀浑，古文雅健有法。”[①] 姜埰有《送林衡者还嘉善》两首五律，诗送别林，寄讯余怀，颇有感情。

僧读彻，字苍雪，号南来，云南呈贡人，俗姓赵氏，居吴之中峰禅寺，为华严宗大师。善诗，极为时人如吴梅村、王渔洋等称道。《梅村诗话》称："其诗之苍深清老，沉着痛快，当为诗中第一，不徒僧中第一也。"[②] 姜埰有《姑苏西山和苍雪上人》五律一首，写其拜见苍雪的情景。

最后我们要讲一下黄周星。他字景虞，号九烟，湖南湘潭人。崇祯十三年进士，与姜垓为同年，官至户部主事，入清不仕，流寓湖州。平生好酒善骂，性格极为狂纵。其诗悲愤如屈原，逸兴豪放之风格又似李白。为遗民中极有个性者。年七十，忽感怆于怀，纵饮大醉后，投河而死，这天正是端午节，乃屈原沉江日。[③] 姜埰诗文无有写与黄周星者，但黄却是为《敬亭集》作序之人。其序言述及两人交往云："余与莱阳姜君如须为庚辰同籍友"，因姜垓而结识姜埰。"余虽与先生为通家，然丧乱漂泊，曾不得数数相见。壬辰岁一过如须，辛亥岁一过先生，今年丁巳秋，余复过吴门，先生没五年，而舆榇敬亭山下久矣。"[④] 是黄周星与姜埰仅于"辛亥岁"康熙十年(1671)见过一面。作序时间为康熙十六年丁巳(1677)，时姜埰已殁四年，棺榇尚暂厝敬亭山下，未能最后安葬。诗序是应姜埰二子之请写的，序文称姜埰为名进士，为廉循吏，为真谏官，乱后为老兵，

---

① 吴伟业《吴梅村全集》，上海古籍出版社 1990 年版，第 1144 页。

② 吴伟业《吴梅村全集》，上海古籍出版社 1990 年版，第 1145 页。

③ 今人考证黄周星非死于端午，乃是端午投水被救起，后又两次投水被救，最后绝食而死。死期为康熙十九年（1680）七月二十三日。见吴书荫《对〈明遗民黄周星及其"佚曲"〉的补正》一文，载《文学遗产》2003 年第 5 期。

④ 见姜埰《敬亭集》卷首《序》，华东师范大学出版社 2011 年版，第 23 页。

为敬亭山人。称道姜埰诗为“发乎性情、本乎忠孝”，沉雄悲壮似杜甫云。

关于姜埰与黄周星的交往，我本来只能写出以上一节。2018 年初秋赴京，晤中华书局俞国林先生，甫一见面，即慨然提供给我一则宝贵且稀见的资料，这是黄周星写给姜埰的一首诗。诗见黄周星所撰《圃庵诗集》，康熙年间刻本，为日本静嘉堂文库藏，乃海外孤本，极不易见。诗题为《题襟梦引寄年家谏议姜公》，前有序文如下：

> 辛亥初春，喜晤年家姜公卿墅于吴门，欲作一诗相赠，卒卒未果。至季秋乙巳之夕，忽梦口诵《周书·武成》篇，适余妾来前，手持一巨匏，中实以蒸熟秫米，欲出其米不得，余曰：何不掊之？妾如言，掊匏出米。其所诵则亦《武成》篇也。俄自见身着绀碧新纻袷衣，襟前大书数行，记其末数语云：某物某物及此衣，真三生物也，正宜九烟服之。沙门智融题。有人云，即姜谏议卿墅笔也。醒而异之，遂为此歌，以寄谏议。

序言开头记“辛亥初春”与姜埰在苏州见面，正与《敬亭集序》所记相同。当时黄周星欲赠诗而未果，一直到这年的九月季秋，“乙巳”这一天的夜晚，他做了一奇怪的梦，方成为创作这首赠诗的机缘。查陈垣先生的《二十史朔闰表》，这年季秋的“乙巳”为九月二十七日。梦颇为诞幻，很符合黄周星一贯的狂怪性格。梦境也大有寓意，值得破解一说。这个梦中的寄托之义，一在于诵《尚书·武成》篇。《武成》篇记周武王伐纣事，写经牧野之战，一举灭商，“天下大定”，乃“释箕子囚，封比干墓，式商容闾。散鹿台之财，发钜桥之粟，大赉于四海，而万姓悦服。”梦中不只黄周星在口诵《武成》篇，而且他的小妾也在诵念此篇，所寄寓的意义当是期望有真命天子出，如武王灭商般来重定天下，表达的是反清复明的夙愿。二在于其小妾的举动。小妾用“巨匏”蒸米，米熟倒不出，周星建议“掊匏”而出米。“掊”者，击破也。“匏”者，俗称“葫芦”也。“掊匏”即“破胡”，“胡”为清人之代称。这一举动的含义是击破清人，这是个极为隐秘的谜语，需要猜测，如此破解，或不牵强。三在于“绀碧袷衣”的暗示，“绀碧”为深青中透着红色，“袷衣”为双层的夹衣。这“绀碧”色当为朱明王朝的象喻。这三层喻义，都是表达对明王朝的怀想，对反清复明的期待。在清初严酷的文网背景下，黄周星只能以如此怪诞的文字，借助梦境隐晦表达，这是有意为之，有不得已的原因，但寄寓的意义还是可以理解的。序言还写到这件“绀碧袷衣”的衣襟上有数行题字，认为此“三生物”，最宜黄周星“服之”。“三生物”即前生之物，寓有易代之感，所谓“服之”，是应由黄周星承袭此物此志，即反清复明的大业应该由黄继承下来。此数行字为“沙门智融题”，黄周星经人提醒，这“沙门智融”正是姜埰。我们知道姜埰曾经在黄山“祝发”，也曾在顺治四年（1647）身披袈裟与龚鼎孳相见（见后文），但从未见有记载其法号为“智融”者，此处为仅见，又是出诸梦境，真耶幻耶？疑不能辨。这个奇异的梦构成了黄周星写给姜埰这首赠诗的起因，他要将这种梦中之义传达给姜埰，表达两位遗民共同的心曲，即反清复明，冀望清朝尽快灭亡。于康熙十年表达这种极为隐秘的心曲，可见黄周星是把姜埰作为知己来对待的，他是了解姜埰一生志意的，否则，如此诗作不会贸然相投。

诗题为《题梦襟引》，“引”为诗体之一种，正如唐人李贺的《李凭箜篌引》，一般为七言古诗。黄周星的这首七古篇幅较长，因为材料的稀见，我们不避其长，将全文引述如下，再作一些疏解。

天下人物本无多，迩来十九已消磨。今日见公令我喜，分明硕果在乔柯。三十年中才赴敌，岿然鲁殿何嵯峨。顾我知公非一日，缟纻相逢如旧识。年齿科名仿佛同，伯仲之间差比翼。问岁公丁我则辛，通籍公辛我则庚。前后相去虽十岁，其时大氐犹升平。忆公筮仕为廉吏，江津剧邑劳抚字。至今遗爱满岘山，啧啧循良兼卓异。幸逢特简擢梧垣，拾遗补阙期酬恩。谁道批鳞忽触忌，伏杖青蒲溅血痕。是时公名动朝野，无人不知谏官者。我方读礼卧草间，亦觉毛发森乱然。吁嗟当时事已非，忠言诽谤罪何辞。未几玉步一朝改，焦头烂额徒尔为。尘海轰豗悲战伐。西山何处歌薇蕨。龙象门前寄姓名，鸡兔阁中淹日月。鼎鼎于今有岁年，方袍圆笠故依然。銮江虎阜时来往，且作人间烟火仙。最奇无如渊献岁，闻公偶发銮江枻。谁知转瞬起鲸波，处处江干风鹤唳。飞鸿先去独冥冥，弋人何慕真蝉蜕。如公福德不寻常，早有神鬼相呵卫。我幸叨公声气中，上虞夫子门墙同。制科况复陪令弟，孔李家庭岂妄通。文章节义有衣钵，志非温饱矢愚忠。惜我致身殊恡憛，偏丁奇厄复奇穷。明悉旅人备忧患，躬耕教授徒飘蓬。今日吴门非昔日，安得皋庑客梁鸿。见公只恨交公晚，往还倾盖何匆匆。昔人相见辄作赋，我欲赠公久未吐。咄咄怪事何为来？昨宵一梦生无故。我梦口诵《武成》篇，有妾手搏蒸秫匏。破匏取秫如我言，口中亦诵《武成》句。我身忽着绀袷衣，大字书襟将百数，末云此物真三生，九烟宜服胜大布。试看此字阿谁题，沙门智融名自注。又闻智融匪异人，即是公名无谬误。真耶幻耶孰主之，见闻历历如堪据。正人君子有同心，毋乃神明通寐寤。醒来走笔聊作歌，鸡声尚绕邯郸路。

全诗约分数段。从开头至“其时大氐犹升平”这十四句为第一段，写历经时间的消磨，此时遗民人物已存留不多，姜埰为高树上的硕果，如鲁灵光殿之岿然独存。黄周星对于姜埰早就知名，年初的缟纻相逢如同老相识。两人的年齿科名仿佛相同，如同兄弟差堪比翼。姜埰生于万历三十五年丁未（1607），黄周星生于万历三十九年辛亥（1611），姜埰齿长四岁；姜埰中进士为崇祯四年辛未（1631），黄周星登第之年为崇祯十三年庚辰（1640），与姜垓为同年。这即是诗所谓的“问岁公丁我则辛，通籍公辛我则庚”。两人中进士差了十年，当时明朝未亡，还是“升平时代”。这段写出对姜埰一向熟知，并且仰慕，极力道出两人关系的亲近，同时对明王朝表示缅怀。第二段为从“忆公筮仕为廉吏”至“忠言诽谤罪何辞”的十四句。写姜埰真州作令，建言受杖之事迹与声名，这即后来作《敬亭集序》中所称的“廉循吏”和“真谏官”。对姜埰的遭遇表达感慨，对姜埰为官大节表达称颂。自“未几玉步一朝改”至“早有神鬼相呵卫”的十八句为第三段，写明亡后姜埰的遗民生活与坚卓气节。写其遭逢过战乱，过着采薇西山的隐居生活，也曾寄迹于寺院（龙象门），经历了数十年，往来真州与苏州之间，依然“方袍圆笠”，翩然若仙。这“方袍圆笠”的记载，如同徐枋《姜如农给谏画像序》一文所写之“草衣葛巾”，如同余怀“为姜如农画像”作的《折槛行》一诗所写之“幅巾杖履”，是姜埰作为遗民的典型着装。这段中最值得注意的是“最奇无如渊献岁,闻公偶发銮江枻”以下八句,“渊献”是“亥”年的代称，这即顺治十六年己亥，郑成功的“江上之役”，姜埰由真州到苏州，正逢这江海波涛，风声鹤唳，形势吃紧。这不只是战事的紧张，也包括清人于战后兴起“通海”大案的政治气氛，但姜埰最终如飞鸿独去，逃脱网罗，躲过了这一场灾难。黄周星慨叹姜埰为有福德之人，自有神鬼呵护。观黄周星这一节诗句，这一年的姜埰到苏州，似乎非同寻常，是有呼应郑成功进攻南京的秘密动作的，我们前面曾对此也有过推测，这节诗句更加印证了这一推测。但诗句概括隐约，此外别无佐证。姜埰也确实未受“通海”大案的牵连，实属幸运，故黄周星为之慨叹。自“我幸叨公声气中”至“往还倾盖何匆匆”十四句为第四段。再写两人关系，声气相通，且同列刘宗周门墙（上虞夫子指刘宗周），与其弟姜垓为同科进士，可谓有通家之好。且两人都有“文章节义”，都有“愚忠”之誓，遗民心志相同。又写到自己的穷困，再写到康熙十年的苏州一面，倾盖相逢，离别匆匆。自“昔人相见辄作赋”至诗末的二十二句为第五段，即全述序言做梦之事，即“诵《武成》”“掊匏”“着绀碧袷衣”“智融题襟”等，将所谓的梦中托喻之义全部寄与姜埰，并表示这是“正人君子有同心，毋乃神明通寐寤”，遗民心意相通，神明于梦中点醒，深望姜埰能领会此意，有所呼应也。全诗最后落脚于此，最重要的内容也在于此，这是遗民抗清意志的最隐晦也是最执着的表达，是黄周星这篇赠诗的最大分量所在。不知姜埰收到这篇诗歌，会作何感想？会有何呼应？依姜埰的个性，此时恐无如此强烈的抗清意愿，其痴情当有逊于黄周星，姜埰当时恐怕也无应答黄周星此诗之作，即使有也不敢收入集中，今天不可能见到了。或者说姜埰即使抱有抗清志愿，此时也是深藏不露，甚至避之唯恐不及了。

借助这一则难得的资料，补写这一大节文字，以补足姜埰与黄周星之交往。同时也是记载俞国林先生慨赠资料之高情，并致以真诚谢忱。

四

这一节我们仍然还是讲姜埰的朋友，但这些朋友与上述遗民不同，他们都是前明有功名、有官职，而入清后又出仕，在历史上是被称为“贰臣”的。做“贰臣”的原因也不能一概而论，中间颇有能为人原谅者；其人的品格也不能因为“贰臣”就予以贬低，其中有颇能令人尊敬者。在对历史人物的评判中，单一的“政治正确”这一向度是并不可取的，已逝的历史空间中，实在有太多不为今人所知的情由。

明遗民的交友原则也不是单一和刚性的，在持有一定底线的前提下，也包含着许多可知和未可知的情由。与遗民的交流是很自然的，其间志同道合，有许多共同语言，也有相互激励与相互钦敬。但和非遗民朋友特别是“贰臣”和清朝官员的来往，就有明显的宽严程度的不同，因人而异。这中间有太多的个性差异，其类型颇难以归纳，更难以一一胪述。严峻莫如徐枋，绝不与“贰臣”来往，也绝不与清朝官员打交道，连素享盛望的汤斌，三次求见都吃了闭门羹，被其拒而不见。徐枋往来之严，取与之洁，在明遗民中是极为少见的。另有疏阔如方文者，广交宽取，几无界限，与“贰臣”相交绝不为嫌，但又忍不住地对他们加以讥讽（如对龚鼎孳），与清廷现任官员则热衷联络，甚或“打秋风”，对他们的资助更是感激不置。这既有性格方面的原因，也有生存方面的考虑。我们也觉得无碍于方文的遗民身份。品格高峻、学业深邃如顾炎武，既严格划清与钱谦益的界限，绝不与通，而与遗民朋友深相交接的同时，也与一些“贰臣”时相来往，甚至与一些曾经投降李自成“大顺朝”的朋友保持了很好的友谊，如德州的程先贞。但顾炎武与一些当时颇有时名的“贰臣”和一些清朝官员却都刻意保持着相当大的距离。总之，与“贰臣”的交往，与不是“贰臣”的清朝官员的交往，在明遗民面前，是个问题，又不是个问题，并没有一个“政治正确”的原则横亘其间，完全取决于明遗民的个人因素。

在这方面，姜埰有他自己的个人情况。他的交友是严格的，即使在明遗民朋友中，他的交往也不算广泛，对一些“贰臣”诗人的交往也有，但很少，且往往有昔日个人友谊的缘故，他不主动交际，来往之中也不热络，但也不会对昔日友人示以冷面、加以拒绝。他对官府是严拒的,从不见他与当地的官员打交道,他与几位非“贰臣”的清朝官员的往来，仅限于同是莱阳的宋琬，这是同乡，还是儿女亲家，另外就是若隐若现的与王渔洋的来往，也是因为老乡，寥寥一二人而已。更为引人瞩目的是，他在诗集中的标题方式，这几乎在明遗民中是唯一的，极为少见。凡是对遗民朋友或是平民朋友，他都在诗题中标出其名或字，而对“贰臣”或清朝官员，他一概隐去姓名，多以籍贯称之，如称吴梅村为“娄东友”，称龚鼎孳为“合淝友”，称曹溶为“嘉禾友”，称宋琬为“同里友”，称王渔洋为“同乡友”,这成为他的一种标目体例。这其间,吴、龚、曹三人是“贰臣”，大节有亏，而宋琬与王渔洋只是新朝进士，入仕官员，即使是明遗民也不能说两人大节有什么问题，但姜埰还是坚持这样的标目体例。这说明什么？说明他的遗民思想的清洁，明确标明他与他们非政治上的同道，在忠于故明、不承认新朝政治这方面与他们有差别，而这种差别在姜埰是颇为看重的，是不容混淆的。在讲姜埰与他们交往前，我们要先提请注意此点。

我们先叙述姜埰与吴梅村的交往。梅村的大名世人皆悉，就不作介绍了。梅村与姜埰同为崇祯四年进士。梅村中进士后，先是钦赐完婚，一时荣耀非常，继在北京为官，后又在南京任职，在明朝与姜埰几无交集。明亡后,梅村在家做了十年的遗民,成为复社巨魁,东南文人领袖，直到顺治十年被清廷征召出山，作了“贰臣”，一生良心受到谴责，愧悔不已，至死不原谅自己，其心甚苦。梅村作遗民的十年间，声名如日中天，姜埰时在真州，虽时时去苏州，与梅村家乡太仓相距很近，但也不见他与梅村主动交往（此时梅村与姜垓交往颇多)。梅村仕清三年后即辞官归隐，后来姜埰移家到苏州，平素也与梅村几无往来。两人入清后的交往，是梅村先对姜埰表达了敬意。梅村于顺治四年因与姜垓相遇，作了一首“梅村体”的诗歌《东莱行》，写出对莱阳的几位友人的崇敬与怀念，其中以姜氏兄弟为主，兼及自己当年的同事宋玫和自己的同年且出使清廷壮烈殉节的左懋第。诗的内容分析可参看本书附录一，此处不再赘述。这首诗对姜埰兄弟极为赞颂，称之为“一门二妙”，姜埰肯定是看过此诗，对之也肯定是领情的，但姜埰仍无诗文表达感受。只是后来一次路上的偶遇，才促成了姜埰的一首写梅村的诗。

顺治十年（1653)，梅村应诏出山，九月，携家人取道运河北上，一路至镇江、渡江过扬州、经高邮至淮安。这年姜埰在苏州料理完了姜垓的后事，要回老家莱阳接母亲来吴，此时胶州发生了海时行的兵变，道中烽火相阻，也滞留在了淮安。两位同年就在这里相遇了，国亡后同年老友首次邂逅，自有许多感慨，于是便有了这一次的唱和。

写诗仍由梅村起头，先写了《过姜给事如农》一首五律。诗云：“侍从知名早，萧条淮海东。思亲当道梗，哭弟在途穷。骨肉悲歌里，君臣信史中。翩翩同榜客，相对作衰翁。”[①] 诗很真切，看似平淡的诗句里有饱满的感情，且有许多言外的感慨。“侍从”一字，是包含姜埰兄弟二人的，当年兄弟同在朝为官，且一同陪伴皇上祭陵，这在梅村《东莱行》中早已写到。“知名早”写其早就为天下所知。“淮海东”是此次相会的地点，“萧条”二字既写时令，也是当前的时代感受，带有亡国后的特定内涵。第二联叙事，“思亲”句下梅村自注：“如农迎母，会胶、莱有兵乱”，说姜埰回家接母亲的路上遇到了兵

---

① 吴伟业《吴梅村全集》，上海古籍出版社 1990 年版，第 314 页

乱，不得前行。“哭弟”下梅村自注：“如须避地，没于吴下。”是悲悼姜垓今年在苏州的去世。梅村与姜垓是有许多交往的，姜垓的早逝，他也甚感悲惜。此地姜、吴见面，肯定叙到了这些，因兄及弟，故有此句。“途穷”一词，即写现实的兵变阻道，更是广大意义上亡国后的无路可走。平常语辞中的含蕴之大之深，梅村诗的功力往往于此中得见。“骨肉”一联，承接上联，写出姜埰兄弟的骨肉之情、兄弟深谊，今兄存弟殁，只有悲歌相悼。但“悲歌”又绝不仅仅是悼弟之义，也还是有更广大的亡国内涵，是说姜埰兄弟在亡国的悲切时代里，保持着兄弟真情，坚守着遗民气节，保持着君臣大义，因此兄弟两人的忠节都会记载在信史中。这是梅村对兄弟二人的由衷敬服与称道，这里面也暗含着梅村的自惭：自己已违心应召入京，作了两截人，这又如何记载在信史中呢？对比姜埰兄弟，自己能不心中有愧，这些自愧真是难以言表，但也为梅村不着痕迹地表达了。两人同榜，中进士时都是翩翩青年，现在两两相对，已经成了“衰翁”。梅村此年四十五岁，姜埰四十七岁，今天看来，两人都不算老，衰的不是容颜，更主要的是心境。两位先朝老进士，国亡十年后偶遇，相逢话旧，那种衰飒、凄清的心情是可想而知了。在姜埰是一种亡国意绪，而在梅村又加了一重，当年受崇祯皇帝钦赐完婚的老榜眼，辜负先皇，出仕新朝，如同老妇新醮，这又是一种什么意绪？且不说世人怎么看，眼前这位同年又怎么看呢？

其实姜埰是很宽容的，对这位同年，同时又是名满天下的诗人表达了一定程度的理解。姜埰的《淮上逢娄东友贻诗却和》是和作，用的仍是梅村的韵，只是非次韵唱和。诗云：

> 自是文名重，何知已荐雄。暮云连蓟北，丛桂别江东。草色长河外，楼阴古驿中。嗟君匹马去，相顾意无穷。

诗说梅村的名气太大了，太引人注目，这种人具有标杆意义，自然逃不过清廷的举荐，征召一个梅村，体现一种政策，会影响一大批人。姜埰道出了梅村的悲剧所在，所谓“木秀于林，风必摧之”，何况这是清廷统治者刮起的笼络人才的罡风，正令梅村难以招架。次句的“雄”乃强力之谓，写出这种举荐、征召的不易抵挡。第二联虽是写景，一北一南，写出梅村的去与来，暮云重重，他向蓟北走去，走向京城任职；丛桂季节，他离开了故乡江东。诗也充满寓意，黑沉沉的暮云既是梅村阴郁心境的展示，也是其晦暗前景的象喻，而丛桂盛开的美好江东是再也挽留不住他了。第三联写出送别的深情与邂逅的短暂，草色一直延伸到长河以外，仿佛在目送梅村令人遗憾地远去，古驿站的傍晚楼阴见证了这次两位老友的乱后相逢。最后写梅村匹马北去，两人相顾之间，感到有无尽的意绪。一个“嗟”字，写出姜埰与梅村分手的叹惋，更是对梅村出处举止的叹惜。看着梅村匹马而去的身影，姜埰也有一种悲悯的情感，无穷的惜别之意中，也有无尽的人生意义可以思索。人生之选择不尽相同，但两人的心意还是可以有相互理解的可能。在这首诗中，姜埰没有苛责，也不再有劝止，只有对老友的惋惜与同情。诗的调子同梅村一样是低沉的，内在情感都是忧伤的，诗的写法同样是语浅意深，富有包蕴，两位老友的诗艺几乎是不分伯仲。

这一次淮上相逢，两人匆匆分手，此后又是十余年，有很长时间同处江南吴地，也没有资料记载两人有何来往。梅村依旧名满天下，诗文只是有了太多的愧疚与自责，而姜埰依然坚守气节，也愈益赢得时人的尊重。康熙十年（1671）的岁末，身心俱疲的梅村病逝，他死前遗言同样在史上非常有名：他称自己是“天下大苦人”，《临终诗》说自己“受恩欠债应填补，总比鸿毛也不如”，又谆谆嘱咐儿子在墓碑只题诗人吴梅村之墓，不能书写官职。总之，良心未泯，道德自责至为沉痛。这些都为姜埰所知悉，他写了《哭友》二首五律，来痛悼这位友人。这在姜埰已经是很不寻常了，因为他悼念友人的诗写得极少。我们先看第一首：

> 遽有雄文荐，征书已再宣。名因黄阁重，官拟白衣还。李业曾持毒，谯玄敢奉钱。叹君题墓意，心事令人怜。

“遽”有匆迫、紧急义，也有惊惧、慌张义，好像两种理解都可以，总之是荐书出乎意料，非本人意愿，征书一再传宣，压力之大，难以抗拒。这是姜埰对梅村的体谅，也是叹惋，与上述两人唱和时的诗句近似。“黄阁”是朝廷重位，是说梅村因朝廷官员而得大名气，这与淮上相逢时的“自是文名重”略有不同，那里是指文名，这里是指做官的名气，是为了引出下句“官拟白衣还”。顺治十年冬天梅村应征入京，他一路哀伤，也一路迟延，第二年初方至。他写了《将至京师寄当事诸老》四诗，其中表达不愿为官的心情，有“记送铁崖诗句好，白衣宣至白衣还”的诗句，用了元末杨维桢（号铁崖）于明初辞征荐的诗句。姜埰于此对梅村是愈发体谅了，做官不是他的本愿，他是想白衣归乡的。下面接着用两位古人作比，李业与谯玄事均见《后汉书·独行传》。汉末王莽时，四川梓橦人李业曾多次严拒荐举，不仕新朝，后四川军阀公孙述强迫其出山，考虑到他的倔强，曾派人“持毒酒奉诏命”来逼迫他，李业不屈，遂饮毒而死。谯玄与李业同时，是四川阆中人，在汉末为官，王莽时辞官隐遁，也是公孙述据蜀时一再征聘，也是坚决不肯应征，公孙述派人持毒药加以威胁敦迫，谯玄欣然接受毒药，宁死不出。其子谯瑛泣血叩头，请求：“愿奉家钱千万，以赎父死”，最后公孙述听其奉钱保志。这就是“李业曾持毒，谯玄敢奉钱”。姜埰用这两位古人对比梅村的应征，是褒是贬，是严责还是宽容，实在耐人寻味。显然，梅村不是李业与谯玄，没有二人不怕死的勇气，这看起来对梅村是一种委婉的指责；但典故透露出征召的高压、权势的威逼，又似乎对梅村的无奈有一种理解；再者李业、谯玄所抵御的都是王莽新朝与地方僭主，这也隐含了一种征召梅村的清政权具有不正当性的内涵。典故运用的好处也就在于这种多义性的存在，提供了各种解说的可能。在此类挽诗里，姜埰肯定不会严责，而以包容性的情感为主。最后提到梅村的题墓，认为其心事令人可怜。梅村的悔恨贯穿了其后半生，不仅仅是“人之将死、其言也善”的遗嘱题墓，时人也往往因其忏悔原其迹而谅其心，姜埰的同情也是代表了当时的一种公论。在姜埰看来，像梅村这样的失节是很可怕的，其内心的折磨也是巨大的，遗民心中的“失节恐惧”是时时存在的，梅村的死让姜埰这样的遗民再次明显地感觉到了这一点。

> 难使双目瞑，君心痛哭余。一生名至此，将死意何如？丝竹苏卿酒，梁周庾信书。空留词令在，传写遍阎闾。

这是第二首。梅村一生名节至此，不断为之痛哭悔恨，至死也不能瞑目。姜埰前面的诗写了梅村的“文名”“官名”，此处的“名”则指名节，像梅村这样的人，这些“名”都会被记载下来，但对名节的记载是“严于斧钺”的，姜埰能体会到梅村临死时的心情。第三联仍是用典，还是用两位古人作比，写法与第一首相同。“苏卿酒”用苏武典，我一直以为此处“苏卿”乃指左懋第，姜埰与左、吴都是同年，吴梅村的《东莱行》也将左比为苏武，此处拉来与梅村对比，盖一以名节重，一以文名重。“庾信书”用出使北周被羁留的庾信事，庾信《哀江南赋序》有句云：“畏南山之雨，忽践秦庭；让东海之滨，遂餐周粟。”也有自以为失节的责难。两相对比，讽意存焉。“空留词令在”两句，写名节已失的梅村，空留下美妙的诗词，在民间传写。一个“空”字，写出名节失去之后文名的不足贵，写出了文名的虚幻感，这是姜埰所代表的遗民的价值观。这第二首诗与上首相比，严正的辞意要多一些，宽容的理解相对减少，姜埰在痛悼梅村为之惋惜之余，有点不留情面。这两首名为《哭友》的诗，不只是为梅村之死而哭，更多的是为一个人失去安身立命的节操而哭，遗民所看重的名节比生命更加重要。这可能是姜埰悼诗的一种特殊之处，这也是姜埰与梅村交往的一种特殊情形。

姜埰与之交往的另一位著名的“贰臣”是龚鼎孳。龚为合肥人，字孝升，号芝麓。崇祯七年进士，先是任湖广蕲水县（今湖北浠水）县令六七年，崇祯十五年考核第一入京任兵科给事中，也曾弹劾周延儒、陈演诸大臣，因此系狱半年多。明朝的仕履与姜埰类似，两人同任谏官，应当有过短暂的交集。姜埰入狱后，龚曾上疏营救，这是他与姜埰的一种故谊。明亡后，他先是被迫投降了李自成，清人入关，又迎降授官，政治大节极为不堪，与梅村无法相比。但他是名满天下的诗人，与钱谦益、吴梅村并称“江左三大家”。龚鼎孳还有一个长处，即入清后身居刑部、礼部尚书的高位，他利用自己的高官身份多方保护明遗民，也极力周济明遗民，一些明遗民到京后多依附于他，所以他在明遗民中实有很好的人缘，有极好的口碑，有较高的声望。邓之诚《清诗纪事初编》称其：“官刑部尚书，宛转为傅山、陶汝鼐、阎尔梅开脱，得免于死。艰难之际，善类或多赖其力，又颇振恤孤寒。”[①] 其思想深处与明遗民多有精神相通之处，也时时有故国之悲怀。抛开政治大节不谈，这个人实际上有很多长

① 邓之诚《清诗纪事初编》，中华书局 1976 年港版，第 553 页。

处。姜埰明亡后与之交往甚疏，但却有两首诗歌保留了下来，这即《赠合淝友》两首七律。

> 江城九月起凉风，木落谁怜秋思穷。雁远那能忘蓟北，鹤归不去恋辽东。徒闻近日诗名好，却笑从前酒债同。花草吴宫更何似，南飞乌鹊月明中。

姜、龚交往的诗据谢正光先生的推定，是顺治四年写于扬州，应该大致不误。[①]此时龚鼎孳正丁忧守制，从合肥到南京游历，再到扬州。姜埰则从徽州太平东返，短暂停留扬州，即将赴真州。两人即在此相遇。此诗首联写景，凉风叶落的秋季，有一种旷远的秋思，“穷”当是穷愁潦倒之义。“谁怜”是写无人见怜的孤独之感。颔联“雁远”句写龚，“蓟北”代指京师，写龚还是要返回北京。秋季雁之南飞，实喻人心向南，龚已羁身于清廷，不得不如此，写景中实有暗讽。“鹤归”句写自己，用“辽东鹤”的典故，如丁令威化鹤归乡。颈联写龚之诗名，“徒闻”者，正如写梅村之“空留词令在”之“空留”，写虚名无济，“却笑”写两人过去同朝为官，官俸微薄，只能赊酒相聚，这也有暗讽龚之今日清廷为官之非比往日也。末联上句化用李白“吴宫花草埋幽径，晋代衣冠成古丘”之句，写吴宫花草犹在；下句用曹操《短歌行》之“月明星稀，乌鹊南飞”，写月明之下，乌鹊仍在往南飞去，隐喻人心依然向往南明，与龚的羁身北廷正好形成对比，可见龚的仕清大有违于人心。另外据董迁《龚鼎孳年谱》记载，此时龚将赴苏州，诗末因此写到吴宫，写龚亦如月明之下的南飞乌鹊，

---

① 谢正光《停云献疑录》，浙江大学出版社 2016 年版，第 142 页。董迁《龚鼎孳年谱》亦定此诗写于顺治四年，唯记诗写于南京，或不当。见《龚鼎孳全集》，人民文学出版社 2014 年版，第 2586 页。

诗中亦有暗讽。全诗貌似写景忆旧，实则寓意深寄，切合龚鼎孳之仕清身份，并加以微讽，这表明姜埰为人之不苟，为旧友写诗也不作违心之应酬语。第二首诗意相近：

> 逢人江上雨垂垂，隋苑凄凉只自悲。寄信曾无黄犬日，伤心不在赭衣时。论交连岁应刘尽，欲杀当初李杜知。梦到家园荆棘底，泰山东望系愁思。

写两人雨中相逢，“隋苑”在扬州，指相会地点。两人凄凉相对，悲情心中自知。第二联最值得注意，两人当年都曾因建言入狱，无法为家人寄信传书，但如今想到此事，真正的伤心都不在当年身穿囚衣之时，则伤心在亡国之日也。第三联上句写当年的旧交诗友近日多有过世，“应刘”用曹丕《与吴质书》“徐陈应刘，一时俱逝，痛可言耶”之句。但《与吴质书》中有一句名言：“观古今文人，类不护细行，鲜能以名节自立。”我总疑心典故使用中寓有这一层意思。下句化用杜甫《梦李白》之“世人皆欲杀，吾意独怜才”句意，写当年自己入狱，龚有相救之义举。尾联写自己有家不能回，家园荒芜，现在只能东望泰山，寄托思家之愁怀。第二首没有伤悼故国与微讽旧友之寄托，只是突出两人的旧谊，其厚重委婉则稍逊于前首。

龚鼎孳是读懂了姜埰诗中的微讽之义的，他作有《如农将返真州，以诗见贻，和答二首》，是步原韵的和诗。在写老友见面情谊同时，也曲折委婉地写出自己仕清的心情，算是一种回答。如第一首之颔联：“黄叶梦寒如塞北，黑头人在愧江东”。上句写黄叶凋零，自己梦中知寒，心境寥落，如同身在塞北；下句用杜甫《晚行口号》：“远愧梁江总，还家尚黑头”句，写自己人在江东，感到自愧，实是面对姜埰等人，有失节之惭也。颈联为：“九关豺虎今何往？一别江山事不同”。上句语出《楚辞·招魂》：“虎豹九关，啄害下人些”，写当年朝中奸臣何在？下句写江山已改，世事已大不同。第二首亦是应和姜埰诗意，写当年两人的系狱之悲：“曾排阊阖大名垂，蝇附逄干狱草悲。烽火忽成歧路客，冰霜翻羡贯城时。花迷故国愁难到，日落河梁怨自知。隋苑柳残人又去，旅鸿无策解相思。”首联写姜埰在京城因建言入狱而有大名，而自己也曾入狱，是“蝇附逄干”，姜埰是关龙逄、比干一类的忠臣，而自己只是“蝇附”而已，实不能比。次联写乱后两人分手，各人道路不同，历经冰霜困厄，翻而羡慕当年在狱中的日子。此语最为沉痛，当年虽然身陷囹圄，但尚属故国故君也。这一句从姜埰的“伤心不在赭衣时”翻出，似更胜过一筹。三联上句应答姜埰第一首“吴宫花草更何似”意，写花迷故国，自己心怀忧愁，已难再到；下句写两人分手，河梁之别用“苏李诗”，也有自处李陵之用意，这里的怨既是与友人分手之伤感，也实有自责失身之哀怨，用典微妙。最后写出隋苑一别，姜埰要去真州，自己则如征鸿，无法解除相思之情。龚鼎孳在这两首答诗中，既能表达与老友之友情，又颇能自抒愧意、自处身份，和诗是有难度的，手法却又如此高妙，疏解之余，也深感古人之才实在令人佩服。这是姜埰与龚鼎孳交往的一段情景。钱仲联先生主编之《清诗纪事》在选录龚鼎孳二首诗后加了一小节案语：“明亡后二人重逢，感江山易帜，友仇皆散，如农已易僧装为遗民，龚已降清。此诗见二人之关系。如农虽志节皎然，而笃于故谊如此。”[①]讲的“友仇皆散”“笃于故谊”都很精当，说姜埰“易僧装为遗民”一句亦很用心，需要再稍加说明。龚鼎孳有《重九后一日姜如农招同罗访庵曹愓乾园亭燕集限缠字韵》诗二首，也是此时姜、龚会面时所写，而且写在两

① 钱仲联《清诗纪事》，江苏古籍出版社 1987 年版，第 1377 页。

人和诗之前。诗写姜埰招集朋友宴请龚鼎孳并限韵作诗，姜埰也应当有诗作，但集中未存，似被他抹掉了，表明他对这次集会有刻意掩饰的态度。龚诗在颈联“频浇醽醁怜金尽，醉典袈裟作锦缠”下有自注：“如农僧装，有丽人行酒”。是说姜埰此时着僧装，席间有歌妓作陪。姜埰于本年夏天在黄山“祝发”，至此重九，方是两月余的时间，他从太平东返，仍是着僧衣，一幅出家人的打扮。可滑稽的是，亡国丧乱之际，朋友饮酒，尚有歌妓作陪，而且饮酒兴致来了，无钱再沽酒，竟然要将袈裟典去换酒喝。这仍是沿袭明末的文人排场，仍是一幅名士的派头，这种情形是我们读《敬亭集》很难想象到的，幸有龚鼎孳诗作留下了这一侧面的记载。而这些，则是姜埰刻意要掩饰的，他确实有着意维护自己遗民形象的用意。

姜埰与龚鼎孳的交往还可以再说几句。龚鼎孳有一首《戏为如农有赠》，诗题另为《赠姜子如农所携》[①]，细玩诗意，也是此次扬州宴集，姜埰赠诗以后所作。如观其第二个诗题，所赠乃姜埰僧装所带的那位“行酒丽人”。颔联“玩世师无忌，呼名得小乔。”“无忌”当为战国时魏国公子信陵君魏无忌，《史记·魏公子列传》记其晚年遭秦人谗言诋毁，不受魏王重用，“乃谢病不朝，与宾客为长夜饮，饮醇酒，多近妇女。”此句即写姜埰于国变后有玩世之态，亦效信陵君之所为。“小乔”即那位“丽人”，是指姜埰僧装饮酒，呼歌妓作陪。颈联为“风柔桃渡楫，月占广陵箫。”是说姜埰此种所为，还有秦淮之风，仍占扬州之月，也是讥嘲之词。这首诗题为“戏为”，本有嘲谑之义。是龚氏于此际姜埰的遗民情怀多有不理解，亦有对姜埰赠诗中暗含的对其出仕清人之讥讽的一种回应，这是两人于国亡后不久见面时的一种不和谐之音，也实在是因为姜埰“僧装”且有

① 《龚鼎孳全集》，人民文学出版社 2014 年版，第 186 页。

“行酒丽人”而留下此一把柄也。另外，姜、龚之交谊还可追溯至明末，崇祯十七年二月初一，姜埰与龚鼎孳同日出狱，龚作《送姜如农给谏谪戍宛陵兼怀如须大行》七律四首，是两人苦难友谊的一种见证。其第一首云：“我策疲骡君策蹇，芒鞋双踏铁门开。布衣暖觉春晖重，青史名容后进陪。去国一身真报母，投荒万里亦怜才。欣看折坂存遗直，狐虎纷纭已死灰。”首联写两人出狱，有小注为：“时与如农同出狱待放”。颔联“春晖”既切时令，也是写天子恩惠，写姜埰名留青史，而自己或可以作陪。颈联写姜埰出狱后会先看望母亲，然后投荒万里，赴戍宣州，令人怜惜其才。末联写姜埰折槛进谏，留下直臣之名，而他们当时抨击的周延儒等人都已化为死灰。诗应该说写得不错，对姜埰也颇有称道。唯姜埰出狱后即离京回莱阳哭父，躲过了甲申三月的北京巨变。而龚则没有外放，留在北京，所以有归顺李自成大顺朝，迫授伪职，又投降清人，大节丧尽一段经历，所以龚氏诗中所说欲在青史中陪姜埰留名之事，真成后世笑谈。龚氏写此诗时，姜垓已陪母南奔，故有“兼怀如须”之义，组诗其二即写姜垓。其三写姜埰受杖刑，末云：“鼎镬已除钩党息，重阍原不薄吾曹”，写周延儒等人被除，两人又被释放出狱，崇祯亦待之不薄。第四首末云：“归去季方连榻夜，莫言近事恐冲冠”，亦是姜氏兄弟合写。东汉末陈寔有二子，兄为元方，弟为季方，此处季方即指姜垓，是说两兄弟见面后，不要谈论入狱受刑等近事，因为谈起会怒发冲冠。四诗对姜埰颇有同情与好评，与姜氏兄弟都有友谊。姜、龚二人本为同僚且同难，孰知明亡后两人走了一条截然不同的道路，又曾于顺治四年在扬州有此一段暗含机锋的诗歌过往耶？

姜埰与曹溶的交往想来也不多，前明的旧同僚，入清后的偶遇，平素不大会有交往。曹溶，字洁躬，号秋岳，晚号倦圃。浙江秀水人。崇祯十年进士，曾官御史。入清后亦违心出仕，后官至户部侍郎。

诗名甚盛，与龚鼎孳并称“龚曹”。姜埰的《广陵遇嘉禾友感赋》一诗，写与曹溶见面情景，并感及梅村与龚鼎孳，将三位“贰臣”友人作了一个合写。诗云：

> 朝罢西华并马还，龚曹昔日此鹓班。人留天宝风尘后，客在雷塘雨雪间。连岁丧亡哀白马，几年离别惨朱颜。娄东学士三词伯，身世伤心庾子山。

这首诗写作的时间大概在顺治十三四年左右。首联写其当年同在朝廷任职，鹓班指朝中的行列。颔联写国亡后再见面，“天宝风尘”以唐“安史之乱”代指明亡之乱，雷塘在扬州，指此次广陵相见。诗前半是叙事忆旧，已含有感慨，下半段全为抒发感慨。颈联的“哀白马”一词最可注意，此典是后梁朱温在白马驿杀朝臣三十余人，史称“白马之祸”。[①] 用此典乃指顺治年间汉族朝臣的被祸，或指陈名夏、陈之遴等人，是指这些降清的“贰臣”日子也极不好过，连龚鼎孳也被贬降，曹溶也早萌生退意。“几年”一句写离别之衰老，与梅村赠姜埰诗中的“相对作衰翁”意思近似。最后将梅村、龚鼎孳与曹溶三位打在一起，“娄东学士”指梅村，三人都有很大的诗名，故以“词伯”称之，说他们的伤心身世都如南朝的庾信。姜埰前面写梅村已经说过“梁周庾信书”的话，将他们与庾信相比，一是三人都身仕两朝，二是都如庾信有故国之思与乡关之恨，三是都有文名，切合他们的诗人身份。将三人比拟成庾信，写他们都有伤心之处，这是体谅之语，是姜埰对他们的宽慰，代表了姜埰的厚道，“诗有惋

---

① 谢正光先生认为此句是用曹植《赠白马王彪》的典故，以“白马王彪”代指姜垓，我以为不当。见《停云献疑录》，浙江大学出版社 2016 年版，第 145 页。

惜而无指斥，见友情之深”，《清诗纪事》的这一评语也是对的。

姜埰与这些仕清友人的交往大致如此，无深交，有距离，又保持了一定的友谊，对之有一定程度的同情，特别是对同年梅村，对其深自忏悔、痛加自责的心情更是觉得极为悲悯。这也让姜埰觉得遗民气节之可贵，对“失节恐惧”始终保持极高的警惕。这几位友人都是有过去的友谊作基础的，除此之外，姜埰则一无交往，努力保持遗民的清洁姿态。

《敬亭集》中还有一首《寄秦邮友》的诗,写的很不错,能见真情,标目方式与上面几首相同，当是他一位仕清的友人，但不易考知此秦邮人为谁。他的多首写“同里友”的诗，是与宋琬的酬唱，这我们放在下章来讲。他的《赠同乡友》一首五律，我考证是写给王渔洋的，对此曾有专文论述，见本书附录二。

五

在这一章的最后，我们再略微用一点篇幅，来讨论一下姜埰的生存状态，他的生计安排。这一问题，实于明遗民具有普遍性。

明遗民的贫穷困厄是出了名的，如徐枋之绝粮，归庄之卖屋，郑婴垣之冻死，林古度之冬拥破絮、“浑如孤鹤入芦花”等等，不一而足，也举不胜举。其实选择作遗民，很大程度上就是选择了穷困；遗民所经受的最大考验，也很大程度上在于穷困。“君子固穷”，这种“固穷”几乎是明遗民的普遍品格。明遗民的生存方式，除传统的入幕、教书等外，也有五花八门、奇奇怪怪者，如李确之“闲绩棕鞋、劈竹为器”，柴绍炳、董樵的“卖柴自给”，林时益之种茶，傅山之“业医卖药”等，至于卖书画、卖诗文更是发挥文人所长、以济生活之困的常见方式。遗民也有不穷困者，多赖其世家之业，如冒襄："家故饶，亭馆之胜，好交游，四方宾至如归。"[①] 明遗民也有善于经营，能治生产者，最典型的如顾炎武。明遗民多言穷，也有言穷而不可尽信者，如杜濬言穷，其有名言曰："往日之穷，以不举火为奇；近日之穷，以举火为奇。"但杜濬嗜茶，天天茶不离口。邓之诚先生即评云："素性通脱，侈用不节，自言绝粮而未绝茶。茶与马吊为时深害，茶值十倍于粮，苟能绝茶，其粮无绝理。"[②] 种种情况甚为复杂。钱穆先生曾论明遗民生存方式云：明末遗民的生活状态，大体可如下列：一、出家（如方密之等），二、行医（如吕晚村等），三、务农（如孙奇峰、颜习斋、张杨园等），四、处馆（如张杨园等），五、苦隐（如徐俟斋、李二曲、王船山等），六、游幕（如李恕谷、刘继庄、顾景范等），七、经商（如顾亭林在晋北垦牧、吕晚村刻书等）。[③] 这些论列虽不全，但其大者也不过如此。

我们由此来看姜埰的生存方式，上述诸项几乎一项也不是。他曾短暂"祝发"，但一生并未出家，并未如熊开元之住寺庙。他也不曾如徐枋、王夫之等苦隐于山野，而是常住城市。甚至他也不卖文，不卖书画，那么，他的生活处境如何？他维持生活的经济来源又是什么？这后者一度是让我感到困惑，百思不得其解的事情。

姜埰也曾写过生活的穷困。他的《和陶乞食》一诗，是模仿陶渊明的，诗说："日暮乞食回，日出复何之。儿啼尚可待，母饥焉敢辞。出门逢椽吏，为催官租来。哀哉所乞食，岂暇顾酒杯。徘徊转自慰，遂读渊明诗。渊明且未免，予也特不才。不见檀道济，粱肉以相贻。"诗中所写的这种乞食情景，揆诸姜埰的生活情形，我们都

---

① 钱仲联《清诗纪事》，江苏古籍出版社 1987 年版，第 316 页。
② 邓之诚《清诗纪事初编》，中华书局 1976 年港版，第 185 页。
③ 钱穆《国史大纲》，商务印书馆 1996 年版，第 850 － 851 页。

不大敢相信，怀疑是模仿陶渊明，为文造情的作品。他的《慕村四首用东坡游孤山韵》写于莱阳，其第三首写到生活困窘：“恸惟先人蓬蒿庐，虽有三侄皆藐孤。当门持户亦无力，谁能操管书编蒲。妻子织屦身农夫，晨糁不足况于晡。官家输粮卖黄犊，此事应入流民图。”但这是写莱阳老家三个侄子操持门户的情形，也与姜埰在真州、苏州的生活不完全一样。

总起来看，姜埰的生活并未陷于困窘艰难，他在真州租赁、营建芦花草堂，在苏州购买颐圃，没有丰厚的资财是办不到的。特别是苏州颐圃，是一处完整的园林，有池榭亭台，有堂屋建构，当时就已在文震孟“药圃”的基础上加以扩建。姜埰身后，在其次子姜实节的经营下，颐圃更名为艺圃，园林建筑更加完美，成为当地名胜，也为当时文人聚会游玩休憩之著名场所，如汪琬、王渔洋都有诗作歌咏园内景观。仅购置颐圃（艺圃）一事，即可证姜埰晚年生活优游富裕之状。不止如此，姜埰尚有《枫桥别业》一诗，透露他不仅在苏州城内有艺圃，还在苏州城外的枫桥有别业，更可见他在苏州一带的置产情况。关于姜埰兄弟入清后的生计，谢正光先生撰有《清初忠君典范之塑造与合流——山东莱阳姜氏行谊考论》一文，其第四节为“姜氏家族入清后之生计”，对此问题有专门论述，可以参看。谢先生说：“姜埰晚年于吴门购置艺圃，实姜氏家族经济富裕最有力之明证。”[1]同时又分析姜埰之经营丧葬、为子侄辈完婚嫁等事，颇需资财，都不见有拮据之态。而且姜埰频繁来往真州苏州两地，数次返回故乡莱阳，都需要经费的支撑。这些似乎都可以看出姜埰入清后似乎不差钱，不贫乏。

明遗民归庄记载了一件事，侧面反映了姜埰此时的经济情况。

① 谢正光《停云献疑录》，浙江大学出版社 2016 年版，第 157 页。

苏州的陈济生编选了一部《启祯两朝遗诗》，有姜埰、归庄、叶襄等六人作序。“诸诗中多有感慨时事，指斥今朝者，固选者失检点，亦以顺治时禁网疏阔也。康熙初，为国史事，杀戮多人，自此文网渐密。五年丙午，有嘉兴张某，偶于坊间得《两朝诗选》一书，见中有触时忌者，遂以为奇货，将设诈局。时陈太仆（济生）及作序薛、叶两君皆已故，余与玠右，彼亦知其为贫士，独侦知太仆之弟，及吴、姜二氏家甚富，可恐喝也。而姜久寓吴中。时张兄弟皆欲入京，于是便道过吴门，遂首发难端。其兄与莱阳宋按察玉叔有故，宋与姜同县，姜之子，宋婿也。张于是以逆书谋叛为名，往巡抚军门处一首呈，使其兄闻之于宋。宋大惊惧，力劝其婿，宜有以应其求。而托余转闻之于太仆之弟，其人置之罔闻。姜氏稍有所费。”[①] 这件敲诈案发生于康熙五年，康熙二年发生了庄廷鑨《明史案》，杀戮甚惨。自此文网甚密，文人噤若寒蝉，战战兢兢。此时这位嘉兴的张某欲告发陈济生的诗选，并连带告发作序之姜埰等人，敲诈钱财。这位卑鄙的小人知道姜埰“家甚富”，将其列为敲诈对象，由其兄通过宋琬向姜埰家捎话，后还是“稍有所费”，方才了结。此事当时甚为凶险，幸好未成大狱。我们引此事，是说明姜埰“家甚富”“稍有所费”，可见姜埰此时家境之好，甚至为小人所觊觎。陈济生这部书，后连兴几次波澜，曾在山东又被即墨姜元衡告发，牵连顾炎武入狱，这是另一桩事件了。

这种家境颇丰的情况也见于有关姜垓的记述。姜垓定居苏州，亦善于治产业，除在苏州城内有住宅外，另在山塘还有居处。他死前给姜埰去信，力邀其来苏州，表示要将其住宅让于姜埰，并想将一块土地卖掉，再买一套房屋。这已见前述。这足可以看出姜氏兄

① 《归庄集》，上海古籍出版社 2010 年版，第 518 – 519 页。

弟对产业经营颇有头脑，也可见出其经济实力确有一定基础。

像姜埰这样的遗民，入清后不再出仕，失去了原有的俸禄，也失去了不纳租税等经济特权，他的生活如何支撑？又如何保持良好的经济状态？这些情况在姜埰的诗文中都难有正面的记载，何况姜埰一定程度上还保留着叹穷嗟卑的文人习惯或曰遗民习惯。我们要想解答这个问题，只能作一些推测。

推测之一：姜埰在明末的家产应当有很好的保留，这构成了他们兄弟入清后的经济基础。明末姜埰一家因守城惨遭清人杀害，死难多人。虽经此难，但姜埰一家世代积累的家产并未受到掳掠，其家固有的土地入清后也未被剥夺。崇祯十六年，姜圻姜垓葬父后，带领其母及全家南迁避难，应该携带了不菲的资财，保障其生活。南明时期，姜埰兄弟及全家人，避难浙东及皖南等地，处境极为困难，但都是因为战乱缘故，家财未必流落多少。当姜垓在苏州、姜埰在真州定居时，这些家财应该发挥了不小的作用。

推测之二：姜埰岳父家的经济实力应该给予他一定的支持。前面说过，据魏禧所撰《姜贞毅先生副室王孺人墓志铭》一文记载，其继娶的王氏，“父讳永，徒广陵，业盐策，家富巨万。”王氏曾先于姜埰自太平返回真州作生活准备，后又返回太平迎接姜埰等人回真州，显示了乱世中这位妇人的不凡的才干。姜埰的定居真州，除了曾作令十年的原因外，这位岳父家的背景不可忽视。其租赁芦花草堂，在真州买地，有岳父家的资助也不无可能。

推测之三：姜埰家在莱阳和真州都有土地，也构成了其不错的经济来源，足以保障其生活。莱阳的土地见上引《慕村》诗，虽为其子侄辈（姜圻与姜坡之子）在家经营，但不排除同时有属于姜埰、姜垓所有的部分，姜埰时时回莱阳，除了葬兄葬母、祭扫坟墓、为子侄完婚等事务外，也有照料田产的可能。其在真州有土地，见于其《遣仆真州索米》一诗，他无意中透露出，晚年居苏州后，他曾派仆人去真州收缴田租。诗中提到有“十亩荒田”，也担忧“近城豺虎”对土地的掠夺等。其莱阳的土地当不止是“十亩”，且有子侄辈在家看守，除了交纳租税外，应该不至于有太多的担心。但其《发使东归》四首其四云：“城南薄田十八塍，高者桑柘低余秔。白日黄狐墙头立,既不杀之当与揖。”这是写其莱阳土地的情况,“白日黄狐”云云，喻指地方恶吏，姜埰劝子侄们对之忍让，少惹为好。

推测之四：姜埰之子曾一度学习经商。姜埰有《安男偕雍子达学贾吴兴，诗以勉之》七律一首，写其子姜安节与友人到浙江吴兴经商，姜埰虽感无奈，也作诗予以支持。诗首联云：“叹汝三篇早岁名，蹉跎四十竟无成。”写安节早岁读书聪慧，而年已四十学业无成。其实姜埰不准其子应清人科举，在学业上已堵死了上进之路，故安节有短暂弃学经商之举。诗末云：“穷年失意何曾计，此日临歧百感生。”是为其子弃学经商而感到哀伤，认为这是穷年失意，没想到会让儿子作此等营生。姜埰儿子的经商，恐怕为时甚短，对于家境或有些许帮助，但相信这不是姜埰家境良好的主要原因。

对于姜埰入清后的生计，只能作如上推测。姜埰甘作遗民近三十余年，能保持不错的经济状态和生活境遇，在明遗民中实属幸运，也实不多见。指出这一点，并不影响对于姜埰遗民志节的评价，贫穷艰困与遗民志节并不划一等号，就像顾炎武善于治生，善于生财，除田产外，还有放贷、钱庄之经营，这无碍于其明遗民气节与道德的光彩。

第十章　心系莱阳

一

这一章我们要介绍入清后姜埰与故乡莱阳的联系，为清眉目，也为避免上章论姜埰交往的篇幅过大，有关姜埰与莱阳友人的交往，也放在这章来讲，尽管交往发生的地点并不完全是在其故乡。姜埰入清后长期定居在真州和苏州，但莱阳作为家乡，他自有许多牵挂，也有一些不快的经历，在其三十余年的遗民生涯中，实有很重的分量。

入清后，姜埰回故乡莱阳的次数很多，尤以前期为甚。我们梳理一下其《自著年谱》和其子作的《年谱续编》，看其回乡的情况：

顺治五年（1648），“戊子年四十二岁：是年奉母归故县，探女兄弟焉”。

顺治六年（1649），“己丑年四十三岁：正月，长兄殁于家，东归治丧，抚其二孤。”

顺治八年（1651），“辛卯年四十五岁：归莱阳。”

顺治九年（1652），“壬辰年四十六岁：是春，同弟垓归，葬忠肃公于莱阳城东之鱼子山。长兄圻、嫂王氏亦相继举襄。”

顺治十年（1653），“癸巳年四十七岁：冬奉太孺人来自山东，哭弟垓。”

顺治十一年（1654），“甲午年四十八岁：春，奉太孺人还莱阳。”

顺治十三年（1656），“丙申年五十岁”，其母病故，返乡。

顺治十四年（1657），“丁酉年五十一岁：十月，归莱阳，合葬太孺人于鱼子山之故阡。”

以上八至莱阳，均见《自著年谱》记载，十年八至，连续几年都要回去。除顺治八年回乡情由未讲以外，其他六次情由都很清楚。均是探亲、葬兄、葬父、迎母、送母、葬母等。

《年谱续编》所记姜埰回莱阳仅有一次，即顺治十八年（1660），“辛丑年五十五岁：秋，归莱阳省墓，值乱还吴。”自此，姜埰未曾再还乡。此时，姜埰父母兄弟均已亡故，莱阳仅剩子侄辈和姊妹等，需要处理的家事已不多，故不再返乡。一方面，姜埰“遣使”东归问讯，也派儿子回去省墓，另外其在莱阳的侄子也时常来吴探望姜埰。年华老大的姜埰把与故乡莱阳的联系，交给下一辈人了。

顺治五年回莱阳，是国亡后姜埰首次返乡，就发生了一些不同寻常的事，这都见诸《自著年谱》的记载。先是妻弟董樵已隐居山中，听说姜埰回来，特意出山相见，对姜埰说：“辛未三仁，此名可居，公勉之。”姜埰是崇祯四年辛未中的进士，同年中进士的莱阳同乡共三人，即姜埰与左懋第、沈迅。左懋第南明弘光时出使北京，誓不投降，壮烈殉国，被时人誉为苏武、文天祥式的人物；沈迅在家乡起兵抗清，失败被杀，也是为国捐躯。董樵以此勉励姜埰，劝其坚守志节，保持“辛未三仁”的令誉，万勿出仕清朝，作有违忠孝之事。关于这件事，姜埰在其《董樵传》一文中还有补充记载，文曰：“君兄弟二人，长青逵，以门户单零为虑，迫君出试。移书责之曰：‘姜黄门且仕矣，奈何有一樵？’君骇愕，心疑余，绝余不见，后乃知余固辞已免也，徒步访余，大哭，已而言曰：‘君以母故，来弋者之慕，黄鹄千仞，其在南山之南，北山之北乎？’”当时董樵已入山隐居，甘作遗民。他的哥哥董青逵为家门考虑，逼他出山应试。写信责备他说：姜埰都出来做官了，为什么还有一个拒绝应试的董樵？董樵大吃一惊，疑心姜埰真的出仕，表示绝交。后来才知消息不真，出山与姜埰相见。“辛未三仁”之激励，即说于此时。董樵此次还对姜埰大哭，并对姜埰说：你因为探望母亲的缘故回乡，故有人要网罗你入彀，你应当如黄鹤远飞，其踪迹在南山南北山北，令人无处寻觅。也就是劝姜埰不宜多回故乡，暴露踪迹，惹人注意也。应该说，董樵的担心不是没有理由，因为此时地方官“方核南北缙绅流寓所在”，清廷统治方定，故多方招引故明官员出仕，地方官也热衷推荐，这于山东一带尤其厉害。山东一地，遗民少，出仕官员多，与清初的这种荐举就大有关系，董樵就生怕姜埰堕入这种陷阱，丧失遗民气节。其实董樵担心的事也果然发生了。《自著年谱》于此年记载：“知县某闻埰至，白于巡抚曰：‘黄门旧臣，国之栋梁也。’巡抚下檄招至，埰佯为堕马折股，以竹箯舁之，使者归报，埰夜驰江南矣。”莱阳县令知道了姜埰回乡的消息，便报告给山东巡抚，并称赞姜埰是“国之栋梁”，姜埰明末建言受杖的事在家乡很出名，当地官府不可能不知道此人，这就是董樵所说的“来弋者之慕”。山东巡抚果然下文书招致姜埰，这种招致表面上是很客气，实际上是很有威势、很有压力的。姜埰只好假装从马上跌落，骨折了，让人用竹床抬着去见使者，并趁使者回去报告的时候，连夜赶回了江南，逃过了家乡这一次征召。这一次征召，对姜埰震动很大，也很惊恐，《自著年谱》于本年记云：“一日腮颊发肿，十日后齿皆摇动，相继脱落，说者谓痛心腐齿云。”姜埰的“落齿”即从此年开始的。这是姜埰国亡后第一次返乡的经历。

姜埰的《将还莱阳留别真州诸子》三首五言古诗，大概就是首次返乡时的作品。其第一首云：“二十涉江湖，为客日何长。男儿不得志，不如离家乡。昨有六亲人，寄书三两行。家乡府贴下，问我存与亡。将书付我手，未启先断肠。黄河千尺冰，欲渡愁无梁。哀哉语六亲，但去莫彷徨。”诗写自姜埰中进士后即在真州为官，回家乡的机会就很少。“男儿不得志，不如离家乡”二句是激愤语，家乡遭清人屠戮之大难，为其伤心之地，国亡之后，无意还乡。但家中亲人来信督促，也告诉了地方官府的“府贴”在查询他的消息。姜埰也觉得此次回乡会有凶险，但最后表示还是要坚定地回去一趟。回去也果然有征召之事，早有准备的他就乘夜逃回了。他的《偶成》九首，类似杜甫的《同谷七歌》，其五即写顺治五年首次返乡的情景：“四十二岁归东莱，蚤岁离家华发回。眼中万事夙昔异，对人不语心相猜。荒山狐狸白日叫，哺鷇乳子蝙蝠跳。邻里报官官嘎喈，新奉府贴案尺籍。”此次回家，时移世改，感到与过去大不一样，见了乡人也不敢说话，心生猜疑。“狐狸”“蝙蝠”两句，用比兴手法写出此际家乡之怪异，似有人人自危之状。乡人将自己回家的消息报告给了官府，官府派人带着文书来核实户籍。接下来就是征召之事，姜埰只好以计脱之，连夜逃回。可见这次返乡，对于官府征召，姜埰一再言之，心有余悸。其第六诗写家庭变故与思乡之苦。诗云：“四十三四至五十，老泪如绠衣袖湿。当时誓死欲报仇，岂意蹉跎名不立。孤儿东望心可伤，兄弟四人三死丧。当门持户身已孑，况复辗转无家别。”四十三至五十一岁，正是其第二次至第七次返乡之时，多是回乡安葬亲人，故发此悲音，思及故乡，每每老泪纵横。“誓死欲报仇”者，报清人杀父杀弟之仇也，这在姜埰是罕见的抒发仇恨的诗句。姜埰虽未亲自参加抗清斗争，但反清复明的心愿甚明，可事与愿违，形势的发展是越来越让人失望了。哥哥姜圻与弟弟姜垓又先后故去，弟兄四个仅剩自己一人，偌大一个家庭靠自己支撑，而自己又离乡背井，辗转在外，正如杜甫诗中写到的那位老兵，真成无家可别了。这些回忆之作，悲哀怨慕，写出姜埰心中对于故乡之深痛、之眷怀，很有感染力。

姜埰还有几首返乡“留别”之作，此类诗多能反映其对故乡的思念之情。除上述《将还莱阳留别真州诸子》外，另有《东归省墓留别吴门亲友》，应该是顺治十八年五十五岁最后一次返乡时作，诗云：“身世由来叹转蓬，汀洲况复满秋风。百年作客须眉老，千里还家道路穷。北海松楸瞻望里，东吴儿女乱离中。笛亭相送寻常事，此别还须努力同。”叹息自己身世漂泊不定，到老作客在外，加之兵荒时乱、路遥不易。《年谱续编》记载此次返乡，“值乱返吴”，“有《东归别友》诗”，即指此篇。其时莱阳有“于七之乱”，清人派兵镇压，莱阳一地屠戮甚惨，正如蒲松龄《聊斋志异·公孙大娘》一篇所记：“于七一案，连坐被诛者，栖霞、莱阳两县最多。一日俘数百人，尽戮于演武场中。碧血满地，白骨撑天。”这是明末清兵攻城之后，莱阳的又一场大劫难。姜埰或于此时挂念家中情况，执意要回莱阳。此时吴地也刚刚经过郑成功的“江上之役”，清人秋后算账，兴起“通海”大案，也是人心慌恐。所以他遥望故里乔木，亟待还乡，又放心不下乱离中的东吴一家人，心情很是矛盾。“汀洲秋风”“儿女乱离”，都写出了此时的惊恐氛围。亲友相送，虽是寻常之事，但大家都很担心，姜埰嘱咐分别后大家都多努力保重。姜埰的这最后一次返乡，与首次一样，都是顿生变故，很不平坦，所以印象尤其深刻。

姜埰多次于江南江北送亲友回莱阳，其心系故乡之情溢于言表，这都表达于诗中。最早的诗歌是《送长兄东归》四首七律，其兄姜圻南明弘光时任象山令，鲁王监国时仍任此职，“浙东亡，解组北归，抵莱阳，以憔悴死”[①]。姜圻东归在顺治四年，顺治六年（1649）正

① 徐鼒《小腆纪传》，台湾学生书局 1977 年版，第 615—616 页。

月死于莱阳。此四诗写于扬州，姜埰此时亦刚从皖南回来。诗第一首后半篇为:“自知王粲怀吾土，不为公孙避故人。寄语里中年少者，长安韦杜本相亲。”写出自己与兄长都像王粲那样怀念故土,不似《史记》所记公孙弘那样“宁逢恶宾、不逢故人”，表明对乡人的信任。又寄语里中年轻的乡邻，要像唐代长安的韦杜家族一样相亲相爱。四句诗的表达颇有用意。崇祯十六年春清人攻陷莱阳时，姜垓“负重伤,不死,从积骸中负父尸逃”[①]。后又出仕南明抗清,此时回故乡,情况不明，乡人是否予以理解，是否予以接纳，故姜埰出此“寄语”相劝，亦是对其兄初回家乡的情景担心不已。其第二、三首云：

江边送别雨垂垂，折赠梅花岭上枝。卧病南来那有意，侧身东望更何思。十年入洛三篇晚，千里还家匹马迟。乱世弟兄惊尚在，重逢强健未知谁。

平山山外驾柴车，每问横塘欲卜居。小草江南曾奉使，高堂河北近传书。天风几处巢乌鸟，墓隧何年葬玉鱼。依旧维扬春树在，吾侪踪迹梦魂余。

第二首诗写于梅花岭折梅赠别。此时离惨烈的“扬州十日”及史可法殉国方三年余，史可法衣冠冢即在梅花岭，折此梅花，是否有挹其清芬之义，似不好说。写姜垓卧病南来，参与抗清等事，本属无意；现在急欲东归，亦是乡关之思所致。“十年入洛”用陆机兄弟典，指姜垓出山为官，任象山县令。“千里匹马”是指其独自还乡，自己则未能相从。经此国变，兄弟三人尚存，今后相见，谁的身体更好呢？姜埰很能理解其兄急于返乡的心情，也能体会此际局势之复杂险恶，

① 徐鼒《小腆纪传》，台湾学生书局 1977 年版，第 615—616 页。

对于今后的兄弟相会比较悲观。姜圻返家一年余即殁，姜埰的担心变成了现实。第三首诗写平山堂外的分手，写其兄也曾有卜居苏州的打算，“横塘”在苏州，当是姜圻曾有与姜垓一起作伴的想法。“小草”即出山之义，写姜圻在南明任微职，“高堂”指老母，母亲曾有书信来，这是姜圻决意回去的缘由；由姜圻回到故乡侍奉老母，或是乱后姜氏兄弟商议的结果。“天风”用汉乐府《饮马长城窟行》之“枯桑知天风，海水知天寒”之语意，“巢乌鸟”是指弟兄分居几处；“墓隧”句指何年能安葬其父。扬州的春树犹在，当年弟兄曾在此相聚，现在分处异地，踪迹不定，兄弟的思念只能见诸梦寐。诗写出其兄回乡缘由，写出归乡之心事，写出兄弟分居之慨叹。这组诗的第四首亦有“山园故国空怀古，雪满孤城却送行。归路茫茫看一剑，忧心款款话三更”之句，写送别情景，写归乡之忧心，最后用了喻兄弟之情的“紫荆树”的典故：“东风不肯终零乱，迟暮花开旧紫荆。”是说世事不会总是这样混乱，到老来我们兄弟还是会相聚在一起。但这种愿望最终未能实现，三兄弟未能再聚一起，同气连枝的紫荆树未能再复荣茂。

姜埰有《东归马上》四首七律，是写其返乡路上的心情，感慨也很深，具体是哪一次返乡难以确指。我们先看第一首：

> 黄河无尽碧云秋，地主青徐海甸浮。南国久衔芳草恨，北风故起塞鸿愁。莫言阮籍能青眼，翻讶侯嬴已白头。鞍马明朝东指处，伤心怕说旧菟裘。

姜埰自南北归，要渡过黄河，时黄河尚从淮水故道入海，与今之河道不同，此时正值秋季，看黄河东流，一望无尽，碧云满天。进入青徐一带，沿海畔行走，时见海水浮动。久住南方，长怀芳草之恨。“芳草恨”即离恨，此处或与崔颢《黄鹤楼》“芳草凄凄鹦鹉洲”一句有关，因崔诗中有“日暮乡关何处是，烟波江上使人愁”之句，写乡关之思。冯延巳词：“细雨湿流光，芳草年年如恨长”，秦观词：“倚危亭，恨如芳草，萋萋刬尽还生”，联系一下，或许更有助于理解姜埰这句诗。北归路上，秋风吹起，正是塞鸿南飞季节，作者也不免触景伤怀。这“塞鸿”唐诗中也多见，而且常常与芳草对仗，如姚合《山中寄友人》有“几看春草绿，又见塞鸿过”；刘禹锡《令狐相公频示新什早春南望遐想汉中因抒短章以寄情愫》诗：“远思见江草，归心看塞鸿”，这都有助于理解姜埰此诗。这两句诗写姜埰居南而思北，往北走而又牵挂南方之心情。“阮籍青眼”指作者孤傲忤俗之姿态，“侯赢白头”是慨叹年华已老。明朝骑马东去，最为伤心的是怕说起“菟裘”之地。“菟裘”是指退隐养老之地，自己的“菟裘”之地本是故乡莱阳，但却不得已而定居南方，故说起此点，令人心伤也。诗写出其对故乡的思念，也有不得终老故乡的愧情，心境之复杂，都借平易浅近的诗句作了深长的表达。其第三首我们也看一下：

> 关山九日谩登台，弟唱兄酬安在哉。病剧终年只自活，忧多无事也相猜。南归舟楫音书渺，东望菰芦涕泪哀。几处孤村看不得，寒鸦飞尽暮烟来。

首联回忆过去的重阳登高，兄弟一起相互唱和的情形。“谩”应为“漫”字，即漫然、随意之义。“安在哉”一笔扫倒，这样的时光已经过去了，现在兄与弟俱已亡故，这种弟唱兄酬的情景不可复现，想来自是伤怀不尽。次联写自己虽然活着也终年生病，忧虑甚多，也常常陷于无事猜疑之中，惊恐之心犹在也。南归的舟船会带来故乡的书信，但越来越少，自己东望故乡眼泪不断，心情悲哀。这种南北牵挂的心情是姜埰写莱阳的诗中经常表达的。现在骑马东归，看看一路上的村庄，也了无生气，只有寒鸦飞过，暮烟笼罩。就在这种萧疏、空旷的境界中，姜埰踽踽独行，向着故乡莱阳走去。

姜埰的多次回乡，于故乡的山水充满感情，亦在诗中多有描写，而且此类描写多与其故乡情事相联系，而非单纯写景之作。其《慕村四首用东坡游孤山韵》是最为出色的作品。姜埰的父亲葬在鱼子山，慕村即在旁边。故此四首诗多回忆家世，念及亲人，并述自己为官经历、写乱后自己侄子在家支撑门户等。第一首是回忆其祖父的，诗欢愉轻快，这在姜埰诗中很少见，也是这四首诗中唯一风格如斯的作品。姜埰回到莱阳，身处慕村，在祖茔旁边，回忆起往日的祖父，也回忆往昔的家境，全诗在欢娱的语境中，亦是传达了一种隔世之感，祖父所处的那个太平时代早已很遥远，也是一去不复返了，姜埰对之表达了不尽的缅怀，也有无限的怅惘。《慕村四首》的第二首是回忆自己的朝中为官、建言受杖以及乱后流亡之担惊受怕，写出一腔悲怨。第三首写家中乱后之败落，由其侄子在家苦撑，亦有苍凉之感。第四首写其思亲念家之心情，以怀念母亲为主，也颇值得一读。诗云：

> 登巉岩，涉江湖，足穿皮脱似我无。亦知驽骀且安步，但思丘陇声号呼。丈夫岂可守妻孥，回头不忘竹马娱。追欢接昵何由再，跋涉不愿路盘纡。忆昔慈母归田庐，怜儿犹如飘蓬孤。生儿要可成家计，还须襏襫栽茅蒲。豆荚瓜蒂亡矣夫，谁为孤儿谋朝晡。当时百堵无一存，茫茫不知心仪图。圭臬筵篿[1]事亦余，转眼蝴蝶梦蘧蘧。骨肉凋零乌毕逋，泪洒丰碑手自摹。

① 华东师范大学本《敬亭集》误为“筵篿”，据光绪已丑山东书局重刊本改。

首写自己乱后的奔走，登山涉湖，足穿皮脱，状辛苦之极。亦暗写其不欲再出远门。虽然知道可以骑驽马安步回乡，但终有惮远之感，只是想到父母坟墓在彼，不免号呼不止，亟欲回乡。身为丈夫，不能老是在家守着妻与子，也不忘故乡当年的竹马之娱。“竹马”者，青梅竹马也，此句当有怀念其亡妻董氏的意味。其前妻董氏崇祯十二年死于真州，后即葬于慕村祖茔。过去的追欢亲昵无法再现，路途遥远曲折，自己也不愿再往来跋涉，自愧来的不多，但还是难以抑制思念之情。这一段写得颇为吞吐迂回。下面接着写思念母亲。当年曾陪伴母亲回来，母亲可怜儿子的漂泊无依。为了给儿子填补家计，母亲还要身穿雨衣栽种茅蒲之类。如今母亲所种的豆瓜之类都已不见，谁还能为儿子准备早晚之餐呢。诗写得极为深情，也极为悲苦。看看家中，当年的百堵之墙都无一留存，四顾茫茫，不知如何是好。“圭臬”于此处不易理解，或指测度、预测之义，“筳篿”指占卜，诗意为测度、占卜后来之事为多余，人生虚幻，转眼之间即如庄子梦蝶，蘧蘧然梦醒。如今骨肉凋零，好多亲人都已故去，自己如乌反哺亦无可能，只有在慕村坟前抚摸墓碑，一洒热泪而已。这四首《慕村》诗，思念亲人，忆及往事，感慨现实处境，感情厚重饱满，笔势腾挪变化，有力透纸背之感，是姜埰回莱阳“省墓”的佳作。

关于慕村，姜埰另有《丙申慕村》五首五律，即顺治十三年其母病故时返乡所作。诗前三首颇平和，多写农家风物，如第一首之“蔬已从人摘，龚当拨火烧”；第二首之“燕雀频来熟，蜻蜓暂止轻”；第三首之“青牵丝逐叶，黄带蕊舒花”等。第一首末联“终欲驰银鹿，河东问董樵”，还欲去拜访妻弟董樵。第二首末“江南乏消息，翘首意怦怦”，写其对南方家人的牵挂。第三首末“北风吹不住，边马唱琵琶”，是写于家乡感受到的清人统治气氛。第四首写其生病，首联“愁来那不病，此日正沉绵”，其病即因母丧，亦因对南方家人之牵挂，亦有感念家乡为清人所占之忧愁。此首诗顿入深沉。诗末云：“转觉良辰赏，吾生更黯然”，已无心欣赏田园风光，转入忧生念嗟。最后一首写家乡氛围于己大为不利，“择肉鹰先击，窥笼鸟自怜”，自己如笼中之鸟，受困于此，还有时时为人搏击之忧，故诗后半云：“此生为善戒，半菽绝交篇。孟母真贤达，还将俎豆迁”。姜埰提醒自己要提高警惕，不要轻易与人交往。他慨叹孟母善于择邻而居，自己对故乡之风亦无好感，不愿久处了。此时不知发生了什么，令其对故乡如此失望。其《董樵传》中写到姜埰被同乡人“索金帛”，被乡人恐吓，而困于权贵之家，赖董樵为其“奔县解祸”。诗中也说到其侄子为人欺负，这可能都是姜埰对故乡莱阳有些失望的原因。

姜埰另有《望石山》一诗。望石山在莱阳城东十里处，与鱼子山相邻，慕村当即在其下。《莱阳县志》记载：“自坎山东北，迤为望石山，孤峰耸峭”，属霁月山脉。这诗也是姜埰“省墓”之作。诗开头写望石山形势为：“望石山头高峥嵘，孤兀直与鱼子并。邑中形胜竞指此，青乌有书名鬼撑。”“青乌书”指堪舆类书籍，“鬼撑”为坟墓背后靠山之形势。姜埰一家选此地为祖墓，亦是经过方士指点。“舒绰粟田七八斗，取土作历知其形。恸思幽闼行已闭，对此得不伤中情。”此地有田，取土可知其形。先人墓门已闭，对此心伤不已。这首诗还特意记载了望石山“仆射庙”的传说。唐玄宗时，传说东海麻姑特意上长安为玄宗祝寿，玄宗派“仆射”随麻姑赴东海观蓬莱三山。路过莱阳望石山，“仆射”坠落山上，当地人遂立庙祀之。此事亦见《莱阳县志》的记载。[①] 望石山下是姜埰家的田产，

① 民国版《莱阳县志》，台湾成文出版社影印本，第 254 页。

故其于诗中咏到："列石种植吾何与，一一慈亲身经营。亲在年未及九十，如我尚可为孩婴。"山上的种植都是出自父亲之手，父亲若在的话，年纪还未及九十岁，我在父亲面前尚可称为一个孩子。"讵意天意忽降割，弟亦骑箕但余兄。"天降灾难，父亲惨死，弟弟也已随父仙去，这里的弟弟当指随父死难的小弟姜坡。"可怜苌弘化血碧，至今谁题八柱擎。嗟余万里双羊路，即已誓死守老兵。"父与弟均忠烈殉国，有谁为其题写墓碑呢。而我已拿定主意作宣州老兵，死葬宣城，不能在望石山陪伴老父了。"双羊路"在姜埰诗中多次出现，宣州城南双羊山，宋代宣州诗人梅尧臣有《早春山行》诗中写道："风雪双羊路，梅花溪上村。""双羊路"即赴宣州之路。此次在父亲墓前，姜埰再次表达赴戍宣州的心愿，也是对亡父的一种歉疚之情。诗最后写："足茧荒山百不辞，心念松楸忧怦怦。何当化作阳精鸟，绕树三匝依先茔。"姜埰表示要不辞荒远多次来谒墓，每每念及先茔松楸即惊心不已。愿意化作阳精鸟，灵魂时时绕先茔而飞行。全诗虽写望石山的形势与传说，但重点还是面对先茔，写出对父亲的无尽怀想。孺慕之情溢于言表，言下极为沉痛。姜埰另有《登望石山和弟垓韵》七律诗一首，诗作于顺治九年。全就望石山"仆射"传说着笔，后半段云："绝岛云霞开郡廓，空山伏腊忆君王。居民指点开元事，华盖天骧拥一乡。"恍惚之间，将传说中的唐玄宗当作了明代的君王，表达祭奠之情，表达对先朝的怀想，手法与《望石山》古诗蹊径有别，亦是别有意味之作。

总之，姜埰的莱阳之行，"省墓"是其重要的事项，这也转化成了其诗中的一个重要主题。写慕村与望石山等莱阳之地，都与"省墓"主题有关，成为其莱阳所作诗歌中最为值得注意的内容之一。

二

姜埰回莱阳所写诗歌，另一个主题是与亲友的交往。他家中有姜圻与姜坡的儿子，即他的侄子，姜埰有几首诗是为他们而写。其《与子侄夜饮不觉颓然》一诗，写与子侄饮酒情形，可能写于莱阳，写“眼前儿女连三世，梦里家乡几万重”，三世者，包括侄子的孩子一辈，时时梦里回乡，似觉隔着关山万重。“老翁何事添酩酊，颓兀高眠意转慵”，写微醺而又慵懒的意态，诗的情绪还是比较轻快的，没有很沉痛的情感要表达。另有《与宜侄谈先大令遗事》，是写与宜节侄谈起其父姜圻的往事。姜圻在南明时任象山令，故以“先大令”称之。姜安节著《府君贞毅先生年谱续编》，记康熙三年“甲辰年五十八岁”时事云：“伯父大令公生两弟两妹，至是皆成立，府君悉为完婚嫁。”即以“大令公”称姜圻。姜埰此诗或作于此时。诗后有注为：“梁子口为吾莱李氏世业，村无杂姓，先大令与一翁善，因卜居。沧桑以后，犹子辈孱弱，有白日杀其耕牛而食之者。又一翁号神仙，今闻九十犹在[①]。”是说姜圻与梁子口一地的李姓老翁相友善，因而曾暂居于此。国变以后，几个侄子在莱阳，曾受人欺负，家中的耕牛为人杀而食之，侄子也只能敢怒不敢言。与姜圻相交往的李姓老翁听说还活着，年已九十。此诗即写与宜节所谈姜圻居梁子口一事。诗中有句云：“且把壶觞春社尽，尽教鸡犬比邻和”，劝侄子与邻居和睦相处，即劝其忍让。姜埰另有《送审节侄还莱阳》，是审节前去江南探望，后送其还乡，审节为小弟姜坡之子。诗首联写道：“萧萧白发已成翁，别后三年又耳聋。”是写自己之衰老。颔联之“塞北雁鸿书不至，城南乌鸟意无穷”，写莱阳来的书信很少，这次侄子

① “犹在”，《敬亭集》华东师范大学本误为“独在”，据光绪己丑山东书局重刊本改。

前来相会，也是乌鸟之情义，即对长辈的孝顺之情。颈联为："亲朋久已惊丁令，子侄焉能似葛洪。"是写亲朋多像丁令威之化鹤，令人心惊。《晋书·葛洪传》称"洪少好学，家贫，躬自伐薪，以贸纸笔，夜辄写书诵习，遂以儒学知名。"是寄望于子侄辈能像葛洪于家贫中读书。尾联为"此去还期更努力，诗书长继旧家风"，是承接上句"似葛洪"意，希望审节回去努力用功，攻读诗书，能继承家风，耕读传家。另有《忆审骞宜三犹子》是回忆审节、骞节、宜节三侄之作（骞节与宜节均为姜圻之子）。诗写道："持户当门那苟全，故乡诸侄备颠连。定愁多病参苓费，须记输公赋役牵。八口曾无终岁计，万金何有一书传。松楸霜露真肠断，马首关山欲跃鞭。"写诸侄在家当门持户颇为不易，受尽颠连之苦，此句也有写其侄子辈"孱弱"之义。颔联上句自注："审多病"，是写因愁得病，多费药钱；下句自注："骞、宜苦赋役"，写二侄为交赋税而负担甚重，姜埰对几个侄子一一牵挂。家中八口一年的生计无有着落，也很少有家书写来。此句与上诗"塞北雁鸿书不至"一句近似，姜埰对侄子不大写信似有微词。最后写到每每想到家中坟茔的"松楸霜露"，即有肠断之痛，恨不能骑马立即回去。另有《遣使东归问审节诸侄》，据《年谱续编》记载，当写于康熙元年，诗写"乱后音书绝，无由见汝曹"，此乱当即郑成功"江上之役"，姜埰挂念家乡亲人，自己未能还乡，派人回莱阳问讯探望，此时尚有《发使东归》四首亦写于此时。写诸侄此诗末云："开缄应见我，老泪日滔滔"，颇见真情。姜埰对家中亲人的牵挂、对其后辈的嘱托，都见于这几首诗的表达。

姜埰对侄子辈的关心与嘱托，最可注意的是《侄寓三十初度诗以勖之》四首五言古诗。姜寓节为姜垓之孤子。第一首诗写顺治十年姜垓去世时，其侄方十二岁，则此诗写于康熙十年，亦是姜埰晚年矣。第一首即痛惜姜垓早逝，回忆其侄出生于京师，祖母赐名，出生不久即遇国变，一起避难至浙东地区等情事，感慨："何期家衰零，迫此心忧煎。惆怅无终极，泪下如涌泉。"难以掩饰伤心之情。第二首表白自己的心志，遥忆故乡松楸，想起鱼子山的先茔，心不能平，"松楸日以望，血流沾衣裳。"故乡切切在心，但自己已是暮年，不能归葬先茔，此心又对侄子剖白："丈夫弃乡井，谁能知我心"，"岂不怀首丘，山川藐莫寻。"他嘱托寓节勿学时尚少年，保持山中清操："翘想城东南，尚有丘中琴。一弹再弹余，流水感知音。"是希望其侄保持先人志节，勿慕时尚，勿作出仕之想。第三首将这种意思表达得更为清楚：

> 杞梓何冉冉，根株本同丘。一气为兄弟，隔别动三秋。譬如鸟孤翔，安得同匹俦。文雅似祖考，藻思日以抽。所嗟大国材，丹漆施无由。君子谅不苟，敬始迪良谋。荣枯亦有因，淳懿扬美休。岂不知轨贻，尝恐中悠悠。骨肉贵笃类，尔曹其焉求。三农勤力食，嘉谷足丰稠。勖勉积川源，勿伤命不犹。

这首诗是说给所有的子与侄的，不仅仅是给姜寓节。开头"杞梓"，既指同根兄弟，也是指子侄辈皆为人才。此用《晋书·陆机陆云传》的赞语："观夫陆机、陆云，实荆衡之杞梓。"但兄弟也不能相聚一起，常常分别，如飞鸟各翔，不能共处，盖有几个侄子尚在莱阳。又讲侄子辈的才华如同其死去的祖与父，都是国家有用之才，但现在无所用其才。盖姜垓不愿其子与侄出仕，故有此叹。"君子不苟"出自《荀子》，谓君子立身有道，不作苟且之行。"敬始"者，王粲《赠文叔良》诗有"君子敬始，慎尔所主"之句，即保持初心之谓也，"迪"为遵循之义。这是嘱托子与侄最明确的两句，即要求他们，要像君子那样立身不苟，保持初心，遵循既定的人生谋划。所谓"良谋"即不出仕，不与有杀父之仇的清人合作，甘作逸民（其子侄严格地讲不可称为遗民）。姜埰告诉他们，盛衰荣枯都是有因果的，明朝灭亡了，我们这一家就应该甘于贫贱，要发扬父辈的美德。孩子们也知道先辈留下的这一规则，但总是担心他们中路悠悠，把持不住。姜埰教育他们要笃于同类，兄弟相亲，不要再有别的想法，做一个勤于耕种、自食其力的农民，一年的收成丰足就可以了。要积累仁孝的源泉，在这个异族统治的时代，不要感伤自己的命运不好。就是这首诗，姜埰借姜寓节三十生日之际，对子与侄辈作了一个交代，耕读传家，自给自足，勿应举出仕，勿堕先人清节。这是一个老遗民的政治遗嘱，要求儿辈遵守。后来姜埰的子与侄都未应清人科举[①]，也就未出仕做官，除其次子姜实节以书画名世外，也都甘于没世无闻，这就是姜埰的遗教所至，这已经打破了“遗民不世袭”的传统道德观念，将遗民之风相传于后，这在其时也是很有悲凉意味的。第四首诗写为侄子庆生，场面热闹，但他却“顾我长太息，百感从此生。人生贵履顺，极乐防止盈”，除了感叹防止乐极生悲外，恐怕也有对子与侄辈前途若斯的悲慨了。

三

姜埰前妻董氏，为莱阳董应雷之女，其妻之兄弟为董青逵与董樵。姜埰有写给董青逵及其子董道博的几首诗。《江上喜逢董青逵，时将过吴门访友》一诗当写于扬州。这个董青逵即谎称姜埰出仕并

---

① 后姜寓节入学为诸生，似也未参加科举，未入仕做官。见魏禧《莱阳姜贞文公偕继室傅孺人合葬墓表》一文。

力逼董樵应举者，此人无遗民情结，因是亲戚，且自莱阳远道而来，故姜埰见之而喜。诗有“苦忆昔年同弟妹，况当殊县遇姻亲”，即写在异地能逢姻亲，故觉不易，回忆昔年其妻与兄弟同处情境。又云：“乾坤何意存吾党，裘马伤心问故人。”此“吾党”指姜埰与董樵这样的遗民，未必包括董青逵。此处的“问故人”，即向董青逵问讯董樵。是姜埰对于这位妻兄，终不如对妻弟董樵之有真情也。姜埰还有《寓登州杏花村与董青逵话旧》一首五律，写其返乡时，寓居登州（今蓬莱），在杏花村与董青逵聊起往事。诗第三联为：“河北来无几，江南去敢论。”写自己回乡不多，归去江南亦有不宜明言的原因，似与其说起自己侨居江南的心事，有欲言又止之情态。姜埰另有《送内侄董道博还莱，兼寄令叔董樵令兄道彰，末首专及令姑荆人》三首七律，董道博即董青逵之子，送其还莱阳，并问讯其叔董樵，也问讯其兄董道彰，此处不提其父董青逵。第三首写到其亡妻董氏，即董道博之姑，我们看看这一首：“风雨萧萧古树迷，云鬟翠黛指青齐。几时狐首从先兆，何处牛衣泣老妻。野馆无人鼪鼠穴，石麟埋草竹鸡啼。故园春色应如昨，肯放枝头一借栖。”姜埰于董氏妻死后曾有悼亡诗十首，见宋玫所撰《董孺人墓志铭》，但这些诗都未保存下来。姜埰的这首诗堪称悼亡之作，可见其对前妻董氏的怀想。“风雨萧萧”者，遥想其妻墓园之情景，“云鬟翠黛”用杜甫《月夜》诗句：“香雾云鬟湿，清辉玉臂寒”，写美丽的妻子葬在青齐之地。“狐首”是“狐死首丘”之义，“牛衣”用“牛衣对泣”典，是写自己不能归葬先茔，将于何处哭祭共处贫穷之妻。“野馆无人”写自己今日孤处之穷，“石麟埋草”写其妻葬处之荒。最后遥想故乡已春色如许，其妻坟前能有春花一枝开放，以慰其寂寞耶？诗因送董道博回莱阳想到亡妻，遂引发其悼亡之悲，抒发此深情。据《年谱续编》记载，此诗写于康熙十二年春，是年六月初姜埰即没世，是其晚年对其亡妻表达的最深切的缅怀与悼念。姜埰与董家之人相往来，多因其亡妻董氏的关系。惟于董樵不尽于此，盖于董氏姻亲关系之外，再加一层遗民同志之情感也。

下面我们就讲述姜埰与董樵之交往，这些交往不限于莱阳一地，有些诗歌多写于董樵到真州、苏州两地探望姜埰之时，但两人感情之深厚，在莱阳同乡友人之中，尚无人能比。

董樵的事迹最详尽的即属姜埰所作《董樵传》，此是生传，作于顺治十四年（1657）董樵赴真州探望姜埰之际。此文对于董樵遗民志节表彰甚力，亦将自己与董樵之交往叙写颇详。董樵原名董震起，明亡后“慕古人牧豕采薪之风”，改名董樵，号东湖。取号东湖是姜垓的建议，浙江台州有东湖樵者，在明初“靖难之役”时投河而死，颇有志节。姜垓于南明时过台州，尝叹惜此事与此人，故提议董樵取号东湖。董樵于明亡后的五年间未曾剃发，“尝织草为冠，象日月于上”，以寄托对明王朝的怀念。后在文登，被县令之子发现，发生口角，被逮入官府，强迫剃去头发。他“以手摩顶，仰天而叹曰：‘噫。五年苦心，顿丧若手！’”。县令将其下狱，幸有文登绅士相救，以“狂生”得以结案。他最初与著名遗民赵士喆父子隐居登州之松椒山，后又迁居文登东北之西山，赵士喆亦携子迁居于此。董樵隐居山中，十余年不入城市，穷困之极，以卖柴为生计。其遗民苦节，颇为时人所称道。

董樵是姜埰的妻弟，交往当自幼年起。明亡后他一再激励姜埰保持志节。当甲申国变之初，姜埰回莱阳奔丧，旋即南奔寻母，董樵与之城南分别，即拉着姜埰的手哭着说：“吾得为明处士足矣”，即已表示甘作明遗民之决心。后在顺治五年姜埰第一次回乡时，董樵从山中出来，与之痛哭相见，劝其保持气节，甘作遗民，不负“辛未三仁”之称号，这已见前述。后姜埰回莱阳，受到乡里恶邻的勒索、恐吓，困于莱阳“豪贵”之家，董樵十分焦急，从不出山进城的他，特意“奔县解祸”，令姜埰十分感激。后来姜埰也对董樵时时牵挂，在写给莱阳亲友的诗歌中，不时问讯董樵。姜埰与董樵之间更深切的交往，是在顺治十四年（1657）董樵赴真州时。董樵自真州、扬州至江南游历，其间二人诗歌互答，姜埰写董樵的多数诗歌均作于此时。

细考姜埰与董樵的交往，董樵至少有三次离家赴南游历并与姜埰相见。一见于万柳老人宋继澄《书野樵图后》一文和其子宋琏《西山樵志》一文的记载。宋继澄文曰：“丙申秋，余率儿子来扬，将卜地焉。冬十月，樵亦来。丁酉春三月，仁和戴子葭眉善丹青，为樵作图，亦所以实其称也。”宋琏文云：“丙申秋七月，余侍家大人（谓宋继澄）客江淮，樵曰：‘吾舍万柳夫子将焉从？’冬十月，继至邗上。逾岁徂春，不得所处，余与樵徘徊萧寺。”[①] 丙申为顺治十三年（1656），是这年董樵先去扬州探望宋继澄父子，盘桓至次年（丁酉）春天，戴苍（字葭湄）为董樵作《野樵图》。姜埰《董樵传》末后亦云：“丁酉春，君访余于真州，武林戴苍为君写小像。”正可互相印证。此次见面在姜埰《自著年谱》中未予记载。第二次姜、董见面见于《自著年谱》顺治十六年（1659）“己亥年五十三岁”：“埰家触目凄其，情绪万结，寓居山塘委巷，贫病交困。时妻弟董樵自故乡来，周茂兰伯仲、李模、蔡启汶朝夕与俱，愁叹之余，不觉形容憔悴矣。”第三次见于姜安节《年谱续编》的记载，为顺治十八年（1660）“辛丑五十五岁”：“秋，归莱阳省墓，值乱返吴，母舅董公东湖来度岁，有《东归别友》诗，《送东湖道人》诗。”是五年中，董樵曾三至南方与姜埰相见，一次在真州，两次在苏州。姜埰写给董樵的几首诗，

---

① 见《董氏遗稿三种》附录。

都是写于两人见面之际。

姜埰写董樵最早的作品是《用陶别殷晋安韵与董樵》，这是一篇用陶渊明诗韵并具有陶诗风格的作品，诗用白描手法，明白如话，清空一气，感情纯真朴实。诗集中排在《将还莱阳留别真州诸子》三首五言古诗之后，当是其顺治五年回莱阳时，董樵自海滨山中前来相见时所作。诗开头说："君自海滨来，相见何殷勤。一别五六年，今日逢懿亲。"甲申年明亡时，姜埰于莱阳哭父后南奔，董樵与之执手分别于城南，至此返乡再见，正五年时间。据姜埰《董樵传》记载，期间董樵"屏居于海陬之东"，故诗曰"海滨来"。诗写董樵的躬耕隐居生活，充满赞许，且说"君家田横岛，岛上多白云，白云何悠悠，千载成良因。"以田横之气节喻董樵，以白云喻其志节之高洁。诗最后与董樵相互鼓励效仿古贤，固穷中坚守情操，"所以古贤达，结束有贱贫。努力复努力，勖勉谢故人。"此时董樵也正激励姜埰不负"辛未三仁"之誉，姜埰深有知己之感，故发为"谢故人"之慨叹。

姜埰的《喜董樵至》《送董樵还扬州并柬宋孝廉林寺》两首五律都是顺治十四年写于真州的作品。《喜董樵至》全写董樵到来之欣喜，诗云："击柝君将至，开门我欲频。青灯看岁月，白首向姻亲。塞鸟寒应远，江梅破未匀。他乡纵落寞，生意亦关春。"听说董樵要来，姜埰频频开门瞻望。细节的刻画写出盼望之情与欣喜之意。两人于灯下叙旧，感觉岁月易逝；如今与这位妻弟白首相对。"塞鸟"一联既是写时令，亦含比兴，暗喻心情。写董樵犹如"塞鸟"，于寒冷的季节远道而来，此时初春季节，江城的梅花初坼，尚未全开。这春意也引起了最后两句，身在他乡，颇感寂寞，董樵的到来，也让人高兴，使人感受到了春天的生意。末句将董樵到来的喜悦表达无余。在他乡见到这位妻弟，而且同是遗民，有共同的志向，共同的语言，心心相印，两人见面，确实是十分高兴的事情。第二首诗是董樵从真州再回扬州，时宋继澄、宋琏父子都在扬，所以诗中同时问候宋琏（号林寺）。诗云："此去何匆遽，殊方况五辛。南天花放雪，北地雁飞春。歌管楼台细，风尘襆被亲。生平董与宋，念尔最伤神。"诗写与董樵匆匆又分手，颇怪与董樵相处时间甚短，有不愿其离去之义。何况在他乡异地，"五辛"本指五种有辛味的蔬菜，我疑此句写生活之艰辛。"南天"一联，写季节，上诗写"江梅破未匀"，此时写梅花如雪已怒放，是董樵于此真州之访住的时间并不长，故首句有"匆遽"之叹。此时北地故乡的春天也应到来了。"歌管"句暗指扬州，写其自扬州来，今又扬州去。杜牧《扬州三首》诗有"天碧台阁丽，风凉歌管清"之句，或为此句所本。"风尘"句写董樵携带"襆被"行李远道而来，本是为了来探亲。最后问讯宋琏，写董樵与宋琏为平生知己，每每想起令人挂念，今与董樵分手在即，故有伤神之叹。这"平生董与宋"一句，真非泛泛之谈，姜埰在莱阳的亲友中，的确与此二人情投意合，且都是遗民同志。宋琏之父宋继澄，是姜埰的师辈，姜埰也至为尊重，这在下文讲述。姜埰写董樵的两首诗，在《敬亭集》相连排列，且两诗同韵，于董樵一迎一送，内容相关，显然是同期的作品。

姜埰还有写董樵的两题四首七律，也是两题连排，或当作于同时。观其第二题，显为顺治十八年（1661）董樵来吴"度岁"时所作。其一为《效西昆体留简董樵》，此诗内容为"留简"，是自己短暂外出，以此诗代书信留别董樵。形式上为"效西昆体"，用典密丽，讲究辞藻。这里重点讲解《送董樵自姑苏之南昌》三首七律，这即是《年谱续编》所记的《送东湖道人》诗。

这组诗共三首。卓尔堪《明遗民诗》选其第三首，题目多"兼怀赵使君"五字。《敬亭集》收入此组诗，删去此五字，使第三首末联"若见使君应问讯，江东卧病鹿皮翁"中"使君"两字就无着落了。

诗写董樵从苏州到南昌游历，为之送行。董樵来的时间是岁末，走时是春初，诗中季节很清楚，故定其为顺治十八年董樵来吴“度岁”时作，《年谱续编》所说的《送东湖道人》，是姜安节隐括诗之内容拟定的题目，非诗之原题。诗第一首为：

> 年华冉冉易蹉跎，远水寒烟叹逝波。客邸频惊逢岁腊，故乡况是满干戈。剡溪秋月雕胡饭，茂苑春莺白苎歌。处处江山起惆怅，君今跋涉更如何。

诗开头写光阴易过，年华老大，“蹉跎”者，虚度岁月，有悔恨惋惜之意，亦是国亡后碌碌无为之义，只能于远水寒烟中空叹逝波。“客邸”指两人都离开故乡，客居苏州，“频惊”二字也非泛泛之辞，盖前年是郑成功进攻南京的“江上之役”，今年是故乡莱阳的“于七之乱”，清人重兵镇压，故有“频惊”之叹，故乡干戈遍地，即指此年“于七之乱”引起的战争。时逢“岁腊”，即年终，董樵或是因避乱自莱阳来江东。“剡溪”一联，或皆为用典虚写，剡溪在浙江，为名胜之地，唐诗中屡见，李白《梦游天姥吟留别》有“送我至剡溪”之句，李白《宿五松山下荀媪家》诗又有“跪进雕胡饭，月光明素盘”之句，杜甫《江阁卧病走笔寄呈崔、卢两侍御》诗也有“滑忆雕胡饭，香闻锦带羹”之句，或都是此联上句所本。董樵曾游越中剡溪一带，其诗集中有游越诗歌数首，此句或隐括其游越经历。“茂苑”指苏州，“白苎歌”为乐府旧题，唐人屡用此题，多写歌舞场面、相思之情。李白《白纻辞》为：“扬清歌，发皓齿，北方佳人东邻子。且吟白纻停渌水，长袖拂面为君起。”李白诗中“北方佳人东邻子”，颇可以移赠董樵，姜埰此句可能有所本于李诗，写与董樵在吴地相处之情好。这一联的大意或为江浙一带风光尚好，自己也能友情款待，寓有挽留董樵之意，引出下联，现在江山处处令人担忧，你何苦要远出跋涉，似为董樵的出行而担心，劝其不必远去南昌。第二首诗首联为“禁城画角戍楼边，醉饮椒盘竟两年”，写与董樵在苏州的相聚欢饮已有两年，前面讲过，与董樵第二次见面在苏州的山塘，为顺治十六年，至此正为两年。次联“每羡名山惟尔到，竞弹流水欲谁怜”，写董樵在吴时期，每每游历名山水，董樵入越游历也在此段时间，两人且有高山流水的知己之感。第二首诗末仍是别离之意。我们再看第三首：

> 故人马首恨匆匆，水驿春生雪乍融。瓜步万条烟柳日，浔阳九派布帆风。几多白发交游际，无数青山欸乃中。若见使君应问讯，江东卧病鹿皮翁。

董樵匆匆离去，姜埰总有些不舍，故以“恨”字表达此情。此时正逢初春，春水正起，冰雪乍消，新生的春意本来是可以挽留这位友人的。瓜步山的柳条正摇曳于融融春日，代表了送别的依依不舍，去浔阳的江水上风吹布帆，董樵可乘船溯江而上。此去交游，多是白发之人，一路船行，满目皆是青山。至此送别意味已足，末尾表达“兼怀赵使君”之义，若见到赵，则应代我问讯，告诉他我在江东卧病，像鹿皮翁。鹿皮翁典故已见前。姜埰用这个典故，取其隐居，忘机遁世之义，非慕其神仙长生。这位“赵使君”为谁，我以为当是莱阳人，是姜埰与董樵的共同友人。我一度怀疑是赵士骥的儿子赵嵘。赵士骥与姜埰父亲同殉莱阳之难，其子中顺治九年进士，此时任江西上饶万年县知县，董樵去南昌，或有访他的可能。但“使君”为州府一级官员的通称，将一县令称为“使君”，终不够严谨。所以这个“赵使君”，尚不能确定为何人。总观《送董樵自姑苏之南昌》这三首诗，表达出对董的送别深情，有不舍之意，也有慰留之辞，姜埰对其情意颇为真挚。姜埰与董樵关系之好，交情之深，在莱阳友人唯有宋琬可比，但董樵为明遗民，宋琬毕竟为清朝大臣，姜、宋关系多了一层政治隔膜。董樵于明亡后的十五六年间，多深隐山中，不入城市，不与人接，后来忽作漫游，除南游吴越、江淮与江西等地外，还北游京师，与仕清官员多有交结，曾委托王渔洋选定其诗，性情似有改变。王渔洋作《董烈妇孙氏传》一文，记董樵之子董道广的妻子孙氏夫死身殉事，表彰节烈。文章开头说到董樵云："东海高士曰董樵，其为人磊砢负奇节，隐居盛山。久之，稍稍出游吴越、江淮间，卖药自给。予识樵在十五年前，相遇广陵。别去以八九年已，见诸京师。"[①] 这是董樵与王渔洋交游大致始末，王渔洋也写出董樵行为的这种改变。董樵与王渔洋的相识在扬州，王渔洋顺治十七年任扬州推官，"昼了公事，夜接词人"，广交明遗民，大兴文学活动，董樵到扬州，可能就在顺治十八年此次赴吴期间。此论董樵出游，遂不避枝蔓，于其和王渔洋的关系连带叙及。

董樵诗歌亡佚甚多，今所存诗歌一百五十首，集名《西山诗存》，后人将其父董应雷的二十五首诗、其子董道东的五首与董樵诗合编为《董氏遗稿三种四卷》，有嘉庆年间刻本，今收入《山东文献集成》。董樵有两首写给姜埰的诗歌可以参看。其一为《抵吴门姜如农斋中同雍辰生伯安甥夜坐》："已信无今日，何期剩此身。交游贫贱笃，骨肉乱离亲。水驿连征马，江城起战尘。相看多鹤发，犹作避兵人。"其二为《别姜如农给谏》："雨雪关山草木深，西风折柳正频频。垂竿自喜芦漪地，卖药谁知海峤人。夜火吴门开白舫，秋笳京口望黄尘。明年春水重来棹，唯看东篱卜筑新。"细观诗意，也似写于同

---

① 《王士禛全集》，齐鲁书社 2007 年版，第 1610 页。

时。诗中都写到“战尘”“避兵”“秋笳京口”“黄尘”等，当是顺治十六年在苏州山塘时作，此时正值郑成功攻打南京，江南战火正炽之际。五律一首首联颇凄凉，没有想到能有今日的相会，也没有想到乱离后两人能生存，语极沉痛。次写亲情。三联即写当时的战况，四处兵马，战争氛围弥漫江城苏州。末联两人白发相对，不意又成了避兵之人，写出此次相会的兵事抢攘之状。此诗记时事，写亲情，语极平易，而感情诚挚，自是一首佳作。七律一诗是别离之作，但与姜埰的送其赴南昌一诗似非同时，当是董樵离苏州，于吴越一带游历，董樵诗中游越之诗不少，大都作于此几年中。“雨雪”一联写时令与景象，时为秋末冬初，关山雨雪，西风频吹，气氛亦与此年战事相合。“折柳”写与姜埰的别离。次联写其隐逸情趣，自己喜欢于芦荻丛生之湖畔垂竿渔钓，即习于隐居，谁知本为海边之人，又会卖药出游在外。此“卖药”，正可印证渔洋所说“稍稍出游吴越、江淮间，卖药自给”的话，诗句为写实，也是为自己的出游作自辩。三联写当时战事，镇江战火延至吴门，白天黄尘相望，夜晚火光不息。末联写明年春天将再来吴门与姜埰相会，那时与姜埰将会于东篱之下，新筑房屋。“东篱”用陶诗句，写其隐逸情怀。“卜筑新”也是写实。此时姜埰尚未移家苏州，第二年方正式迁居，并构置东莱草堂。是此时姜埰将有关打算讲给董樵，故董樵有此诗句以记，并预约明年再至也。董樵顺治十八年的赴吴“度岁”，正是这次约定的结果。由诗的内容判断，确定此两诗作期应当不成问题。唯这一次相会，姜埰《自著年谱》虽有记载，姜埰也并未有诗留存。姜埰写给董樵的几首诗都非作于此时，董诗二首正可补此次交往之缺。另外董樵尚有《夜抵豫章》《豫章返棹》两诗，正是姜埰送其赴南昌后的作品。董樵还有一诗值得注意，题为《同姜如须宋林寺禅院冬居和如须见赠韵》，是同姜垓、宋琏一起唱和的作品，地点当是扬州。姜垓顺治十年殁于苏州，则董樵于顺治十年之前即已赴扬州，当时宋继澄、宋琏父子居扬，探望宋氏父子，当是其来扬州的目的。只是不知此次来扬，与姜埰是否相会，现今资料阙如，未敢遽定。

姜埰与董樵的诗歌往还略述如上，我们前面说过，姜埰时刻对董樵挂念在心，每每于亲友回莱阳时寄予问讯。另外姜埰尚有为董樵其子董道久写的两首五律诗，题为《与董表甥道久》，《敬亭集》排在写董樵诸诗之前，诗内容写董樵父子的山中隐居生活，或是姜埰回莱阳时，董道久前来看望时作。其一云："不见吾甥久，音书亦渺然。名成父子际，心尽海山边。莽罠珊瑚树，烟波碣石天。羁离尔自得，但使老夫怜。"写与道久表甥久不相见，书信亦少。"名成"一联，写道久与其父共同隐居在海山之间，成就其高节大名，是称赞董樵父子的遗民志节。三联写其隐居之地的海山形势，末联意为如此隐居，你们固然自得无忧，但令姜埰十分牵挂。这里写董道久，也是写其父董樵。其二云："北堂中表旧，王父丈人尊。丧乱关吾道，悲歌任世论。蛟龙春欲卧，乌鸟晚欲屯。耕罢诗书在，高吟且闭门。""北堂"指姜埰母亲，董家或是其母的中表亲戚，"王父"乃指道久祖父，即董樵的父亲董应雷，"崇祯中以明经三试学博，即世所称词赋之宗东皋子董先生者也"[1]。"丈人"既指长辈老人，也是岳父之称。"丧乱"一联最为讲究，写出遗民情怀，写出与董氏父子的同道之感。世事丧乱，遂关系到士人的选择，即吾道存焉，这道便是遗民之道，隐逸之途。"悲歌"写乱世中的孤愤之态，杜甫有《湖中送敬十使君适广陵》一诗有句云："相见各头白，其如离别何。几年一会面，今日复悲歌"。姜埰或用杜甫语典。唐王昌龄《题灞池》一诗有句云："世事不复论，悲歌和樵叟。""樵叟"正与董樵名相合，

---

① 姜埰《董樵传》，见《敬亭集》，华东师范大学出版社2001年版，第261页。

也可能用此语典。乱世悲歌，胸有不平，坚守吾道，任世人评说而已。这是姜埰与董氏父子的相互勉励。“蛟龙”一联，既写时令，亦寓情意。时值春季，隐居生活当如《周易·乾卦·初九》所谓“潜龙勿用”，又时正傍晚，乌鸟屯集归巢，此“乌鸟”有写道久孝亲之义。末联写董氏父子的耕读生活，躬耕于野，耕罢读书，父子二人闭门高吟，这是对其遗民生活的赞许。这两首诗虽写给董道久，但句句有董樵在，因其父子隐居相同，遗民志节相同，而姜埰与其同道之情，遂跃现于字里行间。

四

此节将叙述姜埰与莱阳宋氏家族亲友的交往。在第一章我们讲过，莱阳宋氏有两支，一为宋琬之家族，一为宋玫之家族。宋玫一支在莱阳尤为发达，出了几名进士，明亡后多保持民族气节，以遗民终老者多，故与姜埰关系尤笃。姜埰与这一支宋氏感情最深，交往亦多，除少年时曾受学于宋继登、与宋琮有姻亲关系外，也于诸人中多为遗民，在政治上为同志，亦甚有关系。

宋继澄，字澄岚，号渌溪，晚居万柳山庄，又号万柳居士。[①] 崇祯十二年举人，“文名满天下，与子琏同在复社”，当时山左有大社九十一人，为复社之分支，以莱阳人居多，以宋继澄为首，莱阳之姜埰兄弟、左懋第兄弟、沈迅兄弟、宋琬兄弟等均为成员。明亡后隐居不仕，或居扬州，或居莱阳。晚年陷即墨黄培诗狱，与顾炎武同时关押于济南狱中。姜埰年轻时曾从宋继登受学，再加同里乡

① 民国版《莱阳县志·宋继澄传》，台湾成文出版社 1968 年影印本，第 1348 页

亲之关系，故于宋继澄亦称师长辈。姜埰有《万柳行》一诗写宋继澄，诗疏宕有致，在姜埰歌行体中为上乘之作。诗云：

> 君家甲第高入云，五侯七贵何纷纷。赐金分帛承恩宠，云台之上论功勋。先生夙龄擅英彦，天启年间领乡荐。当时海内盛交游，张溥张采称婉嫕。献赋十年且未休，讶君不上南熏殿。天下兵戈骚屑时，佯狂卧病人不知。背面痛哭当面笑，向来衷曲欲语谁。先生有子名孝廉，与人尔汝无猜嫌。大才不肯学干谒，酒酣拔剑掀髭髯。家居门前树万柳，四顾茫茫亦何有。世乱那辞身困穷，力衰一任头脂垢。嗟我苦遭万事非，别君忽已三年久。先生高视乾坤路，要思大德捐细故。洵河已落飞燕泥，咸池犹抱龙门树。世上悠悠尽小儿，丈夫会有真情愫。

诗前四句称颂宋之先世辉煌，唐人崔颢《长安道》诗有“长安甲第高入云”之句，姜埰现成拈来，诗句成之颇易。此写宋氏在莱阳的豪宅，宋氏世代官宦，或当有此。“五侯七贵”句，写宋家出的达官显贵之多。“赐金分帛”谓其受皇上赏赐之恩宠，“云台”用东汉云台绘二十八功臣像的典故，写其世功。宋氏家世虽显赫，有“四进士”“三举人”之科第荣耀，但官位最高者为宋继登，也就是南京鸿胪寺正卿；再即宋玫，官至礼部侍郎。家中宅第固豪，家族声誉亦高，但也不至于“五侯七贵何纷纷”，不至于“云台之上论功勋”，诗人夸饰之辞，未可尽信。此四句盖极写宋氏在明末深沐皇恩，为写其遗民气节作铺垫。接下来即写继澄本人，写其少年即擅才华，天启年间中举。据《莱阳县志·宋继澄传》记载，继澄“乙卯始荐贤书”，乙卯为万历四十三年，此诗将其“领乡荐”的时间下移至天启年间，不知何故，或是姜埰误记，终是一疏。“当时”两句，写其与复社“二张”交游，亦即写其加入复社，并领衔山左大社。“献赋十年”谓其十年间连续参加会试未中进士，“不上南熏殿”即未能参加殿试也。“天下兵戈”句写其进入乱世，“骚屑”谓动乱。其传记称：“崇祯辛未，孔有德叛，攻陷登州，继澄挈家避淮扬，窘甚。”莱阳在明末兵事甚多，动乱不宁，宋继澄盖其家族中颇有先见之明者，于崇祯四年即带领全家避乱到了扬州，他能躲过崇祯十六年的“癸未之难”，未如宋玫和姜埰其父等之遭难身殉，大概即是这个原因。他于明亡后与其子宋琏经常居扬州，大概也是十余年前即在扬州经营打下的基础。其归居莱阳万柳庄，可能是清初世局稍定以后的情形，或是莱阳、扬州两地皆可往来，观董樵于顺治十三年去扬州访其父子，可证其入清后居扬州时日颇长。“佯狂卧病”为避名之举，继澄于明末厕身复社，领衔山左大社，声名甚大，或为避征荐，有此“佯狂卧病”之行为。“背面痛哭”写其亡国深痛，常于无人处痛哭，而于人前则不敢流露此情，佯装笑脸，而其内心真情实无人可语，这也是深藏于心的避世之态。“背面痛哭当面笑”者，实改造杜甫《莫相疑行》中“当面输心背面笑”之句而来，杜写人情叵测之态，姜埰则写遗民之深惧。姜埰作为遗民，是可以与之互吐衷曲的，继澄这种姿态也是为姜埰所能理解的，遗民写遗民，往往真切如此。“先生有子”四句写其子宋琏，宋琏亦是举人，明亡不仕，陪伴父亲共做遗民，行止几乎不离其父。与人相处真诚无猜，而且才气很大，贫贱自守，不肯谒人，于酒酣耳热之际，时露豪气。接下来诗落脚于万柳庄，未展开景物描写，只点“万柳”二字，便觉得景在目前。“四顾茫茫”者，写其人清后家产荡尽，四壁萧然，也是写其心事浩茫，不为人所知。再写其固穷力衰状，与开头之“甲第高入云”作有力的反跌。“嗟我”四句写自己与继澄之同病相怜，同气相求，“分别三年”之说，时间不易确定，姜埰与继澄或于扬州曾相见，或于莱阳相见，且见面不止一次，此诗所言分别与相见很难定于何年，此诗作年亦不易确定。诗写继澄于天地之间，择路甚明，坚持大德，抛弃细故小事，即政治上清醒，选择作遗民甚坚定也。杜甫《赤霄行》诗有“丈夫垂名动万年，记忆细故非高贤”之句，或与此句相关。杜诗又有“江中淘河吓飞燕，衔泥却落羞华屋”之句，也与此诗“淘河已落飞燕泥”一句有关，这都是姜埰有意学杜、吸收借鉴杜甫诗句的地方。仇兆鳌《杜诗详注》注释《赤霄行》一诗，谓“淘河”为鸟名，即鹈鹕，“吓”用《庄子》鸱吓鹓雏典，即李商隐“不知腐鼠成滋味，猜意鹓雏竟未休”诗句所用之典。杜甫这两句诗的意思是“燕从江上来，淘河疑其衔鱼，故吓之”①。姜埰诗句中虽无“吓”意，但也是写飞燕衔泥欲入华屋，为“淘河”所惊落，是写人相猜忌之状，此中当有隐情，只是诗用典故，隐约写来，未作明言。仇兆鳌注杜甫《赤霄行》诗，引申涵光语：“《赤霄行》胸中有一段说不出之苦。”或于理解姜埰此诗不无帮助，盖此诗这几句写宋继澄，不只是袭用杜甫诗句，亦袭用杜诗《赤霄行》之诗意。下句“咸池犹抱龙门树”盖用《楚辞》语，屈原《离骚》有“饮余马於咸池兮，揔余辔乎扶桑。”王逸注：“咸池，日浴处也。”咸池为日入之处，当喻明朝国亡；屈原《九章·哀郢》有句云：“过夏首而西浮兮，顾龙门而不见”。“龙门”谓郢都。姜埰此诗之“龙门树”，当亦是故都之树。此两句意为继澄于明亡之后，虽受人猜忌，但故国之志始终不能去怀。最末两句写世上多是庸碌之小儿辈，唯有大丈夫方有真性情。此“真情愫”即故国之思，遗民之志。姜埰称誉继澄为大丈夫之辈，非世上小儿可比。这首诗，一是极概括，写其家世，写其乱世情怀，甚至写其万柳村居，都极概括，或四句一节，或两句一节，均不作展开，不用铺叙之笔。二

① 仇兆鳌《杜诗详注》，中华书局 1979 年版，第 1215 页。

是极隐约，对其遗民之志，对其故国之思，对其处世之态以及为人所忌之情形，都用典故，隐约出之，不作明白表达，落笔之际，有小心翼翼之感。但尽管如此，姜埰对于宋继澄之纯真情感与尊崇之意，则流露于字里行间，读来不难体会也。

这首诗中已经写到的宋继澄次子宋琏，字晓玉，号晓园，又号林寺，与姜埰为同辈友人，至为知己。姜埰写与董樵的诗中，曾说“生平董与宋，念尔最伤神”，是董樵与宋琏最为姜埰所关心，这已见上述。姜埰直接写宋琏的作品尚有《和宋孝廉林寺》和《送宋林寺东归》两首七律。前一首诗为：

> 何事空为长短歌，思君几度赴龙河。欲教恶虿花边少，故插繁枝槛外多。元直艰难争自信，茅容粗粝早相过。此时兴绪应无赖，万里沧浪挂钓蓑。

此为和诗，宋琏有诗在前。但宋氏父子的诗集我未见，故原诗也不得而知。此诗我判断写于真州，时宋琏与其父继澄居扬州，观首联“龙河”一句可知。龙河即真州通向扬州的元龙河，至今犹存。首句就宋琏原诗而言，谓因何发为诗歌创作，宋琏原诗当有不平之气，故有此问。下句谓自己因思念宋琏，几次欲由龙河去扬州探望。颔联托之比兴，含义颇深。欲除去花边毒虫，使槛外繁枝增多，即保护宋氏父子两人节操清芬也。联系上述《万柳行》之诗所隐约述及的人之相忌，此时当有不利于宋氏父子的人与事，引起姜埰的义愤与关切，故发为此言，欲除去“恶虿”也。或宋琏原诗中当有此义，故姜埰有此一说。颈联用典，元直为三国徐庶（字元直），唐人唐彦谦《宿赵别业》诗有“今代徐元直，高风自可亲”句，姜埰诗或取意于此，以元直喻宋琏，谓其于艰难中尚能自信；茅容为汉末人，曾杀鸡供母，而以草蔬款待名士郭泰。此句谓自己想早日过访，愿宋琏以粗劣之饭待之。杜甫《有客》诗："竟日淹留佳客坐，百年粗粝腐儒餐"，为此诗所本。末联宽慰宋琏，此日情绪或有不佳，"无赖"为无奈、忧烦之意绪。末句劝宋琏放宽心，勿理烦恼之事，且作一个沧浪濯缨之渔翁，亦即作一逍遥世外之遗民。此诗有关切，有劝慰，多作真诚之语，写出与宋琏之知己情义。其第二首诗为：

> 一门忠孝事偏奇，夫子平生我最知。马援归家车下泽，陶潜避世菊东篱。百年霜露人心恫，正月关山道路迟。若见董樵应问讯，为言余病久支离。

此诗当写于宋琏自扬州回莱阳之际，具体时间不可考。首联赞扬宋氏一门忠孝，遭遇非一般人可比，"夫子"当指宋琏父宋继澄，写对其最为了解。"马援归家"句用《后汉书·马援传》典，"车下泽"即乘下泽车（一种低劣、能在沼泽地中行走的车子），此句即指宋琏东归，车行简易，但马援有"穷且益坚"之名句，此典亦有激励之义。"陶潜避世"写宋琏学陶渊明之归隐，有采菊东篱之遗世。"百年"一联，写世事悠长且严冷，人心可畏；正月还乡，关山远迈，行道迟缓。这句也是关切语，提醒宋琏警惕世道人心也。最后问讯董樵，望转达问候，并述自己久病支离之状。此二句正可与《送董樵》一诗："生平董与宋，念尔最伤神"两句互观。董樵与宋琏，为姜埰莱阳亲友中最为知心者，盖同为遗民，且生活困顿，时有不平坦之遇，故姜埰时常牵挂不已也。

莱阳这一支宋氏与姜埰交往的还有第三代人，这即宋继登的孙子、宋琮的儿子宋俶，是前明的贡生，入清后不再应试，也就不出仕，成为宋家第三代遗民。姜埰称之为"表甥"，或是其父宋琮所娶为姜氏。姜埰有《和赠宋表甥俶叠韵》二首、《简宋表甥俶》二首共计四首七律写给这位宋俶，或关切其生活，或赏识其才华，既叙亲情，也抒发自己之情怀。限于篇幅，我们仅选一首来看，这即《和赠宋表甥俶叠韵》其二：

衣冠南渡永嘉年，白首归来瞩海天。寻胜风华何处去，论文竹坞不知还。停云车马思亲友，落日烟波泛钓船。赖有君家兄弟好，世情三复绝交篇。

这也是和诗，且又叠韵，宋俶原诗不得见。此诗以姜埰自述情怀为主，似是对之作表白也，作于故乡莱阳。首联写明亡后南奔，今日返乡已是白头。次联写无处寻胜，青春已去，也难以寻觅，现在只愿意与宋俶等在竹坞讨论文章。既写自己情趣，也是道出与宋俶兄弟之亲情。三联“停云”，用陶渊明诗典故，陶诗有《停云》诗，题下注：思亲友也。停云与落日相对，亦寓写景之义，用典微妙，令人不觉。此联写出自己时时思念故乡亲友，这“亲友”即包括宋俶兄弟在内，“烟波泛钓”或有写实之意，但主要还是虚写自己逍遥世外的生活，表达自己的遗民志趣。末联写幸有宋俶兄弟与自己情好为伴，来反衬世情之薄劣，自己已与世情之人多次绝交，不相来往了。这或有所指，姜埰于故乡，既感亲情之好，也觉得风气之恶，其间有些不愉快的经历。当然这里的“世情绝交”也不限于莱阳，这里有姜埰入清后所感到的薄风恶俗，不愿与世人交往的情感。这诗写姜埰与宋氏家族的第三代遗民情意相投，谈诗论文，相处颇为倾心。

与这一代宋氏族人的交往，还有一人不得不提，这即宋玫的儿子宋摅（字幼文），也是宋继登的孙子。宋玫与姜埰同为山左大社成员，在政治上本为同调，且又同在明朝入仕为官。只是姜埰十年外任真州时，宋玫多在京城任职，等姜埰崇祯十四年末调入京城时，宋玫于次年夏天即罢职归家，两人在京城的交集时间也不长。唯两人早年在乡读书时友谊颇深，且宋玫早于姜埰六年中进士，姜埰视之为兄长且先进，对之尊敬有加。宋玫于崇祯十六年二月与姜埰父亲同殉莱阳之难，也同受明廷褒封。是姜埰与宋玫有至深之交往，亦于宋玫之殉难深有余痛，故在苏州一遇其子，即引起对宋玫之深长回忆，遂有《吴门遇宋幼文，因忆尊公故司空九青先生》一组诗之写作。

在讨论此组诗之前，我们要先讲讲宋幼文赴吴的缘由。《宋琬全集》之《安雅堂未刻稿》有书信二通，写于康熙七年（668），其中一封给吴梅村，一封给时任江南左参政的卢綋（号澹岩）。原来宋摅此次南来，是为筹措安葬其父宋玫的经费，其主要目标是时任要职的卢綋，因卢綋是崇祯九年吴梅村与宋玫同去湖北任主考官时录取的举人，与宋玫与吴梅村均有师生之谊。宋琬先是写信给梅村，介绍宋摅与之相见，并请梅村写信介绍其往见卢綋陈情。宋琬又亲自写信给卢綋，向其陈述宋摅之苦况，乞请援手。宋琬《上卢澹岩大参书》中说："不意运逢百六，遘罹闵凶，先太仆（宋琬之父宋应亨）与司空（宋玫）同日俱尽，藐孤摅之生才八月耳。甲第连云，毁于一炬；图书充栋，散作飞烟。未几而沧桑告变，雀鼠相寻，寝丘之田，斥卖略尽，比摅舞象之年，已荡然为窭人子矣。职兹之故，司空尚在浅土，今二十有六载矣。"[①] 此时距宋玫之死已二十六年，宋摅也已二十七岁。"癸未之难"，宋玫家房屋、图书均被烧毁。明亡之后，宋摅年幼，孤儿一身，屡被欺凌，家中田产也斥卖已尽，到成年时已穷困至极。致使宋玫暂厝浅土，二十六年未能正式安葬，宋摅来

① 《宋琬全集》，齐鲁书社 2003 年版，第 642 页。

拜见卢綋，求其资助。此即其南来之由，亦即于此时见到其父故交、也是同乡姻亲的姜埰，姜埰诗即写于此时。其诗共四首，其一云：

> 尺五城南杜曲通，少年博塞读书同。东厢子弟亲郗鉴，北海生徒盛马融。风景宝花台殿月，神仙贝阙石桥虹。旧游那可重回首，苦入西州涕泪中。

四诗几乎全写宋玫，沉浸于对过去的回忆。首联写二人在莱阳一同读书，一同游戏，“杜曲”用长安杜氏代指莱阳宋家，亦隐有称颂宋玫诗才犹如杜甫之义。“博塞”为一种棋类游戏。“东厢”一句下自注为：“余家与公父子世为姻娅”，宋姜二氏世为姻亲，“东厢子弟”即为姻亲之谓，东晋郗鉴曾为司空官，此处代指宋玫，写亲戚诸兄弟都亲近他。“北海”下有自注为：“余为太翁鸿胪公门下士，鸿胪公亦出先大父门下。”姜埰是宋玫之父宋继登的学生，宋继登又是姜埰祖父的学生，其两世通家若此。“马融”即代指宋继登，写其学生众多。“风景”一联，写宋玫家中台殿高耸，月映宝花，宝花为牡丹之名；石桥横跨若虹，园林台榭之美，如贝阙仙宫。姜埰未入仕时，曾与宋玫一起读书游玩其中。以上三联，皆为回忆，引起最末一联作有力顿挫，如此旧游，杳不可寻，如今思及亡友，如东晋羊昙经西州门哭谢安一样，难掩痛苦的眼泪。

组诗第二首咏叹宋玫之死于莱阳“癸未之难”。颈联“见危敢委孤城去，誓死原为此膝留”，写出宋玫当日不屈膝于清兵之坚毅气节，“誓死”句下有自注为：“公临命曰：我大臣也，义不屈膝”。末联“九京应见先皇帝，万里苍梧血泪流”，写宋玫死后，应在地下见到先皇崇祯，叙及亡国，也会涕泗横流，亦是写宋玫气节之无愧于先帝也。第三首继续写宋玫曾因廷推罢归，其妻高氏同日殉难，死后受褒赠等。其第四首为：

> 巫咸夕降糈椒糈，何处招魂到碧虚。楚国天空霜雁断，燕台春尽柳莺疏。赐钱故地荒丘在，谏猎遗书劫火余。自是青箱家世好，早年词赋比相如。

首联为宋玫招魂祭奠。屈原《离骚》云：“巫咸将夕降兮，怀椒糈而要之。”王逸注：“巫咸，古神巫”；“椒，香物，所以降神；糈，精米，所以享神”。加以“何处”之唱叹，则碧虚（青天）之招魂亦化为乌有，忠魂竟无处可觅。“楚国”一联，出之以比兴，颇有深意。盖此时南北两地，明朝廷皆已不存，南国之雁已不传音信，北国燕台之春光已逝，生机尽去。南北两地，关合宋玫仕履，颇为贴切，亡国意绪的表达也极为深隐。“赐钱”一联，写宋玫生死之大节。莱阳“癸未之难”后，明廷对死难诸人皆有封赠，所谓“赐钱”当指此，但故地仅余荒丘一抔；“谏猎”用司马相如典，谓宋玫生前劝谏皇帝的上疏，劫火之后尚存人间。末联写宋玫家世与文名，宋家世代读书，青箱传家，其早年的文学创作就堪比司马相如，享有盛名。写出对宋玫文学才名的由衷钦佩，并表达无尽之怀想。这四首诗全写宋玫，以歌颂其忠节为主，而对其遗孤宋摅几乎未曾着笔，“吴门遇宋幼文”这一现实情事则被完全忽略了，不能不说是笔墨之偏，但姜埰之感情全集中在宋玫身上，故写法如此。至于宋摅南行之用意也未涉及，依照姜埰的为人与行事，其对宋玫遗孤会有慷慨相助，只是这一层意思诗中未作表达而已。

姜埰与莱阳宋玫一支的交往略述于上，基于姻亲之上的亲情，师友之间的厚谊，以及遗民同志之间深层情意的相通，都是下文将要叙及的莱阳另一支宋氏所不能相比的。

五

与宋琬的交往，是姜埰与莱阳亲友交往的一段重头戏。

宋琬一支与宋玫一支渊源并不相同，但两家以兄弟相称，且同以“玉”字偏旁字命名，故往往为外人看作一家。宋琬兄弟四人，其排行为三。长兄宋璠，以贡生出任光禄寺丞。仲兄宋璜，崇祯十三年（1640）年进士，与姜垓同榜，历官杭州推官，入清后任兵部员外郎等。至清顺治四年（1647）宋琬中进士，则其家父子有三位进士，家世不为不显赫，与宋玫一支同为莱阳名门望族。唯宋琬一支，入清后多应举出仕，父亲为清兵所杀之事，并未影响其兄弟的出仕热情。宋琬于顺治三年应乡试中举，次年即应会试经殿试中进士，颇有汲汲不可耐之态。其兄宋璜入清后亦为官，作了贰臣，宋璜其子亦中进士。莱阳宋琬这一支都采取了拥护清廷、参与政事的态度，几无做遗民者，这是其与宋玫、姜埰一家大不同处。这也就是姜埰与之交往中，虽重亲情与友情，但始终存有一层政治隔膜，保持若即若离之态、甚至在诗题中掩饰其名的重要原因所在。

宋琬字玉叔，号荔裳。顺治四年中进士，官居浙江、四川按察使，官位不可谓不高，但仕途却颇为坎坷，曾两次入狱。特别是第二次，因族侄宋一炳的诬告，涉“于七之案”，由浙江按察使任逮入北京刑部狱中关押两年多，其兄宋璜也入山东狱中瘐死。其后放废于江浙一带，过了近十年的闲散时光，也成就了他与文人交游酬唱，从事诗文创作的一段高峰。他康熙十二年恢复官职，赴任四川按察使，但时仅半年即殁世。他是明清时期莱阳成就最高、最具全国影响的诗人，其文学盛誉不亚于年龄稍后的王渔洋，且自王渔洋“南施北宋”之论一出，他与施闰章的文学地位遂为时人所公论，也成清代文学史之定论。宋琬小姜埰七岁，与姜垓同龄，其文学才能非姜埰所能比。

明末清初的莱阳，论文学才情，或许只有宋玫与姜垓能与宋琬一比，但两人都其年不永，严重影响了创作成就的最终形成，遂使宋琬成为莱阳最具文学光彩的一代人物。

宋琬与姜埰兄弟的交谊始自青年时代，同为世家子弟，同在家乡读书。由于同龄，他青年时期或与姜垓交往最多，他后来所作《长歌寄怀姜如须》曾回忆这段时光说："甲寅之岁汝降初，我生汝后七月余。竹马春风事游戏，鸡犬暮归同一闾。君家黄门早射策，盛年谒帝承明庐。有儿颜色娇胜雪，珠襦绣褓青羊车。予时抱持着膝上，许以弱女充扫除。"[①] 写到与姜垓的游戏，写到姜埰的中进士以及儿女联姻。其后姜埰离开家乡任职真州，与宋琬十余年或不相交集。崇祯十五年姜埰入京，上疏入狱，此时恰逢宋琬也在京中，曾为姜埰入狱而忧心不已，姜埰在后来的诗中也曾注出："公昔在长安为余解祸"。所谓"解祸"也即曾为其奔走，或曾与姜垓一同入狱探望等，以宋琬当时的地位，发挥作用应该很有限。此际宋琬有《姜黄门卿墅以言下诏狱未几乃赴司败惊定赋此》二首七律，对姜埰的清节表示推崇，对其遭遇表示同情。这两首诗写于崇祯十五年十二月初姜埰由北镇抚司转为刑部收押之时，这一改变是大臣刘宗周等人在崇祯皇帝面前极力争取的结果。今人汪超宏著《宋琬年谱》，将此二诗写作的时间系于崇祯十七年二月姜埰遣戍宣州卫出京之时，实误。[②] 其第一首云："怪事惊传湿葛巾，堪怜北寺再生身。闻君对簿呼高帝，自古明王恕小臣。人号玉山偏锻炼，骨从火宅倍嶙峋。橐饘汝季良辛苦，书就邹阳莫浪陈。"首联"怪事"者，即言官因谏入狱，且入的是锦衣卫的北镇抚司狱，此狱手段之残酷早已有名，令人闻之惊

① 《宋琬全集》，齐鲁书社 2003 年版，第 380 页。以下所引宋琬诗文均出自该书，不另出注。
② 汪超宏《宋琬年谱》，人民文学出版社 2010 年版，第 45 页。

怖，宋琬为之忧心落泪。听说脱离北寺、转入刑部，虽然可怜，但如同再生。次联写姜垛在北寺诏狱受酷刑时，“每至创摧痛烦，历呼高帝以下十五庙号以自解”，这见于姜垓《被逮纪事》一文的记载。“明王”一句是冀崇祯帝能饶恕姜垛。三联写姜垛有玉山之姿，偏逢牢狱锻炼，其经过佛家所谓“火宅”苦难后，傲骨当更为刚正。末联写其弟姜垓为其辛苦送饭，劝说姜垛在狱中即使冤如汉代邹阳，也莫轻易上书陈情，以免触怒皇上。是劝姜垛在刑部暂安其身，等待事情好转。其第二首末联易被人误解，故再引述于下，以作解说：

> 汉廷钩党易鸡连，早见平台放数贤。汲黯愚忠归主鉴，子瞻生死任人传。二亲宁免当闾泣，十载曾无负郭田。驴背出都春正好，可能长啸海云边。

首联以汉代党锢之祸喻明代党争，谓党争之中容易相互牵连。“鸡连”典出《战国策》，又称“连鸡”，是相互牵连之义。“平台放数贤”指刘宗周等大臣亦因此事被落职。次联以汉代汲黯喻姜垛，写其忠心会被皇上明知；以苏轼“乌台之狱”喻此案，其生死则置之度外，任由人传。此联可注意的是用汲黯作喻，后来姜垛亦以汲黯自比，前面我们说过姜垛与友人吴修能的交往，吴曾以用典将姜垛比作汲黯，而宋琬此诗以汲黯作比则远早于吴修能，这应该是姜垛很喜欢的一种比况，后来转为他的一种自比。二是此联以苏轼作比，实含有将苏轼兄弟比作姜垛兄弟之义，诗中隐含了姜垓。第三联上句写姜垛父母在家免不了当闾哭泣，为之担忧伤心，则此时姜垛父亲尚在，还未到殉莱阳“癸未之难”的时候。下句谓姜垛作令真州十年，清廉无比，没有置办负郭之田，是赞颂其清节。最后一联是祝祷之语，虚想之辞，希望姜埰能在明年春天出狱回家，方能于海云之边的家乡纵情长啸，以抒发其胸中郁闷。汪超宏先生《宋琬年谱》正是错解最后两句，以为实写其出都，方形成此诗系年之误。

这是宋琬在明末与姜埰的一段短暂交往。明亡后的两年，宋琬一家也流寓南京、苏州一带，顺治二年十月即回莱阳，第二年即入京贡入太学并中举，顺治四年即成进士，开始了出仕清廷的岁月。这段时期，同在逃难中，与姜埰一家几无交往。姜埰与宋琬的儿女姻亲，也因为宋琬女儿的夭折，实际上未能成婚。顺治十八年，宋琬任浙江按察使，是其一生中最为显赫、最为风光的时期，此时姜垓已死，宋琬很挂念这位兄长友人，曾招姜埰前去浙江，但被姜埰拒绝了。此时的姜埰，仍然心存同乡故友的情谊，但其不愿与身为清朝地方大员的宋琬来往，更不愿去其居官地而有“打抽丰”之嫌。这从身为遗民的姜埰性情与人格来看，是再自然不过的事情，只是不知宋琬此际作何感想。康熙元年，宋琬第二次被诬入狱，羁押两年余才洗冤释放，流转于江浙，与姜埰多次相遇，诗歌唱酬，这七八年的时间，成为两人一段交往颇多的时期。

我们就循着诗歌的线索追寻两人交往的经过。在诗中，姜埰一律将宋琬称之为“同里友”，《敬亭集》中明确标出“同里友”的诗共五题九首，全是近体诗。还有一首题为《庚戌春日过申氏园林分韵》的二首五律，尽管未标出“同里友”，其实也是与宋琬的唱和之作。这样，姜埰写给宋琬的诗作总计达六题十一首，这一数量，在姜埰与当时友人交游唱酬的诗歌中是最多的，数量虽不能完全说明问题，但也至少说明两人的情分不薄，交谊仍在，但姜埰始终不肯在诗题中标出宋琬的字或号，这是姜埰的遗民立场使然，这是《敬亭集》中自觉使用的一种体例，在姜埰那里，再好的故旧也不能泯没这种遗民自觉的立场。

姜埰的《扬州晤同里友》是写给宋琬的第一首诗，这也可能是两人乱后的第一次会晤，汪著《宋琬年谱》将这次会面的时间定为康熙五年（1666），颇可从。这年的重阳节，宋琬招集姜埰、王渔洋之兄王士禄（号西樵）以及程邃（字穆倩）等人游于扬州的慧光阁，在竹圃饮酒，宋琬写下《九日，同姜如农、王西樵、程穆倩诸君登慧光阁、饮于竹圃，分韵》一诗，同时还作有一首同题之《念奴娇》词。王士禄的诗集中也有一首同题之作，其系年为“丙午”，成为这次聚会最明确的时间标志。既然是“分韵”，当是一次诗歌唱酬活动，姜埰也应该写有诗，但现存《敬亭集》没有相关作品，被其后来删除未存的可能性很大，这也是耐人寻味的。姜埰写给入仕清廷友人的诗歌均为单独交往，不涉及群体性文学活动，于宋琬也是如此，这大概成为一种原因。此次见面，姜埰只写下了《扬州晤同里友》这一首五律。诗云：

密席欢初就，交情老更亲。殷勤慰儿女，惨澹问徐陈。极浦隋堤柳，秋风故国人。翻愁谈夙昔，益尔一伤神。

诗亲切有味，充满个人感情。两人初见，密席谈宴，感觉从小的交情到老更加亲近，这是亲密无间的一种表达。接下来问起儿女事，加以劝慰，这涉及两家的儿女结亲，但宋琬女儿早夭，结亲未成，为之叹惋，并加以劝慰，这成为两人谈话的一个内容。“惨澹问徐陈”一句，“徐陈”当是用典，杜甫诗《戏题寄上汉中王三首》其三有“鲁卫弥尊重，徐陈略丧亡。空馀枚叟在，应念早升堂”。仇注“徐陈”：“谓徐干、陈琳也。魏文帝《与吴质书》：昔年疾疫，亲故多罹其灾，徐、陈、应、刘，一时俱尽。”[①] 此是写两人谈话中，提起已经丧亡的友人，如宋玫、宋琬其兄宋璜，也应包括姜垓。“惨淡”写出心情的伤痛。“隋堤”一联，写时令与景物，并表达同乡之人相见不易之感。“秋风”正可与重阳节之际的见面互证。最后一联，说起往昔，难免触动愁怀，不愿提起，怕宋琬为之伤心。从“益尔”一词看，主要是指宋琬入狱的往事。这一次的见面，两人倾心交谈，涉及家乡、儿女、友人、往事等，都在这短短的一诗中加以表达，亲切之中，透着淡淡的忧伤，诗风致绝佳。可惜的是，此次温情会面，宋琬似乎没有诗作加以表现。宋琬更喜那种聚会分韵，而姜埰则喜欢这种独处亲情，此亦两人个性之不同。

姜埰《和同里友赠诗韵》三首五律写于苏州，时间为康熙八年(1669)的正月，是扬州见面的三年以后。宋琬先有《己酉正月过姜如农东莱草堂》八首五律，姜埰和其中第一、三、七诗韵。宋琬原诗不能细述，只能概说大意。第一首写两人相见饮酒，谈及故乡，说到儿女。第二首写两人年少在故乡的“竹马”之游，两家关系甚近，最后“山阳思旧泪，哀笛不胜愁”，是为姜垓的去世而哀伤。第三首继续写两家兄弟亲近友好，先后登第，善于文章，最后还是落脚在姜垓：“藐孤真汗血，相向一潸然”，指姜垓之子姜寓节，大概此时寓节在座。此题后有宋琬自注：“余与如农兄弟皆四人”。第四首写姜埰建言下狱的政治遭遇，“何堪天遣日，即是国亡时”；写姜埰的隐居情怀，“似君幽隐日，独有白鸥知”，对姜埰的遗民情结表示理解。第五首写到熊开元，国亡后出家。第六首写怀乡之情，并表达自己归隐之意，是历经政治坎坷后的一种厌倦心态，“大隐偕渔父，余生倦雉罗”。第七首表达愿与姜埰一同隐居的想法。第八首写与姜埰谈

① 仇兆鳌《杜诗详注》，中华书局1979年版，第939页。

起家乡的一种寅酒之好，诗后自注：“吾邑寅酒色味俱美，君论酒以为江以南皆不及也，余深然之。”这自然也是因为家乡情感而导致的评价。但最后两句说：“曲生如可作，此外不思乡。”认为如果能做出这种酒，就不必思乡了。两人对家乡均有复杂之情感，于家乡都有不快的记忆。宋琬这组诗，促膝交谈中与之话家常，思故友，述故乡，自有一种亲近感，扬州会面的话题仍在延续着，这是两人的共同语言，政治立场的不同在这类气氛中被暂时消泯了。

姜埰的三首和诗也是着意发挥此类内容，表达乡亲故旧的情谊，同时微露对宋琬此际处境的理解和婉讽。第一首云：“闻道机山好，携家已再更。湖天何处尽，雨雪入春倾。故国仍庐舍，他乡有舅甥。皋桥船舫夕，与尔共班荆。”诗后自注：“时同寓吴门”。机山在今上海松江，因西晋陆机兄弟隐居于此而得名，宋琬出狱后曾携家居此。“湖天”一联写苏州之地景观,且写入春后雨雪较多。“故国”与“他乡”相对，是指故乡莱阳，而非故明之谓。在莱阳仍有房舍，在苏州遇到了这样的亲戚，“舅甥”是仍指宋琬女儿与姜埰长子安节定亲事,虽然结缡未成,但这门亲戚都互相认可。其时宋琬的长子已四岁，姜安节也已生子。两家后人或都已相见，宋琬之子与安节之子正是舅甥关系。这些叙述都增进了两家的情感距离。末联说在这个傍晚，于桥边船中，两人共坐谈心，班荆道故也。第二首诗为：“童稚亲情切，江南旅迹联。蚤春双桨外，细雨百花前。白首知交少，乌衣仕宦偏。弟兄同气友，生死各悠然。”“童稚”句可见两家孩子都见面，正与上诗“舅甥”相承接，两家都在江南留下寄居的行迹。第二联写景致与时令，章法与上首相同。早春季节，细雨霏霏，百花次第开放。三联写年华老大，知交甚少，正衬托两人的知己之感。“乌衣”者，世家子弟之谓，这样出身的人多出仕为官。这个“偏”字颇耐人寻味。王瑛《诗词曲语辞例释》解“偏”有“多”义，并引白居易《醉后重赠晦叔》诗“老伴知君少，欢情向我偏”等例句以证此义。[1] 此两句句法与白诗同，“少”与“偏”对文，“偏”正是多义。姜埰似乎是对宋琬一类人的出仕有些微词。当然姜埰也可以说是世家子弟，也曾出仕过，但其出仕是在明朝；而宋琬的出仕是在新朝，这在当时的道德语境中截然不同。世家子弟如宋琬在新朝出仕人之多，是令姜埰慨叹的事情，但点到为止，不作过多引申。最后两句写两家兄弟是同气连枝之友，都有生死相隔的情形。这里不但是指姜垓，也包括此时宋琬的哥哥宋璜之死，是对两家共同遭遇的悲叹，这正照应宋琬诗第三首的诗意。姜埰第三首诗为：“北阙初封事，朝廷竟乱丝。囚梁考验日，之洛讼冤时。志已干龙额[2]，名非类豹皮。孤臣垂死日，此意有君知。”开头写明末自己的政治遭遇，朝政混乱，上疏言事，因而获罪。“囚梁”二句，正用汉邹阳之典，这在宋琬于姜埰移交刑部时所作诗里用过，“之洛讼冤”句下姜埰自注：“公昔在长安为余解祸”，宋琬为之解祸的具体情形虽然不详，但能为之鸣冤即让姜埰感念不忘。第三联是写宋琬的求取功名。“干”为求取之义，“龙额”即用汉韩说封为龙额侯之典，指封侯之愿；“豹皮”即“豹隐”，比喻爱惜其身，隐居伏处。两句谓宋琬志已如此，显与自己不同，此联有微讽之义，比第二首“乌衣仕宦偏”还要明显。最后点明己志，与宋琬对比，我死葬宣州之志，你是早已知道的。姜埰对老友再次表明志向，阐述自己遗民志节。对于宋琬的出处，虽有微讽，并无指责，各走各的路而已。宋琬虽经两次入狱，其谋求进取之意仍未消退，故放废近十年后，再有四川按察使之任，姜埰只是各述其志，对其进取之志未作任何劝止，甚至对其被诬入狱之冤屈亦只字未提，

① 王瑛《诗词曲语辞例释》，中华书局 1980 年版，第 90 页。

② 《敬亭集》华东师范大学本误为“千龙额”，据光绪已丑山东书局重刊本改。

可见其对宋琬之政治操守始终不以为然。这次见面攀谈，于家事、亲朋都颇为倾心，唯独谈到出处问题，两人显然分道扬镳，说不到一块去。

在这次见面的同时，姜埰与宋琬还一起拜访了明遗民顾苓，游览其位于虎丘的著名的塔影园，宋琬写有《同姜如农访顾云美虎丘精舍》二首五律，姜埰于此游未作诗以纪事，此种情形与三年前同宋琬、王士禄等人在扬州游慧光阁略同。顾苓塔影园中有崇祯御书“松风”二字扁额，明遗民游园往往吟咏于此，不知姜、宋二人此次游园，见崇祯两字御书作何感想？若姜埰独自前来，想必会有诗作表达礼敬之意也。

姜埰与宋琬入清后的第三次见面仍是在苏州，只是年代不够清晰。两人又有一次唱和，姜埰有《雪中同里友以乡味见饷，相与论次古人篇什》二首、《和同里友见赠》一首，均为七律之作。宋琬则有《初春寓吴简姜如农给谏》二首、《和姜如农雪中见过》二首。姜埰的两题三首诗并排在《敬亭集》卷四，前有《庚戌新春》一首，后接《庚戌生日》二首，汪超宏《宋琬年谱》据此定这次会面与写诗为康熙九年庚戌。这种系年有一定依据，只是姜埰的诗集分体成卷，每卷之中编年并不严谨，以此系年未必十分可靠。在没有其他证据的情况下，我们姑且依此。这两题诗，《雪中》一题是姜埰写诗在先，宋琬和之于后，另一题则相反，宋琬写诗于前，姜埰和诗于后。我们先看姜埰《雪中同里友以乡味见饷、相与论次古人篇什》二首。第一首为：“万井烟花缭绕余，物华雪后更何如。渐惊柳陌莺声早，却叹汀洲雁影疏。生事聊当归简蠹，盘餐真不少鲈鱼。过江子弟衣冠在，况复牙签满架书。”此诗写春初雪后，柳陌莺声虽早，南来之雁却少，是春意尚微也。第三联写自己以读书度日，盘中有鲈鱼可餐。“鲈鱼”当暗用晋人张翰“鲈鱼堪脍”之典，传达思乡之义。末联写两家子弟仍保存世家风貌，家中藏书不少，可供子弟阅读。第一首题目所标意义未全写出，至第二首题意方足，诗云：

> 翡翠兰苕时辈工，今人莫谩古人同。好将晴雪添诗话，须把春花掷酒筒。海内文章牛耳客，巷南风雨鹿皮翁。故乡馎饦还堪食，却少家书到洛中。

前四句是“相与论次古人篇什”，与宋琬谈诗，表达对杜甫的推崇，这是姜埰最为主要的论诗观点。“翡翠兰苕”出自杜甫的《戏为六绝句》其四：“或看翡翠兰苕上，未掣鲸鱼碧海中。”郭绍虞先生主编《中国历代文论选》注释此二句：“翡翠兰苕，形容词采的鲜妍。语本郭璞《游仙诗》：‘翡翠戏兰苕，容色更相鲜’。鲸鱼掣海，指笔力的雄健。这首诗慨叹于当时还没有特出的诗人，能够创造出一种雄伟非常的意境；至于一般作者，丽词虽有可取，然而翡翠兰苕，才力不免薄弱，要想跨越前人，是很难的。”[①] 姜埰引用杜甫此句，也是批评当时诗坛多“翡翠兰苕”、工于词采之作，没有雄健之魄力。“今人莫谩”句批评今人勿要以古人也曾如此来作托词，为追求词采之诗风作辩解。“谩”有“胡乱”义，也有“空、徒”之义[②]，两解均可，取“胡乱”义为好。这两句代表两人这次“相与论次古人篇什”的主要内容，即姜埰认为今人作诗，追求词采，魄力偏弱，学古人应该学习杜甫，取法乎上。今人不应以古人也追求词采而为当代诗风辩解。姜埰的这种观点，曾与自己的弟弟姜垓也讨论过，我们后面要讲到。诗第二联写出这次论诗的快意，可称一次雪中诗话，谈兴正浓之际，且

① 郭绍虞主编《中国历代文论选》第二册，上海古籍出版社 1979 年版，第 62 页。
② 参见张相《诗词曲语辞汇解》，中华书局 1977 年版，第 235 页。

在春花之中饮酒。第三联上句称颂宋琬文章执海内牛耳，是寄希望其能改变诗风也，对宋琬评价很高，也期望甚重。下句写自己甘作隐居之世外之仙，“鹿皮翁”典故在姜埰诗歌中这是第三次使用。最后两句方出“以乡味见饷”之义，宋琬带来了家乡的一种面食“馎饦”，食之有味，随之感叹，家乡食物虽好，可惜没有来自故乡的家书。乡味勾起了乡思，故有此感叹。

宋琬的《和如农雪中见过》二首是原韵步和。重在论诗，而未涉及馈赠乡物一事。第一诗首联：“草堂拥褐峭寒余，华发论文愧不如。”是赞同姜埰所论，表示自愧弗如。这既是指自己见识不如，恐怕也对姜埰称自己“执牛耳”之一种自谦。末联为：“春草欲生悲小谢，不堪重读茂陵书。”诗末自注：“君以令弟如须遗稿嘱余为序。”是姜埰托宋琬为姜垓诗集作序，前面对宋琬的称颂大概也包括了此等请求的意思。宋琬此际读到姜埰遗诗，思及其人，感到悲伤。“小谢”代指姜垓，“茂陵书”代指姜垓遗稿。第二诗仍发挥论诗之事，并赞扬姜埰生活态度。首联“漫说穷愁诗益工，髯苏风俗许谁同。”是进一步赞同姜埰论诗推崇杜甫，“文章憎命达”是杜甫的名句，自此后“诗能穷人”几成老生常谈，“髯苏”为北宋诗人苏轼，宋琬说在学杜的同时，也可以学习宋诗，这是对姜埰观点的一种补充，包含着宋琬自己的作诗体会，此意姜埰未必赞同。第三联“秉烛窥书林屋洞，浣花酿酒杜陵翁”，写姜埰在苏州闭门读书，潜心学习杜甫，对之表示赞赏。末联为“输君婚嫁都无累，何时青鞋到剡中。”说姜埰儿女婚嫁之事都已办完，不似自己儿子还小，询问姜埰何时能到浙江“剡中”一带游历，似有约姜埰出游之意。说起此次姜埰托宋琬为其弟遗集作序，宋琬稍后有《捡阅故人姜贯笃遗稿泫然有作》一诗，表达读姜垓遗诗的感受，这我们放在后边再讲。

这次见面第二次的诗歌唱和是宋琬领起。他先作《初春寓吴简姜如农给谏》二首，姜埰作《和同里友见赠》，仅和其第一首。宋琬诗表达在异乡见到姜埰的喜悦之情，亲切之感：“久向江天理钓纶，杖藜相见转相亲。如君岂屑吴门卒，许我来为洛社人。乡曲旧曾陪宴尾，烟波今已属闲身。饱闻邓尉梅花发，蜡屐追随莫厌频。”自己江湖闲散已久，今天见到故旧分外亲切。你岂肯甘心做一个吴地守门之卒，可否允许我来做洛社中人。“洛社”或用白居易在洛阳香山结“七老诗会”之典，或用宋代欧阳修、梅尧臣在洛阳结“洛社”之典，苏轼曾有诗云：“出处依稀似乐天，敢将衰朽较前贤。便从洛社休官去，犹有闲居二十年。”[①] 从前面所说的宋琬诗学观点看，这里当用苏轼诗歌的语典。说姜埰不屑于做“吴门卒”，这种说法未必符合姜埰的心愿。“乡曲”一联写自己早年在家乡曾叨末坐，与姜埰一起宴饮，而自己出狱后闲散至今。最后约姜埰一同邓尉看梅。姜埰和这首诗，也是叙述亲情，似答而非答，有缥缈不尽之感，诗法甚为高妙。诗曰：“湖海幽栖一钓纶，金鞍立马喜姻亲。琴书撩乱沧江老，儿女殷勤故国人。好月欲随千里梦，飘蓬犹是百年身。东邻豚酒休辞醉，吴苑莺花几度频。”自己隐于湖海已久，现在见到姻亲自然高兴。“金鞍立马”亦出自杜诗，杜甫《严公仲夏枉驾草堂，兼携酒馔》一诗开头：“竹里行厨洗玉盘，花边立马簇金鞍”。写严武携带酒馔来草堂拜访杜甫。姜埰此处用杜诗，写宋琬骑马而来，仍带新朝官员之排场，此句讽意显然。次联写自己琴书度日，老于沧江，“撩乱”写出心中犹有不平静时。而儿女们见到宋琬，都很忙碌，毕竟是来自故乡之人。这一联是对宋琬诗“吴门卒”“洛中人”的不答之答，两人只谈亲情，不言其他，表述之中俨然仍有距离。“好月”一联亦是如此，故作悠然之语，宕开来写，不作正面回应。“千里梦”

① 王文诰辑注《苏轼诗集》，中华书局 1982 年版，第 1762 页。

在古诗中多指故乡，意为自己常常欲随明月梦中还乡，如今身处异地，宛若飘蓬，转眼即是百年。最后说此地有酒有肉，正可欢饮，吴地的景观已经几次观赏过了。这是对宋琬诗末“邓尉观梅”的回答。此处“东邻”一词也可玩味，并非泛泛。我疑此次见面，在姜垓之子姜寓节的申园，宋琬此时寓居申园之西的百花巷，故“东邻”正对宋琬所居之方位而言。关于申园，可见下文所论。宋琬的第二首诗写亲情更具体，写两人论起在家乡之少年游玩，现在兄弟数人仅剩两个老翁。苏州一地人情好过家乡（“是处人情胜故园”），痛惜姜垓等兄弟的逝去。最后表示“他年儿辈成胶膝，吴下朱陈又一村”。“朱陈之好”是两姓联姻的代称。宋琬希望儿女辈依然交好，在吴地还可能结为姻亲。按说宋琬第二首最易作答，但姜埰偏未予唱和，其间缘由，只可推测。一是姜埰上首诗已写到“儿女殷勤故国人”，本年第一次唱和里也有“过江子弟衣冠在”之句，写儿女之义已足，不必再写。二是对宋琬所说的儿女辈的“朱陈之好”，本意即不赞成，不愿提起此事。姜埰对于第二诗的不予唱和，或许有如此微意也。

宋琬在本年所写的诗还有申园之作。这申园原是明朝故相申时行的园林，被姜垓之子姜寓节购置、改造成寓所，宋琬来吴后暂居的百花巷在申园之西二百步，相处甚近，故能时常往来。宋琬此组诗题颇长，兼有纪事意味。这即《姜奉世新寓园亭、故相国申文定公别墅也。余所居西百花巷，相去才二百武，客中无事，晨夕造访，赋诗书壁，以纪岁时》四首七律。诗写寓节颇有父风，胸有丘壑，园林结构绝佳，自己也乐意时常前来等，此组诗非写姜埰，故不详论。唯从诗中所写时令来看，有梅花、草绿、雪痕等词，也是初春，与上面所述姜埰与宋琬的唱和也是同时，故前面所推测姜、宋此次会面就在申园颇有根据。姜埰还有《庚戌春日过申氏山林分韵》二首五律，也是写申园，而且是“分韵唱和”的活动。宋琬有《申园四首同姜如农作》就是这次“分韵”所赋诗。但姜埰诗题这次为何未标出“同里友”？估计此次“分韵”中还有别的友人，不仅仅是宋琬。诗题中的“庚戌”即康熙九年，为上述姜、宋二人的见面并唱和提供了编年佐证。姜埰两首诗写春日景象，写园林景观，并感叹废兴，诗中并未言及申园为姜寓节所购置，多赖宋琬诗歌载明，我们才知道姜埰其侄此时尚有如此经济实力，真可与姜埰父子购买同为明代故相的文震孟艺圃相媲美。宋琬诗歌四首也多写此类内容，其中第一首诗末联：“两翁携快婿，半醉歌相扶。”后有自注：“君婿吴、余婿即君长子勉中也。”是姜埰女婿吴适亦在场，儿子安节亦在，安节即宋琬之婿也。虽因女儿早夭，婚未结成，翁婿关系仍存。其他内容，与前述诗歌多所重复，故不再细述了。

姜埰写给宋琬的诗歌，剩下来就是《赠同里友》两首七律了。这两首诗因无宋琬作品的对应，故系年更不易断定。从第一首末联“二十年来诸骨肉，见君涕泗不成悲”来看，也应是明亡二十余年的作品，大概也是宋琬于康熙三年出狱后，来到江南与姜埰见面时所作，时间或在扬州初晤之后，地点也在苏州。第一首颈联云：“孔融儿子看当日，乐令妻翁恨旧时。”运用典故写出当年自己入狱后儿子所受的牵连，以及宋琬作为儿子“妻翁”的当时之恨，这恨是为姜埰所陷大狱所抱不平之恨，也即是“公当年在长安为余解祸”的另一种委婉表达。其第二首也有可述之处，诗云：“云子山田米欲香，故人棹发曲江旁。驿楼郭外连官柳，秋水波间满药房。疏放惯能容阮籍，殷勤早已慰邹阳。五陵花傍乘轩客，白玉骊驹指建章。”姜埰此诗也是多用杜诗语典，唯有借助杜诗方能理解。首联“云子山”出自杜诗《与鄠县源大少府宴渼陂》一诗：“饭抄云子白，瓜嚼水精寒”。云子，碎云母也，以拟饭之白。这句说山田的白米饭之香。“故人”指宋琬，乘船从曲江而来访。“曲江”乃长安附近，为唐诗人流连赋诗之所，杜甫即有著名的《曲江》二首。此“曲江”代指何处，不易确指，宋琬所到之处，喜欢与当代诗人聚会赋诗，如在湖州、杭州均如此，或即此类地方。说宋琬来自“曲江”，有暗喻宋琬之诗人身份。颔联“驿楼”“官柳”“秋水”等词，均来自杜诗，不再详引。上句虚写宋琬此行诸人送别之状，下句写船行江上，秋水波间，船房如同“药房”一样芳香。“药房”一词出自屈原《九歌·湘夫人》：“桂栋兮兰橑，辛夷楣兮药房”，指用白芷装饰的房屋，以喻其芬芳。我疑用“药房”一词喻宋琬诗才之美。颈联比较易懂，阮籍、邹阳均为自比，疏放、殷勤则指宋琬。宋琬能容忍自己如阮籍一样的狂傲，阮籍善为“青白眼”，姜埰对宋琬或有“白眼”之举，如前述诗中之微讽，但能为宋琬所容；邹阳指自己当年下狱，宋琬曾为之奔走“解祸”。最后一联颇注意，我以为是祝愿之辞，大意是祝愿宋琬早日回京任职。“五陵花”出自杜甫《赠别何邕》一诗：“五陵花满眼，传语故乡春。”杜甫此诗即送友人何邕入京，则姜埰不只用词语，亦兼用诗意。“五陵”本指长安，此处则指京城；“乘轩客”指为官者，唐人刘禹锡诗：“遍看今日乘轩客，多是昔年呈卷人。”“白玉骊驹”出自杜诗《奉寄别马巴州》一诗：“知君未爱春湖色，兴在骊驹白玉珂。”仇注谓：“骊驹玉珂，乃早朝骑马之事。”① 此处也是用词语兼用诗意，“建章”乃汉代建章宫，亦指代京城。此两句意思是，你本是京城的为官者，还是想回建章宫骑马早朝。祝愿中照样也有微讽，借杜诗说宋琬“知君未爱春湖色”也。这种对宋琬汲汲于出仕态度的微讽，姜埰在赠诗中多次表达，这也是对宋琬展示“白眼”之处，是两人政治立场的分野所在。尽管诗中说宋琬能容忍自己这种表达，但宋琬也总会能感受到一种距离。不知是不是因为这一缘故，宋琬

① 仇兆鳌《杜诗详注》，中华书局 1979 年版，第 1099 页。

对姜埰的这两首赠诗，没有相应的和诗加以应答。

姜埰与宋琬的交往大致如上，两人之间写诗较多，入清后也有多次见面，每每叙亲情，忆往事，思故乡，说儿女，也常常谈起双方兄弟的早亡。宋琬对姜埰的遗民情结颇能理解，但姜埰对宋琬的出仕清朝则似乎不能原谅，往往加以微讽，而且姜埰对宋琬的蒙冤入狱在这多首诗中只字未提。两人貌似亲近的交往之间，往往或隐或显地表现出一种界限，这即是明遗民与新朝官员之间的距离。这是两人交往的一种特殊情态。

六

在本章的最后，我们还要用点篇幅，讲讲姜埰写其他乡人的诗歌。

前面讲到“辛未三仁”的左懋第和沈迅，姜埰都曾为之作传，这些列入《正气集》的文字，我们将在评述其散文写作时再讲。对于聚众起义、誓死抗清而全家殉难的沈迅，姜埰没有诗歌纪其事。而代表南明出使北廷、忠烈感人的左懋第，姜埰却写下了三首诗歌加以哭祭，值得一述。

左懋第，字仲及，因其父墓在莱阳萝石山而取号萝石，其死后即葬于萝石山（今墓址已迁）。左懋第出使一事在清初很有名，专门著述的书籍有《使臣碧血录》等，但姜埰的《左懋第传》是不可替代的作品。诗歌吟咏亦多，许多明遗民甚至一些仕清官员都在写他，将其视为历史上出使的苏武、亡国被杀的文天祥。众多诗歌中，姜埰的祭歌同样也有不可替代的价值。姜埰与左懋第可谓是同学同乡同年同志，少年交好，仕履相近，志趣相投、忠孝之念甚笃。左在出使北廷、自南京出发之前，专门给姜埰写了一封信，现附录于《敬亭集》哭祭诗歌之后。信中吐露忠孝之思，表达必死之志，是极为感人的。姜埰的《和陶挽歌辞哭左侍郎仲及》三首五言古诗，是写于返回莱阳之时，于萝石山上祭奠左懋第墓时所作。诗歌模仿陶渊明，清空一气，明白如话，但沉痛号呼，泣血相告，相当有感染力。值得注意的是，诗除了悼念左以外，姜埰还泣告了自己的生存困境，表白了自己的忠君心意，是面对左墓，对自己坚守遗民气节的一次陈述。第一诗称赞左为是："一自大厦倾，所贵在一木"，是支撑明王朝大厦的一根栋梁。说左死得早，亡国后的好多事情，他已不知道，没有烦忧在心了。"男儿七尺身，如斯乃不辱。君身虽可怜，君心则已足。"说左死得其所，不辱使命，不辱其身。第二首诗在萝石山祭拜："萝石山上去，撮土酹空觞。我酒既已陈，不求君来尝。"写到左的临行来书："昔在建业时，寄书置我旁。书中字字泪，晨曦不为光。"信中透露出他必死的志向。我们重点看第三首，诗云：

> 大风自北来，寒木正萧萧。多少旧坟墓，不知在何郊。独君三尺土，高山共嶕峣。我来拜君墓，手折白杨条。所取非杨条，答赠在今朝。君死则已矣，我生可奈何。我岂贪生流，母老强还家。既为君作传，又为君挽歌。生则托金兰，死当告山阿。

诗开头的大风北来，寒木萧萧，既是写实，也是比兴，是写清人统治，明社已屋。多少人死去，籍籍无名，坟墓不知其所，唯独左的坟墓，与高山共存。左的英名永留人间，其气节与日月争光。我来拜墓，是来答赠。答赠云何？左写书信给姜埰时，姜埰未能回复，此次拜墓，是当作一次回赠。左懋第已身殉故国，而活着的人则如何处世。姜埰说自己不是贪生怕死之人，但未能以死报国者，因有老母在，忠孝不能两全。我已为你写下传记，现在又为你写下这三首挽歌。活着我们是义结金兰的异姓兄弟，我死后也会告知山灵，定当不负死友，不负故国。这是对自己志节的表白，是一种坚定的承诺。姜埰后来所有的行为都证明，自己没有违背承诺、辜负好友，其遗民大节是对得起“辛未三仁”这一称号的。陶渊明有《拟挽歌》三首，姜埰这三首是原韵步和，应该说写来颇受束缚，但三诗写得韵调从容，声情并茂。陶诗是自作挽诗，想象死后情况，诙谐达观，姜诗则真心痛悼，悲从中来，仅仅模仿陶诗语言格调，情感则大不相同。

姜埰还有题为《和韵寄答张太守并叔》[①]的两首七律，是与同乡友人、也是同为遗民的张允抡唱和的诗歌，张原作已不得见。张允抡，字并叔，号季栎。其传记见民国版《莱阳县志》。他中崇祯七年进士，曾任江西饶州知府。莱阳“癸未之难”，张氏一家十七人死难，其惨烈情景与姜埰一家同。明亡后，他也甘心作遗民。“于是诸兄皆亡，只影茕茕，益无聊赖。工诗，善琴，能文章，尤爱山水。足迹所至，遇名胜无不游，意有所会，辄见之篇什。居劳山日最久，诗文亦最多。同邑耆宿宋万柳先生继澄，文名震大江南北，于当世人士少所许可，独引公为同志。”[②]顾炎武游崂山，曾写有《张饶州允抡山中弹琴》一诗，写其“五年作太守，却返东皋耘”，对其遗民志节深表赞赏。末联又说：“我欲从君栖，山涯与海渍。”对他也很推崇，表示愿意与其共隐于山涯海边。王蘧民先生笺注此诗，说“末联应酬，非先生本意也”[③]。此说可商。王先生或以为张允抡名气远不及顾，顾不应有此追随义。实则这是遗民之间的一种相互勉励，出自真诚，非一般应酬语，至于能不能真的相追随，那倒不必认真。从顾炎武

① 《敬亭集》华东师范大学本误为“拜叔”，据光绪己丑山东书局重刊本改。
② 民国版《莱阳县志》，台湾成文出版社 1968 年影印本，第 1367 页。
③ 王蘧民《顾亭林诗笺释》，中华书局 1998 年版，第 396 页。

的诗歌来看，张允抡在山东明遗民中有一定的影响力。姜埰的第一首写道："王父姻亲我外兄"，是从姜埰祖父上论，与张为表兄弟关系。又写"白发萧条游子意，青门寂寥故侯情。"上句写自己远离故乡，作了游子，下句以青门种瓜的邵平比拟张，写其躬耕隐居，"萧条""寂寥"是两人处境与心情之表达。末联云："借问双鱼何处至，叹君辞赋逼西京。"是写两人书信难通，并称赞其辞赋成就之高。我们看其第二首："折得梅花寄一枝，依依云树系相思。百年辽左还家远，万里江南负米迟。风雪满天人命驾，山村拨火客传卮。最怜芳草王孙恨，回首乡关只自悲。"此诗是"和韵寄答"，时姜埰或在南方。首联用陆凯《赠范晔诗》："江南无所有，聊赠一枝春。"寄诗于允抡，表达"云树之思"，写出与友人阔别多年的相思之情。"百年"一联上句用丁令威之典，身处江南，写还乡不易；下句用子路负米典，写自己万里之外，不能养亲。"风雪"一联忆旧，写姜埰返乡时，允抡曾命驾来访，两人于山村温酒叙情。最后一联化用"芳草兮萋萋，王孙兮不归"之句，表达自己不能返乡的悲愁。全诗深情充溢，意韵悠长，看出姜埰与这位有亲戚关系的同乡遗民很有知己之感。

姜埰亡国后侨居异地，未能如其兄姜圻返乡隐居，实有许多不得已的原因。但于故乡莱阳，始终不能忘怀。这里有故国松楸，有父母坟墓，有众多亲人如姊妹子侄，也有一众好友或存或殁，他都牵挂于心，每每借诗歌加以表达。直到康熙十二年病逝之际，他一方面"遗命宣州"，同时还忍痛写下"东望松楸，不胜心痛"八字，于故乡作最后深情之回望，其心之悲苦，令今人思之不觉动容。

第十一章　遗命宣州

一

明朝覆灭、崇祯自缢这种时代巨变，对姜埰的冲击实在太大了。崇祯能够将他从监狱里释放出来，谪戍宣州卫，在姜埰看来，实属皇恩浩荡。国亡君死后，这种先帝的遣戍在他看来是不可更改的宿命。尽管南明弘光帝赦免了他，但他依然认为这不能算数，秉承崇祯遗命，最终到达宣州，成为他念念在心的一种意愿。这在他出都不久，听到北京沦亡的消息后，写的第一首诗《赴戍》中就表达："先皇千滴泪，独在敬亭山。"此后，他从来没有犹疑过，从来没有动摇过，在诗中不断地表达，对友人不断地表白，将自己取号为敬亭山人、宣州老兵、役叟，将自己的居处命名为敬亭山房，将自己的诗集命名《敬亭集》，都是这种意愿的鲜明且坚定的表达。这种意愿贯串了其一生，直到其生命的结束，遗命宣州，死葬敬亭山麓，心愿方成。

在"南明漂泊"一章中曾介绍过，姜埰于乙酉至丁亥（即顺治二年至四年），流转于浙东、皖南一带，后从徽州太平县东还。这些地方与宣州都很近，当时姜埰究竟是否曾到过他的遣戍地宣州？从姜埰诗歌来看，那时他极有可能去过，他的《宣州有感》四首是其康熙六年赴宣州时所作，其二却是回忆当年情况："南国迁流日，西京丧乱年。山城睥睨处，水树隐明边。花树陈梁在，诗名谢李传。只今成浩劫，未觉尽前贤。”从前两句看，他于“迁流”“丧乱”之时曾来过宣州，只是当时避乱仓皇，时世不宁，再加家口众多，需要安顿，他还来不及考虑他个人的末路安排。只有到了晚年，他终归遣戍地的意愿非常强烈，于康熙六年（1667），着意安排了一次宣州之行，亲自来到这里作一次考察。

姜埰之子姜安节所作《年谱续编》于康熙六年即“丁未年六十一岁”时记载:“五月，携弟实节至宣州，与沈征君耕岩暨俞去文、梅古愚复、林子长、吴雨若、詹在右、沈方邺诸公诗文赠答，相得甚欢，自号宣州老兵、又号役叟。方欲结庐敬亭，以终谪戍之命。会安节感鼻衄病危，闻信遄归。有宣州日记、诗集。”姜埰这一次来宣州考察，是要寻找居处，并考察墓地，做长期居住的打算的，是来了结自己“终谪戍之命”的心愿，只是因为儿子安节生病，他才匆匆返回苏州。他这次待了大概相当长的一段时间，此间与一批宣州的明遗民深相交结，诗文赠答，他还有日记作逐日的记录，可惜这日记今已不存，失去了一份绝好的材料，使我们对于他的宣州之行不能有更细致、更深入的了解。他同时编有诗集，但这一独立的诗集现在也已不存，相关的诗歌分体散编于现存的《敬亭集》中。这些诗歌，成为我们了解他此次宣州之行的唯一资料。

《敬亭集》卷一的五言古诗《抵宣州》，是康熙六年刚抵达时的作品。诗云：

昔从歙州还，买船下富溪。行行将何之，言涉行廊西。天涯一送别，手持玉玻璃。六螭骇扶桑，顿辔沉青骊。关辅盛豺虎，泽国飞鹔鹈。老小近百口，肩挑归东齐。足茧卧道旁，草间声凄凄。老亲饥无食，何况子与妻。转眼二十年，辞家纵霜蹄。北亭开水花，眷彼昭与嵇。昔来鬓乍蓬，今来齿半齯。中有二三子，倾盖心相缔。素葵黄鸡熟，邀我醉如泥。戍地君所赐，代异情不睽。麻姑好墓田，夙昔梦见兮。死者我自笑，生者人莫戚。临风重回首，此事堪追携。

诗歌开头回忆当年此地避乱情景，也是曾经来过宣州的证明，但那时似乎只是一次经过，并未驻足。他全家从歙州回来，买船来到富溪乡。此行将去“行廊”之西。当时的朋友，手持酒杯为之送行。可见行止仓促，未能久留。“六螭”四句，写出当时形势。六龙骇于扶桑，马匹顿而不前，盖写鲁王处境之艰难。“扶桑”见《山海经》，在东海之中，鲁王抗清之地在浙东临海之地，故云。“青骊”为骏马之称，“顿辔”为停止不前之貌，“骇”为惊恐之义，“沉”为沉陷之状，两句写出胶着、危急之情势。“关辅”是指京畿之地，此指北京，豺虎喻指清人；“泽国”指南方多水之浙东地区，“鸊鹈”为水鸟，或喻抗清义军之分散状。总之，写出此时鲁王处境之难，抗清形势之艰危且混乱。如此情境下，此地不可居，遂全家返回东齐。返家之路十分辛苦，足上生茧，一家腹饥。以上皆回忆，“转眼”以后，转入写当今。“二十年”者，自顺治四年至康熙六年正是此年数。作者重来此地，有友人相伴，感叹年华已老，齿已半落。宣州之地朋友倾心相接，鸡黍以待，相饮甚欢。“戍地君所赐，代异情不睽”两句最能表达此诗主旨，是此诗落脚处，宣州乃先皇贬谪之地，朝代虽异，感情与主意并不改变。“麻姑好墓田，夙昔梦见兮”两句写出此来之目的是寻找葬地。李白《登敬亭山南望怀古》一诗：“敬亭一回首，目尽天南端。仙者五六人，常闻此游盘。溪流琴高水，石耸麻姑坛。”王琦注引《九域志》：“宣州宣城郡有花姑山，亦谓麻姑山，昔麻姑修道于此上升，有仙坛在焉。”[1]是以麻姑山代指敬亭山，欲在此地寻找墓田，而且这一葬地过去曾多次梦见，心为之向往。如此死法为我之所喜，活着的人莫为之悲戚，说来有陶渊明式的达观。此次回首人生，唯这件事为心中所欲，时时不可忘记，诗歌表达了其最终归葬于敬亭山的夙愿。

《敬亭集》卷一在《抵宣州》诗后，紧接着有《丁未五月一日作》两首五言古诗，颇堪注意。其第一首是在宣州祭奠崇祯皇帝之作。这是姜埰到达宣州后，做的第一件事，是先设祭哀悼先皇，表达其遵命来到宣州之至诚至哀之情。诗云：

> 肃日趋南服，薄言升天陔。东皇奠椒酒，锵锵百神陪。玄化若合契，恍惚云中来。玉堂延虚无，转恐精灵猜。眇眇北渚愁，佚女一何哀。双阙日以远，安能陟瑶台。昔余游阊阖，临绮崇崔嵬。中天遥相望，四角金银开。继明照光宅，膏德沾埏垓。斯事良难有，感时起徘徊。

此事想想颇为感人，一位受崇祯皇帝责罚的老遗民，于国亡后仍遵其遗命来到贬谪地，先祭奠皇帝，表达至情，其忠君之思已是沦脊浃髓矣。诗意颇似屈原《九歌》，亦多用《楚辞》语典。写其白天来到南方，仿佛升上天际，椒酒祭奠“东皇”，看到众多的神灵作陪。“东皇太一”出自屈原《九歌》，为天神，此诗中为崇祯皇帝之代称。“玄化”为圣教德化，写先皇之教化与东皇若合符契，化而为一。恍惚之中，看到先皇与众神翩翩而下，还担心众神猜疑其心诚。“眇眇北渚”用屈原《九歌·湘夫人》的名句：“帝子降兮北渚，目眇眇兮

---

① 王琦注《李太白全集》，中华书局 1977 年版，第 636 页。

愁予。”“佚女”指美女，见《离骚》。此诗多用屈原诗句，不再一一指出。作者在北渚含愁而望，看到美女心中悲哀。此“佚女”也是代指先帝。宫阙日以远去，自己已不能登上先皇所在的瑶台。“阊阖”指天门，“临绮”是临春、结绮二宫阁的缩称，回想过去曾在宫中任职，宫阁是那么高迈。现在于天上遥望，宫阁四周如金银之璀璨，辉光照耀大地。这种光明四照的辉煌是过去明王朝的象征。诗歌最后一顿，作者似乎从幻觉中猛醒过来，此种辉煌已不再出现，感念此时，唯有独自徘徊而已。这首诗迷离惝恍，似神似幻，有点灵魂出窍之感，但却反映了姜埰怀念故明、悲悼崇祯先帝的真实心理。这一题目的第二首，体会诗意是怀念友人沈寿民，这放在下面来谈。

此时所作有《宣州有感》四首五律，四首诗结构近似，都是首联引起，中间两联点明宣州景物，末联表达所思所感。所感内容不外乎隐居志向与乃心宣州之意。第一首诗云："杨柳依稀在，相看一老兵。百年封事意，万里瘴江情。路转双羊迴，楼高两水明。凭将踪迹去，未解此平生。”杨柳仿佛仍如当年，自己与之相看，乃是一宣州老兵矣。这“相看”已是套用李白《敬亭山独坐》一诗中“相看两不厌”的词汇了。“老兵”者，此时姜埰已自称“宣州老兵”。“百年”一联，写出当年因上疏被贬，诗句里隐然有韩愈的影子。韩愈《左迁至蓝关示侄孙湘》有句谓“一封朝奏九重天，夕贬潮阳路八千”，又有“知汝远来应有意，好收吾骨瘴江边。”“路转”一联写宣州风物，“双羊”为山名，是宋诗人梅尧臣墓地所在，写景中隐然有墓字义；“楼高”者，为著名的宣州谢朓楼，为李白写诗所在。“两水明”之景，正是李白《秋登宣城谢朓北楼》诗中所写："两水夹明镜，双桥落彩虹”。末联是说若将宣州之行只看作一次经历，未免太不解自己完成先皇戍命、归葬于此的平生之志了。组诗其二前面已引。第三首："何事缘溪去，悠然转路冥。竹林黄檗寺，风景谢公亭。湖草水全暗，江天山更青。沧洲吾意远，白发况星星。”中间二联写景，切近宣州。末表达隐居已老之义。第四首章法亦极典型：“南陵渔浦地，往事岂堪闻。已是春花尽，何当夕日曛。跳疑猿择木，飞想鹤盘云。遥忆空山里，谁同沮溺群。”首联忆旧，中间两联写景中寓有比兴，春花已尽，日已夕曛，既是时令，也是人生末年之写照。“猿择木”“鹤盘云”是林中所见，亦寓人生抉择后的自由之感。末联写空山无人，谁与隐居遗世者为伍。这组诗集中表达了姜埰在宣州的感受，伫兴思索的情态宛然，且轻快灵动，写景明丽，又极为切题，抒情隐微，而神韵悠然，诗艺甚为高超。

《寓宣州作》三首七律，诗风要特别一些，既学杜甫之沉郁，又学李义山之深隐，所抒发感情仍是吊古伤今，表达要埋骨敬亭山的心愿。第一首为：“仙掌芙蓉耸碧霄，屏开云母欲回飚。遥天清境临山阁，细雨春帆过板桥。十里楼台江淼淼，六朝文物草萧萧。瑶华芳席劳多友，词客羁人未寂寥。”首联写敬亭山貌，“仙掌”“芙蓉”写山为唐诗中屡见，是山高耸入云际。下句用李商隐《嫦娥》诗“云母屏风”之语典，写山如屏风张开，山风吹过。第二联上句境界开阔博大，下句细腻清幽。第三联写景中寓有慨叹，江景渺茫，历史苍茫，打成一片。几乎每个词语都有唐诗出处，化用无痕。最后写此地友人宴饮接待，使自己未感寂寥。第二首首句“睥睨高楼谢朓城”，点出谢朓楼，这是宣州最有代表性的景点，姜埰宣州诗中屡见。末联“渔樵踪迹犹堪伴，潦倒双溪尽此生”，一个“犹”字勾连起当年，此地隐居犹有人作伴，直可长住于此，了尽此生。第三首直接写出“埋骨青山”之“百年心事”，颇可注意，全诗引述于下：

> 野浦飞花接石关，百年心事北楼间。乘舟弄月歌仍哭，破帽单衫往复还。莫向此生愁白发，好为吾骨买青山。石金戴表

皆名硕，吊古临风泪欲斑。

此诗仍以谢朓楼为主，此楼又称北楼，写出百年心事即在此间，即在宣州也。“乘舟”用李白《别山僧》诗“乘舟弄月宿泾溪”之语句，写出歌哭之情，悲喜之态，李白送汪伦诗有“李白乘舟将欲行”句，此处“乘舟”或暗写当年汪生送别事。自己破帽单衫，往还其间。两句写于谢朓楼前流连忘返、百感交集之情状。“莫向”句谓此生已老，不必为白发而愁，要考虑在此处青山买地以葬了，青山自然指敬亭山。“石金戴表”为前代名流硕士，于此地临风凭吊古人，泪痕斑斑。“石金”为明嘉靖间御史，因谏止皇帝迷信斋醮而谴宣州卫，命运与姜埰近似。“戴表”是指宋末元初诗人戴表元，曾因避乱“寓居宣城”[①]。姜埰写到有这些先贤作伴，实堪心慰，而想到同为乱世中的遭遇，则又不禁泪流。这首诗主旨鲜明，全围绕谢朓楼而生发诗意，感情深沉浓郁，风格充实激壮，实为姜埰宣州诗的翘楚。

姜埰的宣州诗作还有两题比较特殊。一题为《寓宣州马氏祠感忆追作》七首七律，全是追忆崇祯十五年在朝任官时陪伴崇祯皇帝，面见圣上，接受赏赐，以及侍奉朝班等事，这些特殊的忆旧诗，与自身经历有关，与先皇有关，写得血泪和流，痛彻肺腑，对先皇的情感充溢其中，读来令人动容。于宣州一地回忆这些往事，意义十分特别，再次证明先皇的谪戍宣州之命不可更改。这些诗的内容第六章已引，不再细述。另一题诗为《登宣州卧佛阁》五律，于佛寺生感，表达对佛教之怀疑态度，可证姜埰至老对佛教疑信参半之态度。诗云：“纤尘望不极，况复四天垂。虚拟斗牛际，经行龙象时。峰文连翠幄，水脉抱清池。一自西来驾，真成象教疑。”四望清澈

① 清光绪《宣城县志》卷二十六《寓士》，黄山书社 2008 年版，第 1113 页。

无尽，四周天幕低垂。想象斗、牛二星宿之间，曾有“龙象”经过。杜甫《所思（得台州郑司户虔消息）》一诗写郑虔居于台州，杜甫表示怀念，末联云：“徒劳望牛斗，无计劚龙泉。”仇兆鳌注“牛斗”为台州分野。宣州分野亦然，此或为姜埰诗所本。“龙象”指佛教高僧，也指帝王，姜埰此处或指浙东监国之鲁王。推测此联是在写浙东地区，当年鲁王均曾经过。三联易解，写山色翠黛，相连成为屏障；河水周流，环抱一泓清池。最后发为疑问：“一自西来驾，真成象教疑。”自佛教西来，所起作用真令人生疑。联系“经行龙象时”一句，姜埰或疑于南明抗清之事，佛教究竟能起什么作用？实在于事无补，姜埰不赞成佛教、不理解佛教之义比较明显。结合前章所述他与熊开元的交往，姜埰于佛教始终未入门，对佛教持不赞同之态度，可谓前后一贯。此次于宣州卧佛阁，亦发为此种疑问也。

收入《敬亭集》补遗中的还有《宣州作》五首七言古诗，篇幅简短，风格独特，颇似乐府民歌。我们先看第四首：“官军买马出关右，眼中万事无不有，昔来强健今衰朽。南山射虎人不知，短衣半臂面脂垢。”从“昔来强健今衰朽”一句来看，也是此次宣州之行的作品。此首写时事。目睹清军买马发兵关西地区，眼中万事丛集，自己衰朽之年，于时事已无能为力。“南山射虎”或仍用杜诗。杜甫《曲江三首》有“短衣匹马随李广，看射猛虎终残年”之句，姜埰此句意为，当年有“南山射虎”之姿态，此照应“强健”；如今“短衣半臂”，面有脂垢，照应“衰朽”，也是慨叹老而无能为也。组诗第一首写听到小鸟当头鸣叫，如夜闻刁斗之声，酒器粗劣，孤居山城。百年魂魄虽在，失意之情黯然。第二首写宣州一带祭社神的情景。第三、五首均像民歌，出之以夫妇比喻，寄托其难掩深情，只能意会，难以直解。第三首诗：“裁书裁作两同心，寄语河伯莫浮沉，后来有鸟多哀音。天南地北千万里，草深兽没那可寻。”裁为同心书，由河伯寄去，书中所言犹如鸟发哀音。相距天南地北，千里万里，而且草深兽没，伊人无法追寻。此人为谁？恐不能作夫妻之情解，唯所比喻之君臣之情方能当得此义，这是中国古诗的比兴传统，如此讲法，想来不至于穿凿附会。第五首意思似乎更明显些。“良人早没妾守志，丁男尺女亦无出，仰天哀号招人议。四角香囊嫁时衣，著向黄泉莫弃置。”亦是以夫妻关系喻君臣关系，先皇已去，大臣守志，如同丈夫已死，孤寡妇女守节。嫁时的香囊与衣服还保留着，要穿着赴黄泉与亡夫相见，不能弃置。如同大臣保持节操，死去才能无愧于先皇。喻义宛然，似无疑义。姜埰的始终忠于崇祯，谨遵先皇成命，这是其宣州诗中一再表达的内容。

二

除作诗外，与此次宣州之行有关，姜埰尚有一篇寓言式散文《汉臣死戍墓记》，很能反映姜埰一贯的志向，并期望后人以汉之汲黯视之，表达自己心目中理想的政治典型。这是一篇极为用心、刻意创作的文字，关乎他自己认为的后世形象，颇值得一述。该文第一节云：

> 宣州敬亭山有田夫耕于野者，穿渠决水，下之，乃古冢，材瓦铜漆宛然。是夜，冷雨泣哭，其声凄壮。田夫恐，急取土掩覆，久之迷其处，只留版石尺许，鹅毛鸟迹，土花古蚀，子孙相守，取以镇物，岁年击剥，不大可辨。后人闻其事，就而读之，择理会文，截续其言，惟世代姓名不详，因称为某先生云。

开头奇异怪诞，颇有点“魔幻”的意味。他是假想若干年后，自己位于敬亭山下的坟墓被田夫无意中“出土”，发现了他的墓志铭。他设想这是一个颇为惊天地、泣鬼神的事情，故渲染气氛为“冷雨泣哭，其声凄壮”，写其棺是“材瓦铜漆宛然”。描写田夫的惊恐亦很形象。坟墓被再次填封，但墓志铭保存了下来，所谓“版石尺许”，其上文字年久剥蚀，乃为“鹅毛鸟迹、土花古蚀”，几乎无法辨识。他想象田夫会将墓志铭视为神物，以为镇宅之宝。只是引起后人好奇，将墓志铭文字梳理解读，才得以了解其生平。这段文字故设迷离惝恍之语，亦真亦幻，乃吸收志怪小说之笔法，若使略后于姜埰的聊斋先生蒲松龄看到，定会相视而笑。姜埰为什么会这么写？盖设想身后事，不能用写实笔法，不得不用此虚拟、荒幻之语也。

接下来的两段，亦真亦幻，虚实相生，隐括其平生经历，人生大节。说虚，是指他将事托于汉代，说实，乃指所叙之事，全为其人生之真经历。这两节实大于虚，真多于幻，是他心目中自己一生之大关键，如中进士，任县令，考核中皇帝亲批“廉循久任”四字评语。如“居谏官五月，条上诸疏”，以及“丞相造为二十四气蜚语”，受杖刑、“幽系请室年余”等，以及“父殉国难烈死”，“弟请代兄治丧不允”，直到“谪戍宣城”。叙述历历，重点极为突出，连熊开元、刘宗周都牵连及之，尽管不出其名，但熟悉其事者一望可知。后写国亡后情形：

> 无何，黄巾寇乱，宗祊不守矣。某先生为两先人治丧毕，屏息深山，焦烂危年，至藜藿不得饱。当时人闻而怜之，赍以钱帛，某先生多谢去。尝过敬亭山，指一地曰：‘君赐也，死当葬此’。是后死事不详，其子即以其地葬之。

这是其颠连浙东一带之困顿实情，但文中避去了他长期寄寓真州、苏州两地一节，避去了他往来故乡莱阳一节，直接到了选择敬亭山作葬地，强调这是君命不可违。“尝过敬亭山”一句，说明此文乃姜埰于康熙六年考察宣州之后所作，若定为即写于宣州也有可能。

文章最后一节，再作荒幻之笔：

> 宋室遗民某读其文，设为虚冢。题曰：“汉臣死戍之墓”。又记先生具疏时，梦某帝坐陵园，左大臣一，袍笏肃立，右虎一，踞帝前。先生问大臣谁人，曰：“汲黯也”。既先生以忤奸直节闻，遂有桥山之痛，岂感而能通邪？

这段文字看似好读，实则不易读懂，有点曲折费解。是“宋室遗民”读了墓志铭后，出于敬慕，又为其设一虚冢，题为“汉臣死戍之墓”，这一“虚冢”似与宣州田夫发掘之冢不是一回事。“又记”者，是补充写出铭文中的内容。“先生具疏时”梦中之情景也甚是迷离，帝坐陵园中，“左大臣一”有交代，而“踞帝前”的“右虎一”，乃何所指，实不易言，或是指周延儒。梦中问大臣为谁？称是“汲黯”。梦中的大臣“汲黯”实则为姜埰自己的化身，自己有被“汲黯”灵魂附体的感觉，他认为这是感而相通的结果。其上疏的结果是“忤奸”，这“奸”似指梦中的“右虎”，大概隐指周延儒。随后就是“桥山之痛”了，即以黄帝宾天喻指崇祯的死亡。

关于这篇文字，似有几点认识可说。

其一，这篇文字同一般传统的散文创作不同，文体虽为“记”，但非纯是纪实，而是托之以寓言。这种写法在古人文集也有，如韩愈的《毛颖传》；明遗民也有用此写法者，如黄周星之《将就园记》等，但毕竟较少。姜埰思想纯属儒家，很少言怪力乱神，他之所以写此类文字，恰好证明了此文创作的刻意、用心，有非写不可的内在需要，就其创作态度而言，这一点应该首先看到。

其二，这篇寓言之文无异于姜埰自撰的一篇墓志铭，他想让后人记住自己的历史形象。姜埰以汉汲黯自比，与他在真州时以文天祥为榜样同一用意，都是在历史上寻找一种可以效法或者可以比拟的政治典型。他题额“芦花草堂”，效法文天祥，是激励自己不向清人屈服，保持气节，乃考虑其将来。他取汉汲黯自比，是突出自己在明朝廷上的无畏上疏，劝谏皇帝一节，认为自己的政治勇气无愧于汲黯，是于自己末年总结其过往。据《史记·汲黯传》记载，汲黯“内行修洁，好直谏，数犯主之颜色”，“好直谏，守节死义，难惑以非”。即坚持正义，敢于直谏，不畏强权等，这些与姜埰有点相似，但其他经历均不相同。取汲黯作比，乃是姜埰突出自己在明朝廷的“直谏”形象。我们前面曾经说过，最早以“汲黯”来比姜埰的是宋琬，还有吴修能诗歌的暗喻，姜埰最终自己也选择了以汲黯自比，以突出其敢于“直谏”的政治品行。

其三，以汲黯自比这一政治隐喻中，实暗含着姜埰对崇祯皇帝的态度与情感。据《史记·汲黯传》记载，汉武帝对汲黯极为器重，屡屡委以重任。如武帝曾称其“甚矣，汲黯之戆也。”武帝对之甚至有些敬畏：“上尝坐武帐中，黯前奏事，上不冠，望见黯，避帐中，使人可其奏。其见敬礼如此。”姜埰用此历史故实时，其内在的心理也是：崇祯皇帝对待自己是赏识，是倚重的，事情坏在权奸手里。所以他在这篇文字中，抨击“丞相某大贪饕”，“丞相激帝怒，下廷尉狱拷治”，将自己受刑下狱的遭遇全归咎于宰相周延儒。应该说，这并不符合事实。“熊姜之狱”的操盘手正是崇祯皇帝，姜埰的政治苦难正是崇祯皇帝加予的。但明亡后，忠君且愚憨的姜埰从不指斥皇上，一再表白皇上圣明，连谴谪也是圣恩广大。他不像熊开元能合乎人情地发泄点私愤。顽固的道德观念使其不顾历史事实，对皇上作出回护，表达遗民的忠诚。也只有写出崇祯圣明，自己的谨遵君命、葬于宣州才具有更大的合理性。

其四，此文中以汉朝喻明朝，以武帝喻崇祯，除了取自汲黯的形象需要外，也自有寓意。清人入主，是胡人政权，是野蛮取代文明，而明朝是驱除蒙元鞑虏后建立的正宗汉族政权。以“汉”喻明，是强调民族主体的正义性。这里《春秋》一书强调的“夷夏之辨”的观念起了作用，而“夷夏之辨”也是明遗民中根深蒂固的思想，主导其民族意识。另外，文中最后“宋室遗民”的出现，也有寓意，姜埰认为，包括自己在内的明遗民群体是足以和宋遗民相提并论的。

最后，姜埰在这篇寓言式的文章中，为何只强调自己在明朝廷中的政治行为，而对自己坚守了三十年的遗民行为与忠贞志节而完全略过，几乎只字不提。或许姜埰认为自己一生最具光彩的是上疏直谏，被后人记住的应是这一忠君形象，至于守节之遗民，乃是忠于君国的自然延伸。再说，明遗民群体庞大，人数众多，但能直言敢谏、匡正国君，行为类似汲黯者能有几人？姜埰不是意识不到自己作为遗民的形象，而是很自信地认识到自己在明遗民群体中的鲜明独特性。其实，经过历史的淘洗，姜埰的价值恰恰反映在明遗民形象上，落脚在明遗民身份中，这是自身评价与历史评价的差异所在。

三

与宣州友人的往来，是姜埰这次宣州之行的重要内容，也是他最感温馨的地方。前述诗句所谓“瑶华芳席劳多友，词客羁人未寂寥”，所谓“北亭开水花，眷彼昭与嵇”，都是这类内容。除了偶有怀念先帝的忧伤、回忆往事的惆怅外，宣州之行的大部分时间心情是愉快的，这也主要得益于与友人的交往，这深化了他对宣州的印象，对宣州一地充满好感。当然，姜埰的宣州交往，几乎全是明遗民。

姜埰所结交的宣州遗民中，以沈寿民最为著名。

沈寿民，字眉生，又字耕岩，江南宣城人。明代仅为一秀才，曾上书弹劾杨嗣昌而一时声名大噪。明末入复社，为骨干成员，曾列名驱逐阮大铖的《留都防乱揭》。明亡后，“耕岩遂不返故园，东迁西徙，入山惟恐不深。瓶粟既罄，采藜藿以续食，有知而饷之，悉行谢绝。曰：士不穷无以见义，不奇穷无以明操。”“乙未（顺治十二年）始返故庐，松菊无存，田园半割。”康熙十四年乙卯病故，终年六十九岁。[①] 沈寿民在明遗民中以固穷苦节著称，与徐枋、巢鸣盛并称“海内三遗民”，在明遗民界实有崇高威望。沈寿民与姜埰的交往，因有共同气节，同声相应，同气相求，且姜埰始终有归命宣州之夙愿，实为极自然之事。

姜埰与沈寿民的相识应该早在南明弘光时期，据其两人诗歌所记，他们曾一同在浙江绍兴避乱。但观姜埰写给沈寿民的诗作，大都在抵宣州之后。姜埰先有《怀沈征君耕岩》一诗，在《敬亭集》卷一紧接《抵宣州》之后，在《丁未五月初一作》一首之前，或即作者抵达宣州即寄怀沈氏，可见两人久已熟知。沈氏在明末即有征召之举，故以征君称之。诗云：“盛夏浩潢潦，泛艇川路仄。所思有

① 黄宗羲《征君沈耕岩先生墓志铭》，转引自钱仲联《清诗纪事 · 明遗民卷》，江苏古籍出版社 1987 年版，第 217 页。

远人，幽窅孰能即。倏看暝鸟归，飞飞似相识。东望沧洲间，烟波淼不极。”盛夏季节，大水浩浩，乘舟欲访，则水路狭仄，则是欲访不能也。姜埰怀念隐居之沈氏，但他避世甚深，所在幽远，不能到达。仰视傍晚归巢之飞鸟，都有相识之感，是欲借飞鸟以传达相思之意。“东望”者，是回望所居的苏州，也是烟波浩渺。两人都深隐于江湖，何时才能得见呢！

《怀沈耕岩》一诗之后即是《丁未五月初一作》二首，第一首是祭奠崇祯的游仙诗，第二首是怀人之作，因首句为“登彼姑山巅，下有君子林”，我们定为怀念沈寿民，因沈氏即隐于宣州之姑山，其诗集即名为《姑山遗集》。诗之前半段写沈寿民隐居情形，写法颇似阮籍《咏怀》，诗有汉魏气韵。“登彼姑山巅，下有君子林。默默不能言，弹此丘中琴。一弹再弹余，安能知其心。殈凤卵应破，养枭无静音。中情结烦冤，避世青萝岑。家乏洊岁业，毛褐寸寸针。头鬓虱处黑，乱发谁为簪。乌生八九子，一一号阳禽。不食上林树，东西各浮沉。”写沈寿民山中弹琴，颇类阮籍《咏怀》诗：“夜中不能寐，起坐弹鸣琴”。是山中隐居、无人知其苦心之状。“殈卵”四句，写其破家，“养枭”写其被恶人中伤，或指被阮大铖陷害之事。“家乏”四句，写亡国居家穷困状。“乌生”四句，写其子女，“阳禽”者，鸿雁之谓也。“不食上林树”，则沈寿民儿子皆不应科举，亦秉承遗民之志也。诗之后半段写姜埰自己，并表达祝愿：“嗟我丁丧乱，苦为羁病侵。回想十年前，筋力已不任。浊酒聊对君，君饮我但斟。公输善制斫，凛此良眦箴。起视颢穹间，歊蒸郁重阴。愿保千年躯，终期共披襟。”叹惜遭遇丧乱，身体已大不如前。想象两人可对饮。“公输”两句写沈氏富有才艺，曾对自己有过劝诫，自己凛然不忘。现在天地之间，炎蒸热气与重重阴气相激荡，是风雷欲来之兆，于此乱世，祝愿两人多加保重，长相陪伴，且推诚相待。诗有期盼见面的表达，也有深切的知己之感。

姜埰五月初一日写诗怀念沈寿民，至五月初四日，沈寿民即闻声来访，姜埰有《和沈耕岩丁未访晤之作》四首五律以记其事。沈有诗作在先，姜埰为和作，沈诗在其《姑山遗集》卷二十九，题为《访姜如农先生城北四首，先生往以直谏赐杖崇祯朝》。我们先论姜埰诗。其一为："吾爱沈夫子，应为千里行。雨中春谷树，画里谢公城。醉月双溪曲，挑灯五夜明。何当栖隐处，一饱露葵羹。"第一句是李白"吾爱孟夫子，风流天下闻"的口吻，写出对沈氏的倾慕，甚且写自己千里之行，来到宣州，就为与沈氏见面。中间二联写景，情与事皆寓景中，会面之欣快可感，挑灯之夜叙，相聚之欢饮，都款款写出。末联写于自己欲归隐的宣州，尚与沈氏能饱餐一顿，知己之遇洋溢在全诗字里行间。第二首与第一首近似，也是首联叙事，中间二联写景，末联言志云："披豁随幽赏，苍龙浴渥洼。""披豁"见杜甫《奉简高三十五使君》诗："天涯喜相见，披豁对吾真。"姜埰这组诗的格调颇似杜甫此诗。仇兆鳌注："披豁，开心见诚之意"。"渥洼"一词多见于杜诗，如其《遣兴二首》其二："君看渥洼种，态与驽骀异。"杜甫多用于写骏马，姜埰以苍龙为喻，"渥洼"指水洼之地。写两人真诚相见，如苍龙之姿也。"渥洼"一词，为沈寿民原诗所用，称道其子"最喜神驹绝，何年出渥洼"。姜埰和诗移称两人为"苍龙浴渥洼"。第三首为："此地何缘见，堪惊白发新。死生犹二老，啼笑总孤臣。薄俗悠悠意，扁舟处处身。遥思重握手，定拟百花春。"写两人相见，白发新生，经历生死，犹存二老，哭笑之间，都是忠于故国的孤臣之情，盖所谈多故国之事也。两人力抗薄俗，四处扁舟隐处，拟想再次相见，一定会是在一个百花盛开的春天。诗末所写，情绪极为乐观，可以想见两人见面时的高兴情景。第四首："与君闲把酒，诗句且相酬。真拟侪鸥鹭，休惊辨马牛。汉庭投匦日，秦望采山秋。旧事堪惆怅，还同范蠡舟。”首联写饮酒唱诗，次联末自注：“时大水”。“马牛”用《庄子·秋水》典，写水大貌。“汉庭”句下自注：“同为抚宁、安远诬劾”，写南明弘光时两人被诬情状。“秦望”句末自注：“同客越”，写南明时期两人同在越地避乱，秦望山在浙江绍兴。这首诗多联系两人行迹来写，有很强的记事性。末联除表达回忆往事的惆怅外，还照应“真拟侪鸥鹭”一句，写两人如同范蠡，泛舟五湖，隐于世间。两位老遗民的情投意合，在诗里作了真挚的表达。沈寿民原诗在前，此为原韵步和，但其流丽畅达之处，不输原唱。沈寿民诗不再具引，唯其每篇诗后均有小注，既可证诗意，也可征两人交往行迹，摘录于下。第一首诗末注为：“登州丹崖山，峭壁千尺，公乡也，今侨寓苏州。”写姜埰国亡后未回乡居住，而是侨寓苏州。沈诗第一首末联为：“明朝是五日，肠断汉枭羹”，可证两人此次见面为康熙六年五月初四日，第二日即端午节。“枭羹”典见《史记·孝武本纪》，裴骃集解引如淳曰：“汉使东郡送枭，五月五日为枭羹以赐百官。以恶鸟，故食之。”是“枭羹”为端午节皇上所赐也。第二首诗末注：“公携次子学在、予携儿埏，各冒雨相晤，公觞余连夕而别。”写雨中两家见面，连续几晚饮酒的情景。第三诗末注为：“嘉靖中石御史金以谏止醮词，谪戍宣州，后百余年公继之，未至而国变告矣。是来将归老焉。曰：君命也，没齿曷敢忘。”这一注可以帮助理解前面所讲姜埰《寓宣州作》七律三首其三“石金戴表皆名硕”一句，是沈寿民将其与石金谪戍宣州相比。并写出姜埰向沈寿民陈述此次来宣州的心愿与目的。第四首诗末注为：“公弘光时同予为抚宁、安远辈五人所诬劾。又先后同避地浙东。又生同庚，昨年并称六十。”[①] 所谓“抚宁”“安远”者，为南明弘光朝抚宁侯朱

① 沈寿民《姑山遗集》，见《四库禁毁书丛刊》集部第 119 册。

国弼，安远侯柳祚昌，是这两人带头诬劾姜埰与沈寿民。总之，这四首诗为两人宣州见面的真实记录，通过其诗，两人会面情景颇能为今天的人们所真切感受。

姜埰尚有《沈耕岩同坐寓邸》一首七绝，也是写于宣州。这首诗讨论到一种宣州酿酒："闻道宣城酿老春，纪翁遗法授何人。只今北郭费家店，镇日沽来懒下唇。"李白有《哭宣城善酿纪叟》一诗云："纪叟黄泉里，还应酿老春。夜台无晓日，沽酒与何人。"姜埰几乎翻用了李白这首诗。姜埰宣州之行诗，多用李白诗典，完全是因为宣城一地的感发。李白于宣州一地，留下多首名篇，如《敬亭山独坐》《宣州谢朓楼饯别校书叔云》等，成为宣州的掌故，故影响姜埰。此首诗可注意的是末句之"懒"字，他与沈寿民于城北寓所相对同坐，全无上组诗之兴致盎然，沽酒之后，也懒得沾唇，此是为何？联系李白诗歌，或是忆及故人的亡逝。但诗中未予明言，不易猜测，只是于论酒之中逗漏情绪，如神龙见首不见尾，七绝诗往往有这种笔法。

最后要讲的是《忽闻沈耕岩欲来吴门，颇不信其说，余适至江北，追绎之余，情见乎词》一诗。初读此诗，我以为是姜埰宣州行之前两人交往的作品，但读其中"见君北楼下，中怀莫能诉"二语，方悟此北楼即宣城谢朓楼，此诗乃姜埰宣州行之后的作品。具体年份的确定可参诗中"别君才三年，怜我婴沉痼"二语，宣州一别，已是三年，则写诗时间在康熙九年，其《年谱续编》于康熙九年记载："客真州甚久，……岁暮还吴"，此诗当即此年作。从诗题来看，听说沈寿民要来苏州，一开始不相信。"颇不信其说"者，是知道沈寿民之深隐，轻易不出外游历。当沈寿民真来苏州后，姜埰又正巧在江北真州，两人未能见面，姜埰甚觉遗憾，方有此追记之作，传达"情见乎词"之深永情感。诗可约略分为五节。前六句为第一节，用词隐约，运用《周易・坎卦》，写出沈寿民所遇之麻烦。"君如在涤牲，几与文网忤。”几乎遇险，最后归于山林，躲过一劫，但已身心俱疲。此或写当年受阮大铖之迫害一事。也可能是写顺治末年，沈寿民之兄沈寿岳涉“通海案”被杀一事。“见君北楼下”以下十句，可作第二节，写与沈寿民北楼一见，此坎坷一节亦未能尽情倾诉。此后沈氏风雨穷居，深隐不出，不与人交。“闻君在潜溪，百里馈酒脯。君视盗泉水，掉头曾不顾”四句，是写其谢绝别人馈赠，保持自己一介不取的清节。这即黄宗羲为沈氏所撰墓志铭中提到的“瓶粟既罄，采藜藿以续食，有知而饷之，悉行谢绝”之事，同时也是“郡守朱元镐曾寄十金，庋置壁中，三年尘甑，未尝发视”一事。“顾念白日疾”以下十句为第三节，写其于乱世中小心翼翼之隐居情态，称道其行为符合处世法度，“君但自彷徨，固合寸寸度”。“忽闻来东吴”以下十二句，是第四节，写听说其来吴门，“颇不信其说”之义。作者不信其来，是因为沈寿民隐居不入城市，“往者入州府，本以老夫故。”三年前入宣州城相见，是因为要见姜埰的缘故。这一次何以远涉来苏州？故姜埰疑而未信也。“忆我见君时”以下至诗末十四句，是第五节，是写此次未见的遗憾，并相约于宣城再会面。“别君才三年，怜我婴沉痼”，或是沈氏听说姜埰身体不好，前来探望。“难为王戴寻，却成杨朱路”，写两人失晤，本为“雪中访戴”之举，却失之交臂，成为杨朱歧路。最后相期再会宣州，“麻姑山南北，许我一弓墓。”宣州本是我的归宿，定会再去相见，“明年桃花涨，行逐渔翁去”，相约明年春天，再赴宣州。《丁未访晤》一诗中曾有“遥思重握手，定拟百花春”之句，这次是重订前约。可惜的是，这种约定始终未能实现，这一次的两人“失晤”，之后大概再无见面，直到两年后姜埰病逝，遗命葬于宣州。宣州是回来了，与沈寿民则是生不能相见了。姜埰殁后两年，沈寿民也与世长辞。这两位真挚相交的遗民老朋友，只能在九泉之下，再去品尝宣城纪叟所酿的老春之酒了。时间是最无情的敌人，对于明遗民，时间之残酷尤其如此，今天读他们的诗文，也常常为此叹惋不止。

四

姜埰在宣州所交往的友人，除沈寿民外，还有几人，在这节里，我们作一个简要的叙述。

其中之一是沈泌，字方邺，他是沈寿民的族侄，沈寿民的《姑山遗集》中称其为“方邺侄”，其父沈寿峣于顺治二年抗清而死。沈泌入清后颇持气节，甘作遗民，同时赋性落拓，喜纵谈天下事，有旁若无人之狂态。其诗才曾得到王渔洋、施闰章的赏识，并为之延誉。其后于沈寿民三十年始卒，享年七十七岁，是明遗民中能得长寿者。姜埰的宣州行，与沈泌相识，姜埰有《沈方邺留饮赋谢》一诗以纪其交往。这首诗颇能写出沈泌的性情与面目，如“人生会面良不难，高谈放意定何处”写其纵论高谈。“要使文章参造化，隐文美刺无不有”写其诗文成就，“明珠出泥甚爱惜，金沙野泽光玲珑。”写其才华之夺目等。写两人会见也颇切合当时下雨泥泞之情境：“黑虹倒飞河伯灾，悬釜那免墙头哀。湿泥堕脚亦不惜，一日须来三两回。”诗中特别提到“宣城沈梅知名久，梅为阿郎沈为舅”，沈为沈泌，梅或为诗人梅庚，两人是甥舅关系，且同时与姜埰有交往。姜埰另有《赠沈方邺》五律一首，也是写于宣州，诗云：“潦途惊水涨，此际喜逢君。回首玉钩上，风流徒尔闻。衣冠一剑合，书翰五湖分。坐觉林塘晚，花丛送落曛。”[①] 从首句写雨后水涨看，可能与上诗写于同时。

---

① 华东师范大学本《敬亭集》误“花丛”为“花业”，据光绪己丑山东书局重刊本改。

首联写相逢之喜。次联“玉钩”指新月，“回首”者，是回想曾经于新月初上时见面，你的风流文才早有耳闻，非指本次会面，因下有“日夕曛”之句，写本次傍晚相会也。此句亦从李白《赠孟浩然》诗“风流天下闻”一句化出。三联写相遇而知音，并相期今后五湖之上书翰往来。末联写此次林塘相会，于花丛中相对而坐至傍晚日落时分，可见相见之愉悦。姜埰大概大沈泌三十岁，二人相契若此，与其族叔沈寿民有关，也与明遗民之间的情感相通有关，同时也是因为姜埰对其诗文才华的赏识而形成如此的友谊。

在《沈方鄴留饮赋谢》一诗中提到的“宣城沈梅知名久”，梅当指梅庚。姜埰有《颂梅母》一诗，题下自注：“文学梅朗三元配”。梅朗中，字朗三，为梅庚之父。梅庚，字耦长，号雪坪，《宣城县志》卷十八有传。“庚三岁而孤，兼少兄弟，家贫，母刘抚以成立，资禀颖异，好读书，博综赅洽，尤深于诗。同里施闰章推许之，名籍籍闻海内。客游京师，一时名公卿无不折节倒屣，至即倾其座人。性狷介，绝不妄投一刺，人益以此重之。领辛酉乡荐，屡困公车。”[1]宣城梅氏是北宋梅尧臣之后人，素以诗学名家，梅庚也是清诗中宣城诗派的代表人物。全诗颂其“母慈子孝”，突出梅庚之读书勤苦，富有才华。诗末写道：“江东老兵身介锱，荷戈往来游江潭，登堂寿母称盍簪。”写自己来到宣城，登堂为其母祝寿。梅庚与沈泌虽同以诗文知名，但梅后来中康熙二十年辛酉举人，不似沈泌有遗民情结。姜埰与之相识时，梅庚尚为一秀才也。

姜埰所交宣州梅氏友人，尚有梅磊，字杓司，号响山，是梅朗中之从弟，梅庚之从叔。梅磊有诗名，一生坎坷不遇，喜好山水之游，明亡后，流寓南京，于康熙四年客死于此。姜埰与梅磊的交往不在

① 清光绪《宣城县志》，黄山书社 2008 年版，第 750 页。

宣城，是在南京。姜埰写有《题梅杓司响山草堂》一首七律，诗大好，颇能写出遗民性情，全引如下：

> 梅生卜筑翠微间，林屋悠悠水一湾。四海交游多白下，三年离别惨朱颜。著书独许寻幽去，买宅何当结伴还。回首先皇严谴日，梦魂尝绕敬亭山。

首联写梅磊于南京构屋隐居，环境幽深静美，翠微之间，绿水环绕。次联写其交游之众，朋友多聚于南京，与姜埰已分别三年未见，可见两人是多年相识。三联写其隐居著书，于此处买宅而居，不知何日能结伴还乡。此"还"乃还宣州之义，故引出姜埰的心愿，即末联所云，回想当年崇祯皇帝严令遣戍时，其梦魂已经萦绕在敬亭山了，仍是对梅磊说出自己的归宿之愿。此诗写于其赴宣州之前，姜埰每遇宣州人，此心愿必对之诉说，是其一生念念不忘之事。

姜埰宣州之行，还结识俞绶。俞绶，字去文，号涧影。《宣城县志》卷十八有传，称其："壮谢诸生业，笃志古学，博览遐搜。随所目涉，辄笔采之，久而成书盈数尺。居宣之西坞，有小园，中为楼，聚先世所藏与己所购典籍充其中，颜曰'父书楼'。为诗古文词不加点，长于叙事，得史汉法，求者踵接，皆弗辞。或意到，则置几园中花竹下，徐步微吟，茗饮数杯，立书十余纸。"[①] 姜埰有《与俞去文》一诗，诗序颇长，也有趣："去文俞子，博物果行君子也。余梦想三十余年，无从把握。丁未夏，作客双羊，俞子徒行出山，流连累日极欢。一日以种菜诗属余识其篇端，余以断绝笔砚，敬谢不敏。时方购郡志不可得，俞子曰：'请以五卷书易君一首诗，何如？'回思穷年孤吟，

① 清光绪《宣城县志》，黄山书社 2008 年版，第 743 页。

谁为知者，以此操得，譬营什一，为鬼所笑，是又何俞子之轻取与也？漫成一绝。”姜埰知道俞绶博学有品行，对之知名已久，但无缘相见。康熙六年的去宣州，俞绶专门出山与之相见，且流连数日。俞绶也素慕姜埰诗名，请其为诗集题诗，姜埰婉辞。此时姜埰正搜求宣州志而不得，俞藏书甚富，遂提出以五卷郡志换姜埰一首诗，此慷慨之举令姜埰稍感意外。没想到有人如此渴求其诗，觉得这一交易仿佛是经商之人而大赚了。他知道俞绶换诗是借口，赠书是真。在俞绶而言，是慕姜埰其人遂求其诗。其诗云：“长夏江村雨后时，水穿竹树自垂垂。凭将便了冲泥去，寄送奚囊种菜诗。”诗写雨后写成诗篇，派仆人踏泥送去，“便了”乃仆人之谓。诗颇为写实，在姜埰诗中不算佳作。姜埰这次以诗换书的确是赚了，但两人之友谊却借这一趣事记录了下来。

姜埰另有《至裘公渡天暑，居人杨氏迎余于家，出浴汤茗果款之》七绝二首，亦是此次宣州之行所作，可见宣州居民待姜埰之热情，为其留下极好之印象。其一为：“宣州城北多水居，裘公渡口雨落余。鼋鼍漏河拟泄汉，鹈鹕跃浪欲衔鱼。”写雨后裘公渡口水势之大，裘公渡口在宣州城北。姜埰宣州诗中多写水状，是此行正逢雨季。其二为：“沙岸萦回渡口村，断桥几曲水当门。夕阳明灭无人处，一带平川没柳根。”亦写水势，但点染沙岸、江村、断桥等景物，并辅之以夕阳明灭之意象，富有生发与包蕴，比第一首要好得多，更耐玩味。全诗纯是写景，而居民杨氏款待之义，亦包含其中，颇有意在言外之神韵，姜埰七绝诗，亦时时臻此境界。

五

我们越来越接近姜埰的“遗命宣州”了。

自康熙六年宣州归来以后，五年时间，他多次去真州，估计是料理房屋、田产等家事，也会与老朋友相会，对此《年谱续编》时有记载。九年的赴真州，还遇到了一些不顺心的事，使其有感于心，觉得真朋友不易得。《年谱续编》于本年记载：“客真州甚久，时有拂逆，因感平生知己，编《嘤鸣录》二十七人。”《诗经·小雅·伐木》篇有“嘤其鸣矣，求其友声”之句，故《嘤鸣录》即友人录，所录二十七人为其真挚之交，应该全是明遗民一辈人。此录今已不存。真州“拂逆”之事也不详，估计是与过去的友人反目，或与田产等纠纷有关也说不定。这一年“岁暮返吴，作《生日诗》，词多幽愤。”六十多岁的人还有如许“幽愤”，可见此“拂逆”之事对其刺激不小。他可能因此而生病。这一年正是沈寿民来吴而其在真州未能见面之时，他回吴后写给沈寿民的诗中，曾有“怜我婴沉痼”的话。这一年他的孙子因病夭折，也使他很是伤心。

康熙十年他再从真州回来，“自是不复出户，惟日思终老宣州。”姜埰似乎知道时日无多，终老宣州的心情愈益迫切了。这一年他“作《敕家集》五言律一百首，有序见志。”但这些诗后来都没有收入《敬亭集》，导致亡佚，今天已经见不到了。从诗集题目来看，应该大多是写家人子弟，嘱托家事，其中应有嘱托儿子不应清人科举等内容。这一年，他“又选己亥以来诗文，题曰《馎饦集》。”“己亥”为清顺治十六年，这一年是郑成功“江上之役”发生的一年，是他真州住宅被战火焚毁的一年，第二年他即全家移居苏州。他的《自著年谱》就止笔于“己亥”这一年，可见这一年对其有特殊的意义。“己亥”以前的诗已经编为《敬亭集》，“己亥”之后的诗他另编成一集，后来其儿子将两集合并，诗歌分体成卷，两集的真面目也就被打乱了。这一年他还著有《纪事摘谬》一书，但也没有留传下来，从书名判断，估计是与记明末史事的诸类书有关，当是摘其谬而加以辨正。《年谱续编》还记载本年，“有当事者慕府君名，书币至殷勤，谢不肯见。”这“当事者”或苏州当地官员。晚年的姜埰志意更坚，不见官员是很自然的事。

这几年他也处理了一些家庭的事情，如他续娶的王氏夫人于康熙五年去世，年仅四十岁。康熙九年他将其安葬在苏州的大石山。这位与他共过患难、且极为能干的夫人去世，应该令他非常伤心，这次安葬也会触动其伤怀。当己亥年秋天其妻带着次子实节冒着危险从真州来到苏州与其会面时，他是多么高兴，曾写有《己亥秋夜闻妻子来吴惊喜有作》一诗记其事，这几乎是姜埰为这位贤妻写的唯一的诗歌。妻子的家世对他有多少有形无形的支持，这也是可以推测到的。妻子的病逝，对他身体的影响，我们似乎也可以想见。康熙十一年，他还做了一件对他来讲很有意义的事情，即在苏州艺圃的池上，新建了几间房屋，他署堂名曰：念祖堂。堂号寄托着他对祖先的怀念，也传达着他对儿孙辈的嘱托。这位早已决定死后不回故乡、不回先陇的老人，深切表达着对故乡、对祖先、对祖墓的依恋与怀想。这一年的十一月，他的大儿媳张氏又死亡，是家庭中的又一件伤心事。到了年末，姜埰不小心跌倒，“失足伤臂”，他大概是骨折了。于是，这位年迈的老人病倒了，从此一病不起。

康熙十二年（1673）的春天，他缠绵病榻，他的侄子等亲人专程从莱阳来探望，他欣慰之余，还能作诗送行。从此就很少吃饭了。到了五月，病情忽然加剧，他自知大限已至，将两个儿子叫到床前，开始作最后的“宣州遗命”。他说：

吾不起矣。念吾获罪先皇，奉命遣戍，遭逢时变，流离异乡，生不能守先墓，死不能正首丘，怀悽于心。故君之命，后虽有赦，不敢忘也。今当毕命戍所，以全吾志。

都说人之将死，其言也善，其实人之将死，其言也哀。姜埰后半生的心事，都汇集于这段话中，相信这样的话他已经为儿子讲过多次，但这一次不同，这是临终嘱托，更为重大。而且这次是要求儿子，将病榻上的他抬往宣州，能在先皇遣戍之地闭上眼睛，是他最大的心愿。这一愿望显然是不可能的，儿子也不能遵命实现了。这段遗嘱写出了他心中的最大痛苦，活着未能守先人坟墓，死了也不能回故乡莱阳，依先陇而葬，这种悲怀时时在心，有谁能够理解？他感觉自己是不孝之子。但君命不可违，即使这君命后来被弘光帝赦免，但崇祯皇帝已为国殉身，无法亲自赦免他，他不敢忘记崇祯先皇之命，否则，死后有何颜面见先皇于地下。不遵遗命，是不忠也。他在不孝与不忠之间曾痛苦地挣扎过，最终是忠君在先，这是一个纯正的传统士大夫的选择，这也是一个的确不能两全的选择，这更是一个令今人悲悯不已的选择。此时，他也知道儿子不可能将其抬往宣州，死在宣州不能实现，于是，几天后，他又对儿子说："吾病既不能往，死必埋我敬亭之麓。"再次叮嘱，语气坚定，不容置疑。说完这段话，他吐了很多血，口吟《易箦歌》一首，这首歌保存在《敬亭集》中，全录于下：

呜呼！丈夫生年不逢时，但遭坎壈当安之。一腔热血洒何地，万种伤心欲诉谁。我今病魔已如此，丈夫处死要自怡。然奈何不死于三十年以前，而荏苒岁月，空怀代马越鸟之悲。南村之梦诚已矣，东望松楸血泪垂。吾亲吾亲，听儿致辞。自今以往，孤魂相随。故乡不可到，死则葬我于敬亭之崎。去家向山丘，永诀从此辞。一路啼猿共明月，看我徜徉自适之。彼山之下，青松几枝。中有白马素车客，吾与风雨晦冥而结相思。

词意悲苦，读来令人触动，但感觉写诗的心绪又极为平和，莫大的痛苦表达似乎使用了极其收敛的笔法。他慨叹一生坎坷，遭逢巨变，一腔热血何处倾洒，万种伤心与谁诉说。这“热血”，这“伤心”，自然都是国亡家破，丧君丧亲。我今病已至此，临死之际，心境要怡然，不要过于悲伤。但他转而又苛责自己，同样是死，为何不死于三十年前的明亡之际？为何不像“辛未三仁”的左懋第、沈迅那样去死，为何不像自己崇敬的师辈刘宗周、黄道周那样去死？责备自己不能为国而殉，去做烈士。而是迁延岁月，苟活于世，空怀“代马越鸟”之悲。《古诗十九首·行行重行行》一诗有“胡马依北风，越鸟巢南枝”之名句,写依恋故乡之意,“代马”即“胡马”(不用“胡”字，恐也有避讳意)。此“代马越鸟”之悲，即怀恋故国故乡之悲。国既不可追，乡亦不可回，只能东望松楸，一洒血泪。他呼唤双亲，表达心声，从今以后，只能梦魂相随。“吾亲”四句，如闻其声，深情无比。他痛苦纠结的内心矛盾向父母哭诉，亦请求谅解。现在要永别家乡，去往敬亭之山丘了。他写出了轻松之感，一路啼猿相伴，明月相随，徜徉漫步，自己到达这里。这敬亭山下，有青松数枝。他想象其间会有白马素车之客，来和他于风雨之夜相会，结为相思之友。“白马素车”指吊客，他相信朋友会来这里凭吊自己。这首临终之歌，仍以埋葬宣州敬亭山为最大满足，视埋骨敬亭为心愿终了之大事。

写完《易箦歌》之后,他又吟出“盖棺三十日,负棺莫栖迟”二句,命儿子安节写下来，这是叮嘱儿子三十日内完成心愿。他又强撑病体，亲自写下“一腔热血，欲洒何地”八个字，这是其《易箦歌》中的诗句。又写下“东望松楸,不胜心痛”,也是《易箦歌》中的词句。这十六字的亲书仍是表达其心中最大矛盾与痛楚。此后，医生开的药他也不吃了，辞色更加平静，开始嘱咐后事细节，要求其牌位不写明朝官名，棺用薄材，不治丧，不做佛事等。六月八日，已是弥留之际，他的舌根已艰涩，言语已不清，仍再三呼喊:“速往宣州！”又让人为之沐浴更衣,自己洗了脸,劝告家人不要哭。其子痛不可忍,失声而哭,他摆摆手说,时候未到。不一会,“明星灿烂,忽降微雨”,姜埰驾鹤西归,“浩然长往矣！”

鸣呼！我们的传主姜埰浩然长往矣！余写至此，亦不禁泪涔涔而下矣！

六

我们再稍费一点笔墨，介绍一下姜埰身后两个儿子的情况。

姜埰去世后，两个儿子即遵命将棺榇运到了宣州，先是择地暂厝，十年后方正式安葬于敬亭山西麓赵子冈之原。其子安节请魏禧写了《传记》，请应㧑谦写了《墓表》，下葬时，又请宣州名士吴肃公写了《墓志铭》。而且还将姜埰的遗齿，归葬于莱阳姜埰父亲的墓侧，并请徐枋撰写了《齿铭》。应该说一切都安排得井井有条，在处理姜埰后事上极为尽心，也显出孝子本色。

姜埰长子姜安节，字勉中。为其父守墓，遂移家并入籍于宣城。清光绪版《宣城县志》卷十五有传。传云:“安节奉遗命扶榇葬敬亭，移家庐墓，又函父生前落齿还瘗莱阳先陇，仍自莱阳迁母榇来敬亭与父同丘，别兆葬焉。人称纯孝，祀孝子祠。安节少颖异，颠沛中不废学，长益工诗古文。顾以累代忠贞，体父志不求仕进，杜门学道。初有契于姚江《传习录》，谓良知之说，直截简易。既而闻袁公白得新安程子上之传，往见之，质辨天泉四语，爽然若失，乃精思有悟。遂弃姚江之学，独以孟子为宗，以性善为主、仁义为要，深造自得，见诸躬行。凡所论撰，一以圣贤为归。其有不合，虽世所诵法，悉抉摘详辨，不肯苟同，尤力排二氏。父执熊开元欲援之学佛，与辨析累日，开元亟叹服，目为孔孟嫡传。学者称兹山先生，著述甚富，见载籍志。”[①] 安节遵父嘱不应科举，不求仕进，专心学问，先是学习王阳明心学，后转入程朱理学，专尊孟子性善之说，既学理明白，又躬行实践。尤其是坚持儒学立场，排斥佛、道二氏，与其父的思想与立场都极为近似。父执熊开元曾想拉他学习佛学，并与之发生辩论，最后折服熊开元。这也与其父颇为相像。其学术著作被《宣城县志・载籍志》记载的有:《古大学志》《中庸衍义》《仰幸录》《孝经正义》《白云集》等。姜埰之孙、安节之子姜本俊，字万选，号慕村。已入庠学为秀才，这个家族开始融入清朝。姜埰曾孙姜承梅，字太原，号椽亭，乾隆九年（1744）中举人，这个家族又开始步入仕途，“任祁门教谕，学问渊雅，尤工古文，士林恒推重焉。著有《东归图诗草》藏于家”[②]。本来“遗民不世袭”，这个家族已经坚持了两代，这已足够了。

姜埰的次子姜实节，字学在，号鹤涧。与其兄安节暂厝姜埰于宣州后，其兄庐墓并移家宣州，他即回到苏州居住，谨守苏州家业，而且其生母王氏的墓也一直在苏州。他也秉承父训，不事举业，以布衣终老。与其兄潜心理学不同，他是以书画见长。他与父亲略有

① 清光绪《宣城县志》，黄山书社 2008 年版，第 403 页。
② 清光绪《宣城县志》，黄山书社 2008 年版，第 403 页。

不同的是，他以书画特长，且以较为丰实的家资，在吴中广泛结交当代闻人，成为苏州一地颇有影响的一位名士。其所交者，有其父执辈遗民如钱澄之、孙枝蔚，也有父执辈友人如宋琬、吴绮等，更有入清后享有大名的文坛人物如王渔洋、施闰章、陈维崧、汪琬等，苏州的艺圃成了当时文人聚会雅集的时尚场所。入清后成长起来的一代年轻人毕竟与父辈有别。王晫《今世说》中关于姜实节一节记载颇见其性情："姜学在尝襆被挟一童子附估人舟，往登洞庭东山。山中多富人，绝不与通刺。相羊僧寺中，见一丐者题壁绝句，异而物色之。得之，延置上座，与之共饮食。丐者不知何许人，顾握姜手曰：'若真知我者。'姜遂大喜。姜名实节，山东莱阳人。为黄门贞毅先生仲子。少不事举子业，独喜为五七言诗。善鉴别书画及周秦以来器物，遇其所欲得，虽昂价以售，不吝也。侨寓吴门，所居位置清洁，日邀致诸名士，赋诗饮酒，尽出其所蓄书画器物，摩挲赏玩移日，抵掌不倦。绝无贵公子骄倨态。虽吴中好事者，亦相顾以为不如也。"[①] 姜实节俨然成为苏州的古董收藏家，可见其家财比姜埰时又有过之，应该说他与姜垓之子寓节一起，把苏州的家业经营的风生水起。姜埰所住的苏州艺圃，也成了著名诗人纷纷题咏的场所，自汪琬作《艺圃记》，并题诗十二章后，当时著名诗人多有和作。孙枝蔚《溉堂续集》卷六《艺圃十二咏》序为："姜贞毅如农先生流寓江南，得吴中文文肃公别业，将以老圃终焉，因名之曰艺圃。今其仲子学在居之。汪民部苕文为作《艺圃记》，继以短咏十二章，其词斐然盛矣。予以戊午五月客吴门，与学在晨夕过从，酒间属予和作，勉如其数。景物之外，不自知感慨之何从也。"[②] 可见和诗多出自姜

① 转引自汪超宏《宋琬年谱》，人民文学出版社 2010 年版，第 21 页。
② 孙枝蔚《溉堂集》，上海古籍出版社 1979 年影印康熙刻本，第 898 – 899 页。

实节主动邀请，实节此举，除记载艺圃外，实有表彰其父清节之意味。王渔洋、施闰章均有《艺圃杂咏十二首》，王题为“为莱阳姜学在赋”，施题“寄姜仲子学在”。体裁均为五言六句之短章，均为应和汪琬之作。吴绮曾在艺圃一日留诗四十首。陈维崧《艺圃诗序》记其事云：“艺圃者，姜如农先生仲子学在所居也。……水木清幽，洲岛闲旷，最为吴中胜处。学在读书其中，旁列古彝鼎，及茶铛酒董诸小物。一日，吾友吴园次过其斋头，顷刻为赋诗四十首，学在梓而传之，并嘱余为序云。”[①]可见姜埰死后、姜实节所居之苏州艺圃在当时的影响力，这种热闹情形为姜埰在世时所不曾有。姜实节的热衷收藏古物，还见于遗民诗人冷士嵋的《文太史椅歌为姜仲子赋》一诗，是写明嘉靖年间文徵明的一把椅子流转情况。据诗中所记，文徵明殁后，椅子传至曾孙相国文震孟，震孟死后到了汪琬手里，汪琬曾经在椅子上写诗作文。汪琬死后，由其子将椅子赠予姜实节。冷诗云：“追维想象前朝物，异代兴亡安可云。此椅虽微百余载，兵火身经几更改。世间无事不沧桑，此物依然尚犹在。嗟君之家向来亦是飘零后，对此能无不怀旧。”[②]这一把椅子串联起百余年的沧桑，也关联到数位名人，最后到了姜实节手里。姜实节对于古物收藏的兴趣，还可见于余怀的《宣德窑脂粉箱歌为莱阳姜仲子作》一诗，写姜实节收藏一件宣德窑脂粉箱事。诗云：“姜郎嗜古多收藏，此箱价重兼金买。”这一可见姜埰之子收藏古物之热心，二可见出此时姜埰之子家资之丰裕。此事喧传一时，李果有《宣德窑脂粉箱记》说：“往余见诸莱阳姜仲子学在所，高二寸许，狭而长，有盖以开阖。广如高之数而少差，长倍之。四角微圆，中有两窦，隔其半为阳池。通体白地青

① 《陈维崧集》，上海古籍出版社 2010 年版，第 295 页。

② 钱仲联《清诗纪事·明遗民卷》，江苏古籍出版社 1987 年版，第 791 页。

花，色泽细润，釉厚如堆脂汁。今归汪子念翼。”又云：“初，学在费重赀以购，贻其姬陈素素。名流如毛西河、吴园次、陈其年、余淡心诸公皆有诗。”[1] 姜实节在苏州的生活富裕程度实超过乃父。姜实节的后人也都开始入学应举。直到其曾孙、也即姜埰的五世孙姜晟，乾隆三十一年中进士，历官至刑部尚书，为一代名臣，这个家族又复归兴盛。

姜埰的去世，特别是其“遗命宣州”的忠君之举，在当时及后世引起了强烈反响，当时众多文人作诗文加以哀悼、缅怀，表彰其志节。再加其二子的着意经营与邀请，后来文人亦多有题咏。姜埰二子将所有悼念姜埰的诗文辞章汇编为《姜贞毅先生挽章》一书，共收录四百余人的作品四百五十余篇，而散见诸家文集的诗文尚有遗漏。此书现藏国家图书馆，未曾再版，不易得见。今有朱泽宝先生论文《明遗民形象重塑的微观考察——以姜埰为例》可以参考。

姜埰去世后，在民间与官方也引起强烈反响。康熙十八年(1679)二月，江南宁国府、宣城县两学生员四十余人联名上公呈，请求将姜埰奉祀先贤祠，当地的学官、知县知府以及江南学政等皆予批准。宣城知县的批文是：“疏抗乾坤之正，浩气常伸；心同日月之光，孤忠亘照。”江南学政的批文为：“正气不磨，公道难泯。”均表彰其孤忠大节。经过时间的淘洗，他的忠节意识被抽象化了，其忠明反清的遗民意识被刻意淡化。康熙二十三年（1684），苏州生员上书请在虎丘建二姜先生祠，以岁时祭祀姜埰与姜垓，江宁巡抚汤斌予以支持，批示：“合行送扁以昭景行，上书‘人伦师表’四字”。祠建成之时，曾为遗民的吴江潘耒有诗记云：“吴门野老多相识，雪涕争看幼妇碑。”“幼妇碑”者，盖指虎丘祠碑文为“绝妙好辞”也，“雪

① 《余怀全集》，上海古籍出版社 2011 年版，第 225 － 226 页。

涕”一词，可见碑文之感人程度，实则是姜埰兄弟之孤忠大节之感人。清初山东安丘人张贞有《虎丘二姜先生祠记》一文说：“时当晦昧，虽圣贤不能自申其道，迨年运既往，事久论定，九首百足之徒，化为飞尘余烬，而君子之道乃常伸于天下。若二姜先生之事，可见矣。”张贞之记道出了时移世变后的道德评价变化，具体的是明之忠臣还是清之忠臣已经变得无所谓，而姜埰所代表的忠君观念已经转变为一种普世道德，上升为一种“君子之道”，为人们所纪念，而这也是当时的清朝政府所乐于见到的。① 也正因为如此，乾隆年间纂修《四库全书》，姜埰《敬亭集》得以入选，未曾似其友沈寿民、熊开元等人的著作遭受禁毁的命运。

姜埰身后，对其忠孝之大节，几乎众口一词予以表彰、赞扬，唯王渔洋对其葬于宣州独持异辞，在其《居易录》中加以批评。王渔洋之批评别有原因，且后世呼应寥寥，赞同者少。此事见本书附录二，此不赘。

姜埰身后忠君形象的塑造，跨越了时代，也代表了他身上体现的普世道德的力量，正所谓公道自在人心，千秋尚不泯没也。

① 此节参考朱泽宝《明遗民形象重塑的微观考察——以姜埰为例》，《文学研究》2016 年第 2 期。

第十二章　姜垓之殇（上）

一

姜埰之事叙完，我们再专门叙述姜垓在明亡后的遗民经历。关于姜垓这十年的经历，我们所依据的史料极少，完整的叙述很难做到。姜垓的诗歌大多散佚，现存的《流览堂诗稿残编》，所保存诗歌分体编排，次序不整，唯有仔细钩稽，审慎判断，方能依据。但除了依靠诗歌纪事作出叙述外，也别无办法。故此章仍以评述诗歌为主，兼叙姜垓之经历，幸好大多数诗歌，诗中有人，诗中有事也。

事情还得从明末说起。崇祯十六年二月，莱阳被清兵攻陷，姜垓父亲抗清而死，是为莱阳“癸未之难”。“季弟坡抱父尸哭被执，复乘夜举火烧敌营垒，为父报仇，寻遇害。女弟及内子孙氏、嫂王氏、弟室左氏、皆烈殉焉。”此时姜埰受杖后仍然关押狱中，姜垓闻讯后上疏，请求代兄系狱，被崇祯皇帝无情地拒绝。姜垓只好自己回家奔丧。其《哀丧乱诗》前有序言，在叙述一家遇难即如上引后，接着说：

> 垓从贼中东奔路梗，间由海舶达青州，登陆抵垩室。呜呼，若非母夫人幸免，垓兄弟岂能延旦夕哉。惨祸之余，士兵乘衅作乱。于是以母命暂营先墓，筑庐其侧，朝夕躃踊。逾四月，

母夫人以黄门难未白，携兄子安节年十一岁，将诣阙为上书请贷。垓奉之行，断葱切肉，价贵不能久居。复偕母妹，徙建康故业。时楚寇方炽，江南煽动，道里悠远，行路蹒跚。仳离在目，摧裂惊心，家国之难，从古所未有也。[①]

此际姜垓独自跑回山东奔丧，一路上被李自成的农民军阻隔，只好走海路到达青州，才回到老家料理丧事。他此时觉得，经过这场大难，若不是母亲还活着，他们兄弟也不能存于世上了。而且莱阳经此大难后，仍有士兵乘间作乱，极不安宁。姜垓奉母命，暂时安葬父亲，自己庐墓守候，早晚哭祭。过了四个月，其母牵挂狱中的姜埰，带年方十一岁的姜安节进京探视，姜垓陪同母亲入京。此时正因北京城中出现瘟疫，姜埰被刑部暂时放出，与母亲得以见面。但十天后又被关押入狱。再加京城物价颇高，不能久居，姜垓就奉母离开京城，欲去南京的“故业”居住。所谓“故业”者，当为姜埰任真州令时所购置，从此一细节，也可看出姜埰兄弟的长远眼光。姜埰《自著年谱》记载此节为：“母弟遂由河道达广陵寓居焉。”至“建康”还是至“广陵”，两者说法不一，“故业”在扬州的可能性要大些。姜垓与其母不回莱阳，而南来至扬州或是南京，然后经无锡又去苏州，是出于对江北形势的清醒判断。此时李自成农民军声势日盛，明王朝岌岌可危，经过莱阳之役后，姜垓与其母已经做好了南迁避难的准备。后来的事实证明，这一打算也是颇具长远眼光的。这一段经历，姜垓的门人何天宠在《姜考功传》中也记载说：“黄门既不得出，先生于是徒跣奔故山，哀毁骨立。太夫人心急子难，同来京师。时

① 姜垓《流览堂诗稿残编》，收入《明清遗书五种》，北京图书馆出版社 2006 年版，第 40 页。引姜垓诗全出于此本，不再另注。

圣怒未释，遂由河路至广陵寓居焉。无何而有鼎湖之变，徙家梁溪，客杨子世愈之阳山。黄门公亦于正月奉谴宛陵，间道省覲，相对饮泣。”① 南来暂寓之地，何天宠亦是记载为“广陵”，与姜埰所记同，或姜垓一时误记耶？除此“寓居”之地略有参差外，其他事实可以参见，南来路线较为清晰。

姜垓的《哀丧乱诗》共九首七律，即写于南奔路上。诗序云：“乃忍泪收声，稿成废卷，用写丧乱之悲，匪徒黍离之感也。”此时为崇祯十六年癸未，组诗反映的时令是自秋徂冬。明王朝虽至危，但尚未覆亡，天下兵荒马乱，写“丧乱之悲”是真，但何至于有士大夫之亡国情绪即“黍离之感”也，则该序言似为后来补记。这组诗既写一家之不幸遭遇，即“丧”；又写天下之兵戈抢攘，即“乱”，多写时事，表达对国家前途的深切忧虑，内容丰富，极为厚重，是极具现实意义的一组诗歌，且显现出非凡的艺术功力。其第一首为：

> 山东河北尽沙场，旧日宗亲半杀伤。白首柴桑朝断火，孤坟血泪夜成霜。仳离犹自存皮骨，饥馑何人假稻粱。离乱保家无善策，忧来不为怨他乡。

此时的山东、河北等地，兵燹之后，满目疮痍，死伤众多，此时蹂躏两地的尚是清兵，莱阳一战，姜垓就死去了六七位亲人，故曰“半杀伤”。“柴桑”一词，习惯上是指陶渊明，此处“白首”或指老父。说父亲本是如陶一类的隐士，居于故乡时常饔飧不继，也惨遭杀害。自己面对孤坟，日夜哭父的血泪化为冰霜。家人分处各地，犹幸而生存，饥饿难耐，向谁能借来果腹之粮。离乱之中，保全家人没有

---

① 姜垓《流览堂诗稿残编》附录，《明清遗书五种》，北京图书馆出版社 2006 年版，第 62 页。

好办法，只能背井离乡，南来避乱，忧虑之中也不敢为怨。末联点出南奔情由为离乱中保全之计。

“丧”与“乱”的主题在这组诗中反复出现，死亡与乱离交织在一起，构成一种言愁说恨的复调式回响，这都源于这个万方多难的时代，家遭大难，又目击时艰，百忧猬集，遂成一组诗之基调。如言“丧”即死亡者，第二首之“最怜岛外传烽火，谁惯城中哭野燐”，写东海之滨的岛外有与清人的战斗，城中死人众多，燐火飘移，如闻鬼哭。第三首之“却因古道看青冢，翻恨连宵梦夜台。”看到路旁的坟墓，想起自己刚死去的亲人，引起愁恨，连续几夜梦到泉台下的亲人。第四首之“累世亲朋唯入梦，四人苫块不同哀”，“不同哀”者，南去亲人中有哭父、哭妇、哭子之不同哀情也。组诗中言“乱”即战乱流亡等，如第二首之“义不保躯全卵翼，羞闻降贼献金银”，写为正义而牺牲，不为保全家室而退却，听闻有人向贼（此指清人）献金银则感到羞耻，写出抗敌中的大义凛然。第三首之“木脱渐随千里尽，雁飞分作几行来”，景中寓情，写出乱离中的逃难。第四首之“赤日当天覆莽莱，督师空费血书催”，写督师领军作战而畏缩不前，即使血书催迫也无济于事等。第五首全以当时战事为背景，写出自己报仇雪恨之意志，诗云：

> 荒草滹沱白昼阴，战场野火障高林。东归父老家何在，北伐□□手自擒。带甲万方多难日，枕戈一片报仇心。龙祠罽幕追焚破，余恨犹衔沧海深。

滹沱河畔荒草遍野，白昼阴暗，战场上野火在焚烧，浓烟遮蔽了树林，这是大战后的情景，当时清人入侵山东、河北一带，这种情景到处可见。家乡莱阳即遭此大劫，欲东归还乡，家已残破，亲人也多已不在，自己欲亲赴战场，手擒敌酋。“北伐”后两空缺字，当是“胡虏”“夷狄”一类的避讳字，入清后被涂抹而不可辨识。到处都是兵甲，真是万方多难，自己也是枕戈待旦，怀有一腔报仇之心。《后汉书·南匈奴传》：“匈奴俗，岁有三龙祠，常以正月、五月、九月戊日祭天神。”此“龙祠”或用此典，指匈奴所在，“闒”指胡人所住毛毡帐幕，将其焚烧殆尽，也难解自己沧海一样的深仇大恨。这首诗写得悲愤填膺，表达切齿痛恨。

组诗第六、七两首写自己南奔避乱途中的艰辛，这种艰辛也伴随着对于时事的忧愤。第六首为“孟冬十月天气凉，旌旗[①]汉寨云飞扬。奔亡间道向南国，收恤投人非故乡。伯子侨佣仅宅庑，少陵落拓移居瀼。年华生长半戎马，愁剪征衣铁裲裆。”首联用“旌旗汉寨”写出明军的气势。次联即写南奔情形，形状苍黄，带领全家投靠异乡。三联“伯子”之典，是指东汉梁鸿，梁鸿字伯鸾，有“侨居作佣”居人“庑下”之经历。此以梁鸿自比，侨居异乡，寄人庑下，“少陵”句亦以杜甫流寓夔州瀼西自喻。末联写半生年华，生长于戎马战乱之中，自己亦有身穿铁衣从戎杀敌之愿也。这首诗首、末联均写国事，中间二联写流亡遭遇，是将个人命运融合于时代苦难之中，所表达的从军复仇之愿，亦仅书生空愤而已。第七首笔法又有变化，全写路上奔波之苦，孩子啼饥，妇女疲惫，自己思亲远行，拖家带口，相当不易。末云：“今朝零落滞河曲，飒飒当风秋可怜”，羁旅途中，秋风吹过，愁怀满胸。

组诗第八、九两首全写国事，整个一组诗章法讲究变化，内容各有侧重。第八首为：“羌狄桑干万马通，归来辛苦雨濛濛。京华衮带青春里，幽陵白蓟园露中。推毂尚须亲锡诏，省灾颇久未还宫。

---

① 《明清遗书五种》本《流览堂诗稿残编》误为“旍期”，据清宣统二年莱阳石印本改。

视师帝命元臣出，诸将从容复论功。”敌为羌狄，地曰桑干，姜垓组诗所针对的几乎全是清人。首联是指为抵御羌狄，万马聚于桑干河一带，军队雨中归来，辛苦异常。时值春日，京城里会聚达官显贵，而明帝陵寝处则白露漙漙，触目凄清，无人顾及。三联写帝王忧勤，下诏出师并行“推毂”这种将帅出征的隆重礼数；皇帝亲自视察灾情，许久未能还宫。此联纯为虚写，歌颂崇祯之为国操劳，实则此时“推毂”“省灾”均无其事也。末联写皇帝视察军队，命令首辅出征，诸将再从容论功，是祝此行有成也。这大概是崇祯十六年四月的清人北退时，“周延儒自请督师”事[①]。实则此役败得一塌糊涂，周延儒丧命也与出师有关，姜垓南行路上，于此未必知情而已。诗歌反映了其对国事的关切之情。第九首写南行路上的另一番心事，诗云：“河梁携手路迢迢，邢卫天寒落早雕。迁土不逢安汉吏，过都再听武昌谣。华夷经画先江统，乡党人伦失许邵。白马素车关塞冷，渔阳东望立青霄。”首联写河梁分别，南行漫漫，邢卫之地已是寒冬天气。“安汉吏”谓三国时人何随，曾任安汉县令，以清廉著称。写南行路上难逢清廉官员。“武昌谣”者，即“宁饮建业水，不食武昌鱼”之谣谚，重在前句，所过之都即南京也。三联“江统”与“许邵”，皆以人名为对，西晋江统曾著《徙戎论》，主张将“戎狄”之人迁出关外，《晋书》称其“《徙戎》之论，实乃经国远图”。上句谓解决“华夷”之类攘外问题，还得先实行江统之策，这是言国事；“许邵”应作“许劭”，东汉末年人，善于品评人物，此处指乡人宋玫等，下句指故乡已失去此等人物，这是言家情。末联“白马素车”为亡者魂魄，“关塞”当用杜甫《梦李白》“魂来枫林青，魂返关塞黑”之语典，写出对宋玫等人的怀想与凭吊。“渔阳”为今天津蓟州区，为唐代安

① 《明史·庄烈帝纪》。

史之乱发生地，此处应指莱阳，因莱阳是清人屠戮之地，故以“渔阳”代称。末句是说东望故乡莱阳，死难诸烈士之魂魄仍然耸立于青霄之上。对其父以及诸友人的死难表达痛心与缅怀，对清人之暴行作了控诉与谴责。

姜垓南行路上的这组诗，最大的特点家国之恨交织，个人命运与时代苦难共绾。其重点不全在南奔路上的经历，而是注目现实，表达出对时局政事的关切，在强烈抒情的同时，对时事作极概括、极简要的表达，这是杜甫现实主义诗歌精神的继承，很有诗史的价值。组诗风格也是杜甫式的沉郁顿挫，颇有凄壮之气，是对次年明王朝的灭亡提前创作的一组挽歌。这应该是姜垓艺术成就最高的一组诗歌。

姜垓南行路上，时时遇到李自成农民军的阻隔，所谓“贼”兵已出没于黄河一带，多亏一位友人此际正担任负责漕运官员，为之提供了帮助，使其能顺利通过。他有《兄被罪幽拘，仆乘间入西曹伺问，及将母南窜，苦贼梗，故友以转漕往来河上，恃之无恐，却赋志感》一诗即记其事。此题共七律二首。第一首以记“转漕故友”为主，次联为“中宵远走怜徐庶，大难西行赖贾彪”。“徐庶”代指自己将母南行，“贾彪”为东汉党人，颇持正义，此指老友，赞赏其帮助自己的义行。末联云：“豺狼格斗飞输急，喜遇功臣首酂侯。”“酂侯”即汉萧何，他为刘邦军队筹措粮草，故以代称负责漕运的故友。称赞其在国家战事中有提供军需的功劳。第二首内容是写“兄被罪幽拘”事，中间两联为“属意安危扶折槛，暂时消长待批鳞。楚亡白璧疑门下，汉起黄巾赦党人。”，是写自己临行之前，担心狱中的姜埰安危，前去探望，以汉代“折槛”之朱云代指姜埰，写其忠为皇帝所疑，并望其兄这位“批鳞”之直臣暂时栖身于此，事情会有变化。“楚亡白璧”当用楚国卞和献璧之典，写忠臣遭疑；“汉起黄巾”

乃用“黄巾”代指当时蜂拥而起的农民军，意为国家危亡之际，会赦免姜埰等人。南行路上对关押在狱的姜埰充满牵挂，亦对其被赦表达了信心，相信姜埰大难不死，兄弟终有相会之日。

姜垓与母亲及家人等历经风险来到了扬州，大概已是年末，此时身处莱阳的长兄姜圻寄来家书，告知他要去京城陪伴狱中的姜埰，等待皇帝的恩赦。姜垓此时写有《流寓广陵家书至，大兄岁暮抵京，在西曹留伴系臣待恩》一诗，仍然表达对姜埰的关切，对皇帝能够释放姜埰的盼望。诗云：“别后谁人为劝餐，乌啼改岁栖南冠。西京贼据三边戍，北地冰深一丈寒。直道皋陶无可祭，当时绛灌亦须弹。转移共向天心见，中夜常从贯索看。”写与姜埰分别后，有谁能劝其好好吃饭，保重身体，唯姜圻此去能对其表示关心。“乌啼”用了唐人张籍的《乌夜啼引》的诗典，张籍诗是写家人盼望狱中亲人归来之意，所谓“少妇起听夜啼乌，知是官家有赦书”。此句言又是一年将至，姜埰仍关押狱中，家人盼其释放。次联写李自成农民军占据西部三关，而北地冰深极寒。“北地冰深”可作两解，一是写清人早已虎视眈眈，正如“冰冻三尺，非一日之寒”；二是写其兄姜埰正在北地狱中，经受寒冷。结合上句“西京”，当以前解为上，写北方忧患，只不过以比兴出之。三联上句写狱中无处可祭皋陶。“皋陶”为尧时的刑官，入狱之人祭皋陶，见《汉书·党锢传》记范滂事，后来宋琬杂剧《祭皋陶》即写此事。下句写姜埰弹劾周延儒等为应当之事，以“绛灌（汉周勃与灌夫）”代指周延儒之辈。末联写天心转移，终是可见之事，半夜之时，家人常常观察“贯索星”，盼望其出狱的消息。“贯索”为星名，主牢狱，《晋书》记载，贯索星共九颗，如其中七星有光，则有赦免之事，故姜垓常望星盼其消息。此诗写其对姜埰的挂念与悬想，盼其早日遇赦，与家人团聚也。

以上即崇祯十六年下半年将母南奔之际姜垓写的诗歌，关注时事，挂念姜埰以及自己全家一路上的流离困顿，成了这一时期诗歌的全部内容。姜垓也借此离开了已是濒临覆亡的北京，躲开了第二年的“甲申大难”，如果不是此次离开，当北京沦陷于李自成之手时，其个人命运还真是很难说。历史的诡异，往往会令人感慨系之。

二

转眼就到了天崩地裂的崇祯十七年甲申了。年初，姜垓在南方，对北京城中的危急情形想必不会太了解，但他时时关注着局势，也会断断续续听到一些消息。这年的春天，他有《甲申春感怀，时闻大驾亲讨》一诗记事。尽管消息不准，但心中仍然充满希冀。诗云：

> 汉武旌旗动石鲸，将兵十万突横行。邀功旧白辽东豕，驻辇新青钜鹿城。日落滹沱移甲帐，天长骠骑列前营。六龙一出明光殿，北斗终年照帝京。

此时李自成农民军进逼京城，崇祯皇帝确有亲征打算，但大臣掣肘，终未能成，只能派昏愦无能的大学士李建泰出征，号称“代朕亲征”，崇祯亲行“推毂”礼送行。李建泰畏敌如虎，迟迟不敢前行，到达保定就被李自成部队俘虏并投降了。李建泰出征时做了一件好事，即请求崇祯皇帝释放姜埰与熊开元出狱。李建泰的“代朕出征”是明王朝的最后一次出兵，他的失败直接导致北京城无兵可守，崇祯无力回天，只能坐以待毙了。姜垓对此并不知情，甚至还不知道姜埰出狱的消息，只是听说“亲征”一事，遂作诗抒发感怀。首联以汉武喻崇祯，写旌旗翻动于宫城，“石鲸”为汉宫太液池中的石雕，此代指明宫。皇帝带领十万兵马出征，写出亲征之气势。二联写庸懦之旧将“邀功”。“辽东白豕”见汉朱浮《与彭宠书》：“往时，辽东有豕，生子白头，异而献之。行至河东，见群豕皆白，怀惭而还。”写邀功诸将皆庸人而已。下句写皇帝带兵驻扎于钜鹿城，是以著名的“钜鹿之战”寄望于此次所谓的亲征。三联仍写军营之阵仗，甲帐驻于滹沱河畔，骑兵排列于前营，给人以一种威武之感。最后表达祝愿，皇帝一出征，消灭敌人，天空明朗，北斗星会永远照耀着京城，从此天下太平。姜垓将这次所谓的“亲讨”看得太容易了，他此时还没有想到明王朝会灭亡得那么快。

此时，姜垓遇到了同乡左懋第，遂有《左黄门奉诏察核留京九江兵饷还朝，相值江上，便道归莱阳，奉赠二首》诗。从诗中看，诗写于二月，距三月十九日的崇祯之死还有一月余的时间。去年秋天，左懋第被委派“出巡江防”，即“察核留京九江兵饷”，到了九江一带。此时左正好返回南京，姜垓与之相遇。左要回北京交差，想先便道回家乡莱阳。殊不知左还未及“还朝”，也未及还乡，甲申三月之变就发生了。南明弘光时，左被派往北京出使，才有了惊天地、泣鬼神的文天祥式的结局。这也大概是姜垓与左懋第的最后一次见面，留下这两首诗。其一云：

> 玉帐牙旗按辔行，战场黄草傍云生。千家河北林巢燕，二月江南雨洗兵。画省夜怀投匭牍，汉庭初筑受降城。孝陵西望飞书檄，弓剑无惊表太平。

首联写左懋第巡江情形，所经之处，战场上黄草弥眼，战云密布。次联上句写河北军队忙于安营，其状如林燕营巢。杜甫有《乘雨入行军六弟宅》一首五律，其次联为："水花分堑弱，巢燕得泥忙。"姜埰诗或用此语典。下句写二月江南正逢下雨，净洗兵戈。唐人岑参有《奉和相公发益昌》一诗，有"朝登剑阁云随马，夜渡巴江雨洗兵"之句，为此句出处，"雨洗兵"有战事尚未波及之义。三联"画省"为尚书省，"投匦"指上疏，上句写朝中官员忙于上疏献策。"受降城"为汉代抵御匈奴所筑，下句指军队筑城御敌。末联写从南京明孝陵西望，羽檄飞驰，战事紧急，切莫惊扰先帝，希望传来的都是有关太平的好消息。"弓剑"一词，见杜甫《送覃二判官》诗："先帝弓剑远，小臣余此生"。诗因左懋第巡江归来，虽写西部战场紧急，但希望能灭敌靖国，尚未意识到明社将屋。第二诗首联亦写军队严整，控制上游。次联写左懋第经历："鞅掌五年三奉使，伶仃一别两经秋。"写左五年三次出使，分别两年后两人再次见面。三联"早逢王导来江左，不令桓温次石头。"希望能有如王导一类的大臣早来驻扎，别让桓温这样的跋扈不臣之人占据南京城，是写出留都形势重要，望早有人撑拄其间也。末联"累臣"仍是指关押在狱中的姜埰，希望左到北京后能捎去信息，寄予问候。可写诗后的月余时间，北京就沦陷，明王朝即灭亡了，左未成行，姜垓所寄望的"表太平""雨洗兵""寄语神州"都已成空。其兄姜埰二月初被释放，即离京赴乡哭祭父亲，然后南奔寻找姜垓，只是姜垓写此诗时，尚不知其具体消息。

接下来的北京覆亡、崇祯自缢，姜垓应该写有一些表达亡国之悲的诗歌，只是都未流传下来。姜垓诗歌亡佚的太多了，现存的《流览堂诗稿残编》真是残留无多，许多重大现实题材的作品未能留传下来，损失太大，实在遗憾，我们也就不能据以作更多的叙述。

魏禧所作《莱阳姜贞文公偕继室傅孺人合葬墓表》一文记载了姜垓听到北京覆亡、崇祯殉国消息后的情形："甲申迁苏州，闻国变，公痛悼不欲生。太夫人日夕守视，凡池井处皆塞其门。傅孺人乘间言曰：君即死，妾有老姑在，不能从。虽然，君官小，又不在位，即无死可也。且闻之忠臣不耻其身之不死，而耻仇之不报。君奈何以一死塞责乎？"[①] 是姜垓初闻消息时，在痛苦中曾有自杀殉国之念，被他的母亲日夜看守，以加防范，甚至有池塘、水井的地方都把门堵上，使姜垓不得有机会投水而死。他的妻子傅氏加以苦劝说：你即使死了，因为有老婆婆在，我也不能随从。再说，你官职很低，现又不在位，可以不必死。另外，忠臣不以不从死为耻，而以不能报仇为耻。现在一死，只是推卸责任的一种行为。妻子这番话真正打动了他，特别是激励其活着报仇，确实正中姜垓心愿，让其能回心转意。妻子是摸准了姜垓的心思的，所以善于劝止。于是他放弃了以死殉国的念头，活下来参与抗清活动。他后来的出仕鲁王，以及做遗民后秘密参加抗清行动，虽然是志向使然，但与妻子这番劝导也有关系。

得知明亡的消息后，姜垓与母亲来到了无锡的友人杨世愈家暂居，此时被贬的姜埰也赶到这里，母子相会，兄弟相聚，其劫后余生的悲情可想而知。何天宠《姜考功传》记载此时情景："无何有鼎湖之变，徒家梁溪，客杨子世愈之阳山。黄门公亦于正月奉谴宛陵，间道省觐，相对饮泣。"这一年的五月，福王在南京即位，年号弘光，南明时期开始了。姜埰兄弟都没参加南明弘光朝的政事，一家人很快由无锡到了苏州。因为在北京时姜垓曾经上疏建议铲除题名碑上阮大铖的名字，阮大铖一直记恨在心，欲行报复，借迫害复社人士"兴大狱"之机，也想逮系姜埰兄弟。但当时南京诸事纷纭，兄弟二人身在苏州，似乎鞭长莫及，所以兄弟二人也没有十分担心，只是

① 姜垓《流览堂诗稿残编》，《明清遗书五种》北京图书馆出版社 2006 年版，第 66 页。

静观事变而已。何天宠记云:“留都肇造，谗人在位，以大狱坐主名，必欲得伯仲而甘心。先生草土之余，栖身垩室，处之坦然。”两兄弟未参加南明弘光政务，对之持观望态度，除了姜埰刚刚出狱，而且还是遣戍人员的身份以外，父亲死去才一年，按传统的习惯还在丁忧期间应该是个直接的原因。尽管弘光帝很快赦免了姜埰，取消了其宣州卫的遣戍身份，但姜埰也未有参加南明政务的心情。姜垓也是如此，父死丁忧的礼教，也使他疏离南明弘光政权。两兄弟似乎有置身事外之感，其实他们都在密切关注局势的发展，姜垓此时的诗歌创作即多以担忧国事、抒发亡国悲怀为主，且把悲愤所指的主要对象指向了入关攫取大明政权的清人。

姜垓《孟冬朔感怀二首》即写于这年的十月初一。所感怀的主要内容是清人占领了北方，从诗中也可以感受到，姜垓比弘光朝的一些官员要清醒得多，当时的主要敌人不再是李自成的残部，而是占据北京的清人。第一首诗为:

> 中原烽火彻滹沱，荆棘宫门返照多。霜雪早飘秦障塞，旌旗长蔽汉山河。营连都护闻笳管，风劲胡儿出骆驼。共道毡乡驰信使，北人依旧学边歌。

中原一带、滹沱河两岸已是烽火遍地，姜垓习用“滹沱”代指北方地区，这成了他诗歌中的一个常见词汇。夕阳映照下的北京城宫门满是荆棘。“荆棘”是常见的亡国词语，西晋的索靖曾指着洛阳宫门的铜驼叹曰:“会见汝在荆棘中耳！”是这个典故的最早出处。“夕阳”一词亦有极强的感发作用，让人联想大明王朝的落日之象。霜雪来自“秦障”，自然指大明亡于李自成，而旌旗遮蔽汉家山河，则移笔指向清人。李自成很快被赶走，而清人的旌旗则遮天蔽日了。第三联的“都护”当指都护府，汉唐以来一直设于西域，现在军营连到都护，到处都是外族的胡笳之声，劲风猛吹之下，胡人的骆驼在四处出动。“风劲”一词也写出胡人的勇猛。末联“毡乡”指清人所占的北方地区，指南明向北方派出信使，但北方依旧是唱着“边歌”，“边歌”非中原之曲，也指清人，此联指北地已染胡俗，信使已难以传达，无法唤醒。全诗下半首集矢于清人，慨叹北方土地已沦于异族之手，此种局面已难于挽回。第二首诗为：

> 河朔纵横虎豹游，上京板籍蓟门幽。射雕风起呼韩部，走马尘封冒顿裘。陵庙青梧华表夜，麒麟黄草石堂秋。先皇遗诏空哀痛，霜露何人拜冕旒。

黄河以北已是虎豹纵横，“虎豹”一词几近骂詈，斥清人之强占也。“上京”一词固然可以通指京城，但此地我以为是地名，唐渤海国以肃慎为上京，在今黑龙江宁安县西南；金代以会宁为上京府，在今黑龙江阿城县南。黑龙江一带为清人发祥之地，此上京即指清人旧地。“板籍”指登记户口、土地的簿册，“蓟门”自然指北京，此句意为清人的人口已遍布北京，使北京一片幽暗，北京土地已入清人版图，成为幽暗之地，北京已为清人占领也。第二联“呼韩”“冒顿”乃以匈奴代指清人，“风起”“尘飞”写其军队侵入状。诗后半段写明陵及崇祯帝。明朝帝陵的夜晚，青梧苍然，华表矗立，麒麟埋没于黄草之中，祭堂亦冷冷清清，无人照看。想到崇祯的遗诏，真是令人悲痛，可是在这个霜露季节，有谁能去拜祭呢？“孟冬朔”即十月初一，亦称寒衣节，自古有上坟习俗，姜垓此时写祭陵，亦与此时日相关。这两首诗痛斥清人，缅怀崇祯，虽然用典，但词意显露，情绪愤激，代表了姜垓对于清人极为仇视的思想意识。

转眼就到了乙酉年的元旦，此为南明弘光元年，清顺治二年，这天姜埰兄弟都有诗，姜埰的诗题为《乙酉元日怀两京》，共二首七律。姜垓诗题为《乙酉元日》，两人第一首为同韵，似有唱和关系。姜埰诗已见前述，这里只论姜垓诗。第一首为：

玉漏迟明万宇通，江关晓丽翠微中。将军卤簿垂南极，侍女椒盘出掖宫。三辅阴成游虎豹，六龙霄殿锁崆峒。应闻宠幸朝正侣，珍重调羹答圣躬。

写于春节的诗，总要有点节日气象。故首联写宫中玉漏迟迟方见明天，万方通达，江关在早晨阳光的映照下，山呈翠色。次联亦写宫中节日情景，将军的仪仗似从南极星垂下，宫女们捧着椒盘出入于两侧的宫房。这些都是姜垓在苏州虚想的宫中情形。但第三联作陡然一转，京畿地区阴霾一片，虎豹在游，北京的宫殿被崆峒封锁，太阳亦不得出。这里略微解释一下典故。“三辅”为汉初设置，指京畿之地，虎豹指清人，已见上诗。“六龙”指太阳，见《淮南子·天文训》：“日乘车，驾以六龙，羲和驭之。”“崆峒”本为甘肃之山名，但据《汲冢周书》记载，也是古代匈奴、楼兰等北方部族居住地，故此诗“崆峒”当指清人。第三联是写北京城之阴郁，与南京宫中气象作强有力的对比，亦是姜埰诗“怀两京”之义。末联仍写南京，闻听近臣正结伴朝见，祝愿他们好好处理政务，来报答皇上。“调羹”出自《尚书》，比喻治理国家政事。诗末貌似颂祝，实际上通观全诗，总感觉有一种微讽在其中，“宠幸”一词也不免带有一定的贬义。如果我们再对比姜埰同题诗之最后两句：“千官依旧朝仙阙，图籍车书可尽同”，感觉兄弟俩的思路如出一辙，都说南明的小朝廷不似北京，其“新正”时节徒有其貌而已，对南明小朝廷都没有信心。

此时马士英把持政权，重用阉党阮大铖，对复社党人加以迫害，福王忙于选妃享乐，不思进取，江北四镇跋扈，史可法驻扎扬州难有作为，姜埰兄弟俩有此感觉不足为怪。第二首大意相同，第一联“万户烟云玉辇遥，景阳钟外马嘶骄。”这里的“玉辇”自然是崇祯之死，有“宫车晏驾”之义。下句用了“景阳钟”也是亡国典故，不是好词。南朝齐的景阳宫楼上有钟，称为景阳钟，这一语典在唐诗里大都为亡国之语，如李商隐的《览古》“长乐瓦飞随水逝，景阳钟堕失天明。”再如郑畋的著名诗作《马嵬坡》“终是圣明天子事，景阳宫井又何人。”第二联仍写宫中的仪仗与御香燃烧，渲染节日气氛。第三联“天远荆扬连障塞，江晴花鸟奏箫韶”，荆扬之地军障相连，军情紧急，而南京这里却于江晴花鸟的时节奏起太平之乐，讽意十足。末联题旨更加显豁，“可怜羌笛吹春急，射猎阴山草欲凋。”这边在过年，而清人却在“射猎阴山”，积极备战，这春日也没有几天好光景了。两诗结合起来读，姜垓对弘光小朝廷的讽刺很鲜明，几乎对之不抱任何希望，差不多预言其好景不长。透过诗句，这兄弟俩对弘光一朝的态度可得而知。

此际与弘光小朝廷发生一点联系，就是姜垓与高弘图的交往了。他写有《赠高阁老》一诗。高弘图，字研文，号硁斋，胶州人。与二姜算是老乡。据何天宠《姜考功传》记载，姜垓年轻时，高弘图对之极为赏识，曾赠诗云“才子早怀青玉案，老人常愧白云心”，对姜垓的文才甚见器重。高弘图是万历三十八年（1610）的进士，于二姜而言，属于老前辈。他为人颇独立正直，政治上既不依附当时东林党人，但也反对魏忠贤的阉党，天启年间被罢官，崇祯初起用为工部左侍郎，又因反对太监插手工部事务而上疏请求退休，被罢职闲居十年。他的赏识姜垓即在崇祯朝罢职闲居期间。崇祯十六年又被起用为南京兵部右侍郎，升迁为户部尚书。弘光朝建立，他先是任礼部尚书，后改任户部尚书、文渊阁大学士，是力持大局、入主内阁的忠鲠老臣之一。因反对马士英、阮大铖，于当年十月辞职离任。此时山东已失，无家可归，乃流寓吴门。后又渡江到了绍兴。第二年五月，弘光朝败亡，他在绍兴的竹园寺绝食而死，身殉南明，是与刘宗周、祁彪佳等齐名的殉国老臣。其生平事迹见于《明史》，亦见于《小腆纪传》《明季南略》诸书。

姜垓的《赠高阁老》一组诗应写于甲申年的十月以后，高弘图退职居于苏州期间。组诗共三首七律，诗中既称赞高弘图的老成谋国之才能，对其不被重用甚感惋惜，同时也对南明弘光朝的前景表示深切的担忧。我们先看第一首：

> 汉家天子改元初，北阙妖氛暗帝舆。白水尽传符命远，商山幸属圣朝余。烽台夜送平安火，江上时闻哀痛书。可惜老臣忧国泪，关河寂寞掩寒庐。

首联以汉代明，天子改元，指福王即位，改年号为弘光。而北都被清人占领，妖氛遍布帝京。“暗帝舆”指崇祯已死，如将“妖氛”理解为李自成军队亦可，但姜垓诗多指斥清人，故此处我以为还是指清。第二联“白水符命”用东汉光武帝刘秀典，刘秀起于青陵之白水乡，故曰“白水真人”。以刘秀喻指福王，冀其能恢复大明基业。刘秀起自南阳，福王来自洛阳，地理上也有一定关系。着一“远”字，意为白水真人的谶语流传久远，但读起来也有福王之靠不住的感觉。“商山”者，用汉之商山四皓代指高弘图，说他是崇祯圣朝有幸为弘光留下的老臣，本该重用。第三联写当时形势的忧危，烽火虽未报急，但江上时有令人沮丧的坏消息传来，形势极其危殆。高弘图本该有所作为，发挥作用，可惜也被罢职闲居，这一公忠体国老臣的忧国之泪，只能满怀寂寞，洒向退隐的寒庐之中了。对高的废而不用，极为惋惜。这样的有为大臣不用于时，姜垓只能是为国痛心而已，因高弘图之罢职，其对弘光朝的失望之感就愈发强烈了。

第二、三首诗意也差不多。第二首下半段云：“去国合为封事上，对棋还见捷书来，谁怜社稷和戎日，辛苦调羹五月回。”写以前高弘图的罢官是因为上谏书，“对棋”以东山再起的谢安喻指高，盼望能有“淝水之战”这样的捷报传来。末联一转，谁知在这与清人讲和的时刻，他辛辛苦苦参与政务五个月又解职闲居了，是惋惜其才未被大用。“和戎日”或指左懋第出使，此行本有谈判讲和之意，高弘图曾予以谋划，姜垓此时或也报有此种幻想。第三首下半段为：“江表公为真宰相，天涯吾是旧衡门。功臣争绘麒麟阁，谁共苍生谒帝阍。”三联上句写高弘图为南明真正的宰相，下句写自己于乱世中流离异乡，而过去也是皇帝身边之人。“衡门”常用的意义是隐居，但也有一义是皇帝身边侍卫之人，此用后者，写自己曾在朝中任职。末联写南明诸臣都在争宠争功，有谁为天下苍生着想，为皇上献计献策呢？借咏高弘图事，指斥南明诸臣自私邀功，不为君王社稷着想，不为天下黎民百姓着想，南明诸臣多非高弘图之类的有为之人，依然表达对南明王朝的失望之感。

南明王朝是如此令姜垓失望，其政治也真是一片混乱。江北四镇的内讧，史可法的无力调度，马、阮等奸臣的专权，再加弘光皇帝的荒淫庸怯等，使其面对江北清人咄咄逼人的进攻而束手无策，这个小朝廷勉强维持一年，就彻底崩溃了。高弘图退居浙江绍兴后，绝食而死，也算有一个忠烈的结果。高弘图死时，姜垓兄弟也在浙东地区，他写了《赠太师大学士吏部尚书谥忠敏高公宏图》一首五古诗加以悼念[1]。诗对弘图一生加以总结，赞扬其忠直个性，并叹惜其仕途偃蹇。诗第一段为："忠敏五朝直，三顾礼长延。先民具典型，一一体刚乾。遐哉昌启代，谒者乘中权。骨鲠驰革舄，偃蹇逾岁年。比谏阻嬖幸，罢官居荒田。垂老典南计，主眷方绵绵。"写其五朝忠直，有刚强之性，泰昌与天启年间，反对宦官专权，仕途坎坷，崇祯朝又谏阻内官，被罢官闲居多年。临老任职南京，崇祯对其颇为眷顾重用。此段简约，概括，全诗将重点放在了他在南明弘光朝的任职与作为上，即第二大段："一旦皇舆倾，神器辱尘烟。攀附龙髯泣，匡辅国鼎迁。哭庙烈八极，发丧告普天。"北京的明王朝倾覆，弘图为之痛哭，作为南明的匡辅大臣，曾呼吁为崇祯帝治丧。"少能裨社稷，遑恤身弃捐。定策托圣绪，择贤心所专，指顾存廓清，伊周会比肩。微闻老忠荩，叩心孝陵前。逆臣假兵柄，异说肆遥牵。窃见向背际，扬羹沸愈煎。廉耻兢冒乱，谯让为甚焉。孤忠奖王室，忤旨非自全。呕血再弥月，乞骸请归还。"所讲多为高弘图南明上疏所主张政事。赞誉其从少即能有功社稷，关键时候能舍身为国。参与定策，与史可法商议选择贤能之主，说他能澄清政治，扶持正气，是能够与伊尹、周公比肩的老臣。也听说其主张在明孝陵边祭祀明朝诸先帝，忠诚之心可感。"逆臣"谓阮大铖，阮掌握南明兵权后，主张翻魏忠贤"逆案"，牵制了高的用事。南明于人心向背之际，内讧甚烈，自相熬煎。廉耻之心被搞乱了，高弘图于此痛加谴责。其一片忠心，为国出力，呕心沥血，但其说多不被采纳，于是上书请退。第三段为："法坐趣北渡，灵旗扬日边。出师痛未捷，瓦解王气偏。庭诤血直视，孱主犹勉旃。翕訾接踵入，投杼何尤愆。群小既

① 据徐鼒《小腆纪传》，高弘图南明时任礼部、户部尚书，未任吏部尚书。另，弘图鲁王监国时赠谥文忠，清赐专谥曰忠直，未有忠敏之谥。其名多作弘图，弘、宏通用。

皆垢，祖灵愤几筵。宫阙委榛莽，戎马塞涧瀍。苟有老成人，未遽轻陷坚。”此段写弘图去而南明亡也。“法座”两句，指高弘图于南明立国之初，“请移跸中都，进山东，以示大举讨贼”[①]一事。弘图主张南明应在凤阳建都，直进山东，北上逼近北京。但此事未被施行，南明毫无进取之志，不久即瓦解了。他当时在朝廷拼死劝谏，无奈君上孱弱，不能采纳，只是慰勉而已。“翕訿”一词，见《后汉书·翟酺传》：“朝臣在位，莫肯正议，翕翕訿訿，更相佐附。”是指朝中多随声附和之人，无人坚持正义，自然会使君王疑惑不定，即“投杼”之谓。“尤愆”者，过错、罪咎也。即君王之疑虑有何过错，此乃回护之语，而归咎于朝中小人。朝中群小如此污浊，会起祖先的愤怒，招致惩罚。于是，北兵逼近，南明溃败，宫阙委于榛莽之中。姜垓认为如果朝中有高弘图这样的老成人主持大局，何至于灭亡得如此之快。此节惋惜老成去国，斥责小人盈朝，误导君王，遂致南明之败局。最后一段写高弘图的殉国，并写及自己的经历。“冉冉姑苏途，悠悠秦望巅。婴病杂仆妾，行李转通廛。公实歌式微，愚亦苦迍邅。间行藉草坐，泪涌如迸泉。六军赍尺书，断流投马鞭。奋舌叱来使，裂书沉越渊。羁魂战场下，忧心余惮惮。何日践胶海，哀陈《薤露》篇。”从苏州到绍兴，是两人共同走过的路程，虽然未必是同行。“秦望山”在绍兴。生病还带着仆妾，行李也转于路上，这也是两人共同的情形。“歌式微”是写高弘图已退避闲居，“苦迍邅”是写自己一路上的艰难。“六军”四句写高弘图拒绝再参加起兵抗清事，《小腆纪传》记载：“既闻芜湖败，刘宗周、熊汝霖议发罗木营兵奉潞藩拒守，弘图叹曰：‘天之丧明若穑夫，徒苦江东父老，有何益？吾筹之熟矣。’乃托其子于

① 徐鼒《小腆纪传》，台湾学生书局1977年版，第133页。

门客海昌谈迁携之去，绝粒死。”[①]高弘图认为此际再奉潞王监国抗清无济于事，只是使百姓受苦，对此自己早就想明白了，对于自己的结局，他也早已想好，在将其子托付给门客谈迁后，就绝食而死。姜垓此诗写高弘图是“沉越渊”即投水而死，乱世抢攘之中，消息或有不准。再联系题目中他将高弘图的谥号搞错，这首诗是闻听高弘图之死后即走笔写成，写得匆迫，有些情况未及核实。“羁魂”两句写自己的魂魄也还飘荡于战场之中，自己整日忧心不已。末言自己何时才能回到高弘图的家乡胶州，为之招魂、祭奠，吟诵乐府《薤露》篇表达哀挽与追思。整诗突出高弘图的南明作为，将其命运与南明国势联系起来，对其作出了极高的评价，对高弘图的悼念也就成了短命的南明弘光王朝的一首挽歌。全诗以叙事为主，强烈的情绪寄寓其中，表现出一种吞吐、压抑的风格。

三

仅仅一年的南明弘光王朝几乎乏善可陈，政事一塌糊涂，烂账一堆，后人往往归咎于奸臣马士英、阮大铖，从悼念高弘图的诗中来看，姜垓当时也是持这种并不全面的看法。乙酉年的五月，清兵南渡，弘光帝仓皇出奔芜湖，王铎、钱谦益等一批大臣出降，这个小朝廷就轰然倒塌了。一些有远见而又不愿归附清人的官员纷纷向浙东一带撤退，力图再举。姜埰姜垓兄弟也早有预见地经嘉兴、杭州到绍兴一带。其长兄姜圻早已接受弘光朝的任命，担任象山知县，也是其兄弟携带其母亲与家眷一路向东的原因之一。此时，杭州的

① 徐鼒《小腆纪传》，台湾学生书局 1977 年版，第 135 页。

一些官员在得知弘光帝被清人俘虏后曾拥戴潞王朱常淓监国，但这位扶不起的阿斗仍然倚重马士英，并派“内奸”陈洪范与清人议和，结果陈洪范与清军勾结，力劝潞王投降。潞王监国了十余天，清兵即不费吹灰之力占领杭州，潞王就树了降旗，成了极为不堪的一段小插曲。潞王投降后，南明的抗清势力分成两部，一是这年六月唐王朱聿键前往福建先是监国，接着即位，建立隆武政权。二是鲁王朱以海于七月初在浙江的绍兴就任监国，形成浙东抗清中心。应该说，明朝官员拥立的这两位君王还是颇有作为，有坚定的抗清复国意志的,抗清形势一时显得有些振奋。但不久“闽浙水火”,两方相争，互不相让，形不成合力，严重削弱了此时的抗清力量。这时姜氏兄弟都在浙东鲁王监国的势力范围中，姜圻、姜垓也都积极参加了鲁王政权，早已担任象山知县的姜圻为鲁王提供粮饷，招募义兵。鲁王又征召姜埰与姜垓任职，姜埰以养亲婉拒，而姜垓此时毅然出山，担任了鲁王监国政权的吏部考功司员外郎，加入了此时火热的抗清斗争。何天宠《姜考功传》记载姜垓这一段经历说：

> 是时河北凤泗，烽火弥天。先生奉母携幼，自苏州达绍兴。州山吴氏、稷山章氏，周旋最久。天宠亦日侍左右，患难与俱。江南不守，先生愤痛填胸，不食者累日，以死自矢；以子寓节属天宠抚全之。及闻行在所，先生杖策往从，擢吏部考功司员外郎。

据姜埰《自著年谱》的记载，他们兄弟是于乙酉年的五月到达绍兴的，客居在友人州山吴元素家，又迁至偁山章开、章闿家，于乱世中受到了友人很好的接待，他们兄弟自然十分感激。“州山”“偁山”是绍兴的两个小山名，成为他们的暂栖之地。在这里他们观察形势，再作下一步的打算。虽然对南明弘光朝非常失望，但其覆亡，也令姜垓十分悲愤，他曾数日忧心不食，做好一死的准备，并且托孤给门生何天宠。听到鲁国在绍兴监国的消息，姜垓就近奔赴鲁王驻所即“行在”，接受征召，担任了吏部考功司员外郎的职务，参与政事。

鲁王监国，仍依明朝廷的官制，设有六部，此时的吏部由户部左侍郎章正宸兼行吏部事[①]，章为崇祯四年的进士，即与姜埰同年，姜埰姜垓客居的偁山章家即是章正宸的本家，姜垓的任职吏部可能与这份交情有关。姜垓所任的“吏部考功司员外郎”为从五品的小官，考功司为吏部考核官员的部门，鲁王监国的小朝廷中，吏部考功司也实无多少事务可干。姜垓在吏部，毕竟接近鲁王，他受到鲁王的信任，可能在出谋划策中有所建议。但姜垓官职较低，鲁王监国为时又不及一年，故正史、野史中都不见有姜垓参与政务的记载。计六奇的《明季南略》一书未记载姜垓，佚名的《海东逸史》也未记姜垓，徐鼒的《小腆纪传》虽有姜垓传记，但多记其明亡前事，于鲁王时仅一语带过。故我们今天对姜垓在鲁王时期的作为几乎没有资料依据可作叙述，只有何天宠《姜考功传》一段记述为：

> 前后条奏诸疏，皆痛哭流涕之音。上每与先生咨问国事，自夜达旦，寻充经筵讲官，凡军旅誓告之文，多出其手。时镇臣某跋扈日甚，先生数见抨弹，群奸衔忌。某尝上疏曰：“朝廷不杀姜吏部，某等不敢进兵。”上以和衷期之，顾谓辅臣曰：“似此才子，独不可官翰林耶？”先生对曰：“戎马在郊，山河一线。臣死罪不能为朝廷效尺寸，奈何自便一官。”叩头流血，寻得报可。既奉使册封，陛辞之日，上挥泪温礼之，洒翰赋诗，诚异数云。

---

① 徐鼒《小腆纪传》，台湾学生书局 1977 年版，第 85 页。

姜垓以吏部考功司员外郎的微职，实际上临时充当了平时翰林官的职能。他一方面上疏鲁王，备陈时事，而且忧虑之中，多痛哭流涕之音，这“痛哭流涕”既是写实，同时也是暗用了西汉贾谊《陈政事疏》的典故。另一方面，凡鲁王之政令文告等，多由其起草。同时还担任“经筵讲官”一职，为鲁王讲解经典书籍，担任御前讲师，但依当时的时局，所谓“经筵”一事，恐成虚设。由于担任此等职务，他与鲁王的关系就非常近，故时常与鲁王讨论国事，甚至有“自夜达旦”之情形，他成了鲁王非常得力、甚为倚重的近臣，其中发挥的政治作用应该不算小。他上疏弹劾“镇臣”跋扈一事，是其在鲁王政权中的一件大事，但诸书失于记载，唯《小腆纪传》有一句为：“大铖谮之方国安，将杀之，垓以奉使获免。”[①]此“镇臣”即时任总兵的方国安。方国安的军队正是鲁王所依靠的力量，其跋扈是出了名的，乙酉年冬十月，鲁王朝有“分地分饷”之争议，即将其浙东地的全部赋税都归于正兵作军饷，而其他义兵只能在此之外，接受富户的临时捐赠以充军饷，引起义兵不满，而所谓“正兵”即方国安、王之仁的部队，义兵为钱肃乐等募集的民间抗清部队，当时为军饷两边相争，《小腆纪传》记载：“交争之，不能平，而国安尤暴横。已正兵并取义饷，致义兵无所仰给，钱肃乐屡疏入告，王不能问。”[②]这一场争执，严重打击了钱肃乐等人所募集兵力的战斗性。我估计姜垓的弹劾即出于此时或针对此事。这体现了姜垓的主持公道，也表现出了极大的政治勇气，因而引起了方国安的忌恨，再加上背后有阮大铖的唆使，方国安才上疏鲁王，以出兵相要挟，要求杀姜垓。幸亏鲁王劝解讲和，强调大敌当前，文武应该团结，再加上姜垓奉

---

① 徐鼒《小腆纪传》，台湾学生书局 1977 年版，第 615 页。
② 徐鼒《小腆纪传》，台湾学生书局 1977 年版，第 85 页。

使出差，如此危殆之事才算了结。当时鲁王是赏识姜垓才华的，建议“辅臣”将其任命为翰林，提拔重用，当时的“辅臣”是东阁大学士张国维、朱大典、宋之溥。姜垓听说此消息后，极力拒绝，甚至“叩头流血”，认为国势如此，自己不宜升官，最终得到了鲁王的允许，此事方作罢。很快鲁王派姜垓去传达“册封”之命，所封何人，所去何地，均不得而知。这一出使，既使姜垓得以免除方国安的威胁，也见出鲁王对之的亲近与倚重。他辞别之时，鲁王挥泪以别，并亲自赋诗相送，何天宠将此称之为“异数”。可惜鲁王的这一诗作也未能流传下来，鲁王的挥泪中除了对姜垓的不舍外，也实为国事忧危所致。我怀疑姜垓这一次离开鲁王的出使，可能没有机会再回到鲁王身边，他与鲁王短暂的政治结缘也因此中止。到了丙戌年（即鲁王监国元年、清顺治三年，1646）的六月，清兵渡过钱塘江，攻下绍兴，鲁王逃到舟山。为期不到一年的浙东鲁王抗清政权就瓦解了，此间姜垓或因出使而躲过这一劫，乘乱逃离。一直到丁亥年（清顺治四年）才回到苏州，隐居下来，甘心作遗民，并暗中从事反清复明的秘密活动。这中间的情形，因为没有文献资料的记述，不能详述，只能推测如此。

姜垓的诗歌散佚严重，鲁王任职时期的大量诗歌都亡佚不存，但有一组十分重要的诗歌却有幸保留下来，可以作为我们分析此期姜垓活动与情感的直接依据，也可弥补史料记载阙如的些许遗憾。这一组诗即《乙酉冬至和仲兄五首》七律。姜埰的五首诗在先，姜垓唱和在后，姜埰诗歌分析已见前，这里仍然专论姜垓诗歌，但兄弟二人诗歌相关，故还要与姜埰诗作联系。第一首为：

大将嫖姚刁斗横，匈奴垂破筑降城。帝天律应黄钟转，神筴文浮宝鼎平。月照龙楼雕雁急，营连榆塞白云晴。宸衷凄怆园陵远，却忆先朝奉使行。

此诗与姜埰诗第三首同韵，姜埰诗首联有“将军新筑受降城”一句，可以参看。兄弟二人写此组诗时，鲁王军队尚可一战，甚至有抵抗清兵的胜利发生，故此诗前六句颇为振作可喜。据《小腆纪传》记载：“（乙酉）冬十月，壬辰，与大清兵战于江上，方国安严阵以待，张国维、钱肃乐等率所部翼后，前锋副将钟鼎新用火攻，首先击杀绯衣大将一，诸将吕宗忠、王国斌、赵天祥各斩数十级，直抵张湾，夺获军械归。连阵十日，诸军皆有功，第七战尤捷，追至草桥门下，会大风雨，弓矢各不能发而退。”① 据陈垣《二十史朔闰表》，“壬辰”为十月十四日，这年的冬至为十一月初，正是上文所记抵御清兵之战后半月余的时间，这是此时的局部形势。首联之“大将”即方国安，写其军队严阵以待情形。“嫖姚”也作骠姚，本指汉代抗击匈奴、获封嫖姚将军的霍去病，此代指方国安，“刁斗”为军中器具，此联上句写出军队之威武。下句以“匈奴”代指清军，写其即将被打败，我军将筑起受降城。第一联写出胜利有望，出师能捷，极有气势。第二联一句写出冬至日气象暗转，宋人朱淑真《冬至》诗有“黄钟应律好风催，阴伏阳升淑气回”的诗句，写冬至是阴伏阳升，淑气潜回之时，或即姜垓此联“律应黄钟”之语典。唐人权德舆写冬至日诗亦有“白雪飞成曲，黄钟律应均”之句，是古人写冬至日每每写到黄钟转律，以喻气象变化。下句也是祝祷之词，“宝鼎”为国家象征，言此时战役之胜可使国家平定，文臣当有文章加以表现。第二联大意是形势好转，平定可期，也即姜埰诗第一首“明堂窃见阳春布”之义。第三联“龙楼”指朝堂，“榆塞”指边关，写月映朝堂

① 徐鼒《小腆纪传》，台湾学生书局 1977 年版，第 85 页。

之下，可见雕、雁等群鸟惊飞，“雕雁”或指军队调动状，而军营连着边关，放眼望去，白云晴空，乃形势明朗之兆。前三联写出军队雄壮，胜机初显，胜利指日可待，第四联作强有力一转，写出鲁王心中牵挂。“宸衷”者，鲁王之心情；“先朝”者，就鲁王而言，此指弘光朝。“奉使”，正指弘光朝曾派左懋第出使清人，有祭陵之命。这联指冬至日，鲁王想起北方的明朝帝陵，心内悲伤，而弘光时曾有奉使祭陵之举，而今则不能，故为之凄怆伤情。再结合姜埰诗歌，这年的冬至日，鲁王曾有祭天祭祖之事，故姜垓诗写到北方帝陵，对已经倾覆的明室表达无限感伤。而这种感伤则冲淡了诗前三联所表达的振奋情绪，使全诗有沉郁顿挫之风致。

> 警跸旌旄尺五间，谁怜雪色穆陵关。四千里外河梁别，十九年中汉使还。传羽戈鋋腾绝漠，吹毛突骑下阴山。即今帐殿趋朝贺，莫道功臣甲第间。

此为第二首，与姜埰第二首同韵。全诗主旨承接上诗末联，乃写左懋第出使。首句写鲁王此日祭祀,侍卫警戒人员众多,都离鲁王很近。杜甫《赠韦七赞善》诗有“时论同归尺五天”之句，其自注为：“俚谚曰：‘城南韦杜，去天尺五’。”“尺五”者，谓离天甚近也。“穆陵关”在今山东临朐县南，此句写冬至日祭祀时，谁会想到左懋第在风雪中经过穆陵关的情形。颔联对左懋第表达怀念并赞誉其忠义如同苏武，“河梁别”“奉使还”均用苏武出使匈奴之典。颈联谓北方土地均为清人占领。尾联语意委婉，与首联相应，谓如今行在宫殿，百官朝贺，不要以为功臣只在当前甲第之间，左懋第这样的忠义之人才是真正的功臣。这首诗对左懋第的怀念之义，为其兄姜埰的同题诗中所未有。

组诗第三首与姜埰第五首同韵。第三诗写鲁王于冬至日颁发新历，君臣同心，有抗清之志。颔联为“书生趋府儒为将，戚畹骖乘主备胡”，写如钱肃乐等儒生为将，鲁王外戚等亦辅佐抗清。颈联“江上元年犹纪鲁，军中赤伏幸传符”，写新历颁发，鲁王为天命所归，有受命之符瑞。第四首写冬至日鲁王宴请元老勋臣等，诸人有临戎出兵之意，并于颈联祝颂：“何日左贤投阙下，旧时英妙出山东。”“左贤”为匈奴左贤王，喻指清人首领，指何日将其擒获，献于宫阙之下。“英妙出山东”一句，典出晋潘岳《西征赋》：“终童山东之英妙，贾生洛阳之才子。”但此处“山东”实指鲁王，以“英妙”称之，谓其乃有为之君主。末联“为伤九庙笳吹乱，迢递西清望欲穷”，仍是注目北京，写明之宫庙为敌所占，北向遥望，感伤无穷。姜垓于鲁王之新气象中，仍时时感伤明朝的覆亡，实欲以复仇之念鼓舞鲁王君臣也。组诗第五首写到个人的任职与家庭的悲伤，较为特殊，全诗引在下面：

> 繐帷冷落为谁开，甲帐朱帘竟可哀。关塞雁鸿逾晚到，孝陵风雨自西来。贾生前席书仍上，第五之官泪欲摧。更荷新恩洒泉路，黄云衰草北邙台。

“繐帷”指设于灵堂的帷帐，自然是指其父的死亡。今日为官，居于鲁王之“甲帐朱帘”处，亦觉得甚为悲哀。冬至时节，北来的鸿雁似乎晚到，迟迟没有故乡之消息；而明孝陵的风雨却自西传来，时时让人感受到亡国深恨。第二联是将国难家仇合写。“贾生前席”是以西汉贾谊自比，表达为鲁王效力之愿，坚持上书言事；“第五之官”，用东汉第五伦之典，第五伦曾受汉光武帝刘秀征召，此以第五伦自比，以刘秀暗喻鲁王，“泪欲摧”，是忧心国事之谓。末联照应开头，写自己深荷鲁王新恩，当报与泉台之下的父亲知道，北望邙台，黄云衰草，苍茫一片，心中有无限悲凉之意。此诗忠孝并写，将对父亲的怀念转化为忠君之勇毅，全诗感慨沉郁，情意浑融，颇成高境。

《乙酉冬至》这组诗，兄弟同题，说明此时姜埰与姜垓相处甚近。姜埰虽未入鲁王朝为官，但从其弟处、或从旁观察，亦熟知此时政治形势，并表达出极为关切之态度。但姜垓与姜埰稍有不同的是，姜垓是鲁王之近臣，较多地写出了亲历其中的感受。如“贾生上书”“第五之官”之类的情感即为姜埰所无。其对一时形势之乐观，对北京故明怀想之悲伤，对鲁王一朝寄予厚望等情感，兄弟二人是相同的。组诗第一首对方国安所寄予的“大将嫖姚”之类的希望，也表明此诗写于姜垓对其弹劾之前，写于鲁王时的“分地分饷”之前。诗中所写鲁王朝的新气象为时甚短，此后内讧加剧，败仗连连，在清人的紧逼下，鲁王一朝并未担当起复明之大任，很快就溃败，姜垓的希望自然成空，他的鲁王朝任职也就随之终结了。

写上组诗后的第二年丙戌，浙东抗清政权即溃散，姜垓因出使未随鲁王入海，转而在天台、雁宕一带躲避。何天宠《姜考功传》说：“自是遂隐于天台、雁宕深处，牧豕拾橡，自号伫石山人。”这时的情境与其兄姜埰略近，唯姜埰由天台赴黄山一带，而姜垓则由天台转而雁宕，行迹不离今浙江台州、温州地区，他在这里待了一年余的时间。其诗集中现存的《九日》《自天台西陆达东阳山》《江外遣愁》《雁山瀑布歌》等诗，都是写于此时。我们选取几首来看一下。《九日》诗云：

> 废井遗墟壮士回，却愁垂老赋天台。千门返照西山绕，万里悲风朔漠来。关塞马嘶何太急，河梁秋色信堪哀。黄花尽溅孤臣泪，汉室旌旗安在哉。

从“天台”一词可以看出此诗作于其流亡天台之际。全诗充满鲁王败后的伤感。作者参与鲁王抗清，以“壮士”自许，现在满眼是战后的废井遗墟，觉得已是垂老之年，流寓天台一带。夕阳返照着天台的千门万户，朔漠悲风卷地而来，皆以比兴手法写出江山已失，清人南来。北来的马在嘶叫，来得何等急骤，河梁一别是那么令人悲哀。这“河梁”之别可以是君臣之别，也可以是与鲁王朝的同僚之别，这种亡国的分别是令人极度哀伤的。最后说，看到重阳节的黄花，觉得尽是血泪溅成，而遥想鲁王治下的“汉室旌旗”又在何处呢？这一个“溅”字，不由得使人想起杜甫《春望》的“感时花溅泪”。杜甫的《秋兴八首》其七有“武帝旌旗在眼中”之句，另《巴山》诗有“狼狈风尘里，群臣安在哉”之句，都为姜垓此诗所本。细读此诗，包括姜垓此期创作的其他诗作，也确有杜甫诗的风味。

姜垓有两首七律诗的作期曾让我颇费思索，但斟酌之下，还是将其作期定在丙戌，这两首诗在《流览堂诗稿残编》中与此期诗歌编在同一卷中。第一首是《临镜忽见白发满头，内子惊叹，仆宁不伤，口号相遣》，如题所言，见到头上忽生白发，其妻为之惊叹，他自己也有感伤，作诗遣怀。此年姜垓年方三十三岁，历经苦难、战乱，使其未老先衰。诗云：“今我春秋未强仕，飘飘郁郁那安眠。系书讵达三千里，杖节何堪十九年。饮食寒衣独余后，儿啼妇走当人前。满头白发特零乱，少壮几时卿自怜。”写自己未至四十，不得安眠，故而衰老。故乡远在三千里外，书信难以寄达。“杖节”一句最可注意，亦是决定此书作期的关键，字面上仍用苏武之典，《乙酉冬至》诗用此典，我定为写左懋第出使，但此句是姜垓自指，姜垓也曾奉鲁王命出使册封，故也可称之为“杖节”，但此时鲁王已败走入海，自己所持汉节如何能如苏武坚持十九年之多，亦悲伤自己经历不及苏武也。则此诗写于奉鲁王命出使以后，与鲁王政府失去联系，正是其丙戌流亡之时。但“杖节”为出使异国之典，姜垓只是奉使册封，何以能称“杖节”？盖此时姜垓所在之地，已沦为清人之手，自己奉鲁王出使未复，处于此地，也可以“杖节”写之。“饥食”一联上句写此际自己少食缺衣，“寒衣”则证此诗写于丙戌冬季；下句写连累妻儿在人前啼哭奔走，写其艰困之情形。最后写白发零乱，少壮年龄，让妻为之怜惜。“卿”则是内人之谓，正用《世说新语》“卿卿”之典，结末即点出诗题所谓“内人惊叹”之义，用以排遣乱世之愁怀。第二首是《寄章台》，此章台我以为是章正宸。台为台官之简称，台官是对宫廷官员的称谓，章在鲁王时为户部左侍郎兼行吏部事，正是姜垓的直接上级，故可称之为“章台”。姜垓兄弟于上年在绍兴时所寄居的章开、章阊家，正是章正宸的本家，故诗中追记在绍兴寄居的情形，首联“山阴冉冉惜征途，每爱君家屋上乌”即指此。第三联“棹从安道幽溪返，酒向知章旧宅□。”上句用“雪夜访戴”典故，写对章正宸之思念，欲像当年王子猷雪夜缘溪以访。下句用贺知章与李白酤酒以饮典故，贺知章是绍兴人，以比同是绍兴人的章正宸，此句所缺之字，我以为正是“酤”字，与本诗所用乌、孤、壶等韵字同为七虞部，但此字无忌讳，不知何故缺失而成空格。这一联用典极为贴切，写出对章正宸之敬重与思念。此诗可能是姜垓奉使出朝后不久所作，表达对章正宸之怀想。章正宸事迹见《小腆纪传》《海东逸史》等，他于鲁王败走入海后的结局诸书多记载为“不知所终”。

《江外遣愁》七律二首虽然仍言愁怀，但于国事之愁中，多言思乡念亲之愁怀，与上述《九日》诗已略有不同。其一云：“烹牛啖彘自须肥，河北健儿春信违。投宿不时辞顿舍，间行几度访慈闱。战伤白骨谁仍在，边塞黄沙客未归。方寸总关徐庶事，啼痕常溅老莱衣。”我定诗作于此时，是因为姜垓自明末南来，即与其母同行，未曾分开过，唯有鲁王败后避乱，他有可能与母亲短暂分开，故诗中有“访慈闱”之语。但“河北健儿”一句不易确解，此时尚有抗清之北方军队耶？姜垓还期待有北方消息传来。此诗第一、三联言国事，二、四联写思亲之情，交叉安排。首联大概写不得北方消息，引起思乡之情。二联写自己避乱投宿的路上，时时欲寻访母亲所在。三联写战后情景，四联写出自己如汉徐庶念母心切，啼痕溅湿衣裳。其二诗意较明爽：“寂寞春郊百战初，江山斥堠入青徐。定多父老长垂涕，岂有亲朋好附书。归去残生牛马倦，病来减食蕨薇余。林间明月孤踪宿，乌鹊犹惊树影疏。”诗写百战之后，江山尽归清人，清人的“斥堠”（此处指堡垒）一直延伸至青、徐一带，家乡也早已入清版图。他想象一定有许多父老长年流泪，也很难有亲朋往来可以捎去书信。自己残生犹在，但身如牛马，已经倦于往来，家乡不易归去了，近来生病，栖于山中，只能采薇而食，且食量大减。“蕨薇”既指山中生活，亦是写遗民心情。林间明月之下，自己一个人栖于山中，月映树影，犹如乌鹊频惊。末句即“月明星稀，乌鹊南飞，绕树三匝，何枝可依”之义，写出山中惊魂不定、不知去往何处之情形。诗中乱离之感十足，思乡念亲之意甚浓，定于鲁王败后流寓天台、雁宕之时所写，或许不误。

姜垓有从天台往西行，到达东阳的一段经历，这见于他的诗题《自天台西陆达东阳山，行二百余里始下竹船，领幼子西来，喜山溪林木之胜，口号示客》，这首诗正如题目所说，愁怀顿去，全写山水之“喜”，诗风一转而为轻快。诗云：“谷口寒崖落照低，芒鞋西去白云齐。楼台每向日边出，鸡犬如从天上啼。愁绪亦知幽兴足，浮家常愿武陵迷。陟巅涉险终无力，草帽重衫付小奚。”夕阳映照着山崖谷口，自己带着儿子一路向西，抬头即是白云，心情自然要舒展、开朗得多。回望东来之路，感觉楼台耸立之间，旭日升起，村落之中，鸡犬之声相闻，此种声音宛如天上。姜垓刚刚摆脱战乱，乍闻此声，恍若隔世。这“鸡犬”之声也引起下文的“武陵桃源”之句。尽管也有乱后的“愁绪”，但欣观山水，幽兴甚足，漂泊不定中也喜欢这种桃源式的环境。最后说在跋涉山路中感觉疲倦，将草帽衣服等俱交给随身仆人，自己一身轻快。经历战乱的生死艰困，这种欣快情感真是难得。姜垓的《雁山瀑布歌》是到达温州之后，观雁宕（今作雁荡）瀑布之惊奇而作。诗开头说：“近见司马孙尚书，为言瀑布天下殊。莫测此水真形状，天台石梁俱不如。”这司马孙尚书即是孙嘉绩，丙戌年五月被鲁王任命为兵部尚书，六月即江上兵溃，他随鲁王入海，卒于舟山。从“近见”一词，可证姜垓与之分手不久，此诗当作于本年下半年。全诗中间部分，全以纵肆之笔、博喻之法写雁宕瀑布之奇：“今我披榛冀一见，颇惊天际云成片。削铁凿空蛟龙吼，补天倾柱银河转。急如震怒掣雷电，缓复凌虚飞霜霰。细如鲛人轻丝绡，粗亦吴江千匹练。”如蛟龙怒吼，似银河倒泻。急势如雷电震怒，缓形似霜霰飞洒。细流时飘若轻丝，洪壮时如千匹白练铺挂。从不同角度描写，穷形尽相加以刻画，颇得诗中赋法之精妙。姜垓倾情注目于此天下奇观，醉心于山水之妙，似乎暂时忘了战乱之痛苦。但诗歌最后一转：“安得张骞奉命出异域，乘槎直上支矶石，天汉欲洗甲兵息。”此用杜甫《洗兵马》“安得壮士挽天河，净洗甲兵长不用”之语，写此瀑布上通天河，愿有人如出使西域的张骞，直达天上，诉诸上帝，让天河倾泻，洗尽天下兵戈，使人间太平。全诗从山水刻画转到了现实情怀，但祝祷的不是洗尽人间的胡虏腥膻，而是兵戈偃息的太平，此时的姜垓大概也感到驱除清兵、恢复大明故土，几乎是不大可能的事情了吧。

姜垓有《丁亥春夏僦居瀔水北郭，闲田佣书，隐名莫或知者，行坐起居不无比兴》一题诗，诗题即是叙事。“丁亥”为顺治四年，这是鲁王江上溃败的第二年，瀔水即衢江，自安徽休宁发源，东南流向浙江衢州，此北郭不知处于衢江的何段，若据何天宠《姜考功传》记其“丁亥自兰江再过姑苏”一语所记，“兰江”为“瀔水”至浙江金华一段的名称，则此北郭即在金华。姜垓此时隐姓埋名，真实身份不欲人知，过着“闲田佣书”的生活，“闲田”为短暂的耦耕，“佣书”则为人抄书，反映了此时姜垓蛰伏、困窘的生活状态。诗有三首，多为比兴，于写景叙事中多寓感慨与志向，这在姜垓是一组很重要的诗歌作品，值得一述。其一为：

> 故人一饭有殊恩，乌噪猿啼亦断魂。屋底青松泉吐窦，眼边黄土泪成痕。不妨纵酒眠云壑，只合携家入鹿门。即墨临淄音信杳，北来风雨暗孤村。

困窘中的朋友一饭，当然被作者视为非同一般的“殊恩”，山村中的乌噪猿啼也让其感到伤心断魂。青松屋底之下，山洞中有泉源流出，隐居之地清幽。但眼前的黄土成堆，埋葬着战后的亡人，也使其流泪不止。战事之后，流荡无依，姜垓觉得不妨纵酒度日，眠于山中。“鹿门”用东汉庞德公携妻子登鹿门山采药不返的典故，写其隐逸志向。“即墨临淄”一词颇可玩味，此用战国时田单复国之典，是写反清复明之势力，一“杳”字写出消息杳然。他于孤村隐居中，时时关心抗清动向，此时鲁王入海，杳无音信；西南永历王朝消息也不易传来，姜垓关注之中，忧心不已，北来的风雨笼罩着这一孤零零的村庄。“北风”的寓意也很清楚，姜垓所居之地已沦于清人之手，故觉北风凄厉。这首诗可注意的地方即“即墨临淄”一词，姜垓心目中仍有田单一类的复国之志也。其二云：

> 中原战骨已成枯，消息茫然客更逋。殊县耕兰香九畹，生

涯对菊种千奴。张楷早驻弘农市，司马亲当卖酒炉。耳热酣歌常不负，总宜春色在江湖。

战后的中原枯骨成堆，即使鲁王短暂统治的浙皖地区，也是一片荒败。自己与抗清的部队失去了联系，消息不通，成了现实政治之外的“逋夫”。“殊县”一联即写其“闲田佣书”之生活。“兰香九畹”用屈原《离骚》“余既滋兰九畹兮”之语，姜垓“佣书”之中或有教书之生计，故有此言。“千奴”为种桔之典，为三国时丹阳太守李衡事,见《三国志·吴志·孙休传》裴松之注引《襄阳记》。如此“对菊”或是“对桔”之误,但查宣统二年石印本《流览堂残稿》此句仍是“对菊”，不宜妄改。“对菊”则用陶渊明事，姜垓将二典合一，写出自己的“闲田”生活。张楷为东汉末人，隐居弘农山授徒，此句承接“兰香九畹”，写其佣书授徒；“司马”为司马相如，写其不得志时当垆卖酒（此句炉或为垆字），两句亦写其隐居孤村之“闲田傭书”之困窘生活。末联写其酒酣耳热之际，不负江湖春色，其壮怀与抱负，亦不觉流露于诗末，令人想见其困厄中掩抑不住的豪气。

第一,二诗多写其山村处境，以比兴写出潜藏胸中的志向，第三首则情思更为深厚，诗境拓展得更为广大，对南明永历王朝更为关注。首联“一月中无一日晴，严陵江外钓竿轻。”写天气之阴雨幽暗，亦是时局的比兴。严陵江即富春江，瀫水下游即汇入此江，为东汉初严子陵钓台所在,此写自己有如严子陵隐居之志也。颔联“西郊岂见紫骝出，南国今多红豆生”，指此地已无抗清部队出没，而南国春意初生，自己红豆相思之情甚浓。“红豆生南国，春来发几枝”，此南国为永历王朝之象喻,表达心向南国,也即心向永历之情愫。“新市征兵”用反抗王莽的绿林起义军“新市兵”的典故，此时永历王朝多用李自成残余部队，用“新市兵”典可谓恰切，“壮举”则赞誉其声势之壮；“武溪吹笛”实用杜甫《吹笛》一诗，杜诗有“胡骑中宵堪北走，武陵一曲想南征”两句，为此诗所本。写永历的军队之雄壮，能令胡人败北。此时的姜垓，将“即墨临淄”之复国志向全寄托在南明永历王朝身上，故于此际遥望南天，表达“红豆相思”情感。末联说自己身处孤村，放眼关河，仍见干戈遍地，仍为万里之外的雄壮旌旗而心动，向往不已。这组诗于孤村“行坐起居”之余，仍然不忘国事，注目南明永历王朝的抗清大业，以比兴手法表达满腔激情。类似的主题，其兄姜埰也有过，但往往托意隐微，不如姜垓之饱满充沛与直接显露。

姜垓蛰居兰江时期，尚有三首诗，现存宋弼《山左明诗钞》一书，未收入《流览堂诗稿残编》，这即《兰江岁宴杂感二首》和咏物诗《柳》。前二诗主要反映此际姜垓的生活情景，其一云：“屠钓非劳事，佣书旧隐流。齐城还渺渺，越水自悠悠。笋鲙思供母，风尘苦系舟。抨力辞故友，壮士最淹留。”他隐于“屠钓”，又从事“佣书”之生计，处于越地，则时时遥望齐城，表达思乡之情。困窘中有笋鲙之物就供养母亲，则此时母亲与其同住金华一带。“抨力”一词诗中少用，或有讹误，不甚能解。“辞故友”者，即辞别鲁王监国一朝中之同僚，自己身为壮士，只能淹留于此，诗中表达无奈之情绪。其二诗为：“未遇孙登啸，犹工庾信哀。残花三载过，归雁数行来。刀尺寒衣改，关楼暮角催。妻孥回首地，翻恨别天台。”首写自己未能像西晋孙登隐于苏门山那样长啸抒发心中郁闷，只能像北周庾信写下亡国思乡的哀辞。“残花”“归雁”借时令景物，表达哀伤情绪，“三载过”自甲申明亡至此，已是三年；北来的大雁，也无故乡或故国的消息传来。关楼傍晚的角声，似催促人们准备寒衣。则此诗写于丙戌年的秋末冬初，可约略推知。末联写妻与子都以此地生活为苦，认为还不如在天台时。《柳》诗为：“正月兰江曲，回头柳色新。

不愁关塞老，忍忆灞陵春。草木魂沾地，山河泪沾巾。御沟两行树，恨别属何人。”诗应写于丁亥年正月，新柳初茁，触景生情，借物兴感。“灞陵”为汉文帝墓，以代明帝王陵。李白《忆秦娥》词有“年年柳色，灞陵伤别”“西风残照，汉家陵阙”之句，唐人吴融《咏柳》有“灞陵千万树，日暮别离回”之句，李商隐有《及第东归次灞上，却寄同年》诗，有“灞陵柳色无离恨，莫枉长条赠所思”之句，是“灞陵”与柳有关，唐人常用。写自己不忍心睹新柳而思故君也。“草木”一联最为沉痛，伤情之感尽出。末联暗用隋堤柳树之典，写出“恨别”之义，此“恨别”即与鲁王朝分别，写自己未能随鲁王一起渡海而去的怅恨。从诗中所写时令看，其写作时间应在上述《丁亥春夏僦居瀫水北郭》三首以前。

自丙戌年至丁亥春夏写的这数首诗，是姜垓现存诗歌中离开鲁王，流亡于浙东地区的一组创作。此后不久，姜垓即离开这一带，回到苏州，开始了其遗民生活。这一时间也和其兄姜埰回到扬州时间基本重合。只是姜垓的遗民生涯要比姜埰短暂，此后他只活了六年多的时间，就因病去世于苏州。

四

姜垓至迟在丁亥年（顺治四年，1647）夏，即由浙东地区辗转回到苏州定居下来，此年姜埰亦定居于真州，兄弟两人都结束了南明的漂泊，开始了真正的遗民生涯。兄弟二人的生活也颇为近似，即交友、返乡以及江南江北的游历。他的结交以苏州为中心，以江南遗民居多，所交除遗民朋友外，与“贰臣”和清朝新贵的交往也都有，这一点也与其兄姜埰类似。唯有一点不同，且十分重要，即从姜垓的友朋往来中仔细考索，即不难发现，姜垓于苏州定居后，在与江南遗民友人的交往中，实有秘密抗清的活动迹象，虽然在现有史料中很难发现直接的佐证，但我于此深信不疑，此点下文将要说到。

我们先论其交友。何如宠《姜考功传》云：

> 丁亥自兰江再过姑苏，闭户著书，不交宾客。有朝贵造庐而访，先生逾垣避之，卜居半塘书屋，两经绿林，胠箧无长物，群相叹为清白吏，于竹篦中得书数册。先生曰："此吾穷年呫哔也，君何须此？"盗曰："此公好大胆！"掷还之。僦居周茂兰家，日与林公云凤、李公模，叶公襄、余公怀、雍公熙日、徐公枋、韩公俨，或策杖岩阿，或结侣莲社，又与邓尉剖公弘璧、灵岩继公弘储叩机缘，自号不二道人，又号明室潜夫。

此节先记姜垓之清廉，实则是其穷困之情景，写了"两经绿林"的佚事。姜垓在苏州曾经两次遇盗，但家中别无长物，无物可偷。只是竹筐中有几册书，姜垓对盗贼说，这是他几年来创作的诗歌，你们用不着，态度极为镇定，连盗贼都称说此人胆子好大，将其诗卷掷还。家中入盗或是实事，姜垓之清廉也是实情，但家中一贫如洗若此，恐未可尽信。姜垓兄弟入清后善于经营，居家不菲，我们在叙述姜埰时已讲过，这也见于姜垓殁时对于姜埰的交代。关于姜垓的朋友，此处罗列者，都为志节皎然之遗民，显然也是一种有选择的记载，但这些人的确是姜垓的石交。上述诸人，我们先论其与徐枋、余怀、林云凤、叶襄四人的交往，其他此处未见记载的如魏耕、钱澄之、吴梅村、宋琬等也约略述及。由于姜垓诗歌亡佚严重，许多友人之间相互唱和的诗歌大多不存，影响了叙述的详确，这也是无可奈何之事。

姜垓在苏州最好的遗民朋友是徐枋，但现存的《流览堂诗稿残编》中没有与徐枋唱和的诗歌，[①] 宋弼《山左明诗钞》收入姜垓两首与徐枋有关的诗歌。一首是《浴佛日玄墓听剖公说法后，吴翁邀至司徒庙山居，同徐孝廉枋、杨文学炤、吴文学昌文作》。诗云："讲罢春晖净，携归水雾曛。鹿柴人共启，虾菜客能勤。卷幔蛮庄火，吹旗鼓殿云。放船同结隐，莫漫更离群。"是写在"浴沸日"（农历四月初八）在苏州玄墓听剖公和尚说法后，与徐枋、杨炤等友人一同相聚的情形。诗可注意的最末一联："放船同结隐，莫漫更离群。"写遗民朋友一同隐居、游历，有惬意之感，切勿再有离群之念，写出友人知己情感。第二首是《法螺庵秋居同徐枋作》："寂寞重阳后，秋林晚更花。月高沙宿雁，风劲树翻鸦。卷幔丹梯远，悬灯竹院斜。定知愁病日，坐稳胜还家。"[②] 首联写重阳后之景物。二联是月夜景象，静动结合，提炼极为工整。三联为寺中情景，"卷幔"一词也为上诗所用，是卷帘之义，写出寺院中之细微观感。末联写知道自己既愁且病，居于寺院这种幽静之地，胜过还家。全诗以写景为主，对两人友谊未着一笔，但相处之情好亦溢于言外。此时徐枋有《法螺庵同姜如须分韵》二首，可见此时两人分韵，姜垓诗也应是二首，但仅存一首。徐枋此二诗也是意境清冷，幽情单绪，写出遗民心事，与姜垓诗意近似，也未明言两人交谊，盖不须言也。其一云："零落寒山路，香林带晚霞。藤垂翳日蔓，菊吐故丛花。灯花山窗暗，星

---

① 姜垓《流览堂诗稿残编》有《过徐氏山庄》一诗，用"山庄"写徐氏所居，恐非徐枋。

② 宋弼《山左明诗钞》,《四库全书存目丛书》集部412册，齐鲁书社1997年版，第336页、339页。

河石窦斜。踟蹰频感旧，中夜起长嗟。”[①]这种感旧之中流露的清苦之意既是其遗民心境之反映，也与法螺庵这种特定环境有关。

最能见出姜垓与徐枋之真挚交谊的，还是要看徐枋的《居易堂集》。徐枋之父徐汧，是姜垓崇祯十五年中进士时的座主，这是其与徐枋交往的基础，但二人相交莫逆，则缘于坚贞无比的遗民志节。姜垓到苏州后，曾多次到徐汧的墓上哭祭，痛悼这位殉国的老师，与徐枋则于患难中相互砥砺。姜垓殁后徐枋所写的有关诗文，能写出两人生死交谊。他有《五君子哀诗》《怀旧篇长句一千四百字》两诗写到姜垓，另有《书石刻姜如须遗迹后》《姜如须传》《姜吏部如须哀辞》三文专写姜垓。《五君子哀诗》是徐枋为五位亡友而作，分别是陈子龙、叶襄、杨补、姜垓、郑之洪，均为烈士及遗民。其四《故吏部姜君垓》以痛切之笔概括姜垓一生大节，称颂其才华，又特笔叙述其父徐汧对姜垓的器重。诗云：“忆昔年弱冠，贤书贡王廷。先公分礼闱，清鉴识文衡。圭璋自特达，遇合洵有神。射策汉阙下，一出凌群英。终军正年妙，卫玠复神清。采衣绾紫绶，翩翩驰帝京。”写姜垓青年中进士，正值终军之妙年，有美男子卫玠之风神，富有才华，风度翩翩。诗中突出徐汧对其的赏识，也是突出与姜垓友谊的与别人不同之处。“先公”即徐枋之父徐汧。徐枋《姜如须传》于此记载说：“（姜垓）又五年庚辰，成进士，出先文靖公门。先公负天下望，擅人伦之鉴，然每言：‘吾幸叨礼闱，得士二十一人，然姜生非常人也。’”又写徐汧“及见请毁署碑，请代兄系狱二疏，则益大喜，叹息久之，曰：‘吾故知姜生，姜生故不负吾知矣。’”[②]此二节记载正可与此诗所记相互参看。徐枋既赞赏姜垓的志节与才华，当

① 徐枋《居易堂集》，华东师范大学出版社2009年版，第436页。“晚霞”此本误为“晚露”，迳改。

② 徐枋《居易堂集》，华东师范大学出版社2009年版，第293、294页。

然会特笔记载父亲的慧眼识人，这是徐枋的个人视角，这也是别人所记姜垓不可能写到的地方。徐枋诗中“击奸穹碑碎，粉署清轩楹”二句，正写“请毁署碑”一事。诗中虽有“为国除大憝，折槛有难兄”二句，写姜埰建言获罪，但未涉及姜垓“请代兄系狱”事，终是一疏。诗写姜垓参与鲁王政权，失败后退隐苏州，重笔写出两人交谊。“与余为昆弟，意气浩纵横。俯仰死生间，长恸中肠倾。有时良宴会，酒酣涕泪零。涕泪咽笑语，四座怀悲辛。余既终避世，君亦长辞荣。采薇及种瓜，十年同伶俜。”两人这种兄弟友谊，诗中娓娓道出，极具深情，这里有“采薇种瓜”之共同隐居生活，也有“涕泪笑语”之共同情感。“俯仰死生”中，既有一样的家难，也有同样的国亡之悲，这种共同情感将两人维系在一起，甘心于“避世辞荣”，也仍然有“意气浩纵横”之倔强气概，我相信这浩然意气中有徐枋不便明言的内涵，这即是两人同怀反清复明之志向。徐枋《怀旧篇长句一千四百字》这篇长诗，亦是怀念亡去的师友，其中写姜埰与姜垓：“季江视我同雷陈，仲海因之亦孔祢。同被恒矜孝友偏，联床常妒壎篪美。流连风景悼兴亡，寄托离骚同怨诽。两贤前后赴修文，敬亭竹坞垂青史。”自注谓姜垓与其为“通家兄弟，交最善”，与姜埰的“莫逆之交”亦因姜垓的关系。“同被”两句用姜肱之典，写出姜氏兄弟孝友之亲，“流连”两句写其兄弟之诗歌常有兴亡之感，如同《离骚》之怨悱，即表彰其兄弟诗歌常怀故国之感也。徐枋所撰《姜如须传》是关于姜垓生平最重要的传记之一，但与姜垓门人何天宠的《姜考功传》蹊径有异，徐传除叙述姜垓生平大节外，特别注重写出徐汧对姜垓之器重与赏识，于姜垓之生平叙事虽不及何传委曲详尽，但亦别具深情，相当感人。徐枋于姜垓殁后十四天所写的《姜吏部如须哀辞》，其韵语部分且不论，就其序言来讲，也是一篇祭奠挚友、情意充盈的好文字。文章于姜垓遗民志节极力称赞，认为其与晋陶渊明、宋家铉翁志节相同，与那些国亡后“齿剑仰药、怀沙沉渊”的殉国烈士并无二致。写其作为遗民的诗歌创作与内心情感，最为真切，评价极高：“国破以后，先生弃家奔吴，入林不返，虽身存将母，而与死无间。艰难契阔，逾涉八年，而乃心本朝，夷险靡二，行当拂乱而益坚，时撄困厄而愈壮，壹郁侘傺，缭悷怫结，一见之于诗歌，词调激扬，藻丽横发，而神理沉郁，措思哀痛，论者以为灵均之怨诽，少陵之悲壮，先生有焉。”[①] 这是对姜垓志意最好的抉发，也是对其诗歌最好的评价，以屈原之怨诽、杜甫之悲壮比拟姜垓诗歌，也应该是褒而不谀、确当无疑。文中写到两人的交往与友谊，也见真情。“其立节既严，故束物亦峻，每以余之屏迹隐身，杜门守死，咏歌奖训，往复过从，不能已已。”两人都把气节看得很重，不轻与人交，但两人相互信任、也相互欣赏，故时时过从，相处莫逆。这篇祭文还特别写出姜垓的性格，写出其困苦隐居中的另一面，颇值得注意：“人徒见其宾从笑歌，杯酒流连，以为若忘于情者，而不知其神伤心摧也。夫家冤国恤萃于一身，创钜痛深并集方寸，人匪金石，亦何以堪，故新亭风景、西台登临，无一非其伤生之具矣。”姜垓与徐枋同为遗民，同为苦隐，但性格迥异，姜垓于明前即有名士气，喜诗酒风华，明亡后也保留着游宴纵乐的个性，而徐枋则不喜这种场合，藏身唯恐不深，极力避开这种热闹。但个性的不同，并不妨碍两人的友谊，主要是“新亭风景、西台登临”的亡国之思是共同的。文中写到姜垓对先师徐汧的敬重，“先生为先文靖公礼闱所得士，乙酉之祸，先文靖殉节止水，门生故吏几同路人，而先生五年居吴，四叩先人之墓，每临殡宫，哭泣甚哀，先生岂自以

① 徐枋《居易堂集》，华东师范大学出版社 2009 年版，第 460 页。“而乃心本朝”四句，句读讹误，迳改。

为寿不得长，将相从地下耶？”也正由于这种关系，徐枋将姜垓称之为“通家兄弟”，加重了两人在遗民感情之外的亲情。这篇痛悼姜垓早逝的文中，有两句话颇值得玩味：“俟河之清，人寿几何？拊事悼心，能不摧绝？”“俟河之清”云云，隐喻的是南明的抗清事业或许有望，但姜垓未等到这一天就已死去，想到此点，真令人伤心欲绝。徐枋以极隐微的表达，道出了遗民心中最大的隐痛。论徐枋与姜垓之关系，这种语句的使用不能轻易放过，他们共同的抗清志向因为清初的政治氛围不能公开表达，但行文用典之间，作者亦有意透露。姜垓的这种志向甚或行动，下文我们还要论述到。

姜垓与徐枋因如此亲密之关系，且同处一地，虽相隔数十里，但也能时时有“往复过从”之来往，于是其间便有那件著名的佚事发生，见王渔洋《池北偶谈》所记：“姜吏部垓南渡后流于吴郡，与徐孝廉枋友善。一日行阊门市，姜顾徐曰：桓温一世之雄，尚有枋头之败。徐应声曰：项羽万人之敌，难逃垓下之诛。相与抵掌大噱，市人皆惊。”这是两人就名字而开的一场机智的玩笑，词锋相敌，且对仗工整，今人理当佩服。这也见出两人性格，姜垓固是机智，善于谐谑玩世，徐枋虽不似姜垓那样喜好热闹场所，但其性情中也有善于戏谑的一面，这见于叶襄所作徐枋《墓志铭》，有“美风度，喜谈笑”之记载。今人读徐枋之诗文，多见其悲愤、痛切之情感，往往有严冷之印象，唯于此等佚事中，能见出其“喜谈笑”之另一面，这类佚事有可喜可贵之价值，也正在于此。唯王渔洋所记是根据明遗民葛芝的《容膝居杂录》，原记此事发生于酒楼饮酒之后，两人是书面往来，非当面之机锋对答，姜垓原句为“桓温鸱张”，徐枋答词为“项羽虎视”，字句不同。王渔洋不仅将原词误记，且将其发生地点记为吴中街市，于是引起罗振玉《徐枋年谱》之辨正。罗说：“惟如须先生卒于顺治十年，乙酉之后，五年居吴，而先生（指徐枋）

前二十年不入城市，后二十年不出户庭，宁有抵掌吴市之理？此记事之小失实也。”[①] 罗振玉所说有道理，地点或许有误，但其事则断非无有也。

徐枋与姜垓的关系一直延续到姜垓之子姜寓节这一辈人，包括姜埰的儿子也都与徐枋有密切交往，对徐枋这位父执颇知敬重。徐枋《书石刻姜如须遗迹后》一文，对姜垓之子姜寓节保留乃父手迹，将之刻于石上的做法表示赞赏。《居易堂集外诗文》有《题遗姜奉世史记书后》一文，对姜寓节好读《史记》颇加鼓励，并令儿子把自己所作的两篇读《史记》的文章缮写出来赠给姜寓节。后徐枋长子去世，后事为姜寓节操办，徐枋又写信表示感谢。姜、徐两家世谊，维持三代之久，且患难中相帮相助，也是极可称道之事。

姜垓与徐枋交往略述于上，我们再叙述姜垓与余怀之交谊。余怀与姜垓的结交在明崇祯年间,他在《板桥杂记》中记下那段的“三郎郎当”佚事发生时，姜垓尚未中进士，正在南京与一批青年士子交游，这其中就有余怀。姜垓为余怀《枫江酒船诗》作序，写到与余怀在崇祯年间的交往，序云：“崇祯初，仆客蒋陵，与余子淡心同为布衣交。时方闻之士，咸来京邑，而刘伯宗、吴次尾、孙克咸、钱仲驭、吴鉴在、方尔止及密之兄弟辈，居游尤笃。今十年间，诸子多墓木拱矣。尔止卖文佣工，鉴在、密之亦远滞天末。仆与淡心虽齿仅及壮，于诸子中亦如灵光殿也。今兹之聚，能不悲哉！”[②] 序写于顺治七年。上溯十年，是崇祯十四年，此年姜垓已中进士，在京城任职，不可能在南京游历。则此十年为约略之数，南京之会在崇祯十二或十三年间，姜垓中进士之前，此序“崇祯初”之说法亦

① 徐枋《居易堂集》所附年谱，华东师范大学出版社 2009 年版，第 551 页。

② 《余怀全集》，上海古籍出版社 2011 年版，第 67 页。以下引余怀诗文，出自该书者，不另出注。

不严谨。姜垓此序又接着说："自晨夕启处，野店湖舫，僧寮酒舍之集，无不为诗。淡心才最敏。仆方乐与客酣歌赌赛抵戏，淡心辄复有十数篇。观者嗟叹为异，顾独不知淡心之人耳。"这是写明亡后，两人一起游历、一起作诗的情形，余怀与姜垓的唱和中往往有相互争胜的成分，成为一种诗歌竞赛，两人都属才子型性格，容易在酣歌宴集中发挥才情。这种情形在姜垓与其他人的交游中很少看到。余怀往来苏州，与姜垓有较多交往，两人诗歌唱酬的机会也颇多。余怀诗歌今有《余怀全集》可一一按索，而姜垓诗歌多已亡佚，《流览堂诗稿残编》中存有写给余怀的诗歌两首，其一即《喜余大自云间来夜话，明日送往娄江》。参考《余怀年谱》，诗应写于顺治七年，即姜垓作序之年也，也即序中所说"今兹之聚"时的作品。诗云："杨柳楼头六代青，相逢还忆旧旗亭。孤城夜杵鸣江练，细雨轻舟湿翠屏。季路归家频负米，匡衡凿壁更传经。重来未脱风尘苦，短袖萧萧两鬓星"。首联写相逢忆旧，次联写孤城雨夜相会。三联写余怀之困顿，以教书为生。末联写风尘碌碌中人之衰老。全诗是两位老友于乱后相见时的感慨与慰藉。这次见面，余怀作《吴门逢姜如须有赠》二首，感慨亦与姜垓诗相同，题旨稍显广大。其一："虎丘石上重相见，别有伤心拭泪听。东海波涛趋铁马，南山烟雨濯冬青。孤舟憔悴玩芳草，一代风流老客星。犹记当年桃叶渡，几回沉醉李家亭。"第二联似于此际抗清势力暗潮涌动有关，"冬青"一词，用南宋遗民收藏宋陵遗骨一典，也隐隐写出明遗民之心事。余怀入清后四处游历，其中有暗中联络抗清之意，与姜垓交往亦有此等不同寻常之处。末联即写姜垓当年夜宿桃叶渡"三郎郎当"之事也。其二诗次联"欲叫帝阍传痛哭，且临河水赋抽思"，全用屈原诗句，"帝阍"出自《离骚》，是扣帝阍而无门，唯有痛哭。《抽思》为屈原《九章》篇名，诗写对郢都之怀想与楚君之怀恋，"赋抽思"即是作诗表达怀念故国故君之义。三联“自同野鹤栖萝磬，谁向幽篁揭桂旗。”上句写两人隐居，下句“桂旗”出自屈原《九歌·山鬼》，写出高洁品格。但“桂”字总使人联想起桂王永历，诗意在若有若无之间，似不可漫然看过。余怀与姜垓的此次“夜话”，或涉及此类隐秘内容也。

姜垓与余怀做的另一首诗为《暴风叹》，诗有序言以记其原委：“庚寅六月望前，仆与余子淡心游于邓尉，阅四日返。夜梦斩一蛇，蛇反复追啮，不即脱，意甚忌之。早起方瞠目独语，会告淡心。是夕归途至跨塘槁[1]，忽风雨大作，沙鸣岸圻，惟电光绕船，船几没，咸骇叫。仆因述昨梦，有老媪知榜人阴藏捕鳝一瓮，赎以金，急投之中流，腾跃有声，宛若蛟螭乘电光而逝。须臾，风恬浪怡，轩豁呈露，神物所在，感动地天，异哉。乃各作暴风以纪变云。”这是顺治七年两人在太湖游历时的一段灵异事情，古人相信此等梦兆、放生之类，不足为怪。余怀在《三吴游览志》中也记载此事。两人各作诗一首，诗不见寄托之旨，语意平平，无多大价值。

自顺治七年至顺治十年姜垓去世，余怀都与之保持了较多的交往，彼此互为知己，余怀也是明遗民中与姜垓唱作最多的诗人。顺治七年余怀的诗集《枫江酒船诗》以及《三吴游览志》所载与姜垓有关的诗歌，除上述《吴门逢姜如须有赠二首》七律和《暴风叹》一首古诗外，尚有十余首之多，限于篇幅，不能尽述。这些诗多叙过往交谊，叹当前遭遇，而且时时表达故国之思与遗民之志，词句隐约中表达对南明永历王朝的关注。《雨中集饮周忠介公蓼庵与如须分韵怀旧有作》五首七律是此期重要的作品。此是本年于周顺昌旧居蓼庵、也即周茂兰家中与姜垓分韵之作，姜垓诗多。余诗其一

---

① “跨塘槁”三字不通，据余怀《三吴游览志》记此事为“薄暮，至横塘”，则此三字为横塘之误。见《余怀全集》，上海古籍出版社 2011 年版，第 399 页。

中间二联为“十年各赋江淹恨，万里同悲宋玉秋。何处旌旗传帝子，满船风雨泣神州。”“十年”一联写出两人亡国后之恨与悲，“何处”一联，即隐写对南明永历抗清之关注，帝子当指桂王，“满船风雨”亦是对此际形势之暗喻。其二颈联“芳草那知新燕子，夕阳还照旧吴宫”，也是旧巢已覆，故国难觅之悲哀。其三后二联为“雄心视辙收三败，老泪冲河赋八哀。怅望美人临北渚，自骑天马渡江来。”“视辙”用《左传》中“曹刿论战”之典，写姜垓参与的抗清之失败，“八哀”为杜甫诗名，写姜垓国亡后作诗多老泪纵横之哀情。“美人”乃用屈原《离骚》词句，以美人喻君王，此乃指永历桂王，怅望中觉其骑天马而渡江北来，都是遗民隐秘心情的表达。想来姜垓的诗中也不外乎此类感情陈述，可以想见当时苏州的遗民话语中不乏这类表达，可以想象这批遗民聚会时都在谈论什么。余怀的第五首诗最值得注意，涉及姜垓的经历与心情。诗云：“明月枫江系钓船，六朝烟树恨无边。登楼已过三千里，握节何堪十九年。梁父吟成悲白帝，离骚读罢问苍天。伤心偏是班荆社，诗酒飘零最可怜。”写明月之夜，聚于苏州，想起六朝兴亡，激起无边怨恨。“登楼”一联，是直接沿用姜垓《临镜忽见白发满头》一诗的颔联：“系书讵达三千里，杖节何堪十九年”，说明余怀对姜垓诗歌的熟知，语词稍加改造，表达的仍是姜垓的客居异乡之感与忠于故明之心，“握节”仍是指姜垓奉鲁王命出使事。“梁父”一联，上句用诸葛亮好咏《梁父吟》一典，写姜垓辅佐鲁王之壮志未成；下句写国亡后姜垓作诗如屈原表达对君主之忠忱与亡国之怨诽。最后写姜垓昔年主持班荆社之事，写其客居飘零之中的伤心情感。这首诗颇能道出姜垓心事，对其亡国后之心境有极好的体会，也能传达遗民之间惺惺相惜之真情。

余怀此题共五首，姜垓同时也应有五首相应，但仅有一首保存下来。这即宋弼《山左明诗钞》所收《澹心过吴，雨中同赋怀旧之作》，诗题虽未标出“饮忠介公蓼庵”，但题中“雨中”“怀旧”相同，且此诗与余怀组诗其四用韵正同，显然是同题之作，只是姜垓的其余四首诗都亡佚了。诗云：“关山迢递暗随阳，离树飘零塞北霜。公子晚衔松柏恨，美人春带芰荷香。六朝建业思君远，万里银州怨别长。白发归湖非活计，扁舟莫笑老夫狂。”诗中情感与余怀诗相似，可以互相参看。“公子”一联，“公子”当是指周茂兰，“美人”当指余怀，“松柏恨”是亡国恨，“芰荷香”则是喻志节之芬芳。此种情怀与志节自然包括姜垓本人。诗第三联上句易解，下句“银州”指何地？查《中国历史地名辞典》，银州有两处，一是今银川，一是今辽宁铁岭，[①] 我以为应指后者。此银州当指清人发祥地，是将亡国之恨集矢于清人。“白发”一句用李商隐“永忆江湖归白发”之句，写归隐非“活计”则耐人寻味，是归隐之外另有所求，“老夫狂”中所寓之义亦可以想见，不甘隐居无为，有跃跃欲试之情态。余怀第四诗为：“吴涛如练涌斜阳，一卷丹青裹雪霜。独坐江山频酿酒，别寻诗友暗焚香。却因凤鸟传消息，莫向筮龟问短长。鹈鴂先鸣春草歇，杜鹃无语对佯狂。”“独坐”一联写诸位遗民相聚情形。第三联上句“凤鸟”所传消息当是南明抗清之事，下句有不计其成败如何之义。末联用屈原《离骚》“恐鹈鴂之先鸣兮，使夫百草为之不芳”之句，有时不我待之感，而杜宇声声中，自己于无语之中保持“佯狂”之态。余怀诗义颇深沉，感觉诗末调子要比姜垓低落一些。

此年余怀在苏州纵情游览，并作《三吴游览志》这一日记体游记，其间多记与姜垓之同游经历。如“（四月）初十，晴。摇棹至半塘，过姜如须旧宅，作诗寄之。”此时未见姜垓，写诗表达怀想。诗共两首，其一有“停云若为传消息，爱尔真轻万户侯”之句，写思

① 复旦大学历史地理研究所编《中国历史地名辞典》，江西教育出版社1986年版，第801页。

念之情，并赞扬姜垓志节。其二有句为“别后酒杯谁共把，寄来书札漫相寻”，写出分别之后相忆之情，姜垓并有书札寄予余怀。姜垓的书札今已不存，余怀的书札今仍存其集中。又如“（五月）二十七日，大雨，坐如须思美草堂话旧，分赋（二诗）。”是此行至此余怀方见姜垓，半塘是姜垓初至苏州时的旧居，在今虎丘附近，见何天宠《姜考功传》所记，此思美草堂是后来移居苏州城中所居，堂名“思美”，恐是用屈原《九歌·思美人》之典，也是以“美人”喻君王，寄托了姜垓的情怀。余怀写给姜垓的诗中用屈原诗句之典故，如上引“怅望美人”之句，恐与此堂名有关，也即与姜垓深藏其中的隐秘情感有关。本次赋诗，姜垓诗也已不存，余怀诗仍有“泪洒齐梁悲故国，魂招屈宋聚他乡”之句，除洒亡国之泪外，他们如“屈宋”写招魂诗文，所招何魂，亦只能于言外得之。“二十八日，大雨，晤叶圣野，同饮思美草堂。”是第二日又与叶襄一起，饮于姜垓之思美草堂。“二十九日，大雨，自阊门抵昆山，作《孤舟夜雨歌简如须、圣野》。”是盘桓两日后分手，又于孤舟夜雨中写诗寄姜垓。诗中有“醉寻江草哭西风，金铜仙人泪洗面”之句，依然是亡国之感的表达。这两日相会，姜垓诗歌若存，也少不了此类内容。又记载“六月初一，自昆山放船至太仓，访吴骏公宫尹于五亩之园。披襟纵谈，赠以长句。”是余怀与吴梅村会面，此时梅村也还是遗民。余怀诗中提到姜垓所作《赠吴宫尹》一诗，说姜垓诗中对梅村创作极为推重，诗云：“山东姜生饮我酒，袖出一卷风惊牖。纸上分明宫尹辞，淋漓墨汁倾两肘”，是借姜垓来颂扬梅村。诗末又说：“弇州永逝二张死，太仓嵬峨君在此。寥寥海内竟谁雄，山东姜生称吴公。”将梅村称之为继王世贞、张溥、张采后的文坛领袖，这大概也是余怀为梅村转述的姜垓的评价。本月初十日，余怀自太仓又回到吴郡，“十一，如须招余为玄墓游。”是又与姜垓一起游玩。此行两人到达灵岩山下，讨论起吴越旧事，余怀发为“宁为吴之亡，不为越之兴”之怪论，姜垓称道：“此论甚快。”“余因极论古今亡国，皆奸臣之由，非人君之过。”这种讨论恐怕不只是说古，也有论今的意味。第二天即十二日，林若抚又来同游，并一同见遗民姚文初，见剖石和尚，深夜与姜垓论及自己游历之“艳、幽、旷”三境，最能见出余怀之浪游本色。“十五日，晴，过尧峰，与如须联句。”两人联句有“南云通北粤，朔马躏幽燕。望眼标铜柱，低头泣杜鹃”之句，亦寄慨兴亡，一洒亡国之泪，遥望粤地，关注南明永历王朝之意甚明。“标铜柱”者，用东汉马援征讨交趾，于其地立铜柱以表汉界事，此句正表达对南明永历王朝平定南方之关注也。联句这天的傍晚，于大风雨中至横塘，即发生做梦、放生黄鳝之事，两人各做《暴风叹》诗。“十六日，晴，作笺寄如须”，两人才分手。此笺语为骈文，行文典雅精妙，多用典故。今略去典故，看其所记有“同舟以济”“共枕而眠”之句，写此行两人同行共卧之亲密；有“抽锋得句”“酾酒临风”之句，写两人此行诗歌唱酬之情景；“虽旗鼓之相当，实盘匜之恐后”写两人作诗以相竞争，惟恐落于下风之心态；“怪雨盲风、惊魂落魄”写横塘遇风浪之惊险。此笺文以精妙骈偶之语，总结此行经历，并致谢姜垓。从十一至十五日，连续五天，姜垓都与余怀在一起，快意山水，饮酒赋诗，寻幽探古，纵论历史，姜垓此行诗除《暴风叹》外虽无一现存，但从余怀诗中也可窥其意旨。这种交往，这种纵游，也最合姜垓心意，唯有余怀这样的风流才子、喜爱繁华之人，与姜垓性情相近，且两人才思敏捷，可谓旗鼓相当，此游才如此惬意。此年余怀三十五岁，姜垓三十七岁，都是青年才俊，亡国遭遇虽然造就了其内心悲苦，但风流气盛，顾盼自雄，今人读余怀此记，犹能想望其风采。

宋弼《山左明诗钞》一书还收录姜垓写给余怀的另一首诗，即《送余大还白门》，是姜垓送余怀回南京时所作，若定两人“三吴游览”

之后即分别，则诗中“春衫”“细雨”之所写时令与“三吴游览”之冬末时令不合，或是于第二年春初送别时所作。诗云：“蠡口停桡晓，胥江出饯迟。春衫沾别泪，细雨湿征旗。暂解元龙榻，争传幼妇辞。乌啼吴苑冷，多是后栖时。”蠡口、胥江皆在苏州，诗写停舟饯行之情景。“春衫”一联，即景言情，写出分别之伤感。三联写自己似陈登解榻待客，时人则争传余怀绝妙好诗。末联写余怀走后，从栖息的乌啼中，方感吴苑之冷落，表达友人离去后的孤清之状。诗充分表达了两人之不忍分手之深挚情谊。

自顺治七年三吴游览后，余怀顺治八年初尚在苏州，可能还有与姜垓相会之事，但不见于记载。此年八月去嘉兴，曾与姜埰相见并赋诗。顺治九年余怀父故，他在南京守孝，似未至苏州。余怀《五湖游稿·石湖》一集写于苏州，序言作于顺治十年，时姜垓已殁。序称：“余非吴人也，而爱吴之山川风土不后于古人。往与山东姜垓望衡对宇，朝夕倡酬，以为娱乐。呜乎！今垓死矣，余独居虎丘。”所谓“朝夕唱酬”正是顺治七年三吴游览时的事情。这一集中余怀写给姜垓的诗作不少，有的写于姜垓生前，时间或在顺治九年初，多为寄怀之语；有的写于姜垓二月病殁以后，均为哀悼之辞。去年冬至此年春，姜垓即缠绵病榻，无力与余怀同游及唱酬矣。此集开篇即《拟古诗八首隔河寄姜如须》，此组诗仍以遗民志节相勖，写出至亲情感，回忆两人交游之愉快时光，其中多次写到姜垓抱恙，表达关怀之意。我们看其三：

> 十载为君友，情同骨肉亲。形影常相依，胶漆难具陈。君昔事明主，意气扬云津。出入承明庐，文采何彬彬。一朝愤国恨，弃捐委风尘。偃卧东山隅，抱疴良苦辛。躬耕违世务，窃比陇亩民。

前四句写两人友情，十载之间，情同骨肉兄弟，来往颇密，形影相依，如同胶漆，其间情形难以一一陈述。中间四句写姜垓在明朝任职之风姿，将崇祯视同明主，是明遗民的特殊视角决定的。这节写出当年姜垓之昂昂意气与彬彬文才。后六句写其遗民志节，愤于国事，弃捐官职，隐于东山，躬耕陇亩，不与世务。“抱疴”写其长病，悯其身体不好，很受折磨。这组诗中写姜垓“抱疴”之词不少，余怀对之极为关切，问候及祝祷之情甚殷。如第一首之“善保千金躯，踯躅全令名”，尤其是第四首：“君身缠衰疾，冬春理匡床。我来吴水深，见子颜色苍。映阶翻红叶，参术当黄粱。”写其生病，冬春卧床，前年与之游历时，已看其面色发黑，气色不佳，现在则是以药为粮矣。语句中充满关切与忧心。其八：“彼美信人杰，与我期断金。”写出两人同心；“荆蛮有遗恨，泪下不可禁。”写出两人共同的心境。从这八首诗的内容来看，余怀极为关切姜垓的身体状况，已有一些不祥的预感了。

接下来是余怀所写的《吴郡五君咏》，这“五君”分别是吴梅村、姜垓、林云凤、曹溶、叶襄。梅村此时尚未出山应诏，还是遗民身份，而曹溶则早出仕清廷，其他三人则都是志节坚定的遗民。其二写姜垓。也写到姜垓的生病：“流离在吴会，抱疴守沉冥”，但突出其心境：“闺中既邃远，长谣视明星。”上句用屈原《离骚》“闺中既已邃远兮，哲人又不悟”之句，写姜垓已远离君王；下句“长谣”指所作诗句，“明星”指金星即启明星，则写姜垓仍抱复明希望也。余怀对姜垓的心志最为了解，两人交往中必有较多此类话题，故余怀不时在诗中作隐约的表达。此诗作后不久，姜垓大概就一病不起，余怀随后作《三哀诗》，第一首即痛悼姜垓的去世。诗中历述姜垓明亡前后经历，写其辅佐鲁王，写其流寓苏州，“岂期年四十，沉沉婴二竖”，对其病逝极为痛心。写其“临殁将遗稿嘱余选定”，托余怀整理其诗文遗稿等。这首哀悼诗中，表现出两人的至交情谊。尔后余怀又作《海上碧云歌寄姜如须》一诗，这诗题为“寄”，实为“怀”，以奇幻、瑰丽之笔写姜垓故乡一带之海市蜃楼景观，写姜垓已神游其中，化为仙人，长生于此。这是一首别具一格的挽歌，既歌颂姜垓精神之不朽，也表达了余怀对故友的无尽怀念。

《余怀全集》还现存写给姜垓的书信四封，均为讨论诗歌创作。前两封写余怀批评姜垓诗有“钟谭习气”，对明末竟陵派诗风表示既不学、也不骂的态度，并建议姜垓将“丙戌”以前诗悉数删去，一篇不录。这些诗学观念我们将在下章论述姜垓诗风时再作讨论。后二封信写两人诗歌唱酬中争奇斗胜之创作情形，写出余怀之自负，颇生动。如第四封信说：“吴门山水可爱，足下仿梁鸿之义，寄迹皋伯通庑下。仆亦效陆鲁望、张志和，往来烟簑雨笠之间。吴中有两寓公、两狂生，大有气色。昨从邓尉归，一夜得诗三十首，自谓仿佛少陵《秦州杂咏》。举视足下，以为何如？关云长闻甘宁隔水语，惊曰：‘此兴霸声也’，遂举军而退。足下将毋闻兴霸之声而搁笔耶！”所谓“两寓公、两狂生”者，即指余、姜二人。余怀从邓尉归来，一夜得诗三十首，自以为如杜甫的《秦州杂咏》，很得意地写给姜垓看，认为如关云长闻甘宁之声而退军，姜垓也会因之搁笔，甘拜下风。这是余怀的自诩，也从中看出他视姜垓为其作诗的劲敌，要以力压姜垓的诗才而自喜。这种相互争胜的创作情景在明遗民创作中似乎也不多见，我们常见的是相互表彰为多。余怀还有《与翁枫隐》一封书信也值得注意，翁是姜垓主持考试时录取的士子，余怀与其讨论姜垓诗集出版事，希望其能多予出力，看出余怀是想不负姜垓所托，努力争取其诗集刻版印成。但此事似乎最终未能实现。

余怀后来与姜埰、姜垓的儿子都有较多的交往，《余怀全集》中今存的有关诗文也不少，限于篇幅，我们不再一一介绍。总之，余怀与姜垓这两位青年才俊的交往，是明遗民交往的佳话，余怀是姜垓短暂人生中难得的知己，这种交谊丝毫不亚于姜垓与徐枋的交往，从性情上看，与余怀的交往，也似乎更契合姜垓的才子本色。

第十三章　姜垓之殇（下）

一

姜垓与明遗民朋友的交往关系，自然以徐枋、余怀最为深挚，除二人外，其交往尚多，不能尽述。这里再简要介绍几人。

叶襄，字圣野，江南长洲（今苏州）人，明诸生，入清不仕。朱彝尊《静志居诗话》云："吴下诗流，圣野始屏钟、谭余论，严持科律。一以唐人为师，与姜考功如须往还酬和。曩尝接席临顿里，谈谐宴笑，器局可亲，所刊《吟稿》，考功序之。"[①] 叶襄《吟稿》今不得见，姜垓序文亦不存。徐鼒《小腆纪传·叶襄传》亦记其与姜垓的交往："与莱阳姜垓诗篇唱和，力屏钟、谭邪说，所刊《吟稿》，今不传。"姜垓与叶襄的相识可以追溯至明末，陈维崧《妇人集》中曾记载叶襄《赠姜垓百韵诗》断句为"酒垆寻卞赛，花底寻圆圆"，这应该是姜垓明末流连秦淮、发生"三郎郎当"之事的时候。明亡后，姜垓流寓苏州，即朱彝尊所说的"临顿里"，与叶襄交往遂多，"往还唱酬"和"谈谐宴笑"之情形，也与姜垓和余怀的交往情形相似，可以看出姜垓平素的性格。叶襄与徐枋、余怀交往亦多，见于徐枋之《居易堂集》和《余怀全集》中的记载颇为不少，他们与姜垓都

① 朱彝尊《静志居诗话》，人民文学出版社 1990 年版，第 663 页。

是共同的遗民朋友，相处极为投契。姜垓与叶襄的交往还可见于陈维崧所撰《祭姜如须文》："忆自庚寅吴县叶文学襄寄仆以《红药堂诗稿》,其序言乃先生所作,仆心好之,即致一函于先生,索先生为《湖海楼诗序》。"[①]"庚寅"为顺治七年，正是姜垓与余怀在三吴游览之时，也是姜垓为叶襄诗集作序之年。叶襄顺治十二年卒，其卒年后于姜垓二年。朱彝尊、徐鼒均记叶襄极力排斥竟陵派诗人钟、谭之说，这可与余怀批评姜垓丙戌以前诗有"钟、谭习气"相参看。大概顺治四年丁亥之后，在与叶襄的交往之中，姜垓也会受到叶襄诗学观念的影响，对其摒弃明末诗风，走向沉郁深厚一格，起了一定的作用。

姜垓现存与叶襄相互唱和的诗歌有三题四首，一是《齐价人载酒过草堂，偕秋若、圣野、霖臣分作》两首五律，从诗题来看，这是典型的诗酒唱和的场合。这些遗民的酒会，往往在相聚欢乐的表面背后，深藏世事的忧伤，遗民诗歌的底色往往如此，尽管实际生活情形未必都是这样，但一旦写为诗歌，总是难掩悲情。其一云："风雨梁鸿庑，秋高谢傅山。孤城人去远，万里雁飞还。离乱经过少，浮生旅食艰。鸣琅拚一醉，容易惨衰颜。"秋高时节，风雨之夕，诸人中有似梁鸿寄居者，有如谢安东山高卧者，相聚一起。"孤城"一联，我总疑心另有寓意，"人去远""雁飞还"的慨叹中，或有不易明言的本事指向。离乱之中，朋友之间过从不多，各人的生际都有难处。"鸣琅"义同"鸣珰"，指佩玉声，此次宴会或有丽人作陪，故有此细节。此种场合，本可尽情一醉，但也容易使人情绪低落，有难以躲避的忧伤。《奉简叶三兼示申中书、齐价人》一首七律，是姜垓于初春季节写短简邀请诸人再过草堂饮酒，末云："西邻歌伎兼相许，何日携钱过草堂"，此草堂仍是彼草堂，为姜垓在苏州的寓处，朋友

① 《陈维崧集》，上海古籍出版社 2010 年版，第 145 页。

相聚夜话之地，也是孤寂中解忧之方，故姜垓乐于为之。另有《和叶圣野献岁二日送余东归省母》一首七律，是叶襄写诗送行，姜垓和作。诗云："江南九度荐椒辛，风土流迁一病身。晚景自怜萱草细，先春欲遣柳条新。岳云青济连秦树，玉阙扶桑暗海滨。回首慈颜天更远，几经游子泪沾巾。"结合姜埰《自著年谱》顺治九年记载："是春，同弟垓归，葬忠肃公于莱阳城东之鱼子山。"本诗正作于此时。"江南九度"者，自明亡算起，至此正是九年。自己漂流异乡，身体已经染病，年未四十的他，感到已是晚景。于春和景明之时返乡，念母心切，想到自己不能亲侍，不禁泪湿衣襟。此诗是与叶襄唱和之作，主要表达思乡念母之情，也可看出平时与叶襄之交情。

姜垓与邓汉仪的交往也可略加叙述。邓汉仪，字孝威，苏州吴县人，清初徙居泰州。以明诸生而甘作遗民，虽后来勉应康熙时"博学鸿词"科，与孙枝蔚同，但似乎无碍于其遗民身份与气节。姜垓有《和赠邓秀才汉仪》一诗，为五言排律，是姜垓从苏州来泰州，两人相会时所作。诗多抒亡国之哀与隐居情怀。"西风闻短笛，寒雨击空舷"为两人相见情形。"杜甫无家别，陈王白马篇"，写两人诗人身份并有诗歌作答。"官梅何逊兴，书草子云玄"，其自注为："邓有《官梅》诸集"。以何逊与扬雄来比拟邓之作诗与著书，亦见推崇之义。"种瓜还故业，栽竹傍廉泉。养婢千头桔，娱亲一鲙鳊"四句，写隐居情景。"报恩三尺剑，托命五花鞯"二句则写出邓之志向亦不凡，与姜垓心意相通。后邓汉仪选《诗观》，选录姜垓之作，也是看重姜垓的诗才，欣赏其诗歌。宋弼《山左明诗钞》有《和邓孝威立秋日送余赴吴会兼怀叶圣野之作》二首七律，为《流览堂诗稿残编》未收。是邓汉仪先写送姜垓赴吴兼怀叶圣野的诗，姜垓有此唱和之作。我们看其第二首："淮海轮蹄十载多，故人踪迹半烟萝。雨花淅淅燕还宿，木叶萧萧江欲波。季札终留二尺剑，伯鸾犹作五噫歌。

此行勿负归湖志，桂楫荷风老钓蓑”。“淮海”此指泰州，“轮蹄”为车马，首联指上次经过泰州已十余年了，故人足迹多隐于烟萝之中，指邓之隐居。次联写雨中离别，“木叶萧萧”是秋景，上首诗末有“挂帆秋色早，万树乱鸣蝉”句，时令相同，则两诗可能作于同时。上诗是来访相会，此诗是离别送行。“季札”一联用季札挂剑一典写出两人生死之交，用梁鸿作《五噫歌》之典写出赋诗送别。最后表达归隐之志，并寄寓高洁之情操，有相互激励之义。遗民之间的交往每每如此。

姜垓现存写给林云凤的诗歌有两首。据佚名朝鲜人撰《皇明遗民传》记载：“林云凤，字若抚，长洲人。老而工诗，国亡，匿影田间，虽甚贫，不谒权贵。”[①] 林云凤与叶襄均为苏州当地人，与流寓的姜垓、余怀等人都交游至好。余怀顺治九年作《吴郡五君咏》，其中三人即姜垓、叶襄、林云凤，他们都是苏州遗民诗人群体中的主要人物，唯林云凤年岁较诸人为长，他和钱谦益年龄相当，被姜垓、余怀等人视为前辈。余怀诗中有“寥寥斯人俦，吾独爱此叟”之句，姜垓的《林翁行》一诗，有“怜翁七十如四十”之句，可证与姜垓交往时已经七十岁。《林翁行》为七言古诗，以写林云凤遗民生活之穷困为主，突出其诗歌才气，表彰其老而弥坚之气节。写其穷饿状如“吴越乱罢官吏骄，官吏苦饱翁苦饿。”“古人老大委粪土，何必费力心煎熬。怜翁七十如四十，虾菜秫米少供给。大儿远游小儿痴，应门持户老妻泣。”写其老而弥坚之状如“弇州大泌俱眼前，忠介文肃相比肩。百年胶漆俄顷变，此翁豁达形体坚。”“弇州”为王世贞，“大泌”为李维桢，均明末文坛耆宿，林云凤早年或与之相接；“忠介”为周顺昌，“文肃”为文震孟，均苏州明末忠臣，与林云凤同时。

---

① 谢正光、范金民编《明遗民录汇辑》，南京大学出版社 1995 年版，第 410 页。

现在这些老友都已逝去，只有林尚身体健硕。林为吴中著名老诗人，与钱谦益、吴梅村均有交往唱和，姜垓写其诗才如“伯伦早颂酒德厚，子云晚益词赋豪”，以刘伶作比，写其好酒；以扬雄作比，写其擅长诗文写作。“排闼仲蔚屋底出，烧蜡元龙楼上眠。兴来急请饮一斗，敏捷倏忽诗千首。”“仲蔚”为西晋高士张仲蔚，“元龙”为东汉高士陈登，“元龙高卧”是有名的典故，此两句写林多与高士往来，不与俗士交接。又写其兴来饮酒之后，诗才极为敏捷。林云凤好酒后作诗，余怀与姜垓的书信中曾经说起过：“林若抚虽老。而意气不衰。诗苦于押韵太多。若迸心敛手，老气无敌，吴中原让此老，但毋奈其穷困何耳。仆每以酒浇之，辄至沉醉。然仆即还白门矣。足下多酿洞庭春，听其拍浮酒船中，必有数首好诗，供我辈叹赏也。”[①] 正可与姜垓此诗参看。《林翁行》诗最后说：“只今回首江湖春，王侯将相空黄尘。乾坤渺茫虎狼毒，嗟尔嘉隆年间人。”回首江湖，时世更易，王侯将相，俱归尘土，唯此老尚存，如今天地茫茫中，虎狼遍地，正磨牙吮血，眈眈啮人，而林翁所经历的明朝嘉靖、隆庆年间的太平时日已成过往，令人为之浩叹。诗末借写林云凤表达时代感受，对失去的大明王朝表达哀挽，对清人的统治表达痛愤，写出遗民的共同心声。另一题《草堂偕林若抚分赋》七律，题旨也是写林之老而穷困，诗云：“伤心北路访庭帏，故国飘摇更采薇。怜我三春探虎穴，似君七十对牛衣。子胥行乞孤踪杳，阚泽佣书愿力违。丧乱饱经难税驾，江枫耕钓慰调饥。”首联写自己回莱阳省母，为之伤心，故国不存，飘摇之中，只能甘作遗民，采薇度日。次联上句之“虎穴”当指莱阳，姜垓每言及故乡，时有一种忧惧之感，这见于他的多首诗歌，后边要讲。此以“探虎穴”喻其回故乡，则回故

---

① 《余怀全集》，上海古籍出版社 2011 年版，第 351 页。

乡必有痛切之经历。下句“牛衣”，用汉代王章“牛衣对泣”之典，写林之穷困无依。三联上句用伍子胥行乞之典，既写林之穷，也可能隐喻其志；下句用三国时阚泽为人抄书事，写其维持生计之艰困。末联写两人都饱经丧乱，难于定居，只能于耕钓之隐居生活中忍饥而已。姜垓与林云凤的交往中，于这位前朝遗老，多悯其贫困，哀其遭遇，表达明遗民易代之后的相互慰藉。

姜垓还有一首《农部申侍郎见过，贻示新篇有赠兼呈令五弟内史》的七律诗，是写与申绍芳的过往。申绍芳字青门，苏州人，是明代大学士申时行的孙子，崇祯末任户部左侍郎，故以“农部侍郎”称之。余怀顺治十年写《三哀诗》，第一首悼姜垓，第二首即悼申绍芳，其入清后之卒年与姜垓大致相同，但他是明万历四十四年丙辰的进士，年辈资历要大大早于姜垓，与林云凤一样，也是明遗民中的耆宿。他来到姜垓草堂，并出示新作诗篇，也表明年轻的姜垓颇受老一辈苏州文人的器重，与之交往颇密，姜垓已很好地融入了苏州文人群体。当然，姜垓与申绍芳的交往，与他们都在崇祯朝任职有关，他们在明亡前可能即已相识，也因为有此等关系，故诗中所表达的题旨就与和林云凤交往的诗作不同。诗云：“司农爱客爱沧浪，怀袖携诗到野堂。江表元臣初藉草，府中介弟旧含香。西清玉树人迢递，南国宫云路渺茫。回首御廷沾赐履，何年重见日辉光。”首联叙事，写申携诗过访。次联上句写申为江左老臣，此次前来“藉草”即坐于草地交谈，下句写其弟旧日在朝中任职内史，“含香”指侍奉君王，申氏兄弟同在明朝为官的经历与姜埰兄弟近似。三联上句继续写其兄弟在宫廷任职，“西清”指宫廷书房，“玉树”指申氏兄弟之风华，这种兄弟同时朝廷任职的表述似乎隐含了姜垓兄弟的个人感受。只是这种时光已经很遥远，时移世异了。下句“南国宫云”隐指南明永历王朝，道路渺茫，遥不可及。末联因之生发出一种希冀：当年兄弟同时任官的京城之地，何时才能再见到太阳的光辉。即清人何时可逐，明室何日可复也。姜垓与申绍芳，显然将复明的一线希望寄托在“南国宫云”方面，即寄托在南明永历王朝身上。这两位明朝旧臣“藉草”而谈时，肯定有这一类话题，姜垓借机将复明愿望写得如此直接、显露，作一种无所顾忌的表达，这是他与别的遗民朋友相聚时不大常见的情形。

姜垓与大诗人吴梅村的关系颇值得一叙。两人的交往起于何年，不易考订清楚。姜垓在“己、庚之际”即崇祯十二、十三年在南京与复社士人交往时，梅村在北京任职。姜垓崇祯十三年中进士，进入官场时，梅村已于当年四月回南京任国子监司业，在时间上两人无法交集。崇祯十四年六月，梅村不再任官，返里养亲，至明亡“始终闲居不仕。”[①] 姜垓则于崇祯十六年夏奉母南奔，先是扬州、无锡，后于崇祯十七年九月到达苏州居住。此时已是南明弘光朝，梅村当年五月赴南京任职，第二年乙酉正月末辞官返回太仓。乙酉年五月之前，姜垓、姜埰兄弟居于苏州，五月弘光朝覆灭，兄弟俩至杭州、绍兴。所以排比两人行踪，梅村与姜垓的相识，最有可能是乙酉年上半年在苏州这段时间，苏州、太仓地理相近，有可能两人见面；梅村与姜垓二兄姜埰为进士同年，两人政治上同为复社人士，同抱亡国之恨，又同为富有才华之诗人，惺惺相惜，极易相知。梅村有《姜如须从越中寄诗次韵》，是姜垓在鲁王任职时曾寄诗梅村。梅村和诗中有“越绝编年纪赤城”一句，则姜垓寄诗在天台；又有“南菊逢人怀故国”一句，则时令为秋季。姜垓寄诗或在丙戌年（顺治三年，1645）下半年。这样，推断姜垓与梅村相识于乙酉年上半年之苏州，大致不差。顺治四年秋，梅村“在苏州，遇姜垓，相与把酒论文，

① 冯其庸、叶君远著《吴梅村年谱》，文化艺术出版社 2007 年版，第 94 页。

作《东莱行》诗，于姜埰、姜垓以及宋玫、左懋第之不幸遭遇，深致悲慨”[①]。这已是姜垓自“越中”归来，两人相识已久的时候了。

姜垓“越中”寄给梅村的诗已不存，《流览堂诗稿残编》现存《放歌行赠吴宫尹》一首歌行体长诗。诗除概括表现梅村的经历外，主要表达对梅村诗歌创作的推崇，特别是对其多叙亡国史事的“梅村体”诗歌的推崇。全诗如下：

> 大雅沦亡斯可悯，骅骝凋丧气俱尽。国朝翰林无此流，天下知有吴宫尹。王充论衡帐中传，匡鼎说诗诸儒准。千家百家力不侔，晚近细响颇见哂。宫尹昔日奏明光，许给笔札亲御床。春官一人把彤管，元封三年赋柏梁。石鲸动甲海岳壮，赤凤排空云物章。只今潦倒功名薄，风尘匝地趣总恶。逃俗绝人等寻常，忍隐何处倾葵藿。逢萌沈冥已解冠，子云疑忌更投阁。当时流涕谢圣明，即信白首甘丘壑。向来衷曲人不知，长歌短咏微有托。延秋门上啼乌鸦，江南红豆逢落花。朔漠未归汉公主，中貂长泣胡琵琶。此曲作时有鬼神，一读再读心咨嗟。主簿祠前天气晚，艾叶榴花红照眼，日曈杲杲上客衣，太息沾汗那得免。今人论人俱可怜，谁能将诗作史传。君不见太仓济南亦草草，百年以来胜者少。

前八句为第一节，“大雅沦亡”一句，不免使人想起李白的《古风》：“大雅久不作，吾衰竟谁陈”，“骅骝凋丧”亦出自杜甫的《丹青引》“忍使骅骝气凋丧”一句。两句说明末诗风凋丧，只有梅村能振而起之，摧陷廓清，而且明朝的翰林中没有能诗之人才，天下人只称道

① 冯其庸、叶君远《吴梅村年谱》，文化艺术出版社2007年版，第138页。

梅村。“王充论衡”与“匡鼎说诗”，皆以汉代著名文人比喻梅村之著书立说，精于解诗。“千家”二句写当时无数诗人皆不及梅村，明末诗风之孱弱“细响”与梅村诗相比不免为人哂笑。这一节是在明末诗学大背景下，推崇梅村诗才，论定其历史地位。“宫尹昔日”以下六句为第二节，写梅村中进士、受御赐之荣耀。梅村崇祯四年中进士，年方二十三岁，崇祯皇帝亲批放假回家娶妻，并亲赐笔札，一时天下荣之。“春官”指礼部，此句指梅村曾主持湖广乡试，“赋柏梁”者，指梅村在宫中赋诗。“石鲸”两句写梅村诗歌之气势与文采,“石鲸”或借用杜甫《秋兴八首》其七“石鲸鳞甲动秋风”之句。“只今潦倒”以下八句为第三节，前一节写明朝时之盛，这一节写明亡后之衰。梅村功名已成过往，只今潦倒在野，而且风尘满地，异族入主，心情极坏。现在逃世避人，隐忍待时成了寻常之事，何处能表达对故明葵藿一样的忠心。“葵藿”用杜甫《自京赴奉先县咏怀五百字》“葵藿倾太阳，物性固莫夺”句，写梅村明亡后仍保存对故国故君之忠忱。“逄萌”二句别有深意。逄萌西汉末人，王莽新朝时曾自长安挂冠归里，东汉光武帝刘秀征召，他佯狂拒之。扬雄在王莽时曾因惧祸投阁自杀未成。用此两典，是寄语梅村勿存作两朝臣子之打算，坚定隐逸志向，甘心作遗民。况且想到当时皇帝对于自己的恩德，想到当年自己曾经流泪感谢圣上的情景，也应该到老隐于沟壑，不再作出山的打算。写此诗时，姜垓已经对梅村的是否出山,持有相当的警惕了。这种劝诫肯定有其针对性,非泛泛之语。“向来衷曲”以下八句，为第四节，写梅村亡国后所作“梅村体”诗歌，令人感动。这些诗歌能吐露梅村衷曲，发自内心，在长歌短语中有寄托之意。“延秋门上”四句，隐括梅村诗意，大概指梅村所作《萧史青门曲》《永和宫词》《听女道士卞玉京弹琴歌》《琵琶行》等写明末史事的歌行体诸作。姜垓认为这些诗的写作如有神助，或如杜甫所说“笔落惊风雨，诗成泣鬼神”，使人再三读之，为之慨叹、咨嗟，有强大的艺术感染力，极力赞扬梅村诗艺之高，动人之深。“主簿祠前”以下至诗末八句为第五节。“主簿祠”在苏州，“榴花”为五月景象，是写诗之季节。此时天气暖和，读梅村诗有“太息沾汗”之感，是进一步表达梅村诗之动人，写对其感佩之意、仰慕之情，推崇梅村之作为“诗史”，这是当时公认的评价。姜垓论定梅村诗之历史地位，认为以王世贞、李攀龙为代表的明七子，与梅村相比，都不足道，梅村之作是百年来的诗坛中很少有人能超过的。姜垓的这一评价是发自内心，也是颇具文学史眼光的。姜垓这首歌行体诗，似乎也是受到“梅村体”的影响，只是在词藻风华方面与梅村诗相比，要逊色一些。这首诗的写作时间也可约略考定，上文提到顺治七年六月初一余怀赴太仓见梅村，作《赠吴宫尹》一诗，向吴梅村转述姜垓的尊崇，“山东姜生饮我酒，袖出一卷风惊牖。纸上分明宫尹辞，淋漓墨汁倾两肘”，即指姜垓此诗。余怀诗末称：“弇州永逝二张死，太仓嵬峨君在此。寥寥海内竟谁雄，山东姜生称吴公。”也是借姜垓的评价再度称颂梅村。则姜垓此诗作于顺治七年六月余怀见梅村之前。

姜垓与梅村的交往中，有一件事不得不提，即姜垓曾极力劝阻梅村接受清人征召，再度出山。《放歌行》一诗“逄萌沈冥已解冠，子云疑忌更投阁”两句已包含此义，但此时尚无征召动静，姜垓可以说是未雨绸缪。到了顺治九年，清人征召的消息渐渐传出，姜垓再次劝止梅村。此事在学术界有关梅村的研究中尚未引起注意，梅村对此讳莫如深，冯、叶二先生撰《吴梅村年谱》只字未载，学术界只知道侯方域对梅村的劝止。记载姜垓劝谏梅村的是徐枋，徐枋有关于姜垓的三篇文章提到此事。《姜如须传》一文说：“娄东初登启事，君亟遗之书曰：‘昔贤如谯玄、李业、王皓以高节盛名为时引重，左赍玺书，右进鸩毒，顾诸君毅然不以彼易此，知阁下断之于心久矣。'”《姜吏部如须哀辞序》云：“客岁有明室遗老厕名启事，先生恐其弹冠脂车，有毁素守，乃遗诗规讽，恳恳千言，则先生之心为何如哉！”《书石刻姜如须遗迹后》一文又说：“遗老名登启事，则遗诗规其出处，尤慷慨感激，千秋为烈者也。”[①] 徐枋所谓“客岁”者，即顺治九年。此时梅村只是列名江南一带的官员欲向朝廷加以推荐的一种“启事”名单，还非清廷正式下达的征召文书，事情尚在可以挽回阶段。姜垓就意识到事情的严重程度，写书给梅村加以力劝，同时赠诗加以规讽，可见这是他一直担心的事情。他知道梅村在江南文坛的重名，知道其在江南士人中的巨大影响，梅村一旦出山，将对江南明遗民群体产生撼动作用，所以急迫地加以劝阻。姜垓此一举动，也是对梅村的爱护，是提醒其爱惜声名。所以他举汉代谯玄、李业拒征召事加以激励，并认为梅村对此选择，自会“断之于心”。姜垓的这封书信今已不存。据徐枋的记载，姜垓当时还有诗作加以规讽，且“恳恳千言”。此处“恳恳千言”，我以为应当是书信，被徐枋误记为诗，焉有诗作能有“千言”者。姜垓劝止梅村的诗，今也不见于《流览堂诗稿残编》，或已不存。但邓汉仪《诗观》二集卷一、宋弼《山左明诗钞》卷三十三收录姜垓的《寄吴骏公学士》古诗三首，为《流览堂诗稿残编》之外的佚诗，其二中寓有劝止之义，此或即是姜垓当时的赠诗。唯此三首多述思念情感，劝止之意仅有第二首有所表露，或是姜垓有书在前，再作诗表达思念之意，劝止规讽之义寄寓其中，书信直接，诗歌委婉，也说不定。其二诗云：“阊阖杳何许，迢迢行路难。孤鸿自北来，哀鸣浮云间。令名不自惜，朱颜多摧残。新人虽云好，未若故人欢。庄周钓濠水，段干逾墙垣。

① 徐枋《居易堂集》，华东师范大学出版社 2009 年版，第 294、460、241 页。

振衣想高迹，邈矣斯难攀。海宇寡俦侣，潜德遂所安。念子何为情，踟蹰伤心肝。”[①]“阊阖”指宫门，相距甚远，行路甚难，此乃劝梅村勿作此想。孤鸿自北而来，带有哀鸣之声，此或喻指降北诸臣如陈之遴、龚鼎孳辈日子亦不好过。令名不惜，会摧残朱颜，是劝其珍惜名声。“新人”二句，用汉乐府《上山采蘼芜》之典，劝其勿存弃妇之念。“庄周”“段干”劝其如庄周般隐居，如段干木一般“逾垣”逃避魏王之召。诗末表达对其怀想不已，也忧心不止，并说海宇之内缺少同伴，应当安于潜德隐行。这首诗劝讽之义十分明显，或即是徐枋所言的姜垓劝止梅村应召之作。冯、叶二先生著《吴梅村年谱》，将姜垓此三诗系于顺治三年，认为是姜垓自“越中”寄赠，将其与吴梅村的《姜如须从越中寄诗次韵》一诗系于同时，恐怕未必恰当。[②]姜垓对梅村的苦心劝告，对梅村不会没有影响。梅村顶不住压力，于顺治十年九月应召赴京，作了“贰臣”，这已是姜垓病故以后的事了，这也是姜垓最不愿看到的事情。梅村以后愧悔交加，自责甚重，说自己“竟一钱不值何须说”，不知愧悔之中是否还忆及姜垓对自己的劝告。当时劝止梅村者，还有著名的“明末四公子”之一的侯方域，梅村后来作《怀古兼吊侯朝宗》一诗，有“死生总负侯嬴诺，欲滴椒浆泪满樽”[③]，感到对不起侯方域，侯之劝止也因此而为人熟知。而梅村何以对姜垓之劝阻只字未提，遂使此事至今不为人所知，幸而有徐枋的记载，使人知道姜垓当时对梅村尚有此一番苦心，梅村岂不更有负于姜垓之劝乎？

---

① 宋弼《山左明诗钞》，《四库全书存目丛书》集部412册，齐鲁书社1997年版，第336页。
② 冯其庸、叶君远《吴梅村年谱》，文化艺术出版社2007年版，第133页。
③《吴梅村全集》，上海古籍出版社1990年版，第428页。

二

我们在讨论姜垓与遗民友人交往中，不时提起他入清后对南明寄予希望，也曾作出他可能参加明遗民秘密抗清活动的推测，但此等事至为隐秘，不可能于现存史料中找到直接的证据。直到我们发现他与抗清义士魏耕的交往时，此事才可以进一步坐实。考察他与魏耕的关系，联系姜垓的朋友圈，我们几乎可以肯定地说，姜垓是参与了江南明遗民群体的秘密抗清活动的，此事无庸置疑。

魏耕，初名时珩，入清后改名耕，字楚白，别字白衣，号雪窦居士，浙江慈溪人。其事迹见其从弟魏霞所撰《明处士雪窦先生传》和全祖望《雪窦先生坟版文》等。魏耕明时仅为诸生，国亡后连诸生也不要了，以布衣身份参加抗清斗争。他是郑成功、张煌言在江南的内线，主要联络江南遗民群体，秘密筹备迎接郑成功的“江上之役”。他与殉国忠臣祁彪佳的两个儿子祁理孙、祁班孙交好，浙江绍兴的祁家成了他的秘密联络点，并时时往来苏州一带，至常熟见钱谦益，至太仓见吴梅村，与众多明遗民交往，都有秘密联络的意图。全祖望记载：“久之，先生又遣死士致书延平，谓海道甚易，南风三日可直抵京口。已亥，延平如其言，几下金陵，已而退军。先生复遮道留张尚书，请入焦湖，以图再举，不克。是役也，江南半壁震动，既而闻其谋出于先生，于是逻者益急。”[①] 文中“延平”为郑成功，“张尚书”为张煌言。郑于顺治十六年师出江上，进攻南京，其计谋即出自魏耕。“江上之役”受挫后，郑成功退兵，魏耕又请张煌言自焦湖水道转入安徽之英霍山寨，以图再次举兵。此后，清人兴起“通海”大案，魏耕在绍兴被捕，于康熙元年被杀害于杭州，其妻子凌氏亦

① 朱铸禹《全祖望集汇校集注》，上海古籍出版社 2000 年版，第 175 － 176 页。

自缢而死。当时受其连累者多人，祁理孙被杀，祁班孙流放宁古塔。魏耕是“通海”案中被杀的著名义士之一。

陈寅恪先生《柳如是别传》第五章“复明运动”中讲到魏耕：“魏氏为顺治十六年己亥郑延平率舟师攻南京之主谋者。”[①]其实魏耕的策划复明，早于明亡后既已开始，全祖望《奉万西郭问白衣息贤堂集书》一文，述魏耕联络抗清事更加详细：魏氏“既丁国难，麻鞵草屦，落魄江湖，遍走诸义旅中。当是时，江南已隶版图，所有游魂余烬，出没山寨海槎之间，而白衣为之声息。复壁飞书，空坑仗策，荼毒备至，顾白衣气益厉”[②]。这样的抗清义士与姜垓交往，其中能不包括抗清活动？这是不难想象的，何况姜垓本人始终抱有复明之志，两人定有一拍即合之默契。再者姜垓的至交如徐枋、余怀都是有志抗清复明之人。徐枋的姐夫吴祖锡（字佩远），积极参加南明抗清，与郑成功、张煌言皆有联系，与魏耕一样是郑成功进攻南京的主导者，徐枋有多篇诗文以隐约曲折之笔加以记载。余怀虽然表面上流连于诗酒歌妓，其实秘密活动甚多，陈寅恪先生谓“其人原是明末有匡世之志者，未可以寻常文士目之也。”又说“牧斋此际与淡心（余怀）往来，不仅限于文酒风流好事之举也”[③]。姜垓与这样的朋友往来，与魏耕这样一意抗清的义士交接，其秘密参加抗清活动，似乎不再需要直接的材料加以证明。只是姜垓于顺治十年既已病死，没有活到顺治十六年郑成功进攻南京之时，否则，以姜垓比较张扬、外露的性格，是否会牵连进“通海”大案，还真说不定。

姜垓与魏耕的交往见于《慈溪县志·魏耕传》引魏耕从弟魏霞所作传记：“先生学贯经史，诗法汉魏，尝就（钱）允武征古今诸名

---

① 陈寅恪《柳如是别传》，三联书店 2001 年版，第 1095 页。
② 朱铸禹《全祖望集汇校集注》，上海古籍出版社 2000 年版，第 1701 页。
③ 陈寅恪《柳如是别传》，三联书店 2001 年版，第 1105 页。

家诗稿，汇选成秩。一时名宿如虞山钱宗伯谦益、山左姜侍御垓、湖广曹翰林允昌、姑苏吴学士伟业，并不惮间关持稿乞评选。”[①]这里只是写到魏耕因编当代诗歌选集与诸人发生联系。姜垓与魏耕之间肯定有诗歌唱酬，但姜垓有关诗已亡佚不存，魏耕的《雪翁诗集》有两首诗写姜垓，可见两人之交往。其一是《醉歌行姜大行筵中作》，写在姜垓寓所饮酒，并诉其流离困顿之穷苦，似乎有意写出自己的危险处境。诗云：

明州布衣家已倾，几岁亡命乞余生。褴褛百结脚不袜，伶仃枯槁无人形。奔走东吴与西楚，满城尽是商与贾。各自全躯保妻子，捶胸何处诉愁苦。今年漂泊长洲来，性命如丝更可哀。一餐饱饭襟怀好，输心写意倾深怀。秋雨注墙蝼蛄叫，菊花倒地金钱开。三盏两盏筋骨活，将醉未醉春姿回。欢乐填填彻宵夜，何知罥缴遍尘埃。姜生姜生不须虑，圣贤豪杰终荒苔。人生三万六千日，会当日日眉头开，富贵于我何有哉！[②]

这是欢饮纵酒的场景，但只是他们生活的表象，其间隐藏的真正交往目的只可以意会。只有深入了解魏耕的抗清行动后，也才能读懂这首诗中“乞余生”“奔走”“性命如丝”“罥缴”等词的内涵，这是魏耕“麻鞵草屦，落魄江湖”，四处奔走联络的写照。“姜生姜生不须虑”一句，似乎也隐含对姜垓的鼓励，动员其加入抗清队伍中来。姜垓与魏耕的交往，最可注意的就是这一方面，而不单单是诗酒饮宴。魏耕还有一首《哭姜大行垓》的七律，为姜垓过早病逝而哭，“碧

① 转引自钱仲联《清诗纪事·明遗民卷》，江苏古籍出版社 1987 年版，第 511 页。魏耕《雪翁诗集》附录魏霞《明处士雪窦先生传》无此节。

② 魏耕《雪翁诗集》，浙江古籍出版社 1985 年版，第 57 页。

碗香醪还忆汝，龙钟双袖泪空垂。”诗写得颇有真情，回忆到与其一起饮酒的情形。相信魏耕所痛心的不只是失去了一位酒宴上的朋友，也是为失去了一位可与共事抗清的同志而哭泣。

姜垓的反清复明志愿在他的诗歌中也有比较充分的表达，成为他入清后诗歌创作的一个重要主题，特别是关注南明永历王朝的抗清斗争方面，他的写作要比其兄姜埰更直接、更大胆，更无所顾忌。他有《庚寅五月承闻桂岭消息仿同谷七歌兼怀同年友方大在平乐府七首》[①]，是仿杜甫《同谷七歌》的诗体，写听到“桂岭”消息时的心情。“桂岭”即南明永历王朝所在地，“庚寅”为顺治七年，本年二月，桂王永历皇帝从广东肇庆逃至广西梧州，本年十一月，清兵攻陷桂林，留守相国、督师大学士瞿式耜死之。这年五月的“桂岭”消息也是桂王在清兵进逼下节节败退的坏消息，姜垓的心情自然不佳，在诗中作了淋漓尽致地的抒发。第一首写自己离京出都，明朝灭亡。第二首写南京弘光的覆亡。第三首写自己在鲁王监国的失败，是自己的亲身经历，言之极为痛切。第四首写江东生活之饥困状。第五首即写“桂岭”消息，对永历皇帝的安危表示极大的关切。第六首写怀念在平乐府的同年友方大（即方以智）。第七首写自己形骸衰困，欲“报恩复仇”而不得的忧愤。我们重点看第三首与第五首。第三首云：

> 东里义兴亦雄才，鉴湖一旅惊风雷。远迎汉诏色惨怆，曹娥江头龙驭回。每恨我军太仓促，黄旗索战成劫灰。呜呼三歌兮气哽塞，阳春白日无颜色。

① 《明清遗书五种本·流览堂诗稿残编》将“在平乐府”误为“任平乐府”，据清宣统二年莱阳石印本改。

诗开头“东里义兴”指郑遵谦。“东里”是春秋郑国大夫子产所居地，故指郑姓，郑遵谦后被封为义兴侯，故以“东里义兴”称之。郑为浙江余姚人，弘光败后，他与熊汝霖在绍兴起兵，拥立鲁王监国。前两句称其“雄才”，并赞其于绍兴的鉴湖起兵有风雷之势。三四两句写其迎接鲁王监国。五六两句写其仓促致败。最后写鲁王败后之悲伤情绪，觉得天昏地暗，白日无光。“七歌体”特有的“呜呼”之号呼悲叹，加重了诗的抒情意味。第五首诗为：

> 有君有君在桂林，湘漓二江降好音。青兕玄熊路途阻，四望苍梧云气深。织女机中一匹素，贱子怀中双南金。呜呼五歌兮歌宛转，帝子不来情偃蹇。

开头“有君”指桂王永历，桂林曾为永历行在，姜垓写此诗时，永历皇帝在梧州，说在桂林者是因为道远消息不确。姜垓盼望湘、漓二江所代表的永历地盘能传来好消息。“青兕玄熊”当指清军，写欲往永历处而路途阻隔，只能遥望苍梧云气而已。此诗用张衡《四愁》诗“我所思兮在桂林，欲往从之湘水深，侧身南望涕沾襟”之诗意，写出自己心向永历、欲往不能之情景。“一匹素”“双南金”两句，写自己忠心之可贵，但无法献与君王。最后以咏叹表白心情，永历不来,帝子不可近,自己感到困顿无奈。这首诗对于永历王朝的关切、自己欲效力而不能的心情表达得很直接，也很充分。

姜垓还有两首奉和南明永历王朝的重臣瞿式耜诗的作品，最为直接地反映了他与南明王朝的联系。瞿式耜，字起田，号稼轩，为钱谦益的同乡门生。南明弘光时巡抚广西，永历即位后成为忠心耿耿的老臣，积极主张永历以桂林为中心抗清，但桂王为朝臣和军阀所牵制，又迫于清军的进攻，四处奔窜，不遑启居。瞿式耜以大学士留守桂林。顺治七年十一月，清军攻下桂林，城中无一守卒，瞿留城待死，与张居正的曾孙总督张同敞一起被俘，一月后被杀于桂林。瞿式耜之死是南明的一个重大事件，在明遗民中引起强烈震动，纷纷写诗悼念，成为明遗民诗学的一个重要现象。现存姜垓诗歌中没有关于瞿的悼诗，却有两题和作，作于瞿被杀之前。第一题为《喜钱二自桂林奉饬还，和留守相公行在扈驾诸公赠别之作，兼怀令兄中丞、方大阁学、吴二大理、钱五郎中、汪皡职方》两首七律。首先"钱二"为谁？《瞿式耜集》有《赠别钱驭少东归》一诗。钱驭少即钱邦寅，为钱邦芑（字开少，后出家，即著名的大错和尚）之弟，我以为此即"钱二"。"钱二"之令兄即钱邦芑，"方大阁学"应为方以智，"吴二大理"应该是吴鉴在，汪皡是死于桂林之陷的南明臣子。当时南北遥隔，信息难通，诸人赠别瞿式耜的诗歌能传到苏州是很不容易的事情，可能即由这位"钱二"带来，遂引起姜垓的唱和。诗可以大致读明白，第一首为："天南春树凤凰枝，帝子苍梧拜谒时。三殿烽烟纶阁远，百蛮瘴疠羽书迟。蜡封使节悬军出，铁裹征衫间道驰。口诵玉音堪涕泪，即今肠断故宫思。"首联写永历皇帝，"凤凰枝"喻指永历栖息之地，"苍梧"既指永历所在之地，也是用大舜南巡之典故。颔联写永历帝处于烽烟之中，居于蛮瘴之地，战事不明。颈联写"钱二"持奉饬蜡书，着军衣间道返回。末联写看到"钱二"带回的永历文书如亲听玉音，流泪不止，触动了自己的故国之思，心情十分悲痛。第二首题旨相同，末联为"故人临别犹相问，却恨朱颜两鬓凋。"写与"钱二"分手，犹加问讯，打听永历消息，而怅恨于自己已经老去，无力参与南明抗清事业也。二诗关切、忧伤之意甚浓，写出心之向往。第二题为《奉和留守相公劳师全阳咏道傍古松之作》四首七律，瞿诗为在全阳（今广西全州，为永历行在）慰问军队时所作，内容是咏古松。[1] 姜垓也是借物喻志，咏古松而托意于抗清事业。第一首云："伏波山下郁青松，不让秦官领旧封。岭嵩归云常起凤，戈船出濑定飞龙。寒柯偃翠双崖色，嘉树朝阳万岁容。将士承恩还少憩，莫辞雨露拜春浓。""伏波山"在桂林，首联写青松护驾之功不亚于泰山五大夫松。第二联写此松与岭云相通，有起凤之祥；船只由松下出河，可定飞龙之功。龙凤皆喻指永历。三联写松之形貌，有万年之相，末联写将士可在松下休憩，如同沐浴皇恩，当怀报春之心也。第二首亦写永历在南国炎蒸之地可在松下乘凉，末联"无限江南芳草恨，岿然独立傲冰霜。"写自己处于江南芳草之地，充满亡国之恨，遥想此松于南国岿然独立、不畏冰霜之状。第三首颈联为"此日王师兴桂浦，何时陪从赋甘泉。"写王师辅佐永历，当兴起于桂林，自己何时能身与其间，一同赋诗，是以汉之甘泉宫喻指永历王宫。第四首末联云："早晚二陵瞻祀后，欲侈封禅未为多。"是祝愿永历成就复明大业后，报功于明陵，那时再对松树加以封赏，如秦之封禅泰山时封"五大夫松"。四首借咏松树，将姜垓对南明永历王朝之关切、向往及祝愿表露无遗。这两首涉及瞿式耜的唱和作品，是姜垓心系南明永历王朝的一个明显例证，也是一个独特视角。

入清以后，姜垓有些诗作写出现实忧愤，表达亡国之悲，表达之无所顾忌，也与其兄姜埰的小心翼翼有所不同。姜垓生活于清朝前十年间，清人忙于征战，同时大兴科举笼络文人，舆论尚属宽松，文字狱还未兴起。这与后来经过惊心动魄的"科场案""通海案""奏销案""明史案"诸大狱的姜埰自然不一样。姜埰当时如有此类作品，也会在晚年编纂《敬亭集》中修改或刊落。姜垓的诗之所以在当时

[1] 瞿式耜原诗见《瞿式耜集》，上海古籍出版社 1981 年版，第 217 页。

未能正式刊刻，不能完整留传，失落甚多，也与此类诗之大胆直写甚有关系。这类诗能保存下来，实属幸运。姜垓反映现实感愤的作品，以《江都述怀》《云阳追愤》《长至述怀》等最为重要。《江都述怀》三首五律写于扬州，写“扬州十日”后的城市残破，表达对清人屠戮的愤恨。第一首之“夜寒吹鬼火，风劲折官梅。壮丽今何在，凄其送客回”，对比扬州过去的繁华，写出今日鬼城般的凄其之感。第二首“翠华亲别苑，黄钺付宗臣”，写史可法守扬州，最后被清人攻下，“烽举化为尘”。第三首末联“今古多兴废，凭轩泪满襟”，写目睹今日扬州残破之悲伤情绪。《云阳追愤》写北京被李自成攻陷，崇祯皇帝自缢等大悲剧，其中涉及吴三桂借清兵入关，名为复仇，实则国家沦于异族之手之大变局。“云阳”为陕西泾阳之古称，为李自成发兵之地。此“云阳追愤”即痛愤于李自成亡国。第一首“翠华遗诏出，御袋血书藏”，写崇祯之死；“京邑新焚火，阙门旧战场”，写李自成陷北京。第二首末四句为“初闻下殿走，为问圣躬安。洒尽孤臣泪，惊心五载看。”写崇祯仓皇出宫之情景。“惊心五载看”，可证此组诗写于顺治五年，自己已为之哭泣五年了。第三首“兵烦回纥救，戈痛鲁阳挥”，用唐安史之乱借回纥兵以平叛事，写吴三桂借清兵以抵抗李自成，本欲鲁阳挥戈，挽救明朝，岂不知是引狼入室，取代了大明江山，令人痛心。“秋风回首地，惨惨泪沾衣”，写出自己回想此事的痛苦心情。第五首是进一步申发此义，全诗为：“纵使收京阙，花门纳款迟。秦庭闻哭后，燕将入书时。社稷同心决，乾坤大统疑。安危元老在，努力强扶持。”此诗前两句借用杜甫《留花门》诗意，言吴三桂借兵之非。杜诗写回纥花门兵，有“高秋马肥健，挟矢射汉月”“胡为倾国至，出入暗金阙”等句，均可与此诗参看。前两句写吴三桂借清兵之失策，纵然收复北京，但等于是向清人纳款投降，无法挽回，悔之已晚。“秦庭闻哭”用楚国申包胥乞师典，指吴三桂借兵，“燕将入书”用战国燕将守聊城，鲁仲连射书劝降事，写吴三桂亦自知不受清人信任，有忧惧之心。第三联写社稷应同心决定，今日清人政权非正统，令人生疑。末联寄望此时南明诸元老，努力同心，恢复大明基业。这组诗最引人注目的内容是批评吴三桂借兵，导致清人统治中国，并暗示吴三桂如战国燕将也不会有好下场。姜垓写这组诗的顺治五年，吴三桂正移镇汉中，即吴梅村《圆圆曲》所写的“专征箫鼓下秦川，金牛道上车千乘”之时。写到这里，忽然想到此诗题《云阳追愤》之“云阳”所指的陕西地方，不只是李自成发兵之地，还是吴三桂此时驻兵之所，则诗题所谓的“追愤”，很可能主要是追愤于吴三桂的引狼入室。此时吴三桂正声势显赫，姜垓诗中虽有隐约其词的地方，但讽意明显，这无疑是表现了极大的政治勇气的。而且按照现在学术界的通识，吴梅村讽刺吴三桂的《圆圆曲》写于顺治七年，则姜垓这组诗要比《圆圆曲》早两年。

姜垓的《长至述怀》三首七律，不知作于哪一年的冬至，是由节令引发的亡国感怀，内容所指不如其《乙酉冬至和仲兄五首》诗那样清晰、具体，但情感是极其分明的。第一首诗为：“明月千家泣大刀，渔阳突骑捷吹毛。山河地迥诸陵断，刁斗秋严太白高。宫漏更无仙掌动，鹓行虚令汉官劳。十年奉使龙楼下，思杀承恩旧锦袍。”首联写渔阳骑兵迅捷，大刀锋利，明月之下，千家哭泣。此“渔阳”当然是指清人，写清人入主后的百姓苦难。次联写自此与明陵阻断，山河遥远。太白金星高悬，军中刁斗声寒。古代星象家认为太白金星有杀伐之气，故以喻兵戎。三联遥想明宫中情景，宫漏声中，再无汉武帝所立金铜仙人；成行的官员，由汉官在徒事劳作。末联写十年之间，从朝堂奉使出京的官员，都会思念当时皇上亲赐的旧锦袍。因“锦袍”是明朝服装，是真正的“汉官威仪”也。“思杀”即“想煞”之义，杜甫《江月》诗有“江月高于水，高楼思杀人”，即用此义，非是在高楼想去杀人也。这首诗是冬至日，遥望明京，思时易世异，异族入主，故兴发感怀。其余二首大致相同，第二首末联："几回怆恻祟先志，何处穹庐是帝乡。"写悲伤之中，想起先人志向，而过去的帝王之乡，已被异族之穹庐占据。也是写易代之悲。第三首末联："佳节谁堪迟暮恨，即今回首愿多违。"冬至之时，觉得人已迟暮，不堪忍受这种愤恨，如今回首往事，许多愿望都不能实现，则于抗清复明之愿，实多憾恨也。姜垓这种诗，包蕴深厚，潜气内转，抑郁不平之意，欲吐还茹，觉得其内心有种痛苦蟠屈于胸，说之不尽。

《流览堂诗稿残编》卷六有一组诗，写于镇江，是姜垓入清后于一年秋季的游历之作。计有《润州秋怀八首》《招隐寺怀古》《鹤林寺怀古》《九日京口登高作》等四题十三首七律，此外另有卷五之《焦山述游》五古一首。内容均从镇江风土入手，回首过往，追怀故国，感时伤世，苍凉满眼，忧愤满怀。镇江为南京门户，南明弘光朝驻军于此，清人军队也于此渡江，南明的溃败即自镇江始，故极易引起感发，这些诗都不是流连风景之作，都有鲜明的历史与现实指向，也寓有深沉的情感。《润州秋怀八首》明显是学习杜甫的《秋兴八首》，其浑涵苍茫、沉郁顿挫处神似杜诗，其现实感愤中时时表达乡关之思也似杜甫。我们选较为清通的第七、第八两首作一解读。第七首为：

> 江山欲改故人情，红蓼野棠愁眼明。地发寒花郗鉴宅，帆添细雨吕蒙城。老慵时值香醪熟，多病偏希药物平。来日轻舟下吴会，亲知寥廓慰残生。

诗前四句写秋景，景中寓情。易代之后，江山欲变，人情如改，眼前红蓼野棠，遍地盛开，处处引发人之愁怀。"郗鉴宅""吕蒙城"皆为镇江古迹，深秋季节，寒花犹发，细雨蒙蒙，益发使人惆怅不已。

诗后四句叙事。写老来慵懒，酒酿成熟，亦无心情品尝，身体多病，只希望药物平和。来日就要乘舟去苏州，冷清的家中，只有亲人能陪伴、告慰自己的余生。诗中情感极为落寞，疾病在身，感觉既老且惫。写景则有野花的明艳与细雨的迷蒙，如此情景交融，诗境凄凉清幽。用典不多,接近白描,是姜垓诗中的高水平之作。第八首为：

陆相祠堂红树秋，中原遗事恨悠悠。向南鸿雁哀王国，直北风尘属帝州。伏枕乱峰残日掩，卷帘宿露大江流。兵戈满地无穷思，横笛关山迥自愁。

镇江“陆相祠”为纪念南宋末宰相陆秀夫而建，此人即崖山之役中背负小皇帝投海之人。点出“陆相祠”自然有深意，由此激发的亡国之感可想而知，故下句接中原遗事，有悠悠之恨。是明代之亡也似南宋之亡，此处有借凭吊陆秀夫而追悼大明亡臣之义。次联鸿雁南飞，哀伤南明永历王朝之不振，北望旧京，沦于异族，犹如被风尘掩埋。三联写景，凄其悲壮，乱峰残日，峥嵘耸目，伏枕难眠，于秋露中卷帘远眺，只见大江东流，亦承载着无穷恨意。如今兵戈满地，心中有不尽牵挂，仿佛耳闻关山横笛，天下不宁，内心愁怀不断。此八首诗几乎每诗都言愁，这是姜垓诗歌的基调，也是明遗民群体诗歌创作的基调。

《九日京口登高作》七律三首也是时令之作，内容与《润州秋怀八首》题旨相同，意境近似，显然是同时之作。诗中亦以悲伤低落的情绪关注南明永历王朝的抗清，多写现实孤愤，且多夕阳意象，亦是杜甫《秋兴八首》的格调。这三首诗也有乡关之思，只是未言及自己的病体。第一首云：“沧江亭馆旧时开，华席金樽人尽回。北固雄图秋试马，南徐孤客晚登台。三山气象中流断，四海兵戈返照来。

驿骑莫传新转战，白云苍雾使人哀。”首联以忆旧起，过去江畔亭间，华席开宴，而今则人去楼空。北固山下，过去是秋季军队试马演练之地，此句或是指弘光时杨文骢监军京口时情形，而今天只有自己一人孤独登台。大江依然东去，但三山气象已不如前，如今的夕阳映照中，到处让人感受到四海之内的兵戈气氛。最后说，不要再传达转战的消息了，这些从白云苍雾中传来的消息令人沮丧，使人悲哀。这大概还是指从永历王朝传来的战况。第三首更具个人情感，诗云“松风万里思苍茫，白鹭滩头杳夕阳。丛菊再沾京国泪，塞鸿一度穆陵霜。飘流杜甫长移蜀，孤愤侯嬴竟隐梁。此会茱萸浑错落，醉歌恒似老夫狂。”于登高眺望中，看到松风万里，夕阳返照，思绪一片苍茫，开阔的意象寄寓饱满的情感。“丛菊”句改造了杜甫《秋兴八首》的名句：“丛菊两开他日泪，孤舟一系故园心”。“穆陵”在山东，故“穆陵霜”也即姜垓的“故园心”。写丛菊中还沾着京国之泪，塞鸿带来的是北国故乡的冰霜。三联写姜垓之类遗民的行踪，有的像杜甫一样的飘流，有的像战国侯嬴一样的隐居。重阳有登高之俗，登高中自然怀乡怀友，故有上二联之情思抒发。末联写登高中见茱萸错落，自己作客异地，醉后聊发狂放之气，流露的是一种孤愤不平的情绪。姜垓此次秋季镇江之行，所作诗歌抒发的都是这种悲愤、忧愁之情，镇江的山水风土，沟通起今昔之感，也都成了他的献愁供恨之物。

三

姜垓入清后所作诗歌，怀念故乡，怀念亲人，构成一大主题，这与姜埰诗歌创作的情形一样。他寄寓苏州，心系莱阳，也曾与姜埰一起几次返乡省母葬父，虽然因为早逝，返乡次数不及姜埰多，但现存此类诗歌的数量并不少于姜埰。有些诗歌内容如对其姐姐、妹妹生活处境的描写以及所表达的关切，超过了姜埰的诗歌，正可补姜埰诗歌记载之缺。我们先看《戊子四月归涂寓居胶东，怆心骨肉死生间隔，聊作七歌以当涕泣云尔》一组诗。

“戊子”为顺治五年，姜埰《自著年谱》于本年记载：“是年奉母回故县，探女兄弟焉。”这是国难之后的首次返乡，而且是兄弟二人奉母同行，并专门陪母亲探望姐姐、妹妹。也正是此次回乡，姜埰被县令推荐到巡抚，欲逼其出仕，姜埰假装堕马受伤，连夜跑回江南。姜垓没有此种经历，会在莱阳多住一些时间。此诗亦是效仿杜甫《同谷七歌》的“七歌体”。这种诗体有几个特点，一是内容多叙事，二是句首前四字时常重叠。三是末尾以“呜呼”唱叹作结，四是语言比较通俗。第一首痛哭其父，写父亲当年送其入京为官情景，突出“出门十步九回顾”之细节，此后父亲杀身殉城，此一送别即成为永别。第二首写母亲，自己自小多病，母亲抚育不易，国难之中，母亲经受流离困苦，如今方“七十还乡坐驴背”。第三首写哭幼弟姜坡，写其自小有才，城破时为父报仇被杀，年才二十余岁，姜垓写来痛惜不已。第四首即写其两个姐姐。全诗为：

> 有姊有姊二人强，少事夫子咸糟糠。长者汲水把犁惯，昔为少妇今姑嫜。次者专州大夫媳，同日藁砧死战场。城下横尸无人收，蚁飞雀啄魂不僵。辛勤十载子女绝，安得送我哀坟傍。呜呼四歌兮歌四阕，寒云白草声鸣咽。

两个姐姐应该都是嫁入缙绅之家，但大姐似乎家境不好，除做家务外，还要亲自种地。现在已经为儿娶妇，当了婆婆。二姐的公公是州守一级的官员，二姐死于莱阳“癸未之难”中。莱阳的这场抗清护城之役，受重创的不只是姜垓一家，还有其姐姐家，实在是共同的时代大苦难。姜垓写到这里，觉得寒云白草一同与他呜咽哭泣。第五首写其妹妹，全诗为：

有妹有妹城东西，城东者高城西迟。大作后妻且早寡，代人死守螟蛉儿。小妹于归仅百日，夫君被害身为糜。阿翁骑骢昔赫奕，诸孤尽殁孙更痴。鸣钟列鼎竟寂寞，寡妇空帷常苦饥。

姜垓的两个妹妹一个城东，一个城西。大妹为人做了后妻，而且早寡，守着丈夫前妻生的儿子艰难度日。小妹出嫁才百余天，其丈夫即被害，可能也是死于莱阳“癸未之难”。其公公也是官员，但儿子死后仅存一痴孙（不知是否姜垓之妹所生）。昔日钟鸣鼎食之家，现在如此寂寞、贫寒，这也是触目惊心的时代苦难。两个寡妇妹妹就这样在空帷之中，忍饥度日。姜垓的姐姐妹妹均是这种遭遇，也真是让人唏嘘，这些都与明清易代的环境有关。这种情形在姜埰的诗歌中是没有记载过的。这组诗的其六是写姜垓、姜埰与姜圻兄弟三人之经历，其七写自己国难后的颠簸，这些内容不再具引。

《四月将抵莱，颇虑投邑傍险，先憩即墨大觉禅院。值病急问药，便遣讯母兄商进止。慕亲忧时，辄多比兴》六首五律，也是写于回莱阳的路上。此次归来，未署纪年，结合“忧时”“病急”等情况，我以为即是顺治九年姜垓与姜埰一起回莱阳葬父这一次，姜埰《自著年谱》于本年记载：“是春，同弟垓归，葬忠肃公于城东之鱼子山。长兄圻、嫂王氏亦相继举襄。”姜垓在抵莱达阳之前，就有“投邑傍险”之顾虑，先寄住在即墨的大觉禅寺。此处的“傍险”，写出一种极不安全感，具体所指已不易搞明。此时身体生病，且着急寻药，便派人去和母亲及姜埰商量，究竟是去莱阳，还是返回苏州，有所谓“慕亲忧时”之内心纠结。“慕亲”则去莱阳，“忧时”则须返回苏州，此“忧时”即牵挂南方之事，恐怕与其秘密参与的抗清活动有关。在心情矛盾之际，姜垓写下这组诗。诗中全无返乡之急切与喜悦，而是写出一种犹疑之心，疑惧之意。诗题所谓的“辄多比兴”，实指一种无法明言的强烈暗示。第一首为：“东土庭初近，西方思未休。看时忧箭括，入夜避鸺鹠。养志烦输力，全身苦费谋。灵山丹药发，炉灶好淹留。”前二句即写进止之纠结。“看时”两句写出忧时之心，“箭括”代指兵事，“鸺鹠”为猫头鹰，指不怀好意之人。此时莱阳并无战事，只有清兵驻扎，此“箭括”或就清兵而言。而担心“鸺鹠”之人有告密行为，暴露自己行踪。“养志”“全身”指保持遗民气节，不为清人所用，而这颇费心思。姜垓对此行时时保持警惕，担心有不利于自己的情况发生。末两句写“病急问药”，说若有灵山丹药，自己可以在家乡住下。第四首为：“行李还东国，乾坤卧此亭。蹇驴人负石，白马寺驮经。海近潮风落，花残雨气冥。期归多便否，愁念自星星。”写回乡而暂栖禅寺之情景。“海近”一联，写景中即有比兴之义，于动荡不安、天气晦暝之中，寓其忧惧之心。“期归”当指返回苏州，不知是否方便，进止矛盾中，不觉充满愁怀。第五首有“完身探虎穴，亡国记羊羹”之句，将回莱阳视为探虎穴，用此至狠之词写其家乡，较为罕见，则莱阳对他的危险可想而知。而且这“虎穴”一词他在《草堂偕林若抚分赋》一首中已用过，也是指回乡。姜垓何以如此，我们实无确解，或是莱阳有仇家，或是担心他在江南从事的秘密抗清活动在莱阳有人告发，都有可能。“亡国记羊羹”一句，用《战国策·中山策》记中山君“吾以一杯羊羹亡国”事，写因微事得罪小人而酿成亡国大祸，也是写小人须提防。则姜垓这次回乡其小心翼翼之状可知。第五首诗末云：

“不成真蹈海，且近鲁连城。”说事情若不成，自己就像鲁仲连一样蹈东海而不返。这恐怕是写其抗清之事未成，自己只有蹈海而去。姜垓忧惧之心，于此句可以约略推之。第六首诗云：“漫忆年深事，萧萧海国荒。草堂风堕燕，沙岸雨颓梁。病废盘中俊，忧侵酒外香。路歧浑不定，万虑日偏长。”前四句用比兴手法写出莱阳所遭清人摧残，后四句写因病而犹疑不定，进止两难。“盘中俊”句写盘中美味因病而废，“路歧”句则是写选择之困。总之，姜垓这组返乡诗极为特殊，视家乡如畏途，视莱阳为险地，充满疑惧与担心，这是在姜埰的诗歌中看不到的情形，这恐怕只能从姜垓从事秘密抗清的经历中才能解释。

莱阳毕竟有其亲人，姜垓难免有思念之情，这在《南徐中秋逢山东亲故凭寄家书》一诗有深情表达。诗写于镇江，遇到山东来的亲戚，托其捎回书信问候家人。诗有“独有思亲泪，临风洒满襟”之句，写出思亲的真情。与其兄姜埰不同，他的现存诗中，都没有与其子侄辈来往的诗篇，也没有与莱阳友人的来往唱和。姜垓诗亡佚太多，也可能有此类诗作而未保存下来，不好揣测。但我总疑心与莱阳乡友谨于交往，这与他从事的秘密抗清活动有关。姜垓回乡次数不多，所住时间也不长，可能来往本来就少。再加病逝得早，其子侄等可能还未来江南探望，这都不及姜埰。即使与同乡友人董樵、宋琬等，姜垓的实际接触也不多。董樵来江南时，他已病故。宋琬是他的故交，且与他同龄，年轻时两人在莱阳一同读书，明末在京城也相往来。入清后，两人也未见面。宋琬曾有《长歌寄怀姜如须》一诗，写得情深意挚，是宋琬在京城任官时所写，表达对姜垓的怀想。诗中写两人在家一起游玩：“竹马春风事游戏，鸡犬暮归同一闾”。写其一起读书：“同辈相携五六人，缥缃罗列开签轴”。写其两家同遭莱阳“癸未之难”：“一朝变起尘沙飞，老亲白首同日归”。

也写到入清后听到姜垓的消息:“有客传书知汝在，但言北望常沾衣。携家流落栖江左，出处怜予无一可”。从“出处”一句看，宋琬知道姜垓对自己的仕清会不赞成，故在诗中为自己辩解，说都是为生计考虑，其中说到莱阳乡风浇薄，不出仕则为人欺负。诗中又说：“古人四十称强仕，尔我年犹非暮齿。”则宋琬此诗即写于两人近四十岁时，或是写于顺治九年，他勉励姜垓年龄尚好，非是暮年，应当振作。诗中写道:“江上春风变柳条,尺书忽坠来双鲤。上言别后长相思,长跽开缄泪盈纸。”是姜垓曾写信与宋琬。宋琬知道姜垓在苏州的处境，祝愿他多加保重:“富贵升沉何足数，要当努力千秋事。”宋琬这首诗可觇两人明亡后交往情形，虽然相互思念，但所走道路确有不同,只不过有次书信往来而已。姜垓殁后数年,宋琬至吴,作有《检阅故人姜赏笃遗稿泫然有作》一首七律，写见到姜垓遗稿后的悲伤与哀悼。诗后半为:“良友心期违楚些，孤儿风貌是故人。西风似剪吹残烛，三复遗文泪满巾。”[①]“楚些”为招魂之辞,“违楚些”是指自己未能早作悼念之诗文。说姜垓儿子颇肖其风貌，见子如见故人。如今读到遗稿，不禁悲从中来，泪湿衣巾。诗写得真情贯注，颇为动人。宋琬在与姜埰的诗歌往来中，也曾对姜垓的早逝表达过惋惜之情，第七章已讲过，可参看。

姜垓与二兄姜埰的唱和诗，现存还有《自真州到郡留别二兄》、《依二兄放舟访弟奉和》两首七律。他这类诗应该还有一些，可能都亡佚了。第一首写于扬州，是赴真州探望姜埰后，两人到扬州临别而作。诗云:“空堂昨夜走鸣雷，破帽单衫趁客回。月满扬州新画角，花残隋苑旧楼台。十年人老伯通庑，三伏酒阑袁绍杯。同气分飞是何处,江头羯鼓莫频催。”首联写聚后自己要回去。颔联写扬州景象，

① 宋琬两诗见《宋琬全集》，齐鲁书社 2003 年版，第 380 － 381 页、第 468 页。

寄寓乱后感慨。颈联上句写自己如梁鸿寄居富豪皋伯通庑下，下句“袁绍杯”见杜甫《秋尽》诗“篱边老却陶潜菊，江上徒逢袁绍杯”，写兄弟二人一起饮酒。末联写两人是兄弟，却不得不分手，表达依依不舍之情。姜埰有《送别弟垓还苏州》一诗，即是同时所作。诗云：“汝自十岁从余出，至今四十尝饥寒。成名已觉文章好，乱世偏知骨肉难。亡国君臣悲范蠡，归山服食法刘安。学诗必学杜工部，翡翠兰苕时辈看。”从姜垓诗中的“十年”和姜埰诗中的“四十”来看，诗应写于顺治九年，是此年姜垓曾赴真州探兄。姜埰此诗写姜垓十岁时即随其外出，此正姜垓随父兄在真州读书时。“成名”一联写姜垓已中进士，成其功名，而且文章极好，生逢乱世，觉得骨肉兄弟都遭遇艰难。两人都是如同范蠡一样的亡国之人，怀有君臣之思，甘于隐居，自当应同刘安一样服食求仙。“法刘安”一句也有希望姜垓保重身体之义。最后一联是与姜垓讨论作诗，主张应该学习杜甫，作“鲸鱼掣海”之篇，不作“翡翠兰苕”之类为时人看好的诗篇。这次作诗，姜埰似乎未对姜垓的身体有多少担心，谁料想第二年二月姜垓即不起。第二首写于苏州，是姜埰前来探望，两人唱和之作。姜埰原诗似不存，姜垓是和作。诗云：“仲氏渔樵学隐名，轻舟访弟竹西城。白头家忆之官日，黄耳书传入洛程。梅市由来淹县尉，夷门空自老侯生。干戈满眼嗟同父，仆仆轮蹄四海行。”首联写姜埰国亡后隐于渔樵，此次乘舟前来访弟。二联回忆两人在外做官，都有书信寄往家中，“黄耳传书”用陆机兄弟典。“梅市”指绍兴，因汉代梅福隐居而得名，“夷门”为战国时魏都开封东门，为侯嬴隐居地，用两典故，不拘地名，是写兄弟二人之隐居，甘作遗民。末联写如今干戈满眼，兄弟二人还得四处行走，不能安居之状。这两首诗可以看出兄弟二人真州、苏州两地相互探望之情形，兄弟二人的骨肉深情自不待言，非二诗所能全部表达。

姜垓尚有《壬辰三月登望石山题壁》一首，是顺治九年返乡时所作，这次返乡是前面所论“投邑傍险”“病急问药”的那一次，是其病殁前一年的返乡。可证前面所说，此次回乡，虽然甚为犹疑，虽然患病，并与其“母兄商进止”，有打退堂鼓的想法，但最终还是到了莱阳。因为此次返乡，主要是为了安葬父亲，无论如何，姜垓没有不去的理由。其父的墓葬即在望石山之侧，此诗即葬父后所作。姜垓诗云：“诣关西来夜未央，蓬莱碣石水苍苍。铜盘烧蜡新宫晓，玉露开筵别殿香。大地有时承色笑，长春何处忆君王。回思天宝年间事，沧海依然是故乡。”诗也是咏望石山“仆射庙”，借咏古事以抒发今怀。前半段咏古事，即东海麻姑为唐玄宗祝寿。后半段就此地此事生发，写出此地葬有其父，仿佛还能看到父亲的慈祥笑容，而于何处能想起君王呢？亦是将故事中的唐明皇幻化成明代的君王加以思念了。末联所谓“天宝年间事”，是指天宝年间的“安史之乱”，意为经过多少乱离，经过沧海之变，而莱阳依然是自己的故乡。姜埰此时有和作，弟兄俩的同题诗几乎一个思路，已见前述，可以参看。

四

在对姜垓明亡后的经历作以上叙述，对其诗歌作如上解读后，我们就要写到姜垓之殇了。姜垓的弟子何天宠《姜考功传》记其患病情由云：

当是时，太夫人系恋诸女，往来故山。先生奉母跋涉，寒暑甚悴，而居常痛念时事，忧伤于心。庚寅忽染患，日下血斗许。

稍痊，为太翁忠肃公营葬于望石之山椒。长兄圻大令、嫂王孺人、季弟坡博士，盖四丧并举焉。手自经作，血泪交迸，于是病入膏肓矣。

这段记载正可上述姜垓诗歌相印证。“庚寅”为顺治八年，何氏认为其患病，一是与往来莱阳的跋涉有关，二是与痛念时事有关，心内的忧伤导致患病，这些都是实情。“庚寅”病情已重，形成便血。此后经疗治稍好，迁延二年，至顺治九年，经过这年春天的葬父，操劳加上忧伤，病情逐渐加重，到顺治十年的二月终于不起。何天宠又记云：“癸巳三月二十四日疾革，谆谆以君亲未报为恨，一语不及私。”姜垓卒于顺治十年癸巳的二月二十四日，这见于姜埰的《祭弟文》与魏禧所撰《墓表》，何天宠此处将二月误为“三月”[①]。其实记载姜垓之死最详尽的是姜埰的《祭弟文》，这是一篇情文并至的血泪文字，也最能抉发姜垓的心事，我们引述有关段落作一些分析。

文章开头说：“癸巳三月八日，为弟死之十四日，仲兄埰既为弟收骸骨毕，乃列以庶羞，洒以旨酒，滴泪和墨，为文以祭之。”据陈垣《二十史朔闰表》，本年二月为二十九天，故至三月八日，正为姜垓去世之十四天。姜埰料理完弟弟的后事，方撰文加以哭祭。文中接着叙及两人之相依相伴之共同经历，悲叹命运之苦，写得如泣如诉。文曰：

呜呼，吾弟竟死邪！天何心哉，吾弟竟死邪！夫情莫亲于竹马之日，鸡鸣风雨之时，流览宫阙之地；气莫扬于垂鞭并马，

① 此处或是传写之误。清宣统二年莱阳石印本《流览堂残稿》和北京图书馆出版社《明清遗书五种》本《流览堂诗稿残编》，此处均为“三月”。

朝游层城，暮宿直庐，上与天子争可否，下与宰相论得失；事莫惨于身填牢户，囚卒为伍，父死不得葬，母老不得养；变莫大于国破家亡，携家间道，万里投主，叩帝阍而无路，志惝恍而莫归。举斯数者，斯亦亿变齐同之际，纵躯委命之日也。

文章写到伤心欲绝处，故不觉言之复而辞之重，两句“吾弟竟死邪”，道出了姜埰丧弟的巨大悲伤，似乎不相信这是事实。后四节写“情亲”“气扬”“事惨”“大变”，概括兄弟两人经过的大喜大悲、国亡家破的大变故。“亿变齐同”与“纵躯委命”均出自贾谊的《鹏鸟赋》。贾赋有“大人不屈兮，亿变齐同”之句，是说世间万物变化虽多，在大人看来，却是等同齐一，没有二致。又有“纵躯委命兮，不私于己”之句，是说把身体完全交付给自然命运，不将其视为私有的东西而对它有所执着。姜埰用此二句，写其兄弟于明朝灭亡的历史中，经历了无数的命运变迁，完全听从命运的安排。

接下来几段先写姜垓少年聪慧，有大志，及中进士，做官等经历，再叙姜埰建言入狱，姜垓日夜陪护，加以营救以及上疏要求替兄系狱等，又再叙国亡后奉母乱离状。接着写到兄弟于顺治三年后分居两地：

自丙戌奉母东归，吾始与汝各天为别，临风寄想，形于篇什，两人唱酬，不下百首。……，去冬奴子长干来江北，汝犹寄书曰：裴楷治第，即让兄居。杜甫奔峡，每期弟至。近弃梁溪之田，再买剡溪一宅。不烦兄手足之力，而翩翩来矣。吾徒以食指之困，逡巡未果。使知汝死，吾虽行乞吴市，委妻子于沟壑，吾不一日而离汝行坐也。

“丙戌”是顺治三年，其奉母东归是在戊子即顺治五年，这见于其《自著年谱》的记载。此处小误，是姜埰于悲痛意乱之中将年份记错，后来整理此文收入《敬亭集》时也未加改正。此后两人一处真州，一处苏州，不时将思念之情写入诗中，而且这类诗不下百首。“百首”之说或有夸大，现存诗歌也不足十首，虽有佚失，也不至如此之多。姜埰最为珍重的一首诗即《送别弟垓还苏州》一首七律，前面已述，故而这里省略去了。姜埰收拾姜垓的遗稿，看到自己这首诗的手稿还在，不禁触目伤怀，认为姜垓对这首诗也是最为喜爱。去年姜垓曾派仆人送了一封信给真州的姜埰，信中力劝姜埰搬家至苏州，兄弟同居。信中特别提自己在苏州的住宅可让给姜埰住，还又卖田，再买一宅，不须姜埰费心，房屋可以解决。这是姜垓意识到自己病重，希望姜埰能来苏州，既慰兄弟相思之情，也便于照顾自己的妻与子。但姜埰因真州家人较多，犹疑未果。他痛心地说，若知弟弟早死，即使自己穷困到在苏州行乞，即使将自己的妻与子置于不顾，自己也会毅然来苏州相伴，一日也不离开病重的弟弟。姜埰对此几乎是悔恨莫及。

前年汝病，吾于上元之日来视汝，汝曰：兄来，吾病起矣。是后日饭一盂，医郑以参附进，病辄可。今年汝病，吾亦于上元之日来视汝，汝曰：兄来，吾病起矣，顾不能饭也。朝见吾曰：虚晕，暮见吾曰：虚晕。医郑以参附进，病辄剧。汝之死友有王生子悦者，数为汝言：先生误矣，何不服清凉之剂邪？’汝弗听。沈子明生、刘子默生皆当世之秦越人也，吾一日而延至七八人，言人人与医郑殊，汝弗听。吾且曰：不治得中医。汝未尝不心许之。一夕发使叩吾床曰：头目昏昏然，不参不可。[1]吾披衣急止之，药已进矣。是后遂成结胸之证，不可救矣。

姜垛此文，全仿唐韩愈的《祭十二郎文》，这一段更是神似。以近乎重复的句式、言辞，叙述与姜垓的对话，写其病情的进展，有悲伤零乱之感，有痛彻心扉之哀。“前年”姜垓发病时，姜埰于正月十五来看视，姜垓受到亲情安慰，病势见好，且能吃饭。郑氏医生以人参、附子为药，病情得以控制。今年也是正月十五来探视，姜垓虽然精神有所振作，但已不能吃饭，而且每日对姜埰说头晕。而郑姓医生仍然以原方进，但病情加剧。姜埰觉得大事不好，药不对症。姜垓的朋友王嘉仕（字子悦）也劝他换方子来治，姜垓出于对郑的信任而不听。姜埰又给他请了七八位名医，他们说的医方都与郑氏医生不同，但姜垓仍是不听。姜埰以“不治得中医”相劝。“不治得中医”是一句医谚，见于《汉书·艺文志》。今天对这句话的解释也是纷纭不一，我的理解是：假若好的医生治不了，不如找一个一般的医生看看。这是劝姜垓不要执迷于郑氏，应该换一个医生、换一种方子来治。姜垓虽心里答应，但仍未采纳。一天傍晚，姜垓派人来告诉姜埰，头与眼都昏昏然，不吃人参不行。姜埰闻讯赶紧穿衣过去阻止，但姜垓已经将人参服下。自此病情加重，成不治之势。

姜埰在此对郑氏医生极为不满，认为他医术不高，药不对症，导致姜垓病情加重，颇怪其庸医误人。这位郑姓医生是谁？我以为是苏州名医郑三山。此人名钦谕，字三山，号初晓道人，事迹见吴梅村所撰《保御郑三山墓表》。郑三山出身医学世家，同时亦儒亦医，

① 姜埰《敬亭集》，华东师范大学出版社 2011 年版，第 276 页，此句误标点为：“头目昏昏，然不参不可”。

好与士大夫交游。梅村记云："其于医也，发挥精微，行之以诚心恻怛，名乃益起。千里之内，巨公贵游，辎軿接迹，书币交错于庭，君造请问遗无虚日。窭人踽叟偻行过者，手注善药以去，视之必均。性不喜入官府，有愿交者必见重，始终不干以私。"可见郑三山医术之好，医德之高。梅村记郑三山，特意标出他是宋代郑思肖之后，也是突出其遗民身份。梅村记其医术曰："君尝谓人，上药养性，中药养生，醍醐以为参苓，健椎以为箴砭，去其阴忧蛊惑之疾，予以欢喜利益之方，彼且涊然汗，霍然已，我则不居功，不尸利。"[①] 其善用人参，治病路数似乎与治姜垓者同。梅村《墓表》中提到他与徐枋交好，并为其治病，徐枋病愈后"起而录其事曰更生"。徐枋原文《再生记》今在《居易堂集》卷八，记其顺治十一年冬至第二年春季大病卧床，被庸医所误，服药则呕吐，不能进食，奄奄待死。他自知大限临近，已经安排后事。此时郑三山来访，为其诊断，煎药服下，三日而愈。徐枋至为感激，叹为神医。文中说："又一日，而余益向愈，种种安适，竟复健谈。张君及坐客无不惊叹下拜曰：先生乃神人也。""以八十日沉疴六十日绝食之人，而又为庸医误药，至于呕血垂毙，而起之之速如此，求之史册，亦罕其伦也。"[②] 此事发生在姜垓病殁之后，但郑三山与徐枋是老友，姜垓也可能是因徐枋而结识郑，故对其笃信不疑。郑之医术高明，医德又好，在当地士人中颇有声望。姜埰痛弟心切，故认为郑氏庸医误人，实不公允也。另外值得一提的是，郑三山还是梅村深爱的秦淮八艳之一卞玉京的最后保护者，见于梅村悼念卞玉京的名作《过锦树林玉京道人墓》诗前的传记，此事我已写入《吴梅村与卞玉京》一文，可以参看。

---

① 《吴梅村全集》，上海古籍出版社 1990 年版，第 1029 － 1030 页。

② 徐枋《居易堂集》，华东师范大学出版社 2009 年版，第 188 页。

呜呼，吾视汝料事多智矣，何料病之甚拙邪？何以今年之病，遂谓前年之病同一病邪？医郑与汝交有年，专医闺阁，何以七尺之躯试之而不顾邪？汝妻曰：夫君夫君，遂中参附之毒乎？汝曰：然。汝妻曰：岂有郄于医郑邪？汝曰：郑之父子，心在我矣，不郄。吾泣谓曰：汝病如是，将复何言？汝援笔书之曰：壮志未酬，死不瞑目。亲恩未报，我罪当诛。次及妻子。汝曰：兄来苏州邪？吾唯唯。汝曰：兄不来苏州，吾妻子不能自保。兄来，吾无忧矣。吾曰："与君再世为兄弟，愿结平生未了缘，此何人之诗乎？"汝曰：子由。以手作圈者久之，遂卒。时癸巳二月二十四日卯刻也。呜呼，吾弟竟死邪！

此节记姜垓死前之情景，絮絮言语，生动如见，颇为细致感人。仍归咎于郑三山，说其是专治妇科，姜垓信之为不智，又借姜垓妻之语以佐证郑三山医术之庸。这都是痛心之怨，非持平之论。姜埰其情可以理解，罪郑三山则是未必公平。姜垓在此影响下，也承认郑氏医术有误，但以为存心尚好，不加怨恨，这是姜垓的忠厚之处。值得注意的是，姜垓死前遗书，责备自己忠孝不备，死有余辜，道出其一生最大遗憾。其"壮志未酬"，即反清复明大业未成，也即所谓"亲恩未报"。此为姜垓生前之最大心事，亦是其死不瞑目之处，正可谓"出师未捷身先死，长使英雄泪满襟"。此心事讲完，姜垓才言其家事，再三恳请姜埰来苏州居住，托其照顾妻与子。姜埰则引苏辙诗，表达再世为兄弟之意。姜垓"以手画圈"表示赞同。"画圈"是古人读书到会心处，在文字旁画圈以作标注，是姜垓对苏辙诗、也是对姜埰借诗表意极为称赏之表示也。画圈毕，姜垓遂溘然长逝矣。姜埰以哭咽之声记下此刻。此节写法及口吻，亦神肖韩愈《祭十二郎文》。

始吾年三十，常谓汝曰：为国家披草莱，剪荆棘，身蹈白刃，上马杀贼，下马草露布，汝不如吾。操觚染翰，黼黻皇运，国家有大疑大难，上殿一言，天子听而信之，吾不如汝。汝今已矣。吾十年间髋髀疟痔，殆困惫也，既不有汝，谁为鼓其雄风，策之末路乎？吾与汝实以深负国恩，羞见先墓。高堂衰晚，犹依恋于乡井。长之孤，幼之孤，远在山东，汝之孤，在江南，吾之妻子又在江北。老者八十，小者周龄，饥待吾以糗糜，寒待吾衣絮，婚丧之礼待吾以决。隆冬盛夏之日，匹马单衫，间关定省，妻若子穷岁不得相见，吾顾此而失彼，左画方而右画圆。呜呼，吾亦人，情独何堪哉！[①]汝但知死之苦，岂知吾生之苦邪？虽然，吾之年齿过于汝，吾之生平苦于汝，一行作吏，憔悴江山，身迨榜笞，一日而血溃十斗，吾之神志耗于汝。汝胜吾，且不得永年，吾不如汝，又岂能久人间邪？昔长兄死，幼弟死，吾与汝皆在，皆不得在旁。今汝死，吾在旁，后吾死，有谁在吾旁邪？

这种文字的好处是发自内心，出于至情，情感于不知不觉中灌注、流露于文字中，使人不觉其重复、絮叨，甚至使人读来，不觉其有文字，直觉其哀情一片，泫然泪滴，文字有直击人心的穿透力。姜埰早年评价两人优长，觉得自己长于实务，姜垓富于文采，善写文章，都是忠君为国之人。十余年后再提这段评价，也觉得是很准确的。姜埰有十年真州县令的经历，自然有处理实际政务的经验，证明了其能力。姜垓为官，多是皇帝身边近臣，以文学才能辅佐君王，

① 姜埰《敬亭集》，华东师范大学出版社 2011 年版，第 277 页，此句误标点为“吾亦人情，独何堪哉。”

故以文学见长。实际上，姜埰是自认为文翰方面不及姜垓的。姜埰经历了如许磨难，现在觉得疲惫之极，姜垓已死，自己也生意尽失，觉得无法振作，无人在其晚年加以鞭策、鼓励了，这是痛失人生陪伴的恨惋。想想余下的一家老少，上有老母，下有子侄辈，诸事都需自己劳作、操持，姜埰觉得无力承担，反而觉得弟弟之死是一种解脱，自己生之苦要超过弟弟死之苦，故对亡弟絮絮说起生之难处。又说自己经历的苦难要超过弟弟，年龄又大过弟弟，弟弟活得不长，自己又岂能长寿。悲痛之际，又言其长兄、幼弟之死，姜垓死时能有自己在旁，异日自己死时，又有何人能陪伴身边？这种对亡弟而加以哭诉的文字，简直是以泪和墨，泪尽泣之以血，有无穷的感染力，令今人不忍卒读，且叹服古人文字表现力之强也。

姜垓死后，姜埰当年冬，把母亲接到苏州，又是一番哭祭。后来，他遵照亡弟之嘱，将家搬到了苏州，照顾弟媳与侄子，为侄子完婚，帮其理家，完全尽到了一位长辈的义务，也可以说是完全不负亡弟所托。姜埰对侄子寓节极为尽心，谆谆教诲，在其三十岁时，曾作《侄寓三十初度诗以勖之》四首诗加以勉励，这在前面已讲，此处不赘。

据何天宠《姜考功传》记载：姜垓死时，其门生何天宠正在京师，未能亲见其易箦之状。姜垓曾亲手写了一份遗书留给他，“谕以抚孤，手自琳琅，俨如平昔。”姜垓也曾有遗书给诸位遗民好友，何天宠记云：“读先生易箦书，以托孤属雍公熙日、王公嘉仕、李公模、周公茂兰及天宠；以选诗属余公怀、叶公襄。今余、叶两公，为先生选诗竟，而周、王诸公视公子如骨肉，斯固范张之交哉！”诸好友都不负所托。此时姜垓之子寓节年方十二岁，他后来的成长，除了得益姜埰的亲情照顾外，也得益于姜垓生前好友如周茂兰等的照抚。徐枋、余怀都对寓节关爱有加，有些文字现存于两人的文集中。

姜垓的后事，其友人王嘉仕出力甚多。姜埰有一首《和答王秀才子说》表达感激之情。其诗序说："吾弟垓每为余言，会稽之间有王生嘉仕字子说者，气谊纯挚人也。癸巳春，相见于吴趋，会弟垓病革，王生以程婴自许，哀痛慨切，不啻同气。余感其义，行自愧也。既余归江北，王生作诗送之，且有勉焉。聊依韵以答意云尔。"王嘉仕即《祭弟文》所记的王子悦，"说"与"悦"二字通用。王子悦为姜垓好友，与姜埰初识，是姜垓病重时周旋身边之人。所谓"以程婴自许"，即以抚孤自许也。姜垓的遗书也是托孤于他。姜埰略感自愧的也是为此。此诗作于姜埰处理完姜垓后事，欲返回真州之时。王嘉仕先有诗作，对姜埰"且有勉焉。"此"勉"既是对弟亡的慰勉，恐怕也有对姜埰遗民志节的劝勉。姜埰答诗赞扬王生之气谊："登彼会稽巅，危石何崎嵚。中有彼殊子，丘中调素琴。维我来吴市，乃得遘所欣"赞美其志高洁，王生可能也是明遗民一流人，写自己与之初相识。中间接着又说："叔也好结客，与子称盍簪。王室遭阳九，百忧不力任。哀哉哲人萎，析析井径阴。吾子负高义，中诚一何深。季札挂剑树，马融吹笛音。"写姜垓喜欢交友，与王生关系莫逆。遭国难后，百忧在身，故而早逝。赞扬王生之高义以及与姜垓之友情。诗末云："感子意气重，临歧摧我心。君为双飞凤，我为孤栖禽。嘉会无几时，别子在江浔。极目空渺渺，泪下不可禁。"写与王生分手，再抒丧弟感伤。这位王嘉仕可以说对姜垓极尽朋友之义。

姜垓去世后，在明遗民群体中也引起极大震动。许多明遗民纷纷写诗悼念。叶襄执笔写了《姜贞文先生谥议》，根据姜垓生平大节，一众遗民朋友将其谥号定为"贞文"。"清白守节曰贞，勤学好问曰文。"[①]"贞"是表彰姜垓一生为国为君之忠，"文"是表彰一生学问渊博、善作诗文。可以说，这个谥号很好地概括了姜垓的一生。在《谥

① 叶襄《谥议》见姜垓《流览堂诗稿残编》附录，北京图书馆出版社2006年版，第64－65页。

议》一文末尾署名的遗民朋友有徐枋、余怀、方以智、周茂兰、熊开元、李模、林云凤、董樵等六十六位，还有何天宠等九位姜垓的门生。

明遗民魏禧撰《莱阳姜贞文公偕继室傅孺人合葬墓表》一文，是“壬子”（康熙十一年，1654）九月应姜寓节所请而作。文章在记叙姜垓事迹之后，补充记载了姜垓夫人傅氏的情况。文中记载说：姜垓死时，“时傅孺人年二十九，痛哭大呼曰：吾早知君年促，不获展其志，奈何劝君苟活为。数气绝，欲自经。既见寓节啼，曰：儿年十二，多病，我死，儿何以生？乃自释。恶衣菲食，延师以教寓节。学既成，公门下士贻书寓节，欲令补诸生。孺人曰：汝不见父遗命乎？且吾所以不死，非愿汝能富贵也。卒谢之。身日夜操作，以易膏火者十年，病作，癸卯冬十一月初卒，享年三十有九。”“癸卯”为康熙二年，其卒年后于姜垓正十年。姜垓的这位夫人可谓能继承夫志，她不但忍受贫苦教育儿子，而且严令其子不入学，不做秀才，希望儿子不违父志，甘心做第二代遗民，也是一位颇有气节的杰出女性。遗憾的是，这位姜寓节未能继承父志，也未能遵其母命，他请魏禧撰此《墓表》时，已经向魏禧坦称：“甚不幸，父母早丧，多外侮，勉学举子业。今以诸生升国学矣。负吾母言，尝自痛。”“多外侮”或是托辞，内心对功名的热衷才是主要的。这一点上，姜垓其子远不如姜埰的两位儿子。好在有“遗民不世袭”之说，遗民之子当时多有出仕者，这在当时的道德观念与舆论环境中并不受非议，今人于此也不宜啧有烦言。再说，姜寓节可能最终只是一名诸生，未再中举人、进士，也就是未曾入仕为官。陈去病撰《明遗民录》，录其事迹于姜垓之后，仍将其视为明遗民，且记载其与明遗民之交往：“子寓节，字奉世，年十二，侍父疾即断酒肉，居丧毁瘠如成人。继母傅病，偕妻刲臂以进，哀几灭性。生平笃师友之谊，以贞文会试座师徐汧殉国，其子枋隐山中，常濒饥寒，先生必月有馈问，以佐不足。

宁都友人曾传灿客燕死，遗妾与子女于吴，茕孑无可归，先生割宅处之，而抚其孤。蜀人唐甄以县令落职居吴下，先生亦时时赈恤之，俾脱困乏。其他四方遗民来吴者，辄常至其家，先生晋接无倦容，散其金数千，而自甘粗粝，意豁如也。读书嗜《史记》、白居易诗，不轻著述，盖谨慎其天性云。卒年五十八，遗命以布衣冠敛。”[①] 观其周恤之遗民，多为其父辈朋友。观其仗义疏财，急人之难事，都表现出相当好的品格，应该说是绰有父风。他后来在苏州购买申园，也证明其家境尚可,不至于贫寒。总起来看,姜寓节也算是未堕父志，对得起先人的。

① 谢正光、范金民编《明遗民录汇辑》，南京大学出版社 1995 年版，第 460 页。

第十四章 诗文评述

一

姜埰的诗歌创作开始得较晚，《敬亭集》中现存最早的诗歌，是其甲申年南奔路上创作的《赴戍》两首五古和同题一首五律，诗写于明朝亡国、崇祯自缢以后，故《赴戍》五律有“先皇千滴泪，独在敬亭山”之句。另有一首佚诗，现存《明清山左七家诗文钞九种九卷》之一的《姜给谏诗》，即《过兰村有匡子者，不以余为不肖，而进漂母之食，口号酬之》，写作时间实在《赴戍》一题之前，这已见前述。

《敬亭集》首次编定时间，据《敬亭集自序》，是其“移家吴会”以后，具体时间可能是康熙元年。收诗时间起于甲申（崇祯十七年，1644），迄于庚子（顺治十七年，1660）。其《自序》云：

> 自甲申赴戍，始学诗，生平懒读书，欲出语胜人，犹之楚而北其辕也。辛卯，弟垓卧疴江浒，长男安节悉简存稿，垓为点定。己亥兵燹之余，窠巢一炬，昔时图书，复半付秦灰汉火中。既移家吴会，搜集残编，尚存若干首，授之梓。

他自称“甲申赴戍”始学诗，实不很准确。前面我们说过，崇祯十四年（1641）十一月安葬前妻董孺人时,他从真州“发使走京师”，请宋玫撰写墓志铭，即随书附去悼亡之诗十篇。但明亡前的诗歌姜埰在编写诗集时一首未存，推测其中的原因，一是对自己明亡前的诗歌不满意，二是他有意确定明亡这个时间节点，也应该有特殊的意义，是纪念国亡君死，将其诗歌创作同时代大变动结合起来。这个起点的确立是非同寻常的。他的诗曾经姜垓于顺治九年为其“点定”，这一“点定”既有修改义，也有选诗义，有些诗歌也可能被淘汰掉了，料想这种删汰应该不是太多，绝大部分诗歌会保存下来。此时初步编定成集。但“已亥”年郑成功“江上之役”的战火延及真州,他的房子被烧,造成了其诗歌的一些损失。到“移家吴会”后，儿子整理的是“残篇”，是姜垓“点定”之后的“残篇”，但我们仍然相信绝大多数诗歌是保存下来了。

《敬亭集》编成刊刻后，其后十余年时间，姜埰仍有不少诗作，因而他又将后写的诗歌编成《馎饦集》。其自序为：

> 自甲申以后至己亥，搜得杂诗若干首，梓成而后剜之者何？悔吾之不自量也。自庚子以后至壬子历十三年，再搜得杂诗若干首，已弃而后录之者何？惊之也，惊吾之犹生也。呜呼，如吾者，世斯世，心斯心，使得活十三年，亦足奇矣。况十三年所为诗有若干首哉。故不论工拙，录之为《馎饦集》。

“自甲申后至己亥”，正是《敬亭集》所收录诗歌的时间。又搜得若干首者，一是确实当时有部分遗漏的诗篇，二是可能被姜垓在“点定”中删去诗篇的又加以拣选入集。姜埰又编成一集，但刊刻后被剜板毁掉了，没有正式面世。姜埰的解释是“悔吾之不自量也”，这句话很耐人寻味。字面上好像是一句谦词，说自己的这些诗并不好，不愿示人，其实这“悔”真正的含义是“惧”，是怕诗有违碍之处，怕触忌讳，怕招惹文字狱之祸，所以刊刻后有不同寻常之毁版行为。姜埰有《杂咏》五首诗，其四云：“闻道胶州郡，诗书起雉罗。剖心梁狱苦，投匦汉廷苛。敢比亿翁史，深怀杜甫歌。宋人终未献，燕石免讥诃。”诗末有自注：“余诗从未示人，盖慎之也。”这首诗写的是康熙五年的“黄培诗狱”引起的内心恐惧。首联写胶州郡的黄培诗狱，这一被姜元衡告密的诗案导致很多人入狱，其中除主角黄培兄弟外，还牵连及姜埰的好友宋继澄以及与姜埰并不熟悉的顾炎武，后黄培瘐毙。次联写自己明朝时的进谏与入狱。三联自记其诗可比宋遗民郑所南（字亿翁）的《心史》，自己倾慕杜甫的诗歌。末句写其诗不敢示人，免得如宋人宝爱燕石那样，被人讥笑。“宋愚夫亦宝燕石”一典见《后汉书·应劭传》。这仍是自谦之辞，但从诗末自注写出其“慎”，可见黄培诗狱一事对其影响。此年不只有黄培诗狱，还有更为惊心动魄的“明史案”发生，清朝文网正密，震动大江南北，姜埰之慎，可想而知。这次将已经刻板的诗集续编再加以毁版，恐怕只能如此解释，而不仅仅是如他所说的自谦之意。

自顺治十七年庚子（1660）至康熙十一年壬子（1672）之间的诗歌，是其《敬亭集》编成后所作，姜埰编为《馎饦集》。他自称是“弃而后录之”，乃是记录自己最后十三年的“世斯世、心斯心”，是记录时代与心灵的作品，故不论工拙而执意成编，也可以看出姜埰对自己作品的珍视。诗集取名据黄周星诗序是“取范忠宣公谪永州寄人书云‘此中每日闭门餐馎饦，不知身之在远’”，范忠宣公是北宋范仲淹的次子范纯仁，曾贬官永州。姜埰取此集名，一是表达自己客居异地之感，二是范为苏州人，也曾被贬，是就近取则，三是馎饦是种食物，亦寓作诗“甘苦寸心知”之义。《馎饦集》编成于康熙十一年，这是姜埰去世前一年的事情。

黄周星序姜埰诗说："先生自定己亥以前诗曰《敬亭集》，己亥以后诗曰《馎饦集》。"姜埰的诗集全为生前自己编成，保存相对完整，也经过了自己的亲自修订，我们将收入集中的《赴戍》五律与收入王渔洋《感旧集》中的同题作品作一校勘，即可发现他修改的痕迹。姜埰去世后，其二子将两集合并，打乱次序，分体编排，统名为《敬亭集》，编成后请黄周星、钱澄之作序，这即是我们今天看到的本子。姜埰的诗歌，除现存《敬亭集》外，尚有前述《姜给谏诗》抄本一卷共十六首，另外宋弼《山左明诗钞》、卢见曾《国朝山左诗钞》中还有几首佚诗。

要论姜埰诗歌的总体面貌，不能不讲明末诗歌创作的大背景。具体一点讲，就是姜埰诗歌明显地受到明"前、后七子"为代表的复古思潮的影响。"前七子"暂且不论，明"后七子"以太仓王世贞、济南李攀龙为领袖，他们最主要的文学主张仍是"文必秦汉、诗必盛唐"，更进一步主张古诗学汉魏，近体学盛唐，主张从模拟古人入手。应该说这一主张并无大问题，从取法乎上的角度，从入门学习的角度，甚至从确立古代诗歌经典批评的标准来看，都有合理性，而且路径容易把握。"七子"的问题是食古不化，等而下之，将模拟作为最终目标，创作难以形成个性，甚至忽视真性情在诗歌创作中的决定性作用。后"公安""竟陵"起而矫正，主张独抒性灵，不拘格套。但他们受王学左派影响，个人生活之放纵不羁为人所不喜，其诗歌之狭窄、纤仄甚至粗糙的弊端也很快显现出来，脱离了古诗雅正的传统，因而并未完全抵消"后七子"之影响。明末清初，"后七子"之诗歌主张虽然受到钱谦益的清算，但也同时受到以陈子龙为代表的"云间"诗派的重构与整合，又形成很大的影响力。论明遗民的诗歌创作，论清初之总体诗风，不能不说仍然处于"明七子"复古理论的笼罩之中。顾炎武的诗歌就明显地受"明七子"影响，这见于钱钟书先生的分析[①]，后来以“神韵”著称、代明遗民而起的王渔洋实际也有明显的“明七子”习气，姜埰诗歌亦然，这主要体现在其古体诗模拟汉魏古诗，其近体诗效法杜甫，奉杜甫为圭臬。我们先论其学汉魏，再论其学杜。

姜埰对明“后七子”之一李攀龙的一次致敬见于他的《与同乡友》一诗的最后两句：“济南坛坫在，重见李于鳞”，这首诗据我的考证是写给王渔洋的，赞美王渔洋是继李攀龙以后的诗歌领袖。除此之外，也未见有其他与“明七子”近似的理论表述，他的诗论本来就很少，最能看出他与“明七子”复古理论相关的是他的创作。他的创作是从模拟开始的，其古体模拟汉魏古诗最显而易见。且看他的诗题有《和陶停云》《和陶时运》《和陶荣木》等，三首仅存的四言诗全是学陶渊明，其《和陶挽歌辞哭左仲及》《和陶乞诗》等学习陶的五言诗，另有《和阮嗣宗咏怀》《秋怀》等五言诗都是模拟阮籍。大体上讲，他的五言诗中学陶主要是学其通俗晓畅、明白如话的语言风格，学阮主要是为学其情辞隐约、欲言又止的寄托，与阮籍应该说还有精神上相通之处，与陶渊明只取其不书晋以后年号的遗民志向，陶诗中那种田园题材姜埰很少，与陶诗的淡泊诗风也不相近。我们先看他学陶的一首，是其题目中未标出“和陶”的一首《催梅》，而一些题目中明确标出“和陶”的作品则无须去论。诗云：

腊月开黄菊，无心理亦睽。瞥见枝头花，一一颇凄迷。铁干皮作溜，乱蕊雪带泥。穿槛屋已古，迎月鸟逾啼。土墙送白酒，山味寻黄鸡。庶几团圞日，深感花提携。阳春二三月，转

① 钱钟书《谈艺录》：“清初诗家如天生、竹垞、翁山，手眼多承七子，即亭林、梅村亦无不然。”中华书局1984年版，第109页。

眼看辛夷。只恐懒惰甚，不得到虎溪。乳雀愁冰井，风雨转凄凄。况乃柳含冻，难与凌雪挤。一丘乐不易，斑杖穷攀跻。年年茶山约，寂寞崦东西。朝烟媚晴川，桃李起故蹊。催梅梅早发，何时物理齐。

诗从腊月时令写起，一直写到“阳春二三月”的看木兰（辛夷），观柳，而期待中的梅花迟迟不开，故有催梅之作，盼其凌寒早开，能去欣赏，但诗末又担心这种“催梅”的想法与“物理”不齐，不能顺其自然。诗中说理的意趣有点陶的味道，亲近自然的态度也颇似陶，语言的清空明白绰有陶风，“穿槛”数句的对仗，也是陶诗常见的手法。但这模仿之中我们总感觉有所不足，苏轼评陶渊明诗那种“质而实绮，癯而实腴”的感觉总嫌不足，不像陶诗那样平淡中见警策，朴素中见绮丽。这也是模仿的弊端，再好的模仿也难以达到与原作神似。

我们再来看一首学习阮籍的作品，是其《秋怀》四首五言古诗，其一为：

我有五弦琴，抚之激清商。抚罢还独坐，寒云忽苍苍。芳时既已歇，浩思惨不扬。形变时故化，情多心易伤。人生不得意，四节皆凄凉。西风牵我衣，百虫鸣我床。中夜不能寐，揽衣起彷徨。

其实这首诗从语言风格上讲，和陶诗也很近似。我们说他学阮籍，是这五首诗写出了明遗民的忧愤，但并不明言其事，而是用了隐约其词的手法来寄托，表达人生的创巨痛深，这一点像阮籍。就语言风格来讲，阮籍实际上也不乏这类清空明白的作品。另外这首诗的“我有五弦琴”的弹琴意象，“中夜不能寐”的情思，也完全来自阮籍《咏怀》诗的“中夜不能寐，起坐弹鸣琴”，说他袭用阮籍一点也不过分。《秋怀》四首其三写明遗民不可言传的心事，出之以比兴寄托，从手法到诗旨都更像阮籍诗，诗云：

> 仰视云中雁，飞鸣何翩翩。朔风自北来，玉塞起尘烟。昔闻汉武帝，防秋守九边。拓疆犹未已，奄忽下重泉。哀哉重泉下，黄狐陟其巅。大江万里长，下有蛟龙渊。昂首夜怒号，声怪震百川。我欲往从之，褰衣不得前。愿言长相忆，中心泪涟涟。

诗写亡国悲愤，但不明白说出，而借比兴表达，“朔风”是清人的象征。诗中“汉武帝”是崇祯的借喻，武帝的“防秋守九边”隐指崇祯的抵御北兵，“奄忽下重泉”借喻崇祯之死。而“大江万里长”几句指南明永历王朝的抗清，“我欲往从之，褰衣不得前”是写心向往之而不能至。这些现实情怀姜埰是不可能直接写出的，故借阮籍《咏怀》诗的手法隐约表达，只有熟悉姜埰经历与情感才能窥破诗旨。这种比兴、寄托的写法都是来自阮籍。李善《文选注》评价阮籍：“嗣宗身仕乱朝，常恐罹谤遭祸，因兹发咏，故有忧生之嗟。虽志在刺讥，而文多隐避，百代之下，难以情测。”上面这段评语，只要把“身仕乱朝”一句改为“身历乱朝”，再移评姜埰这类诗，是完全恰当的。

姜埰的七言古诗，也是从模仿汉魏入手，他的《效行路难》五首，是很典型的作品。用了乐府古题，诗中也有鲍照诗《拟行路难》的影子，但写得低沉、压抑，缺乏那种慷慨悲愤的劲直之感。他的七言古诗的学习对象颇多，除了汉魏古诗外，他学习韩愈，如《感春五首和韩昌黎韵》，也学苏轼，如《慕村四首用东坡游孤山韵》《大雪效东坡》等，还有两首学明初杨维桢的作品，从七古诗的写作来看，他似乎突破了“明七子”“诗必盛唐”的藩篱，颇有转益多师的迹象，但其实都是偶一为之，而且也是学古，甚至学得很生硬，不成熟。“歌行体”是明末清初极流行的诗体，以多写时事的“梅村体”为代表，但姜埰的歌行体，却几乎未染此风，多是近乎韩愈，少有辞藻风华，也欠缺词调流利，显得生涩拗折。他的七言古诗总体上学古而未臻成熟，也未形成自己独到的风格，在他的各类诗体中以七古最不成功，好作品不多，《慕村》四首及《万柳行》是较好的作品。七言古诗以《偶成九首》境界最高，而这完全是学习杜甫的结果。九首全写其自身经历，前六首从“三十八岁”写到“四十二岁”，每年一首，“四十三岁至五十”合为一首。后三首再总叙时事与个人经历。全组诗叙事与抒情相结合，吐语真诚，风格沉郁，完全脱尽模仿痕迹，从自己心中流出。《偶成九首》多已见前述，我们再引最后一首看一下：

> 吁嗟我生十龄时，传闻辽阳数丧师。慈母抱我怀中泣，贼军临城将安之。岂知转眼二十年，四方征战苦相缠。家亡国破命不淑，死填沟壑生颠连。即今白首卧江浒，辰糁不给日当午。水深即欲防鲸鲵，山高那免忧豺虎。海内戎马太转侧，身在江南忆江北。江南人民何草草，去去争如江北好。

这组诗写于姜埰顺治十七年定居苏州之后，全是回忆自己往事，纪实性很强。这首诗从自己十岁写起，“辽阳丧师”指万历四十七年（1619）明朝杨镐分四路出兵后金，在萨尔浒（今辽宁抚顺东浑河南）遇伏，全军覆没一事。经过这一战的大败，明朝对抗清人的形势转为劣势，转为守势，此后再也没有扭转这种局面。这年姜埰十三岁。此后的二十年，内有李自成的农民军，外有清人的不断入侵，四方征战不息，直到国家灭亡。后半段“海内戎马”是指郑成功进攻南京的“江上之役”。写自己在战乱中的贫窘与担忧。全诗历史跨度很大，纯为纪实，不作具体铺陈，极概括简约，感情又充沛饱满，语言跌宕有力，全诗多次转韵，或四句一转，或两句一转，节奏感很强。诗明显学习杜甫，不独是袭其貌，而且有其神，具有杜甫哀时念乱的诗歌精神。像这种水平的佳作，在其七言古诗中并不多见。

姜埰的古体诗，有一种好古、好奇之趋向，喜欢追求新奇的诗体，如七言古诗学杨维桢之“嬉春体”，学苏轼写雪之“禁体诗”，还有像《寿雍辰生》这样的句句押韵的“柏梁体”。这些虽然是偶一为之，但能体现他的尚奇好古的趣味，可惜这些学习或模仿今天看来都不太成功，相对稳定的风格并未形成。他的五古、七古也有一种追求奇峭、古拗的倾向，用生僻词句，好押险韵等，看出韩愈对他的影响。五古以《大雪浃旬，读刘青田送野狸诗，爱其辞险拗而缠绵，即步原韵，戏作雪诗》最为典型，这是模仿明初刘基的作品，故作拗语，故押险韵，追求“险拗”之风，实则读来很不通畅。这种险拗、生涩诗风，可能寄托了他不媚俗、求新变的傲骨与情趣，但从诗歌艺术来讲，总不能说好。学古有点表面化，仅汲取形似，未能与个人性情融合为一，脱离“诗言志”之真谛，没有内在感情的真正驱动，任何表面的模仿都难以创作出打动人心的作品。

二

毫无疑问，姜埰最好的作品是近体诗，这是他在“明七子”复古理论的指导下，潜心学习杜甫的结果，而且他以学杜为根基，结合抒情言志的需要，进而学习、模仿李商隐，创作出一批独具特色的优秀作品。

姜埰在时代动乱的大变局中写诗，这本与杜甫近似，容易汲取杜甫的现实主义创作精神。他认准杜诗，一眼觑定，全力钻研，心摹手追，真气鼓荡，这是他的高明之处。学杜的趋向不只是他的近体诗，在古体诗如《赴戍》与《天台一百韵》中也很明显，但古诗总体面貌较为驳杂，不似近体之全力学杜。今天看来，姜埰一批优秀的五、七言律诗，除《无题》三十首是明显学习李商隐外，几乎全是学习杜诗的结果，杜甫诗歌从创作精神到语言形式，深刻地影响了他的写作。

姜埰的诗中多次以杜甫自比，也多次表达对杜甫诗歌的倾慕，这种态度在他的《送别弟垓还苏州》一诗中表达得最为直接，这是兄弟共勉的学杜宣言。诗前面已引，其最后两句为：

学诗必学杜工部，翡翠兰苕时辈看。

兄弟二人都是诗人，姜埰提出“学诗必学杜工部”，弟弟姜垓深表赞同。这里所讲的学杜，主要是学习杜甫的记录时代乱离的精神，学习杜甫雄壮、浓郁的风格，不去追求辞藻的华艳、繁缛，不写“翡翠兰苕”那样为时人称赏的作品。在杜诗里，与“翡翠兰苕”相对应的“鲸鱼掣海”，是指气魄壮伟、雄强有力的作品，但实际考察姜埰的诗作，这方面并不是他的重点，他似乎也学不了，他主要学习的是记录时代的精神，是沉郁悲愤的诗歌风格。

姜埰的这种学杜，除了“诗必盛唐”的复古思想引领外，主要还是来自国破家亡的时代苦难和困顿坎坷的个人遭遇。明遗民的诗歌创作中，除了少数几个天才狂纵的诗人如黄周星、屈大均外，几乎无一例外地学习杜甫，这也是时代使然。这种时代诗潮，已非“前后七子”的复古风气所能限制，也不能仅用复古思潮来加以说明，因有许多真性情要抒发，自然会有许多新突破，也自然会独具面貌。

姜埰的五、七言律诗我们结合其经历讲述已多，其中学杜之处也多有点明，为结合本节所论，我们再各选一二篇加以体会。五律选其《銮江杂咏》。组诗共十首，其一、其三云：

> 老去人犹在，春来客未还。侧身天地外，卜宅水云边。月照归栖鸟，江喧出口船。苦遭生意短，白发不相怜。
>
> 不敢辞风雨，应知行路难。招朋偕笑傲，拄杖见衰残。郭外柴门僻，江间水鸟寒。老亲思儿子，每日向南看。

组诗写于真州，表达国亡之后的忧时念乱、客居思乡之感。读这类诗，我们觉得一气贯注，真气充盈。语句似未经雕琢，实则功力深厚。意境浑融，难以句摘。风格沉郁顿挫，潜气内转，哀而不伤，极其雅正。这种诗，我们难以具体指出哪句像杜甫，只能觉得整体像，神韵全似。尽管有个别句子并非来自杜甫，如“侧身天地外”之“天地外”来自王维的《汉江临泛》的名句“江流天地外，山色有无中”，但姜埰的诗不像王维的诗那样轻快，来自苦难背景下的忧伤情绪决定了其像杜甫，而不是来自“王孟诗派”。

我们再看其七言律诗《江上》二首：

> 金陵城外接江浔，芦荻洲边月影深。红稻香开千顷熟，白波风起一楼阴。比年妻子添人口，旧日河山系客心。直北家书尝断绝，无情雁过更谁禁。
>
> 门对青山锦树连，携家尝在故交前。市桥九隧人初起，画角三更夜独眠。雨后药花供槛外，秋来鱼艇泊江边。淮南落叶

催砧杵，何处乡心不可怜。

这两首诗也是写思乡情绪，全体神似杜诗。只不过痕迹要比上两首五律要明显一些。首联似杜甫“锦官城外柏森森”的语调，“芦荻”“月影”都是杜诗中用过的词汇。“红稻”容易联想到杜甫的“香稻啄余鹦鹉粒”的名句。“直北家书”也容易联想到杜甫的“烽火连三月，家书值万金”。第二首的“画角”可联想到杜甫的“五更画角声悲壮”，“暮砧”也可联想到杜诗之“寒衣处处催刀尺，白帝城高急暮砧”，但这些可寻的形迹，始终抵不过骨子里的杜诗味道。第一首中“芦荻月影”的意境，“旧日山河”的牵挂，“无情雁过”的反衬；第二首“门外青山”的鲜明意象，“画角三更”的声情悲壮，“落叶砧杵”的萧瑟情景，都渗透着杜甫诗歌的内在精神，代表了这两首诗的高超境界。至于中间二联的工稳对仗，明快节奏与浓郁情感的有机融合等，也都可以鲜明地感受到杜诗的况味，这些诗可以看出姜埰学杜所能达到的高度。

姜埰诗歌多用杜甫诗中的语典，我们在前面的解析中所论已多，例子无须再举，这甚至成为我们解读姜埰诗歌的一种方法，即遇到相关诗句先检索杜诗，往往有令人惊喜的答案。这除了表明姜埰的有意学杜外，还表明他对杜甫诗歌的熟稔程度，许多杜诗名篇记忆在心，每每化用于自己诗中。他的诗律妥帖，对仗工稳，体现出很深的内在功力，这也可以看作是对杜甫诗歌的学习体味。其对仗中的开合变化，顿挫跌宕之感，我认为也深得杜诗的精髓。比如上引两首七律，“红稻香开千顷熟，白波风起一楼阴”一联，一明一暗，一喜一忧，一平静开阔，一耸动不宁，工整之中寓有开合变化。“比年妻子添人口，旧日山河系客心”一联，上句写家庭，下句写国事，喜忧交织，今昔相关，灵活跳动，毫无板滞之感。“市桥九隧人初起，画角三更夜独眠”一联，从黎明写到夜深，由外入内，由动入静，深沉的情思曲曲写出。“雨后药花供槛外，秋来鱼艇泊江边”一联，也是一近一远，视野从就近的“槛外”延展到“江边”，于工致的对仗中写出一种开阔感与纵深感。这些对仗的提炼,颇有杜甫“老去渐于诗律细”“为人性僻耽佳句”追求，若无此等功力，是写不好近体诗的。在这些方面，我们明显地感觉姜埰对于杜甫诗歌的用力之勤与寝馈之深。

姜埰在《敬亭集》自序中说其作诗:“盖自京国丧乱以后，生死万态，或转侧戎马，命若悬丝；或漂泊江湖，身同行乞。其间穷仄窘步，焦烂危年，托哀鸣于异鸟，感音节于秋虫，大抵羁臣劳士，离忧惝恍之声矣。他日使吾子孙读之，知吾半生踪迹如斯也。”这段话极为精辟。他说自己写诗都是拜这个国亡家破的乱离时代所赐，自己的诗歌都是“转侧戎马”与“漂泊江湖”的真实记录，诗中不可避免的一些自然景物的描写都有时代乱离的印记，所谓“托哀鸣于异鸟，感音节于秋虫”，指诗中不少比兴寄托。姜埰的这种夫子自道，说出了他从杜甫那里学到的诗歌真精神。这是他真正领会、学习杜甫的地方。我们可以分几点再作一些具体分析。

第一是诗歌创作的时代性。人离不开时代，人也不能选择时代，就像不能选择自己的父母，这是天然的、命定的。杜甫是他那个时代的歌手,他的诗歌创作与“安史之乱”前后的时代密不可分,其“诗史”的意义和价值很大程度上要依赖于大唐这个由盛转衰的时代。姜埰也是这样，没有明朝灭亡、异族入主这种天崩地裂的时代巨变也就没有姜埰这样的明遗民群体，也就不会出现悲愤积郁、沉雄厚重的明遗民诗歌。古人论诗讲究“知人论世”，其实人在世中，世决定了人,不通过世难以认识人,两者难以截然分开。身处乱世的诗人，要比太平时期的诗人时代感更强，这几乎是诗歌史上的规律。杜甫与姜埰都身逢乱世，决定了他们在精神上的相通，姜埰奉杜甫为其诗歌精神的不祧之祖，有其时代必然性。

第二是诗歌创作的纪实性。纪实性不等同叙事诗的概念，尽管杜甫也写过一些如《北征》、如“三吏三别”等叙事色彩很浓的诗歌，但他绝大多数作品仍然是以抒情为主，属于抒情诗的范畴。抒情诗渗透强烈的纪实性正是他的显著特点。情感来自现实的触发，与所历之事、所遇之境息息相关，强烈感情的抒发之中透露出现实背景，即使一些诗未必都有本事可考，也并非无病呻吟，而是诗中有事，诗中有人，有具体情境可按。而我们看姜埰的诗，很好地继承了杜甫诗歌的这种写法，他有《天台一百韵》这种直接学杜而有点像叙事诗的作品，但为数甚少，更多的诗歌是抒发国破家亡之情，乱世流离之感，也是抒情中透露出强烈的纪实性。大至家国兴亡，小至家庭琐事，均汇之于笔下，出之以咏叹，全部诗作综合在一起，展现出清初时代巨变的波澜壮阔，令人铭心刻骨的时代画卷展示在今人面前。

第三是比兴手法的使用。姜埰所谓的“托哀鸣于异鸟，感音节于秋虫”，是对比兴手法的一种很好概括。但这种比兴不是“蒹葭苍苍”那种引起式的比兴，也不是“言在于此、意在于彼”的寄托，而是杜甫“感时花溅泪、恨别鸟惊心”之类移情的写法。将情感注入于自然事物中，一花一鸟总关情，有由小观大、见微知著的艺术效果。他的《瓜洲书怀》五首五律，中间二联多这类比兴语，如“江残杨柳树，客恨杜鹃花”“雨过三山直，江流万古长”“日落凫鹥叫，天寒斥堠愁”，以及“红楼山外正，白鸟水中翻”等，都将“愁”“恨”这种主观感情注入自然景物，类似王国维《人间词话》所说的“有我之境”，以我观物，物皆着我之色彩。他的《愁雨》七律“风连暮雨飘黄叶，江入平田没白波”一联，《丙申生日》七律“江湖尽日有何意，梅柳冲寒真可怜”一联，都于景物中寄寓情感，于写景中包蕴志向，这种比兴，既托物言志，又创造出情景交融的诗歌意境。这是姜埰学杜最为精微的地方。

第四是悲剧性情感的表达。杜甫写于“安史之乱”之后的诗歌，多是言愁说恨的悲剧性情感，姜埰的诗歌也是如此，看清初明遗民的诗歌，大多是这一基调，而且这是清初前几十年占据主流地位的诗歌面貌。这当然是时代苦难与个人身世造成的，不是从模仿而来。这种悲剧性的诗歌面貌，除了时代原因以外，还要考虑中国诗歌“兴观群怨”的悠久传统。自《诗经》以来，“诗可以怨”成为重要的诗歌创作原则，诗可以抒发悲愤，表达苦难，甚至形成了“穷苦之言易好、欢愉之辞难工”创作理念，直至形成杜甫所说“文章憎命达”和欧阳修所谓的“非诗能穷人，乃穷者而后工”的说法。钱钟书先生说：“中国文艺传统里一个流行的意见：苦痛比快乐更能产生诗歌，好诗主要是不愉快、烦恼或‘穷愁’的表现与发泄。这个意见在中国古代不但是诗文理论里的常谈，而且成为写作实践里的套板。”[①] 钱先生在《诗可以怨》这篇著名的文学论文中，引述了大量中西方文学家的说法，来论证悲剧性情感在文学中的魅力，他引西方诗人的话说：“真正的诗歌只出于深切苦恼所炽燃着的人心”，“最美丽的诗歌就是最绝望的，有些不朽的篇章是纯粹的眼泪”等，这些都有助于我们理解姜埰这类明遗民诗歌创作的悲剧性面貌。苦难是姜埰诗歌写作的原动力，正如“长歌可以当哭、远望可以当归”，处在那样的亡国破家的苦难中，正如钟嵘所说：“凡斯种种，感荡心灵，非陈诗何以展其义？非长歌何以骋其情？故曰：‘诗可以怨’，使穷贱易安，幽居靡闷，莫尚于诗矣。”看姜埰等明遗民的诗歌，也

---

① 钱钟书《诗可以怨》，《文学评论》1981 年第 1 期。

可以理解诗歌写作会有这种纾忧解闷、平复心情、缓解苦难的作用。

以上四点，虽是围绕姜埰学杜而提出，实际上不只是姜埰，对于整个明遗民诗歌我们都可以作如是观。姜埰诗歌的总体面貌我们可以这样看，明遗民诗歌的总体面貌也可以这样看。

钱澄之为《敬亭集》作序，指出其“甲申以后始为诗，大抵取法于柴桑、浣花，其志同，其调不觉其自同。”即指出姜埰的诗歌创作学习陶渊明与杜甫，学习的原因是“志”相同，这意见是很对的。至于说“其调不自觉其自同”，是说诗风相近的必然性，其实姜埰有自觉学习模仿的意识。黄周星序其诗，也说：“余洒泪读之，其沉雄悲壮则杜拾遗也，其博奥苍古则韩吏部也，典丽铿鈜、浏漓顿挫则又兼温李元白而有之，盖不问而知其严气正性凛如也。……若先生之诗，发于性情，本乎忠孝，可谓名实交孚、表里一致者矣。”黄周星讲姜埰文行一致是对的，但将姜埰的文学渊源不免扯得太多太杂，他主要是学杜，学韩则在古体诗中偶尔为之，我们几乎看不到他有“元白”之诗的多少影响。至于说到“温李”，这“李”是指李商隐，倒是在学杜之外，有必要再略说一下。

姜埰有《无题》诗三十首，成为其诗歌中最为难读的作品。这组诗的命题学李商隐，写作手法也是学李商隐，主要是将难以明言的真事隐去、出之以象征寄托，多用意象，多使典故，形成朦胧的意境，搞得诗意难以捉摸，颇为费解。这是现实处境造成的，这是姜埰出于写诗谨慎的态度而取此一格。这组诗大多表达对南明王朝的怀想与系念，这种内容一开始姜埰还是勇于表达的，但到了后来(大概是康熙元年以后)，姜埰就变得十分小心，怕触忌讳，遂改用这种方式。他学李商隐的原因即在于此，并不意味着对李义山的诗风有多么喜爱，这不同于他对杜甫那种精神上的膜拜与创作上的倾心。当然，晚唐的李义山是盛唐杜工部的真正传人，学李与学杜并不矛盾，只是写法蹊径确实有别。这些诗我们前面引述过几首，为了便于说明，我们再引一首：

> 烂漫三春合浦珠，月华泛艳曜庭隅。心灰东去愁精卫，血染南来泣鹧鸪。此日道涂迷七圣，何年巡狩幸苍梧。邯郸多少才人妇，得似昭阳殿里无？

这是第七首，在全部三十首中还算是好懂的，已经是这样的难以情测了。“合浦珠”是常见的典故，合浦在今广西，这一地点值得注意。桂王的封地在广西，南明永历王朝的行在也多流转于广东肇庆、广西桂林、梧州一带，所以“合浦珠”即是南明最后一个抗清王朝永历的象征。“月华”一句，字面上是指月光照耀着庭院，但传说月中有桂树，也实有暗指桂王之义。“精卫”也是常见典故，顾炎武有《精卫》诗，即用此典比喻自己的抗清意志：“我愿平东海，身沉心不改。”[①]姜埰用此典也是寄托抗清之志，但注意的是“心灰”二字，此时他已觉得无能为力了。“血染”一句更可注意，南方传来带血的鹧鸪声，“鹧鸪”声类似“行不得也哥哥”，李商隐《桂林路中作》诗有“欲成西北望，又见鹧鸪飞”之句。也可注意李商隐的诗题中有桂林，姜埰诗里的“鹧鸪”一词与李诗可能有关。这里的“鹧鸪”也是暗喻桂王，“血染”者，“泣”者，都与康熙元年桂王永历被吴三桂杀害有关。三联“七圣迷”之典见《庄子·徐无鬼》，说黄帝“至于襄城之野，七圣具迷，无所问涂。”“七圣”指黄帝等七人，南北朝诗人庾信有“路有三千别，涂经七圣迷”的诗句，为姜埰诗所本。“苍梧”一典是大舜“南巡狩，崩于苍梧之野”。这一联是写帝王之死，

① 王骥民《顾亭林诗笺释》，中华书局 1998 年版，第 123 页。

圣人已难寻，也是喻指永历之亡。末联“邯郸才人”一典，见于乐府旧题《邯郸才人嫁为厮养卒妇》一诗，李白曾做此题诗云：“妾本丛台女，扬蛾入丹阙。自倚颜如花，宁知有凋歇。一辞玉阶下，去若朝云没。每忆邯郸城，深宫梦秋月。君王不可见，惆怅至明发”。录李白诗有助于理解姜埰诗意。李诗是写邯郸赵王的宫女嫁给下等士卒后的哀怨，有思念故君之义。姜埰这联诗是讽刺投降清人的“贰臣”之流，如同邯郸宫女下嫁，还有当年在昭阳殿里那种受宠吗？这首诗的意思，只要破解典故，还是比较明白的。像写南明桂王之死，讽刺降臣之类，姜埰不宜直白地表达，只好用李商隐的《无题》标目，多用典故曲折表达。虽然典故起到了一些掩饰作用，但不像李诗那样具有多义性，意义指向是明确的、表达含蓄而不模糊。姜埰的学李商隐，除《无题》三十首以外，还有《有感》一诗，另有《效西昆体留简董樵》一诗，学西昆体也是学李商隐，只不过典故与辞藻更为密丽而已。姜埰的学李商隐，大致不过如此，终不如其学杜自觉与深入，并能在精神层面与杜甫融汇无间也。

《四库全书总目》对姜埰有一个评价：“埰诗才本清刚，气尤激壮，故诗文皆直抒胸臆，自能落落不凡。然纵笔所如，不暇锻炼，故粗犷之语，亦时时错杂其间。”[①] 这个评语也很准确。说姜埰诗作有“粗犷之语”，锻炼不够，时有粗糙之处，这一点不能为之讳言。我们看其古体诗，时有此种感觉。其近体诗为好，但也有粗疏之处。清末莱阳人张心钤批校《姜给谏诗》一卷，即指出其近体诗有出韵的情况，并说“忠臣孝子，自写苦情，原不以诗人律，语病非所恤。人正不可及，学者不必学，亦不能学”[②]。这可以参看。

---

① 《四库全书总目》，中华书局 1965 年版，第 1629 页。

② 《山东文献集成》第四辑第 33 册，山东大学出版社 2010 年版，第 146 页。

姜埰的诗歌略作上述。最后，我们简单判定一下姜埰在明遗民诗歌中的地位。姜埰是明遗民群体中的一位有代表性的诗人，不一定是明遗民中的第一流诗人，其诗歌地位不如顾炎武、钱澄之、归庄、屈大均、陈恭尹、申涵光等人，但论姜埰者，往往将其诗歌创作与其“建言受杖”“遗命宣州”等特殊经历结合起来，使其成为个性鲜明的“这一个”。姜埰就是明遗民诗人中具有较高创作水平的“这一个”，是不可替代的“这一个”。

三

接下来我们要讲一讲姜埰的文章，与诗歌相比，对于姜埰的文章，我们要持更高一些的评价。

姜埰的文章与同时人相比，数量并不多。《敬亭集》十卷，前五卷为诗，后五卷为文。其中第七卷为“奏疏”，录其崇祯十五年所上奏疏二十一篇，我们在前面已讲，兹不再论。钱澄之序《敬亭集》谓其奏疏：“余尝读先生谏草，有犯颜无隐，皆言其所不得不言，辞之直矣，未尝计生死，亦未尝以为名也。”讲得极对，可以参看。

《敬亭集》卷八、卷九收他的人物传记十二篇，卷十收墓表、墓志铭，祭文五篇，《敬亭集》补遗又收墓志铭一篇，这十八篇文字都属于传记类文章，这是他的文章精华所在。卷六收其序跋、记等文体九篇，补遗一卷又收他这类文体九篇，这十八篇文章我们统名之为杂文体，这里面也有一些精光四射的好文章。

姜埰的传记文中，最重要的是属于他的《正气集》中文章，《正气集》的取名，直接来源自然是文天祥的《正气歌》，所谓“天地有正气”，“于人曰浩然。”关于《正气集》的撰写，其《自著年谱》于顺治十二年即“乙未年四十九岁”时记载：“著有《正气集》，于先后尽节诸臣各立传，是年北京尽节书成。”他另有《正气集自序》一文，述其作书缘由。其文颇长，我们摘引几节。第一节为：

> 闻之言以载事，非其言不传；意以遣言，非其意不立。故《春秋》一书，始于隐公，而终于获麟者，言也。孔子本是书而修之，以一言信万世者，意也。……若国家数遭阳九，不为编录，未由扬抗，矧名山贸迁之日，孤裔沦塞之秋，问孤老而已绝，瞻松槚而可拱哉。

开头说此书撰写是效法孔子作《春秋》。孟子说，孔子作《春秋》“而乱臣贼子惧”，指《春秋》之笔所代表的历史正义，让一切为非作歹的人为之害怕。又说“言以载事”“意以遣言”，用文字来记事，其中表达的意是用来主导文字的。姜埰借以表达其文章观，记载人与事，着重其立意，表彰历史正气，代表历史正义价值。他特别点出明朝灭亡这个历史时期，一些人物如果不加以著录，不作显扬，将被湮没不彰，何况这些人物都已死去，墓木已拱，知情的遗老也将消失，此时的记载就显得非常有必要。这节道出了他的著书之旨。第二节云：

> 惟我毅宗烈皇帝，有崇先广统之规，威鉴电断之略，身殉社稷，天崩地裂，临命手敕，哀我烝黎。自金章紫绶之彦，帝舅贵戚之家，为之攀龙髯，从九京。迨于丰镐之地，宗守不固，虎臣洞矢，都宪绝粒。义兴发愤于越绝，司马擐甲于歙州。普天之下，咸抱激烈；鬟髻之流，尽佐军实。又有恶水七日，上歌日星；铁骑万人，扬尘沧海。

歌颂崇祯的一段话是明遗民言过其实的老套，但点出崇祯的“临命手敕”即他的“遗诏”，却是别有深意的，指出崇祯对百姓的哀悯。所谓“攀龙髯，从九京”指北京灭亡后的殉国之臣。“丰镐之地”本为西周龙兴之地，此指明朝之南京，“宗守不固”，指南明弘光朝的覆灭。此时武将牺牲，文臣殉国，如黄得功被清兵射中，刘宗周之绝食而死等。“义兴”两句指鲁王监国时诸人抗清起义，“义兴”为当时的义兴伯郑遵谦，“司马”指鲁王时兵部尚书张国维。当时大家都抱激烈意志，男女老少同心协力。“恶水七日”则指左懋第之死，忠义可感日星。[①]“扬尘沧海”则指鲁王监国在清人进逼下退守舟山。这些国亡之际，忠臣殉国的事迹感动着姜埰，促使他命笔以记。他的创作构想似乎很宏大，他要从北京一直记载到弘光、鲁王及唐王隆武朝的一些死难者。下面接着介绍他全书的构想：

> 埰辑其轶事，以成篇帙，名曰《正气集》，而别为四目，曰北都尽节、南都尽节、奉使尽节、起义尽节。其他投简随钞，未暇核实，更为一帙，曰《阙文别录》。是集也，邮亭标置，一字必书；舆皂杂言，有闻必考。庶几言之足征，而事之共信，其作者之意也。

这只是姜埰构想的一个写作规划，实际上他没有完成。顺治十二年他四十九岁时，他完成了“北都尽节”这一部分。“奉使尽节”一部分唯有《左懋第传》可以当之。其他都陆续写了一些，但并未写完。其原因应该主要是史料与见闻的局限。“北都尽节”一部分，他有

---

① 姜埰《左侍郎传》有“置恶水中七日”之记载，见《敬亭集》，华东师范大学出版社2011年版，第242页。

史料依据，也有一些传闻可资借鉴，他能写出。其他写出的近十篇，也都有史料与传闻可据，能够撰写，而多数则付之阙如了。再者他设想的全书结构实际上有问题，其“奉使尽节”一目，当时除了左懋第可以归入外，不知还有何人，或许还有鲁王朝“乞师日本”的出使者如冯京第，但这一部分的单薄与他预想的其他部分在篇幅上并不平衡。创作计划的未能实现，也与姜埰本人的才性有关，姜埰说到底是一位文人，并非学者，史学非其所长，他不能像明遗民史学家谈迁那样潜心著史，史学著作需要占有大量的史料，还要有一些细致的调研，再辅之以精心的考辨，这些都非其所长。所以他的《正气集》虽然追求“言之足征”“事之共信”，虽然欲“使谊臣节士，贯日月而长存”，创作态度是严谨的，创作目的也极正大，但他最终只写出了一部分，《正气集》只是一部未完稿。

而殊为可惜的是，他完成的《北都尽节》部分却恰恰因为没有编入《敬亭集》中而未能流传下来。《敬亭集》卷八有其子姜安节的一个按语说："先府君著《正气集》，于甲申以后尽节诸公，分北都、南都、奉使、起义四种立传。惟《北都尽节》书成，其余三种草创未毕①。今从三种中先刻九篇，以概大旨。其成书者尚俟另刻，故集中不载。"据姜埰儿子的说法，《北都尽节》已成书，当作为单行本另刻，不收入文集。其他三种未完的部分，选择九篇入文集，来见其大体面貌。《北都尽节》当是写李自成攻入北京后的殉国大臣，其中肯定有其座师倪元璐。“北都尽节”所记诸人结局，所借以痛斥的主要是李自成，不存在针对清人、后来入集有所忌讳的问题，姜埰儿子的说法应该是可信的。可能后来《北都尽节》一书谋刻未成，遂造成今天的失传。而“其余三种”因草创未完，不能单独成书，

①“其余三种”华东师范大学本《敬亭集》误为“其余一种”，据光绪己丑山东书局重刊本改。

只好选了九篇收入文集，这九篇却因《敬亭集》而幸运地保存了下来，我们今天也只能借此以观姜埰《正气集》的宗旨了。

所谓“九篇”，是指《敬亭集》卷八所收张国维、傅鼎铨、张伯鲸、左懋第、沈迅五篇传记，和卷九凌駉、郑为虹、刘允浩、满文学四篇传记。卷九中尚有三篇文章：《吴太公传》，所记吴洵美于南明弘光元年即乙酉年病死，《蔡长卿传》所记蔡国龄于崇祯十五年病死，《董樵传》是为遗民董樵作的生传，尚未叙及其结局。三人都非“尽节”之人，不是《正气集》的记载范围，故不属于《正气集》。以上九篇，《左懋第》显而易见是“出使尽节”，《刘推官传》所记刘允浩、《凌御史》所记凌駉都是南明弘光大臣抗清而死，当属“南都尽节”。《张侍郎传》所记张伯鲸为明朝大臣，崇祯末晋升兵部侍郎，因病辞职，居于扬州家中休养，弘光朝未授官，弘光元年扬州被破后被清兵俘获，誓死不降，并乘机夺清兵佩刀自刎而死。他也应入“南都尽节”。《张阁部传》所记张国维、《沈兵科传》所记沈迅、《满文学传》所记满之章，都是起兵抗清而死，应属“起义尽节”。唯《傅阁部传》所记傅鼎铨为永历大臣、《郑御史传》所记郑为虹为隆武大臣，两人抗清而死，均为从龙之臣，而非起义之人，不当归入“起义尽节”，或应属“南都尽节”，则此“南都”当是南明之谓，非仅指弘光朝之都于南京也。此九篇分类大致如此。

从这九篇文字看姜埰《正气集》的撰文态度，可以说，他是以文学家的身份、以传记文体撰写当代人的事迹，非后世作史者可比。他的著述来源都是得之于亲见与亲闻，非纸上资料。张国维的鲁王朝抗清而死，才是十年前的事情，当时他避地浙东，于其人其事当有所闻，其弟姜垓曾是鲁王朝侍从，也一定闻说其经过。他写左懋第、沈迅、满之章，三人都是他的莱阳同乡，左与沈还是他的进士同年，满之章擅长书法，曾书写过姜埰父亲的墓志铭，姜埰都熟知他们的经历，故不需借助其他资料即可写成。他写左懋第与沈迅还是出于其弟姜垓的建议，这见于《左侍郎传》一篇的结尾："余弟考功病中与余曰：观人者于其乡，非我兄弟，孰能为左侍郎、沈黄门作传乎？"他写的刘允浩，是山东掖县人，也是其老乡，姜埰并与刘允浩的友人交往，自然熟稔其事迹。他写郑为虹，为仪真籍，是姜埰任职县令并主持县学考试时的学生，故文中记曰："余门人也。"其他几篇也多是依据当世传闻。这种记述亲见亲闻之人物，会带着强烈的感情色彩，具有明显的主观性，非后世史家之客观冷静、周详考辨之创作态度所可比。另外他往往略去很多人物经历，而突出其抗清的末路结局，突出其"尽节"内涵，他于人物的出生、世系等往往略去不谈，也与正统史传文字有所区别。

这九篇《正气集》中的人物传记，都是记载抗清志士、大明忠臣、为国死难者。每篇不必一一细论，我们将其题旨与写法，作一综述，以见其概。

一曰表彰民族气节。每篇文字都写出一腔热血，正气凛然，百载之下，读来仍觉虎虎有生气，这种正气正如左懋第的《临终诗》："寸丹冷魄消难尽，荡作寒烟总不磨。"[①]也正如文天祥《正气歌》所说："是气所磅礴，凛烈万古存。当其贯日月，生死安足论。"表彰这种节烈，弘扬这种正气，是姜埰《正气集》文字的全部主旨。唯此九篇，皆为抗清而死，当与失传的《北都尽节》诸人不同，故民族精神尤为强烈，也极为感人。这突出表现在诸人最后的牺牲结局。如张国维："六月初一日，北兵渡江，公拔刀自颈，兵众夺刀，促公急扈监国。""二十五日，敌破义乌，公召邑中父老曰：'若等去，勿以我累若。'众曰：'公奈何？'公曰：'当江东起义时，转战二年所，岂不知今日

① 姜埰《左侍郎传》，《敬亭集》华东师范大学本 2011 年版，第 241 页。

邪？'遂作绝命词三章，具衣冠赴园池死。"如张伯鲸于扬州破后，决意以死，清兵"众以刃胁公，公嚼腭骂不绝口，身被数创，乃夺其佩刀，再拜曰：'臣可以报先皇于九京矣。'遂自刎。"此外如左懋第始终拒降，清人"知不可胁，趣至柴市口，公北向再拜，端坐受刃。"沈迅起兵抗清失败，促其弟逃亡，"太夫人偕其媳女等二十三人皆自经，公负尸置楼上，盛积薪。爇薪火起，服吉服，北面再拜，投火中，尸骸皆焦烂，不复可识，盖公之成算也。"诸人皆英风烈烈，虽死犹生，姜埰以传神文笔加以表现，遂使此种精神万古不磨。

二曰突出人物形象。诸人虽同为抗清英烈，但因各人经历不同，性格迥然有异，人物形象遂各具丰采。如同为山东起义者，沈迅与满之章不同。沈为前明进士，与姜埰同朝为官，故为文多写其任官经历，铺垫其最后盘据山寨，"誓不剃发"，兄弟起兵抗清而死，此人之勇猛刚烈之性格十分突出。满在明朝则仅为一博学秀才，甲申之变，首倡举义，失败后隐于海上，做了八年余的遗民。但其间演练兵法，擅长学习西方技术，改造器具。顺治九年，他听到桂王永历举兵时才重新发动起义，聚兵攻城，战败被俘。在狱中，被清人认为有特异本领，会遁逃之术，用铁索贯穿两股。清之守狱官提着他同事的头来让其验认，他"瞋目视之，长叹气绝。"一个精通技术、蓄势待发且笃于气谊的形象跃然纸上。《满文学传》短小精悍，写人物独特而生动，曾受到全祖望的称赞。同样精悍的文字还有《凌御史传》，凌駉先是抗击李自成被俘，"翌日城破被执，迫公降，公不屈，砍数刀，一刀洞脑，环注数矢，贼视已死，舍之。"他苏醒后，"至临清，举义旗，擒杀贼官，复山东八十二城。"后南明弘光朝授官，又巡按河南，抗击清人失败。围城时本欲自杀，因清人闻其大名，必欲生俘，否则屠城，"百姓环公泣，愿公缓死，全一城生命。"他主动进入敌营。拒绝敌人劝降，与侄子一起，"夜漏四鼓，缢于帐中”。死前题诗四首于衣襟之上。其铁骨铮铮且具爱民柔肠，死意已决又从容安排，人物性格全借出色文字加以表现。

三曰叙事历历分明。姜埰九篇传记文，不是就人物生平作全面记载，而是选择其抗清行动与尽节结局加以重点记叙，在精于剪裁的基础上展开描述，叙事不枝不蔓，生动分明。于此等处，姜埰文笔深得司马迁《史记》之精髓。如《傅阁部传》记傅鼎铨化解与揭重熙之矛盾，以大义感召，同心抵抗清人事。“自甲申之变，公奔闽海行在所，隆武帝召见，大悦。吏部揭重熙以公不死劾奏之，公曰：‘揭君爱我，鼎铨自有死日也。’于是奔桂林。永历元年，擢公阁部督军，与张自盛合兵于封禁山。时揭重熙避匿山中，公独往见。重熙疑拒不纳。公呼阍者曰：‘为我致揭君，新天子降尺一求贤臣。揭君出,第佩五采牙幢矣。’重熙遂与合兵。”后又补叙张自盛来历。“自盛者，王杂毛部将也。”张自盛为李自成属下王杂毛的部将，永历时转而抗清。于傅鼎铨死后，再补叙揭重熙之结局。“揭重熙字万年，江西人，丁丑进士，是年亦为敌杀。”既线索分明，又笔无剩义，叙事无遗,行文周到,姜埰文笔之老练,往往于此等处见之。为省篇幅，不再多引。九篇文字，唯《沈兵科传》写沈迅稍嫌枝蔓，主要是写沈于明朝廷任职经历文字过长，又写出其为官心机，评价亦较多负面，虽有反衬其后来忠勇之作用，但其精悍之处总不及其他八篇。

四曰对话精彩生动。姜埰传记文，擅长写人物对话，往往于对话中透露人物个性与情怀，口吻毕肖，生动如见。此等处，也可看出姜埰对《史记》类传记文揣摩之深，受其影响极大。有些人物对话十分精彩。如写傅鼎铨被清人俘虏，清人以洪承畴为例劝降。“使者谓公曰：‘北朝方赦罪，不杀降臣，汉臣洪承畴今日富贵极矣。’公笑曰：‘子何言？君知有洪承畴，不知有傅鼎铨乎？’”既写出降臣洪承畴之可鄙，对其不齿；又写出清人劝降之可笑，写出自己不惧死之自信。谈笑出之，情景生动。写清人轮番对左懋第劝降一节亦涉及洪承畴，也甚精彩。“敌设马畜酒酪甚具，名曰太平宴宴公，挥之不食。欲胁降之，使洪承畴召公。守者曰：‘丞相洪承畴来。’公曰：‘是鬼邪？洪承畴昔统师边徼，战败死节，先皇帝哭之殿陛，置祠庙，亲与祭，今岂有洪承畴来？’承畴汗流颊际，归白其主，益欲降之。使李建泰来，公曰：‘若受先帝饯宠，不能殉国，既降贼，今又降北，何面目见我？’敌又使公从兄懋泰说之。懋泰曾为公母治丧，泰至，公鞬户不内，但于门内叩头曰：‘以谢尔治丧之德，勿它言，懋第无降贼之兄也’。”三番劝降，因来人不同，或讥讽，或直斥，或严拒，词锋变化不一，坚毅态度愈加显出。写刘允浩对清人争辩复仇事。“公率众巷战，力屈被执，至武昌，敌曰：‘《春秋》之义，复仇为正，若不知仇汝者为李乎？’公曰：‘乘君之难而夺之国，等仇耳。亡国之臣，有死而已，不知其它。’”这些地方，亦寓有姜埰个人的微旨。姜埰每于诸人临死之际，多写人物对话，应是得诸当时传闻，故写来鲜活，这种写法，增益了其传记文的文学性。另外，其文往往突出细节刻画，其手法亦来自《史记》，如写洪承畴之“汗流颊际”，写清人闻说沈迅山寨则“皆摇手咋舌不敢言”，写左懋第“公身长不满五尺，面赤，读书谈天下事，目瞠瞠，颊辅欲动。”这些都是其传记类文章文学性强的体现。

五曰补叙相关人物。文章集中笔墨突出传主，但与传主相关人物，亦往往作必要补叙，姜埰传记文章于此布置得体，补叙到位，成为文章之不可或缺之组成部分。如写扬州门生郑为虹，其伯父即郑元勋，此人在姜埰甲申年南奔时曾提供帮助，因劝解高杰围扬州而为扬人所误杀，我们前面已经说过。姜埰《郑御史传》记完郑为虹死节事后，专门补叙郑元勋事，想来也寄寓了姜埰的个人情感在内。因张伯鲸曾平息江北四镇之一高杰的军队内哄，高杰将士多为当年张伯鲸在秦地任官时的故吏，其中就有杀害高杰、投降清人的许定国。许定国杀害高杰一事，是江北四镇溃败的开始，于南明弘光朝的时局影响甚大。张伯鲸被杀前曾对清人说："许定国何在，使来见吾。"故姜埰于文末补叙许定国经历及杀高杰事，并评论说："今北中人往往言北兵入关，初无下江南志，自陈名夏上《下江南三策》，定国数请以身往，于是决志下江南。"此虽是肤浅的书生之论，于史实不足据，但写出降臣降将在清初之作用，对之批判意味甚严。补叙人物最为感人者当是《满文学传》一文记满之章的妻子一节。"妻某氏闻公败，长子被收，归二女于其姑，姑惧祸不纳，妻亦不为动，给二女并二幼子睡，乃阖户焚死。妻素晓大义，居海上以来，勤操作，公尝餂之曰：'天下事不可为矣，无如早返故里耳。'妻曰：'腥羶遍地，何处吾家，何不东渡朝鲜，尚存旧衣冠邪？'人皆服其烈丈夫风云。"一位深明大义，颇具民族气节，又沉着勇毅的妇女形象跃然于纸上，与满之章相映生辉。这些地方的记载，也突出了姜埰本人的民族意识，是其精心结撰之处。

六曰篇末论赞对比。传记文于叙事中穿插议论，为常用之笔法，无须多论，此处专论文末赞语。姜埰传记文论赞亦是汲取《史记》写法，多是点明题旨，称誉人物，如记左懋第一文的论赞："于左侍郎盖夙夜景行而不能自已也。余所交贤士大夫多矣，未有如公之俯仰无愧者。即我明之尽节者有矣，未有如公之从容就义者。"并将左比之为宋末文天祥，"方之信公，何多让焉。"这种充满感情的评论极为精当，都进一步唤醒了文中的主旨。姜埰传记论赞有一个特点，即有意将传主与同时人物作对比，以降清之臣的卑劣，反衬突出传主之忠烈，写出乱世之中人生道路选择之不同价值。如张国维传末，写崇祯十四、十五年间，清人攻下山东名城九十二，时张国维与王永吉俱任职山东，崇祯未予问罪，姜埰认为这是因两人都受百姓爱戴，“素负民誉”，但“其后公发愤一决，永吉乃取北相，位极人臣，两人之行事不同又如此。”姜埰写此文时，投降清人的王永吉大概还在位，姜埰指斥其屈身异族，身至高位，批判毫不留情，借以反衬张国维之大节凛然，名垂千古。写郑为虹一文之末，对比扬州崇祯十六年考中的四名进士，“癸未之岁，维扬得隽者四人，郑元勋、梁于涘、宗灏及天玉（郑为虹）也。郑梁三公皆殉难，称烈丈夫。灏仕北为毗陵守，诬杀管绍宁，江南人唾骂之。后之君子，可以观其得失矣。”这种对比，成为一种有意的笔法，体现出姜埰对降臣的痛恶，这也是一种价值观的体现，代表了史笔的严峻，是自《春秋》以来史家的一种传统。

姜埰的九篇《正气集》的文字，略如上述，无论就其思想还是文笔，都是其散文写作之精华所在，自有不可磨灭之价值。姜埰的《董樵传》一文，虽不入《正气集》，但是他精心结撰的一篇文字，文章之好，似乎比《正气集》中的文章还超而过之。且是为至亲好友，为遗民同志作传，又多叙董樵与自己交往经过，故个人感情更浓，主观色彩更强，笔墨更加温润细致，更有感染力。文中所记事件，我们在前面讲两人交往时，多有涉及，不再细述。有一节颇生动，故不避其长，引述于下，以见文章风致。

君自遭乱后，变姓名，混迹弋钓，尝织草为冠，象日月于上。一日客文登，偕友渡河。文登令三韩人，其子骑而过，见君冠而异之，发使使下冠。君以发故，不肯下冠。令子卒手下冠，冠下发见，又异之。左右曰：‘此狂生，舍之。’既行，君笑之，又谇诟之。左右告令子，令子怒曰：‘而当杀，我不杀而，反谇诟我。’趣左右榜之城以告令，令呼入，君长立堂下不拜。令曰：‘何处来此赣骙？’使使尽去君发，曳之出。将出，公以手摩顶，

> 仰天而叹曰：'噫！五年苦心，顿丧若手。'左右又告令，令怒曰："若自爱死邪？"收下狱，白大吏。当是时，文登缙绅先生无不知君，皆来奔告令，或载酒为君治具，咸谓之狂生，以故事得已。

这简直是一篇清初"头发的故事"，董樵坚持五年不剃发，并"织草为冠，象日月于上"以表达对明朝的怀想，这种坚贞、这种胆量均非常人所能。他不惧身危，于县令及其子嬉笑怒骂，亦极见性格。故事写得一波三折，步步惊心。文登缙绅之营救，亦可看出清初人心之所向。对话之精彩，细节刻画之生动，亦如《正气集》中之传记文，文学性极强。总之，《董樵传》足以代表姜埰传记文写作极高的文学成就。

四

除传记文外，姜埰还有少量散文，我们可以概称之为杂文体，在此节做一简述。

姜埰有文序四篇，除上节所述《正气集自序》外，另有《启祯遗诗序》《先拨志始序》《横山诗社引》三篇。《启祯遗诗序》即他为人敲诈的那一篇文字。明遗民陈济生（字皇士）选辑明天启、崇祯两朝诗人之作成《启祯遗诗》，邀姜埰作序。序中阐述了姜埰的诗学观点，如诗可以观风观政，推崇发愤著书、慷慨赋诗，反对"缀文美丽，摛词靡漫"，在明遗民诗学观中有一定的代表性。如"又荆轲易水之歌，苏武河梁之什，马迁发愤于刑辱，刘琨高啸乎扶风。是皆临命慷慨，赴节艰危，千载流光，累世振藻者矣。"这其中渗透着姜埰自己的作诗体会。序中称道忠臣与遗民志节，"又或梁砀佣作，西川依附，抗箕山于巢许，思祖腊于汉家，若斯之流，佥云人杰。乃将军之头，横填草野；辽东之帽，愁绝边天。犹以放言遣辞，为学士所流传，儒生所诵被，后之览者，未尝不泫然揽涕矣”。揭示这些诗人诗作之意义与价值，肯定其艺术感染力。这篇文章表达的观点可与同时归庄的明遗民诗学论相互生发，唯不及归庄系统与深入。文章语言骈散结合，以骈体为主，用典绵密，今天读来已觉不够通畅。《先拨志始》是明遗民文秉所作的一部笔记，多记明末史事。文秉为文震孟之子，与姜埰交好，故请其作序。姜埰序文称道此书有以史为鉴的作用，并寄寓臣忠子孝之意。序文语言风格也是骈体为主，唯较少用典，比上序清通一些。《横山诗社引》写于真州，真州横山有梁昭明太子读书处遗址，明蒋南泠于此倡建横山诗社。姜埰此诗序发挥学诗当上溯汉魏之义，是其诗学观点中值得注意的一点。序云：“国朝诗，何李尚矣，顾后人论诗，要其旨归，犹不能于何李有遗议。由是观之，学何李且不可，况学南泠乎？吾党二三子既学诗矣，而又有取于横山。取横山者何？由南泠以进于昭明之所选也。进于昭明之所选，则汉魏矣。汉魏之诗，三百篇之遗意也。”姜埰主张学诗应取法乎上，学习昭明《文选》所录汉魏之诗。这一观点仍是“何李”之论，姜埰本人的学诗颇能实践此说，前面已讲。这篇序言，说理平易，语言畅达，在几篇序言中最为上乘。

姜埰的记、跋类文字，数量不多，大都言之有物，语言简洁流畅，文气纡徐委婉，颇具唐宋古文之风格。其最好的作品是《祭三弟文》《芦花草堂记》《疏柳亭记》《汉臣死戍墓记》等，这些文章我们都结合姜埰的事迹在前面讲述过，不再具引。我们也说过，《祭三弟文》是模仿韩愈《祭十二郎文》，唯真情实感，发自内心，自然流露，且是泣血为文，真挚、浓郁的抒情氛围实已超越单纯形式的模仿。“芦花”“疏柳”二记，于写景、叙事中表达个人心志，隽永有味。《汉臣死戍墓记》算是文中别调，于叙事中引入了“小说”笔法，较为奇幻。

姜埰中进士时的座师是倪元璐，倪又于明亡时于北京自缢殉国，其风节一直为姜埰所景仰与缅怀，姜埰有《书倪文正马文忠二公尺牍后》《倪文正公字跋》两篇跋语，均表达对先师之感念，为短文中饱含深厚之感情者。我们引后篇于下：

> 崇祯甲申二月初九日，埰以谪遣宣州，辞先师于京邸。先师方为大司农，是夜应召平台，漏三十下出朝。先师见埰下拜，埰伏地不敢起。先师握手痛哭曰：“子知大内帑金仅四十万两，如此何以立国？子此行努力，老夫不能正首丘矣。”未几神京陷，先师果尽节死。先师所赠笔墨，遭乱失去，是幅乃从锡山华子仲通处得之。嗟乎，埰潦倒余生，既无以仰副先师教爱至意，睹此手迹，庶几如见先师，且以警策夫末路也。

这是写见到倪元璐字迹后的感喟。回想自己被贬出京拜辞其师的情景，极为悲凉。其时大明国库空虚，已不能支撑，倪也知大厦将倾，抱定殉国之志。“见埰下拜”一细节颇精警，是倪对姜埰气节表示支持与赞赏，对其能活着出狱表庆幸，这令姜埰没死不忘。这段叙事极简短，又极有生气，姜埰散文之功力于此可见一斑。最后以议论作结，写其见字如见人，思念之余，又具抱愧之情，且表示先师气节对自己始终有警策作用。文短情长，文末余意不尽，有一唱三叹之致，这是古文中的高境。

姜埰另有一篇《十月十八日叙事》一文，亦是一篇风致摇曳的好文字，写法亦很特别。此文以虚无缥缈之文笔，写明遗民相聚之实境，有化实为虚，空灵跌宕之韵味。文虽稍长，不忍割舍。故分几节原文照录，以作鉴赏。

层穹之下，有三人焉。曰陇西子，曰汝南子，曰天水子。三人者衡相望，居相错，屦不出户庭，不见当世垂纵戴缨之客。

此开头一小节，交代人物。陇西为李姓郡望，此指姜埰友人李楧。汝南为周姓郡望，指友人周茂兰，天水为姜姓郡望，为姜埰自指。三位遗民朋友相居甚近，都是深隐之人，不与当世官员往来。“垂纵戴缨”则是对清朝官服之形容矣。第二节为：

一日，汝南、天水相偕而过陇西树下之庐，陇西先已出，其家人不知也。两人曰:“此必访天水子者也，行且归，曷待之[①]？既陇西子访天水子不值，亦心知天水之过访也，乃不问所以，急归相见。于僧舍揖罢分座，三人仰天而叹，唏嘘累息。一曰:“阳侯肆虐，批岩冲拥。野无栖亩，穷人传谚。”一曰:“毛褐不掩，家缺洊岁。客远方来，贷之斗粟。”一曰:“敛心摩竭，杜口毗邪。茅茨覆屋，击鼓扬烟。”三人言不诠次，久之茶罢，继以果，兀坐而对，憨然而忘其所来。

这是三位老遗民相访相聚之情景。写出心心相印、灵犀相通之情状。三人所叹惜者，一为“阳侯肆虐”即洪水泛滥，一为“家无洊岁”即家贫缺粮，一为用佛教语“杜口毗心”，指不议国事，不轻与人交。三人既议时艰，也谈个人困境，也讲处世态度，寄寓遗民心志。饮茶食果，兀坐而对者，虽写孤独状，实暗喻其孤芳自赏之高情。

---

① “曷待之”，华东师范大学本《敬亭集》误为“葛待之”，据光绪己丑山东书局重刊本改。

汝南子笑曰："异哉，吾三人之相知也。当其出也，一陇西也，一天水也。既其相见也，乌知陇西之见天水，而天水之见陇西邪？当其相过而不相值，而心相喻也，陇西之知天水也，天水之知陇西也。既而相顾而言不择于口，乌知陇西之非天水，而天水之非陇西邪？当其接欬謦，捐尔我，陇西犹天水也，天水犹陇西也。既其久而相忘，不知所来，乌知层穹之下有吾三人曰陇西，曰汝南，曰天水子邪？"

这一段近乎绕口令的文字实为妙文，颇具灵性，我们于其中看到了晚明小品文的风致。"相见""相值""相顾而言""捐尔我""相忘"五层，意思分明，历历道来，均用疑问句写出，这种写法似来自苏轼的《前赤壁赋》。文中"陇西""天水"两词联翩而至，翻来覆去，犹如"联珠"修辞格，有珠走玉盘之妙，充满谐趣。末尾"层穹之下"，又照应开头，作为收束。三人之心相知，情相惬，欢然相聚之情态，宛然如见。这三人的诗歌交往我们前面讲过，但这种愉快、融洽的遗民聚谈场合与氛围，却是诗歌难以传达的，这段散文记载，使我们对遗民之交往有了更多直接、亲切的体会。

于是击竹而歌曰："寒风萧瑟兮百草枯，屏翳修霤兮浩庭除。年迟暮兮遒尽，对酒不乐兮长唏嘘。我友燕婉兮三人与俱，愿各努力兮岁月其徂。"

结尾以歌作结，增强了全文的抒情性，也使余韵悠然。三人也是以歌明志，"寒风萧瑟"写景中暗喻时局氛围，"迟暮遒尽"是写人老志衰，三人所"唏嘘长叹"者也在于此。三人相处友好，也在岁月流逝中相互鼓励。这种以歌抒怀、以歌鸣志的写法，也是来自苏轼的《前赤壁赋》。这些都可以看出姜埰从唐宋古文中汲取到的为文之妙。

姜埰的杂文体散文作品虽不像其传记文那样集中、厚重，但其抒情言志的内涵、灵动别致的写法，也同样使人称赏不置。

五

最后我们说说姜垓的诗歌。

姜垓在临终遗嘱中将自己诗歌的编纂委托给了友人余怀与叶襄，两人似乎也颇为尽力，何天宠在《姜考功传》中有“今余、叶两公为先生选诗竟”的记载。但姜垓的诗集没有正式刻版。姜垓的儿子曾为此努力过。姜埰有一首《简弟垓诗稿将付剞劂》的诗说：

> 七子才名每自怜，丰城宝气隐龙泉。玉楼天上青蒲瘁，金椀人间碧草芊。余叶书成鱼豕日，何王心许枣梨年。阿咸穷困真无赖，欲弃湖田作版钱。

“七子”句下有自注：“每曰：诗便做去，那得有嘉隆才子名也。”是写姜垓要自做其诗，不愿做“明七子”之附庸，也是以才气自许的表现。“丰城”一句用《晋书·张华传》的典故，写姜垓的才气如丰城的龙泉宝剑，“宝剑之气，上彻于天”，但着一“隐”字，有才气被埋没的担忧。“玉楼”一联写姜垓死去。“余叶”“何王”姜埰自注：“四友姓”,“余叶”自然是余怀与叶襄,“何王”当指何天宠与王嘉仕。是余、叶二人对姜垓诗作编选校对，何、王二人谋求出版。末二句是说姜垓的儿子姜寓节，欲将湖田卖掉，作为出版的经费。姜埰对此是称道的，“无赖”者，是无奈之中有可爱义，正如辛弃疾《浣溪沙》词：“啼鸟有时能劝客，小桃无赖已撩人”之“无赖”义也。

但出版之事最终也没有做成，没成的原因不好揣测，料想经费不是问题，姜埰诗中大量的“违碍”语倒可能是原因，后人避祸心态可以理解。这造成的后果即是姜埰诗歌的大量亡佚，现存的大概连十分之一也不到，这是无法弥补的遗憾，这也是姜埰不及姜垓幸运的地方。

姜埰现存的诗集为《流览堂诗稿残编》，编成于清末。前有烟台著名学者王懿荣作序，后有孙文起、姜舜年作跋二通。王序写于光绪二十六年（1900），序称先是王懿荣谋刻“前辈诸作”，寻访姜埰诗稿，但“全稿总无可购，得数十篇。而锓之于板，以长留天地间，苦衷亦可差慰。”后又从姜埰裔孙姜百川处得“诗卷一册，盖百费搜求，才得若干首”，遂成此残稿。孙文起跋语亦谓诗稿来自姜埰裔孙，“姜君讷垒以其先祖贞文公《流览堂遗稿》见示，谓公一生著述率多散佚，幸留此，拟刊板行世，垂诸久远。”“顾江北曾无全集，而此零星遗稿，家藏已近三百年。中间搜缉传钞，又不知经几何人手，伪字阙文，诚所不免。”姜舜年的跋语曾称：“《崖西诗稿》全集，刻于江南，凡八卷。而族中前辈所传钞，皆以‘流览堂’称。其篇数则又随意删减，且残缺首尾，绝少完本，殆几于尽归散佚矣。”是姜埰诗集原名《崖西诗稿》，曾刻于江南，这本子今天也不得见。诗集八卷，与今本《残稿》六卷也差不多，绝非姜埰诗歌的“全集”，且卷中篇数“多寡不等”也与今天《残稿》的情形差不多。姜埰诗集的流传、散佚的坎坷情形大致如此。

今人读二姜诗，最直接的感受是姜埰的才气远远大于姜垓，确实有“丰城龙泉”之气。姜埰写诗早于姜垓，现存仍有不少明亡前的诗歌。他在明末于南京和江南才士的交往，甚至他的流连于秦淮风月场中，也都靠得富才气、能作诗这一本钱。他的古体诗非姜埰所能比，其近体诗的气象，姜埰勉强可以相匹敌。

讨论姜垓的诗作，首先想到是余怀在给姜垓两封书信中批评他具“钟谭习气”的问题。余怀在一封书信中说：“足下丙戌以前诗，未免钟谭习气。然学钟谭者有习气，骂钟谭者亦有习气，是以仆不学亦不骂也。大抵我辈为诗，须以古人之格律，行自己之性情。即供奉少陵，亦不可拾其牙后慧，况余子乎？此所谓‘宁为鸡口，不为牛后’者也。北地、济南二李，非不挺特苍茫，直是蹈袭太过，遂不能独有一代耳。足下勉之。”在另一封书信中又说：“承命嘱仆选足下诗，仆何敢任之。然非仆，又何人敢选足下诗也。足下丙戌以前诗，一篇不足录。丁亥以后诗，如青霞白雪，照耀江山；又如渐离击筑，荆卿和歌，悲感燕市。是何气韵之沉雄，而音节之浏亮也。”[①]“钟谭习气”即晚明“竟陵派”诗风。明末以钟惺、谭元春为代表的“竟陵派”，在提倡“真诗”“真情”的前提下，追求“幽情单绪”“奇情孤诣”，主张写个人情绪，遂流入狭窄、孤峭、幽冷等，在明末受到钱谦益等人的激烈批判，其在明末的影响反不如“明七子”之广大。余怀批评姜垓“丙戌”以前诗，不免受“竟陵诗”之影响。我们相信古人的判断，但说实话，于此我们缺乏真正的体会。“丙戌”为顺治三年，余怀主张将姜垓此年以前的诗全部删去，“一篇不足录”。姜垓明亡后这三年中创作的一些诗歌，痛切国亡，感怀时事，反映现实，如前讲《哀丧乱诗》《乙酉元日》《乙酉冬至和仲兄》等作品，有极深刻的内容与极深厚的功力，是不能以“钟谭习气”为借口而全部抹杀的。余怀说法不免太过，想来姜垓也不会赞成。余怀后来为亡友姜垓编选诗歌，想来也不会如此绝对。至于他说姜

① 《余怀全集》，上海古籍出版社 2011 年版，第 350 － 351 页。

垓“丁亥以后诗，如青霞白雪，照耀江山；又如渐离击筑，荆卿和歌，悲感燕市。是何气韵之沉雄，而音节之浏亮也。”评价甚高，极口赞誉。我们是赞同余怀这一评价的，特别是“悲感燕市”“气韵沉雄”“音节浏亮”等，能准确道出姜垓诗的佳处。

其实今天看姜垓的诗歌，首要的问题还是学杜。“学诗必学杜工部”是兄弟二人共同的学诗宣言，是他们自觉的诗歌追求，这比那难以捉摸的“钟谭习气”要容易观察。我们看姜垓模仿杜甫的《同谷七歌》两题两组诗，不仅形式相同，还且精神极为接近。他的众多感愤时事、表达亡国之悲的作品，都离不开杜甫“缘事而发”的现实主义诗歌精神。其诗歌悲慨沉郁之风，与杜甫的“沉郁顿挫”几无二致。在那个乱离的年代，诗人走向杜甫，是再自然不过的事情。我们看姜垓为余怀的《枫江酒船诗》作序，极力推崇杜甫，说：“杜甫遭天宝之变，眼穿心灰，徒跣诣行在，一饭不忘君国，抗言玄、肃父子之间，反复再三。”即可看出他对杜甫的理解与心仪。这些我们在论姜埰诗歌时都已讲过，不再展开详论。

姜垓的诸体诗写作，其古体、近体均都擅长，不像姜埰那样偏枯，古体明显偏弱。他似乎对于“歌行体”极为擅长，早年诗作中即有《中秋忆家率然作歌》那种奇气纵横的杰作，国亡后又有《赠吴宫尹》《林翁行》《雁山瀑布歌》这样相当不错的作品，这种最能逞才使气的诗体写作，他是远远超过姜埰的。他的五古之作，虽有汉魏古诗的痕迹，但不像姜埰那样有明显的拟古倾向，而是自抒己情，自出机杼和自铸伟辞的，他的功力完全能够遣词达意，其语言在沉挚之中又能疏宕流畅，全无拗折生涩之弊。这方面都优于姜埰。近体诗方面，他都以杜甫为圭臬，心摹手追，以坚毅之精神表达抗清意志，以沉郁之诗风写现实苦难，几乎篇篇言之有物，语不泛设，其达到的成就也在姜埰之上。其五言近体，也是深沉之思、悲慨之情，极为厚重，与姜埰时有轻快之语调不相同。至于诗歌中用典之精切，对仗之工稳，这在古人都是写诗之小技而已，不须细论。总之，姜垓诗若保存完整，数量较多一些，会产生更大的影响，是完全可以跻身明遗民第一流诗人行列的。魏禧说他的诗："沉郁离忧，无愧三百篇之旨。"王懿荣序中说他的诗："披吟再三，诗豪乎？抑诗史乎？其中家国兴感，而长歌当哭，令人泪下沾巾，不能卒读者十居八九。"孙文起跋语中称其："公以丧乱之余，为孝子，为忠臣，为悌弟，凡所咏歌，无非感伤时事，抒写性情之作。"这些评价都可以参看。特别是王懿荣提出"诗豪"一说，尤为有见，其人现实中表现的豪气，诗歌中内蕴的豪情，似乎都为姜埰所不及。

最后我们要简单讨论一下姜垓《新柳》和《邓尉探梅》两组诗，这一方面的诗歌题材与写法也是姜埰所不具的，有其特殊性。

《新柳》六首为咏物诗，借咏新柳以表达时令感受，寄寓个人感慨。其特点一是善于描摹物象，二是多用与柳有关的典故，三是有寄托，将个人情感深寄其中。这三点也是咏物诗的一般路数。我们先看描摹物象方面，如其一首联之"二月津亭拂面丝，黄烟金穗不胜垂"，颔联之"西清微蕊雨犹润，南内疏帘风自吹"；其二之首联为"碧玉轻妆水殿斜，翠条先试髻边丫"，颔联为"藏鸦未缀黄金缕，逐蝶将拈白雪华"等。写新柳之姿致，用"雨""风""鸦""蝶"等加以衬托。用典方面如其三之颈联："张绪当年花靧面，桓温感旧泪沾巾"，上句用《南史·张绪传》"此杨柳风流可爱，似张绪当年时"之典，写新柳之可爱；下句用《世说新语》桓温名句"木犹如此，人何以堪"之典，借以慨叹时光云逝，都是咏柳常用典故。其四之颈联："殷勤北馆留甘泽，宛转东风舞小蛮"等。上句"甘泽"或谓时雨，杜甫《遣兴》诗有"丰年孰云迟，甘泽不在早"之句，仇兆鳌注引《荆楚岁时记》："六月必有三时雨，田家以为甘泽。"[①] 写柳意殷勤，留住时雨。下句用白居易"樱桃樊素口，杨柳小蛮腰"之典，写东风拂柳，如小蛮之舞，婀娜多姿。关于诗意寄托，此类诗往往不可捉摸，感慨全在虚处，有时意义在典故中。这里有时令之感，有离别之意，而很可能有更深的寄托，这即是亡国后的悲伤情绪。我们来看最后一诗：

故国关山笛里听，雕鞍宝马卧旗亭。灞桥雨绽初含绿，榆塞天寒不遣青。留恨春衫临绮席，承恩晓镜对银屏。永丰坊角啼乌散，肯伴梨花子夜零。

首联上句化用王之涣"羌笛何须怨杨柳，春风不度玉门关"之名句，写故国山河尽入"羌笛"声中，"羌笛"为胡乐，其寓意可想而知。下句"雕鞍宝马"是青春少年冶游状，"卧旗亭"则是潦倒甘作诗人之义。唐人"旗亭画壁"之著名故事中即有王之涣的上首诗，亦于柳有关。两句用典可谓精切，寄托亦曲折隐微，寓有故国之思与人生之慨。二联上句用唐人裴说《柳》诗"高拂危楼低拂尘，灞桥攀折一何频"，是灞桥与柳有关，此句写雨后柳绿；下句"榆塞"指北地，严寒之中不见柳条返青，是北地尚无春景，其寓意亦可略知。三联上句写今日春恨，绮宴之中，春衫留恨，是乐中生悲；下句写今日银屏之前对镜自照，犹见当年承恩之时。李商隐《柳》诗有"后庭玉树承恩泽，不信年华有断肠"之句，似是语典所在。末联上句用白居易《杨柳枝词》："一树春风千万枝，嫩于金色软于丝。永丰西角荒园里，尽日无人属阿谁。"这也为咏柳所常用。"啼乌散"反

① 仇兆鳌《杜诗详注》，中华书局 1979 年版，第 548 页。

衬永丰坊角柳树之孤独貌，下句谓即使如此，亦不似梨花凋零于子夜之中。借物喻志，写自己倔强的遗民姿态。全诗意境浑融，我们为理解方便，将其拆解如此。我们也进一步联想到，王渔洋于顺治十四年于大明湖畔发起“秋柳社”，作《秋柳》四章，一时名噪天下。此时姜垓已故去。其实《秋柳》四章的写作手法于姜垓此六诗颇有相通之处，若姜垓尚在，能唱和《秋柳》，其水平亦不在渔洋之下也。

姜垓另有《己丑仲春邓尉探梅，以雨阻留玄初先生斋中，用高季迪田居韵题赠七首》，“己丑”为顺治六年。写邓尉赏梅，赋咏梅花，寄托高远，写法与《新柳》组诗异曲同工，蹊径近似。写物象，用典故，寓情怀，这都与《新柳》一诗略近，唯多了与友交往这一情事。其第五首云：

> 闻道仙人水阁居，渔烟小聚满村墟。重思乱后丁年使，犹恨山中甲子书。十亩耕云梅自放，万竿步屧竹新疏。罗浮春色应须早，驿骑相思已渐除。

首联写朋友居处。次联用温庭筠《苏武庙》句：“回日楼台非甲帐，去时冠剑是丁年”，上句暗喻当年奉鲁王命出使事。下句写自己隐居山中，唯恨奉清人正朔而已。三联写梅花绽放，新竹扶疏。末联因之遥想广东罗浮山之梅早已盛开，由驿骑传来的春梅消息也渐渐多起来。苏轼有写罗浮梅花之著名诗句：“罗浮山下梅花村，玉雪为骨冰为魂”，故由邓尉之梅联想到罗浮山之梅。此处所寄寓的言外之意，应该是以广东罗浮山的梅花消息，代指南明永历王朝的音讯。此处“除”字值得推敲，我以为非减少之义，与“余”字相通，是多的意思，如此解释，才与此时姜垓心意相符。《流览堂诗稿残编》于此组诗后附有徐乾学的一段跋语，写得极好：“姜如须先生己丑探梅诸作，多叙怀抱，略咏物华，沉郁孤愤之气，不戚而神伤，盖不在篇章，而在乎气韵之间也。去今三十年，其人眉宇间，意思所在，如或见之。”徐乾学是看出了姜垓诗中所寄寓的怀抱与意思的，于其“略咏物华”之写法，“沉郁孤愤”之气韵，体会亦颇精微。

姜垓诗作，作以上评述。至于其文，留存极少，《唯代兄系狱疏》一文最有代表性，前面第四章已全文引过，故略而不述了。

以上十四章写完，这部评传就算结束了。选择这一题材写作，表彰两位先贤，意在借这一明遗民的“个案”研究，得以窥见那个天崩地裂、波诡云谲的时代，借以了解明遗民这一特殊群体的社会面貌、存在处境、精神品格与文化创造，用来弘扬这一群体所代表的具有普遍意义的价值观念。写作过程中，也时时为一种特有的精神鼓励着，为一种特别的氛围笼罩着，我力图传达出所思所感的东西。只有囿于个人水平，这种传达能不能如我所愿，能不能为读者所接受和感受，实在不好说，只是觉得已经尽力了。书写至此，掷笔无言，一切交由能对此书感兴趣的读者去评判。

2017 年春至 2018 年春写于山东理工大学博大花园和博山五阳湖

2018 年秋修改于博山五阳湖

附录一

从《东莱行》看梅村与明末清初莱阳诗人之关系

吴梅村写过一篇七言歌行体的长诗《东莱行》，记叙了他与明末清初山东莱阳诸诗人的关系，是梅村一生重要经历的记录，是研究梅村交游不可或缺的一篇，故颇有一叙的必要。下面先把全诗录在下面，再分节论述梅村与各诗人的关系。

汉皇策士天人毕，二月东巡临碣石。献赋凌云鲁两生，家近蓬莱看日出。仲孺召入明光宫，补过拾遗称侍中。叔子輶轩四方使，一门二妙倾山东。同时里人官侍从，左徒宋玉君王重。就中最数司空贤，三十孤卿需大用。君家兄弟俱承恩，感时流涕长安门，侍中叩阁数强谏，上书对仗弹平津。天颜不怿要人怨，卫尉捉头捽下殿。中旨传呼赤棒来，血里朝衫路人看。爱弟弃官相追从，避兵尽室来江东。本为逐臣沟壑里，却因奉母乱离中。三年流落江湖梦，茂陵荒草西风恸。头颅虽在故人怜，髀肉犹为旧君痛。我来扶杖过山头，把酒论文遇子由，异地客愁君更远，中原同调几人留。司空平昔耽佳句，千首诗成罢官去。战鼓东来白骨寒，二劳山月魂何处。左氏勋名照汗青，过江忠孝数中丞。孺卿也向龙沙死，柴市何人哭子卿。只君兄弟天涯客，漂零尚是烟霜隔。思归诗寄广陵潮，忆弟书来虎邱石，回首风尘涕泪流，故乡萧瑟海天秋，田横岛在鱼龙冷，栾大城荒草木愁。当日竹宫从万骑，祀日歌风何意气，断碑年月记乾封，柏梁侍从谁承制。鲁连蹈海非求名，鸱夷一舸宁逃生。丈夫沦落有时命，岂复悠悠行路心。我亦沧浪钓船系，明日随君买山住。

此诗自注为："为姜如农、如须兄弟作也。"即为莱阳著名遗民诗人姜埰、姜垓兄弟而作。全诗以姜氏兄弟为主，辅以明末在莱阳抗清而死的梅村同僚宋玫、南明时出使清廷不辱使命的梅村同年左懋第，反映了梅村在明末清初与诸人的政治交往，寄托了对死者的景仰与缅怀，表达了对生者的钦佩与慰藉，也写出了梅村在违心出仕清廷之前的遗民心态。

关于此诗的写作时间，本不难确定，只是靳荣藩《吴诗集览》略生参差。靳荣藩云："此诗有'思归诗寄广陵潮，忆弟书来虎丘石'，当是如农奉母归莱阳未还江南时，梅村遇如须而作也。"[①] 考姜埰《自著年谱》载："戊子年（顺治五年），四十二岁，是年奉母归故县，探女兄弟焉。"[②] 如此，靳荣藩将此诗系于顺治五年。其实靳氏误解了"思归诗寄广陵潮"两句诗，"思归"当是欲归故乡莱阳，姜埰有诗寄给姜垓表达此意，时姜埰在仪真，仪真属扬州，扬州古称广陵，故有"广陵潮"之谓；当时其弟姜垓在苏州，故有"忆弟书来虎丘石"之句。其实判定此诗的作期，诗中的内证有二。一是"三年流落在江湖"一句，姜埰以甲申年（明崇祯十七年、清顺治元年）二月被迁谪宣州卫，回故乡拜祭其父后，"旋闻京师陷，皇上殉社稷惨变"，于是"踉跄南渡"，至九月始到达苏州。到顺治四年丁亥，姜埰历经

① 靳荣藩《吴诗集览》，四部备要第 85 册，中华书局 1989 年版，第 95 页。下引靳荣藩语全见此书，不另注出。

②《敬亭集》所附《姜贞毅先生自著年谱》，华东师范大学出版社 2011 年版，第 14 页。

流落后，始定居仪真，时间正为三年。二是“我来扶杖过山头，把酒论文遇子由”二句，“子由”指姜垓，梅村盖以苏轼、苏辙二苏以比二姜，梅村在苏州遇到姜垓，把酒论文之际，感怀故人，故写下了这首诗。考梅村苏州遇到姜垓的时间也在顺治四年，故此诗编年当系于顺治四年。另外，钱仲联先生《吴梅村诗补笺》认为此诗应按程穆衡《吴梅村诗集笺注》系于顺治三年丙戌，并引马导源《吴梅村年谱》为佐证，“马谱引铃木虎雄曰：《东莱行》，疑顺治三年秋作，诗云‘三年流落江湖梦。’又云：‘故乡萧瑟海天秋。’又云：‘左氏勋名照汗青。’懋第死在顺治二年，可以证矣。”[①] 其实，顺治三年，姜埰正亡命天台，尚未定居真州，与“思归诗寄广陵潮”一句不合，故此诗编年应当系于顺治四年无疑。此时明亡不久，梅村也正满怀故国之悲，多与遗民诗人交往，距离其在顺治十年的应诏出仕，作了“贰臣”，尚有六年之期也。这对理解梅村在这首诗中表露的情感，很有关系，故特为辨正标出。

明末的山东莱阳，应该说是一个文明昌盛的所在，出了几个风节凛然、彪炳青史的人物。而且此时的科举之盛，往往以同出一个家庭为特色。吴梅村在为莱阳宋琬所作的《宋玉叔诗文集序》即曾说：“三齐科第，大都一姓为多，因而陟巍资、跻贵仕者，珪重组袭，何其盛哉。”[②] 与吴梅村有交往的这几人，也都是以家庭的昌隆而显赫于世。仅梅村中举的崇祯四年辛未科，莱阳就有姜埰、左懋第、沈迅等人，而且诸人皆忠君爱国，成就大名，当时号为“辛未三仁”。使后人对此际的莱阳，不能不刮目相视，为山东之文化史，留一段不泯的光彩。

---

① 钱仲联《梦苕庵专著二种》，中国社会科学出版社 1984 年版，第 100 页。

② 《吴梅村全集》，上海古籍出版社 1990 年版，第 1152 页。

梅村的《东莱行》一诗，是因为在苏州遇到姜垓，因忆及姜埰所作，自然以“一门二妙”为主。兹先叙述姜氏兄弟之事迹及与梅村之交往，同时笺释诗意。（原文叙姜埰、姜垓经历部分，与本书重复，故略去。）

吴梅村虽与姜埰为同年进士，但从现有史料考察，与二姜的交往实际并不多。姜埰崇祯十五年调任京官、姜垓十三年中进士并任行人司行人时，梅村已于崇祯十二年调任南京国子监司业，南北悬隔，三人并无同朝为官的经历。三人的见面是在明朝灭亡后，姜氏兄弟客居江南期间。此次见到姜垓，创作《东莱行》一诗，主要是明遗民的同声相应、同气相求所致，同时由姜氏兄弟忆及当年的挚友宋玫，有感而作。

《东莱行》一诗的大部分篇幅是写姜氏兄弟。首四句写姜氏兄弟考中进士，“汉皇”指崇祯皇帝，与白居易《长恨歌》起首以“汉皇”代指唐明皇的笔法相同，梅村体深受长庆体的影响，于此等细处亦可见一斑。接下来写崇祯东巡，姜氏兄弟献赋受到赏识。此处与历史事实不符。靳荣藩评云：“崇祯间无东巡事，而如农等亦无献赋事，盖迷离其词耳。”赵翼《瓯北诗话》亦称此诗的写法为“题中初不指明某人某事，几乎无处捉摸。”这是梅村体中常用的增加诗之波折的手法，只是与事实有违，终是一弊。“仲孺召入明光宫，补过拾遗称侍中”二句，略过了姜埰任地方官十年的资历，直接叙及在京师担任言官，笔墨简括，并为下文写其受杖刑作伏笔。仲孺是西汉灌夫的字，用以代指姜埰，据《汉书》记载，灌夫并未召入皇宫，担任侍中之职，此处以灌夫代指，盖取灌夫疾恶如仇之性格，与其抗争宰相田蚡，下请室治罪等与姜埰所历之事略相仿佛，故以指代，此种写法亦未见高明。“叔子輶轩四方使”一句指姜垓。姜埰排行老二，故以“仲孺”称之，姜垓行三，故以“叔子”称之，这是梅村写诗取巧之处。姜氏兄弟同为进士，又同在京中为官，故以“一门二妙倾山东”赞颂之。开头这八句写出姜氏兄弟受到皇帝赏识，跻身显要，并点明其著籍，照应诗题。只是用典隐曲，诗意欠明爽，在梅村体诸名诗中，不算高境，此亦不必为梅村讳也。

《东莱行》一诗的佳妙之处全在于其结构，它以姜氏兄弟为主线，二人合写，中间两次穿插宋玫与左懋第，如横云断山，烟岚飘浮；又全以东莱一地绾系全篇，似断实连，一脉贯穿，收纵自如，开阖有致。“同时里人”引出宋玫；“中原同调”再引出宋玫与左懋第，连环衔接，迤逦道来。“君家兄弟俱承恩”以下八句专写姜埰受杖刑事，“天颜不怿要人怨，卫尉捉头捽下殿。中旨传呼赤棒来，血里朝衫路人看。”写得既概括，又形象，语句中也充满了对姜埰遭遇的不平与同情。“朝衫”一词寓意深长，姜埰本是朝廷官员，又满怀一腔忠贞，如今却被打得血浸朝衫。“爱弟弃官相追从，避兵尽室来江东。本为逐臣沟壑里，却因奉母乱离中”四句，写明亡后姜埰兄弟流离江东的遭遇。梅村着意用“避兵”两字，避开了清人入关，明朝覆亡的巨大国难，但“本为”、“却因”二句却又隐含了这种江山易主的深悲剧痛，这是梅村明亡后写作惯用的小心笔法，同时也体现曲笔深微的艺术功力。“三年流落江湖梦，茂陵荒草西风恸。头颅虽在故人怜，髀肉犹为旧君痛”四句，是全诗最为鲜明地点出姜埰忠君爱国的诗句，写出了姜埰的真精神，表达了梅村对姜埰的由衷敬意。“茂陵荒草”同开头的“汉皇”一样，是以汉武帝的墓代指崇祯的陵墓，有多少遗民曾在亡国后临风恸哭，痛悼先皇；即使像姜埰这样受过杖刑的大臣，也每每抚髀肉而思旧君，而这“髀肉”却是经“旧君”崇祯皇帝下令痛杖过的。最后一节写姜埰兄弟同是飘泊异地，但仍不能相聚一地，一在仪真，一在苏州，都充满了对故乡的思念。“回首风尘涕泪流，故乡萧瑟海天秋，田横岛在鱼龙冷，栾大城荒草木愁。”“田横岛”、“栾大城”均邻近莱阳，亡国后萧条冷落，一片荒芜，令人不堪回首。再对比以前在京城的“竹宫随侍”、“祀日歌风”、“柏梁承制”，这是沧海桑田般的何等巨变！这里蕴含着对故国故君的强烈缅怀。联系梅村本人经历，这种情感就不仅仅是为姜埰而发，而实际上表达了梅村个人的强烈感慨，也是当时众多明遗民的共同感受。“鲁连蹈海”是不承认清人的强权，“鸱夷一舸”是归隐江湖以避祸，这是遗民的唯一选择，梅村深切地劝慰姜埰兄弟这一切都是非人力可为的命运，不必再伤情悠悠，感叹客居了。“我亦沧浪钓船系，明日随君买山住，”梅村表示与姜埰兄弟同守遗民气节，结邻相伴。靳荣藩评此诗结尾说：“末二句以自己作结，更觉烟波无尽。”不尽的正是这种遗民之间相互勉励的心声。尽管梅村后来不能坚守遗民节操，出仕清廷，作了“贰臣”，有愧于姜埰兄弟，但那是后话，而且确有不得已的原因，应该说，梅村此际所表达的遗民心情还是很真诚的。

《东莱行》一诗创作之后，梅村与姜埰还有过一次相逢，彼此之间以“友人”相称，也有过诗歌唱酬，但通读《吴梅村集》与姜埰的《敬亭集》给人的印象，总觉得两人之间的交往并不甚密切。顺治十年，梅村被迫应征入京任职，是梅村一生的大转捩点，是其作为“两截人”的关键。就在赴京的路上，梅村遇到了姜埰，写了《过姜给事如农》一诗，诗云：“侍从知名早，萧条淮海东。思亲当道梗，哭弟在途穷。骨肉悲歌里，君臣信史中。翩翩同榜客，相对作衰翁。”首二句感叹姜埰早年之知名，而现在之孤零，吴、姜之相遇是在淮阴，故有“淮海东”之句。“思亲”句下梅村自注：“如农迎母，会胶莱有兵乱。”写姜埰此次本是到莱阳接母亲，但遇到胶州海时行的叛乱而受阻。“哭弟”句下梅村亦有注云：“如须避地，没于吴下。”写此年二月姜垓已在苏州病故。“君臣信史中”一句是赞颂姜埰明亡后之忠君爱国之气节，亦隐含其早年与崇祯帝之恩怨。末二句感叹老友相逢，当年翩翩之同榜进士，已化为衰颓之老翁矣。其时此年梅村四十五岁，姜埰四十七岁，此种衰颓之意，并非年迈之衰，而是经历沧桑巨变之后的衰飒心情。这首诗写得极为朴素，富有情感。只是梅村此际出仕清廷，内心极为愧疚，一路上充满了自责，同时写的《过淮阴有感》诗云："昔人一饭犹思报，廿载恩深感二毛"；"我本淮王旧鸡犬，不随仙去落人间"。对崇祯帝极为感恩，觉得自己深愧先帝。但这首诗何以不对姜埰表达这种愧意呢？《东莱行》不是还表达"我亦沧浪钓船系，明日随君买山住"吗？不几年就变了卦，虽迫于外力，有违本心，但梅村见到姜埰能无丝毫愧疚之意吗？姜埰此时也写了一首《淮上逢娄东友贻诗却和》，诗云："自是文名重，何知已荐雄。暮云连蓟北，丛桂别江东。草色长河外，楼阴古驿中。嗟君匹马去，相顾意无穷。"我觉得此诗胜过吴诗。首句包含了对梅村出仕的理解，梅村的文名太大了，因此才成了别人推荐的首选，这是他自己也左右不了的事情。姜埰没有对梅村的人生选择作什么谴责，只是宽容地理解了他。三四两句颇有寓意，即是写当时之景，"暮云"句也是暗寓梅村到京后的黯淡前景。最后两句写出两人分手之情意，对梅村的匹马入京表示叹惜，也即是流露了对梅村政治上失节的惋惜。姜埰的这首诗还是有他的政治评价在内的，尽管流露得很委婉，这也正是高出吴诗的地方。

康熙十年，吴梅村病逝。病中作《与子暻疏》，为儿子概述自己"一生遭际，万事忧危"的经历，称自己是"天下大苦人"。又把自己的出仕清廷称为"万古惭愧"，"惟是吾以草茅诸生，蒙先朝巍科拔擢，世运既更，分宜不仕，而牵恋骨肉，逡巡失身，此吾万古惭愧，无面目以见烈皇及伯祥（杨廷麟）诸君子，而为后世儒者所笑也”[1]。并嘱咐家人，“吾死后，敛以僧装，葬吾于邓尉、灵岩相近，墓前立一圆石，题曰诗人‘吴梅村之墓’，勿作祠堂，勿乞铭”[2]。吴梅村作了“贰臣”后反复表达的愧悔之意，以及临死前的哀哀其言，确实打动了很多人，赢得了当时及后人的一些谅解。姜埰在很长的时间里与梅村相处并不算远，但几乎没有什么往来，可能就有对梅村的政治气节鄙夷不屑的意味。但在梅村死后，姜埰却专门作诗悼念，很大程度上是有感于梅村死前的痛悔，姜埰的《哭友》二首写得极为沉挚，宽容中也有峻责。诗云：

遽有雄文荐，征书已再宣。名因黄阁重，官拟白衣还。李业曾持毒，谯玄敢奉钱。叹君题墓意，心事令人怜。

难使双眸瞑，君心痛哭余。一生名至此，将死意何如？丝竹苏卿酒，梁周庾信书。空留词令在，传写遍阎闾。

二诗全是围绕梅村的再仕清廷而写，表达对其政治生涯的惋惜。“雄文遽荐”、“征书再宣”都是因为梅村的名气太大了，梅村顺治十年入京时曾写过“记得铁崖诗句好、白衣宣至白衣还”诗，表达无意在京师为官的想法。但姜埰也知道梅村性格上是怯懦的，行动上是软弱的，“李业曾持毒，谯玄敢奉钱”两句是通过用典对梅村的切责。李业、谯玄为西汉末年人，都曾坚辞公孙述的征辟，而对威逼，李业饮毒酒而死；谯玄也甘愿领受毒药，其子向太守泣血叩头，愿捐出千万钱以赎回父亲，才换得公孙述的允许，谯玄终得以保全气节。李业、谯玄都曾面临征召时的生死考验，但都无所畏惧，宁死

① 《吴梅村全集》，上海古籍出版社 1990 年版，第 1132 页。

② 顾湄《吴梅村先生行状》，《吴梅村全集》，上海古籍出版社 1990 年版，第 1406 页。

不屈。相比之下，梅村的怯懦失节实在不足取。但梅村本人深知此一行为是“竟一钱不值何须说”，故在遗言中谆谆致嘱，姜埰觉得心事至此，也实在可叹可怜，姜埰最终对梅村表示了理解。第二首写梅村临死前伤心失节，痛哭之余，双目难瞑，感叹其“一生名至此，将死意何如？”上首是“名因黄阁重”，此首是“一生名至此”，两“名”字颇意味深长。上句是“名气”之名，下句是“名节”之名。一生名节毁于一旦，将死之际深知无可奈何，徒叹命运而已。“丝竹苏卿酒，梁周庾信书”二句亦用典隐约，暗寓褒贬。“苏卿”当指左懋第，“庾信”借指有才名而又仕于北的梅村。左、吴二人都与姜埰是同年进士，但气节判然，以左懋第来比较吴梅村，也就批评了梅村的毫无气节，只是措辞委婉。“庾信”句又引起了下句“空留词令在，传写遍阎闾”，写梅村只是留下了众多的诗作在人间传播，在姜埰看来这固然有价值，但人品有瑕，气节已失，相对于“立德”，“立言”总属等而下之，一个“空”写出了这种浓重的人生遗憾，表明了姜埰对吴梅村的评判。总之，梅村与姜埰这两位同年友人的交往，是以梅村的愧疚和姜埰对其的体谅而告终的，当然这已是《东莱行》一诗写成以后近二十年的事情了。

在莱阳诸诗人中，梅村最难以忘怀的是宋玫。这是因为梅村曾与宋玫同朝为官，宋玫曾辅佐梅村担任湖北省试的主考，在朝中两人的政治立场也有相同的地方，宋玫与复社诸子交好等缘故。梅村的《书宋九青逸事》一文以及《梅村诗话》的首节都专门记载宋玫，表达了对这位老友的真切缅怀。《梅村诗话》云：

宋玫字文玉，别字九青，莱阳人。年十九登乙丑进士，由吏给事中升太常，以枚卜遇谴归，城陷不屈死。其父尚宝卿继登，梦李北地生其家而得玫。少而颖异，为诗学少陵，爱苍浑而斥婉丽，然不无踳驳，当其合处，不减古人。日课五言诗一首。为亚卿将大用，年尚未四十，集竟散佚不传。尝与余同使楚，楚嘉鱼熊鱼山、竟陵郑澹石俱九青同年，到武昌相访。郑诗亦清逸，其赠什曰："剖斗折衡为文章，天下娄东与莱阳。"谓吾两人也。九青登黄鹤楼，过小孤，皆有作，今失记，唯忆其《掖中言怀》中一联云："朋友谁无生死问，朝廷今作是非看。"时上方切治苞苴，而金吾徼卒乘之，反行其奸利，贪吏放手无罚，而寸蹏尺缣，辄加逮治。九青之语，盖实录也。过南中有云："草迷三国树，水改六朝山。"九青曰："天下之山，未有不由水改者。"其用意精刻如此。

《梅村诗话》主要记载了宋玫的诗才，《书宋九青逸事》一文多记载宋玫的经历。其父宋继登是万历朝的进士，宋玫与其叔父宋应亨是天启五年的同榜进士，这一年宋玫才十九岁。崇祯元年，宋玫的哥哥宋琮又进士及第。宋家在明末进士连连，可谓显贵。崇祯十五年，宋玫曾作为入阁作相的推荐人选，但受到崇祯帝的猜疑，先是下狱，继而遣回家乡莱阳。正值这一年的冬天，清人入侵山东，宋玫与其叔父宋应亨、莱阳知县陈显际以及姜埰的父亲姜泻里等共同守城，抵御清人，于崇祯十六年的春天，莱阳城被清人攻破，诸人都为抗清而死。

《东莱行》有八句诗写宋玫。"同时里人官侍从，左徒宋玉君王重。就中最数司空贤，三十孤卿需大用。""左徒"指左懋第，"宋玉"指宋玫，二人合写，但"就中"句突出宋玫，"三十孤卿需大用"正指宋玫被荐为相事。前四句概括了宋玫的朝中经历。"司空平昔耽佳句，千首诗成罢官去。战鼓东来白骨寒，二劳山月魂何处？"后四句概括宋玫罢官家居，抗清而死。梅村只是对友人的死于兵难深致哀悼，传达出浓重的伤感；但对清人的入侵不敢表示愤慨，对宋玫的抗清殉节不敢予以表彰，这是梅村在亡国后的基本写作姿态，这并不意味着梅村对清廷有什么特意的维护，主要是他谨小慎微的个性所致。

《东莱行》一诗涉及的另一个人物左懋第，在清初是位感天动地的人物，连杀死他的清人也十分敬重他，时人多比之苏武和文天祥。他的事迹在许多清初史料中都有很生动的记录，许多明遗民也都歌咏过他，《使臣碧血录》应该是极有名的著作。但记载左懋第最真切的还应该是姜埰的《左侍郎传》，以同乡同年、同样是忠君爱国之人为其作传，真情倾注，堪称是以血泪写成。而且左懋第使清前给姜埰写了一封信，表达了不辱使命、此行必死的决心。此信别处记载不全，姜埰的《敬亭集》卷一《和陶挽歌辞哭左侍郎仲及》三诗后附录了它，全文如下：

> 国遭大故，二东之间，不闻有断头穴胸以报故君者，彼邹鲁仁义之称安在耶？廷臣不察，属懋第节钺上江之寄，十日前，有自北来者，谓慈氏病笃于京畿，人子爱亲，尝不忍听，今讣至矣。惟去岁视楚，亲承诏命，先皇帝曰：荆襄之上，一任唯尔。母夫人曰：君命重，勿复念我。今一岁之间，弯弓不及于龙髯，蓼莪旋废于乌私，懋第更何惜七尺，不为君父用。已上书，请北行，得叩头先帝梓宫之前，以报察核之命，死且不恨。呜呼，懋第此行，是懋第死日也。

左懋第为忠义之人，欲捍卫故乡“邹鲁仁义”之声誉，对于明亡之际齐鲁之邦未有“断头穴胸”舍身报国者深致痛愤，决心做杀身成仁之人。亡国之际的忠义之念，固然来自其教养与血性，但与崇祯皇帝对他的信任和母亲对他忠君报国的激励都有直接的关系。“甲申之难”后，其母忧愤绝食，出京后死于天津，他不能赴丧尽孝，已经使他义无反顾了。因此当南明小朝廷要物色出使清廷之人时，左懋第毅然自荐，承担出使重任，既报效国恩，又吊唁亡母，欲为忠孝两全之计。关于这次出使，南明朝廷给予的使命有二：一是“遣使通好”，与清人讲和；二是“经理河北、联络关东军务”。政治上清醒的左懋第对这两项使命都不抱幻想，他在临行上书中劝告弘光帝“勿以臣北行为议和必成，勿以和成为足恃”，而且他认为两个使命难以集于一身，提出或者自己承担带领军队，收拾山东，以配合“通好”；或者自己专任使清一职，撤销对自己“经理河北”的职衔任命。但昏愦的南明王朝无人听从左懋第的忠言谠论，这使他显得很无奈，而且在出使的官员中又安排了左懋第的政治宿敌马绍愉，使左懋第更加不快，他提出“罢绍愉勿遣”的要求也未被批准。他即带着政治上、人事上的两重龃龉艰难启程，所以在给姜埰的私人信件表述了“懋第此行，是懋第死日也”的殉国之志。左懋第北行途中，路过泗州，曾专门拜会驻军于此的史可法，再次诉说此次使命的两难，史可法劝导他说：“经理具文耳，通和诏旨也。公宜疾行勿留。”连史可法也不把联络河北、山东的军事力量当作一回真事，劝他考虑完成“通和”使命即可。史可法的这番个人化的劝慰影响了左懋第，使他只是专心于使清，放弃了承担联络北方军事力量的任务，“以故所至豪杰稽首愿效驱策者，皆不敢用，慰遣而已”。入京以后，左懋第能做到的就只能是力持国礼，保持国体，不屈辱于清人。他的硬汉子性格让清大臣誉为“此中国奇男子也！”在拒绝了清人的多次劝降后，于南明王朝覆灭的当月被清人杀害于北京柴市口。其绝命诗为：“漠漠黄沙少雁过，片云南下竟如何？丹忱碧血消难尽，荡作寒烟总不磨。”[1]

梅村的《东莱行》有四句专写左懋第：“左氏勋名照汗青，过江忠孝数中丞。孺卿也向龙沙死，柴市何人哭子卿。”左懋第与梅村、姜埰都是崇祯四年的同榜进士，梅村写到莱阳的友人不能不对这位烈士深致敬意，将他比为苏武，认为其忠孝过人，其“丹忱碧血”足以照映汗青。“汗青”一词，自然使人想起文天祥的“人生自古谁无死，留取丹心照汗青”，梅村同时也是将左懋第比为文天祥，而文天祥诗中的“留取丹心”也与左懋第诗中“丹忱碧血”一词遥遥相映，这种词语典故使用的深微隐约，在梅村都是有意为之，体现了梅村体特有的艺术手法和艺术功力。姜埰在《左侍郎传》将清人直斥为“敌人”，在最后的论赞中，将左懋第比为文天祥，梅村虽没有这种直书的勇气，但实际上与姜埰的评价相同。梅村将左懋第比于苏武，姜埰自然赞同这种评价，这也许即是上引姜埰在悼念吴梅村的《哭友》二诗中写出“丝竹苏卿酒，梁周庾信书”二句的原因。功力深厚的诗人之间往来写作的诗篇，潜伏着一些细密的联系，如果不是放在一起综合细读，不易发现这些微妙的关联。

“梅村体”诗歌一向以表现明清易代之际的时事著称，《东莱行》一诗在其中也许不算是上乘之作，但与之相关的莱阳诸人，却是明末清初之际的不朽人物。时间已经过了三百多年，透过历史的尘封，其人其事其诗，仍然具有不磨的精光。解读《东莱行》一诗，既是出于研究吴梅村诗歌的需要，也是出于对山东文化传统的景仰与呵护。

（原载《东岳论丛》2004 年第 3 期，有删改）

---

① 此节引文俱见徐鼒《小腆纪传》卷十五《左懋第传》，中华书局 1958 年版，第 168 － 170 页。

附录二

王渔洋与明遗民诗人姜埰的交往

清初诗人王渔洋与明遗民诗人姜埰的交往，还是一个较为隐秘的学术问题，研究王渔洋交游的学者尚未注意及此，研究明遗民诗人的学者也尚未注意及此。对于这一问题的揭示，无论对于王渔洋研究，还是对于明遗民诗人研究，都是有一定意义的。

王渔洋与姜埰是否相识？两人是否有交往？直接的记载几乎没有，但尚有线索可寻。线索一是来自王渔洋，一是来自姜埰。

王渔洋没有与姜埰交往的诗歌作品[①]，自撰年谱中也无两人相识的记载，文集杂著中虽记及姜埰，也并没有直接说到两人的相识。但王渔洋的《感旧集》似乎逗漏其中消息。

《感旧集》乃王渔洋于康熙十二年(1673)编成。前一年其母亡故，王渔洋在家丁忧守制；今年其兄王士禄又因母丧期间哀毁过度而不幸辞世，这引起了王渔洋的“死生契阔之感”、“羊昙华屋之痛”，于是遂有该集的编选。其《感旧集序》云：

> 因念二十年中，所得师友之益为多，日月既逝，人事屡迁，过此以往，未审视今日何如。而仆年事长大，蒲柳之质，渐以向衰，岁月如斯，岂堪把玩？感子桓“来者难诬”之言，辄取箧衍所藏平生师友之作，为之论次，都为一集，自虞山而下凡

① 渔洋于姜埰去世后有悼诗。

若干人，诗若干首。[①]

《感旧集》所选是王渔洋所藏“平生师友之作”，这些“平生师友”都是王渔洋曾经交往之人，大多是相识谋面之人，大概是没有疑义的。在《感旧集》卷二，收录姜埰的诗歌仅一首，题为《赴戍敬亭》。此诗也收入姜埰的《敬亭集》卷三，但两个版本的文字出入很大。《感旧集》云：

垂死初严谴，君恩不可攀。四方多白马，万里去黄菅。汉法专投匦，秦人仰攻关。先皇千滴泪，独在敬亭山。

而《敬亭集》中，诗题则为《赴戍》，诗云：

垂死承恩谴，天威咫尺间。荷戈荒徼去，收骨漳江还。衮职犹思补，龙髯竟绝攀。先皇千滴泪，独在敬亭山。

两诗文字差异之大，已经不是简单的传钞之误，俨然成为两个不同的文本。出现这种现象的原因，我以为《感旧集》是这首诗的早期过录本，该诗大概本来如此。而《敬亭集》出于姜埰晚年自定，这首诗经过了后来的修改。单就诗意优劣来论，当然是后出为上。姜埰诗集分体编排，此为卷三五言律诗第一首，写于被贬赴戍宣城的路上，得知明亡的消息后而作。姜埰受杖刑后，被崇祯皇帝贬戍宣州卫。他于崇祯十七年（1644）二月初离京，先到故乡莱阳哭祭去年抗清而死的父亲，这时听到李自成攻陷北京，崇祯自缢煤山，明

① 《王士禛全集》，齐鲁书社 2007 年版，第 1536 页。

朝灭亡的消息。然后和其长兄姜圻一起，带着几个侄子“踉跄南渡”，诗大概就写于此时。按照《感旧集》来读，首联写自己经历杖刑，已是垂死之人，遭受迁谪是皇上恩典。但迁谪之初，皇上驾崩，自己则是龙髯难攀了。写出作者听说崇祯皇帝自缢时的痛苦心情。“白马”“黄菅”一联，本不易解，我的看法是，上句用“素车白马”之典，写崇祯新亡，四方多凭吊服丧之人；下句说自己要到万里之远的迁谪死地，写出赴戍之义。“黄菅”本指茅草，借指死地，此处暗用苏轼《追饯正甫表兄至博罗赋诗为别》中“孤臣南游堕黄菅”一句诗意。[①]第三联“投匦”指上书皇帝，写明朝大臣争相建言，言路纷歧，莫衷一是，于国无补，其中也包括对自己屡屡上书的反思。下句“秦人”指李自成，写农民军已攻打过来，真是“议论未定，兵已过河。”这是姜埰对明朝灭亡的冷静反思，也是深切痛惜。尾联讲自己悼亡故国故君的千滴泪水，只能洒向贬谪之地宣州敬亭山了。如果按照后改的《敬亭集》来读，则全诗集中写姜埰与先皇崇祯的关系。首联写自己被先皇贬谪。次联写自己荷戈赴戍，用了韩愈“好收吾骨瘴江边”的成句，其实其亡国被窜之悲惨处境要远甚于韩愈被贬。三联是写自己还想为国做事，但没想皇帝已亡国殒身，自己也未能一同去死。两个版本完全相同的仅有尾联两句，写出作者秉承“先皇”旨意，前往贬谪之地，在那里洒泪以报君恩。总起来讲，两个版本文字虽然不同，诗意有别，也有优劣之分，但都表达了强烈的遗民情绪，对“先皇”崇祯有痛彻入骨的伤情。这种对于“先皇”的忠贞意识贯注了姜埰的一生，直接导致了他后来受到王渔洋非议的“遗命宣州”。而王渔洋在编辑《感旧集》时，慧眼识珠，独独收录了这一首诗，表明他对姜埰的遗民情结相当理解，也相当尊重。按理说，

---

① 《苏东坡全集》，中国书店 1986 年版，第 507 页。

他对姜埰的“遗命宣州”这一人生大节也应当有充分的理解和尊重，孰料事情有不尽然者。

王渔洋与姜埰相识的线索，从姜埰诗作来看，有一首诗值得详加玩味，这就是同样见于《敬亭集》卷三的《与同乡友》，诗云：

> 闻道江都好，与君作比邻。故乡千里梦，生意五湖春。王谢多冠盖，渔樵足贱贫。济南坛坫在，重见李于麟。

姜埰这位“同乡友”是谁？综合各方面因素考虑，我以为就是王渔洋。首先，姜埰入清后交友非常谨慎，可谓界限峻严。他对同为明遗民的友人坦诚相见，毫无芥蒂也毫无顾忌，如沈寿民、徐枋、归庄、董樵等人，在诗题中都明白标出，不加掩饰。而与仕清官员的交往却小心谨慎，唯恐暴露踪迹，故诗题中多不标出其人字号，如他写给吴梅村的三首诗，一首标题为《与同年友》，而听到吴梅村死讯的那两首五律则径题为《哭友》。姜埰与宋琬关系甚密，两人同为莱阳人，又是儿女亲家，诗歌往来也多，但姜埰的诗题则一次宋琬的字号也未标出，统名之为“同里友”。姜埰赠给嘉兴曹溶的那首有名的诗歌，题目则是《广陵赠嘉禾友》。由此可见，这首写给王渔洋的诗，不点出渔洋字号，而以“同乡友”称之，是其标题惯例，也是有意为之。其次，这首诗点出两人相识的地点是“江都”即扬州，与王渔洋与姜埰的行迹都相合；又明点出这位“同乡友”是济南人，也与济南府新城县的王渔洋相符。第三，更明显的是诗中五六句点出了“王”与“渔”字，这等于暗中点出了这位“同乡友”的姓与号。这正如陈寅恪先生所讲：“明末人作诗词，往往喜用本人或对方，或有关之他人姓氏，明著或暗藏于字句之中。斯殆当时之风气如此，后来不甚多见者也。”[①] 综合这几点来看，姜埰的这位“同乡友”不是王渔洋，又能是谁？

王渔洋与姜埰相识地点是扬州，那就只能是王渔洋任扬州推官的五年期间，也即顺治十七年（1660）三月至康熙四年（1665）的七月，再具体的年份，因为记载太少不易推断。姜埰《敬亭集》非按年编排，这首诗的作期也不容易确定。顺治十八年（1661）王士禛“始自号渔洋山人”，“渔洋，（太）湖中小山也。一峰正当寺门，爱其秀峙，无所附俪，取以自号”[②]。则两人相识在取号之后。姜埰自顺治六年（1649）始“客真州，赁王生屋居之，署其庐曰‘芦花草堂’，取‘满地芦花和我老’之诗，文信公曾遁真州故也。自号敬亭山人”[③]。至顺治十七年（1660），姜埰已移居苏州，但时常往来扬州，如其《年谱续编》于康熙四年就有“是年春，客真州，遣安节东归省墓”[④] 的记载。总之，王姜二人的交往就在此数年间。最初我以为两人相识是靠宋琬从中介绍，但考察宋琬行踪，三人这几年并无交集。康熙五年（1666）的重阳节，姜埰、宋琬、王士禄数人曾同登扬州慧光阁，宋琬有诗记其事。[⑤] 可见姜埰与王渔洋之兄王士禄亦有交往，但姜未有诗作以记事，而且这已经是王渔洋入京之后的事情了。

姜埰的这首《与同乡友》既为赠王渔洋之作，其中最可注意的是末二句：“济南坛坫在，重见李于麟。”所谓“坛坫”者，诗歌流派也，诗人群体也。是指济南的诗歌流派还在，济南的诗歌传统还在，王渔洋的出现，仿佛使人们又见到了明代“后七子”的首领济南人李

---

① 陈寅恪《柳如是别传》，三联书店 2001 年版，第 16 页。
② 《渔洋山人自撰年谱》，《王士禛全集》，齐鲁书社 2007 年版，第 5066 页。
③ 姜埰《姜贞毅先生自著年谱》，《敬亭集》，华东师范大学出版社 2011 年版，第 15 页。
④ 姜安节《府君贞毅先生年谱续编》，同上书，第 18 页
⑤ 汪超宏《宋琬年谱》，人民文学出版社 2010 年版，第 200 页。

攀龙。我觉得在“济南坛坫”的强调中，除了籍贯的意义、诗派的意义之外，还包含了王渔洋在济南大明湖畔结“秋柳社”、赋《秋柳》四章、诗传大江南北的意义在内。姜埰是知道王渔洋这位年轻诗人的创作背景的。当姜埰在这首诗中以“重见李于鳞”来称道王渔洋时，我们相信完全是赞誉之辞，毫无皮里阳秋的讥讽之意。李攀龙是济南人，又是一代诗坛领袖，如此称道很是自然，已经预期王渔洋有领袖诗坛的才能，王渔洋听来也应当很是受用。另外就明末清初的诗学背景来看，虽然经过“公安”“竟陵”的批判，虽然经过钱谦益《列朝诗集》的指摘，明代“七子”的创作风气并未在诗坛失去影响，甚至还可以说是大有市场，陈子龙就是极力推崇“七子”之风的著名诗人，此时的王渔洋也曾明确表示过对“七子”的好感。所以说“重见李于鳞”这种话，王渔洋并不反感。再者，钱谦益此时为王渔洋诗集作序，就着意强调其诗歌创作的家学渊源：“谓家学门风，渊源有自，新城之坛坫，大振于声销灰烬之余，而竟陵之光焰熸矣。”这种“家学门风”指王渔洋的从祖王象春，其诗法也是宗奉“七子”。王应奎《柳南续笔》亦云：“阮亭为季木从孙，而季木之诗宗法王、李，阮亭入手，原不离此一派。”[①] 钱序与姜埰此诗的作期相近，不约而同地强调王渔洋的诗风与“明七子”的联系，是当时人着眼于家学、着眼于籍贯的一种寻常看法而已，我以为实在没有什么深意，甚至很难说具有真正的诗学评价意义。特别是姜埰这首诗，从济南入手，比附李攀龙，是一种简单的褒辞，未必考虑到王渔洋的诗歌在风格上与李攀龙的近似。当时王渔洋乐于见到这种评价，不以为忤。但后来的演变却出人意料，“重见李于鳞”演变为“清秀李于鳞”，成为对王渔洋明确的讥评，令其大为不快。当王渔洋再回味姜埰这两

① 王应奎《柳南续笔》，上海古籍出版社 2002 年版，第 21 页

句诗，也就有了截然不同的感受，连带着对姜埰的评价也悄然发生一些微妙的变化。

我们知道，“清秀李于麟”是清初诗坛的一桩公案，现在大多不知道此说乃从姜埰这首诗而来。“清秀李于麟”见于吴乔的《答万季野诗问》：“问云：‘今人忽尚宋诗如何？’答曰：‘为此说者，其人极负重名，而实是清秀李于麟，无得于唐。唐诗如父母然，岂有能识父母更认他人者乎？”[①] 赵执信《谈龙录》接过这一话头：“阮翁素狭。修龄亦目之为‘清秀李于麟’，阮翁未之知也。”直到《四库全书总目》云：“惟吴乔窃目为‘清秀李于麟’。汪琬亦戒人勿效其喜用僻事新字。而赵执信作《谈龙录》，排诋尤甚。”“清秀李于麟”这句话，与袁枚的“一代正宗才力薄，望溪文集阮亭诗”一样，都是人们最熟知的批评王渔洋的话头。这些评价的流行虽然大多在王渔洋身后，但吴乔的“清秀李于麟”这句话，是否如赵执信所说“阮翁未之知也”？我以为赵说未必然，依王渔洋的阅读范围，或者说依王渔洋对诗坛的了解程度，他极有可能知道吴乔对自己的这句讥评，而且他比任何人都清楚，吴乔的这句话，与姜埰赠诗里的“重见李于麟”有关系。

姜埰的“重见李于麟”在当年出于好意，本是褒语。到了吴乔这里则成为讥讽，全是贬辞。这真是世风移易，此一时彼一时也，令人感慨。吴乔的《答万季野诗问》写于康熙二十年（1681），此一时期，王渔洋声誉正隆，在诗坛上的领袖地位牢固确立，已经容不得任何挑战。吴乔、冯班、贺裳等人，既不满王渔洋提倡宋诗，又攻击“明七子”如李攀龙等“以声音笑貌学唐人”。吴乔指名批评“于鳞才本薄弱，而又学问浅，见识卑”[②]。如此语境下，不点名地批评

① 《清诗话》，上海古籍出版社 1982 年版，第 26 页。

② 《清诗话》，上海古籍出版社 1982 年版，第 32 页。

王渔洋为“清秀李于麟”，自然不是好话，极易被批评渔洋之人摭为口实，也极易会引起渔洋本人的不满，尽管这种不满尚没有见诸渔洋的正面表达，好像是“阮翁未之知也”。

王渔洋与姜埰，就这么一次见面，两人此后再无谋面，再无任何往来。但姜埰这么一首寻常的诗作，却引出来了清初的一种诗学话题。而且到后来，当王渔洋出人意料地尖锐批评姜埰的“遗命宣州”时，我们还是不能不疑惑于这种批评与姜埰的这首诗作到底有没有关系。

姜埰的一生可以说有两大关节，一是“建言受杖”，即在崇祯朝上书皇上而受杖刑，差点丢了性命。二是“遗命宣州”，即谆谆嘱托死后葬于宣州。其子姜安节著《府君贞毅先生年谱续编》于康熙十二年（1673）记载：

> 五月，病剧，呼安节兄弟曰：“吾不起矣。念吾获罪先皇，奉命谪戍，遭逢时变，流离异乡，生不能守先墓，死不能正首丘，怀悽于心。故君之命，后虽有赦，不敢忘也。今当毕命戍所，以全吾志。”越数日，则曰：“吾病既不能往，死必葬我敬亭之麓。”语讫，呕血数升，口吟《易箦歌》一首，又吟“盖棺三十日，负棺莫栖迟”二句，命安节书之。自书：“一腔热血，欲洒何地”八字，又书“东望松楸，不胜心痛”八字。

这就是姜埰的“遗命宣州”。还应该说明，这一志愿并非只是姜埰的临终嘱托，而是他入清后身为遗民的一种长期的政治抉择，是他始终抱有故国故君之思的一贯体现。他于康熙六年（1667）专门到宣州，与宣州遗民沈寿民、沈泌等交往，在诗歌中屡屡表达这种志向。这一年他“自号宣州老兵，又号役叟。方欲结庐敬亭，以终谪戍之命”[1]。姜埰的这种独特的明遗民式政治选择，在当时感动了很多人。魏禧的传记、徐枋的《谥议》、钱澄之的《敬亭集序》等，都以重笔记叙此点。吴肃公撰姜埰《墓志铭》，专门发为议论：“盖三十年黍离之痛，湘累之志如一也。夫谁无首丘之思，生不肯菟裘故乡，死不羡埋玉于吴市，宣州之命，始终不渝，此志士所凭吊而深恸也。”[2]总之，凡姜埰传记无不写到此点，凡歌咏姜埰之诗歌无不涉及此点。正是“遗命宣州”将姜埰的明遗民志节推向了顶点，也最终完成了姜埰作为明遗民的个人形象塑造。姜埰身后，人们对这一人生大节啧啧称道，尚无持有异议者，唯有王渔洋是个例外。

王渔洋对姜埰“遗命宣州”的批评见于《居易录》卷二十一，撰写的时间为康熙三十二年（1693），此年王渔洋60岁，已是他的晚年。此前一年，在《居易录》卷十九，他特意提起宋人批评欧阳修“逍遥于颍”，不念故乡吉州的争议，似乎是批评姜埰的先声。实际上欧阳修事与姜埰事并不能等同而论，为省篇幅，此处不展开讨论。王渔洋的批评是：

> 莱阳姜如农埰、如须垓，兄弟齐名，时称“二姜”。如农崇祯末为给事中，建言谪戍宣城卫。鼎革后，兄弟遂卜居吴郡，不归乡里。给事死，遗命葬宣城，以谓故君未赐环，不敢首丘。吾友张杞园贞作祠记书其事，南北名士多歌咏之。既而迁其夫人之柩，合葬于宣，而葬给事之衣冠于父母墓左。予谓非礼也。夫给事身值沧桑，居吴不返，或岁一归省墓，或数年一归省墓，犹可也。死不首丘，又不归骨先陇，顾远葬戍所，此则矫激好

---

① 姜安节《府君贞毅先生年谱续编》，《敬亭集》，华东师范大学出版社2011年版，第20页。
② 《敬亭集》附录，华东师范大学出版社2011年版，第309～310页。

名之过，而害天性之恩，可已而不已者也。至迁其夫人远祔江南，此尤非也。已不归葬，已无以慰父母之望于地下，乃并其妇已葬之骸骨大去其乡，明其与父母绝矣，孝子忍乎哉！是何其于君臣之义厚，而于父母之恩薄也？《礼》曰："鸟兽失丧其群匹，越月逾时，则必反巡，过其故乡，回翔焉，鸣号焉，蹢躅焉，踟蹰焉，然后乃能去之，"而况人乎？况父母之坟墓乎？予读《思颍》诗，每致憾于欧阳永叔，兹给事之葬，亦未敢傅会以为然。聊书杞园《记》后以质诸知礼者云。[①]

后王渔洋又将这段文字专门摘出，成《姜贞毅葬衣冠辩》一文，收入《蚕尾续文集》卷九，可见他对这一批评的郑重态度。两处文字几乎完全相同，唯"而况人乎？况父母之坟墓乎"两句，改为辞气相对缓和的"矧血气之属，尤莫知于人乎？"[②] 这里有必要集中讨论一下王渔洋这段批评。

首先，这段批评可谓严厉，特别是辞气中带着一种过激的情绪，并非是宽恕平和之论，大有违于王渔洋一贯的风格。我在反复阅读之中，于此尤为不解。这里说的严厉，一是他引《礼》为据，认为姜埰这样的作法尚不如鸟兽，近乎刻薄。二是他直接认为姜埰这样做是"矫激好名"，蛮横地作出了一个结论。他对姜埰的做法毫无同情理解之义，反而认为这是违背人的本性，过分追求声名的结果。他认为这不真实，不可取，不值得赞美。甚至我们可以推论，在王渔洋看来，"矫激好名"不仅仅是对姜埰一个人的评价，可以扩展为对明遗民的整体评价。明遗民群体有很多不为人理解的特异之处，

① 《王士禛全集》，齐鲁书社 2007 年版，第 4096 页。
② 《王士禛全集》，齐鲁书社 2007 年版，第 2109 页。

如不应科举，不入城市，不与官吏来往，出家入道，辞家远游甚至不惜一死等等，如果不从明朝灭亡、无所依附的时代处境理解，不从忠于故国故君的政治感情来理解，在进入新朝的常人看来，几乎都是标新立异的“沽名”之举。王渔洋是经历过易代之变的新朝官员，并于明遗民有广泛友好交往，面对姜埰，也堕入这样的庸常之见，加诸如此分量的措辞，这如何能让明遗民心服？今天读来，也令人觉得何以如此！

其次，渔洋批评姜埰，讲衣冠葬，讲迁妻墓，讲与父母绝等，一言以蔽之，就是讲孝。以孝道攻诘、瓦解明遗民，可算是一把道德利器，但却不为明遗民所接受。明遗民是衡量过忠孝关系的，但那是个忠孝不能两全的时代，忠于故国故君的选择是明遗民的清醒意识，是决定其身份的政治特质所在。若抛弃了忠而讲孝，则明遗民就不成其为遗民了。像吴梅村、侯方域等失节之人倒有了理由，他们正是迫于孝的压力而失去了对于遗民使命的坚守，出仕的出仕，应举的应举。我们考察明遗民，时时感受到他们当时所受到的孝的压力，他们往往在痛苦中，将国置于家之上，将君置于父之上，坚守遗民之道，毅然有所不为。而易代之后，作为新朝显官的王渔洋，其价值观完全不同于姜埰这样的明遗民，也就使他这段批评自然失去了方向，有一种南辕北辙的错位感。

第三，王渔洋对姜埰的批评，表现出他与明遗民的疏离，表明在他的后期与这一政治群体自觉地拉开了距离。王渔洋是一个热心交友的诗人，他对于诗人之间的来往尤为热心，在其诗文杂著中有很多的记载，《感旧集》也是一个很好的证明。明遗民也曾是渔洋热衷交往的群体。特别是扬州五年，他与林古度、吴嘉纪、方文、纪伯紫、冒襄等遗民诗人过从甚密，交往无间，这些声望已著的明遗民也成为他扬州文学活动的主要追随者，王渔洋文学声望和文学地位的形成，明遗民起的作用不可小觑。更可贵的是，此一时期他的诗歌创作，赋物咏怀，感时伤事，情感深处有一种和明遗民的同声相应之处。如《秋柳》四章的“盛衰之感”，如《秦淮杂诗二十首》中那种忧伤的咏叹，都使明遗民感到亲近，有认同感。扬州五年是王渔洋与明遗民相处最为热络的时期。后来他入京为官，随着地位之上升，更重要的是随着情感的变化，随着诗歌风气的变化，王渔洋与明遗民这一群体有一种相互疏远的感觉，也不是绝无来往，但那种内心深处相呼应的感觉日渐稀薄。再加上他批评方文的诗风，批评阎尔梅的性格，对应召“博学鸿辞”考试的明遗民颇有微词等，都反映了王渔洋对于明遗民这一群体的自觉疏离。对于姜埰的批评，也可作如是观。综合考察王渔洋与明遗民的交往，发现前热后冷，我觉得康熙十八年的“博学鸿辞”考试似乎可以作为时间上的一个界限。

另外，还应指出，王渔洋对姜埰的这一批评，有无个人恩怨不好悬揣，与“重见李于麟”一句是否有关也不好臆度，但在当时以及后来，对这一意见反应寥寥，既无人响应，也未见有人持有异议，完全被历史漠然置之。王渔洋这一别出心裁的自以为郑重的批评意见处于无人理会的状态，这应该算是历史对于姜埰、对于明遗民的一种无言的尊重。

王渔洋与姜埰的交往论述如上，一得之见，唯望高明指教。最后附带说明一点，单凭《感旧集》的收录，如无姜埰《与同乡友》诗相佐证，两人之间有无交往关系还真难说。换言之，入选《感旧集》的诗人，并不一定都是王渔洋真正谋面交往之人。有两个例子，一是姜埰之弟姜垓，在《感旧集》卷二中继姜埰之后，收诗五首，但考两人关系，似无交往之可能，好像是因姜埰而连带收录。另如卷一程嘉燧，于崇祯十六年（1643）去世，时王渔洋方十岁，更无交往之可能，他似乎也是因钱谦益而连带收录。本文非专论《感旧集》，亦是因论王姜关系而连带说到这一点而已。

（原载《山东理工大学学报》2014年第5期）

后　记

写写姜埰是我的一桩夙愿，能够完成这一夙愿，也完全得益于我退休之后的空闲。

我接触姜埰，是从研究吴梅村进入的。二十年前我就对吴梅村甚为倾心，研读其诗，后来写过一些文章，于是从一个侧面了解到吴梅村的这位同年，就有了对姜埰的关注。大概十五、六年以前，我的同学——山东师范大学的王恒展教授帮我完整复印了康熙版的《敬亭集》，成为我阅读姜埰著作的开始。这里要首先感谢恒展兄，但赋性懒散，不甚用功的我，迁延许久，未能写出东西，也实在愧对恒展兄多年前的襄助。

我八二年初大学毕业后，即在淄博师专工作，先是从事文艺理论课程的教学，一年后转教古代文学课。八四至八五学年，曾再赴山东大学跟随孟广来先生学习戏曲文学史，八五至八六学年，考上南京师范大学助教进修班，主要学习词学课程。当时曾拜见唐圭璋先生，并亲聆诸祖耿、段熙仲、金启华、吴调公、严迪昌、王星琦诸先生授课。曾在金启华先生指导下，与几位同学一起抄录古籍，编纂词学资料出版；也曾在王星琦先生指导下修改、撰写论文，这成为我一生中极为难忘的一段学习经历。两次进修，受益良多，初步奠定了我专业学习的基础，但也留下学术方向不集中、不专一的缺憾。此后就泛览博观，东看西看，始终不能把握方向，立定脚跟。

二十年前不知何故，忽然又对吴梅村感兴趣。现在想想，远因是在南京师大时曾听严迪昌先生讲到吴梅村，近因是当时我有了一本上海古籍出版社影印的清人程穆衡的《吴梅村诗集笺注》抄本，吸引我深入阅读。于是从吴梅村逐渐扩大到明末清初这一段文学史，又逐渐集中于明遗民研究这一领域，这才使我具备阅读姜埰并做一些初步研究的基础。但才疏学浅，又不太努力，故而学术成果并不多。再加我从三十岁起，就过早地承担高校的管理工作，耽误了太多精力。先是做系主任，后又任专科学校副校长。学校经两次合并，成为本科高校后，又担任教务处长、组织部长、纪委书记、副校长、副书记等职，直到退休。对学术的热爱与行政工作的繁冗常常成为矛盾，在内心纠结不已。我时常想起明代高攀龙的“宦情秋露、学境春风”两句话（尽管我不是传统意义上的“宦”），并请我的学生邹青山为我篆刻“学境春风”一枚方章以志这种情怀，但未能免俗，徒留向往而已。直到去年四月退休，方能专心读书，并从事这一课题的撰写。

花甲之年，从事研究撰述，既感先天不足，又觉力不从心，需要来自多方面的关心与鼓励。这方面我是幸运的，得到了好多人的支持与帮助，铭记于心，感激不尽。特别感谢宏森、玉国、中兴、可杰、明天、绍华、锡锋、培锋诸君，他们大多是我刚参加工作时的学生，三十六年的交往，亦师亦友，情谊甚笃，平时的杯酒言欢，谐谑纵谈，都给我以很大的精神滋养。对于他们，我也是“待之如朋俦，未尝以师资自予也”。他们对我退休后的想法极为支持，给我以很多鼓励。尤其是宏森，几十年来与我不断交流读书体会，切磋文化问题，使我受益匪浅，这次对本书的写作与出版又提供了难得的帮助。这些情分都难以用一句谢谢来概括表达。同事焦桂美、巩曰国两位博士，热心为我提供电子文献，帮我查证有关典故，清华大学出版社的朋友马庆洲博士也为我提供电子文献，这些都要表示诚挚的感谢。爱人李君，承担家务，使我能集中精力读书写作，并对我表示支持和理解。甚至五岁的外孙女田宜桐，时常在我的笔记本上涂抹，虽然有时掩盖笔迹，但那种天真烂漫带给我的开心、快乐却是十分难得的。这些都是写作时感受到的温馨氛围，值得记下。

书稿写成后，我寄呈两位老师审阅，一位是南京师范大学王星琦教授，一位是山东大学王洲明教授，他们都认真、细致地通读了全部稿子，提出了宝贵的修改意见，并慨允写序，王星琦老师并为本书题签。这些既为本书增光很多，也给我增加不少信心。我这位老弟子唯有对两位老师心存感激，深致谢意，并遥祝两位老师身体健康，福寿绵长。

还有一次有趣的经历也乐于记下。十多年以前，我驾车赴莱阳考察，想看看姜埰的故乡。当时人生地不熟，我即在路边打听，有谁知道姜埰，乡人指引我到一个古玩店问问。古玩店的主人也不知道，这时旁边一位男子应时作答，说他知道，他是董樵的后人。而董樵正是姜埰的内弟，是明末清初与姜埰志同道合的著名遗民诗人。这位热情的莱阳人是董博，他领我到家看了董氏家谱，拍下了其中有关董樵的记载，他领我参观了左懋第的坟墓。还带我去见了一位开书画店的姜埰的后人。董博兄的这一次引导给我留下了很好的印象。我们之间互留了电话，保持着联系。这次写作过程中，关于莱阳的一些地理方位，比如望石山的位置，我还专门电话向其咨询。写下这一节，是要感谢这位仁兄，也记录我们这份朴素的友情。

书稿能由中华书局出版，是我原来预想之外的事情，这得衷心感谢书局各位领导的重视与支持。特别是书局俞国林主任，刚一见面，就为我提供了一则稀见资料，使我能补写姜埰与黄周星的交往，这种学术上的无私帮助让我很感动。责任编辑孟庆媛女士，认真负责，精心把关，通过多种方式与我耐心交流，帮助修改、校核文稿，实在花费了不少心血。在对他们表示感谢的同时，我也深切体会到，一部书的出版，其间有多少人要付出辛勤的劳动。

书稿面世，是深是浅，是好是坏，即由读者评说了。我自知书中肯定还有不少问题，存在一些错误与疏漏，万望读者谅解，并恳请批评指正。

2018 年秋于博山五阳湖